中国历史研究院
Chinese Academy of History
学术出版资助

# 中国历史学前沿报告

（2022）

路育松 主编
焦兵 副主编

社会科学文献出版社

# 沿着习近平总书记指引的方向建设新时代中国史学*

（代序）

高 翔

2022年新年伊始，我们迎来了中国历史研究院成立三周年。三年前的今天，习近平总书记致中国历史研究院成立的贺信发表，中国历史研究院正式创立，从此，中国史学翻开了新篇章，进入了新阶段。沿着习近平总书记指引的方向，构建中国特色历史学学科体系、学术体系、话语体系，建设新时代中国史学，成为全国史学工作者神圣的历史使命和光荣的时代责任。

过去的三年，是不平凡的三年。三年来，我们深入学习领会、全面贯彻落实习近平总书记致中国历史研究院成立贺信精神，以习近平总书记关于历史科学的重要论述为根本遵循，牢牢把握新时代中国史学的发展方向，开创了崭新局面。我们把加快构建中国特色历史学的责任扛在肩上，以时不我待的奋斗精神，全面统筹指导全国历史研究，取得了良好开局。我们把总书记的亲切关怀时刻铭记于心，一丝不苟、全力以赴打造新时代中国史学的殿堂，在科研体制机制上创新、在实施重大学术项目上谋划、在团结凝聚全国史学家上倾力，迈出了建设新时代中国史学坚实而有力的脚步。三年来的实践证明，习近平总书记为中国史学擘画的蓝图、指引的方向是完全正确的，党

---

\* 本文系作者2022年1月3日在建设新时代中国史学理论研讨会上的讲话。

中央决定组建中国历史研究院是完全正确的。中国史学要成功赢得未来、实现辉煌，必须毫不动摇地坚持以习近平总书记重要思想为指南，沿着习近平总书记指引的方向，坚定不移地走下去！

当前，我们正处在实现"两个一百年"奋斗目标的历史交汇期，在这个重要时刻，中国史学如何发展、怎样发展？在致中国历史研究院成立的贺信中，习近平总书记向我们发出"加快构建中国特色历史学学科体系、学术体系、话语体系"的号令。这一号令具有鲜明的时代性、全局性、方向性，是时代的呼唤、党和国家的要求、中华民族的期盼，是新时代中国史学的奋斗目标，是新时代中国史学工作者必须肩负起来的崇高使命。

构建中国特色历史学三大体系事关中国史学的道路和方向，事关中国史学的前途和命运，事关中华民族的文化自信和历史自信，从根本上而言，与实现中华民族伟大复兴息息相关、密不可分。构建中国特色历史学三大体系不仅是重大学术任务，更是重大政治任务，我们必须把这个重担挑起来，必须把构建中国特色历史学三大体系作为新时代中国史学的主题主线，准确把握蕴含其中的理论逻辑和实践要求，凝心聚力，加快推进。

建设新时代中国史学，必须坚持三个基本原则：

一是坚持理论自信，始终将习近平总书记关于历史科学的重要论述作为旗帜和灵魂；二是坚持历史自信，传承和弘扬我们民族深厚悠久的史学传统，走中国史学自己的路；三是坚持以史经世，在服务中华民族的伟大复兴中推进学术的进步和升华。

## 一、习近平总书记关于历史科学的重要论述是新时代中国史学的旗帜和灵魂

在人类历史的星空中，思想的光芒是最为显著的标志。习近平新时代中国特色社会主义思想，是我们这个时代最为重要的理论成果，

代表着当代中国人认识与理论的新高。这一伟大思想不是从天上掉下来的,是在坚持和发展中国特色社会主义的艰苦探索和具有许多新的历史特点的伟大斗争中形成的,是在对马克思主义的系统继承和创新性发展中形成的,是在对中华优秀传统文化的历史性总结和升华中形成的,集大成而开新局,是引领中华民族伟大复兴、推动人类社会进步的理论旗帜。中国共产党和中国人民要实现自己的伟大梦想,必须毫不动摇地高举自己的理论旗帜,理直气壮地捍卫自己的理论旗帜,以旗帜的方向为方向,万众一心,坚定前行。习近平总书记关于历史科学的重要论述,是习近平新时代中国特色社会主义思想的重要组成部分,坚持和发展了历史唯物主义,洞察古今、内容浩瀚、博大精深,是新时代中国史学行稳致远、不断进步的理论指南。

中国史学发展史反复证明这样一个道理:历史研究从来离不开科学理论的引领。方向事关道路,道路决定命运。没有科学的理论指导,中国史学就会失去灵魂,就会在浩瀚的历史资料的汪洋大海中迷失沉沦。

党的十八大以来,以习近平同志为核心的党中央高度重视研究历史、学习历史、运用历史。习近平总书记在多个重要场合就重视历史、研究历史、借鉴历史、把握历史发表一系列重要论述。习近平总书记关于历史科学的重要论述,是当代中国的历史唯物主义,是21世纪历史唯物主义,是当代中国历史学工作者把握历史规律、认清历史本质的科学指南。坚持以习近平总书记关于历史科学的重要论述为指导,是新时代中国史学区别于其他史学的根本标志,是新时代中国史学发展的根本遵循。

习近平总书记关于历史科学的重要论述,随着中国特色社会主义事业的推进不断发展,不断将新时代历史研究引向深入。最近几年,习近平总书记的足迹遍布祖国大地的历史遗迹、博物馆、红色遗址,从敦煌到嘉峪关、从赤峰博物馆到广西民族博物馆、从鄂豫皖苏区首府烈士陵园到南平武夷山朱熹园、从潮州市广济桥到杨家沟革命旧址，总书记把对历史的敬重和挚爱，传递到千家万户；把对中华优秀传统文化的弘扬和对红色基因的传承，深深地植根于人民心中。习近平总书记立足实现中华民族伟大复兴的战略高度，高瞻远瞩，举旗定向，围绕历史和历史科学、中华民族史、中华优秀传统文化、党史、近代史、考古工作等，提出一系列新思想、新观点、新论断，充分体现了我们党善于把握历史发展规律、掌握历史主动的政治自觉，充分表明了我们党在新的历史征程上牢记初心使命、开创美好未来的坚定意志和历史担当。

习近平总书记站在推动中华民族伟大复兴的战略高度审视历史、认识历史、指导历史研究。他关于历史科学的重要论述思想深邃、内涵丰富，涵盖历史的地位与作用、坚持正确的历史观、汲取历史智慧推进治国理政、传承发展中华优秀传统文化、学习研究历史、繁荣发展中国史学等诸多方面，涉及历史本体论、历史认识论和史学方法论，贯通学史、治史、用史的各个方面，闪耀着马克思主义思想的光辉，构成了完整、科学的思想体系、理论体系、知识体系，具有很强的战略性、前瞻性、指导性和实践性，是新时代中国史学繁荣发展的纲领和指南。

新时代史学工作者只有坚持以习近平新时代中国特色社会主义思想为指导，以习近平总书记关于历史科学的重要论述为根本遵循，才能解决时代面临的历史问题，才能回答历史之问和时代之问，才能开创新时代中国史学发展新局面。

## 二、传承和弘扬我们民族悠久深厚的史学传统，走中国史学自己的路

梁启超尝云："我国二千年来史学，视他国为独昌。"又说："中国于各种学问中，惟史学为最发达；史学在世界各国中，惟中国为最

发达。"中华民族具有五千多年的文明史，生生不息，源远流长，原因众多，但有一点是明确的，那就是深厚而坚实的史学传统是重要的文化支撑。新时代中国史学，必须始终立足于中国这方热土，传承中国传统，坚持中国思维，展现中国精神，用中国的方式书写和阐释我们民族的历史和全人类的历史，在国际史学思潮的激荡中，清晰、坚定、响亮地发出中国史学自己的声音。

在漫长的历史长河中，中国史学形成了求真、求是、经世的传统，形成了"究天人之际，通古今之变，成一家之言"的学术追求。

**求真的传统**。史学研究，就其直接目的而言，就是如实地揭示人类活动的基本轨迹，这决定了它必须将具体的历史事实作为自己学术活动的重要基础，将实证作为认识历史、书写历史的基本要求。明儒王阳明曾提出"五经亦史"的重要论断，称"以事言谓之史，以道言谓之经。事即道，道即事。《春秋》亦经，五经亦史"。其言未必准确，但反映了中国史学注重史实、不空言义理的重要传统。钱大昕在《廿二史考异》自序中明确指出，"史非一家之书，实千载之书，祛其疑，乃能坚其信；指其瑕，益以见其美"，说明史学研究的成果关系久远，具有超越时代的历史价值。因此，史学家在学术研究中，必须坚持实事求是、去伪存真的基本原则。正因为史学尊重的是事实，讲究的是实证，所以历史上成功的著作，常被人冠以"实录"之美名。

**求是的传统**。就是追求真理的传统，探索历史规律的传统。真正的史学家，从来都将认识人类之命运作为自己全部学术活动的出发点，他们力图通过对社会关系、社会形态的反思，通过对人和自然关系的反思，总结出具有普遍意义的历史结论，即所谓"究天人之际，通古今之变，成一家之言"。清儒章学诚强调"言性命者必究于史"，反对离事而言理，即充分体现了史学在真理探索中的重要作用。事实上，高层次的史学活动，不但是严密的，而且是思辨性的，充满了理性的睿智。

**经世的传统**。从根本上讲就是服务现实，即所谓"述往事，思来者"。经世不但是研究目的，而且是一种道德、一种情怀、一种精神，体现了中国知识分子"位卑未敢忘忧国"，以学问回报社会的高尚情操和高度责任感。在中国传统社会，史学历来具有浓郁的经世色彩，"资治通鉴"既是其重要目的，也使它和远离政治的"小学"区别开来。章学诚在《浙东学术》一文中，明确阐述了自己以史经世的学术主张："史学所以经世，固非空言著述也。且如六经，同出于孔子，先儒以为其功莫大于《春秋》，正以切合当时人事耳。后之言著述者，舍今而求古，舍人事而言性天，则吾不得而知之矣。学者不知斯义，不足言史学也。"这就是说，注意人伦日用、关注时代需要，是章学诚治史的重要特征，也是其以史经世的基本内容。正是经世的传统，使史学在中国历代社会与政治变革中发挥着独特的重要作用。

在历史上，求真、求是、经世密不可分，它们是中国史学世代相承的学术精神，从不同角度赋予中国史学理性的精神和前进的动力。中国史学数千年来积淀而成的这些宝贵学术传统，在 21 世纪的今天仍具有十分重要的意义。

五四运动以后，随着马克思主义的传入，在追求中华民族复兴的伟大历史斗争中，我们形成了马克思主义史学传统。正如恩格斯指出的，"自从历史也得到唯物主义的解释以后，一条新的发展道路也在这里开辟出来了"。唯物史观是关于社会发展规律的科学，是认识人类社会与历史的世界观和方法论。唯物史观传入中国后，我国逐渐形成了以唯物史观为指导、以社会形态研究为主体的新的史学体系。这一崭新的学术体系，将中国现代史学和以儒家思想为指导、以考经证史为特征的传统史学彻底区别开来，和以资产阶级意识形态为指导、以实证为特色的近代史学彻底区别开来。史学家沿着历史唯物主义指引的方向，以严谨求是的学风，从生产力和生产关系、经济基础和上层建筑相互作用的角度，以宏大的学术气派，考察了人类社会变迁的内在轨迹，比较准确地揭示了人类历史演进的一般规律，特别是揭示了中国社会既遵循人类社会发展的一般规律，又具有自己鲜明民族特色的独特历史道路。在这个过程中，土地制度、城市化、阶级关系、社会生活、启蒙思潮等长期被忽略、被遗忘的历史领域，得到了应有的重视，一大批千百年来被深埋的历史真相，得以重见天日，古老的中国史学焕发出新的生机和活力。党的十八大以来，全国史学界在党的创新理论指导下，复原多彩历史、深挖历史内涵、凝练历史智慧、提出宝贵思想，为完善和发展中国特色社会主义制度、创造中国式现代化新道路、创造人类文明新形态，提供了宝贵经验。

坚持以马克思主义为指导，要求我们必须树立正确的历史观，以海纳百川的胸怀，站在中华民族的立场、中国人民的立场，察古观今，尊重一些最基本的历史事实，并在此基础上，构建具有鲜明新时代特色的中国历史学三大体系。例如：

第一，历史变动的原因不应单纯用人们的思想动机来解释，而应着重考察这种变动背后的物质生活条件。生产方式的变革是一切社会制度和思想观念变动的基础。人类历史的变化，绝不是一些偶然事件的堆积，而是有规律可循的自然过程，历史的必然性通过偶然性表现出来。

第二，人民群众是历史的创造者，从历史发展的长河来看，最终决定社会发展的力量是人民群众，但杰出人物在历史上的作用也不容忽视。在阶级社会，阶级斗争是推动社会历史发展的伟大动力。

第三，中华民族具有五千多年的文明史，具有一脉相承的伟大历史传统，生生不息，持续进步。爱国主义、"大一统"、崇尚善治、以民为本、改革创新、以文化人、协和万邦、鉴往知来等优秀历史文化传统，既铸就也体现着我们民族独有的价值和风范，是弥足珍贵、足以垂诸久远的精神财富，是世世代代拥有坚定自信的底气所在。对这些优秀历史文化遗产，我们不但要承接过来，而且要发扬光大。

第四，中国自古以来就是一个多民族的国家，各民族的历史都是中国历史不可分割的组成部分。历史上的民族关系，既有民族矛盾、民族战争的一面，更有民族友好、民族团结和民族融合的一面，交往、交流、交融是历史的主流。必须把中国历史上的民族冲突和民族压迫，与近代帝国主义列强对中国的侵略、掠夺和压迫严格区别开来，二者的性质不容混淆。

第五，中国共产党的成立重塑了中华民族的历史命运，开启了中华民族伟大复兴的历史新航程。历史实践证明，中国共产党是中华民族走向光明、赢得未来最可靠、最坚定、最英勇、最智慧的奋斗者和领导者。

第六，现代化不是西方的专利，更不能由资本主义制度垄断，各国完全可以独立自主地走出适合自己国情的现代化道路来。西方的现代化道路是用血与火开辟的，充斥着洗劫、盘剥、压迫、殖民，建立在被压迫民族、被压迫人民的累累白骨之上。中国共产党坚持历史自信，不崇洋、不信邪，立足中国国情，大胆探索，创新了马克思主义社会形态理论，成功走出一条以共同富裕为重要特征、人口规模巨大、物质文明和精神文明相协调、人与自然和谐共生、坚持和平发展的现代化新道路，创造了人类文明新形态。

中华民族辉煌灿烂的历史，一脉相传、与时俱进的中国史学传统，是我们在历史研究中坚持历史自信的底气所在，也是我们走向未来的基础和出发点。建设新时代中国史学，必须全面系统总结、整理、继承历代史学先贤留给我们的丰厚而优秀的学术遗产，从中汲取智慧和营养，在传承历史中开创未来，是建设新时代中国史学的必由之路。

## 三、在服务中华民族的伟大复兴中实现学术的进步和升华

马克思在《资本论》中指出:"对人类生活形式的思索,从而对这些形式的科学分析,总是采取同实际发展相反的道路。这种思索是从事后开始的,就是说,是从发展过程的完成的结果开始的。"对现实生活的深切感悟,从来都是历史思考的重要出发点。在人类历史进步的长河中,真正的史学家从来不是隔岸旁观者,他必须毫不犹豫地投身激流深处,去扬帆远航。

我们生活的时代,是人类有史以来最为复杂的时代,也是变化最快的时代,需要历史智慧的支撑。习近平总书记在致中国历史研究院成立贺信中指出:"新时代坚持和发展中国特色社会主义,更加需要系统研究中国历史和文化,更加需要深刻把握人类发展历史规律,在对历史的深入思考中汲取智慧、走向未来。"总书记在中央政治局第23次集体学习的重要讲话中指出:"当今中国正经历广泛而深刻的社会变革,也正进行着坚持和发展中国特色社会主义的伟大实践创新。我们的实践创新必须建立在历史发展规律之上,必须行进在历史正确方向之上。"总书记的重要论述,鲜明地指出了建设新时代中国史学与坚持和发展中国特色社会主义之间的内在联系。

历史学不应该是自娱自乐、好古猎奇的工具,相反,为往圣继绝学、为万世开太平,始终是中华史学长盛不衰的源泉和动力。当代中国正经历广泛而深刻的社会变革,也正进行着坚持和发展中国特色社会主义的伟大实践创新,这一前无古人的伟大实践创新,给建设新时代中国史学带来强大动能和广阔空间。中国特色社会主义建设离不开历史的滋养,坚持和发展中国特色社会主义离不开历史的支撑。时代的召唤,是建设新时代中国史学活的源头,是新时代中国史学持续进步的动力。脱离时代,中国史学就没有存在的价值;远离实践,中国

史学就失去成长的活力。新时代中国史学要大有作为，必须紧扣时代脉搏、聆听时代声音、回应时代关切，树立大历史观，从历史长河、时代大潮、全球风云中分析演变机理、探究历史规律，提出因应的战略策略，增强工作的系统性、预见性、创造性，为统筹中华民族伟大复兴战略全局和世界百年未有之大变局提供历史启迪。

新时代中国史学要紧随时代步伐，不断推进史学研究成果的创造性转化、创新性发展，以更好地服务党和国家大局、服务人民。2021年12月27—28日，习近平总书记在中共中央政治局党史学习教育专题民主生活会上强调，"历史认知是历史自信的重要基础"，要"持之以恒推进党史总结、学习、教育、宣传，让正确党史观更深入、更广泛地树立起来，让正史成为全党全社会的共识，教育广大党员、干部和全体人民特别是广大青年坚定历史自信、筑牢历史记忆，满怀信心地向前进"。当代中国史学工作者要努力推进史学研究成果的创造性转化、创新性发展，关键在于使史学研究与社会实践有机结合，进一步激发史学的生命力、影响力和辐射力，进一步提升史学的鲜活性、时效性和活态性；把艰涩难懂的史学理论成果，转化为人民群众喜闻乐见的普及性读物，把局限于书斋里、象牙塔中的史学学术成果，转化为推动社会发展的重要支撑；教育广大党员、干部和全体人民特别是广大青年坚定历史自信、筑牢历史记忆，使史学研究成果在提升大众文化素养、增强大众文化自信、促进国家和地方社会发展中发挥出应有作用。

建设新时代中国史学面临前所未有的大好机遇，抓住机遇，乘势而上，从中国历史的深厚积淀中，提炼中华文化的思想精髓，归纳中华文明的价值内涵，总结治国理政的经验教训，探寻中国历史发展的规律性特征，为党和国家事业提供史学智慧，为实现中华民族伟大复兴筑牢根基，这是新时代中国史学最大的价值所在。新时代中国史学只有肩负起这一神圣使命，才能不负总书记的厚望，不负人民的期待，不负这个伟大的时代。

中国历史研究院成立三周年了。今天，我们重温习近平总书记致中国历史研究院成立的贺信，仍能真切地感受到总书记对历史学的高度重视，对史学家的亲切关怀和巨大信任。我们不能辜负这份信任和重托，不能辜负这个伟大的时代。我们要团结起来、凝聚起来，以奋斗的姿态、以永不懈怠的精神，努力书写新时代中国史学繁荣发展的新篇章，为实现中华民族伟大复兴贡献历史学的智慧和力量，以优异成绩迎接党的二十大胜利召开。

# 目　录

## ·上　编·

**2021 年中国历史学研究评价报告**
　………… 中国社会科学院中国社会科学评价研究院课题组 / 3

## ·中　编·

**2021 年历史理论与史学理论研究报告** …………… 张旭鹏 / 43
　一、历史理论 ………………………………………………… / 43
　二、中国史学理论 …………………………………………… / 52
　三、外国史学理论 …………………………………………… / 74

**2021 年中国古代史研究报告** ……………………………… / 104
　一、先秦秦汉史 ………………………… 晋　文　齐正阳 / 104
　二、魏晋南北朝隋唐五代史 ……………………… 夏　炎 / 121
　三、辽宋夏金元史 ………………………………… 李华瑞 / 139
　四、明清史 ………………………………………… 王日根 / 164

**2021 年中国近代史研究报告** ……………………… 马　敏等 / 191
　一、中国近代政治史研究 ………………… 付海晏　高　航 / 191
　二、中国近代思想文化史研究 …………………… 许小青 / 206
　三、中国近代经济史研究 ………………………… 魏文享 / 215

四、中国近代社会史研究 …………………………… 魏文享 / 234
　　五、中国近代中外关系史研究 ………………………… 付海晏 / 245

**2021 年中共党史、中华人民共和国史研究报告**
　　…………………………………………… 辛　逸　赵　懿　董　龙 / 273
　　一、理论与方法 ……………………………………………… / 274
　　二、新民主主义革命时期 …………………………………… / 283
　　三、社会主义革命和建设时期 ……………………………… / 302
　　四、改革开放和社会主义现代化建设新时期 ……………… / 312
　　五、人物研究与史料挖掘 …………………………………… / 314

**2021 年世界史研究报告** ……………………………………… / 324
　　一、世界古代史 …………………………………… 晏绍祥 / 324
　　二、世界中世纪史 ………………………………… 孟广林 / 358
　　三、世界近现代史 …………………………… 赵学功　邢来顺 / 381

**2021 年考古学研究报告** ……………………………………… / 451
　　一、考古学理论与方法 …………………………… 陈胜前 / 451
　　二、旧石器时代 …………………………………… 周振宇 / 476
　　三、新石器时代 …………………………………… 李新伟 / 485
　　四、夏商周时期 …………………………… 于孟洲　黎海超 / 498
　　五、秦汉至元明清时期 …………………………… 霍　巍　王　煜 / 524

## ·下　编·

**2021 年中国历史学十大研究热点** …………………………… / 547

**2021 年中国历史学五部优秀著作** …………………………… / 558

**2021 年中国历史学十篇（组）优秀论文** …………………… / 569

# 上 编

# 2021年中国历史学研究评价报告

中国社会科学院中国社会科学评价研究院课题组*

## 引　言

  2021年，我们亲历了党和国家历史上具有里程碑意义的大事。这一年，是中国共产党成立100周年，我们如期实现全面建成小康社会的奋斗目标，开启全面建设社会主义现代化国家的新征程。这一年，党史学习教育深入开展，党的十九届六中全会审议通过《中共中央关于党的百年奋斗重大成就和历史经验的决议》，总结了党的百年奋斗重大成就和历史经验，推动全党全社会坚定历史自信。习近平总书记强调："历史是最好的教科书，一切向前走，都不能忘记走过的路；走得再远、走到再光辉的未来，也不能忘记走过的过去。当前，世界百年未有之大变局加速演进，中华民族伟大复兴进入关键时期，我们更需要以史为鉴、察往知来。"[①] 在向第二个百年奋斗目标迈进的新征程上，全国广大历史研究工作者坚持唯物史观在历史研究中的指导地位，一方面在传统领域持续深耕，对重大历史问题进行深入探讨；另一方面紧扣时代主题，回应现实关切，充分发挥历史学"知古鉴今、资政育人"的重要作用。

---

\* 课题组负责人：中国社会科学院中国社会科学评价研究院院长荆林波研究员；本报告执笔人：荆林波、逯万辉、郝若扬、张裕斌、尚嫒嫒。
① 习近平：《在复兴之路上坚定前行——〈复兴文库〉序言》（2022年9月20日），《人民日报》2022年9月27日，第1版。

2021年是中国历史学繁荣发展的一年，研究成果颇丰。本报告运用文献计量学的方法，对2021年度历史学研究领域发表的学术论文进行统计分析，系统挖掘和描述历史理论、中国史、世界史、考古学四个研究方向的学术热点，力求从整体上展示2021年度中国历史学研究的现状，更好地把握历史学研究的发展方向。

# 一、历史学2021年度文献计量分析

## （一）统计对象

本文统计对象为历史学科2021年发表的学术论文。在统计范围上，以中国社会科学评价研究院发布的《中国人文社会科学期刊AMI综合评价报告（2022版）》中评选出的核心期刊（简称"A刊"核心）及以上级别期刊目录为基础，结合专家推荐、课题组审定的非核心期刊和集刊目录。其中，期刊228种，包含"A刊"核心及以上级别期刊178种、扩展期刊42种、入库期刊7种、专家增补期刊1种（附表1为历史学及考古学专业期刊，附表2为其他专业类期刊及综合性期刊）；集刊36种（附表3）。

在此基础上，统计数据源遴选过程依托于中国社会科学评价研究院研制的中国人文社会科学A刊引文数据库（CHSSACD），由中国历史研究院和中国社会科学评价研究院"中国历史学前沿报告（2022）"课题组组织历史学领域专家对历史学、考古学专业期刊，刊载历史学、考古学论文的综合性期刊以及部分其他人文学科专业期刊，历史学、考古学专业集刊2021年刊载的历史学科学术文献信息进行采集和加工，构建本报告的统计样本。

## （二）数据处理

在数据采集与加工的基础上，通过文献分类号对综合性期刊（含高校学报）和其他专业类期刊中刊载的 2.93 万篇文献进行识别和标注，筛选抽取出其中的历史学、考古学学术论文，同时对历史学、考古学专业期刊和集刊中刊载的非学术文献进行过滤，形成统计数据源，进行 2021 年度历史学研究现状描述与研究热点分析。

在作者发文量统计与机构、地区发文量统计过程中，将作者合著、机构合作论文同时归属于不同合作者或合作机构，即合著论文在计数上对不同作者、不同机构均作为其学术产出进行统计；对同一机构的多位合作者来说，每位合作者共同拥有该成果，但是该机构的成果数量仅计算一次；地区发文量计算过程与之类似。在二级学科分类统计过程中，基于论文分类号将历史学论文划分为历史理论（论文分类号为 K0，下同）、中国史（K2）、世界史（K1、K3—K7）和考古学（K8）四个类别，在具体操作过程中，如果一篇文章被标记多个分类号，则该篇文章同时在多个类别中参与计算。基于该规则，我们对历史学、考古学的发文情况进行统计分析，以反映 2021 年度的发展概貌。

### （三）历史学科整体发文数据统计

从论文数据分布来看，专业性学术期刊（包括中国史、世界史和考古学专业期刊）是历史学、考古学学术交流与学术成果发布的主要平台，刊发论文的数量约占全部中国史、世界史、考古学论文的 64%，在各类文献载体中所占比重接近 2/3；其他专业类期刊及综合性学术期刊（含高校学报）刊载中国史、世界史、考古学学术论文约占全部论文的 25%；专家推荐的中国史、世界史、考古学集刊刊发论文约占全部论文的 11%（见图 1）。

数量虽然不能完全代表质量，但是一个地区、机构或作者在特定领域的发文数量，可以在一定程度上反映其研究实力与学术影响。

从地区发文量来看，北京、上海、江苏三个地区是历史学研究的

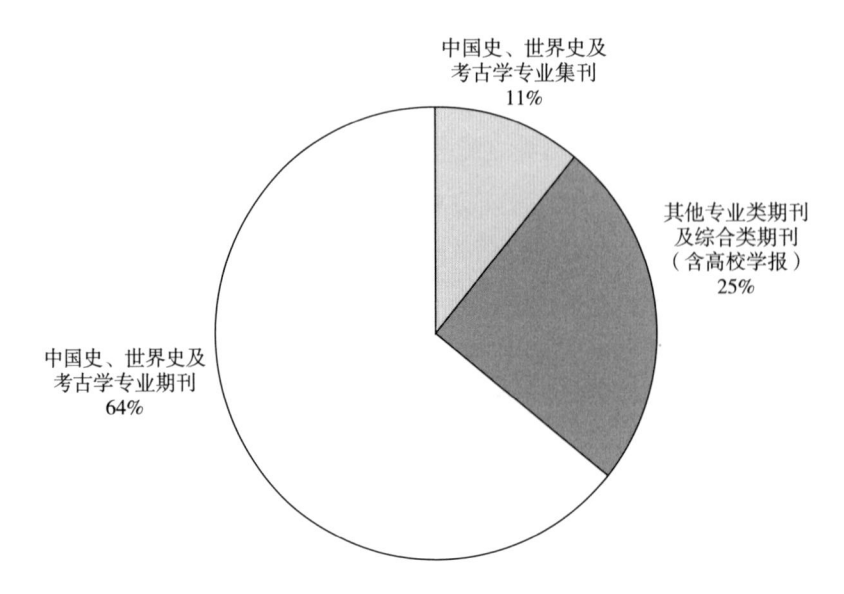

**图 1　2021 年历史学科论文不同载体类型分布情况**

中国史、世界史及考古学专业集刊 11%

其他专业类期刊及综合类期刊（含高校学报）25%

中国史、世界史及考古学专业期刊 64%

第一梯队，其累计发文量超过全国发文总量的 1/3，其中北京的发文量占比达 21.43%，较上一年提升了 0.6 个百分点。其次是陕西、四川、河南、广东等地区，发文量均占全国发文总量的 3.5% 以上，其中河南省发文量较上一年度提升了 1 名，广东省的发文量有所下降。

**表 1　2021 年历史学论文发文地区分布（前 20 名）**

| 序号 | 地区 | 发文量（篇） | 占比（%） | 序号 | 地区 | 发文量（篇） | 占比（%） |
| --- | --- | --- | --- | --- | --- | --- | --- |
| 1 | 北京 | 2230 | 21.43 | 11 | 天津 | 276 | 2.65 |
| 2 | 上海 | 876 | 8.42 | 12 | 吉林 | 239 | 2.30 |
| 3 | 江苏 | 587 | 5.64 | 13 | 甘肃 | 201 | 1.93 |
| 4 | 陕西 | 476 | 4.57 | 14 | 福建 | 191 | 1.84 |
| 5 | 四川 | 425 | 4.08 | 15 | 安徽 | 159 | 1.53 |
| 6 | 河南 | 391 | 3.76 | 16 | 河北 | 154 | 1.48 |
| 7 | 广东 | 375 | 3.60 | 17 | 湖南 | 152 | 1.46 |
| 8 | 湖北 | 362 | 3.48 | 18 | 山西 | 133 | 1.28 |
| 9 | 山东 | 343 | 3.30 | 19 | 云南 | 127 | 1.22 |
| 10 | 浙江 | 324 | 3.11 | 20 | 重庆 | 108 | 1.04 |

图 2　2021 年历史学论文发文地区分布（前 20 名）

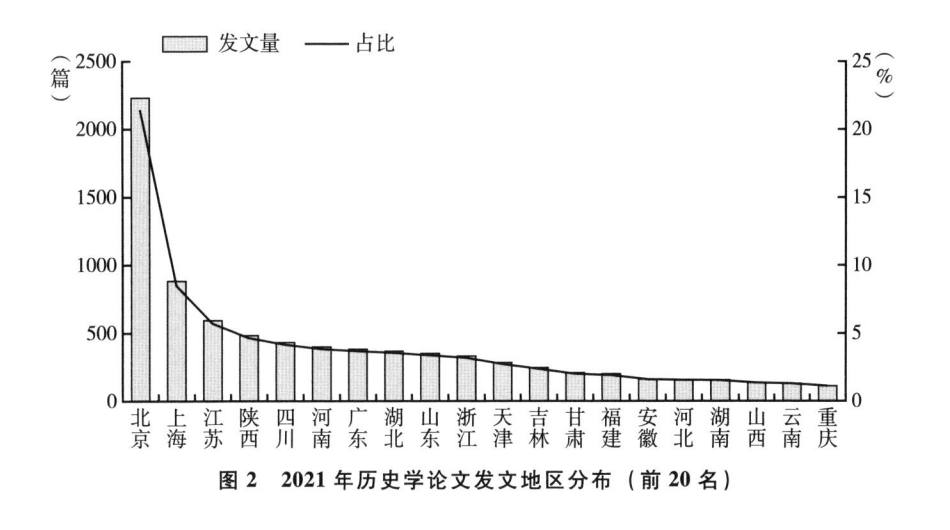

从发文作者与发文机构来看，中国社会科学院尤其是中国历史研究院 2021 年发表的历史学论文占全国发文总量比例为 6.28%，在国内科研机构中发文量最高。北京大学（3.12%）、复旦大学（2.65%）、中国人民大学（2.31%）、四川大学（1.97%）、南开大学（1.84%）、北京师范大学（1.81%）、华东师范大学（1.80%）等机构的发文量也相对较高，处于该学科发文量排名前列。发文量排名前 20 位的机构及占比情况如表 2 所示。这些机构合计发文量约占全部发文量的 38%，占比超过 1/3。

表 2　2021 年国内主要机构历史学发文量统计

| 序号 | 机构 | 发文量（篇） | 占比（%） | 序号 | 机构 | 发文量（篇） | 占比（%） |
| --- | --- | --- | --- | --- | --- | --- | --- |
| 1 | 中国社会科学院 | 654 | 6.28 | 11 | 陕西师范大学 | 159 | 1.53 |
| 2 | 北京大学 | 325 | 3.12 | 12 | 武汉大学 | 157 | 1.51 |
| 3 | 复旦大学 | 276 | 2.65 | 13 | 西北大学 | 152 | 1.46 |
| 4 | 中国人民大学 | 240 | 2.31 | 14 | 中山大学 | 150 | 1.44 |
| 5 | 四川大学 | 205 | 1.97 | 15 | 清华大学 | 142 | 1.36 |
| 6 | 南开大学 | 191 | 1.84 | 16 | 浙江大学 | 131 | 1.26 |
| 7 | 北京师范大学 | 188 | 1.81 | 17 | 首都师范大学 | 128 | 1.23 |
| 8 | 华东师范大学 | 187 | 1.80 | 18 | 吉林大学 | 125 | 1.20 |
| 9 | 南京大学 | 174 | 1.67 | 19 | 上海师范大学 | 108 | 1.04 |
| 10 | 山东大学 | 171 | 1.64 | 20 | 上海大学 | 96 | 0.92 |

从论文合作情况来看，该学科作者合作现象相对较少，但合作趋势不断增强，合作论文占比从 2020 年的 22.33% 上升到 29.88%，跨机构合作率从 2020 年的 16.64% 上升到 18.48%，仍低于人文社会科学整体水平。但是相较 2019 年和 2020 年数据情况，作者合作率和机构合作率均有一定提升，与当前人文社会科学研究的整体趋势与创新特点相符。合作研究越来越引起学者重视，成为推动学术发展的重要因素。

机构间合作网络如图 3 所示。从图中可以看出，中国社会科学院与中国科学院、西北大学、复旦大学及南京大学之间合作强度相对较高，中国科学院还与复旦大学、吉林大学、上海大学合作较密切，北京大学与中山大学、西北大学的合作较为频繁。

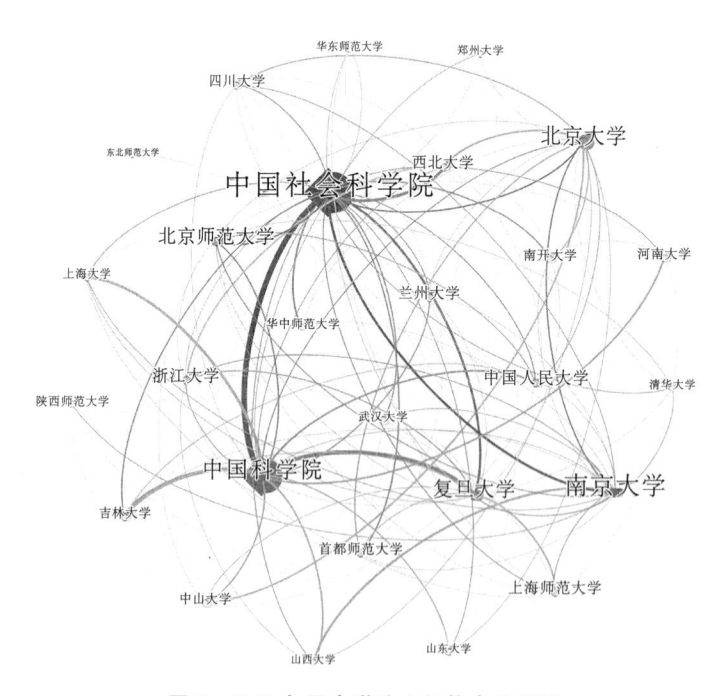

**图 3　2021 年历史学论文机构合作网络**

从作者发文情况来看，中国人民大学韩建业教授 2021 年在来源刊物上发表论文 11 篇，在该学科高发文量学者中排名第一位。发文量前 10 名学者相关情况如表 3 所示。

表 3  2021 年历史学领域发文量前十名的学者

| 作者 | 所属机构 | 发文量（篇） |
| --- | --- | --- |
| 韩建业 | 中国人民大学 | 11 |
| 王子今 | 西北大学 | 9 |
| 桑 兵 | 浙江大学 | 9 |
| 杨 博 | 中国社会科学院 | 8 |
| 黄光辉 | 清华大学 | 8 |
| 李新伟 | 中国社会科学院 | 8 |
| 黄纯艳 | 华东师范大学 | 8 |
| 樊温泉 | 河南省文物考古研究院 | 8 |
| 常建华 | 南开大学 | 8 |
| 王思明 | 南京农业大学 | 8 |

说明：在统计作者发文量过程中，为尽量避免重名现象对计算结果的影响，将"作者+机构"作为学者信息的唯一标识，并根据作者标注的机构信息，对论文的作者和机构情况进行映射对照，进而统计得出上述结果。

## 二、历史学 2021 年度分领域统计分析

及时关注、准确把握和持续追踪学科研究热点，是开展学术研究的必要环节，也是评价研究主体学术敏感性的重要标尺。

关键词可以大体揭示一篇学术论文的研究对象乃至核心观点。一般来说，某一时期内某一领域或学科的学术期刊所刊载论文的关键词频次特征，与学术热点之间呈现出一定的一致性，这就为基于关键词的定量分析，讨论某学科领域的期刊或学者所关注的研究热点，提供了数据基础。

2021 年，中国历史学论文关键词 2.5 万余个，涉及的信息量较为

丰富，且由于人文社会科学文本表达的差异性，特别是中文字符表达上语义的多样性，关键词表述并不完全规范和精确。有一些约定俗成或新出现的表述方式及其用法，在短期之内难以改变或形成共识，因此很难进行精确和科学的分类，但是根据整体关键词的分布，可以在一定程度上反映该学科的研究热点。

以"清代"、"明代"等作为关键词的论文发文量在 2021 年依旧最高，结合 2019 年和 2020 年的中国历史学研究评价报告，可以看出该领域的相关研究持续受到较高关注，是我国历史学研究的热门领域，取得了丰硕的成果。此外，2021 年有 120 余篇论文以"中国共产党"、"抗日战争"等作为关键词，在中国共产党建党 100 周年的伟大历史时刻，历史学界高度关注这一重大事件，举行了众多学术研讨会，形成了研究热潮，相关研究成果丰富。

图 4 展示了历史学 2021 年的研究热点及代表性关键词。为了进一步研究历史学各领域的研究状况，本文将通过论文分类号对历史理论、中国史、世界史和考古学研究的相关情况进行分析。

**图 4　历史学 2021 年研究热点词云图**

## （一）历史理论领域研究热点分析

2021年，历史理论与史学史研究取得进一步发展。以"马克思主义史学"、"唯物史观"等作为关键词的学术论文有16篇，以"中国史学史"、"中国史学"、"传统史学"等作为关键词的学术论文有14篇，此外以"全球史"、"口述史"、"历史书写"、"历史哲学"、"历史记忆"等作为关键词的学术论文发表数量也较多。图5展示了历史理论领域研究热点词云情况。

**图 5  历史理论领域 2021 年研究热点词云图**

在历史理论研究领域，2021年中国社会科学院以发文量39篇位列该领域发文机构第一名；其次是北京师范大学，发文量为29篇；华东师范大学和中国人民大学的发文量分别位列第三名和第四名；复旦大学、山东大学的发文量并列第五名。表4展示了该领域发文量前20名的机构发文情况。

· 11 ·

表4 2021年历史理论领域机构发文情况

| 序号 | 机构 | 发文量（篇） | 序号 | 机构 | 发文量（篇） |
| --- | --- | --- | --- | --- | --- |
| 1 | 中国社会科学院 | 39 | 13 | 四川大学 | 7 |
| 2 | 北京师范大学 | 29 | 14 | 云南大学 | 7 |
| 3 | 华东师范大学 | 17 | 15 | 清华大学 | 7 |
| 4 | 中国人民大学 | 15 | 16 | 武汉大学 | 7 |
| 5 | 复旦大学 | 14 | 17 | 华中师范大学 | 7 |
| 6 | 山东大学 | 14 | 18 | 南开大学 | 6 |
| 7 | 上海师范大学 | 13 | 19 | 淮北师范大学 | 6 |
| 8 | 北京大学 | 12 | 20 | 宁波大学 | 5 |
| 9 | 浙江大学 | 11 | 21 | 河南大学 | 5 |
| 10 | 首都师范大学 | 10 | 22 | 东北师范大学 | 5 |
| 11 | 南京大学 | 9 | 23 | 吉林大学 | 5 |
| 12 | 中山大学 | 8 | 24 | 厦门大学 | 5 |

从关键词共现网络情况来看，可以进一步分析该领域的研究主题分布及其相关情况（见图6），在此基础上还可分析得出年度研究热点。

**1. 唯物史观与马克思主义史学研究不断深化**

2021年，以庆祝中国共产党成立100周年为契机，学者对马克思主义史学的重大理论问题进行深入研究，主要集中在两个方面：一是对中国马克思主义史学形成与发展历程的梳理总结，以及对马克思主义史学史研究范式的拓展研究。如《史学集刊》2021年第4期发表"近百年马克思主义史学在中国的发展研究"笔谈文章，《河南师范大学学报》2021年第5期发表"中国马克思主义史学的发展与反思"笔谈文章，《历史教学问题》2021年第1期和《四川师范大学学报》2021年第5期开设"中国马克思主义史学研究"专栏。二是对马克思主义社会形态理论和中国古代社会性质问题的深入探讨。《史学理论研究》2021年第2期和第4期的圆桌会议栏目分别推出了以"马克思主义社会形态理论与中国早期社会性质研究"以及"唯物史观与五种社会形态理论"为主题的系列文章，《中国史研究动态》2021年

**图 6　历史理论领域 2021 年研究关键词共现网络**

第 3 期发表"中国古代社会性质的再研究"笔谈文章,不仅对"五形态"论和"三形态"说进行了比较辨析,也对中国社会史论战与中国古代社会性质问题进行了系统思考。此外,第 24 届全国史学理论研讨会、2021 年史学理论与史学史学术研讨会等会议相继召开,推动相关理论问题深入讨论。

**2. 史家研究成为焦点**

史家、史著、史学流派是历史理论与史学史研究的重要组成部分。本年度,学者围绕顾颉刚、郭沫若、吕思勉等史家的史学思想与治史实践进行了更加深入的探讨,如《历史研究》2021 年第 4 期刊发李孝迁的《〈十批判书〉的写作语境与意图》等。此外,部分学术期刊还开设相关专栏，如《历史评论》"人物"专栏，刊发介绍范文澜、翦伯赞、吕振羽等马克思主义史学家的文章；《华东师范大学学报》2021年第6期开设的"对话大师"专栏，以及《历史教学问题》2021年第3期开设的"吕思勉研究"专栏，均对吕思勉的治史思想进行了研究探讨。《学术研究》2021年第8期开设"兰克史学及其东亚反响"的专栏，围绕德国历史学家兰克的史学思想及其影响进行了讨论。

**3. 全球史的理论方法研究稳步推进**

全球史作为一种理论方法，强调运用跨国家、跨民族、跨文化的视角，从不同文明之间的互动、比较中考察历史，长期以来一直是学界研究的热点。本年度全球史研究一方面聚焦对我国全球史研究历程的系统回顾与反思，以及我国全球史学科建设的理论问题，如刘文明《中国全球史研究的回顾与思考》、张文涛《全球史的兴起与当代中国全球史学科建设》等；另一方面侧重从全球史的视角审视冷战史、中外关系史、史学史等领域，同时加强了对全球微观史的理论研究，如王栋、殷晴飞《从冷战国际史到冷战全球史：国内冷战史研究范式的多样化趋势》，王晴佳《史学史研究的性质、演变和未来：一个全球的视角》，等等。

**4. 口述史研究向多维度发展**

近年来，口述史研究引起越来越多的学者关注。本年度口述史研究涉及多个方向领域，呈现多维度发展的趋势。在理论探讨方面，进一步总结了口述史的理论发展进程和研究现状，对口述史的研究规范、方法技术、价值意义等问题进行了深入探讨。如《史学理论研究》2021年第5期开设"多维视域下的口述历史"专栏，《学术月刊》2021年第11期开设"口述历史与集体记忆研究"专栏等。在专题研究方面，出版了大量关于中国共产党和新中国发展的口述史著作，涵盖革命战争、改革开放、脱贫攻坚、社会生活等方面，部分学术期刊推出了相关专栏，如《贵州社会科学》2021 年第 11 期、《社会科学研究》2021 年第 5 期均开设"口述史、集体记忆与新中国工业建设"专栏。还有一些学者具体考察了有关少数民族、非物质文化遗产以及艺术、体育等方面的口述史。2021 年 4 月，"新时代中国马克思主义口述历史的新趋向"学术研讨会在南京召开，对口述史的理论问题、中国人民志愿军老战士口述研究、汶川大地震口述史、新冠肺炎疫情口述史等进行讨论。

**5. 历史书写研究备受关注**

历史书写是本年度的研究热点之一，主要侧重以下三个角度：一是对历史书写的理论性研究，重点探讨了历史书写与历史记忆、历史事实、历史观的关系问题；二是以某一文献史料为中心，分析其历史书写的特点和方法，并通过历史书写的视角透视文献背后的政治文化环境；三是通过比较不同时期历史书写的特点，研究分析史学发展的进程或史学思想的变化，探讨社会时代背景对历史书写的影响。

## （二）中国史领域研究热点分析

2021 年，在中国史研究方面，围绕"明清（时期）"的相关研究占据了重要位置，以"清代"、"明代"、"宋代"、"唐代"等作为关键词的研究论文数量保持高位领先。该年迎来中国共产党成立 100 周年，中共党史研究也是焦点。此外，作为去年（2020 年度）抗日战争胜利 75 周年研究的延续，以"抗日战争"、"抗战时期"等作为关键词的学术研究依然保持较高热度。图 7 展示了中国史领域的研究热点词云情况。

在中国史研究领域，2021 年中国社会科学院发文量 314 篇，位列该领域发文机构第一名，遥遥领先。其次是北京大学、复旦大学，在中国史领域发文量分别为 139 篇和 138 篇，位居第二和第三位；中国

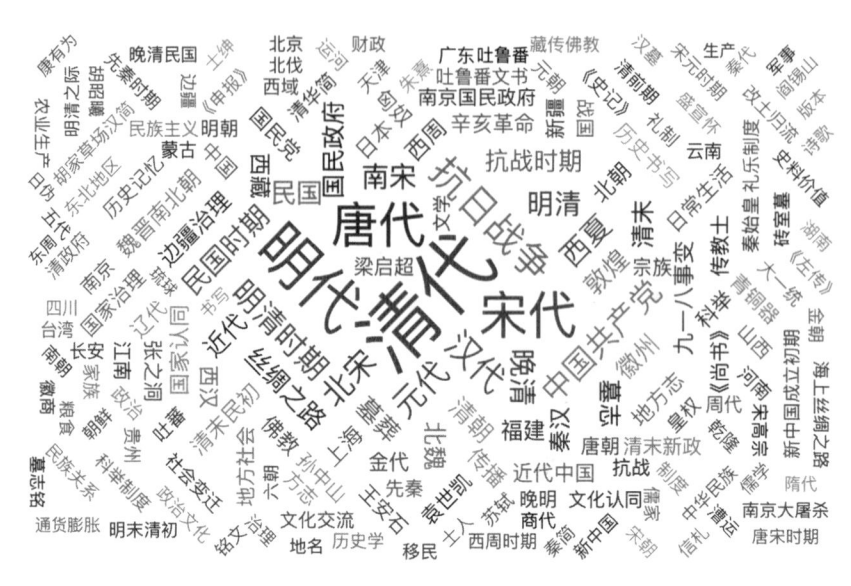

图 7　中国史领域 2021 年研究热点词云图

人民大学和四川大学以 126 篇和 123 篇的发文量位列发文量排名第四和第五位。表 5 展示了该领域发文量前 20 名的机构发文情况。

表 5　2021 年中国史领域机构发文情况（前 20 名）

| 序号 | 机构 | 发文量（篇） | 序号 | 机构 | 发文量（篇） |
| --- | --- | --- | --- | --- | --- |
| 1 | 中国社会科学院 | 314 | 11 | 武汉大学 | 83 |
| 2 | 北京大学 | 139 | 12 | 北京师范大学 | 83 |
| 3 | 复旦大学 | 138 | 13 | 华东师范大学 | 80 |
| 4 | 中国人民大学 | 126 | 14 | 清华大学 | 75 |
| 5 | 四川大学 | 123 | 15 | 西北大学 | 67 |
| 6 | 陕西师范大学 | 111 | 16 | 浙江大学 | 60 |
| 7 | 南开大学 | 110 | 17 | 河南大学 | 58 |
| 8 | 中山大学 | 100 | 18 | 上海师范大学 | 57 |
| 9 | 山东大学 | 97 | 19 | 华中师范大学 | 54 |
| 10 | 南京大学 | 96 | 20 | 河北大学 | 53 |

从关键词共现网络情况来看，可以进一步分析中国史领域的研究主题分布及其相关情况（见图 8），在此基础上还可分析得出年度研究热点。

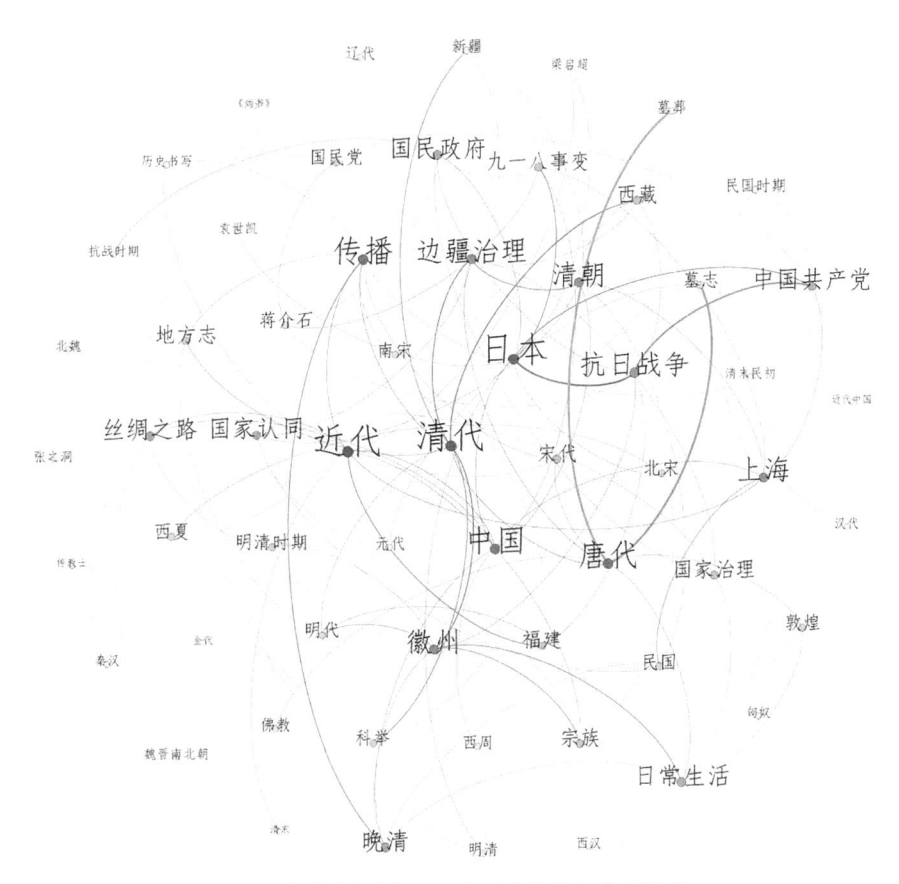

**图 8　中国史领域 2021 年研究关键词共现网络**

### 1. 中国古代国家治理研究不断深化

中国古代国家治理是学界长期关注的重要内容，本年度研究聚焦三个方面：一是继续深化对中国古代政治经济制度的研究，进一步考察中国古代官制和地方行政制度，深入讨论古代王朝的财政治理能力和制度建设。如《中国经济史研究》2021 年第 1 期和第 2 期开设"明清国家能力、国家治理与经济变迁"专栏，围绕明清时期的经济制度和国家治理能力展开讨论；《史学集刊》2021年第5期推出一组主题为"中国古代财政体制与国家治理"的笔谈文章，对中国古代财政体制的变迁进行研究。二是不断推进古代基层治理研究，不但加强了对中国古代乡村治理体系的研究，也考察基层组织的建设与演变、分析地方政府与基层组织的政务运作，并结合个案深入研究基层治理结构。如《中国史研究动态》2021年第2期发表关于"中国古代基层治理的新探索"的笔谈文章，对古代社会的乡村权力体系、乡村治理模式等进行了探讨。三是关注边疆治理研究。边疆治理是国家治理的重要内容，关系国家的稳定发展。中国历朝历代都十分重视边疆治理，对我国统一多民族国家的形成和发展产生了重要影响。本年度研究以边疆治理机构或文献史料为中心，对中国古代边疆治理的模式或制度变迁进行具体考察、对边疆与中原一体化等重要问题进行讨论，深化了文化认同研究，对于铸牢中华民族共同体意识具有重要的现实意义。如《历史评论》2021年第5期刊发刘子凡《唐朝经营西域的文化影响至深至远》，指出以儒家思想为核心的中原文化在西域广泛传播，使当地民众对中原王朝的政治认同能够长期维持，为当地的中华文化认同奠定重要文化心理基础。对与边疆问题密切相关的"华夷之辨"思想、"天下观"和"边疆观"等思想进行深入研究，对"中国"、"天下"等概念进行辨析，分析阐释了"大一统"思想的内涵、影响与意义。

**2. 百年党史研究成为重要热点**

站在党的百年历史的新起点，学者系统回顾党的百年奋斗历程，加强对百年党史中重要问题的探讨，全面总结党百年发展的历史经验，进一步阐释中国共产党为什么能、马克思主义为什么行、中国特色社会主义为什么好。

本年度关于党的百年发展历程和历史经验的研究集中在以下四个方面：一是聚焦党在革命、建设、改革等历史时期的理论探索和建设实践，探讨党在重大历史关头的道路抉择；二是以百年历程的宏观视角，从党的政治建设、经济建设、文化建设、社会建设等不同维度，全面系统总结党的历史成就和基本经验；三是深化对马克思主义中国化时代化，以及实现中华民族伟大复兴道路的研究；四是分析党的百年发展历程对世界的影响与贡献。许多学术期刊推出相关专题，如《历史研究》2021年第1、5期分别刊发对党史研究专家金冲及、邵维正的访谈；第2期刊发以"中国共产党与中国历史道路"为主题的笔谈；第3期开设"庆祝中国共产党成立一百周年"专栏；第6期发表一组主题为"以史为鉴，开创未来"的笔谈。《中国社会科学》2021年第11期开设了"中国共产党100年的理论与实践"专栏；《党的文献》《近代史研究》《中共党史研究》《当代中国史研究》等均开设相关专栏。此外，"党的百年历程探索与理论创新——庆祝中国共产党成立100周年"高峰论坛、"建党百年与建设社会主义现代化国家成就和经验"学术研讨会等相继召开，进一步推动对党的发展历程与历史经验的研究和探讨。

### 3. 抗日战争史研究繁荣发展

2021年是九一八事变爆发90周年，学界以九一八事变为中心，展开多角度讨论。2021年10月，九一八事变90周年国际学术研讨会在南京召开，与会学者围绕相关历史事实及其对中国和国际关系的影响进行深入研讨，涌现出许多新成果。《社会科学辑刊》《日本侵华南京大屠杀研究》等期刊开设"九一八事变90周年"专栏。学者一方面对九一八事变前后日本的侵华战略进行了具体探讨，另一方面对当时国内的政局变动和社会群体的抗日活动进行了考察。此外，部分学者还以"李顿调查团"为切入点进行研究探讨。

本年度中共抗战史研究主要集中在以下几个方面：一是聚焦中共抗日根据地研究；二是考察中国共产党在抗日战争时期的社会动员与宣传工作；三是加强对抗日民族统一战线的理解认识；四是深化抗战

大后方研究；五是对近 30 年来抗日战争研究进行系统回顾和总结，对抗日战争史研究的理论方法进行探讨。

**4. 丝绸之路与中外文化交流研究颇受关注**

近年来，"丝绸之路"一直是学界研究的热点，也是中国史、世界史、考古学共同关注的话题。本年度丝绸之路研究聚焦以下几个方面：一是多角度对丝绸之路上的多民族交往、多元文化的交流与互动情况进行探讨；二是结合出土文献资料，分析古代王朝对丝绸之路的开拓与经营；三是具体考察丝绸之路沿线的区域历史文化；四是加强对"海上丝绸之路"及中外贸易往来的研究讨论。2021 年 7 月召开的"丝绸之路与河西走廊"学术交流会，围绕中外文化交流与传播、丝绸之路沿线与河西走廊地区的历史文化研究进行了交流讨论。

本年度中外文化交流的研究热点，不仅有丝绸之路史，还有中国古代的佛教文化交流，以及农业生产、生活器物、饮食文化交流等方面。同时，学者深化了对朝贡体系的研究，并从全球史的视角考察了中国与周边国家及地区的交流互动。

**5. 敦煌学研究持续发力**

敦煌文化是世界多种文明长期交流融合的结晶，是中华民族的宝贵财富。经过长期发展，敦煌学已经成为一门国际显学。本年度敦煌学研究持续发力，研究领域不断拓展。一方面，对"敦煌"的得名、"敦煌学"的概念进行了再研究，阐发敦煌学研究的独特价值与贡献；另一方面，加强了对敦煌石窟、造像、壁画等方面的研究，以及对敦煌文献的考证解读，并以此勾绘当时的历史图景。如《中国社会科学》2021 年第 8 期开设"敦煌学视域中的中古历史"专栏、《浙江大学学报》2021 年第 5 期开设"海外散藏敦煌文献追踪"的主题栏目等。同时，敦煌学与丝绸之路研究联系紧密，共同推动了中国古代文化交流史的研究发展。

**6. 辛亥革命史研究持续深化**

2021年是辛亥革命爆发110周年，中共中央举行了纪念辛亥革命110周年大会。在这个历史节点上，辛亥革命史研究成为本年度学术热点。一是对辛亥革命史研究进行审视与反思；二是对辛亥革命的史料进行深入挖掘，对辛亥革命的历史意义进行深刻总结；三是对辛亥革命之际的历史人物进行研究分析。《历史评论》2021年第3、6期推出李细珠《辛亥革命爆发是历史的必然》、马敏《辛亥革命是中华民族走向自觉的重要一环》、谷小水《辛亥革命是一次伟大而艰辛的探索》等一系列文章，《史林》等学术期刊开设"纪念辛亥革命110周年"专栏。

**7. 古代科举制度研究不断拓展**

科举制度是中国古代重要的选官制度，在中国历史上以及世界范围内均产生深远影响，至今仍是学界研究的重点。本年度科举制度研究进一步拓展，一方面对科举制度的发展演变历程进行了再研究，另一方面对科举制度的历史意义与当代价值进行探讨。2021年9月，在遵义召开第二十届科举制与科举学国际学术研讨会，围绕科举制度的历史作用、当代启示及世界性影响等方面展开研讨，推动了科举制度研究进一步发展，对当前人才选拔机制有一定的借鉴意义。

**8. 医疗史与灾害史研究热度不减**

随着新冠肺炎疫情在全球的肆虐，医疗社会史成为近几年的研究热点。本年度，学者对历史上的疾病防治、灾害救济等问题继续进行研究，如《史学集刊》2021年第2期发表一组主题为"灾害文化研究理论与方法论"的笔谈文章，《江海学刊》2021年第1期开设"古代国家治理与灾害赈济"专栏等。学者围绕疫病与灾害的社会文化影响、防疫赈灾制度以及相关研究的理论方法，展开探讨并总结实践经验与历史教训。

### 9. 太平天国运动研究重新受到重视

太平天国运动研究近年来重新受到重视。2021年是金田起义爆发170周年,学界对太平天国的相关理论研究进行梳理辨析,对百余年来关于太平天国的评价进行总结,批判了近年来"妖魔化"太平天国运动的倾向。《史学理论研究》2021年第1期发表一组以"唯物史观与太平天国研究"为主题的圆桌会议文章,对太平天国运动的发展历程进行深入考察,强调运用唯物史观对太平天国运动进行科学研究,旗帜鲜明地批判了历史虚无主义。

## (三)世界史领域研究热点分析

2021年,在世界史研究方面,围绕"英国"、"日本"、"美国"以及"冷战"、"丝绸之路"、"海上丝绸之路"、"人类命运共同体"等展开了较为深入的研究。图9展示了世界史领域的研究热点词云情况。

**图9 世界史领域2021年研究热点词云图**

在世界史研究领域,2021年中国社会科学院以发文量37篇位列该领域发文机构第一名。其次是华东师范大学和东北师范大学,发文量分别为29篇和28篇，位列第二名和第三名。表6展示了该领域发文量前20名的机构发文情况。

表6 2021年世界史领域机构发文情况（前20名）

| 序号 | 机构 | 发文量（篇） | 序号 | 机构 | 发文量（篇） |
| --- | --- | --- | --- | --- | --- |
| 1 | 中国社会科学院 | 37 | 13 | 天津师范大学 | 12 |
| 2 | 华东师范大学 | 29 | 14 | 吉林大学 | 12 |
| 3 | 东北师范大学 | 28 | 15 | 清华大学 | 9 |
| 4 | 北京大学 | 25 | 16 | 华南师范大学 | 9 |
| 5 | 南开大学 | 25 | 17 | 厦门大学 | 9 |
| 6 | 复旦大学 | 23 | 18 | 西北大学 | 9 |
| 7 | 首都师范大学 | 21 | 19 | 陕西师范大学 | 8 |
| 8 | 上海师范大学 | 21 | 20 | 四川大学 | 7 |
| 9 | 上海大学 | 17 | 21 | 郑州大学 | 7 |
| 10 | 南京大学 | 16 | 22 | 武汉大学 | 7 |
| 11 | 北京师范大学 | 13 | 23 | 广东外语外贸大学 | 7 |
| 12 | 中国人民大学 | 13 | 24 | 浙江大学 | 7 |

从关键词共现网络情况来看，可以进一步分析世界史领域的研究主题分布及其相关情况（见图10），在此基础上还可分析得出年度研究热点。

**1. 中国共产党百年华诞背景下世界史研究不断发展**

在庆祝中国共产党百年华诞的背景下，学界系统回顾了我国世界史研究的历程，这是本年度的一大研究热点。中国共产党成立100周年暨世界历史研究回顾与前瞻学术研讨会的召开，丰富了关于我国世界史研究发展现状与前沿问题的讨论，包括对世界史基础理论研究与应用对策研究融合发展的探讨、马克思主义史学的发展历程解读、新史学发展变化等议题。还有学者对世界史视域下中国共产党的发展概况进行梳理，《史学集刊》《世界历史》《史学月刊》等均开设相关专栏，重点关注世界历史进程中的中国共产党，既深入探讨中共建党前后列宁主义接受史、中共和日共关系等议题，也将中国共产党百年奋

图 10 世界史领域 2021 年研究关键词共现网络

斗所取得的成就置于人类文明发展史这一更宏阔的视野下进行总结与展望。

**2. "三大体系"建设目标下的世界史学科建设研究逐渐兴起**

在构建中国特色、中国风格、中国气派的学科体系、学术体系、话语体系目标下,我国世界史学科建设的基本任务是从理论和方法上构建具有中国特色的世界史学科体系、学术体系、话语体系。本年度世界史学科相关研究逐渐受到学界关注。一是探讨关于推进中国史与世界史学科融合发展的问题,并从历史学科内在融合发展的要求出发,讨论学科融合需要的体制化组织保障、贯通中外的学科视野以及中外学者的学术交流等议题。二是对我国世界史不同学科的发展方向、现存问题与所遇挑战等内容进行深入分析。三是对面向世界提高史学话语体系的开放性，如何构建具有中国特色的世界史学科体系、能够反映学科特色的世界史学术体系，以及展现学术前沿和国际影响力的世界史话语体系等议题，进行研讨和展望。

**3. 全球史与跨国史研究日益凸显**

在全球化背景下，全球史与跨国史研究成为2021年世界史领域的一大热点。在全球史研究方面，既有针对我国全球史研究的系统回顾与思考，也涌现了一系列以全球史作为分析视野的研究，如全球史对历史空间的重构，全球史的学科建设及其与世界史的关系，全球史视野下中外关系史，中国反法西斯战争，等等。与此同时，对作为史学方法的全球史生成新历史理论的可能性进行探讨，如《全球史评论》2021年第1辑和第2辑开设"全球史理论与方法"专栏。在跨国史研究方面，注重突破民族国家的界限，从更为广阔的视角研究历史。如第一届跨国史研究青年学者论坛从跨国史的视角，对民族国家发展、中日关系与日本研究、外交与国际关系、"新史学"与史学理论等议题展开探讨；《史学月刊》2021年第3期开设"跨国史视野中的美国早期史"专栏，从不同角度探讨跨国史和美国早期史结合所带来的深刻变化，展示该研究路径的学术潜力。

**4. 国际关系史与国别史研究不断深入**

国际关系史和国别史研究一直是世界史领域的热点议题，2021年该研究不断深入。在国际关系史的相关研究中，中外关系研究占有较大比重，相关主题包括但不局限于对中美、中日关系等关键问题的历史回顾与反思，尤其是抗日战争背景下的中日关系研究备受关注，如《外国问题研究》2021年第3期开设"抗战中的中共与日本"专栏，《世界近现代史研究》2021年开设"国际关系史"专栏。2021年适逢中国恢复联合国合法席位50周年，有学者对新中国与联合国的关系进行历史回顾与思考。此外，还有学者通过梳理现实主义、自由国际主义、文化学派、中国学派的思想史和学术史，点明国际关系思想史的理论价值和实践意义。在国别史研究中，美国史、日本史等研究不断细化和深入。《史学集刊》2021 年第 6 期开设"美国史研究"专栏，第六届"长三角"美国史论坛就"美国社会、城市与环境"、"美国社会政治变迁"等主题展开讨论。

**5. 文明交流互鉴研究的拓展**

文明交流互鉴是推动人类文明进步与世界和平发展的重要动力。2021 年是文明交流互鉴研究蓬勃发展的一年。中西文明比较研究学术研讨会、人类历史中的文明交流互鉴学术论坛相继举办，与会学者就文明互鉴的基本概念、历史实践、理论议题等展开充分讨论。部分学术期刊开设相关研究专栏，如《史学集刊》2021 年第 1 期和第 3 期分别开设"古代文明史研究"和"国家与文明起源研究笔谈"栏目，就中西方古代国家起源、国家形态演变、文明演化等议题展开探讨；《史学月刊》2021 年第 10 期刊发"欧洲文明再认识"笔谈文章，就欧洲文明等相关议题展开探讨。丝绸之路是中西文明交流的纽带，该议题受到诸多学者关注，如《外国问题研究》2021 年第 2 期和第 4 期开设"丝路古今研究"专栏，对相关问题展开探讨。

## （四）考古学领域研究热点分析

2021 年，考古学领域的相关研究继续蓬勃发展，中华文明探源工程持续深入。以"甲骨文"、"仰韶文化"、"新石器时代"、"清华简"、"青铜时代"、"二里头文化"等作为关键词的学术论文发文量均有较大增长，累计达 140 余篇。图 11 展示了考古学领域的研究热点词云情况。

在考古学研究领域，2021 年中国社会科学院以发文量 159 篇位列该领域发文机构第一名。其次是北京大学和西北大学，分别以发文量

图 11　考古学领域 2021 年研究热点词云图

88 篇和 57 篇位列第二位和第三位。表 7 展示了该领域发文量前 20 名的机构发文情况。

表 7　2021 年考古学领域机构发文情况（前 20 名）

| 序号 | 机构 | 发文量（篇） | 序号 | 机构 | 发文量（篇） |
| --- | --- | --- | --- | --- | --- |
| 1 | 中国社会科学院 | 159 | 11 | 河南省文物考古研究院 | 36 |
| 2 | 北京大学 | 88 | 12 | 清华大学 | 33 |
| 3 | 西北大学 | 57 | 13 | 北京师范大学 | 32 |
| 4 | 吉林大学 | 52 | 14 | 陕西省考古研究院 | 29 |
| 5 | 中国科学院 | 47 | 15 | 中国国家博物馆 | 27 |
| 6 | 复旦大学 | 43 | 16 | 四川省文物考古研究院 | 26 |
| 7 | 中国人民大学 | 43 | 17 | 兰州大学 | 26 |
| 8 | 武汉大学 | 40 | 18 | 首都师范大学 | 25 |
| 9 | 山东大学 | 37 | 19 | 郑州大学 | 25 |
| 10 | 四川大学 | 36 | 20 | 敦煌研究院 | 23 |

从关键词共现网络情况来看，可以进一步分析该领域的研究主题分布及其相关情况（见图 12），在此基础上还可分析得出年度研究热点。

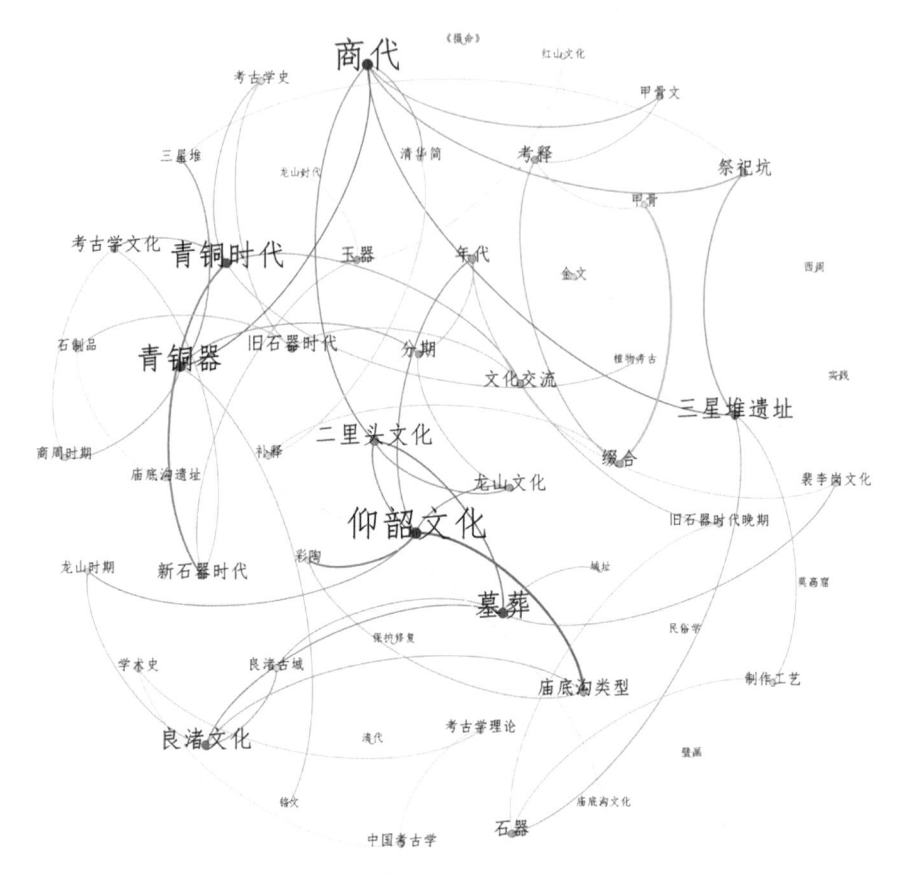

图 12 考古学领域 2021 年研究关键词共现网络

**1. 百年考古学回顾与展望**

2021 年是中国现代考古学诞生 100 周年，10 月 17 日习近平总书记发来贺信，代表党中央向全国考古工作者致以热烈的祝贺和诚挚的问候，表达了对考古工作者的殷切希望，为新的历史起点上更好地开展考古学研究提供了根本遵循，也提出了更高要求。百年来中国考古学取得一系列重大成就，不仅改写了许多文献的历史记载，也填补了史前史空白。在这个承前启后的百年节点上，诸多学者就考古学百年发展历程进行回顾与展望，第三届中国考古学大会对"百年百大考古发现"的主要成就进行集中展示，反映了几代考古人筚路蓝缕、不懈努力的成果。2021 年，由 276 位学者共同完成的《中国考古学百年史（1921—2021）》出版。这部著作系统回顾了考古学百年发展历程，作为中国考古学百年诞辰的献礼，具有重要意义。此外，百年考古的丰富经验、发展启示与未来前景也是 2021 年学界热议的话题。

**2. "中华文明探源工程"研究不断推进**

习近平总书记在致仰韶文化发现和中国现代考古学诞生 100 周年的贺信中，希望广大考古工作者发扬严谨求实、艰苦奋斗、敬业奉献的优良传统，努力建设中国特色、中国风格、中国气派的考古学，更好展示中华文明风采，弘扬中华优秀传统文化，为进一步做好历史学和考古学研究指明了方向。本年度"中华文明探源工程"第五期相关研究不断推进，《历史研究》编辑部为此专访了中国历史研究院考古研究所王巍研究员；系统性的田野工作取得突破性进展，三星堆、鸡叫城遗址两项工作获评国家文物局"2021 年度全国十大考古新发现"。年代学、古环境研究等方面均有重要发现，相关成果对于中华文明起源、区域文明特点等研究具有重要意义。

**3. 聚焦考古新发现**

2021 年度的考古发掘与研究工作取得诸多新进展。四川稻城皮洛遗址、河南南阳黄山遗址、湖南澧县鸡叫城遗址、山东滕州岗上遗址、四川广汉三星堆遗址祭祀区、湖北云梦郑家湖墓地、陕西西安江村大墓、甘肃武威唐代吐谷浑王族墓葬群、新疆尉犁克亚克库都克烽燧遗址、安徽凤阳明中都遗址被评选为"2021 年度中国十大考古新发现"。其中，四川稻城皮洛遗址引起考古界高度重视，这是近年来中国旧石器考古中最重要的发现。该遗址发掘出的包括手斧在内的大量石制品，是目前在东亚发现的最典型的阿舍利晚期阶段的文化遗存，也是目前发现的世界上海拔最高的阿舍利技术产品，证明东方早期人类文化并不落后于西方，有助于追溯人类命运共同体的远古根系以及华夏民族与中华文明的史前根脉。四川广汉三星堆遗址祭祀区备受大众关注，该遗址验证了古代文献中对古蜀国记载的真实性，出土的文物进一步证实了古蜀文明是中华文明的重要组成部分。黄山遗址、鸡叫城遗址、岗上遗址均距今5000年左右，且已具备城市雏形，出现明显的社会阶层分化，已进入初期文明阶段。此外，郑家湖墓地出土的一批珍贵文字资料为秦汉时期文化、政治研究提供了重要材料；江村大墓确定了汉文帝霸陵的准确位置，其中帝陵的布局体现了当时中央集权的政治理念；唐代吐谷浑王族墓葬群、克亚克库都克烽燧遗址的发掘丰富了丝绸之路的物质文化资料；明中都遗址的发掘廓清了明中都前朝主殿及附属建筑的布局，极大推进了对明中都的认识和研究。

**4. 科技考古成果频出**

2021年我国科技考古成果频出，视野更为开阔，呈现多学科国际合作的特点。在考古年代方面，围绕重点遗址开展年代学研究，以揭示考古学文化存续的绝对年代。在数字考古方面，各项规范逐步建立健全，数字考古应用的技术手段不断完善，第五届遥感考古年会顺利开展。在环境考古方面，古气候与文化之间的关系研究颇受关注，以人地关系为核心的环境考古研究成果丰硕，区域性研究走出国门，深入至中亚河中地区、亚太地区和丝绸之路沿线。在人骨考古方面，学界不断推出原创性研究，所涉区域从中原到边疆，时间范围延伸至明清时期。在动物考古方面，研究技术和方法不断推陈出新，相关学术会议交流丰富。在植物考古方面，农作物驯化、起源和传播，农业起源角度的文明起源与发展等研究成果丰硕。此外，科技考古的其他研究方向，如木材考古、古DNA研究、碳氮同位素分析、锶同位素分析、冶金考古、玉石器科技考古、陶瓷器科技考古、有机残留物分析等方面，均取得了不同程度的进步。

# 结　语

2021 年是中国共产党成立 100 周年，党的十九届六中全会胜利召开并通过党的历史上第三个历史决议。在全党全国各族人民迈上全面建设社会主义现代化国家新征程、向第二个百年奋斗目标进军的关键时刻，全国广大历史研究工作者以习近平总书记致中国历史研究院成立贺信精神以及习近平总书记关于历史科学的重要论述为指引，坚持历史唯物主义立场、观点、方法，勇立时代潮头，紧跟社会发展脉搏，不断开创中国史学发展的新局面，为全面建设社会主义现代化国家提供更多历史经验和史学智慧。

总的来说，全国广大历史研究工作者沿着习近平总书记指引的正确方向不断前进，在推动相关历史学科融合发展和加快构建中国特色历史学学科体系、学术体系、话语体系等方面，开展了大量卓有成效的探索，取得了一系列重要成果。中国史学的学术影响力和社会影响力持续增强，在"知古鉴今、资政育人"方面发挥了不可替代的重要作用。

# 附　表

### 附表1　历史学（及考古学）专业期刊

| 中文刊名 | 主办单位 |
| --- | --- |
| 安徽史学 | 安徽省社会科学院 |
| 北方文物 | 黑龙江省文物考古研究所 |
| 草原文物 | 内蒙古自治区文物考古研究院 |
| 出土文献 | 清华大学等 |
| 当代中国史研究 | 中国社会科学院当代中国研究所 |
| 党史研究与教学 | 中共福建省委党校 |
| 东南文化 | 南京博物院 |
| 敦煌学辑刊 | 兰州大学敦煌学研究所 |
| 敦煌研究 | 敦煌研究院 |
| 福建史志 | 中共福建省委党史研究和地方志编纂办公室等 |
| 古代文明 | 东北师范大学出版社有限责任公司 |
| 古籍整理研究学刊 | 东北师范大学文学院古籍整理研究所 |
| 古今农业 | 全国农业展览馆 |
| 故宫博物院院刊 | 故宫博物院 |
| 贵州文史丛刊 | 贵州省文史研究馆 |
| 国际汉学 | 北京外国语大学 |
| 海交史研究 | 中国海外交通史研究会等 |
| 华侨华人历史研究 | 中国华侨华人研究所 |
| 华夏考古 | 河南省文物考古研究院等 |
| 江汉考古 | 湖北省文物考古研究所 |
| 近代史研究 | 中国历史研究院近代史研究所 |
| 经济社会史评论 | 天津师范大学 |
| 军事历史 | 军事科学院军队政治工作研究院 |
| 军事历史研究 | 国防大学国家安全学院 |
| 抗日战争研究 | 中国历史研究院近代史研究所等 |
| 考古 | 中国历史研究院考古研究所 |
| 考古学报 | 中国历史研究院考古研究所 |
| 考古与文物 | 陕西省考古研究院 |
| 历史档案 | 中国第一历史档案馆 |
| 历史地理研究 | 复旦大学等 |
| 历史教学 | 历史教学社（天津）有限公司 |
| 历史教学问题 | 华东师范大学 |

**续附表 1**

| 中文刊名 | 主办单位 |
| --- | --- |
| 历史评论 | 中国历史研究院 |
| 历史研究 | 中国社会科学院 |
| 民国档案 | 中国第二历史档案馆 |
| 南方文物 | 江西省文物考古研究院 |
| 农业考古 | 江西省社会科学院 |
| 清史研究 | 中国人民大学 |
| 日本侵华南京大屠杀研究 | 侵华日军南京大屠杀遇难同胞纪念馆等 |
| 史林 | 上海社会科学院历史研究所 |
| 史学集刊 | 吉林大学 |
| 史学理论研究 | 中国历史研究院历史理论研究所 |
| 史学史研究 | 北京师范大学 |
| 史学月刊 | 河南大学等 |
| 世界历史 | 中国历史研究院世界历史研究所 |
| 世界历史评论 | 上海人民出版社有限责任公司 |
| 四川文物 | 四川省文物考古研究院 |
| 台湾历史研究 | 中国历史研究院近代史研究所等 |
| 文博 | 陕西省文物局 |
| 文史 | 中华书局有限公司 |
| 文史杂志 | 四川省人民政府文史研究馆等 |
| 文物 | 文物出版社 |
| 文物保护与考古科学 | 上海博物馆 |
| 文物春秋 | 河北省博物馆 |
| 文物世界 | 山西省文物局 |
| 文献 | 国家图书馆 |
| 西夏研究 | 宁夏社会科学院 |
| 西域研究 | 新疆社会科学院 |
| 盐业史研究 | 自贡市盐业历史博物馆等 |
| 中共党史研究 | 中共中央党史和文献研究院 |
| 中国边疆史地研究 | 中国历史研究院中国边疆研究所 |
| 中国地方志 | 中国地方志指导小组办公室 |
| 中国典籍与文化 | 全国高等院校古籍整理研究工作委员会 |
| 中国国家博物馆馆刊 | 中国国家博物馆 |
| 中国经济史研究 | 中国社会科学院经济研究所 |
| 中国科技史杂志 | 中国科学技术史学会等 |
| 中国历史地理论丛 | 陕西师范大学 |
| 中国农史 | 中国农业历史学会等 |
| 中国社会经济史研究 | 厦门大学历史研究所 |

**续附表 1**

| 中文刊名 | 主办单位 |
| --- | --- |
| 中国史研究 | 中国历史研究院古代史研究所 |
| 中国史研究动态 | 中国历史研究院古代史研究所 |
| 中华文史论丛 | 上海古籍出版社有限公司 |
| 中原文物 | 河南博物院 |

**附表 2  其他专业类期刊及综合性期刊**

| 中文刊名 | 主办单位 |
| --- | --- |
| 安徽大学学报（哲学社会科学版） | 安徽大学 |
| 安徽师范大学学报（人文社会科学版） | 安徽师范大学 |
| 北方民族大学学报（哲学社会科学版） | 北方民族大学 |
| 北京大学学报（哲学社会科学版） | 北京大学 |
| 北京工业大学学报（社会科学版） | 北京工业大学 |
| 北京理工大学学报（社会科学版） | 北京理工大学 |
| 北京联合大学学报（人文社会科学版） | 北京联合大学 |
| 北京社会科学 | 北京市社会科学院 |
| 北京师范大学学报（社会科学版） | 北京师范大学 |
| 重庆大学学报（社会科学版） | 重庆大学 |
| 重庆理工大学学报（社会科学版） | 重庆理工大学 |
| 重庆社会科学 | 重庆社会科学院 |
| 大连理工大学学报（社会科学版） | 大连理工大学 |
| 当代世界与社会主义 | 中共中央党史和文献研究院等 |
| 当代亚太 | 中国社会科学院亚太与全球战略研究院等 |
| 党的文献 | 中共中央党史和文献研究院等 |
| 东北大学学报（社会科学版） | 东北大学 |
| 东北师大学报（哲学社会科学版） | 东北师范大学 |
| 东南大学学报（哲学社会科学版） | 东南大学 |
| 东南学术 | 福建省社会科学界联合会 |
| 东岳论丛 | 山东社会科学院 |
| 读书 | 生活·读书·新知三联书店有限公司 |
| 福建论坛（人文社会科学版） | 福建社会科学院 |
| 福建师范大学学报（哲学社会科学版） | 福建师范大学 |
| 复旦学报（社会科学版） | 复旦大学 |
| 甘肃社会科学 | 甘肃省社会科学院 |

**续附表 2**

| 中文刊名 | 主办单位 |
| --- | --- |
| 广东社会科学 | 广东省社会科学院 |
| 广西民族大学学报(哲学社会科学版) | 广西民族大学 |
| 贵州民族研究 | 贵州省民族研究院 |
| 贵州社会科学 | 贵州省社会科学院 |
| 国外社会科学 | 中国社会科学院信息情报研究院 |
| 哈尔滨工业大学学报(社会科学版) | 哈尔滨工业大学 |
| 海南大学学报(人文社会科学版) | 海南大学 |
| 河北大学学报(哲学社会科学版) | 河北大学 |
| 河北师范大学学报(哲学社会科学版) | 河北师范大学 |
| 河北学刊 | 河北省社会科学院 |
| 河海大学学报(哲学社会科学版) | 河海大学 |
| 河南大学学报(社会科学版) | 河南大学 |
| 河南社会科学 | 河南省社会科学界联合会 |
| 河南师范大学学报(哲学社会科学版) | 河南师范大学 |
| 红旗文稿 | 求是杂志社 |
| 湖北大学学报(哲学社会科学版) | 湖北大学 |
| 湖南大学学报(社会科学版) | 湖南大学 |
| 湖南科技大学学报(社会科学版) | 湖南科技大学 |
| 湖南师范大学社会科学学报 | 湖南师范大学 |
| 华东师范大学学报(哲学社会科学版) | 华东师范大学 |
| 华南农业大学学报(社会科学版) | 华南农业大学 |
| 华南师范大学学报(社会科学版) | 华南师范大学 |
| 华中科技大学学报(社会科学版) | 华中科技大学 |
| 华中农业大学学报(社会科学版) | 华中农业大学 |
| 华中师范大学学报(人文社会科学版) | 华中师范大学 |
| 吉林大学社会科学学报 | 吉林大学 |
| 吉首大学学报(社会科学版) | 吉首大学 |
| 暨南学报(哲学社会科学版) | 暨南大学 |
| 江海学刊 | 江苏省社会科学院 |
| 江汉论坛 | 湖北省社会科学院 |
| 江汉学术 | 江汉大学 |
| 江淮论坛 | 安徽省社会科学院 |
| 江苏大学学报(社会科学版) | 江苏大学 |
| 江苏社会科学 | 江苏省哲学社会科学界联合会 |
| 江西社会科学 | 江西省社会科学院 |
| 江西师范大学学报(哲学社会科学版) | 江西师范大学 |

**续附表 2**

| 中文刊名 | 主办单位 |
| --- | --- |
| 开放时代 | 广州市社会科学院 |
| 兰州大学学报（社会科学版） | 兰州大学 |
| 理论月刊 | 湖北省社会科学界联合会 |
| 民俗研究 | 山东大学 |
| 民族学刊 | 西南民族大学 |
| 民族研究 | 中国社会科学院民族学与人类学研究所 |
| 南京大学学报（哲学·人文科学·社会科学） | 南京大学 |
| 南京工业大学学报（社会科学版） | 南京工业大学 |
| 南京农业大学学报（社会科学版） | 南京农业大学 |
| 南京社会科学 | 南京市社会科学界联合会等 |
| 南京师大学报（社会科学版） | 南京师范大学 |
| 南开学报（哲学社会科学版） | 南开大学 |
| 内蒙古社会科学 | 内蒙古自治区社会科学院 |
| 宁夏社会科学 | 宁夏社会科学院 |
| 齐鲁学刊 | 曲阜师范大学 |
| 青海社会科学 | 青海省社会科学院 |
| 清华大学学报（哲学社会科学版） | 清华大学 |
| 求是 | 中国共产党中央委员会 |
| 求是学刊 | 黑龙江大学 |
| 人类学学报 | 中国科学院古脊椎动物与古人类研究所 |
| 人文杂志 | 陕西省社会科学院 |
| 山东大学学报（哲学社会科学版） | 山东大学 |
| 山东社会科学 | 山东省社会科学界联合会 |
| 山西大学学报（哲学社会科学版） | 山西大学 |
| 陕西师范大学学报（哲学社会科学版） | 陕西师范大学 |
| 上海大学学报（社会科学版） | 上海大学 |
| 上海交通大学学报（哲学社会科学版） | 上海交通大学 |
| 上海师范大学学报（哲学社会科学版） | 上海师范大学 |
| 社会科学 | 上海社会科学院 |
| 社会科学辑刊 | 辽宁社会科学院 |
| 社会科学研究 | 四川省社会科学院 |
| 社会科学战线 | 吉林省社会科学院 |
| 深圳大学学报（人文社会科学版） | 深圳大学 |
| 世界经济与政治 | 中国社会科学院世界经济与政治研究所 |
| 世界民族 | 中国社会科学院民族学与人类学研究所 |

续附表 2

| 中文刊名 | 主办单位 |
| --- | --- |
| 世界宗教文化 | 中国社会科学院世界宗教研究所 |
| 世界宗教研究 | 中国社会科学院世界宗教研究所 |
| 首都师范大学学报（社会科学版） | 首都师范大学 |
| 思想战线 | 云南大学 |
| 四川大学学报（哲学社会科学版） | 四川大学 |
| 四川师范大学学报（社会科学版） | 四川师范大学 |
| 苏州大学学报（哲学社会科学版） | 苏州大学 |
| 探索与争鸣 | 上海市社会科学界联合会 |
| 天津社会科学 | 天津社会科学院 |
| 天津师范大学学报（社会科学版） | 天津师范大学 |
| 同济大学学报（社会科学版） | 同济大学 |
| 外国问题研究 | 东北师范大学 |
| 文史哲 | 山东大学 |
| 武汉大学学报（哲学社会科学版） | 武汉大学 |
| 西安交通大学学报（社会科学版） | 西安交通大学 |
| 西北大学学报（哲学社会科学版） | 西北大学 |
| 西北民族研究 | 西北民族大学 |
| 西北农林科技大学学报（社会科学版） | 西北农林科技大学 |
| 西北师大学报（社会科学版） | 西北师范大学 |
| 西南大学学报（社会科学版） | 西南大学 |
| 西南民族大学学报（人文社会科学版） | 西南民族大学 |
| 西藏大学学报（社会科学版） | 西藏大学 |
| 西藏研究 | 西藏自治区社会科学院 |
| 厦门大学学报（哲学社会科学版） | 厦门大学 |
| 湘潭大学学报（哲学社会科学版） | 湘潭大学 |
| 新疆师范大学学报（哲学社会科学版） | 新疆师范大学 |
| 学海 | 江苏省社会科学院 |
| 学术界 | 安徽省社会科学界联合会 |
| 学术研究 | 广东省社会科学界联合会 |
| 学术月刊 | 上海市社会科学界联合会 |
| 学习与实践 | 武汉市社会科学院 |
| 学习与探索 | 黑龙江省社会科学院 |
| 烟台大学学报（哲学社会科学版） | 烟台大学 |
| 殷都学刊 | 安阳师范学院 |
| 云南大学学报（社会科学版） | 云南大学 |

**续附表 2**

| 中文刊名 | 主办单位 |
| --- | --- |
| 云南民族大学学报（哲学社会科学版） | 云南民族大学 |
| 云南社会科学 | 云南省社会科学院 |
| 云南师范大学学报（哲学社会科学版） | 云南师范大学 |
| 浙江大学学报（人文社会科学版） | 浙江大学 |
| 浙江工商大学学报 | 浙江工商大学 |
| 浙江社会科学 | 浙江省社会科学界联合会 |
| 浙江学刊 | 浙江省社会科学院 |
| 郑州大学学报（哲学社会科学版） | 郑州大学 |
| 中共中央党校（国家行政学院）学报 | 中共中央党校（国家行政学院） |
| 中国地质大学学报（社会科学版） | 中国地质大学（武汉） |
| 中国农业大学学报（社会科学版） | 中国农业大学 |
| 中国人民大学学报 | 中国人民大学 |
| 中国社会科学 | 中国社会科学院 |
| 中国社会科学院研究生院学报 | 中国社会科学院大学 |
| 中国藏学 | 中国藏学研究中心 |
| 中国哲学史 | 中国哲学史学会 |
| 中南大学学报（社会科学版） | 中南大学 |
| 中南民族大学学报（人文社会科学版） | 中南民族大学 |
| 中山大学学报（社会科学版） | 中山大学 |
| 中央民族大学学报（哲学社会科学版） | 中央民族大学 |
| 中州学刊 | 河南省社会科学院 |
| 自然科学史研究 | 中国科学院自然科学史研究所等 |
| 宗教学研究 | 四川大学道教与宗教文化研究所 |

**附表 3　历史学（及考古学）专业集刊**

| 中文刊名 | 主办单位 |
| --- | --- |
| 边疆考古研究 | 吉林大学边疆考古研究中心 |
| 城市史研究 | 天津社会科学院历史研究所 |
| 出土文献综合研究集刊 | 西南大学出土文献综合研究中心等 |
| 国家航海 | 上海中国航海博物馆 |
| 海洋史研究 | 广东省社会科学院广东海洋史研究中心 |
| 暨南史学 | 暨南大学中外关系研究所 |
| 甲骨文与殷商史 | 中国社会科学院甲骨学殷商史研究中心 |

**续附表 3**

| 中文刊名 | 主办单位 |
| --- | --- |
| 简帛 | 武汉大学简帛研究中心 |
| 简帛研究 | 中国社会科学院简帛研究中心等 |
| 江南社会历史评论 | 上海师范大学中国近代社会研究中心 |
| 近代史学刊 | 华中师范大学中国近代史研究所 |
| 近代中国 | 上海中山学社 |
| 经学文献研究集刊 | 上海交通大学唐文治经学研究中心 |
| 考古学集刊 | 中国历史研究院考古研究所 |
| 历史文献研究 | 中国历史文献研究会 |
| 民国研究 | 南京大学中华民国史研究中心 |
| 清史论丛 | 中国历史研究院古代研究所清史研究室 |
| 全球史评论 | 首都师范大学全球史研究中心 |
| 史学理论与史学史学刊 | 北京师范大学史学理论与史学史研究中心 |
| 蜀学 | 西华大学、四川省人民政府文史研究馆蜀学研究中心 |
| 宋史研究论丛 | 河北大学宋史研究中心 |
| 唐史论丛 | 陕西师范大学唐史研究所等 |
| 唐宋历史评论 | 中国人民大学唐宋史研究中心 |
| 唐研究 | 唐研究基金会等 |
| 魏晋南北朝隋唐史资料 | 武汉大学中国三至九世纪研究所 |
| 新史学（北京） | 中国人民大学清史研究所 |
| 新史学（上海） | 上海师范大学历史系 |
| 形象史学 | 中国历史研究院古代研究所文化史研究室 |
| 亚洲概念史研究 | 南京大学学衡研究院 |
| 医疗社会史研究 | 上海大学文学院 |
| 元史及民族与边疆研究集刊 | 南京大学元史研究室 |
| 中共历史与理论研究 | 中国人民大学中共党史党建研究院 |
| 中国边疆学 | 中国历史研究院中国边疆研究所 |
| 中国经济史评论 | 中国经济史学会 |
| 中国历史研究院集刊 | 中国历史研究院 |
| 中国社会历史评论 | 南开大学中国社会史研究中心 |

（责任编辑：俞武松）

# 中编

# 2021年历史理论与史学理论研究报告

张旭鹏*

当今世界正处于大发展、大变革、大调整、大转折时代。人类将要向何处去,世界未来发展方向何在,不仅是一个重要的现实问题,更是必须加以深思的理论问题。身处前所未有的大时代,历史学家不仅要梳理和分析众多错综复杂的历史问题,而且要提出符合当今时代特点、更具说服力的理论模式,从中国立场出发,找出解决现实问题的方向和道路。因此,中国的史学工作者,应当"按照立足中国、借鉴国外,挖掘历史、把握当代,关怀人类、面向未来的思路",[①] 切实和深入地研究理论问题。回顾分析2021年国内学界研究的热点和重点,有利于进一步深化历史理论与史学理论的研究工作。

## 一、历史理论

近年来,历史理论持续受到国内外史学界关注,其中一个非常重要的原因在于,人类所面对的重大理论和现实问题推动了学者对于历史发展等问题的思考。在中国史领域,社会形态、早期中国社会性质、"大一统"观念等问题,是中国学者构建新时代中国史学

---

\* 作者张旭鹏,中国历史研究院历史理论研究所研究员。
① 习近平:《在哲学社会科学工作座谈会上的讲话(2016年5月17日)》,《人民日报》2016年5月19日,第2版。

"三大体系"、发掘治国理政历史经验亟须解决的重大理论问题。在世界史领域，新科技所带来的"超人类"或"后人类"问题、文明发展的走向问题，都促使学者深刻反思人类历史，以期更好地面向未来。

## （一）马克思主义社会形态理论

高翔指出："当代中国哲学社会科学区别于其他哲学社会科学的根本标志，就是始终把马克思主义科学理论作为学术研究的安身立命之本。"[①] 马克思主义社会形态理论是马克思主义历史理论的重要组成部分，它揭示了人类历史发展的一般规律，概括了人类社会发展所经历的基本社会形态。具体到中国历史发展上，马克思主义社会形态理论关系到中国历史分期和社会性质问题，关系到对于中国道路的认识问题，深刻形塑了中国现代史学的面貌。马克思主义社会形态理论对于揭示中国历史发展规律及特点、构建中国当代史学"三大体系"、推动新时代中国史学繁荣发展具有重要意义。

张海鹏分析了学术界关于马克思主义社会形态理论的"五形态"说和"三形态"说，指出无论是"三形态"说还是"五形态"说，都符合马克思主义经典作家的原意，把二者对立起来，进而认为五种社会形态与历史事实相违背，是不合适的。不同时代、不同国家的社会形态可能表现形式不同，但人类历史总能体现这样的规律：由原始共产制到私有制再到公有制。换言之，人类社会形态总是由低级阶段向高级阶段发展，展现的基本进程是从原始社会、奴隶社会、封建社会、资本主义社会最后到达共产主义社会。[②]

王伟光同样认为，不论是"三形态"说还是"五形态"说，都是以生产力发展状况为标准对社会历史阶段的划分，都体现了唯物史

---

① 高翔：《从历史中汲取走向未来的智慧》，《人民日报》2021年10月13日，第9版。
② 张海鹏：《如何理解马克思主义社会形态理论？》，《历史评论》2021年第5期。

观最根本、最核心的要旨——生产力与生产关系的矛盾运动是推动人类社会发展的根本动力。两者的理论基础是一致的,是相互包容的。坚持五种社会形态理论,必须立足中国历史和中国国情,处理好特殊性与普遍性的关系,进行有中国特色的社会形态演变研究。①

乔治忠强调,相比于"五形态"说,"三形态"说只是在个别语境下针对不同问题的随机阐发,且结构上也不一致。比如,关于人的依赖性、物的依赖性及个人全面发展和自由个性三阶段,显然是以资本主义社会对"物"的依赖为中心。将前资本主义社会都归入"人的依赖性",只是以个人的自由度为标准,而没有考虑阶级分化,也不大关乎社会基本矛盾运动与社会形态演变的原理。因此,五种社会形态演进才是马克思主义对历史规律最深刻、最完整的表述。②

吕薇洲、刘海霞指出,社会形态有多种划分方法,"五形态"论是以生产关系为划分标准,"三形态"说是以人的发展为划分依据。两者之间既存在差异性,也具有一致性与互补性,共同构成马克思主义社会形态理论,共同揭示了人类社会发展的客观规律。对五种社会形态理论的争论,主要是围绕人类历史上是否普遍存在过奴隶社会、封建社会展开的。不同观点之所以对立,一方面是缘于对奴隶社会、封建社会的认定标准不同;另一方面是将"五形态"论这一讨论人类社会整体发展进程的一般规律,与特定社会发展的特殊性相混淆的结果。③

## (二)文明史研究与宏大叙事

文明史与宏大叙事是历史理论研究中的重要议题。其中,中华文

---

① 王伟光:《立足中国社会形态演变 坚持五种社会形态理论》,《史学理论研究》2021年第4期。
② 乔治忠:《马克思主义揭示的历史发展规律》,《史学理论研究》2021年第4期。
③ 吕薇洲、刘海霞:《社会形态更替的"五形态"论与"三形态"说》,《史学理论研究》2021年第4期。

明起源问题依然是当前国内学界关注的重点,总结符合中华文明发展特征的文明判断标准,是构建中国特色文明理论的根本。而对宏大叙事或宏观史的研究,则体现人们对于当前世界处在不确定状态下的担忧,力求重新解释人类历史发展规律,进而获得更加明确的未来。

王巍指出,以往依据冶金术、文字和城市作为进入文明社会标志的"三要素",主要提取自古埃及文明和两河流域文明,并不具有普遍性。中国考古学界在坚持恩格斯"国家是文明社会的概括"论断的基础上,发展出更加完善和更具普遍性的文明起源八大标准:一是农业显著发展,人口不断繁衍;二是手工业技术显著进步,专业化程度高,被权贵阶层所掌控;三是人口集中,形成都邑;四是社会分化程度高,形成贵族阶层及以礼器体现尊贵身份的初期礼制;五是形成金字塔式的社会结构,出现集军事、社会管理和宗教权力于一体的王权;六是血缘关系与地缘关系并存,共同维系社会发展;七是暴力和战争频繁发生;八是形成区域性政体和服从于王的管理机构。①

韩炯认为,西方学界对于文明史的研究,目的在于为经历急剧变革、缺乏社会安全感的西方人找回历史发展的确定性。为此,需要重点解决两个问题:第一,如何在人类历史与环境历史的整合中弥合人本主义和科学主义的历史观争论;第二,如何在避免单一因素决定论的同时不陷入多元折中带来的解释陷阱。对于西方文明史发展规律的探索,必须在"终极原因"或"根本动力"的理解和解释上进行一番革新。就此而言,唯物史观所揭示的历史规律仍然具有指导意义。②

欧树军提出,在过去400年间,人类社会的"文明"主要由西方世界定义。比如在19世纪,文明仰赖于欧洲势力均衡体系。到了20世纪,文明则仰赖于美苏对峙这一升级版的全球势力均衡体系。晚近

---

① 《百年考古与中华文明之源——访中国历史研究院考古研究所王巍研究员》,《历史研究》2021年第6期。
② 韩炯:《文明史叙事与历史规律的探讨》,《史学理论研究》2021年第6期。

30 余年来，由美国主导的西方文明已渐呈颓势，21 世纪需要崭新的文明形态。相比之下，具有鲜明人民性、高度自主性、灵活适应性和巨大创造性的中国式现代化新道路，既关乎中国社会主义的命运，也关乎世界各大文明之间的关系，更关乎人类社会的前途，因而具有普遍的世界意义。①

郭震旦呼吁重新开启宏观历史研究。自 20 世纪 80 年代始，世界史学开始文化转向，宏大叙事备受冷落。当历史学家受后现代主义认识论影响而摒弃宏大叙事时，社会科学家及自然科学家却肩负起宏观历史研究的重任。具体而言，宏观史研究包括 history、macro-history 和 big history 三种含义，它们不仅表现了人们从宏观上辨明历史运动方向以掌握人类命运的雄心，也深刻反映了近代以来历史思想的变迁以及历史研究范式的更嬗。当前，中国史学界亟须思考如何在"史学碎片化"的局面下重新启动宏观史研究。②

进步史观也是一种宏大叙事。倪凯论述了戈登·柴尔德的进步史观。柴尔德是著名史前史家与考古学家，曾提出新石器时代革命、城市革命、文化考古学等许多与史前史研究有关的理念。柴尔德用马克思主义理论解释历史进程，形成了辩证的历史进步观。他强调辩证的演进与螺旋式上升，强调建立在模仿与创新基础上的文化扩散与传播，强调发明与发现对社会积累的基础性作用。研究柴尔德的进步史观，有助于我们更好地认识历史进步的规律性运动。③

## （三）中国早期社会性质探究

夏商周时期是中国国家形成的初期阶段，关于夏商周三代国家社

---

① 欧树军：《"历史终结论"的终结》，《历史评论》2021 年第 6 期。
② 郭震旦：《后现代之后如何重启宏观史研究——从三种"大历史"谈起》，《文史哲》2021 年第 4 期。
③ 倪凯：《戈登·柴尔德的进步史观研究》，《史学史研究》2021 年第 3 期。

会性质的讨论由来已久，关乎中国早期文明建立的经济基础和社会结构，是探究中华文明类型及其演化路径不可回避的问题，也是构建中国古史体系的重要一环。

徐昭峰、赵心杨指出，夏朝的政体可称为共主制下的族邦联盟，商代的政体可称为共主制下的邦国联盟。萌芽于夏而盛行于商的是册封制而非分封制。夏商时期存在内外服制，内服与外服以王畿来划分。夏商时期的政治制度是独特的贵族"共政"政治。不管是考古资料，还是文献整合甲骨资料，都可证明夏商时期不存在普遍的奴隶制。①

任会斌对殷商社会性质进行了思考。他认为，中国古代无疑是存在奴隶的，这在传世及出土文献中均可以得到证明，但存在奴隶和奴隶制不一定就是奴隶社会。看待商代社会性质，完全否定社会经济形态理论是不可取的，但也要注意阶级结构、上层建筑、宗法血缘、文化礼仪、思想意识等方面的分析。目前更需要在客观史实基础上进行扎实的实证研究，避开程式化、概念化的影响，利用文献、考古材料，以多学科综合性研究和国际化视野全面审视殷商的社会性质。②

宁镇疆提出，周代低贱阶层的社会地位是考察周代社会性质的重要参照。从生产角度来看，周代虽有奴隶从事农业生产，但奴隶在生产劳动中并不占主要地位。从礼制角度看，周代身份低贱者虽从事贱役，但也会受到一定礼遇，一定程度上缓和了等级或阶级对立。若要准确概括周代的社会性质，低贱者服事的"职事共同体"及礼俗环境同样需要得到应有重视。③

与传统观点不同，谢乃和明确提出，夏商周三代为封建社会，并从三个方面予以论述。从社会政治形态上看，三代施行早期分封或成熟封建

---

① 徐昭峰、赵心杨：《夏商国家社会形态及其相关问题》，《史学理论研究》2021年第2期。
② 任会斌：《殷商社会性质问题讨论的回顾与反思》，《史学理论研究》2021年第2期。
③ 宁镇疆：《由臣、隶等低贱阶层说周代的社会性质》，《史学理论研究》2021年第2期。

的国家典制，在国家形态上形成了等级式君主体制和多元臣僚形态；在社会经济形态上，三代造就了贵族分层占有的土地所有制和劳动力的人身依附关系，形成了以贡纳为主要形式的内外服贵族有别的分配制度；在文化形态上，"德"成为三代封建的内在理据，且通过封建制的施行，由始封君传播至子孙袭封者，进而强化了对祖先"德"的认同，三代因而是名副其实的封建社会。① 李学功同样认为，不论是从生产资料的所有制形式，还是从不同社会集团在生产中的地位及其相互关系，抑或从分配形式上看，三代都是一种初期的封建社会形态。②

## （四）中国历史上的"大一统"观念

"大一统"是中华文明的基本观念之一，蕴含着深厚的治理智慧。它以儒为治，兼容并蓄，统一了民众的价值观；以和而不同为理念，促进了不同文明之间的交流互鉴；以因俗而治为方略，尊重少数民族的风俗习惯，各民族呈现互嵌式发展，逐渐发展成为中华民族共同体意识。"大一统"观念中的这些要素，是中国历经数千年发展而始终葆有活力的重要原因，对于推进国家治理体系和治理能力现代化具有重要启示。

赵德昊、周光辉分析了"大一统"观念中蕴含的制度化变革。中国古代大一统国家具有长期维系、不断重建的国家韧性，但这种国家韧性并不是制度僵化停滞的表现，而是蕴含着变革的因素。大一统国家的体制变革既源于大一统体制与大规模治理之间的结构性张力，也得益于中华民族居安思危、革故鼎新的文明传统。体制变革是塑造大一统国家韧性的动态机制。通过体制变革，大一统国家的政治秩序得以长期维系，多权力中心分立的低水平均衡最终被打破。③

---

① 谢乃和：《夏商周三代社会形态为封建社会说》，《史学理论研究》2021年第2期。
② 李学功：《闻道与问道：中国古代社会形态问题研究的思考》，《史学理论研究》2021年第2期。
③ 赵德昊、周光辉：《体制变革：塑造大一统国家韧性的动态机制》，《江苏社会科学》2021年第5期。

李大龙认为,"大一统"思想虽诞生于中原农耕族群,但为游牧族群所继承并发展:从匈奴到鲜卑呈现对抗、认同与发展的特征;从突厥、契丹、女真到蒙古呈现努力实现"中国"一统的特点;清朝在定型和实践"大一统"的同时,也将多民族国家由传统王朝带入近现代主权国家行列。准确认识农耕和游牧族群对"大一统"思想的认同,有助于理解多民族国家形成与发展的历史,并准确评价两大族群的重要作用。①

闫恒、班布日从夷夏关系和文教传播的角度梳理了"大一统"的历史形态,即周制、汉制、北魏和唐制。周制"大一统"以封建制为基础,总体上确立了"为政以德"、"修文德以来之"的理想原则;汉制"大一统"通过"德运说"解决了王朝的合法性和文明连续性问题;北魏在"大一统"上比较成功地处理了少数民族入主中原后的正统性难题;唐制"大一统"获得了中原汉人和北方少数民族对同一政权的政治认同,使得儒家文教得以传播到周边各个地区。此后的元朝和清朝,则在总体上延续了唐制"大一统"的特征。②

王文光、马宜果考察了元朝的大一统实践。元朝建立之后,曾经在短时间内施行过"人分四等"的民族政策,但随着与各民族政治交往、物质文化交流、民族交融的增加,"人分四等"的民族政策开始淡化。元朝皇帝把建设大一统国家作为目的,实行以"汉法治国"的政策,通过一系列祭祀活动来表达元朝"天下一家"的民族思想,不刻意强调"华夷之辨"。这样的大一统实践,对中华民族共同体的建设和中华民族共同体意识的孕育与发展都具有积极意义。③

---

① 李大龙:《试论游牧王朝对"大一统"思想的继承与实践》,《西北民族研究》2021年第2期。
② 闫恒、班布日:《夷夏关系与"大一统"的历史形态》,《中央社会主义学院学报》2021年第4期。
③ 王文光、马宜果:《元朝的大一统实践与中华民族共同体意识》,《贵州社会科学》2021年第10期。

## （五）西方历史理论再思考

历史理论在西方有着悠久的发展脉络，但在第二次世界大战后却逐渐衰落，遭到哲学家和历史学家的共同冷落。人们对长时段和宏大历史问题兴趣不再，对何谓历史的探究逐渐从本体论转向认识论，从历史本身转向历史学。近十年来，种种迹象表明，历史学家重新对历史发展的总体规律等问题表现出强烈兴趣，历史理论的回归成为西方史学界一个重要的理论动向。

李杰认为，历史理论叙事是从过去、现在、未来相统一的宏观角度出发，把人类社会的历史过程作为研究对象，探讨它的运动机制、动力、规律、目的、意义等问题，对未来的演变趋势作出预测。21世纪历史理论叙事的主导概念是"从典型揭示一般"，经常使用的关键概念有：历史的起源与目的、历史的分期与阶段、历史的动力与机制、历史的规律与命运、历史的趋势与局限；方法论原则主要有：从内在联系解释历史演变、从特殊性解释历史本质、从偶然性解释历史复杂性、从历史价值解释文化认同、从着眼未来解释历史趋势。[①]

廉敏、黄畅考察了"历史理论"一词的西方源流。"历史理论"起源于古希腊语中的"历史"与"理论"，文艺复兴之后，"历史"与"理论"两个词语频繁产生联系，"历史理论"这一术语随之出现。近代以来，随着中西史学的深入交流，"历史理论"这一概念传入中国，并在与马克思主义的关系、与史学理论的区分、与中国传统历史思想相结合等方面拓展了内涵。深入认识"历史理论"一词的源流，对于推动中西历史思想进一步沟通具有关键性作用。[②]

---

[①] 李杰：《论历史理论叙事研究范式》，《云南大学学报》2021年第2期。
[②] 廉敏、黄畅：《"历史理论"一词源流考——对中西历史思想交流中一个关键概念的考索》，《晋阳学刊》2021年第5期。

董立河强调，人类是一种历史性生物，无论个人抑或集体，都是在某个过去、当下和未来的时间框架中生活和思考，追求人生的意义。任何一个时代，都有其独特的、思辨的历史哲学或历史理论诉求。就此而言，其实并不存在历史理论的"复兴"，因为它从未消亡。当前，面对百年未有之大变局，人们尤其需要更新时间观念，重讲宏大叙事。一些历史学家因而呼唤一种新的历史理论，并希望它能够同历史研究联手，共同迎接生态和科技前景所带来的挑战，应对摆在我们面前的时代危机。①

顾晓伟认为，近年来西方史学界出现了历史理论的回归，但并非简单地重复古典历史哲学的老路，而是在新情境中重塑历史与史学、历史理论与史学理论的原初关联。他以匈牙利历史哲学家佐尔坦·西蒙 2019 年出版的《前所未有之变革时代的历史和史学：面向 21 世纪的理论》为例，认为当前的历史理论是一种准实质的历史哲学。这种历史哲学假定了一种运动、一种机制、一种模式和一种总体方案，以此来解释人类事务的变化；但与此同时，它仅仅是准实质的，因为它放弃了过去、现在和未来之间的连续发展，故缺乏一个作为展开的本体论主体的适当实体。②

## 二、中国史学理论

本年度的中国史学理论研究内容较上年更加丰富，不少学者开始涉足较为前沿的大数据、数字史学、灾害史等新兴领域，体现了关注现实、与时俱进的特点。在一些较为传统的领域，学者的研究更加深入和全面。现从马克思主义史学理论、百年党史与党史研究、大数据与数字史学、中国史学史、通史编纂的理论与实践、史料的价值与多

---

① 董立河：《思辨的历史哲学的复兴——当代西方历史理论的最新进展》，《史学理论研究》2021 年第 6 期。
② 顾晓伟：《历史理论与史学理论之关系新解》，《史学理论研究》2021 年第 6 期。

样性、多维视域下的口述史、环境史与灾害史、概念史九个方面分述如下。

## （一）马克思主义史学理论

中国马克思主义史学至今已经走过百年发展历程，马克思主义史学理论研究也与时俱进，向更宽广和更深入的方向拓展。2021 年是中国共产党成立 100 周年，探索用更丰富的视角和方法进一步加强中国马克思主义史学理论的研究，具有重要的学术价值和现实意义。

于沛指出，中国马克思主义史学的产生和发展，是对中国传统史学深刻变革的文化选择过程。马克思主义在各国的实践，包括对唯物史观的运用，从没有唯一或标准的模式。中国马克思主义史学文化选择中的"马克思主义"，是马克思主义普遍真理与中国国情相结合的中国化马克思主义。"文化选择"则是在马克思主义中国化理论成果的统领下，对中华民族前途和中国传统史学新形态的选择。中国马克思主义史学的文化选择，使唯物史观与中国传统史学相结合，堪称中西文化完美结合的典范，揭开中国史学发展的崭新一页，成为中国史学的现代存在形态。[①]

吴英考察了马克思关于后发国家向社会主义过渡的观点及其现实意义。随着俄国在农奴制改革后如何发展这一问题的提出，马克思将研究视野拓展到非西方的后发国家的发展上。马克思首先肯定后发国家可以直接向社会主义过渡，并提出完成过渡需具备的条件。正是在马克思相关论述的指导下，俄国率先通过革命建立社会主义政权，以后又有中国等后发国家实践了向社会主义的直接过渡。中国特色社会主义市场经济的成功发展，在科学社会主义发展史上具有划时代

---

① 于沛：《中国马克思主义史学的文化选择》，《社会科学战线》2021 年第 1 期。

意义。①

张乃和介绍了马克思恩格斯关于历史文献的论述。马克思恩格斯认为，唯物史观是收集、整理和运用历史文献的一把钥匙。他们不仅重视历史文献的形式，而且重视内容，尤其强调其社会主体性。在认识历史文献的过程中，马克思恩格斯指出错误史观对认识历史文献的危害，概括了从认识历史文献到认识历史实际的辩证发展过程。在历史文献引用规范上，他们提出历史文献引用的四原则，至今对学界仍具有重要启示。②

为了回顾中国马克思主义史学在中国的近百年发展，《史学集刊》2021年第4期组织了相关笔谈。杨艳秋考察了马克思主义社会形态理论在马克思主义史学发展各个阶段中与中国历史研究的互动过程，强调了运用马克思主义社会形态理论研究中国历史的理论价值。赵庆云提出开展概念史研究，以深化马克思主义史学史研究的思想意涵与历史脉络，呈现马克思主义史学丰富的多重面相。陈峰梳理了域外学界对中国马克思主义史学的形塑、中国马克思主义史学主体意识的增强，以及二者之间的张力。张越讨论了民国时期非马克思主义史学家对唯物史观和马克思主义史学的认识与评论，及其体现的特点。叶建探讨了20世纪三四十年代马克思主义史学家高校任教的经历对中国马克思主义史学形成与发展所产生的影响。③

王继平、董晶分析了文化抗战视野下中国马克思主义史学的贡献。在文化抗战中，广大马克思主义史学工作者投身其中，提出并阐

---

① 吴英：《马克思关于后发国家向社会主义过渡的观点及其现实意义》，《人民论坛·学术前沿》2021年第22期。
② 张乃和：《马克思恩格斯关于历史文献重要论述的当代启示》，《史学理论研究》2021年第2期。
③ 杨艳秋：《马克思主义社会形态理论与中国史学》、赵庆云：《马克思主义史学史视域下的概念研究》、陈峰：《中国马克思主义史学的域外渊源再估量》、张越：《民国史家对唯物史观和马克思主义史学的评论和认识》、叶建：《20世纪三四十年代马克思主义史家的高校任教与学术研究》，《史学集刊》2021年第4期。

释了文化抗战的概念。他们通过史学研究、历史教学、史学创作等各种方式，积极践行文化抗战；通过对中国通史的撰述和边疆史地、民族史的研究，以及对民族英雄人物的褒扬，凝聚和弘扬了中华民族精神。马克思主义史学为抗日战争特别是文化抗战作出了重要贡献。[①]

周文玖梳理了中国马克思主义史学理论发展的阶段性问题。其中，李大钊的《史学要论》具有奠基石意义，翦伯赞的《历史哲学教程》是中国马克思主义史学理论初步形成的标志。毛泽东关于历史和史学工作的论述，是马克思主义史学发展的重要指针。新中国成立后的十七年，是中国马克思主义史学理论非常活跃的时期。改革开放后，马克思主义史学理论在学科化建设方面成绩显著。进入21世纪，在守正创新的原则下，构建具有中国特色的马克思主义史学理论体系成为时代提出的新命题。[②]

此外，一些学者集中探讨了以郭沫若为代表的马克思主义史学家的史学思想。李勇考察了郭沫若史学观念中的史论关系。在理论上，郭沫若主张以马克思主义为指导；在实践上，他主张以史料使用情况衡量史学论著的学术水平。郭沫若的史论关系说堪称20世纪60年代初史学界纠偏的先声。[③] 徐国利研究了郭沫若的文史关系理论。郭沫若致力于将史学研究与文学创作相结合，注重在历史认识上运用文艺性思维，在研究中使用文学性史料，在表述上使用文学化语言。他的文史关系理论及其史学实践具有鲜明特色，为中国现代文史理论的发展作出了重要贡献。[④] 张越认为，郭沫若的《中国古代社会研究》和以《读书杂志》为平台展开的中国社会史论战，虽然在研究路径和研

---

[①] 王继平、董晶：《文化抗战视野下的中国马克思主义史学贡献》，《史学理论研究》2021年第3期。
[②] 周文玖：《略论中国马克思主义史学理论发展的阶段性》，杨共乐主编：《史学理论与史学史学刊》2021年上卷，北京：社会科学文献出版社，2021年，第3—16页。
[③] 李勇：《20世纪50年代郭沫若史学观念中的史论关系》，《史学理论研究》2021年第4期。
[④] 徐国利：《郭沫若的文史关系理论及其史学实践与特色》，《安徽大学学报》2021年第4期。

讨形式上不尽相同，但都有意识地运用唯物史观来研究、考察、解释中国历史的发展过程及不同发展阶段的社会性质，标志着中国马克思主义史学的初步形成。①

## （二）百年党史与党史研究

高翔指出："中国共产党作为马克思主义政党，继承了中华民族重视历史、研究历史、借鉴历史的优良传统，始终高度重视研史学史，善于从历史的兴衰成败中把握历史发展规律。"② 如何书写好百年大党的历史，推进中共党史研究的科学化，进一步开拓党史研究新领域，是新时代中共党史学科建设的重大命题。大力加强党史学科理论建设，对于深化党的历史研究、总结党的历史经验、提高党的领导水平和执政能力等，都具有不可替代的作用。

夏春涛强调，百年党史是前后接续贯通的一个整体。概括地说，中国共产党的一百年，是牢记初心使命、为实现中华民族伟大复兴不懈奋斗的一百年，是大力推进马克思主义中国化、以理论创新推动实践创新的一百年，是始终走在时代前列、引领历史发展大势的一百年，是在与人民群众患难与共、风雨同舟中不断发展壮大的一百年。以上四个方面，分别构成中国共产党历史发展的主题与主线、主流与本质。③

王炳林从加强党的领导、树立正确党史观、整理运用好史料、培养人才等四个方面，论述了党史学科的根本保障、根本遵循、坚实基础和力量支撑。具体而言，就是坚持实事求是的原则，从实际出发作出符合实际的判断；坚持具体问题具体分析，把历史问题放在当时的社会背景和历史条件下进行研究；坚持大历史观，深化对共产党执政

---

① 张越：《中国马克思主义史学的形成与社会史论战》，《近代史研究》2021年第5期。
② 高翔：《从历史中汲取走向未来的智慧》，《人民日报》2021年10月13日，第9版。
③ 夏春涛：《从中国近代史看百年党史的主题主线、主流本质》，《近代史研究》2021年第4期。

规律、社会主义建设规律、人类社会发展规律的认识；运用多种研究方法，既要采用社会科学一般方法，也要善于运用比较史学、个案研究、口述史学等具体研究方法。①

欧阳军喜提出，新时代党史研究有两个方面值得注意，一是问题意识的转换，二是话语体系的创新。中共党史研究可以借鉴西方的理论和方法，但问题意识应该是中国的，价值取向应该是中国的。中共党史研究不仅要使用中国共产党一方的材料，也要使用"外国"和"彼方"的相关材料，拓展党史研究的边界。②

陈金龙从主体内容、空间拓展、方法创新三个方面阐释了中国共产党文化史研究的理论与方法，认为研究中国共产党文化史，有利于丰富中国共产党历史的内涵，拓宽中共党史研究的视野；有利于坚定中国特色社会主义文化自信，推进新时代中国特色社会主义文化建设；有利于以史育人，充分发挥中国共产党文化史的育人功能。③

林绪武提出，加强中国共产党党报党刊史研究是中共党史研究重要的学术生长点。百年中国共产党党报党刊史，就是一部中国共产党领导中国人民进行革命、建设和改革的伟大历史。新时代加强党报党刊史研究，既能为中国共产党百年辉煌历程的回顾展现生动画面，又能为新时代发挥党报党刊的媒介作用提供历史借鉴。④

周良书认为，在百年党史的研究中，研究范式常处在不断更替中，经历了从革命史范式到现代化范式、从单线史范式到复线史范式、从大写历史范式到小写历史范式的转换。正是这种更替和转换，推动党史学科的进一步发展和研究者认识的不断深化。⑤

王广义主张，创新中共党史话语体系，必须注重回应时代需求，

---

① 王炳林：《从百年党史中汲取党史学科发展的智慧》，《人民日报》2021年9月27日，第10版。
② 欧阳军喜：《新时代中共党史研究应该注意的两个问题》，《史学集刊》2021年第1期。
③ 陈金龙：《文化史视域下的中共党史研究》，《史学集刊》2021年第1期。
④ 林绪武：《新时代加强中国共产党党报党刊史研究的省思》，《史学集刊》2021年第1期。
⑤ 周良书：《中共党史研究中的范式问题》，《史学集刊》2021年第1期。

这就要求学者在时间、空间、学科内容等视角下，古今结合、上下结合、中外结合、跨学科结合，从不同时段、角度、层面研究中共党史，推动新时代中共党史研究呈现新境界、形成新格局、达到新高度。①

### （三）大数据与数字史学

大数据技术引发了传统文献的生产方式变革、结构形态嬗变和获取方式拓展，文献的碎片化、标准化、结构化与可视化形成各种文本集、数据库等"宏文本"、"超文本"，促进了史学观念的变化。同样，数字史学作为近年来一种新的史学实践，在多个研究领域已经展现出潜在和巨大的价值，打开了历史研究的新天地。

刘石、李飞跃认为，网络分析、文献计量、主题模型等文本信息技术的应用，可以革新传统文献学的实践路径，增强传统文献研究的整体性和实证性，催生新的研究范式，促进传统文献学的现代转型。当代大数据技术改变了我们对传统文献学的认识方式和把握尺度，反映了人们对知识挖掘、组织、管理与再造能力的追求。大数据时代的新型文献学（或大数据作为一种新型文献学），必将在更大尺度、更小粒度和更多维度中推动史学的发展。②

成一农提出，"大数据"、"数字人文"和历史地理信息系统在很大程度上满足了我国史学界长期以来对于史料的更高要求，以及部分研究者对历史学科学化的心理需求。但历史学研究目的在于，通过对历史的理解和解释形成历史认知，从而预测和影响未来，这些都是主观的、带有人性因素的。相较而言，"大数据"、"数字人文"以及历史地理信息系统，对此产生的影响都非常有限。研究中忽视主观性以及缺乏对人的关注，是我国史学界长期以来需要正视的问题，抛弃人

---

① 王广义：《时间·空间·学科：新时代中共党史研究的三重视域》，《史学集刊》2021年第1期。
② 刘石、李飞跃：《大数据技术与传统文献学的现代转型》，《中国社会科学》2021年第2期。

性的历史学没有存在价值。①

随着历史大数据时代的到来,大量历史数据库建成和向学界开放,历史研究也面临新的挑战,即如何有效利用大规模的史料。林展、陈志武指出,量化历史作为新史学的重要组成部分,是应对历史大数据挑战的重要方法之一。近年来,量化历史在国际学术界发展较快,形成了较为完善的分析方法,在应对历史大数据的挑战、识别历史的长期影响、促进历史学与其他社会科学交流与对话中发挥了重要作用。②

张晓校、杨梦宇认为,数字化史料是数字化史学的重要组成部分。在"历史学的数字化转向"过程中,数字化史料是数字化史学的先行(技术)实践,历史学向数字化"转向"应从数字化史料开始。就发展过程而言,史料数字化在前,数字化史料的全面形成在后。史料数字化指的是,以纸质文本为主的传统现成、既成史料的数字化,而数字化史料既包括了史料数字化,也涵盖一系列原创性信息资料,属于广义层面的史料。数字化史料拓宽了史料的边界,对历史学发展进步具有积极作用,但其消极影响同样不可低估。③

梁晨、李中清关注到数字史学在连接微观数据和宏观历史中的桥梁作用。史学研究的理想境界通常被视为融合"求实"和"求是"两种不同研究旨趣,以微观实证研究为基础,探讨大历史变迁的特征与规律,达成宏观叙事。拉长研究时段和拉低研究视角曾被视为达成理想的两种重要方法,但视角转换后研究对象和史料规模剧增,对两种理路均构成巨大挑战。相较而言,以个人或其他单元级微观史料数据为基础构建量化数据库,开展多变量描述性统计分析的数字史学研

---

① 成一农:《抛弃人性的历史学没有存在价值——"大数据""数字人文"以及历史地理信息系统在历史研究中的价值》,《清华大学学报》2021 年第 1 期。
② 林展、陈志武:《量化历史与新史学——量化历史研究的步骤和作为新史学的价值》,《史学理论研究》2021 年第 1 期。
③ 张晓校、杨梦宇:《数字化史料的构成及其价值意义》,《北方论丛》2021 年第 5 期。

究，能更有效地集合大规模、长时段微观史料，形成扎实的中观研究，为构建宏观史论提供宽广且坚实的基础。①

梁晨还认为，尽管数字技术能帮助历史学者更有效地搜集和重组史料，但对史料性质的判断、史料真伪的考订以及结构化后史料信息的理解和分类，都需要以扎实和充分的历史知识为支撑。历史学者在传统研究中形成的认识和处理史料的宝贵经验，是构建数字史学研究平台和开展分析必不可少的前提与基础。从认识史实到形成新诠释、新理论，主要依靠的并不是技术，而是研究者具有穿透力的史识与思想。数字技术乃至人工智能技术虽然可以为历史学者提供一定的方法，但无法使史学脱离基本轨迹，更不能取代研究者理解、诠释历史的工作。②

王涛同样强调，数字史学的解释框架有其限度，不能被滥用。问题不仅在于历史研究需要直面复杂的人性，对思想、情绪的量化相当困难，而且对科学主义的迷信，本身就是一种不切实际的幻想。相比传统的研究方法，数字方法要消耗更多的时间和精力。数字方法一方面极大提升了分析史料的洞察力，另一方面对史料的完整性提出了更高要求。可见，对数字史学的认知，需要回归到合理位置，要认识到数字史学并不能解决所有的问题。③

## （四）中国史学史

20世纪上半期，中国史学开始从传统向现代转型，其中的核心议题是重新认识中国历史。围绕这一主旨衍生出"重新认识史实"和"重新认识史学"两大主题，前者推动了近代中国通史著作的编写与出版，后者催生了作为学科专史的中国史学史。在中国史学史作为一门学科的发展过

---

① 梁晨、李中清：《从微观数据到宏观历史：作为桥梁的数字史学》，《中国社会科学评价》2021年第2期。
② 梁晨：《在数字史学中注入思想穿透力》，《历史评论》2021年第2期。
③ 王涛：《数字史学的价值与前景》，《探索与争鸣》2021年第10期。

程中，其主题、内涵和研究对象日益丰富，彰显出持久的活力。

陈勇、宫陈分析了中国史学史早期研究范式。他们指出，早期的中国史学史研究范式呈现出取舍于经史之间的特征。以梁启超为代表的学人以史官、史著、史家为撰述主体，探究史学的发展。蒙文通则强调传统学术中的经学、义理等观念对史学发展走向的影响，形成一种区别于梁启超等人的中国史学史的叙述模式，在早期中国史学史书写中别具一格。深化当下中国史学史研究，可从蒙文通等研究者的著述中汲取养料。①

国家社会科学基金是目前我国社会科学研究领域最高级别的科研项目，对于推动学科发展和深化学术研究具有重要意义。时培磊梳理了近 10 年（2010—2019）国家社科基金中国史学史的立项项目，发现中国史学史学科具有鲜明的时代特征、问题意识和创新性。从国家社科基金的立项规律和经验来看，中国史学史学科的发展应该加强与时代的互动，培育学术新人，增强团队合作意识，并积极探索跨学科的综合性研究。②

瞿林东主编的七卷本《中国古代史学批评史》首次对中国历史上各时期的史学批评现象、观点和代表性成果作出系统研究，极大推动了中国古代史学批评史话语体系的建构。该著各卷的几位主笔，从不同角度探讨了研究中的理论收获，既包括在特定历史时期需要予以关注的重要问题，也提到史学批评折射出的时代精神特点。撰述者一致认为，中国古代史学批评史的研究，对理论意识的培养和理论观念的形成非常重要。③

---

① 陈勇、宫陈：《早期中国史学史研究范式论略——以蒙文通为考察中心》，《史学理论研究》2021 年第 1 期。
② 时培磊：《中国史学史学科的研究趋势与发展走向——以近十年国家社会科学基金立项为视角》，《史学理论研究》2021 年第 2 期。
③ 阎静等：《深入史学研究　增强理论意识——谈中国古代史学批评史撰述》，《廊坊师范学院学报》2021 年第 2 期。

乔治忠分析了中国史学的起源及早期发展。中国史学产生于公元前841年,即"共和行政"之际,与确切纪年的起始时间同步。西周初期"殷鉴"的历史意识,是中国最早的理性思维方式,但并未直接促成史学的产生。尽管"殷鉴"意识下编存的文献如《尚书》,对史学的发展发挥了极大作用,但殷商之前的历史撰述,只能通过修饰神话、传说的方式进行构建。在远古时期,中国只有"神话的历史化",而不存在相反的现象。①

中国古代史官制度也是中国史学史研究中一个值得注意的议题。汪高鑫、王子初提出,周代史官类别众多,而以太史、内史、外史、小史、御史五史为主。周代史官制度在实践过程中,培育出独具特色的史官精神,具体体现为参与建设和维护礼乐文明的经世精神、追求史实之真与道义之真的求真精神,以及彰显人文价值的理性精神。这些史官精神对后世史官制度与史学发展产生了深远影响。② 牛润珍、管蕾关注了清代史官议叙制度。该制度是清代文官奖励体系的重要组成部分,用以激励参与纂修史书的史官。终清一代,史官议叙制度吸引了大批士人主动投身到修史活动中,由此带来士人职业观念上的积极变化。③

刘开军对吕思勉中国史学史撰述进行了评议。吕思勉在史学史研究方法上受到梁启超的影响,他使用的史学史资料大体源于历代正史,举证繁富,却不晦涩窒碍,在史学史资料的挖掘方面有开创之功。吕思勉能够以通史家的眼光和格局,从史学史中汲取作史的智慧,提出史学史编纂的新方法:一是带着问题写史学史;二是抓住君权与史权的博弈这一主要矛盾,明确了史学史撰述的主线;三是努力追求一家之言。④

---

① 乔治忠:《中国史学的起源及早期发展考析》,《史学月刊》2021年第1期。
② 汪高鑫、王子初:《周代的史官制度与史官精神》,《史学史研究》2021年第3期。
③ 牛润珍、管蕾:《清代史官议叙制度考略》,《史学史研究》2021年第1期。
④ 刘开军:《通史家的史学世界:吕思勉中国史学史撰述评议》,《河南师范大学学报》2021年第3期。

## （五）通史编纂的理论与实践

撰写通史是中国史学的传统。成书于战国时期的《竹书纪年》《世本》是较早的通史性著作，反映出中国史学在兴起阶段就有追寻历史渊源的兴趣。《史记》是第一部纪传体通史，为通史编纂确立了典范。系统总结中国通史编纂的理论与实践，对当前中国的通史撰述具有借鉴意义。

杨艳秋指出，以马克思主义社会形态理论考察中国历史发展进程，是有效解决中国通史编纂面临的诸多重大问题，准确呈现中国历史发展脉络和演进规律的根本途径。运用马克思主义社会形态理论指导通史编纂的实践，需要做好三方面工作：一是将马克思主义社会形态理论与历史实际相结合；二是关注马克思主义社会形态理论内涵的丰富和发展，借鉴最新研究成果；三是继续发扬马克思主义批判精神。通史著作承担着普及历史知识、树立正确历史观的重要使命。在新时代通史编纂中，以马克思主义社会形态理论分析中国历史，揭示中国历史发展规律，是史学工作者的使命和责任。①

单磊考察了吕思勉在撰写中国通史时对赵翼史学成果的借鉴与超越。吕思勉对赵翼著作中考史、论史成果多有借鉴，并对其考证结论和历史认识进行了拓展、深化或驳正，体现出继承性与发展性的统一。赵翼的著作便于入门、趣味性强、对重大问题多有触及，在一定程度上满足了吕思勉编撰中国通史时追求的开示门径、激发兴趣和呈现历史梗概，进而揭示演进大势的需要。但吕思勉的中国通史在科学精神、历史观、民族国家意识、体系性、社会史取径、古为今用等方面都超越了借鉴对象。②

赵庆云剖析了范文澜中国通史编纂的三个特点：一是以阶级观点

---

① 杨艳秋：《通史编纂要坚持社会形态理论》，《历史评论》2021年第2期。
② 单磊：《吕思勉中国通史撰述对赵翼史学成果的借鉴与超越》，《历史教学问题》2021年第3期。

为核心,以底层劳动人民为本位立场来系统叙述中国历史,打破王朝体系和以帝王将相为中心的书写路径,在革命动员中发挥了不可估量的作用;二是新中国成立后,他在修订通史时特别注意民族平等,强调应注重少数民族的历史;三是既注意人类历史上的一般规律,也强调中国历史发展的特殊性,着力于从中国历史实际出发展开论述,绝少教条式的空泛议论。①

任虎论述了《联共(布)党史简明教程》对范文澜通史编纂的影响。在范文澜从传统国学研究转向以唯物史观为指导的历史研究过程中,《联共(布)党史简明教程》发挥了重要作用。范文澜在编撰《中国通史简编》时,将《联共(布)党史简明教程》作为重要理论资源和参考对象,并以其为参照构建中国通史编纂体系,影响了此后国内史学界的中国通史书写模式。随着理论探索的深入,范文澜在修订《中国通史简编》过程中不仅纠正了以往存在的史料和考订方面的缺陷,而且在一定程度上克服了对唯物史观的教条化认识。②

汪兵介绍了胡乔木的中共党史通史编撰。1951年胡乔木撰写的《中国共产党的三十年》,是系统编撰党史通史的起点。《中国共产党的三十年》开创了研究新中国成立初期党史的先例,评析了重要事件、重要会议、重要人物,奠定了党史分期的理论体系。在回顾党史通史编撰历程时,学界有必要全面认知胡乔木开创的党史通史编撰范式,以及这一范式对党史著述产生的理论与实践影响。③

## (六)史料的价值与多样性

史料在史学研究中占有至关重要的地位。一般认为,史料是人类

---

① 赵庆云:《"我们党对自己国家几千年历史有了发言权"——范文澜的中国通史编纂事业》,《历史评论》2021年第1期。
② 任虎:《论〈联共(布)党史简明教程〉对范文澜〈中国通史简编〉的影响》,《史学理论研究》2021年第3期。
③ 汪兵:《胡乔木中共党史通史编撰范式的历史考察》,《北京科技大学学报》2021年第1期。

在社会实践活动中遗留或保存下来的各种痕迹、实物和文字资料。随着社会的发展和历史研究领域的拓展,一些之前为人忽视的史料和新型史料开始进入人们视野当中,并引起研究者关注。从某种意义上说,史学研究的进展在很大程度上取决于对史料的发现、解读、驾驭和利用。

刘萍指出,在新史学的带动下,近十年来史料学研究从学科内部理论问题转向对"史料革命"的讨论,一定程度促进了史料学的发展。一方面,研究者的眼光不再仅局限于官方档案和文献,而是构建了一种包括各类历史文献、文物考古、图像影视、口述资料等在内的多元史料体系,史料边界不断扩大,样态更加多元。另一方面,计算机及数字化技术的应用,使史料在存储、检索、传递和分析、处理等方式上都发生了革命性巨变,在史料数量呈几何级增长的情况下,为读者检索和利用大大提供了方便,堪称21世纪的史料革命。[①]

郝鑫提到,史料对于历史学的推动作用包括史料的发现和运用,华北区域社会经济史的兴起和发展即是例证。回溯近百年的华北区域史研究,海内外学者的重要研究成果,都在很大程度上受到研究者对史料的选择与认识,所研究问题和时代需求之间关系的影响。华北地区新史料的发现,给未来的历史叙事提供了新的可能和路径。[②]

姜成洋、李文认为,随着区域史研究的兴起,方志资料受到高度重视。美国汉学家史景迁撰写的《王氏之死》,可谓方志入史一个较为成功的例子。通过挖掘方志资料,史景迁建构了明清交替之际山东郯城动荡的城乡面貌,体现了方志入史的价值。但其核心故事没能充分展开,暴露了研究过分依赖方志的不足。对于中国当代史研究而

---

① 刘萍:《"史料革命":近十年来的史料学研究及反思》,《北方论丛》2021年第5期。
② 郝鑫:《新史料、新问题与新史学——从华北区域史研究看史学与史料的关系》,《首都师范大学学报》2021年第4期。

言，审视方志价值，合理利用方志，意义尤为深远。①

图像同文字一样，都是历史信息的承载者与记录者，完全可以作为一种史料用于历史研究。王加华指出，图像入史的路径与方法主要包括以图证史和以图解史两种。在将图像作为考察、认识历史的方式与手段时，需要加强图像考证，对图像本体及其存在语境作出全面、准确的把握，进而在此基础上进行合理阐释。而在此过程中，如何处理好图像文献与文字文献间的关系至关重要。图像入史研究绝不应该只是一个局限于历史学学科内部的理论、方法与实践，而是一个需要多学科合作的综合研究体系。②

黄国辉谈到伪材料的价值问题。长期以来，材料一旦被证伪，便会为研究者所抛弃，但伪材料同样能体现作伪者所受教育背景、学术训练、知识结构等。在作伪的过程中，作伪者常常会无意中留下许多蛛丝马迹，这在早期的作伪作品中体现得尤为明显。如果研究者能够细致指出作伪痕迹，并深入考察，无疑有助于促进史料辨伪工作。从这一角度来看，伪材料的"另类"价值同样值得重视。③

李勇认为，吕振羽充分认识到史料缺乏与真伪杂存对于历史研究的消极影响。他主张把神话传说和出土文物、民族材料结合起来，以解决中国史前史研究史料缺乏问题，还主张充分吸纳他人辨伪成果以克服史料真伪杂存问题。他明确把史料区分为"正料"和"副料"，多次阐释史料搜集与整理的重要性，在史料解读方面特别强调马克思主义，从而与实验主义划清界限。吕振羽在史前史研究中对神话史料

---

① 姜成洋、李文：《区域史研究与方志利用——论史景迁〈王氏之死〉》，《安徽史学》2021年第2期。
② 王加华：《让图像"说话"：图像入史的可能性、路径及限度》，《史学理论研究》2021年第3期。
③ 黄国辉：《"家谱刻辞"续说——兼谈作伪材料在史料辨伪中的价值》，杨共乐主编：《史学理论与史学史学刊》2021年下卷，北京：社会科学文献出版社，2022年，第269—276页。

的处理，与神话学家的研究殊途同归，无论是在科学主义还是在后现代主义观照下，都有其学术合法性。①

随着近代史学转型的推进，在"史料危机"的刺激下，王国维的"二重证据法"成为古史得以新证的重要依托。王刚指出，这主要表现在以下四个方面：一是以"地下之新材料"为史学新证的切入口，从质与量两大层面扩展证据基础；二是根据"二重证据"的史源差异，在对事实作出定性和分层的基础上，综合考察文本生成机制，对材料作出整体定性及分类；三是在证据不足时，利用"阙疑"之法，依托于"以博返约，由疑而得信"的方法，从证据不足进入证据充分的阶段；四是在理论与实践、传统学术根基与近现代学术意识相结合的基础之上，建构"二重证据法"所需的研究能力。②

## （七）多维视域下的口述史

经过多年发展，中国口述史取得了辉煌成绩，无论理论方法的探讨，还是访谈成果的呈现，抑或学科建设等方面，均已形成有中国风格和中国气派的口述历史特色。致力于口述访谈的具体实践，将口述访谈中形成的经验加以提升和归纳，形成本土特色的口述史理论，再用不断发展的口述理论指导口述访谈实践，这些都是中国口述史发展的成功经验。

当前，口述史已经超出历史学范畴，广泛应用到人类学、社会学、新闻学、传播学、档案学等各学科领域。为了多维度推进中国口述史学的发展，《史学理论研究》2021年第5期的"圆桌会议"栏目，推出一组题为"多维视域下的口述历史"的文章。其中，周新国回顾了21世纪中国大陆口述史规范的三种模本，认为其为口述采访

---

① 李勇：《吕振羽史料学理论与实践》，《历史教学问题》2021年第1期。
② 王刚：《"二重证据法"如何"拿证据来"？——近代中国的史料危机与王国维的学术因应》，《许昌学院学报》2021年第6期。

提供了工作规范和技术要求，保障了口述史研究的顺利开展，具有重要价值和意义。左玉河认为，口述历史是记忆外化、固化和物化的过程，回忆是由记忆中介唤醒记忆的过程，是对当下记忆的建构，而口述历史是矫正措置抵抗遗忘的过程。钱茂伟认为在文献史学外，发展口述史学、影像史学，可使历史学成为全新的融媒体学科，更加适应数字时代的发展要求。谢嘉幸对口述的"史实"与口传的"故事"作了辨析，认为"故事"附加了个体性史实。杨祥银介绍了当代西方口述史学的六大理论转向，即记忆转向、叙事转向、关系转向、女性主义转向、情感转向、空间转向，提出既要注意理论转向带来的方法论意义，又要警惕口述史学研究中的"理论过度"问题。[1]

钱茂伟、桂尚书强调，公众史学的进一步发展要从公众史记录入手。公众史的核心是个人史，当代公众史记录主要处理个人记忆的文本化，它使公众入史与公众参与写史成为可能。当代公众历史记录学的建立，促进了传统史学与公众史学的结合，使史学的体系结构得以进一步完善。[2]

刘亚秋指出了口述史的社会学意义，即不仅可以研究个人在大叙事中的生命沉浮，更提供了深挖人的精神世界的社会性方法。以社区研究为例，口述记忆呈现的个体化实践，不仅成为黏合社区的重要机制，而且使社区成为一个有机整体。口述史作为社区研究方法，在塑造独特社区记忆的同时，也指明了社会建设和基层社会治理的深层机制，即从人心角度揭示人赖以生存的社区力量。[3]

胡洁论述了口述史与集体记忆的关系。口述史是个体对自我生命历程的叙述，也是我们认识和理解群体或共同体集体记忆的有效

---

[1] 周新国：《21世纪中国大陆口述史规范的三种模本》、左玉河：《固化、中介与建构：口述历史视域中的记忆问题》、钱茂伟：《口述史再思考》、谢嘉幸：《"史实"与"故事"的再辨析》、杨祥银：《当代西方口述史学的六大理论转向》，《史学理论研究》2021年第5期。
[2] 钱茂伟、桂尚书：《口述史是当代公众史记录的基本路径》，《史学月刊》2021年第9期。
[3] 刘亚秋：《口述史作为社区研究的方法》，《学术月刊》2021年第11期。

途径。口述史的叙述过程既是叙事主体能动性的体现,也包含诸多被动性因素,认识和重视口述史研究过程中的能动性和被动性,将有助于研究者更好地理解记忆的检索性、被触发性和被建构性。而记忆的被触发性提示我们,现实的口述史不仅是历史与社会宏观建构的结果,也是访问者与亲历者微观互动的建构结果。只有重视承载共同体成员个体记忆的口述史研究过程,才能真正洞察共同体成员的集体记忆。①

口述历史是历史记忆的重要承载形式。保存口述回忆和形成口述文本的程序是否规范,某种程度上决定了口述内容的真实性与可信度。孔勇以《孔府内宅轶事》为例,指出"公主下嫁孔府"系历史上子虚乌有之事,"陶氏毒杀王氏"亦与事实存在偏离,"子见南子"风波则有误记夸大成分。三则案例分别对应"遥忆"、"追忆"和"补忆"等口述回忆类型,体现了口述者对历史事件的当下认知,而非历史事实的原貌呈现。②

口述史研究中一直存在个体经验是否可信的争议。既有研究往往通过抽样,随机性获取口述对象,从而保证所获取的材料具有可代表性;或是将口述史资料与档案资料进行比对来保证其有效性。周海燕认为,这些方法都未意识到口述史研究的独特价值所在。口述史研究不仅体现在个体经验能够证实历史事实,更在于它能够反映社会事实。研究者应在口述对象选择、口述资料搜集、访谈过程的深入互动,以及对资料的解读和分析等环节中,充分把握个体构成社会的过程,以使个体经验更好地融入"大写的历史"。③

王瑞芳谈及口述访谈的实践问题,主张进行多轮访谈,认为多轮

---

① 胡洁:《个人叙事与集体记忆:口述史的多维建构》,《学术月刊》2021年第11期。
② 孔勇:《口述文本之形成与真实性辨析——以〈孔府内宅轶事——孔子后裔的回忆〉为例》,《史学理论研究》2021年第3期。
③ 周海燕:《个体经验如何进入"大写的历史":口述史研究的效度及其分析框架》,《中央民族大学学报》2021年第6期。

访谈不仅是口述历史研究的客观要求，而且是口述历史访谈的基本特点和根本标志，是区别于新闻媒体采访和社会田野调查的突出特征。①

## （八）环境史与灾害史

地球正处于环境变动剧烈期和各种灾害频发期，灾害并未因人类认知和应对水平的提高而消减，反而随着人类活动的拓展而多发，对全人类生存和发展造成巨大冲击和影响。正是在这一背景下，环境史在今天成为一门极具现实意义的研究领域。同时，与环境史密切相关的灾害史研究也在反思灾害产生的环境因素和人为作用，以应对极端环境变化带来的危害。

一些学者分析了环境史的学科特点。王利华指出，环境史旨在跨越"两种文化"鸿沟，对历史上人与自然关系进行多学科综合探研，达成更加完整的历史认识。为实现这些目标，环境史学者需要学习和汲取自然科学理论与技术方法，但也要避免盲目崇信自然科学家的具体结论。② 滕海键强调了环境史的生态取向，即将生态学的概念和范畴、观念和意识、理论和方法引入环境史研究，用生态学理念和话语体系诠释人类史，从人的生物性与社会性相结合出发研究人类活动，并据此构建学科研究框架和体系，以使环境史具有更强烈的现实意义。③

赵九洲分析了环境史研究中环保主义情结的利与弊。环境史与环保主义关系密切，没有环保主义就没有环境史的兴起与发展。环境史学者大都有环保主义情结，这种情结在环境史发展过程中发挥了助推作用。但环保主义情结同样具有消极影响，可能导致环境史为激进的

---

① 王瑞芳：《多轮访谈：口述历史访谈的突出特征》，《史学理论研究》2021年第4期。
② 王利华：《跨越"两种文化"鸿沟——环境史的学术图谋和实现路径》，《学术研究》2021年第2期。
③ 滕海键：《环境史：历史研究的生态取向》，《中南大学学报》2021年第1期。

生态价值观所左右。环境史学者需要树立温和的生态价值观,明确环境史与环境保护史分野,进一步丰富环境史内涵。① 周洪宇、刘佳介绍了环境史中的一个新兴领域——教育环境史。所谓教育环境史,主要关注教育外部环境的变迁、教育与自然的关系及相互作用的方式、教育对自然的感知及其代际传承对环境产生的影响等。作为教育史和环境史的交叉研究领域,教育环境史既具有推动教育史学科建设的学术价值,也具有关切全球环境问题及人类前途命运的强烈现实情怀。②

自然灾害始终与人类社会发展相伴随,面对灾害,人们从早期的恐惧、逃避,发展到现代预防手段及能力的提升。《史学集刊》2021年第2期组织了一组灾害史笔谈,探讨了灾害文化的内涵、形式、特点及范式转换问题。周琼界定了灾害文化的内涵,认为灾害史研究必须打破对固有路径的依赖及思维惯性,从文化视角思考灾害历史及其内涵。方修琦提出,历史继承性是灾害文化的特征之一,是灾害长效性影响的体现,灾害文化隶属于社会文化空间。夏明方认为,中国灾害史研究应构建更具包容性的新范式即灾害的生态史叙事,人文精神是灾害叙事的本位。余新忠认为,灾疫文化的关注点聚集于对瘟疫的反应和应对,人类应避免恣意妄为,才能减少疫病冲击。马俊亚强调,灾害文化存在以血缘关系确定的差序格局,导致整个社会缺乏动能和生机。③

《云南社会科学》2021年第1期也刊发了一组灾害史文章。其中,周琼对西南少数民族灾害文化的内容、类型和传承路径、特点及弊端进行了梳理,强调要发现民族传统文化中防火减灾避灾的新

---

① 赵九洲:《中国环境史研究中的环保主义情结》,《郑州大学学报》2021年第6期。
② 周洪宇、刘佳:《教育环境史:环境史视域下的教育史研究初探》,《教育史研究》2021年第1期。
③ 周琼:《灾害史研究的文化转向》、方修琦:《灾害文化的历史继承性》、夏明方:《继往开来:新时代中国灾害叙事的范式转换刍议》、余新忠:《中国传统瘟疫叙事中的灾疫文化初探》、马俊亚:《灾荒文化视阈下的"差序格局"》,《史学集刊》2021年第2期。

内涵及动因。夏明方从灾害史和全球史角度，对历史时期中西灾害结构的差异，近代中国公共卫生的构建与中国现代性的复杂关联，提出了新思考。蔡勤禹系统研究了民国时期防灾工程建设思想、防灾制度建设思想，认为"建设救灾"思想是近代以来中国救荒思想的新发展。①

此外，吴俊范以舟山群岛为例，讨论了海岛经济开发与灾害发生史的关系。作者发现，海岛本身的地形、地貌、水文、滩涂等自然环境要素，既决定了人类利用自然资源进行经济开发的方式，也制约着自然灾害在海岛的成灾情况及其对社会经济造成的破坏和损失。风暴潮、台风、水灾、旱灾为舟山群岛地区常见灾害，但在不同产业类型的岛屿，灾害的破坏性及其导致的经济损失存在较大差异。农业型岛屿对旱灾与潮灾比较敏感，水灾及雨量过多对盐业型岛屿破坏性最强，渔业型岛屿对台风等风灾承受力最弱。②

## （九）概念史

近代以后，中国出现了大量新名词、新概念，其数量之多，在中国历史上十分少见。通过概念史研究，实现对近代中国重要概念、基本概念乃至一般概念的系统整理，对于认知近代中国思维方式和价值观念的变革，具有重要意义。

易锐考察了"领土"概念在晚清中国的翻译、传播与运用。19世纪西人汉译 territory 时，大多基于中国固有疆土词汇，而与"领土"相差较远。甲午之后，源自日本的"领土"一词进入中国，成为最为核心的疆土概念。"领土"概念的流播，除缘于持续的中日文

---

① 周琼：《换个角度看文化：中国西南少数民族防灾减灾文化刍论》、夏明方：《疫病的灾害史解读与中国卫生现代性的构建——读余新忠主编〈瘟疫与人：历史的启示〉有感》、蔡勤禹：《民国时期建设救灾思想探析》，《云南社会科学》2021年第1期。
② 吴俊范：《地理环境制约下的海岛经济开发与灾害发生史：以舟山群岛为例》，《史林》2021年第2期。

化交流外，还与时人强烈的"主权"诉求密切相关。对清末国人而言，"领土"不仅是较中国传统疆土话语更具优势的概念工具，而且是边疆改制与版图整合的愿景目标。晚清"领土"概念的传播与运用，一定程度上塑造了近代中国的疆域形态。①

王玉玲分析了清末民初"新中国"一词的概念内涵与话语演进。"新中国"一词由康有为较早提出，在进化主义和维新思想共同推动下得到传播和使用。随着中华民族危机的加深以及现代民族国家观念的传入，"新中国"从一个地域名词发展成国人对未来国家的构想，成为他们表达现代国家理想的话语符号。在五四新文化思潮影响下，"新中国"的话语内涵愈加丰富，包括独立、民主、自由、平等等多种含义。"新中国"话语虽在不同时期具有不同的思想内涵，但追求民族独立、国家富强、人民幸福逐渐成为主流，激励着无数仁人志士为建立"新中国"不懈奋斗。②

郭思成梳理了清末"民政"概念演变与制度建制。晚清以来，"民政"概念有民事行政及民主政制两种内涵，所指源于日本或欧美政制，与中国古制纠缠。日俄战争期间及之后，"民政"与维系国家治民的主权联系紧密，涉及"地方自治"及"宪政"的构建，最终代替"内政"。这一时期，不同方案的"民政"观念来源各异、错综缠绕，是中外新旧观念、制度交融组合的产物，深刻影响着近代民政制度体系的形成。③

"半殖民地半封建"是解释中国近代社会性质的基本概念，既有研究集中于对早期中国共产党人理论文章的讨论，赵利栋考察了国民党左派对中国社会性质的讨论，分析了国民党左派对中国社会性质的渐进认识和对革命走向的理论思考，为"半殖民地半封建"概念的研

---

① 易锐：《"领土"概念在晚清中国的翻译、传播与运用》，《中国文化研究》2021年第2期。
② 王玉玲：《清末民初"新中国"一词的概念内涵与话语演进》，《史学月刊》2021年第8期。
③ 郭思成：《清末"民政"概念演变与制度建制（1901—1906）》，《学术研究》2021年第5期。

究补充了新视角。①

张亮、马晓艳研究了新中国成立初期"爱国卫生运动"概念的形成及启示。这一概念经历了从"卫生（防疫）运动"到"爱国卫生运动"的发展过程。从时间上看，"卫生运动"的概念在新民主主义革命时期已经形成，"爱国卫生运动"则是在1952—1954年反对美军细菌战背景下形成的。1956—1959年，全国开展了以"除四害、讲卫生"为主要内容的爱国卫生运动，使得这一概念进一步深化并向常态化转变。②

侯竹青探讨了概念史视角下的中共纪念史研究。中共在纪念活动中，对核心概念的选择和阐释是中共政治理论构成和变迁的表征。纪念活动中对核心概念的强调和重复，客观上传播了中共的政治思想，推动着中共的政治实践。同时需要看到，纪念史中的概念是概念史研究的一部分，概念史的研究方法也适用于纪念史中的概念研究。评价纪念史中的概念，既要将概念的共时性与历时性结合起来，也要注意特定时期内概念与思想的同步性及动态变化。③

## 三、外国史学理论

本年度外国史学理论研究主题广泛，深度也有所增加。学者不仅关注西方史学理论的前沿问题，如时间和空间研究，更在一些新兴领域如情感史和性别史中，积极参与同西方学界的讨论。值得注意的是，不少学者从中西史学比较的背景，讨论了西方理论与中国语境之间的复杂关系，以及中国理论对西方的反向影响。现从西方马克思主

---

① 赵利栋：《国民党左派与中国"半殖民地半封建"概念的提出》，《史学理论研究》2021年第6期。
② 张亮、马晓艳：《新中国成立初期"爱国卫生运动"概念的形成及启示——以〈人民日报〉为中心的考察》，《安徽史学》2021年第5期。
③ 侯竹青：《概念史视角下的中共纪念史研究》，《党史研究与教学》2021年第3期。

义史学理论、西方史学史、非西方史学理论与史学史、历史学的性质与历史认知、时间与空间问题研究、全球史、帝国史与海洋史、环境史与生态史、记忆研究、微观史与心态史及新文化史、情感史与性别史、中外史学交流与会通十二个方面分述如下。

## （一）西方马克思主义史学理论

西方马克思主义史学的崛起，打破了国际史学整体格局，为我们了解与认识西方史学乃至世界史学打开一扇新窗口。西方马克思主义史学在史学观念、研究范围、内容和方法上体现出自身的史学品格，彰显了对世界史学的卓越贡献。研究西方马克思主义史学理论，有助于中国学者更加全面地理解唯物史观的内涵。

汪荣祖对西方马克思主义史学进行了长时段的梳理。马克思主义史学是西方尤其是欧洲学界的一大流派。马克思创立唯物史观后，共有三代继承者。第一代以普列汉诺夫和托洛茨基为代表，第二代以葛兰西与卢卡奇为代表，第三代以英国共产党历史学家小组为代表。冷战期间，西方马克思主义史学家受到极大压力，并因为内部分歧而导致有些马克思主义史学家走向后现代主义。马克思主义史学虽经历挫折，但并未走向式微，唯物史观仍然是历史研究难以忽略的理论。展望未来，西方马克思主义史学必定会通过顺应时代而实现新的发展。①

梁民愫将英国马克思主义史学思想置于20世纪西方新史学语境与马克思主义史学谱系中，系统考察了霍布斯鲍姆的史学著述、史学思想和学术地位，并以小见大概括了英国马克思主义历史学派的共性思想和本质特征，进而展现了20世纪英国史学的思想流变与学术景

---

① 汪荣祖：《西方马克思主义史学的过去、现在与未来》，《文史哲》2021年第1期。

观。① 阅读此书，不仅能够认识霍布斯鲍姆的史学思想，还可看到一幅英国和西方史学以及社会文化发展的宏大图景。②

初庆东以《过去与现在》刊物为例，考察了英国马克思主义史学家的历史书写。英国马克思主义历史学派的成功，与他们创办《过去与现在》关系密切。借助《过去与现在》，英国马克思主义史学家扩展了研究视野，充分挖掘历史学功用，推动社会史研究与"自下而上的历史学"协调发展。1956年后，一些非马克思主义史学家进入《过去与现在》编委会，扩大了《过去与现在》影响力，英国马克思主义史学家继续在期刊中发挥作用，并由此跻身国际一流历史学家之列。③

## （二）西方史学史

史学史旨在研究历代史学家的著史观念与方法。西方史学史成为一个专门的研究领域，是19世纪历史学走向职业化的结果，其成熟的标志是20世纪初《近现代史学史》《十九世纪的历史学和历史学家》等奠基性著作的问世。研究西方史学史，不仅有助于把握西方史学的发展潮流、脉络和特点，也是理解西方史学理论的基础。

王晴佳通过分析21世纪初出版的一些西方史学史新著，认为未来这一领域有以下几个发展方向：一是尝试用全球的和跨文化的视角考察世界各地历史实践的传统与变革；二是许多从业者正在将研究范围扩大到史家的作品之外；三是人们开始分析未来科学技术新进展对人们认识和表述历史的影响。这三种发展趋势推动历史学从业者超越欧洲中心主义，落实全球化的视野，将关注的焦点从史家的论著扩展

---

① 梁民愫：《英国学派与历史学家：霍布斯鲍姆的马克思主义史学》，北京：社会科学文献出版社，2021年。
② 刘耀辉：《走进霍布斯鲍姆的史学》，《中国社会科学报》2021年4月21日，第12版。
③ 初庆东：《英国马克思主义史学家的历史书写——以〈过去与现在〉的创刊与早期发展为中心》，《英国研究》2021年第2期。

到整个有关过去的知识，检讨和应对科学技术的新进展对未来历史书写的潜在和重大影响。①

随着全球化进程加速推进，全球史学史日益受到关注。姚汉昌通过评价丹尼尔·沃尔夫的《简明史学史》，分析了全球史学史的几个特点。首先，全球史学史弱化西方对历史学产生与发展的作用，强调史学的普遍性。其次，全球史学史突破传统史学史的编纂模式，强调要包括历史写作和历史思想的历史。最后，全球史学史采用比较的研究方法，提倡以时间为经线、以地域为纬线，构建一个全方位、多层次的全球史学比较和交流的体系。②

在西方古代史学史方面，杨共乐辨析了西方古代史学源流，认为西方古代史学并非同源一流，而是多源并存。代表西方早期史学传统的希罗多德与修昔底德并没有相应的承继关系，他们各自有独立的传承特点和学术路线。③徐松岩探究了修昔底德选用史料的方法，认为在《伯罗奔尼撒战争史》中，修昔底德对于战前史料的选择和考信主要采用比较考异法和反溯法；对于其所处时代史料的选用及考信，主要采用实录法、辨异法、推测法、纠错法、隐微法。修昔底德貌似如实直书的表象背后，隐含着名副其实的"修昔底德陷阱"。④

刘星星探讨了苏维托尼乌斯传记写作中的求真意识。受罗马实用史学的影响，苏维托尼乌斯的求真思想一方面体现在其对史实的考辨，另一方面体现在他以为帝王立传的方式，对罗马帝国早期历史进行的道德反思。为帝王立传是西方传记史学发展的重要成果，对西方

---

① 王晴佳：《史学史研究的性质、演变和未来：一个全球的视角》，《河北学刊》2021年第5期。
② 姚汉昌：《全球史学史研究入门——评丹尼尔·沃尔夫的〈简明史学史〉》，《史学理论研究》2021年第3期。
③ 杨共乐：《西方古代史学源流辨析》，《史学史研究》2021年第3期。
④ 徐松岩：《修昔底德选用史料方法刍议》，《史学集刊》2021年第1期。

后世传记史学的发展影响深远。① 莫凡分析了奥罗修斯著作中的纪年方法及其意蕴。奥罗修斯在《反异教徒历史七书》中选择罗马建城纪年为核心纪年方法，并综合运用奥林匹亚纪年、执政官纪年、元首和君主纪年等多种世俗史家常用的纪年方法。这种综合纪年方法通过定位所有历史事件发生的具体年份，增强了所述历史在时间发展上的方向感，凸显了罗马城在历史发展过程中的首要地位。②

在西方中世纪史学史方面，郑鹏考察了英国中世纪早期著名史家比德的神迹书写。从整体层面看，比德的神迹书写与历史书写具有统一性，是历史书写的组成部分，其笔下的神迹是研究英国中世纪早期历史不可多得的史料。比德书写神迹的意图，主要是为了教诲读者。③ 杨韶杰、菲利帕·霍斯金认为，20世纪以来，英国中世纪教会史研究受益于教会档案的整理出版以及资料使用的便捷性。20世纪下半叶，随着研究范式的转型，一些学者运用跨学科研究方法更为多元地考察了中世纪的教会，物质文化研究、性别研究等新议题的出现，极大拓展了研究的广度与深度。④

在西方近代史学史方面，胡昌智全面评价了兰克的史学思想。兰克虽然开启了历史考证的实践，但兰克不是史料学家，而是建构历史叙事的大家。兰克没有具体的历史理论著述，但在追求真实与历史意义的同时，强调史家要有观点，认为历史的每个趋势中都有充满价值的个体性。但是，兰克对非基督教世界的偏见，导致他无法以个体性原则来对待异文化，从而在历史思考上采用双重价值标准。⑤ 景德祥

---

① 刘星星：《论苏维托尼乌斯的求真思想》，《史学史研究》2021年第4期。
② 莫凡：《奥罗修斯在〈反异教徒历史七书〉中的纪年方法及其意蕴》，《史学史研究》2021年第4期。
③ 郑鹏：《论比德的神迹书写》，《学术研究》2021年第6期。
④ 杨韶杰、菲利帕·霍斯金：《20世纪以来英国中世纪教会史研究的延续与嬗变——以史料、方法及学人为中心的考察》，《史学史研究》2021年第4期。
⑤ 胡昌智：《论兰克的史学思想》，《学术研究》2021年第8期。

借助兰克的书信，考察了兰克第一本历史著作《罗曼与日耳曼诸民族史（1494—1535）》及其附本的诞生及影响。兰克能以其第一本书及附本进入德国大学史学界，主要是由于当时普鲁士文化部高官的重视，而非因为这两本书被当时的学界视为具有划时代意义的史学著作。①

徐良、丛玮探究了早期美国国家史书写。独立战争后，在欧洲史学思潮的影响下，美国新一代史学家开始尝试从整体上对美国国家历史进行综合分析与考察。在此过程中，大卫·拉姆塞和墨西·奥蒂斯·沃伦等人的美国革命史研究第一次把"美国"作为一个整体概念；埃比尔·霍姆斯、本杰明·特兰伯尔和蒂莫西·皮特金等人的早期美国（通）史研究，深化了人们对美国整体历史发展的认识；而乔治·班克罗夫特的 10 卷本巨著《美国史》则把早期美国国家史书写推上一个新高度。早期美国国家史的历史书写，对美国早期发展和民族认同产生了极为重要的影响。②

在西方现代史学史上，王晴佳分析了昆廷·斯金纳对史学理论的贡献。从早年起，斯金纳便在研究政治思想史的同时，积极探讨史学理论和方法的创新。斯金纳对近代史学的实证主义传统持批判立场，他通过借鉴约翰·奥斯汀等语言哲学家的著作，探究了语言和观念所隐含的"言外之意"，即通过阅读同时代著作、了解当时的语言习惯获取真切的理解。斯金纳的探索推动了史学界"语言学转向"，但他又不是后结构主义者或后现代主义者。尽管他对历史研究的理论和方法作出别具一格的探索，但其学术兴趣却依旧受制于"西方中心论"的传统，未能与现代史学的基本走向形成积极互动。③

---

① 景德祥：《从书信看兰克第一本书及附本的诞生》，《上海师范大学学报》2021 年第 6 期。
② 徐良、丛玮：《早期美国国家史的历史书写》，《江西师范大学学报》2021 年第 5 期。
③ 王晴佳：《历史哲学和历史中的哲学——简论昆廷·斯金纳对史学理论的贡献》，《华东师范大学学报》2021 年第 5 期。

沈坚和乐启良主编的《当代法国史学研究新趋势》，所选论文涉及历史哲学、政治史、社会史、书籍史、记忆史、身体史、情感史、气候史、环境史、企业史和全球史等，较为全面地呈现了20世纪80年代以来法国史学发展的基本轮廓及主要趋势。该书对于法国大革命、第三共和国等宏大叙事提出新观点，并关注之前被忽视的一些研究领域，比如巴黎郊区农民的信仰变迁和旺代叛乱时的贸易等。该书对米歇尔·伏维尔、莫娜·奥祖夫和安托万·里勒蒂的访谈，则体现了当代法国历史学家共同体革新史学的心路历程及重要成就。[①]

## （三）非西方史学理论与史学史

当代史学的重要特点是全球互动性，不同国家和地区之间的史学交流日趋频繁，影响日益深入。在这一过程中，西方史学和非西方史学都能从对方那里汲取合理因素，相互产生有益影响，共同推动全球史学走向繁盛。近年来，国内学界对于非西方史学给予较多关注，涉及的国家和地区越来越多，研究内容更具广度和深度。

王立新比较了关于印度历史的两种不同叙事，一种是以《剑桥印度史》和《牛津印度史》为代表的正统印度历史叙事——雅利安文明叙事，一种是以《新编剑桥印度史》为代表的新印度历史叙事——莫卧儿帝国叙事。前者以"印度文明"概念为基础，后者以"早期现代"概念为基础。两种印度历史叙事都在现代西方史学传统中的国家史观视域下展开，却建立起完全不同的意义空间。正统印度历史叙事建构了一种传统性的历史空间，新印度历史叙事则建构起一种现代性的历史空间。[②]

---

[①] 沈坚、乐启良主编：《当代法国史学研究新趋势》，杭州：浙江大学出版社，2021年。
[②] 王立新：《国家史观视域下新印度史学的叙事建构：从雅利安文明到莫卧儿帝国》，《世界历史》2021年第2期。

梁道远介绍了阿拉伯编年史家伊本·艾西尔的生平及时代。艾西尔的代表作《历史大全》是研究十字军东侵史和蒙古西征史的最佳阿拉伯文史料之一，它既是艾西尔一生所学的结晶，也是他所处时代的实录。该书的构思和材料搜集完成于艾西尔长达数十年的游学之旅，并于1231年成书。此外，梁道远编著的《古代阿拉伯史学家及其著作目录》，整理了大量古代阿拉伯史学文献，梳理了约1500名阿拉伯史学家及其主要著作，为国内阿拉伯史学史研究奠定了文献基础。①

孔妍评价了埃及编年史家阿卜杜·拉赫曼·杰巴尔提的史学代表作。杰巴尔提的《法国占领时期的埃及历史》《神意在法国统治终结中的展现》《奇妙纪事》堪称其历史著作"三部曲"，是研究拿破仑入侵埃及后最具价值的阿拉伯文史料。杰巴尔提的史学"三部曲"提供了可靠而翔实的一手资料，阐述了对埃及乌莱玛阶层的认识与定位，反映了伊斯兰文明与西方文明的激烈碰撞，具有极高的史学价值。②

安洙英、姜伊威梳理了韩国近30年来的历史叙事。20世纪90年代以后，韩国史学界对既有历史研究中的民族主义、现代主义和欧洲中心主义进行反思，与此同时，把东亚作为一个地区单位思考的学术倾向明显抬头，由此开始了构建东亚史的努力。2007年，东亚史正式进入韩国国民教育体系，成为一门独立的历史课程。以韩国为出发点梳理这一史学史过程，特别是与中日史学的对比和关联，并进一步思考东亚史和民族国家论述之间的张力变迁，有助于人们理解20世纪后半叶以来全球史和区域史思潮对东亚国家历史观念的影响。③

---

① 梁道远：《阿拉伯编年史家伊本·艾西尔及其所处的时代》，《北方论丛》2021年第2期；《古代阿拉伯史学家及其著作目录》，北京：社会科学文献出版社，2021年。
② 孔妍：《埃及编年史家杰巴尔提及其史学"三部曲"》，《北方论丛》2021年第2期。
③ 安洙英、姜伊威：《从"东洋史"到"东亚史"——韩国学界近三十年的历史叙事反思》，《史学理论研究》2021年第5期。

成思佳将越南古代史家对本国古史的书写和构建分为三个主要阶段：陈朝史家对古史的最初书写和构建、后黎朝史家对古史的丰富与发展，以及中兴黎朝、西山朝和阮朝三代史家对古史的修正与定型。越南古史的书写和构建，不仅为越南诸自主王朝创建了一套相对完整的越南史话语体系，亦成为近代以来越南塑造现代民族国家的重要历史素材。由于深受古代汉文化影响，越南古史中包含很多鲜明的中国历史文化特征，这是中越两国之间长期交往的必然产物和历史记忆。[①]

王子奇论述了克里斯多夫·戈沙的越南史研究。戈沙以现代化视角考察越南史，摆脱了以往越南史研究的政治语境叙事。戈沙通过横、纵向比较研究，指出越南历史并不"例外"，其国家发展史与很多国家相类似。戈沙擅长运用多语种、多形式材料进行综合分析，尤其注重呈现历史的多样性与偶然性。戈沙提出，越南的现代化进程在法国殖民者入侵及统治之前就已经开始，越南历史远比西方史学家所描述的更为复杂和多样。[②]

## （四）历史学的性质与历史认知

对于历史学的性质，人们有着不同认知。历史学是科学还是艺术，历史学所揭示的规律是否具有普遍性，历史研究者的主观性有何限度，历史事实是否就是客观性的反映，种种问题不仅涉及人们如何理解和认知历史，更关涉历史随时代变迁所发生的内涵变化。对于什么是历史的探寻永远不会结束，这就是历史具有恒久魅力的一个原因。

赵轶峰从"历史"的两个义项入手，思考历史的性质问题。历史具有两种含义，一是指历史事实，一是指对历史事实的叙述。作为历史事实的历史，就是过去发生的事情，它是外在于历史学家的客观事

---

① 成思佳：《越南古代史家对本国古史的书写和构建初探》，《史学理论研究》2021年第1期。
② 王子奇：《克里斯多夫·戈沙的越南史研究叙论》，《史学理论研究》2021年第1期。

实。作为历史编纂的历史，就是尽最大可能了解过去发生的事情，并加以条理化的叙述，使其成为公众知识。"历史"一词的两个义项，决定了"历史"具有两种性质。在理解何为"历史"时，对这两个义项的混淆，或者用一种取代另一种，是产生分歧的主要原因，并动摇了历史具有客观性的信念。在厘清"历史"两种含义的前提下，可以得出历史是客观的、历史学是主观的结论。①

陈新思考了史学理论的性质、对象、价值与方法。史学理论以历史学实践中的主体即史家与读者为反思对象，以融入主体之中的经验与结构为理论探讨对象。史学理论的价值，在于通过训练史家的历史思维模式，从而提升历史研究与阐释的效率。其实现方法除了通过学术史积淀与基于情境的文本分析法之外，注重在日常生活中对一般经验进行反思性训练，也是史家可以获得历史性思维的重要途径之一。②

张轲风认为，重建历史事实必须摒弃相对主义话语。历史"元事实"是历史载体和历史认识形成的母体和源泉，由基本事实、过程事实、因果事实、观念事实四种类型构成，且具有真存性、根源性、庞杂性、唯一性、系统性、连续性、变化性、传承性、不可见性、难验性等特性。历史学家研究历史，目的是借助历史载体，运用历史、科学、艺术和价值四种思维以获得逻辑事实。逻辑事实是历史真实与历史认识的有机统一，是兼具客观性与主观性、科学性与艺术性、逻辑性和想象性的知识生产。其中，求真是史家之秉性、逻辑事实之基石、史学之根本。③

佘嵌雯分析了西方史学思想中的历史想象观念。启蒙时期，康德的演绎逻辑和维柯的诗性智慧提供了对想象的两种不同理解。随着19世纪史学的专业化，大部分职业史家视想象为历史研究中需抑制的因

---

① 赵轶峰：《历史是什么？——一种新实证主义的思考》，《古代文明》2021年第3期。
② 陈新：《史学理论的性质、对象、价值与方法》，《史学月刊》2021年第1期。
③ 张轲风：《重建"历史事实"》，《思想战线》2021年第4期。

素。之后，柯林武德和海登·怀特分别在认知和话语层面为历史想象进行了辩护。他们认为，历史叙事无法剔除想象，历史想象在其中发挥着连接、综合或预构史料的作用。对历史想象的探讨表明，历史真实不只包含事实，还可能蕴含伦理和审美维度。①

20 世纪 70 年代以来，"叙事主义"作为一股颇具声势的学术研究思潮，逐渐取代"分析的历史哲学"，在历史哲学领域占据了主导地位。夏玉丽指出，近年来"叙事主义"的理论热潮逐渐消退，新的研究议题正在出现。比如，乔尼－马蒂·库卡宁明确提出历史哲学应走出"叙事主义"的研究路径，迈向一个再度创新的"后叙事主义"阶段。"后叙事主义"中的"后"，并不表示对"叙事主义"的全然摒弃，它在继承"叙事主义"某些理念的基础上，对其进行了反思和批判，并提出新的理论思考。②

## （五）时间与空间问题研究

时间与空间是历史学的两大要素，近年来更成为历史研究的重要议题。时间问题不仅涉及过去、现在、未来三者之间的关系，更关乎历史意识和历史观念的变化。而空间问题也得到学者的关注，除了将之作为有形空间应用于城市史研究，也将之作为无形空间应用于思想史研究。

方维规考察了德国学者科塞雷克的概念史研究与历史时间理论之间的关系。在科塞雷克的概念史研究中，"鞍型期"和"不同时的同时性"是两个基点，是他以时间概念为核心的历史认识之中心范畴。鞍型期是走向未来的过渡期，或曰新时代之开端。不同时的同时性则是所有历史的基本经验，更是现代性的特征之一。科塞雷克的概念史在本质上是概念的时间史。他的历史时间语义学，旨在探索过渡期之

---

① 金嵌雯：《西方史学思想中的历史想象观念探析》，《史学月刊》2021 年第 6 期。
② 夏玉丽：《库卡宁的"后叙事主义"探求》，《史学理论研究》2021 年第 5 期。

经验和语言的多重时间层，考掘那些蕴含过去、现在和未来之时间结构的关键概念，呈现"经验空间"与"期待视野"之间的断裂。①

黄艳红评述了法国历史学家弗朗索瓦·阿赫多戈的历史时间研究。弗朗索瓦·阿赫多戈对几种"历史性体制"进行了分析，将这一概念定义为过去、现在和未来之间的纽合方式，不同的社会可能有不同的组合方式，如历史性的英雄体制、"旧制度"和现代体制。这些体制并非静态的，它们可以从一种体制转向另一种，这样的时刻被阿赫多戈称为时间秩序的危机。最近几十年，西方世界出现一种新的历史性体制——当下主义。它不同于采取未来主义视角、强调过去与当下连续性的现代性体制，而是一种相对无序、不再具有光辉期待视阈的时间秩序。②

李鹏超考察了历史时间中的历史距离问题。历史距离通常指涉过去与现在、事实与叙事之间的关系。文艺复兴伊始，历史距离伴随着对时间的发现而产生。它塑造了不同于中世纪的现代历史意识，并成为支配现代史学研究的重要因素。然而，这种以时间维度为基础的距离观念，忽视了历史距离内涵和价值的丰富性、复杂性。加拿大历史学家马克·菲利普斯在重新思考历史距离的基础上，把距离当作历史表现中一种介质的参与形式，提出了以包含形式、情感、意识形态和认知在内的"距离效应"来处理过去与现在的关系。③

世界历史分期是历史时间中的重要议题。李友东指出，国外学界较具代表性的分期方案有，体现"现代性"的"古代—中世纪—现代"三段论分期、以交往和联系作为关键逻辑的"世界体系"和"全球史"分期、佩里·安德森的"过渡期"分期，以及后现代主义

---

① 方维规：《概念史与历史时间理论——以科塞雷克为中心的考察》，《近代史研究》2021年第6期。
② 黄艳红：《历史性的体制和当下主义：弗朗索瓦·阿赫多戈的历史时间研究述评》，《安徽史学》2021年第2期。
③ 李鹏超：《西方史学思想中的历史距离——从时间距离到"距离效应"》，《史学月刊》2021年第11期。

的碎片化、主观化分期等。国内比较有代表性的则有以"社会形态"演进为主线的苏联式世界历史分期、以纵向和横向"联系"发展为主线的世界历史分期,以及现代化—文明史的历史分期等。国内外的世界历史分期出现了某种呼应和共识,但要解决世界历史分期问题,仍需回到世界历史变迁有无普遍规律这一问题上来。①

张旭鹏认为,空间是观念史研究的一个重要维度,随着历史研究中"跨国转向"、"全球转向"的兴起,人们愈发关注观念的流动,以及观念在进入不同空间时产生的种种与原初内涵迥异的变化。一方面,观念需要作出调整,以适应新的空间;另一方面,观念也会被新空间加以改造。观念的流动性最终为观念带来混杂性,使之兼具原初语境和新语境的共同特征。研究观念与空间的关系,可以让我们认识到观念在迁移和挪用时所遭遇的各种复杂性和可能性,进而认识到观念在跨越空间的常态中,往往获得更多创造性的潜能。②

李文硕提出,空间取向是美国城市史研究的新实践。空间之所以成为城市史的重要主题,既受到西方社会科学尤其是新马克思主义"空间转向"的影响,也体现了美国城市空间变化在学术界的回响。美国城市史研究的空间取向表现在两个方面:在研究主题上,空间不再仅仅是研究对象所在的场地,空间本身就是研究对象;在研究尺度上,跨国史路径介入城市史研究,人员、物资、资本和信息的流动将观察城市历史的视野拓展到民族国家的界限之外。空间研究既加深了对城市问题的理解,也拓宽了城市史的范围。③

## (六)全球史

近年来,国内学界对于全球史的研究已经不再仅限于对西方全球

---

① 李友东:《20世纪以来世界历史分期问题探讨》,《社会科学战线》2021年第7期。
② 张旭鹏:《观念与空间:跨国视域下观念的流动与变迁》,《中国社会科学院研究生院学报》2021年第5期。
③ 李文硕:《美国城市史研究的空间取向》,《史学理论研究》2021年第6期。

史理论和方法的引介,而是关注如何从中国视角反思全球史理念的适用性和局限性。对于全球史的理解,更为可行的办法是将之"地方化",即考虑全球史在不同文化环境中所体现出的不同特点,以及不同文化环境对于全球史的改造。唯有如此,全球史才会更具活力,才会赢得更大发展。

刘文明对中国学界的全球史研究进行回顾。20世纪80年代末,随着西方全球史著作的译介,"全球史"概念传入中国,并从90年代开始了对全球史的理论探讨。从最初讨论编纂世界通史的"全球史观",发展到探讨跨文化互动、跨国史、新海洋史等理论和方法,并对全球史理论运用于中国史研究进行了探索。随着全球史研究向实证化、微观化方向发展,国内的全球史实证研究成果增多。然而,中国的全球史研究需要处理好两个重要问题,即具有国民身份的历史学者如何书写全球史;如何构建具有中国特色的全球史。[1]

董欣洁论述了中国马克思主义史学的世界史话语。新中国成立70余年来,中国特色社会主义道路是从农业文明向工业文明迈进的伟大实践。中国马克思主义史学的世界史话语是对这一世界变革进程的理论阐述,其基本特点是将民族性和世界性较好地融为一体。这一话语运用马克思主义社会形态理论和世界历史理论,对人类历史进行纵向和横向的综合研究,阐明了资本主义的历史阶段性,指出人类社会的进步趋势蕴含在世界历史的阶段性和连续性、特殊性和一般性的双重辩证统一之中。[2]

曹小文从民族—国家话语的角度,对全球史进行了反思。当今的全球史研究有两种重要趋向,即试图摆脱民族—国家话语和突破西方中心话语樊篱。但是,非西方国家的全球史研究有其特定文化诉求。以中国特色的全球史为例,它不仅是研究空间上的拓展,而且力求发

---

[1] 刘文明:《中国全球史研究的回顾与思考》,《史学理论研究》2021年第6期。
[2] 董欣洁:《中国马克思主义史学的世界史话语》,《江海学刊》2021年第4期。

现中国之所以为中国、世界之所以为世界的历史演进规律。中国特色的全球史是以马克思主义唯物史观为指导,探索中国历史之世界意义与世界历史之中国影响的新型世界通史。①

张文涛谈到全球史背景下中国全球史学科的建设问题。全球史不仅是一种视野,也是一种史学方法,还可能生成新的历史理论。建设中国全球史学科,不仅是克服西方中心论、走自己学术道路的现实需求,还是破除"中国威胁论"、构建人类命运共同体的现实需求。建设中国全球史学科,要有科学眼光,树立大历史学科观念;要有世界眼光,深入理解中华文明与世界文明关系;要有长远眼光,加强对于人类起源和未来趋势研究,以此为基础探寻人类发展的基本规律。②

魏孝稷论及菲利普·柯丁的比较世界史研究。20世纪六七十年代以来,美国世界史研究先驱菲利普·柯丁针对区域史研究的碎片化和传统世界史编纂的空洞化问题,提出比较世界史的研究方法,在"跨文化贸易"、"种植园"、"西方的扩张"、"大西洋史"、"全球移民史"、"全球医疗史"等议题上,取得突出成就,并以个案分析方法为世界史研究提供了可实证化的方向。此外,柯丁通过设立"比较世界史"研究生项目,培养了大批优秀的世界史学者,总结柯丁的比较世界史方法具有重要意义。③

施诚、马忠玲介绍了英国历史学者菲利普·费尔南德兹-阿迈斯托的全球史书写。阿迈斯托尤其注重文明之间的交流与互动,强调帝国为跨区域乃至全球规模的文明交流搭建了舞台。得益于欧亚大陆两端的巨型帝国,东西方文明进行大规模交流成为可能。新航路的开辟以及不断扩展的殖民帝国,在建立不平等世界秩序的同时,也塑造了当代世界的基本格局。阿迈斯托将宏观视野和微观叙事相结合,展示

---

① 曹小文:《全球史研究:对民族—国家话语的反思与构建》,《史学理论研究》2021年第4期。
② 张文涛:《全球史的兴起与当代中国全球史学科建设》,《甘肃社会科学》2021年第4期。
③ 魏孝稷:《菲利普·柯丁的比较世界史研究》,《史学理论研究》2021年第6期。

了全球视野下帝国兴衰与文明变迁的宏大历史画卷。①

康昊分析了日本全球史的兴起、实践及其特点。日本全球史研究的兴起和发展有其内在学术脉络，水岛司、羽田正、秋田茂等学者是日本全球史的倡导者，他们的研究成果以及在他们倡导下成立的相关学术机构，推动了全球史在日本的发展，使之具有不同于西方的特点。日本的全球史研究，其显著特点是标榜"亚洲视角"、关注亚洲空间和亚洲海域，强调亚洲经济及国际秩序的内部机制。②

## （七）帝国史与海洋史

帝国史与海洋史是两个与全球史有着密切关系的研究领域。两者都受到全球史中"网络"概念的影响。帝国史强调帝国中心与边缘之间错综复杂的相互联系，也关注帝国之内不同族群之间的交往与权力关系。海洋史旨在展现物品和人员的流动性，以及在这种流动性所蕴含的不同国家或地区之间的长距离互动。

刘文明指出，"新帝国史"是指在20世纪80年代之后，随着全球化的深入而再次出现的帝国史叙事。这种新的叙事不再仅仅从政治、经济和军事扩张方面来解释帝国史，而是在后殖民理论、新社会史、妇女和性别史、新文化史、全球史等思潮影响下，聚焦性别、种族、文化、身份认同、互动网络等重要维度。"新帝国史"在一定程度上解构了以宗主国为中心的传统帝国史叙事，而这一任务的完成有待非西方学者的参与和努力。③

魏孝稷批评了西方汉学"帝国史"范式的局限。西方汉学的历史书写存在一种以"中华帝国"概念为基轴的"帝国史"范式。该范

---

① 施诚、马忠玲：《帝国与文明：菲利普·费尔南德兹-阿迈斯托的全球史书写》，刘新成、刘文明主编：《全球史评论》第21辑，北京：中国社会科学出版社，2021年，第3—15页。
② 康昊：《全球史在日本的兴起、实践及其特点》，《史学理论研究》2021年第2期。
③ 刘文明：《"新帝国史"：西方帝国史研究的新趋势》，《社会科学战线》2021年第9期。

式包括三种叙事，即突出"汉族"与所谓"异族"二元对立的空间叙事，围绕秦至清所谓"帝国时代"展开的时间叙事，以及传统中国政治的皇帝专制主义叙事。"帝国史"范式忽略了中原与边疆的互动一体化进程；以皇帝制度的建立与废止等政治事件进行历史分期极其狭隘，不能反映漫长的历史变迁过程；专制主义叙事基于皇帝或皇权本身来理解中国的政治制度，陷入了还原主义。为克服"帝国史"范式的缺陷，建构一种"文明史"范式是必要的和可行的。①

周芬、张顺洪对帝国和帝国主义概念作了辨析。他们认为，帝国和帝国主义概念的使用存在泛化倾向，妨碍人们正确理解世界历史。世界古代中世纪各地区小国之间交流互动、碰撞、融合，逐渐形成的大国，一般情况下不应称为帝国。帝国主要是指15世纪末以后西方列强通过扩张建立的海外殖民帝国。帝国主义属于资本主义，不存在于古代中世纪。帝国主义是指资本主义的垄断阶段，也可指列强推行殖民主义和霸权主义的政策、行为和主张。当今一些西方学者使用帝国和帝国主义概念时，具有很强的意识形态偏向。②

熊宸探讨了现代"帝国主义"概念应用到古代罗马历史研究中的一些问题。"帝国主义"一词虽然来自19世纪中期的现代帝国经验，却常被用来形容古代罗马的军事扩张与帝国统治。如果不对该词在罗马史研究最初的用法予以澄清，便容易将现代帝国统治的视角代入对罗马统治的观察之中，从而造成理解上的偏差。伴随19世纪末欧洲殖民帝国达至鼎盛而逐渐发展起来的"帝国主义"及"罗马帝国主义"概念，在这一时期的主要变化及在罗马史研究中造成的影响值得关注。③

---

① 魏孝稷：《西方汉学"帝国史"范式及其局限——兼谈"文明史"范式的可行性》，《历史研究》2021年第5期。
② 周芬、张顺洪：《帝国和帝国主义概念辨析》，《史学理论研究》2021年第2期。
③ 熊宸：《19世纪罗马"帝国主义"问题在西方学术界的缘起与发展》，《世界历史》2021年第2期。

张小敏从世界史视角回顾了中国海洋史研究的历程，展望了发展趋势。20世纪80年代，海洋史研究再度兴起，并在近些年成为史学研究的热点领域之一。迄今为止，中国的古代涉海史研究成果显著，但世界海洋史研究略显不足。现有研究虽然在海洋政治史、海洋经济史、海洋社会文化史、海洋环境史、海洋史理论和海洋史译介等方面都有不同程度的发展，不过仍面临研究内容、研究区域不平衡，跨学科研究不充分等挑战。拓宽研究领域、丰富跨学科研究，同时兼顾涉海区域史和海洋整体史研究，将成为中国海洋史研究的未来发展趋势。①

汪诗明、刘舒琪讨论了太平洋史与太平洋国家史研究。在全球史及区域国别问题研究日益受到重视的背景下，太平洋史研究开始受到国内学界的关注。作为认识论上的整体史，太平洋国家史有待取得共识；作为文本上的整体史，太平洋国家史很难被定性、构架和书写，主要由于研究的意义不明以及缺乏历史建构。有鉴于此，太平洋地区的区域史、次区域史应是学界着力而为的领域。②

## （八）环境史与生态史

环境史因其强烈的现实关怀成为近年来国内史学界的研究重点。国内学者在引介西方环境史理论与方法的同时，也对一些重要问题进行了广泛而深入的研究。比如，学者开始考察环境现象背后的政策因素、环境政策对经济的影响、人类与自然环境的互动等问题。同时，关注不同文化或国家在生态保护上的努力，也成为环境史研究的重点。

刘向阳以20世纪70年代美国的"滞涨危机"为例，探讨了环境

---

① 张小敏：《中国海洋史研究的发展及趋势》，《史学月刊》2021年第6期。
② 汪诗明、刘舒琪：《太平洋史与太平洋国家史研究刍议》，刘新成、刘文明主编：《全球史评论》第20辑，北京：中国社会科学出版社，2021年，第3—16页。

史的经济转向。美国"滞涨危机"与同期美国严格的环境管制对价格和通货膨胀的影响有关。环境管制的成本最终通过价格上涨的形式传递给普通消费者,是诱发通货膨胀的重要因素。环境史的经济转向,体现了科学与人文的弥合,有助于从史学研究的本体、认知、方法和层级等方面推进环境史的创新。这一转向有利于揭示环境—经济—社会之间复杂的协同演进关系。①

侯深以堪萨斯城为个案,探讨了自然与城市之间的相互影响。堪萨斯城在经济发展中,逐渐让大平原成为其腹地,但是成为腹地并不意味着自然完全受到资本与技术力量的操纵,更不意味着自然的消失。作为一种自发的、独立的力量,自然以其丰饶奠定城市发展的基础,也以其极限挑战着城市发展的野心和规划。在《无墙之城:美国历史上的城市与自然》这部著作中,侯深进一步探讨了城市与自然的关系。该书体现了城市环境史的研究脉络,梳理了自然与城市在历史背景下进行结合的详细过程,考察了自然力量如何形塑城市形态和个体思想。同时,该书详细梳理了城市环境史的发展趋势、所取得的成就以及存在的问题。②

肖文超关注到中东史研究的环境转向。近年来,中东史研究开始注重用环境史视角考察帝国兴衰与中东国家的现代化进程,由此开启了中东史研究的"环境转向"阶段,并涌现出众多中东环境史研究的相关论著。中东史研究的环境转向,并不是一股知识潮流,而是一种方法论上的重要转变,将会影响到学界对中东史的理解与重构。《奥斯曼的树下:奥斯曼帝国、埃及与环境史》堪称这一领域的代表作,该书弥补了当前中东环境史研究的不足,批判了传统中东史研究对环

---

① 刘向阳:《环境史视野下的 20 世纪 70 年代美国"滞涨危机"新解——兼论环境史的经济转向及其创新》,《北京师范大学学报》2021 年第 6 期。
② 侯深:《自然与城市历史的缠绕——草海之城堪萨斯城的变迁》,《史学集刊》2021 年第 2 期;《无墙之城:美国历史上的城市与自然》,成都:四川人民出版社,2021 年。

境主题的忽视,折射出当前中东环境史研究的新趋势和新观点,为进一步推进中东环境史研究作出了重要贡献。①

梅雪芹考察了英国史学家屈威廉的乡村保护事业。屈威廉及其同时代人以公众和未来为旨归,从"现代发展的冷酷犁头"下挽救了许多自然美景和名胜古迹,反映了其所属的贵族阶层在现代社会角色的变化以及英国乡村自然美景在城市化时代作用的转型。屈威廉在投身乡村保护的过程中,对于自然本身及其与人类关系的认知,有一种从人类中心视角向生态整体认知的推进。屈威廉的乡村保护事业在英国环境史上留下了重要一页,在强调可持续发展的当代具有世界性意义。②

高国荣重新审视了 20 世纪 30 年代美国政府出台的区域规划文件《大平原的未来》。该文件在罗斯福总统和有关部门的大力推动下出台,它将 20 世纪 30 年代大平原的危机视为一场与自然因素有关、主要由不当生产方式和错误文化观念所导致的人为灾难,倡导通过国家干预化解危机,将生态治理作为恢复重建的根本手段,并从技术、政策和观念等多个方面向各级政府和农业从业人员提出了诸多建议。尽管该规划只得到部分落实,各方面进展也不尽相同,但体现了美国农地利用政策从掠夺性开发到保护性利用的转折变化。③

费晟分析了华人移民与澳新殖民地生态变迁。澳大利亚与新西兰是英帝国最偏远且最晚开辟的殖民地,19 世纪以降迅速沦为资本主义市场体系中的资源边疆。作者从近代西方殖民扩张及生态变化的角度探讨澳新历史变化的特点,突破了传统国别史研究中重视政治经济

---

① 肖文超:《中东史研究的环境转向——评米哈伊尔〈奥斯曼的树下:奥斯曼帝国、埃及与环境史〉》,《史学理论研究》2021 年第 6 期。
② 梅雪芹:《论 20 世纪英国史学家屈威廉的乡村保护事业及其意义》,《北京师范大学学报》2021 年第 6 期。
③ 高国荣:《从掠夺性开发到保护性利用:对美国区域规划文件〈大平原的未来〉的重新审视》,《史学集刊》2021 年第 6 期。

话题，而忽略地缘上较为次要的大洋洲区域史的局限。不仅如此，作者以澳新华人移民的经历与命运为线索，力求展现全球资本主义及西方殖民扩张中人口交流、经济发展、环境变化以及文化冲突之间的复杂互动。①

## （九）记忆研究

记忆研究的兴起，为史学开辟了新领域，带来了新气象。记忆不仅有助于发现和重新认识过去，更与道德评判关系密切。对于某些特定历史事件来说，个人或集体的记忆或许是了解和揭示这些事件的唯一线索。面对这种情况，记忆可能比历史证据更有资格对这些事件作出评判。这也是记忆虽然关乎历史但又超越历史的原因。

钱力成回顾了记忆研究的三个时期：20世纪20年代是奠基时期，20世纪80年代是高峰时期，而当前正处于第三波记忆研究时期。其中，高峰时期涌现的"传统的发明"、"记忆之场"等研究在很大程度上对应了记忆研究的"民族国家框架"；而当前的记忆研究则强调"旅行记忆"和"世界记忆"，试图超越民族国家而转向"世界主义框架"。两个阶段的研究可以相互补充，进一步促进记忆研究的发展。②

刘颖洁探讨了历史书写中的集体记忆问题。由于历史语境和社会思潮的变化，历史—记忆关系长久处于变动之中。集体记忆理论作为主要动力之一，推动并形塑当前的记忆研究。莫里斯·哈布瓦赫所提出的集体记忆理论将记忆社会化，并与历史书写形成对立，构成当前理解记忆的新基础。皮埃尔·诺拉在法国民族认同遭遇危机的背景下，以集体记忆为基础，尝试重建历史—记忆的一致性。在《记忆之场》中，集体记忆成为考察意识结构变迁的新范式，同时不可避免地

---

① 费晟：《再造金山：华人移民与澳新殖民地生态变迁》，北京：北京师范大学出版社，2021年。
② 钱力成：《记忆研究：超越民族国家和世界主义框架》，《学术月刊》2021年第11期。

被政治化，成为建构共同体身份认同的概念工具。①

刘丽娟分析了纳粹大屠杀记忆"美国化"的原因。二战期间美国因未能切实援助犹太人而产生的内疚感，成为美国对待大屠杀态度转变的起点。以《安妮日记》《大屠杀》为代表的大众文化作品，则对大屠杀进行了美国化的加工与诠释，在美国民众中引发激烈的情感共振。美国黑人民权运动进一步推动中下层民众将大屠杀视为揭露社会撕裂、达成权益诉求的有力工具。最终，诞生于美国国内政治危机、被打上鲜明政治烙印的美国大屠杀纪念馆的建立，标志着大屠杀记忆美国化的完成。②

张倩红、邓燕平关注到国际组织对大屠杀记忆的传承。正是由于以联合国为代表的国际组织积极参与大屠杀教育、保存大屠杀记忆，大屠杀话语才在国际社会占据日益重要的地位。国际组织主要从战争罪行证据的调查与搜集、大屠杀纪念与教育活动的开展、与"否认大屠杀"等反犹主义行为做斗争等方面保存大屠杀记忆，并且将大屠杀纪念与教育活动日益制度化。国际组织对大屠杀记忆的传承，有助于公众了解大屠杀以及种族仇恨的危险性，推动创伤教育成为公共文化的重要内涵与道德基石，但在此过程中也存在着对创伤记忆的政治化解读和道德滥用的现象。③

蔡梦竹考察了美国史学界关于美国革命历史记忆的研究。美国革命历史记忆的研究根植于美国自身的学术和社会语境，受到政治文化研究、"身份政治"史学和公共史学三个重要本土因素的推动。第二次世界大战后兴起的政治文化研究从情感和象征的维度考察政治生活，推动了初期美国革命记忆的研究。在此基础上，美国的"身份政治"史学和公共史学将其推至繁盛，前者聚焦以普通民众和边缘群体

---

① 刘颖洁：《从哈布瓦赫到诺拉：历史书写中的集体记忆》，《史学月刊》2021年第3期。
② 刘丽娟：《纳粹大屠杀记忆的"美国化"》，《历史教学》2021年第12期。
③ 张倩红、邓燕平：《国际组织对大屠杀记忆的传承》，《历史教学》2021年第12期。

为主体的革命记忆,后者力图探索革命记忆向博物馆、革命遗址、教科书等公共领域传播的过程。①

艾仁贵深入研究了马萨达神话与现代以色列集体记忆的塑造。作为表征国族的视觉形象与政治隐喻,马萨达神话在20世纪的兴起及演变历程,折射出"自然国族化"和"国族自然化"之间的互动关系。一方面,马萨达神话成为犹太民族主义者借助传统象征资源塑造集体记忆、构建民族国家的重要手段;另一方面,它反过来塑造了以色列的对外行为和民族性格,成为其奉行绝不妥协的强硬军事安全政策的政治心理基础。②

## (十)微观史、心态史与新文化史

微观史与心态史都可以看作新文化史中的一个分支领域。它们的共同特点都是关注个体、边缘性事件和微观层面,以期展现历史研究的多样性和多元性。作为20世纪80年代历史研究的新兴领域,微观史、心态史以及新文化史经历了式微的过程。近年来,随着全球史的兴起,上述微观研究开始与宏观研究相结合,展现出新的活力。

尹灿考察了近年来兴起的全球微观史的学术内涵。全球微观史是在历史学"全球转向"的大背景下,由全球史与微观史互相融合而形成新的研究领域。微观史的宏观学术指向和全球史的"地方化"研究趋势是这两个研究领域得以实现学术融合的基础。在研究实践中,引入微观史的研究理念可以拓展全球史的学术视野,助力全球史实现超越欧洲中心论研究范式、认识全球化微观动力和突破同质化研究模式等三大学术目标。③

张小敏探讨了意大利微观史学家金兹伯格的小人物研究。金兹

---

① 蔡梦竹:《美国史学界关于美国革命历史记忆的研究》,《世界历史》2021年第4期。
② 艾仁贵:《马萨达神话与以色列集体记忆塑造》,北京:社会科学文献出版社,2021年。
③ 尹灿:《微观史视角下全球史学术内涵的拓展》,《重庆科技学院学报》2021年第3期。

伯格强调群体中个体形象的变化，体现了文化人类学的理论影响及全球史转向的趋势。在研究内容上，他注重小人物身份认同的建构，以及自我认同与社会认同的关系。在研究方法上，他运用线索范例探究细节，并强调与线索相关联的社会语境的重要性。上述研究特点的出现，有赖于对被忽视的史料，尤其是法庭审理记录的充分利用。而历史学家看待这些案例和法庭证据的方式，可以与法官对待证词的方式互补，从而为今后的小人物研究提供多元的历史证据。①

张弛梳理了法国心态史的研究传统与理论转型。法国心态史起源于20世纪初的新史学运动，因分析历史中的集体心态和集体表象，从而有别于其他史学研究。心态史倾向于关注集体无意识，强调心态的结构性、稳定性以及对个体的制约性，极大地丰富了史学研究的议题，推动了史学发展，但也积累了不少问题，尤其未能摆脱还原论和线性史观。20世纪80年代之后，西方史学的反思与超越，旨在克服心态史以及文化史的弊端，试图结合经验与理论，重新恢复人的能动性，进而更有效地分析历史的转型与变迁。此外，张弛还介绍了法国革命史家乔治·勒费弗尔的心态史研究。勒费弗尔在研究法国农村社会史的过程中，不断探索心态与社会经济结构的关系，形成了一种有别于年鉴学派的心态史研究取向。他的心态研究更侧重于微观层面，聚焦短时段的政治事件。勒费弗尔的心态史有三个理论特点：心态是一种能动的因素；心态构成社会经济与人类行动之间的中间因素；心态通过人的实践得以影响社会政治转型。勒费弗尔的心态史研究，有助于反思文化史研究的缺陷，进一步推进社会文化史研究。②

---

① 张小敏：《卡洛·金兹伯格的小人物研究》，《史学理论研究》2021年第2期。
② 张弛：《法国心态史的研究传统与理论转型》，《社会科学战线》2021年第11期；《心态、社会结构与社会变迁——乔治·勒费弗尔的心态史》，《史学史研究》2021年第3期。

新社会文化史在20世纪晚期蓬勃兴起，成为西方现代史学的主流，对历史学科产生深远影响。姜进指出，这一范式的转变，是在西方社会民权、女权和族裔意识的觉醒和民主制度进一步发展的背景下产生的。它刷新了传统史学的一系列理论假设和概念框架，给史学研究带来新视野、新方法、新灵感和新认知，取得丰硕成果，对当前的历史研究依然有着重要影响。①

李任之对法国史家罗杰·夏蒂埃的文化史研究作了概述。夏蒂埃认为，仅仅通过考察文化产品的流通状况无法了解民众心态，真正的书籍史和文化史研究应该建立在探讨阅读实践以及作者、文本、书籍与读者之间的复杂关系上。除了实证研究，夏蒂埃还从理论上重新诠释了文化与社会的关系：文化并不是所谓的"第三层级"，而是人们用来理解、规划与定义社会实在的"表象"。由此，夏蒂埃的所谓"社会的文化史"试图恢复文化的自主性，并且凸显文化史研究对于社会史的价值。②

## （十一）情感史与性别史

近年来，情感史研究备受关注。虽然学界对情感史的一些基本问题尚未达成一致，但越来越多的史家开始重视情感因素在历史进程中的作用，力图透过情感解读其背后的历史意义。性别史的出现，最初是为了打破以男性为中心的史学叙事，从女性视角提出新的研究问题。近年来，男性史再次出现，但其研究理念是为人类漫长的性别不平等找到原因。

孙一萍探讨了英国学者威廉·雷迪从情感史视角所进行的法国大革命研究。大革命前几十年的法国，人们的情感过度外露，无条件地

---

① 姜进：《新社会文化史的兴起与西方现代史学之流变》，《山西师大学报》2021年第6期。
② 李任之：《从"文化的社会史"到"社会的文化史"：罗杰·夏蒂埃的文化史研究》，《史林》2021年第5期。

尊崇情感真挚，使情感成为政治斗争的工具。革命者与反革命者都以指责对方不真挚来加强自身的合法性，导致革命越来越激进直至恐怖政策的实施。罗伯斯庇尔倒台之后，尤其是拿破仑时代，情感重新被视为属于女性的、私人的、家庭的领域，最终被逐出公共生活。雷迪强调了情感变化背后的历史意义，开启了以往完全被忽视的研究领域，丰富并深化了大革命前后法国历史的认识。①

周小兰考察了法国史学家阿兰·科尔班从社会史到情感史的转向。科尔班早期继承了费弗尔阐发的心态史研究，开启了对感官的社会史研究。近年来，得益于情感史研究理论的重大进展，科尔班突破心态史局限，以纯粹的文本研究来探索情感系统的进化。他利用文学作品去爬梳情感史的流变，运用诗歌、小说和日记等材料再现历史上人类的情感，构建了一种独特的情感史范式。②

林漫分析了美国学者露易丝·蒂利的性别史研究。蒂利的研究成果围绕欧洲妇女在工业革命前后的经济角色转变展开，揭示了妇女在家庭经济与社会经济中所扮演的重要角色，为当时的社会史研究增添了女性主义视角。从20世纪80年代中后期开始，蒂利越来越频繁地扮演社会史的"守护者"角色，批判历史学界新兴的认识论激进化倾向，努力捍卫历史学的实证根基。林漫还对性别史的独特分支——男性史进行了剖析。男性史的兴起与女权运动有关，这一领域的开辟，使得大量男性学者进入性别研究领域，改变了性别史领域的学术生态，拓宽了性别史的内涵和视域。此外，性别问题常常与阶级、种族等其他范畴交杂在一起，包括男性史在内的性别史逐渐被吸收到其他研究领域之中。③

---

① 孙一萍：《威廉·雷迪如何解读情感的历史变化及其意义》，《安徽史学》2021年第6期。
② 周小兰：《从社会史到情感史——法国历史学家阿兰·科尔班的学术之路》，《史学理论研究》2021年第3期。
③ 林漫：《女性主义与社会史——以露易丝·蒂利为例》，《史学理论研究》2021年第5期；《男性史：当代美国性别史的新视角》，《史学月刊》2021年第5期。

## （十二）中外史学交流与会通

中国史学的每一次重要变革，既与中国史学自身的蜕变演进有关，又与国际史学发展的总趋势有关。中国史学要健康、全面发展，必须与世界各国史学相互交流，取长补短。自近代以来，中外史学之间就开始了频繁交往。在当下的全球化时代，中外史学不仅需要彼此借鉴，更面临诸多共同问题，需要中外史学家的集体智慧。

中国学者在世界历史编纂领域取得的成就，是中外史学交流与会通的重要产物，应当在中国史学史上留下浓重印记。于沛在《近代中国世界历史编纂（1840—1949）》一书中，考察了自鸦片战争前后到中华人民共和国成立前，中国学者撰写世界史的努力、成果及经验。该书揭示了近代中外历史大变局下，中国世界历史编纂发生、发展的历程，以及这一过程表现出的某些规律性内容的历史意义和现代价值。了解近代中国世界历史编纂的产生以及它走过的道路，对于今天的世界史学科建设具有重要意义。①

王振红以章学诚的"别识心裁"说为例，讨论了中西史学比较的本质与目标。一般认为，章学诚的"别识心裁"说可以与科林伍德"先验的想象"互通，都是指一种"整体性的直觉"。但实际上，章学诚的"心"指人的天性，而科林伍德"心灵"则指人的自由意志，两者具有很大不同。不过，中西史学词汇对译互释的过程，也是在酝酿中西史学共通的新学术语境，建构新的"异中之同"与"同中之异"。中西史学比较的本质与目标，是探寻普遍性（同）、确认独特性（异），亦即在古今嬗变、中西互镜中把握和阐明中西史学的主脉与精神，建构既符合普遍性又吻合自身传统的话语模式。②

---

① 于沛：《近代中国世界历史编纂（1840—1949）》，北京：中国社会科学出版社，2021年。
② 王振红：《章学诚"别识心裁"说再议——兼论中西史学比较的本质与目标》，《史学史研究》2021年第2期。

杨华论述了后现代史学在国内的传播、实践及影响。1999年，围绕对美国历史学家何伟亚《怀柔远人》一书的争论，标志着后现代史学正式进入国内史学界。21世纪以来，国内学界对后现代史学进行了深刻的学理探讨。受后现代史学影响，国内学者提倡多线叙事、回到历史现场和研究对象多元化，促进了思想史和妇女史等领域的发展。语言学转向带来的文本化历史，推动国内学者开展史料批判和拓宽史料范围，促进了阅读史、历史记忆和概念史等领域的研究。后现代史学在国内从理论到实践的展开，带来从"破"到"立"的延伸和递进，其破坏性逐渐受到抑制，而建设性正日益加强。①

吴琼考察了"historiophoty"（影像史学）在中国史学语境的实践与发展。1988年，美国历史学家海登·怀特提出"historiophoty"的概念，用于表达影视和史学的关系。20世纪90年代，"historiophoty"被引介到国内学界后，不断有学者结合西方史学和中国史学传统，阐释影像材料在史学研究中的作用，讨论影像作为史料的优缺点，从不同角度解读这一史学研究新概念。但对于"historiophoty"的多元理解，导致这一概念在教学和实践中逻辑不自洽。②

## 总结与展望

纵观2021年的历史理论和史学理论研究可以看出，国内史学界对于理论问题表现出持续兴趣，学者在进行实证研究的同时，带着强烈的问题意识参与到各自学科重大问题的讨论之中。具体来说，在历史理论研究领域，中国早期社会的性质问题仍然是学界关注的重点。这一问题不仅关涉中国历史的分期问题，也对后续社会的定性问题起

---

① 杨华：《"后学"留痕：后现代史学在国内的传播、实践及影响》，《东岳论丛》2021年第1期。
② 吴琼：《后现代视野下的影像史学——兼论"Historiophoty"在中国史学语境的实践与发展》，《北京联合大学学报》2021年第1期。

着决定性作用。马克思主义社会形态理论对于解决这一问题，发挥着切实的指导作用。此外，重建解释历史的宏大叙事在当前充满变动和不确定性的全球社会中，具有强烈的现实意义。近年来，西方学界对这一问题关注较多，不少学者都提到要重建以未来为导向的现代历史意识，对历史理论的研究愈发受到重视。同样，中国学者也积极参与对涉及人类未来、全球可持续性发展等重大历史理论问题的探讨。我们希望中国学者能够在其中贡献更多智慧。

在中国史学理论研究领域，有两个现象值得关注。一是学者对于通史编纂的理论与方法进行了深入思考。通史是一种具有内在一致性和贯通性的历史书写模式，它不仅具有教育民众的作用，更有形塑民族认同的价值。编纂本国通史在很多国家都是一项重要的文化工程，对于提升国家凝聚力、建构历史话语体系具有重要意义。二是对于当前新兴的大数据和数字史学的功用进行了讨论。不少学者对这一问题形成初步共识，即数字史学只是历史研究的一种手段，它顺应了技术发展和时代需求，但数据不能代替思想。缺少思想的史学是没有价值的。

在外国史学理论研究领域，学者不仅可以同步了解西方同行的研究，而且能够及时对之进行回应与评判，客观分析其可取和不足之处。对于非西方国家史学的研究力度也在加大，尤其是对于阿拉伯史学的研究，国内学者已经有了较为扎实的积累，为后续研究奠定了基础。这些都是国内世界史研究稳步发展的必然结果。不仅如此，国内学者对于西方史学理论的研究，已经跨越此前单纯引介阶段，能够批判性地运用这些理论去分析具体的历史现象，从而深化实证研究，全球史便是一个突出例子。此外，对西方史学理论的研究，也有助于国内学者将之与中国传统史学观念进行比较，从中发现两者的共性和差异，找到中西史学会通的道路。中国史学需要在与西方史学以及国际史学的交流中不断发展壮大。

中国史学工作者对于理论问题有着天然兴趣,与中国作为后发国家不断进行自我反思的特点有着密切关系。当前国内学界的史学理论研究,在广度和深度上都具有相当规模,并具备较为完善的学生培养和学术交流的平台。更难能可贵的是,不论是在中国史学理论领域,还是在外国史学理论领域,很多学者的研究已经不再局限于史学理论范畴,而是更具思想史和社会史的特点,即注重理论或观念的思想语境和社会维度。这样的研究更具实践性,也更易于为从事实证研究的学者所借鉴。这一特点应该是未来国内史学理论研究的一种趋势,希望更多学者参与其中。

史学理论研究不应只是少数人从事的高深学问,我们希望,史学理论研究学者能够进一步将理论与现实问题结合起来,不断创新发展马克思主义历史理论,围绕实现中华民族伟大复兴加强重大历史问题研究,推动学科融合发展,[①] 为更多历史学家提供理论和方法论上的指导。我们也希望,史学理论学者能够利用自身理论优势,更多地介入某项具体研究,贡献理论和实证有机结合的成果。无论如何,理论只是提供一条理解过去、理解历史的进路,理论最终要融入纷繁复杂和生动多样的历史中去,只有这样,理论才能获得长久的活力和自我更新的动力。

(责任编辑:刘 宇)

---

[①] 余新华:《牢牢把握新时代中国史学研究的重要指针》,《人民日报》2021年11月8日,第13版。

# 2021年中国古代史研究报告

2021年的中国古代史研究,在各个领域继续开拓创新,取得丰硕成果。其中,在冷门绝学、中华文明起源与中国早期国家、"一带一路"、域外汉籍整理与研究、民族交往交流交融与边疆治理、中外文化交流、王安石变法等学术热点方面,研究成果迭出。下面以时代为线索,分先秦秦汉、魏晋南北朝隋唐五代、辽宋夏金元、明清4部分进行介绍。

## 一、先秦秦汉史

晋 文 齐正阳[*]

2021年的先秦秦汉史研究仍延续以往基本格局,现将相关研究成果分为冷门绝学研究、中华文明起源与中国早期国家、"大一统"国家的建立与治理、社会经济文化的发展与繁荣、民族交往与对外关系5个方面进行叙述。

### (一)冷门绝学研究

甲骨文研究方面,吴振武对吉林大学收藏的496版甲骨作了整理,提供侧面和钻凿面等多种角度的彩照图版,并首次标注甲骨重量,对甲骨缀合与文字考释、殷商史研究等具有重要学术价值。[①] 方

---

[*] 作者晋文,南京师范大学历史系教授;齐正阳,南京师范大学历史系硕士研究生。
[①] 吴振武主编:《吉林大学藏甲骨集》,上海:上海古籍出版社,2021年。

稚松对甲骨文记事刻辞外的祭祀类、铭功旌纪类及干支表刻辞进行研究，并对一些疑难字词作了深入探讨。① 曹定云认为，1991年殷墟花园庄东地H3所出的甲骨占卜主体也是"子"，但与"原子组卜辞"之"子"为两人。"原子组卜辞"之"子"可能是祖辛之后、祖丁之孙、武丁的兄弟或堂兄弟；H3卜辞之"子"为武丁同辈人，是武丁远房的堂兄弟。从字体类型及其组合来看，"原子组卜辞"可分为盘庚、小辛、小乙、武丁四个时期。② 章秀霞认为，《史记·殷本纪》所载先公昭明在卜辞中本称为"皿"，与"盟"音近相通，周人在传抄过程中误书为"明"，后又误加"昭"字，这种现象可能出现在西周中期以后。③ 许子潇回顾了近70年来的西周甲骨研究。④

金文与青铜器研究方面，贾海生认为，作册嗌卣是西周早期为举行祔祭典礼制作的礼器，铭文反映了大宗无嗣则取小宗支子继大宗为后的现象。⑤ 王祁认为，邢侯簋中"州人、重人、庸人"指渔夫、童人、农夫三类奴仆。⑥ 曹斌认为胶东铜器铭文中的"己"、"冀"是一国，并对西周纪国和莱国的发展历程作了探讨。⑦ 陈民镇对两周金文与典籍中的"高祖"、"皇祖"作了区分，认为"高祖"泛指曾祖及以上的某位或多位先祖，亦可特指受命之君或始祖；"皇祖"是对先祖的美称，亦可指祖父。⑧

简牍与帛书研究持续火热。《清华大学藏战国竹简》第11册出版，收录长篇战国竹书《五纪》，全篇构建宏大而复杂的天人体系，

---

① 方稚松：《殷墟甲骨文五种外记事刻辞研究》，上海：上海古籍出版社，2021年。
② 曹定云：《武丁以前卜辞新探——以"原子组卜辞"为中心》，《中国历史研究院集刊》第4辑，北京：社会科学文献出版社，2022年，第1—49页。
③ 章秀霞：《殷卜辞中所见先公昭明新考》，《东岳论丛》2021年第3期。
④ 许子潇：《近70年西周甲骨研究的回顾与思考》，《中国史研究动态》2021年第1期。
⑤ 贾海生：《作册嗌卣铭文所见祔祭典礼》，《考古与文物》2021年第3期。
⑥ 王祁：《邢侯簋"州人、重人、庸人"新释》，《中国史研究》2021年第1期。
⑦ 曹斌：《胶东铜器与西周纪莱》，《考古》2021年第1期。
⑧ 陈民镇：《说两周金文与典籍的"高祖""皇祖"》，《出土文献》2021年第4期。

可谓先秦时期对天人关系认识的综合与总结。《文物》2021 年第 9 期和《出土文献》2021 年第 4 期分别发表一组论文，揭示其学术价值。① 张利军认为清华简《厚父》反映了夏代的德、民、天命观与服制等重要政治制度及思想观念，为证明夏的存在及认识夏史提供了新证据。② 张驰、郑伊凡利用清华简《系年》，探讨了《史记·六国年表》的编纂方法，并调整一些年代记载。③ 田勇等对荆州夏家台战国竹简《日书》作了整理，推测原简约有 40 支，内容可分为总述、十二楚月中的吉凶日辰、"制裳"日干支禁忌和星宿运行位置关系。④

一些近年新出简牍得到更多披露。荆州胡家草场西汉简牍出版选粹，分为岁纪、律令、历日、日书、医杂方、簿籍 6 部分，共 192 枚，为研究秦汉时期的律令、数术、医疗等提供重要资料。《简帛》第 23 辑随即发表 8 篇相关研究论文。⑤ 杨博对海昏侯墓出土的《海昏侯国除诏书》木牍进行整理，对其中较完整的 10 枚木牍作了释文，考察其文本结构，初步复原了该诏书。⑥ 恩子健对海昏侯墓"第廿"

---

① 马楠：《清华简〈五纪〉篇初识》、石小力：《清华简〈五纪〉中的二十八宿初探》、贾连翔：《清华简〈五纪〉中的"行象"之则与"天人"关系》、程浩：《清华简〈五纪〉中的黄帝故事》，《文物》2021 年第 9 期；程浩：《清华简〈五纪〉思想观念发微》、黄德宽：《清华简〈五纪〉篇"四尢"说》、贾连翔：《清华简〈五纪〉的"骸"及相关字的再讨论》、石小力：《清华简〈五纪〉的"坛"与郭店〈唐虞之道〉的"禅"》，《出土文献》2021 年第 4 期。
② 张利军：《历史书写与史学功能——以清华简〈厚父〉所述夏史为例》，《史学理论研究》2021 年第 3 期。
③ 张驰、郑伊凡：《清华简〈系年〉第二十三章与〈史记·六国年表〉对读——战国早中期相关史事、年代与地理问题刍议》，《出土文献》2021 年第 1 期。
④ 田勇等：《荆州夏家台 106 号楚墓出土战国简〈日书〉》，武汉大学简帛研究中心主办：《简帛》第 22 辑，上海：上海古籍出版社，2021 年，第 31—43 页。
⑤ 荆州博物馆、武汉大学简帛研究中心编著：《荆州胡家草场西汉简牍选粹》，北京：文物出版社，2021 年；何有祖：《〈荆州胡家草场西汉简牍选粹〉读后记》、郑威：《〈荆州胡家草场西汉简牍选粹〉岁纪简初读》、鲁家亮：《胡家草场汉简〈治水律〉初识》、纪婷婷：《胡家草场汉简〈少府令〉〈卫官令〉试析》、蒋鲁敬：《胡家草场 M12 出土竹简中的"历"与"日至"初探》、刘国胜：《〈荆州胡家草场西汉简牍选粹〉日书简管窥》、李志芳：《胡家草场西汉墓出土"病水方"补释》、周琦：《天回医简"治心暴痛"祝由方浅析》，武汉大学简帛研究中心主办：《简帛》第 23 辑，上海：上海古籍出版社，2021 年。
⑥ 杨博：《西汉海昏侯刘贺墓出土〈海昏侯国除诏书〉》，《文物》2021 年第 12 期。

木楬所载丝织物进行考释，认为该木楬具备账簿功能。① 海昏侯研究还涉及相关封泥，李超认为，西安博物院藏"昌邑中傅"封泥应属第一代昌邑王刘髆时期，"昌邑国相章"从属刘髆或刘贺时期。②

秦汉律令研究仍是热点话题。陈伟认为，睡虎地和胡家草场汉简显示，西汉文帝时期律典呈二分结构，"罪名之制"诸律与兴、厩、关市等"事律"分别归入"□律"与"旁律"，中央立法机构通过校雠等方式确保律令统一，并把握最终解释权。③ 齐继伟认为，秦代《发征律》与《徭律》《戍律》是并列关系，又互为补充，秦汉时期"集类为篇，结事为章"的法律编纂手段，从技术层面构建了律令篇章的"二级分类"。④ 宋洁依据睡虎地 77 号汉墓律简分类，结合传世文献，认为《九章律》形成时间在汉武帝立《礼记》为官学之后。⑤ 何有祖将成都老官山汉墓部分木牍与悬泉汉简《算令十三》和张家山汉简《二年律令·关市律》对照后，认为其中记载的是汉武帝时期管理市场交易的律令，这些规定旨在摸清商贾资产的变动和流向，为"占缗令"的推行打下基础。⑥ 张忠炜据益阳兔子山遗址 J7⑦：3 木牍，重新审视汉初朝廷与诸侯国之间存在"国与国"的对立关系，认为汉武帝时期虽解决了王国问题，这种并存观念却保留下来，"徐偃矫制"应为不同观念对立的产物。⑦

此外，秦简研究方面，孙家洲认为，岳麓秦简《秦始皇禁伐湘山树木诏》颁布于秦始皇二十六年（前 221）出巡之时，秦始皇强烈的

---

① 恩子健：《海昏侯墓"第廿"木楬释文补正——兼谈签牌的性质》，徐卫民、王永飞主编：《秦汉研究》第 15 辑，西安：西北大学出版社，2021 年，第 1—7 页。
② 李超：《西安博物院藏"昌邑国相章"封泥考》，徐卫民、王永飞主编：《秦汉研究》第 15 辑，第 8—15 页。
③ 陈伟：《秦汉简牍所见的律典体系》，《中国社会科学》2021 年第 1 期。
④ 齐继伟：《秦〈发征律〉蠡测——兼论秦汉"律篇二级分类说"》，《中国史研究》2021 年第 1 期。
⑤ 宋洁：《〈九章律〉形成考》，《中国史研究》2021 年第 2 期。
⑥ 何有祖：《成都天回镇老官山汉墓 M1 出土木牍考释》，《考古》2021 年第 3 期。
⑦ 张忠炜：《湖南益阳兔子山遗址 J7⑦：3 木牍考释——兼论"徐偃矫制"》，《文物》2021 年第 6 期。

个性因素是促成此次出巡的重要原因。① 谢伟斌认为，秦代"县官祠"分为县公社和皇室祠，岳麓秦简中的"宫屏"律令与皇室祠相关，其中的"浴者"指受内史监管、供职于祠庙的太祝等高级祠官，该律令旨在禁止祭祀时对鬼神不敬的行为。②

汉代简帛研究方面，晋文依据粮食产量与长沙国实际情况不符、历朔推算存在重合、走马楼简存在年代跨越和档案相互叠压等因素，认为走马楼西汉简《都乡七年垦田租簿》年代并非汉武帝早期，而是汉文帝元年（前179）。③ 陈松长对马王堆帛书的形制、性质以及《易传》、《刑德》、《阴阳五行》、帛图、帛书释文和篇章关系等方面作了深入研究。④ 刘乐贤对居延新简《马建与张掾书》释文进行校正，并考察简文中提到的葵和门菁两种蔬菜的名实。⑤ 刘自稳据益阳兔子山J7⑥：6木牍，比较秦汉"逯书"在内部结构和书写载体上的差异，提出"逯书"具有申请遣送、传唤状或逮捕令的作用。⑥ 杨小亮对尚德街东汉简084号木牍作了补释，认为光和四年（181）是诏书重新颁行的时间，颁行目的是严明法令和安抚人心。⑦ 凌文超对尚德街东汉简068、069释文作了补充，认为这两枚竹简应为临湘县廷官署文书，可能是八月案比后制作藏于县廷的户籍副本。⑧

## （二）中华文明起源与中国早期国家

中华文明起源与中国早期国家这一重大研究课题，持续得到学界

---

① 孙家洲：《史籍失载的秦始皇荆楚故地的一次出巡及其诏书析证——岳麓书院藏秦简〈秦始皇禁伐湘山树木诏〉新解》，《中国史研究》2021年第4期。
② 谢伟斌：《〈岳麓书院藏秦简（陆）〉中"宫屏"及相关问题探析》，邬文玲、戴卫红主编：《简帛研究》2021年春夏卷，桂林：广西师范大学出版社，2021年，第213—223页。
③ 晋文：《走马楼西汉简〈都乡七年垦田租簿〉的年代问题》，《山东师范大学学报》2021年第3期。
④ 陈松长：《马王堆帛书研究》，北京：商务印书馆，2021年。
⑤ 刘乐贤：《居延新简〈马建与张掾书〉新考》，《中国史研究》2021年第4期。
⑥ 刘自稳：《逯书新论——基于湖南益阳兔子山遗址J7⑥：6木牍的考察》，《文物》2021年第6期。
⑦ 杨小亮：《长沙尚德街084号东汉"诏书"木牍补征》，《文物》2021年第3期。
⑧ 凌文超：《长沙尚德街东汉户口简考释》，《文物》2021年第3期。

高度重视。韩建业认为，中华文明起源于距今 8000 年前，形成于距今 5000 年左右，至少存在北方、中原和东方三种起源模式，环境演变和战争冲突在文明演进过程中起到重要作用，中西文化交流为文明起源和早期发展增添新鲜血液。① 张海提出，仰韶文化以来，周边地区考古学文化不断涌入中原，并在局部地区产生影响，在区域性人口集中的早期城市化过程中，诸多文明要素不断涌现，促成二里头早期国家的形成。② 对五帝时代，李伯谦依据古国、王国、帝国的早期文明演进特征，选取代表性的文化遗址，系统分析五帝、夏商和两周的时代特征。③ 易华依据文献记载、考古发现和神话传说，论证西戎的华夏化及与华夏文明的关联。④ 李竞恒认为，唐尧虞舜和夏商周三代的更迭，是东西不同部族集团轮流执政的结果，禅让是在政治联盟规则内的贵族选举制度，从禅让到家天下本质上一脉相承。⑤

在夏商研究方面，戴向明重新检讨夏文化、夏王朝的含义，认为应从族属角度定义夏文化，并在研讨中将两者区别对待。⑥ 魏继印认为，新砦文化和造律台文化应与二里头文化同属夏族群文化，发生在夏朝建立前夕的大洪水，是造律台文化向豫中地区迁移的主因。⑦ 杜勇、李玲玲认为，殷王室在婚姻形态上虽有嫡庶之分，但未对继承王位的嫡子再分嫡庶，故无法形成具有区别大小宗的宗法制度；继承顺序上，子继方式由长兄之子转为季弟之子，后又变为嫡长之子。⑧ 郭孟秀、胡秀杰认为，肃慎的考古学文化为商周时期分布于长白山地区

---

① 韩建业：《中华文明的起源》，北京：中国社会科学出版社，2021 年。
② 张海：《中原核心区文明起源研究》，上海：上海古籍出版社，2021 年。
③ 李伯谦：《从古国到王国：中国早期文明历程散论》，上海：上海古籍出版社，2021 年。
④ 易华：《禹羌华夏说》，《中原文化研究》2021 年第 1 期。
⑤ 李竞恒：《论大禹和夷夏联盟的禅让制度》，《中原文化研究》2021 年第 6 期。
⑥ 戴向明：《夏文化、夏王朝及相关问题》，《江汉考古》2021 年第 6 期。
⑦ 魏继印：《早期夏文化和夏初历史》，《中原文化研究》2021 年第 1 期。
⑧ 杜勇、李玲玲：《商代王位继承制的特质》，《史学集刊》2021 年第 2 期。

图们江流域的兴城文化，该文化在三江流域文化传播中起到重要作用。①

西周史研究取得多方面重要进展。晁福林认为，史墙盘铭文强调周文王得上帝眷顾，膺受大命；治理国家要像周武王那样刚毅雷厉，要有危机意识；中国传统政治文化中的"文武之道"，肇端于史墙盘铭文。②王进锋认为，西周世官制度实际上是在贵族阶层和即将成为贵族的人员里选贤，非但不是社会流动的障碍，反而在一定范围内促进社会流动。③周博认为，西周金文中的"五邑"指岐周东边鄙野上的五个邑，地处美阳河东流域、漆水河西岸，其设置目的应为扼守漆水河，保卫岐周。④王晖、姜春萌认为，《风俗通义》记载的西周昔氏，可与昔鸡簋等铜器铭文相印证，是西周早中期周大夫初次受封有土获氏的重要证据。⑤黄锦前依据保尊等青铜器铭文，认为成王在践奄和伐淮夷后不久，殷见东国诸侯及岐阳会盟诸侯，是出于稳定四土秩序的需要。⑥

关于春秋战国时期较为重要的研究，陈康认为，叔虞所都的鄂可能为东午寄村东或苇沟—北寿城遗址，晋侯燮父之都晋地应在天马—曲村遗址附近，昭侯之都翼可能为羊舌墓地附近的王村西与王村北遗址。⑦梁云通过梳理考古资料，对早期嬴秦居地及西迁、早期秦文化形成及与周边文化的关系等问题作了深入探讨。⑧阎步克认为，卿大夫士爵大约在两周之际或东周初才演生出来，西周士的堂下站位、大夫的堂上坐席、卿的主人之席均按品级落座，由此卿、大夫、士发展

---

① 郭孟秀、胡秀杰：《商周时期肃慎考古学文化考论》，《中国边疆史地研究》2021年第2期。
② 晁福林：《从史墙盘铭文看周人的治国理念》，《中国社会科学》2021年第1期。
③ 王进锋：《西周世官制度新论》，《人文杂志》2021年第9期。
④ 周博：《西周金文"五邑"及其相关问题》，《中国史研究》2021年第4期。
⑤ 王晖、姜春萌：《周原出土昔鸡铜器与昔氏分封诸问题考证》，《宁夏社会科学》2021年第1期。
⑥ 黄锦前：《保尊、保卣及周初的形势与对策》，《中原文化研究》2021年第2期。
⑦ 陈康：《论晋国早期都城与疆域》，《中国史研究》2021年第4期。
⑧ 梁云：《早期秦文化探索》，上海：上海古籍出版社，2021年。

为官员秩等之称,可称作"品位爵"。① 陈絜认为,"三礼"中的"宗子"含义明确,专指宗族首领,但《诗·大雅·板》"宗子维城"之"宗子",所指则为宗族内的子嗣。② 方辉、田钟灵推测,临淄齐故城小城西门外大规模建筑基址是稷下学宫。③

### (三)"大一统"国家的建立与治理

"大一统"国家的建立和运行需要健全的制度作为保障。沈刚以秦简作为主要材料探讨秦地方行政制度,在一定程度上复原出秦代地方行政制度基本面貌,展现从分封制向郡县制转换中新的历史面貌。他还对秦代确立王室祠的合法地位、排挤其他祭祀活动、中央直接插手地方行政事务等作了讨论,以此揭示秦代国家塑造中央权威的具体情况。④ 杨振红认为,二十等爵制建立之初爵层的划分,与公卿大夫士内爵系统完全对应;秦统一至汉初民爵的上限为大夫,汉文帝六年左右,在贾谊建议下将民爵上限移至公乘。⑤ 张欣认为汉初存在辟除制,特别是郡县辟除制;汉初掾史的任用,职位相较秩级具有更重要的作用。⑥

对于"大一统"王朝国家治理,加强中央集权是极为重要的一环。尚宇昌认为,岳麓秦简"以不反为反令"是对秦"行訞律"的进一步解释,其制定可能与秦始皇末年关东政治局势动荡有关,汉代针对妖言案的数次赦令以及多次下诏"举直言极谏",显示出汉统治

---

① 阎步克:《层级化与席位爵——试论东周卿大夫士爵之演生》,《北京大学学报》2021年第4期。
② 陈絜:《"宗子维城"与善鼎"宗子"解诂》,《中国史研究》2021年第1期。
③ 方辉、田钟灵:《稷下学宫考》,《中国文化研究》2021年第4期。
④ 沈刚:《秦简所见地方行政制度研究》,北京:中国社会科学出版社,2021年;《制造权威——从秦简看秦代国家对中央威权的塑造》,《古代文明》2021年第2期。
⑤ 杨振红:《从新出简牍看二十等爵制的起源、分层发展及其原理——中国古代官僚政治社会构造研究之三》,《史学月刊》2021年第1期。
⑥ 张欣:《〈续汉书·百官一〉太尉掾史属条本注考辨》,《史学月刊》2021年第6期。

者对妖言案的反省和慎重。① 丁佳伟认为，汉初十八列侯朝位次序的厘定时间在汉高祖十二年（前195）平定卢绾叛乱之后，目的在于确定刘氏政权合法性，以及按军功赋予列侯相应政治权力和地位。② 马孟龙认为，吕后通过控制东郡，实现对关东刘氏诸国的扼控，加之分封诸吕、吕后孙，使血缘与地缘紧密结合，实现对刘邦构建封建体系的改造。③ 陈昆、李禹阶总结西汉诸侯国相职能演变经历了巩固诸侯王国、控制其兵权、推行汉法、与郡守职能趋于一致的四个阶段，朝廷逐步加强对诸侯国的控制。④

"大一统"国家的地方治理是秦汉史研究的一个热点。孙闻博梳理了乡吏在秦至汉武帝时期由县廷下属之官向掾史的转变过程，认为这一变化本质上乃因事差遣的发展；两汉官府不断加强集权，反而在一定程度上削弱朝廷对乡里的控制力。⑤ 凌文超认为，秦汉时期乡里编户民长期"多姓均势杂居"，乡里制在离散自然聚落内的血缘、地缘等关系方面发挥重要作用；东汉以后，乡里制离散聚落和族姓越来越形式化，事实上存在族姓聚居丘落邑聚的状态。⑥ 对秦简所见地方治理的讨论较为集中，吴方基从秦代县级日常政务运行的角度，考察"关系"与"过程"交互运作的地方制度史，进而分析了秦代法律制度与实际政务运行的互动机制。⑦ 郭涛认为，秦洞庭郡文书以各县印行事，仅能说明当时是由各县长官代理洞庭郡守之职，并不能说明这些县是郡治所在。⑧ 张梦晗认为，根据里耶秦简中徒簿及见户等资料，可推测从秦确立对"荆新地"的统治到基层社会的彻底秦制化，大致

---

① 尚宇昌：《秦汉时期的"妖言"》，《中国史研究》2021年第4期。
② 丁佳伟：《列侯位次与汉初政治秩序——从位次厘定时间说起》，《古代文明》2021年第2期。
③ 马孟龙：《东郡之置与汉初关东控御政策》，《历史研究》2021年第4期。
④ 陈昆、李禹阶：《西汉诸侯国相的"郡守化"趋势及其历史意义》，《中国史研究》2021年第1期。
⑤ 孙闻博：《从乡啬夫到劝农掾：秦汉乡制的历史变迁》，《历史研究》2021年第2期。
⑥ 凌文超：《秦汉王朝对乡里族姓的规划与管理》，《中国人民大学学报》2021年第6期。
⑦ 吴方基：《新出秦简与秦代县级政务运行机制研究》，北京：中华书局，2021年。
⑧ 郭涛：《秦代洞庭郡治辨正》，《考古》2021年第2期。

需要 3—5 年时间。①

区域多样性和国家治理手段的地方特色值得关注。崔建华通过梳理"三河"区域称谓的形成过程，揭示秦统一进程对区域融合的深远影响；并通过探讨三河地区在秦汉行政管理方面的特殊性，凸显区域历史的整体意义。②黎镜明认为，平城之战后，西汉前沿防御战略的本质是由边郡承担战争风险，而经边成本则主要由内地承担，边郡战略地位由此凸显。③袁宝龙认为，董仲舒新儒学为汉武帝的边疆思想体系提供了思想基础、理论框架以及建构范式，体现了汉代政治哲学从无为向有为的嬗变，但汉武帝边疆思想在具体实现的路径选择上与儒学理念存在冲突。④吴方浪认为，肩水候官士吏应有 3—4 名，他们在驻地广泛性、职责多样性等方面明显弱于甲渠候官的士吏；不同候官间属吏设置的差异性，体现两汉边郡防务在实际运作中的机动与灵活。⑤

## （四）社会经济文化的发展与繁荣

经济史研究方面，裘锡圭对琱生三器铭文作了新的研究，认为铭文对了解西周统治阶级针对仆庸土田的具体剥削方式具有很大价值。⑥李春桃对战国时期燕国量制作了考察，认为燕国存在大、小量，一"觳"之值与其他诸国一致。⑦赵冉则考察齐国量制，认为战国时期"斗"已进入齐国量制系统。⑧刘鹏认为，战国后期秦国至秦王朝时期，粟米官定价格均为每石 30 钱，一般小农家庭年均可自由支配的粟米为 12.9—37.2 石，农田产出结余一般不会超过 2000 钱，甚至可

---

① 张梦晗：《从里耶秦简看"荆新地"的秦制化进程》，《江苏师范大学学报》2021 年第 2 期。
② 崔建华：《天下之中：秦汉三河区域研究》，上海：上海古籍出版社，2021 年。
③ 黎镜明：《汉初经边战略的调整与边郡战略地位的凸显》，《中国边疆史地研究》2021 年第 1 期。
④ 袁宝龙：《秦汉新儒学转向与汉武帝边疆思想体系的构建》，《求是学刊》2021 年第 1 期。
⑤ 吴方浪：《肩水候官属吏规模考——以士吏为考察中心》，《出土文献》2021 年第 4 期。
⑥ 裘锡圭：《琱生三器铭文新解》，《中华文史论丛》2021 年第 4 期。
⑦ 李春桃：《燕国量制考》，《中国史研究》2021 年第 3 期。
⑧ 赵冉：《齐量制刍议》，《文博》2021 年第 1 期。

能不足200钱。①邬文玲对居延汉简214.33号文书作了补释，认为大司农属官还有受簿丞、五官丞、部掾、卒史、掾、史、属等。②祁萌结合成卒家属廪名籍、东牌楼东汉简等，认为汉代与户籍相关的场合中，姓与户的关系比较密切，姓多用作标识一户，甚至用作某种"户姓"。③

秦汉土地制度及赋役制度的研究比较集中。晋文认为秦汉土地私有制发展，极大调动了地主和农民的生产积极性，但最终导致土地国有制度被完全破坏。秦汉魏晋南北朝的土地制度大体经历从国有到私有再到国有的转变。他还认为，战国秦汉赐田为私人所有，并非降等继承；张家山汉简中的《田命籍》应定名为《田命令籍》，是登记对某些特殊人群豁免田租的籍簿；《田租籍》的功能是记录纳税民户所耕田数和缴纳田租数。④王彦辉辨析《堂邑元寿二年要具簿》和走马楼吴简户计简中部分赋役用语的内涵，认为"事算"指应当缴纳算钱的口数。⑤对此，晋文结合《堂邑元寿二年要具簿》认为，沅陵虎溪山汉简《计簿》中的"事算"应理解为承担赋税（算赋、口钱）和徭役。⑥朱德贵利用新出简牍，对秦汉时期的土地制度、土地税、商业税、财产税、人头税以及徭役制度等问题作了重新审视。⑦束江涛认为，秦及汉初的司寇是身分低贱的课役农，受田50亩，仅为无爵者的一半，要随时听从官府征役；随着徭役货币化，司寇逐渐成为罪刑名称。⑧

---

① 刘鹏：《简牍所见秦的粮价与百姓生活》，《中国社会经济史研究》2021年第2期。
② 邬文玲：《简牍所见汉代的财政调度及大司农属官》，《贵州社会科学》2021年第2期。
③ 祁萌：《西北汉简家属出入符所见姓的著录——兼论汉代与户籍相关事务中姓的使用》，《出土文献》2021年第1期。
④ 晋文：《秦汉土地制度研究》，北京：社会科学文献出版社，2021年；《秦简与传世文献中的赐田制问题》，《文史哲》2021年第5期；《秦汉魏晋南北朝土地制度的嬗变》，《中国农史》2021年第3期；《张家山汉简中的〈田命籍〉与〈田租籍〉》，《中州学刊》2021年第3期。
⑤ 王彦辉：《从〈堂邑元寿二年要具簿〉解析秦汉徭役制度的几个概念——事、算与事算》，《古代文明》2021年第1期。
⑥ 晋文：《沅陵汉简〈计簿〉中的人口与"事算"新证》，《中国社会科学报》2021年12月22日，第10版。
⑦ 朱德贵：《新出简牍与秦汉赋役制度研究》，北京：中国人民大学出版社，2021年。
⑧ 束江涛：《秦及汉初司寇受田问题研究》，《古籍整理研究学刊》2021年第6期。

社会史研究方面，刘继刚认为，殷商时期基本形成以商王为首巫、群巫为主体的精神救助体系和以商王为最高行政长官、群臣为成员的物质救助体系。① 李亚光对两周时期女性在家庭劳动中的主要任务、分工、作用及女性在家庭的地位作了深入研究。② 张淑一认为，母子天伦以及"移孝作忠"的政治伦理，是影响"夫死从子"实际施行的主要因素，男权话语下的"夫死从子"性别秩序设计，与社会实践往往有很大出入。③ 王青认为，先秦时期的"游民"，是指脱离氏族的不事农作之民；越王勾践以改造"游民"为契机，积极变革，使"游民"成为越国复兴的重要力量。④ 刘志平认为，战国至秦代，以姬周华夏为核心展开的"夷夏之辨"，被以"秦人"为核心展开的"秦人、非秦人之辨"认同格局所取代。⑤ 鲁西奇认为，秦所统治人民的身分可划分为吏卒、黔首和徒隶，在迁陵县可统计的总人数中，吏卒、黔首与徒隶三种人分别占 37.5%、50.6% 和 11.9%，反映出秦统治下社会结构的部分特征。⑥ 陈鹏认为，秦汉时期身分认同往往取决于政治身分，但也受到社会身分影响，滨海人群往往游走于"汉人"与"夷越"之间，成为秦汉王朝身分构建的阻碍。⑦ 王子今考察"足"和"履"在秦汉时期礼法制度和社会等级构建中的重要作用，认为对"足"和"履"的规格设定，成为体现社会地位的表现之一。⑧ 朱雪源、李恒全认为，汉代诏令中"赐民爵"和"赐牛酒"的对象包括编户齐民中所有男子和女子，汉代普惠性社会福利具有等级

---

① 刘继刚：《甲骨文所见殷商时期的灾害救助体系》，《中国农史》2021 年第 6 期。
② 李亚光：《两周时期农业家庭中女性的地位和作用研究》，《贵州社会科学》2021 年第 3 期。
③ 张淑一：《从清华简〈郑武夫人规孺子〉看先秦母子关系》，《河北学刊》2021 年第 4 期。
④ 王青：《试论先秦时期的"游民"及其社会影响——清华简〈越公其事〉补释》，《中国史研究》2021 年第 1 期。
⑤ 刘志平：《先秦秦汉的"秦人"称谓与认同》，《清华大学学报》2021 年第 6 期。
⑥ 鲁西奇：《秦统治下人民的身分与社会结构》，《中华文史论丛》2021 年第 1 期。
⑦ 陈鹏：《"汉人"与"海人"：秦汉时期滨海人群的身份认同》，《人文杂志》2021 年第 8 期。
⑧ 王子今：《足与秦汉礼、法规范的基点》，《武汉大学学报》2021 年第 6 期；《履与礼：汉晋等级秩序的立足点》，《江苏师范大学学报》2021 年第 2 期。

性特征，在性别间存在差异。① 袁延胜认为，悬泉汉简养老简记载的西汉后期养老制度中，各年龄段老人享受不同优待，体现了养老政策逐渐变化的过程。②

思想史和文化史研究方面，潘明娟认为，西周初期的地中、土中、天下之中的地理概念，均指向洛阳一带，展现"中"与都城的密切关系。③ 曲柄睿讨论天命观、天道观和道论观的形成过程，认为关注天人关系、人的命运与天意的关系、个体与自然界的关系，是先秦史论产生的基本原因。④ 葛志毅认为，《黄老帛书》的形成不会晚于秦汉之际，其中所称三才出于《周易》，三才模式在汉代被五行体系吸纳整合。⑤ 姜生、梁远东认为，《太平经》展现了"霸王道杂之"治术在东汉的发展形态，其地方施政模型是在汉儒"宣明教化"观念主导下，模仿北斗统率群星模式而来，以法家"潜御"之术为内核，融汇改造"形名"理论及阴阳"正位"等观念，从而实践君居阴而御阳（臣）的新模式。⑥

对祭祀与信仰问题，罗新慧认为，在周代社会流动加大、宗法家族既衍生又分化、支庶实力超越嫡长等情况下，支子完全可以独立祭祀，且祭祀范围远超礼书所谓"庶子不祭祖"的限定。⑦ 郭津嵩认为，公孙卿所述黄帝故事在汉武帝封禅改制运动中起到关键作用，武帝太初改历是对黄帝"迎日推策"的追模和再现，其封禅规划以"汉兴复当黄帝之时"理论为基础，巡行和郊祀改革分别受到黄帝通

---

① 朱雪源、李恒全：《"赐民爵""赐牛酒"与汉代普惠性社会福利研究》，《社会科学》2021年第1期。
② 袁延胜：《悬泉汉简养老简与汉代养老问题》，《史学月刊》2021年第11期。
③ 潘明娟：《地中、土中、天下之中概念的演变与认同：基于西周洛邑都城选址实践的考察》，《中国史研究》2021年第1期。
④ 曲柄睿：《天命、天道与道论：先秦天人关系理论的形成与发展》，《史学理论研究》2021年第4期。
⑤ 葛志毅：《黄老学三才思想考论》，《古代文明》2021年第1期。
⑥ 姜生、梁远东：《霸王道杂之——〈太平经〉对汉家治术的发展》，《福建论坛》2021年第4期。
⑦ 罗新慧：《周代宗法家族支庶祭祀再认识》，《历史研究》2021年第2期。

神于名山和"明廷"故事影响。① 张伟认为，汉武帝郊祀改革强化以楚文化为主的祭祀文化取向，在郊祀礼乐制作过程中采纳各地演唱方式，配以新词新乐，形成"新雅"。② 冯渝杰认为，在构建汉家政权正统性过程中，作为国都和宗庙所在的长安被赋予神圣性，随着西汉时期神灵祭祀不断向长安聚拢，长安的神圣性日趋强烈，影响渐及大众信仰与社会记忆。③

关于丧葬文化，黄娟认为泥质冥币反映楚文化葬俗，与楚国货币以黄金为主有很大关系，也是金属冥币进一步明器化的结果。④ 刘尊志对汉代王侯墓葬及中小型墓葬墓外设施作了深入研究。他还认为，汉代以墓祭为代表、祠堂为核心的制度在数量、种类、分布地域、祭祀空间、配套设施等方面均获得较大发展，墓外丧葬系统已基本形成。⑤ 宋艳萍认为，汉代画像中无论是反映现实世界的周公辅成王图、拜谒图、车马出行图，还是描绘神仙世界的西王母、东王公、天帝、神仙出行图，都渗透着严格的等级意识，是汉代人等级观念的直观表达。⑥ 郑曙斌将马王堆帛画分成"内棺覆盖帛画"和"棺室悬挂帛画"，认为其存在形式和特殊位置寄托了墓主死而复生、成仙永生的愿望。⑦

关于科技史研究，黎海超等通过对比铅同位素数据，认为蜀、楚两国之间或许存在长期的铅料流通，巴国则保持独立，为厘清商周时期族群关系提供新证。⑧ 李均明认为，清华简《算表》里引线在运算

---

① 郭津嵩：《公孙卿述黄帝故事与汉武帝封禅改制》，《历史研究》2021年第2期。
② 张伟：《汉武帝朝的郊祀改革与汉代祭祀文化取向》，《求索》2021年第4期。
③ 冯渝杰：《汉代长安的神圣化与大众信仰》，《历史研究》2021年第6期。
④ 黄娟：《战国秦汉时期泥质冥币的发现与研究》，《考古》2021年第6期。
⑤ 刘尊志：《汉代墓外设施研究：以王侯墓葬与中小型墓葬为参考》，北京：科学出版社，2021年；《汉代墓地祠堂研究》，《考古学报》2021年第1期。
⑥ 宋艳萍：《汉代画像与汉代人的等级观念》，《东方论坛》2021年第3期。
⑦ 郑曙斌：《马王堆汉墓帛画研究》，北京：中华书局，2021年。
⑧ 黎海超等：《科技视野下"异族同俗"现象的观察——以巴蜀青铜器为例》，《考古》2021年第12期。

过程中起联系各种要素的作用，其变化规律与中国古代阴阳转化理念吻合。① 薛程认为，秦汉时期夯头发展促进夯土建筑工艺标准化，为研究该时期冶铁发展史提供重要实物证据。② 董涛认为，汉代是漏刻制度形成和完善的关键时期，主要表现在铜壶滴漏技术的进步和昼夜百刻制度的定型，其技术进步主要是二级漏刻的出现，对汉代人日常生活和思想观念产生重要影响。③

### （五）民族交往与对外关系

关于中外交流与"天下"、"中国"问题，崔天兴和王子今分别回顾过去40年先秦秦汉时期中外交流的研究，并作了评价。④ 韩建业认为，早期东西文化交流主要以人群生活空间的渐次扩展和迁徙流动为主，文化交流更多体现在技术和思想上；东西文化交流的三大阶段，恰好对应东西文明形成和发展的三个重要阶段。⑤ 赵永春梳理中国古代"天下"和"中国"概念，认为古人用"天下"指称王朝国家的"中国"，既包括华夏汉族王朝国家管辖下的少数民族，也包括少数民族建立的王朝国家，"中国"观念最早出现时间应确定在夏王朝建立时期。⑥

关于民族与民族交往问题，胡玉春、何天明分别详细论述匈奴、乌桓的民族发展历程，并考察两者与中原王朝和周边民族关系演变历程。⑦ 晋文认为，和亲在西汉时由对匈奴的妥协退让发展为匈奴对汉求和臣服，至东汉时发展为等待时机、重新武力征服匈奴的战略设

---

① 李均明：《清华简〈算表〉运算过程解析——阴阳开合说》，《出土文献》2021年第2期。
② 薛程：《秦汉时期夯头研究》，《考古》2021年第2期。
③ 董涛：《漏刻与汉代时间观念》，《史学月刊》2021年第2期。
④ 崔天兴：《先秦中外文化交流40年研究及进展》、王子今：《秦汉时期中外关系史研究40年》，《贵州社会科学》2021年第6期。
⑤ 韩建业：《早期东西文化交流的三个阶段》，《考古学报》2021年第3期。
⑥ 赵永春：《中国古代的"天下""中国"观》，《社会科学》2021年第4期；赵永春、迟安然：《最早的"中国"：夏、商、西周时期的"中国"观》，《西南民族大学学报》2021年第6期。
⑦ 胡玉春：《中国古代北方民族史·匈奴卷》，北京：科学出版社，2021年；何天明：《中国古代北方民族史·乌桓卷》，北京：科学出版社，2021年。

想,在实施过程中具有国家统一、匈奴臣服、汉族与非汉民族和平友好交往的象征意义。① 刘玉堂、薛源认为,和亲策略的提出是对西汉以前政治联姻习惯及传统儒家"子婿"、"甥舅"观念的继承与发展,在特定历史时期具有积极意义。② 王子今梳理汉代河西地区官方和民间在文化、行政、商业等多方面交往活动,认为河西社会交往活动带动汉地社会交往的空前活跃,开启汉地社会交往的崭新方式。③ 李东红、陈丽媛认为,西汉益州郡设立与汉代西南边疆历史发展,充分彰显中国历史发展的整体性特征。由益州郡设治开始,云南成为汉朝一部分,为中国统一多民族国家的形成与发展作出独特贡献。④ 朱丽双、荣新江梳理两汉时期于阗的状况,认为汉末魏晋之际,于阗是西域一个强大的地方政权,于阗的发展与汉、匈奴、贵霜势力在西域的消长息息相关。⑤ 孙俊认为,战国秦汉西南族群演进具有区域性与族群性双重特征,西南族群演进"区域性多元一体"与中华民族演进"整体性多元一体"形成协同演进格局。⑥

在丝绸之路与交通史研究方面,张德芳认为,两汉时期丝绸之路存在大致固定的路线和走向,丝绸之路"网状说"不符合事实,丝绸之路只是"短距离间接交易"的说法也不全面。⑦ 王子今辨正"瀚海"名实,认为《史记》《汉书》中出现的形容西北与北边草原荒漠地貌的"翰海",应是"沙碛四际无涯"地貌的形容,对于丝绸之路史的认识有积极意义。他还以多视角多方位展开对秦汉社会海洋的认

---

① 晋文:《两汉和亲理论的创立、发展与完善》,《重庆师范大学学报》2021年第3期。
② 刘玉堂、薛源:《西汉对匈奴和亲政策的学术史考察》,《中国边疆史地研究》2021年第3期。
③ 王子今:《汉简与河西社会交往史新识》,《中国社会科学》2021年第1期。
④ 李东红、陈丽媛:《从"滇国三印"看西汉时期的西南边疆治理》,《中国边疆史地研究》2021年第3期。
⑤ 朱丽双、荣新江:《两汉时期于阗的发展及其与中原的关系》,《中国边疆史地研究》2021年第4期。
⑥ 孙俊:《战国秦汉西南民族地理的格局与观念研究》,北京:中国社会科学出版社,2021年。
⑦ 张德芳:《从出土汉简看汉王朝对丝绸之路的开拓与经营》,《中国社会科学》2021年第1期。

识层次、开发程度和利用方式的考察,以说明中国古代海洋探索史与中国古代海洋学史中秦汉人的贡献。① 武晶、刘琴认为,西域屯田区随西域统一进程而发展壮大,由零星的点逐渐分列于战略前线及交通要塞,形成沿丝绸之路南北两道分布格局;屯田建设推动西域人民对中华文化的认同,加快多民族"大一统"格局的历史进程。②

## (六)总结与展望

总结2021年的先秦秦汉史研究,可以看出近年形成学界高度关注的多个学术热点或重点,特别是在出土文献整理研究、中国早期文明溯源研究、政治制度史研究、经济史研究和秦汉丝绸之路研究等方面都取得丰硕成果。其中一个突出特点,就是历史学研究与考古学研究的紧密结合。正如卜宪群所说:"建设中国特色、中国风格、中国气派的历史学离不开考古学的坚强支撑。"③ 而不足主要有两个方面:一是学术争鸣与学术对话较少,二是东汉史研究依然薄弱。展望今后的先秦秦汉史研究,金文与简牍的整理、中华民族多元一体格局的形成与发展、统一多民族国家的建立与治理、秦汉皇权与中央集权制度、战国秦汉时期的土地制度与户籍身份制度、海昏侯相关研究和丝绸之路研究等,仍将是学界高度关注的学术前沿或重点;夏王朝的建立与"中国"问题、西周礼制问题、汉民族的形成问题、秦汉户籍制度与赋役制度等,则可能出现较多讨论与争鸣。

(责任编辑:高智敏　李　壮)

---

① 王子今:《"瀚海"名实:草原丝绸之路的地理条件》,《甘肃社会科学》2021年第6期;《秦汉海洋文化研究》,北京:北京师范大学出版社,2021年。
② 武晶、刘琴:《两汉经营西域战略下丝绸之路沿线的屯田发展研究》,《西域研究》2021年第4期。
③ 卜宪群:《推进历史学与考古学融合发展》,《人民日报》2021年11月7日,第8版。

## 二、魏晋南北朝隋唐五代史

夏 炎*

本年度魏晋南北朝隋唐五代史研究，在经济史、政治史、制度史、社会史、民族与域外以及宗教信仰与知识等方面，均有不同程度的推进。其中，国家治理、区域社会、中华民族交往交流交融、"一带一路"、文本反思及知识生成与传播是本年度的研究热词。

### （一）经济史研究

本年度农业史、手工业史与畜牧业史研究，注重与环境史、社会史、政治史、法制史、考古学研究相结合。王勇探讨汉晋南朝长江中下游环境变迁与区域农业开发之间的互动关系，将农业史纳入环境史研究视野。① 王昊亦从环境史视角，讨论唐代前期华北平原蚕桑丝织业发展背后的生态驱动力。② 李钊将研究区域集中在唐代四川，重点围绕农业物质生产资源、劳动力资源、农业生产技术资源，讨论唐代四川农业发展动力问题，揭示区域农业发展与社会经济结构、家庭组织结构、社会生活、民族关系等之间的内在联系，③ 这是一种将农业史与社会史研究相结合的尝试。苏金花关注唐五代敦煌地区各阶层丝绸消费和流通在日常生活中的意义。④ 胡鸿将北魏畜牧业发展与王朝文化转型问题相关联，从饮食习惯视角入手，揭示北魏从游牧文化向农耕文化的转型。⑤ 方万鹏聚焦唐宋"水力磨坊案"，揭示用水行为

---

\* 作者夏炎，南开大学历史学院教授。
① 王勇：《汉晋南朝长江中下游环境与农业发展》，北京：中华书局，2021年。
② 王昊：《论唐前期华北平原蚕桑丝织业与生态环境的关系》，杜文玉主编：《唐史论丛》第32辑，西安：三秦出版社，2021年，第155—171页。
③ 李钊：《唐代四川农业发展与社会变迁研究》，北京：新华出版社，2021年。
④ 苏金花：《"商品"与"货币"——再论唐五代时期敦煌地区丝绸流通的特点》，《中国社会经济史研究》2021年第4期。
⑤ 胡鸿：《且停酪酒度荒年：释北魏正始四年禁河南畜牝马》，《中华文史论丛》2021年第4期。

与农田灌溉、水运之间矛盾的深层政治文化背景。① 陈明光等运用土地资产产权概念和理论，讨论了唐宋有关盗耕种自然资源土地资产的相关问题。② 吴瑞静等基于2015年官田遗址出土的植物遗存，还原汉晋时期湘西地区农业经济和生业模式，揭示生态环境与人口流动因素在形塑区域农业面貌过程中的重要意义。③

此外，一些传统论题研究亦得到推进。薛海波考察六朝时期建康地区丝绸贸易情况，对南朝经济相较北朝繁荣的原因进行阐述。④ 关棨匀从不同层面深化对唐末至五代十国时期商税的认识，认为地方征收商税虽然存在重复计征的弊病，但其中亦包含一些有利因素。⑤ 游彪、周云关注五代宋初牛革政策，揭示该政策从严格的"革尽纳官"到逐渐宽松，以至出现折纳与代输的历史趋势。⑥

不过，相较于其他领域，中古经济史研究总体来说推进有限，究其原因，一方面是由于史料局限，无法通过大规模数据统计和严谨的数据模型以实现经济史研究的科学性目标；另一方面是依然缺乏基本经济概念与理论的引导。未来的发展方向，除去史料困难暂时难以克服之外，如何将经济学理论融入相关研究，将是一个不可忽视的课题。此外，近年来中古经济史研究开始与环境史、社会史、政治史、法制史、考古学等交叉融合，这种趋势使得偏重于定性描述的中古经济史重获生机，或许是未来发展的重要方向。

### （二）政治史研究

魏晋南朝政治史研究方面，成祖明、张洪玮对孙吴立国史展开探

---

① 方万鹏：《唐宋"水力磨坊案"发覆——兼谈中国古代"重本抑末"论的表达与实践》，《中国农史》2021年第6期。
② 陈明光等：《唐宋国家治理盗耕种自然资源土地资产述论》，《厦门大学学报》2021年第3期。
③ 吴瑞静等：《汉晋时期湘西地区农业初探——以官田遗址为例》，《农业考古》2021年第3期。
④ 薛海波：《六朝时期建康丝绸贸易新探》，《江苏社会科学》2021年第2期。
⑤ 关棨匀：《丰财之理：唐末至五代十国时期商税探析》，《中国社会经济史研究》2021年第1期。
⑥ 游彪、周云：《论五代及宋初的牛革政策》，《中国经济史研究》2021年第2期。

讨，在传统集团分析方法基础上，揭示出结构性矛盾与文治化转型两方面的深层原因，认为文治化转型影响六朝士族门阀政治或贵族制社会的产生。① 权家玉提出南朝政权建康化和南朝军镇独立化两个命题，考察作为政治中心的建康与作为军事区域的都督区的发展变迁。② 十六国政治史研究方面，李磊关于前赵（汉）、后赵政权的系列研究，从国号选择、皇权重构、族群政治、政权延续等视角进一步丰富相关历史认识。③ 侯旭东从个人史视角重新审视传统政治史话题，摆脱以往研究刘渊及汉赵问题时惯常使用的族属与血统问题视角，从刘渊在洛阳的处境入手分析其心态变化，探究身分立场对刘渊起兵的影响。④ 北朝政治史方面，学者尝试重新发现文本记载背后隐藏的历史线索。廖基添通过比对现存有关北魏开国史的史料，指出《魏书》关于北魏开国史叙事存在明显失实之处。⑤ 刘莹充分挖掘《文馆词林》中《南巡颂》的史料价值，考察颂文中关于北魏文成帝拓跋弘巡幸路线及相关活动的记载，丰富南巡活动的历史细节。⑥

隋唐政治史方面，本年度关于武则天研究，从专著到论文均有新视角的探研。孟宪实利用出土文献与散见传世资料，对传统史学聚讼纷纭的武则天相关话题进行重新思考，通过政治史、制度史、性别史

---

① 成祖明、张洪玮：《孙吴立国的结构性矛盾与文治化转型》，《南京大学学报》2021 年第 6 期。
② 权家玉：《地域性与南朝政局：围绕政权基础与军镇的考察》，北京：社会科学文献出版社，2021 年。
③ 李磊：《刘渊的顾命大臣与河瑞、嘉平之际汉国的皇权重构》，《学术月刊》2021 年第 9 期；《历史论述与地域统合：刘曜的国号选择与十六国新法统之创建》，《中国史研究》2021 年第 4 期；《屠各汉国多族群政治体的瓦解及其原因探析——十六国建构多民族国家的首次尝试及其结果》，《东岳论丛》2021 年第 5 期；《后赵政权建构中的路线冲突与政治危机——兼论十六国建政与延祚的内在困境》，《社会科学战线》2021 年第 12 期。
④ 侯旭东：《天下秩序、八王之乱与刘渊起兵：一个"边缘人"的成长史》，《史学月刊》2021 年第 8 期。
⑤ 廖基添：《对〈魏书〉所记北魏开国史真实性的质疑》，《史学月刊》2021 年第 12 期。
⑥ 刘莹：《文成帝和平二年南巡史事再考——以〈南巡颂（并序）〉为中心》，《历史研究》2021 年第 3 期。

视角，回答来自专业史学与公众史学两个领域的疑惑。① 李永聚焦于武则天时期的都城长安，从政治与空间关系视角，进一步丰富对武则天相关问题的认识。② 吕博注重石刻行为本身的政治意涵，将升仙太子碑的竖立作为武周末年重要政治事件进行考察，探究信仰行为背后隐藏的武后健康状况与当时政治局势之间的关联。③ 张天虹对河朔藩镇问题作了重新思考，认为河朔藩镇格局使唐朝通过间接管理保持东北边疆持续稳定。④ 李军发现传世文献关于张议潮大中五年（851）两次派遣使团献地范围，以及唐廷据图授地的记述，均为史臣根据张议潮所获法定辖区反推的结果，进一步揭示出唐宋之际归义军辖区的历史变迁。⑤ 张驰反思文本遮蔽下的玄肃之际历史真相，深化了对该时段历史进程和权力转移的认识。⑥

五代政治史研究亦有新进展。何玉红尝试摆脱王朝更替、政治体制的胡汉之别等传统研究范式，通过政治运行内在精神的分析，揭示汉唐故事在五代十国政治发展进程中的重要作用。⑦ 仇鹿鸣从"伪梁"与"后唐"的称谓入手，探究五代时期诸政权的正统之争问题。⑧ 罗亮重点关注"枯树再生"政治文化现象在前蜀政权建设中的作用和历史意义，认为这种现象受玄学与宗教思想影响，被政治家赋予了政权合法性的含义。⑨

学者在思考中古政治史话题时，有一个很明显倾向，即尽力摆脱

---

① 孟宪实：《武则天研究》，成都：四川人民出版社，2021年。
② 李永：《武则天与长安关系新探》，北京：商务印书馆，2021年。
③ 吕博：《武后不死——升仙太子碑成立前后以及武周末年的宗教、政治转向》，魏斌主编：《新史学》第14卷，北京：社会科学文献出版社，2021年，第58—110页。
④ 张天虹：《"河朔故事"与唐代东北边疆治理》，《中国社会科学报》2021年5月10日，第5版。
⑤ 李军：《控制、法定与自称：唐宋之际归义军辖区变迁的多维度考察》，《中国史研究》2021年第4期。
⑥ 张驰：《唐国史对肃宗北上灵武事的历史书写》，《史林》2021年第2期。
⑦ 何玉红：《汉唐故事与五代十国政治》，《中国社会科学》2021年第4期。
⑧ 仇鹿鸣：《"伪梁"与"后唐"：五代时期的正统之争》，《历史研究》2021年第5期。
⑨ 罗亮：《草妖或祥瑞："枯树再生"与前蜀建国》，《中国史研究》2021年第1期。

传统政治史研究范式。从本年度政治史研究成果来看，学者分别尝试从政治结构、政治运行、政治文化、政治空间、个人史、心态史、石刻行为等视角丰富以往政治史研究缺失的画面。不可否认，新视角对于政治史研究范式的更新具有积极意义，然而在更新视角的同时，一定不可忽视政治史研究需要解决的重大命题，即揭示历史上的政治行为对人类社会发展的重大意义。

### （三）制度史研究

本年度中古制度史研究依然保持旺盛生命力，学者在各自研究领域辛勤耕耘，同时在资料使用与范式更新方面，十分注重将传世文献与出土资料相结合，并与其他学科融会贯通。

本年度制度史研究的热点是制度建设与国家治理。《中国社会科学报》推出"国家制度和国家治理的历史底蕴"专题，约请8位学者围绕中国古代国家制度和国家治理体系的不同侧面展开笔谈，其中楼劲、刘后滨及何玉红分别从监察制度、文书行政以及国家认同的视角，进一步深化中古时代制度设计与国家治理体系建构在人类发展史中的重要阶段性意义。① 《史学集刊》刊发"中国古代财政体制与国家治理笔谈"系列文章，其中，王万盈与陈明光分别探讨北魏和唐代财政制度与国家治理的关系，揭示出中古时期不同时代财政体制与国家治理的内在关系。② 耿元骊主编的《权力与秩序：帝制中国的社会治理》论文集中，有多篇文章探讨中古制度与国家治理之间的互动关系。③

具体到诸类制度史研究，亦有新突破。户籍制度方面，凌文超依据考古信息，对《长沙走马楼三国吴简·竹简（伍）》所收中乡故

---

① 楼劲：《从监察制度看中国古代国家治理》、刘后滨：《唐代文书行政与政务运行的连续性》、何玉红：《"汉唐观"形塑宋代国家认同》，《中国社会科学报》2021年4月2日，第3—5版。
② 王万盈：《财政体制转型与北魏国家治理》、陈明光：《唐代前期"统收统支"财政体制与国家治理》，《史学集刊》2021年第5期。
③ 耿元骊编：《权力与秩序：帝制中国的社会治理》，北京：社会科学文献出版社，2021年。

户型、模乡新户型户品出钱簿作了全面整理。① 张荣强以《太平御览》所引《晋令》为中心，对西晋户籍制度相关问题进行再探讨，根据户籍长度、著录内容、编造制度等，推断西晋户籍是县廷编造并上呈郡国的纸本户籍，同时考察"诸户口黄籍"的含义，指出正户的内涵和范围。② 土地制度方面，晋文考察秦汉魏晋南北朝土地制度的变迁进程，认为该时期经历了土地国有变为土地私有为主、再从土地私有变为土地国有为主的变化，并分析不同时期土地所有制发生转变的原因与作用。③ 陆帅、晋文对郴州晋简中"县领水田"的含义作了讨论。④ 杨际平对北朝隋唐的土地法规与土地制度进行再探讨，认为北朝隋唐的《地令》或《田令》只是土地法规，并不决定土地所有制的性质。⑤ 在赋役制度方面，吴树国认为在安史之乱与义仓地税等因素影响下，唐宋之际的田税真正走向"履亩而税"，在对户税的消解中逐渐形成宋代两税，从而改变田税、户税、丁税杂糅的局面。⑥ 郁晓刚关注唐代两税法实施后，东畿、河南府财政状况的一些历史细节。⑦ 赵贞基于敦煌吐鲁番文书的记录，认为官方对于"身死"的关注，不仅仅是死亡人口的覆核与统计，还牵涉名籍、田赋与课役的变化。⑧

在职官制度方面，楼劲从汉、唐正史《百官志》官制记载体例的不同出发，指出《汉书·百官公卿表》《续汉书·百官志》为"以官存司"，两唐书《百官志》为"以司存官"，这一变化的转折点约在

---

① 凌文超：《孙吴临湘侯国中乡、模乡户品出钱簿综合整理与研究》，邬文玲、戴卫红主编：《简帛研究》2021年春夏卷，第293—342页。
② 张荣强：《西晋户籍制度再考——以〈太平御览·文部·札〉引〈晋令〉为中心》，《中国历史研究院集刊》第3辑，北京：社会科学文献出版社，2021年，第1—33页。
③ 晋文：《秦汉魏晋南北朝土地制度的嬗变》，《中国农史》2021年第3期。
④ 陆帅、晋文：《郴州晋简"县领水田"解析》，《光明日报》2021年5月24日，第14版。
⑤ 杨际平：《论北朝隋唐的土地法规与土地制度》，《中国社会科学》2021年第2期。
⑥ 吴树国：《承续与变迁：唐宋之际的田税》，北京：社会科学文献出版社，2021年。
⑦ 郁晓刚：《唐代两税法实施后东畿、河南府财政考述》，《中国史研究》2021年第3期。
⑧ 赵贞：《从敦煌吐鲁番文书谈唐代的"身死"》，《中国史研究》2021年第4期。

南北朝后期，由此达成机构行政的一体化，是汉唐间强化集权秩序和防止长官大权独揽的结果。① 周文俊从"技术原理"视角出发，探究魏晋时期官品结构，解决官品是"怎么样"建成的这一问题，得出魏晋官品是层累复合建构的结论。② 刘啸对隋唐三省制演化和定型问题作了探讨。③ 胡宝华对唐代谏官制度进行重新理解，揭示唐代谏官制度的结构与功能。④ 方诚峰指出唐与北宋君主的枢机不限于宰相，还包括学士、宦官、佞幸等，他们成为君主支配天下的关键设置。⑤ 杜文玉考辨唐代内诸司使系统的范围和权责，认为内诸司已成为唐代国家机器中不可分割的一部分。⑥ 在选举制度方面，黄承炳对唐宋间赐进士现象进行考察，认为这一现象在唐后期开始出现，但不具备制度性特征；经过五代宋初发展，特赐进士及第逐渐制度化，出现普遍化趋势。⑦ 在军事制度方面，陈苏镇考察魏晋洛阳宫禁军制度相关问题。⑧ 张鹤泉、刘健佐考证东魏北齐军队建置及人员构成。⑨ 刘子凡利用传世史料和敦煌吐鲁番文书，考证唐代轮台地理位置、相关羁縻府州建置、轮台县和轮台守捉设置等问题。⑩

在地方行政制度方面，徐畅利用长沙走马楼三国吴简，对孙吴县级机构的官文书形态与文书行政作了综合探研。她还从长沙吴简"中部督邮书掾"这一职官在竹简上的书写方式和职守研究入手，重新认

---

① 楼劲：《从"以官存司"到"以司存官"——〈百官志〉体例与汉唐行政体制变迁研究》，《历史研究》2021年第1期。
② 周文俊：《试析魏晋官品的建构原理：文本·结构·技术》，袁行霈主编：《国学研究》第46卷，北京：北京大学出版社，2021年，第131—160页。
③ 刘啸：《隋代三省制及相关问题研究》，北京：中华书局，2021年。
④ 胡宝华：《道统与维护：唐代谏官制度的结构与功能研究》，北京：人民出版社，2021年。
⑤ 方诚峰：《从唐宋宰相概念论君主支配模式》，《史学月刊》2021年第3期。
⑥ 杜文玉：《论唐代内诸司使的定义及其影响》，杜文玉主编：《唐史论丛》第32辑，第66—81页。
⑦ 黄承炳：《文柄自决：唐宋间"赐进士"考论》，《中国史研究》2021年第1期。
⑧ 陈苏镇：《魏晋洛阳宫禁军制度的变迁》，《中国史研究》2021年第3期。
⑨ 张鹤泉、刘健佐：《东魏北齐军队的设置及保障士兵来源的措施》，《古代文明》2021年第4期。
⑩ 刘子凡：《唐代轮台建制考》，《西域研究》2021年第1期。

识孙吴时期长沙基层社会的管理格局。① 夏炎以泉神祠庙石刻为核心史料，认为唐代地方官府在重要泉水资源处举行水旱祈祷、修建祠庙、建立碑石等仪式背后的动机，是为了实现对泉水资源的保护与掌控。他还发现唐代石刻所载水旱祈祷祝文片段与区域治理之间存在密切关联。② 在文书制度方面，黄正建对唐代制敕文书起草者的署名问题作了考察。③ 刘安志对《吐鲁番出土文献散录》一书所收《唐开元二十一年（733）九月某折冲府申西州都督府解》作了考释，复原唐代折冲府申州解的"解式"，进一步深化对唐代折冲府与地方州府关系的认识。④ 管俊玮将俄藏 Дx02160Vb 文书定名为《唐开元五年（717）前后尚书户部下沙州符为长流人事》，并依据《开元公式令》所载"符式"，对"诸司符"格式作了复原。⑤

在法制方面，吴丽娱从神龙政变后唐王朝的礼法修订入手，探讨中宗、睿宗复位后《神龙格》《太极格》在礼学和政治上的取向。她还探讨了武则天《垂拱格》及格后敕的制作问题，并进一步探究这一时期的礼法制度。⑥ 侯振兵从文本和制度两个层面，对唐代驿传、厩牧制度进行重新探讨。⑦ 杨晓宜从"法典行用"与"断案场域"两种分析视角入手，研究相关案例中面临的多元情境，讨论唐代法典体系

---

① 徐畅：《长沙走马楼三国孙吴简牍官文书整理与研究》，北京：中国社会科学出版社，2021年；《再谈汉吴简牍中的"长沙太守中部督邮书掾"》，《文物》2021年第12期。

② 夏炎：《唐代地方官府水旱祈祷与水利资源控制——以泉神祠庙石刻为中心》，《史学集刊》2021年第6期；《唐代石刻水旱祈祷祝文的反传统表达及其在地方治理中的功用》，《史学月刊》2021年第5期。

③ 黄正建：《唐代制敕文书起草者署名等问题浅析》，中国社会科学院古代史研究所隋唐五代十国史研究室等编：《隋唐辽宋金元史论丛》第11辑，上海：上海古籍出版社，2021年，第26—40页。

④ 刘安志：《唐代解文续探——以折冲府申州解为中心》，《西域研究》2021年第4期。

⑤ 管俊玮：《唐代尚书省"诸司符"初探——以俄藏 Дx02160Vb 文书为线索》，《史林》2021年第3期。

⑥ 吴丽娱：《后武则天时代的礼法制作——以神龙格与太极格为中心》，武汉大学中国三至九世纪研究所主编：《魏晋南北朝隋唐史资料》第43辑，上海：上海古籍出版社，2021年，第107—145页；《〈垂拱格〉与武则天礼法》，叶炜主编：《唐研究》第26卷，北京：北京大学出版社，2021年，第399—440页。

⑦ 侯振兵：《〈厩牧令〉与唐代驿传厩牧制度论稿》，北京：社会科学文献出版社，2021年。

下的理想秩序、断案场域与"法"的运用,以及司法官员的法律见解。① 李雪梅梳理少林寺所存自唐至清历代法律碑刻,分析其形制和内容发展变化,揭示少林寺碑刻的"法律化"过程。②

在礼制方面,杨英认为曹魏至西晋的郊礼重构是中古礼制变革的重要环节,其中最重要变化是曹魏郊礼依从郑玄说,西晋郊礼则依从王肃说。③ 李梅田聚焦魏晋南北朝丧葬礼俗与文化变迁,提出墓葬研究从礼制视角转向空间视角的设想。④ 吴丽娱以校勘《大唐开元礼》为基础,讨论了唐代不同祭享仪中皇帝和臣僚的站位和方向问题。⑤ 孟宪实考察唐代册礼变革,认为从唐高宗对册礼进行改革开始,册书适用范围发生了变化。⑥ 范云飞探讨唐代围绕东都太庙存废问题发生的4次礼议,揭示礼制变迁背后的经学依据。⑦

## (四)社会史研究

本年度社会史研究亮点是区域社会史研究的蓬勃发展、社会阶层史研究的稳步推进以及日常生活史研究的别开生面。

在城市社会研究方面,李傲寒、陈引驰将南朝吴姓士人的转型,置于都城社会发展的时空背景中加以考察,认为从孙吴东晋到南朝,南朝吴姓士人家族重心经历了从乡曲向建康转移的变化。⑧ 陆帅复原东吴都城建业的政治空间与生活区域。魏斌还原南朝夏口城市地标布

---

① 杨晓宜:《唐代司法官员的法律秩序观》,上海:上海古籍出版社,2021年。
② 李雪梅:《碑刻"法律化"的演进及特征——基于少林寺碑刻的分析》,《中外论坛》2021年第3期。
③ 杨英:《曹魏、西晋郊礼重构及其对郑玄、王肃说之择从》,《史学集刊》2021年第5期。
④ 李梅田:《葬之以礼:魏晋南北朝丧葬礼俗与文化变迁》,上海:上海古籍出版社,2021年。
⑤ 吴丽娱:《东向西向的困惑:从祭祀的站位看礼秩的尊卑(续)——〈大唐开元礼〉札记之五》,中国社会科学院古代史研究所隋唐五代十国史研究室等编:《隋唐辽宋金元史论丛》第11辑,第7—25页。
⑥ 孟宪实:《唐代册礼及其改革》,《历史研究》2021年第3期。
⑦ 范云飞:《唐代东都庙议的经义逻辑》,《文史》2021年第1期。
⑧ 李傲寒、陈引驰:《都城社会与南朝吴姓士人的转型》,《学术月刊》2021年第5期。

局，进一步考察城市内不同人群的日常生活及其宗教活动中所创造的物质景观。① 宁欣关注唐五代宋初都市社会的中下阶层，通过对各个阶层和群体逐一进行研究，揭示阶层变化及其特点，从新视角认识这一时期城市社会变化的历史特征。② 徐畅将研究视角集中于唐代中后期长安城中居住在同一坊的士人官僚群体及其交往，以白居易与新昌杨家交往为中心，复原科举官僚在新昌坊私人空间的宴集，发掘其背后的政治社会文化内涵。③ 史睿等将书画流动置于长安城空间中加以考察，是一种将艺术史与城市史研究融合的尝试。④

在乡村社会研究方面，鲁西奇通过长时段研究方法，融合历史村落地理、乡村制度史、乡村社会史三种研究范式，展示先秦至明清乡里制度的变迁，在此基础上探讨中国古代王朝乡村控制的重大课题。⑤ 耿元骊考察唐宋时期的乡村权力结构和运行机制、乡村百姓契约关系、赋役征派与农民生活、乡村社会控制和生存秩序等问题。⑥ 徐畅围绕乡村政区与聚落形态复原、民众户口与生计、居民生活实际图景以及民众信仰与鬼神世界等话题，描绘唐代长安京畿地区乡村社会的综合面貌。⑦

《唐研究》第 26 卷刊发主题为"唐帝国的地域传统"专栏，收录相关论文 9 篇，从士人、宗教、城市、园林等多个角度对唐代地域传统进行讨论。⑧ 蒋爱花探讨幽州地区隋唐墓志所见官员仕宦、墓穴

---

① 陆帅：《江南的具象：吴都建业的物质图景及其特征》、魏斌：《城楼、沙洲与寺院：南朝夏口的城市风景》，叶炜主编：《唐研究》第 26 卷，第 59—91、93—118 页。
② 宁欣：《唐五代宋初都市社会中下阶层研究》，北京：人民出版社，2021 年。
③ 徐畅：《白居易与新昌杨家——兼论唐中后期都城官僚交往中的同坊之谊》，《中华文史论丛》2021 年第 4 期。
④ 史睿等：《对谈：唐代长安的书画收藏与鉴赏——以社会网络和都市空间为视角》，《故宫博物院院刊》2021 年第 5 期。
⑤ 鲁西奇：《中国古代乡里制度研究》，北京：北京大学出版社，2021 年。
⑥ 耿元骊：《唐宋乡村社会与国家经济关系研究》，北京：中国社会科学出版社，2021 年。
⑦ 徐畅：《长安未远：唐代京畿的乡村社会》，北京：三联书店，2021 年。
⑧ 叶炜主编：《唐研究》第 26 卷，第 3—264 页。

迁葬、安史政权与藩镇割据等问题。① 张天虹利用社会学的社会流动概念和研究方法，从新视角展现中晚唐河朔藩镇统治下的地域社会图景。②

社会阶层是社会史研究的传统论题，本年度一些话题探索均在前人研究基础上稳步推进。董刚对南北朝文献中的"素族"问题作了重新考索，从语言与历史演变两个层面，进一步推进对这一个概念的认识。③ 夏炎以《朱岱林墓志》为核心史料，进一步丰富学界对魏晋南北朝青齐家族的历史认识，认为在北魏后期的青齐地区，地域性已然超越阶层性成为家族发展的重要推动力。④ 金溪对青齐士人入仕北魏问题作了进一步讨论，认为青齐士人在社会关系、知识结构上更接近河北士族，北魏文化建设中使用的所谓南朝入北士人，其实大部分正是这些青齐士人。⑤ 范兆飞尝试以墓志文本重建业已亡佚的中古谱牒面貌。⑥ 唐代所谓"土豪"阶层问题再度得到关注，蔡帆通过对江淮藩镇和土豪两条脉络的考察，揭示江淮地域政治与社会秩序在唐后期的变迁。⑦ 周鼎认为史料所见唐末五代"土豪"身分驳杂，涵盖地主、商人、胥吏、军将等人群，是对非身分性地方精英的泛称。⑧

在女性史方面，唐代女道士、遗言中的女性世界以及士族家庭妇女等问题得到关注。⑨ 周海燕关于魏晋南北朝儿童养育与儿童精神的

---

① 蒋爱花：《身份、记忆、反事实书写：隋唐时期幽州墓志研究》，北京：中国社会科学出版社，2021年。
② 张天虹：《中晚唐五代的河朔藩镇与社会流动》，北京：社会科学文献出版社，2021年。
③ 董刚：《重释南北朝文献的"素族"》，《中华文史论丛》2021年第4期。
④ 夏炎：《〈朱岱林墓志〉与魏晋南北朝青齐家族再认识》，《南开学报》2021年第3期。
⑤ 金溪：《南朝士人入北的两种模式——兼论北魏中期的正统意识及对南朝的态度》，袁行霈主编：《国学研究》第46卷，第161—198页。
⑥ 范兆飞：《中古早期谱系、谱牒与墓志关系辨证》，《中国史研究》2021年第2期。
⑦ 蔡帆：《朝廷、藩镇、土豪：唐后期江淮地域政治与社会秩序》，杭州：浙江大学出版社，2021年。
⑧ 周鼎：《晚唐五代"土豪"新论——以学术史反思为中心》，《历史教学问题》2021年第6期。
⑨ 贾晋华：《唐代女道士的生命之旅》，北京：社会科学文献出版社，2021年；么振华、吕璐瑶：《离形去智无累乎物：遗言中的隋唐女性世界》，上海：上海古籍出版社，2021年；焦杰：《身份与权利：唐代士族家庭妇女研究》，北京：人民出版社，2021年。

研究，进一步丰富了对这一时期儿童生活面貌的认识。①

相较于明清和近现代，中古社会史研究除去材料的局限，理论与方法的缺失亦是一大短板。本年度中古社会史研究亮点之一是区域社会史研究范式的转向，但依然任重而道远。今后中古区域社会史研究若有所推进，则必须在材料、方法与学术定位等方面有所开拓。在材料拓展方面，不能因为材料缺失而否认某些事实的存在，亦不能因为材料有限而制约认识的广度与深度。在方法拓展方面，大量碑刻造像与宋元明清民国方志是重要的材料来源，不能因为中古时代的遗存少而忽视田野调查的重要性，同时必须借助社会学、人类学等相关学科的理论与方法。在学术定位方面，要建构一种属于中古区域史研究的叙述范式，摆脱中古区域史长期以来仅仅作为明清区域史"前史"的地位，使之与明清相关研究共同推动中国区域史图景的建构。

## （五）民族与域外研究

在"中华民族交往交流交融史"编纂工作启动与"一带一路"倡议持续发展的时代背景下，本年度民族史研究充满生机与活力。本年度民族与域外研究热度不减，分别从政治、族群、历史地理、文化诸视角，深化相关问题的讨论。在文化史视角下，苏航认为中古史研究中长期盛行的"民族文化决定论"并无事实与理论依据，中华民族多元一体格局和共同体意识的形成，建立在价值结构多元一体化的基础上。②胡鸿认为《宋书》所载蛮人分类体系，是沈约兼顾《后汉书》与刘宋时期史实而作出的新分类谱系，但与史实之间存在一定脱节，这一分类体系最终并未被后世继承。③柴芃发现魏晋南

---

① 周海燕：《魏晋南北朝时期儿童养育与儿童精神研究》，郑州：郑州大学出版社，2021年。
② 苏航：《从价值同构看北朝的文化变迁和民族凝聚》，《历史研究》2021年第4期。
③ 胡鸿：《族群分类的史相与史实——以〈宋书〉对"蛮"的分类为中心》，魏斌主编：《新史学》第14卷，第159—198页。

北朝时期族群与地域名称有相互混用的现象。① 钟焓针对自20世纪末以来部分国外学者提出唐朝属于"拓跋国家"的观点进行反思,认为这一观点有主题先行之嫌,是一种经不起实证推敲的杜撰性假说。② 在政治史视角下,刘子凡在考察"天可汗"的政治意涵及其对应的国家组织形态基础上,认为这一称号是皇权的延伸,唐代不存在与"皇帝"和"天可汗"分别对应的两个统治系统。他还认为唐朝经营西域长达一个半世纪,在此期间,中原制度与地方特色结合,以儒家思想为核心的中原文化为当地中华文化认同奠定了心理基础。③

本年度"一带一路"研究依然保持良好发展势头。《中国社会科学》2021年第8期组织题为"敦煌学视域中的中古历史"专栏,刊发荣新江、郝春文、刘进宝、项楚、赵声良等学者有关敦煌学研究的组文,分别从丝绸之路、中古宗教史、中古史地研究、古代语言文学、艺术史研究等多个方面,对敦煌学研究进行总结与展望。④ 在历史地理视角下,朱悦梅、康维对吐谷浑政权的交通地理作了研究。⑤ 田海峰对于阗到龟兹、疏勒、焉耆和于阗东西过境的交通路线作了考察。⑥ 张安福以军镇烽戍遗存调查整理为线索,探讨了天山廊道军防体系在唐朝经略西域进程中所发挥的战略作用。⑦ 党琳、张安福指出唐代继汉晋之后,持续经营沿孔雀河从焉耆到罗布泊的交通和

---

① 柴芃:《"中州名汉"考——中古时期的地域问题》,《中国史研究》2021年第1期。
② 钟焓:《"唐朝系拓跋国家论"命题辨析——以中古民族史上"阴山贵种"问题的检讨为切入点》,《史学月刊》2021年第7期。
③ 刘子凡:《"天可汗"称号与唐代国家建构》,《历史研究》2021年第6期;《唐朝经营西域的文化影响至深至远》,《历史评论》2021年第5期。
④ 荣新江:《敦煌文书所记丝绸之路的新篇章》、郝春文:《敦煌文献展现的中古宗教史研究新图景》、刘进宝:《敦煌学对中古史地研究的新贡献》、项楚:《敦煌语言文学资料的独特价值》、赵声良:《百年敦煌艺术研究的贡献和影响》,《中国社会科学》2021年第8期。
⑤ 朱悦梅、康维:《吐谷浑政权交通地理研究》,北京:中国社会科学出版社,2021年。
⑥ 田海峰:《唐代于阗交通路线补考》,陕西师范大学历史文化学院等编:《丝绸之路研究集刊》第7辑,北京:社会科学文献出版社,2021年,第95—108页。
⑦ 张安福:《天山廊道军镇遗存与唐代西域边防》,北京:社会科学文献出版社,2021年。

军防体系，克亚克库都克烽燧是唐朝治理西域的具体体现，也是唐朝有效治理西域的见证。①

吕博认为唐代传奇小说《梁四公记》包含南朝梁武帝时期欧亚大陆各地交通往来的众多信息和历史记忆，并结合梁《职贡图》《梁书·诸夷传》及相关考古材料，勾勒出一幅欧亚大陆文化交流、贸易往来的历史图景。②梁文力考察混入《高野杂笔集》的18封写给赴日唐朝僧人的书状，进一步考证9世纪唐人东渡日本的相关事迹，探究会昌法难对江南佛教徒的影响，并揭示苏州在当时海外交通中的重要地位。③戴卫红分析中日韩三国出土的九九表简牍的共同点，从数学知识传播视角进一步深化东亚文化交流史研究。④李大龙着重分析高句丽建国神话产生的时代背景、完善时间及制造目的。⑤

## （六）宗教信仰与知识研究

本年度宗教史研究的创新，在佛教史研究的各个层面尤为集中。在佛寺道观方面，景亚鹏以西安碑林博物馆藏佛教碑刻为切入点，对隋唐长安佛寺建置沿革、寺院制度与文物遗存、佛教文化与文明交融等进行探研。⑥沈国光以宋代方志对唐宋时期苏州吴县、长洲寺院景观的记载为中心，考察宋代地方志对于"地方史"的建构。⑦林梅村

---

① 党琳、张安福：《克亚克库都克烽燧所见唐代西域治理》，《史林》2021年第5期。
② 吕博：《〈梁四公记〉与梁武帝时代的文化交流图景》，《历史研究》2021年第1期。
③ 梁文力：《9世纪中叶的渡日唐人与晚唐苏州的海外贸易——以〈高野杂笔集〉所收义空相关书状为中心》，刘迎胜主编：《元史及民族与边疆研究集刊》第39辑，上海：上海古籍出版社，2021年，第91—104页。
④ 戴卫红：《中日韩出土九九表简牍及其基层社会的数学学习》，邬文玲、戴卫红主编：《简帛研究》2021年春夏卷，第343—387页。
⑤ 李大龙：《试析高句丽建构建国神话的时代背景与目的》，《史学集刊》2021年第5期。
⑥ 景亚鹏：《西安碑林藏石中的佛寺文化》，西安：陕西人民出版社，2021年。
⑦ 沈国光：《舍宅故事与宋代地方寺院寺史的建构——以苏州吴、长洲二县寺院为例》，中国社会科学院古代史研究所隋唐五代十国史研究室等编：《隋唐辽宋金元史论丛》第11辑，第95—113页。

对 821 年唐朝与吐蕃立碑会盟的长安城圣善寺位置作了考证。① 雷闻以唐代两京开元观为研究对象，对其前身、地位、活动、道士构成等问题展开探讨。② 道教史研究方面也有类似成果。孙齐利用西方宗教理论中的寺院主义概念，对早期道教尤其是天师道的道观化进程作了讨论。③

在佛道信仰对象方面，孙英刚考察犍陀罗佛传浮雕释迦太子"逾城出走"图像中手持弓箭、武士装扮人物形象的身分。④ 陈志远认为傅大士弟子慧集是传播傅大士为弥勒分身下世的重要推手。⑤ 祁海宁发现三尊东晋阿育王像皆为托名伪作，与阿育王无关。⑥ 沙武田探讨敦煌石窟于阗系绘画所表达的区域历史与信仰需求。⑦ 在佛教经典方面，定源探讨了《高僧传》在隋唐五代流传的情况。⑧ 李猛以晋唐佛教文献以及传世史部、集部文献为基础，讨论齐梁时期佛教影响下士人思想变迁与诗文创作、内外典籍编撰等问题。⑨ 张涌泉等围绕敦煌藏经洞封闭原因和藏经洞文献性质问题展开讨论，认为藏经洞文献以佛经残卷为主体，其入藏与莫高窟所在三界寺僧人道真修复佛经活动密切相关，藏经洞封闭可能与道真主持的修复工作结束有关。⑩ 道教经典方面，孙齐对古灵宝"未出经"作了考证，白照杰对已佚早期道

---

① 林梅村：《唐长安城圣善寺考》，《考古与文物》2021 年第 4 期。
② 雷闻：《帝乡灵宇：唐两京开元观略考》，《首都师范大学学报》2021 年第 5 期。
③ 孙齐：《山中的教团：中古道教"寺院主义"的起源》，魏斌主编：《新史学》第 14 卷，第 111—134 页。
④ 孙英刚：《从犍陀罗到中国：五道大神考》，刘进宝主编：《丝路文明》第 6 辑，上海：上海古籍出版社，2021 年，第 121—134 页。
⑤ 陈志远：《傅大士弥勒分身形象的思想渊源》，魏斌主编：《新史学》第 14 卷，第 45—57 页。
⑥ 祁海宁：《东晋阿育王像研究——以长干寺阿育王像为主》，《东南文化》2021 年第 2 期。
⑦ 沙武田：《丝路艺术的地方镜像——敦煌石窟于阗系绘画表达的区域历史与信仰需求》，陕西师范大学历史文化学院等编：《丝绸之路研究集刊》第 7 辑，第 109—133 页。
⑧ 定源：《隋唐五代〈高僧传〉文本系统溯考》，《中华文史论丛》2021 年第 3 期。
⑨ 李猛：《齐梁皇室的佛教信仰与撰述》，北京：中华书局，2021 年。
⑩ 张涌泉等：《敦煌藏经洞之谜发覆》，《中国社会科学》2021 年第 3 期。

教禁咒《西岳公禁山文》作了讨论。①

在佛道石刻方面，黄盼通过考古学方法，从佛像破损程度、出土佛像遗迹单位形式、佛像安置状态三方面，研究中古时期的佛像埋藏行为。② 李裕群对建于南齐永明年间新昌千佛岩大小岩洞龛像作了考察，认为其是南朝江南地区忏法流行的唯一实物例证。③ 杨泓揭示出云冈石窟窟形从"穹庐"到"殿堂"的转变，认为这一现象反映出鲜卑拓跋氏加速融入中华民族的历史进程。④ 李猛讨论了南朝僧尼碑志兴起的过程。⑤ 刘屹研究末法思想对静琬刊刻房山石经的影响，认为房山石经刊刻动机的变化，从一个侧面反映出末法思想对中国佛教的影响在初唐后逐渐减弱的历史趋势。⑥

在佛教政治史方面，刘林魁从皇权与佛教关系的视角，对唐五代皇帝诞节的三教讲论作了研究，认为诞节讲论成为皇权与佛教合作完成的一种国家仪式。⑦ 在佛教社会史方面，魏斌从禅诵与义学之间的复杂关系入手，探讨僧人山居的意义，揭示出由城寺、山寺承载的佛教历史图景。⑧ 武绍卫探讨敦煌乃至整个中古时期僧人抄经、校经、读经等一整套围绕佛教经典展开的日常修行活动。⑨ 王兴对汉传佛教初期净土信仰中的女性叙事和女性修行实践作了考察。⑩

---

① 孙齐：《古灵宝"未出经"研究》、白照杰：《禁山敕虎：已佚早期道教禁咒〈西岳公禁山文〉小识》，《中外论坛》2021年第1期。
② 黄盼：《中国中古时期佛像埋藏的考古学研究》，《华夏考古》2021年第5期。
③ 李裕群：《浙江新昌千佛岩南朝龛像——南朝忏法流行的实物例证》，《文物》2021年第2期。
④ 杨泓：《从穹庐到殿堂——漫谈云冈石窟洞窟形制变迁和有关问题》，《文物》2021年第8期。
⑤ 李猛：《制作哀荣：南朝僧尼碑志之兴起》，《中国历史研究院集刊》第3辑，第34—88页。
⑥ 刘屹：《末法与灭法：房山石经的信仰背景与历史变迁》，《历史研究》2021年第3期。
⑦ 刘林魁：《唐五代皇帝诞节的三教讲论——基于皇权与佛教关系的考察》，《中国史研究》2021年第3期。
⑧ 魏斌：《山居的昭玄大统——历史图景与考证逻辑》，魏斌主编：《新史学》第14卷，第135—158页。
⑨ 武绍卫：《无名僧人的名山事业：中古时期僧人的日常抄经与校勘活动》，《中国史研究》2021年第2期。
⑩ 王兴：《汉传佛教初期净土信仰中的女性视角——中国化的女性净土叙事》，《中国社会科学报》2021年10月26日，第3版。

对西方新史学研究范式进行吸纳与反思,是近年中古史研究的特色。仇鹿鸣引用"知识仓库"这一概念,以隋末盛行的"桃李子歌"为中心,探讨隋唐之际起兵者对谣谶的利用和改造。① 黄桢提出"制度知识"概念,探讨其在汉晋时期的流变。② 孙正军认为唐宋岭南的分野知识虽有显著政治文化内涵,但并非王朝维护统治的必备知识。③ 林昌丈考察三国两晋时期用于地名的"滩"字的南传,进一步揭示汉魏六朝时期南北地域间的文化接触、碰撞和融合的历史过程。④ 陈烨轩从知识史视角考察钱王射潮传说,揭示出海洋知识的积累对海上丝绸之路繁荣的贡献。⑤ 郁冲聪探讨中古物产专志的发展问题,认为汉唐间"异物志"的勃兴,成为当时物产专志主要的撰述形式,这类著作适应了汉唐间知识学科和著述门类不断细化的趋势。⑥ 梁辰雪主要考察唐宋时期官修阴阳书的相关情况。⑦

## (七)总结与展望

综观本年度魏晋南北朝隋唐五代史研究总体情况,可以发现,各个领域研究既有困境,又存在突破的可能。石刻与敦煌吐鲁番文书是中古史研究的两大材料来源,为了使这两大材料库在今后发挥更大效力,一方面,传统金石学的补史证史范式依然发挥应有的基础作用,与此同时,综合石刻的物质与文本属性,融合历史学、文学、艺术学

---

① 仇鹿鸣:《叛乱的"知识仓库"——再谈隋唐之际的谣谶与政治》,魏斌主编:《新史学》第 14 卷,第 28—44 页。
② 黄桢:《制度知识在魏晋的断裂与延续》,《暨南学报》2021 年第 9 期。
③ 孙正军:《今世岭南古何州——唐宋岭南认识的一个侧面》,魏斌主编:《新史学》第 14 卷,第 221—276 页。
④ 林昌丈:《"瀬""滩"之争:汉魏六朝"滩濑"景观地名的演变史》,魏斌主编:《新史学》第 14 卷,第 199—220 页。
⑤ 陈烨轩:《钱王射潮传说与 10 世纪杭州的海塘建设》,赵世瑜主编:《北大史学》第 22 辑,北京:社会科学文献出版社,2021 年,第 67—91 页。
⑥ 郁冲聪:《中古物产专志的产生与流变》,《中国历史地理论丛》2021 年第 3 辑。
⑦ 梁辰雪:《唐宋时期官修阴阳书的成立与展开》,《中华文史论丛》2021 年第 3 期。

与考古学研究范式,将石刻本身视为参与历史运动的主体而加以研究,已逐渐成为共识,石刻材料不应仅仅是一种研究资料,而且应该是一个研究入口;另一方面,对于敦煌吐鲁番文书的利用和研究而言,由于材料本身涉及学科极其广博,因此敦煌吐鲁番学便是践行学科交叉融合的典型学科。

从中古史研究学术史来看,无论是唯物史观下的魏晋封建论,还是日本学术界关于中国古代史时代区分的论争;无论是"北朝出口论",还是唐代后期的"南朝化"、"唐宋变革论",学者都将魏晋南北朝隋唐五代视为中国古代的重要转折时期。然而近年来,研究"碎片化"倾向日趋明显,如何让中古史研究回归理论思考与宏大叙事,应该是学者共同思考的重要命题。

(责任编辑:高智敏　李　壮)

# 三、辽宋夏金元史

李华瑞[*]

2021年辽宋夏金元史研究取得较大进展，继续了2020年重视总结反思、论著出版繁荣、专题研究突出的特点。社会经济史研究有新推进，色彩在宋代历史中的作用受到关注。王安石诞辰千年，相关研究成为热点。民族融合与中华一体的研究视角有新突破。辽宋夏金元史研究需要打破畛域、融会贯通日渐成为共识。

## （一）重要成果新见迭出、特色鲜明

总结并反思20世纪初以来宋代历史现代书写的利弊，是今年宋史研究值得关注的一个亮点。南宋灭亡以后，元明清对宋代历史的书写，基本是以程朱理学的理念认识宋代历史，这是学界的共识。不过自20世纪以来，用西方历史理论和方法叙述宋代历史成为域内外宋史研究的一大景观。吴铮强指出近代史学家的宋史叙述中，无论视理学为现代化的遗产或包袱，都不可避免地存在以理学把握宋代历史特征的倾向。这些现象意味着，理学相当程度地遮蔽宋代历史的叙述，宋史研究面临理学祛蔽的任务。这个看法的确击中当前宋史研究中隐蔽而又真实存在的误区，但现今有这样认识的学者并不多。与此同时，吴铮强梳理20世纪初以来学界书写两宋历史范式的利弊，指出在马克思主义指导下，既有叙述重心由阶级斗争到生产力发展的调整，又有民族主义与民族融合观念间的内在冲突。不过后30年学界以国际化为新潮，美日学界新旧学说大行其道，加上国内学术重镇推动，抗金、变法、党争虽仍是重要议题，但终不及唐宋变革、士大夫政治、精英地方化之类学说炫目。这种局面出现与西方观念输入，以

---

[*] 作者李华瑞，浙江大学历史学院教授。

及学者本身士大夫精英意识的回潮有关。分析利弊后，作者认为这些域外书写范式又远不及近代以来钱穆、刘子健、张荫麟等中国学者的相关学说具有原创性。① 为什么会出现这种情况，作者没有作过多解释，其实主要是因为钱穆、刘子健、张荫麟等既对中国古代通史有较为全面宏观的把握，又对宋代政治文化思想制度有较深入研究。这些学者在汲取西学的同时，不忘中国本位文化。这与将中国历史附着在西方历史语境下的书写当然有本质不同。由此也启示我们，今天借鉴西学视域时，一定要基于中国历史实际，将其作为一种视角而不是一种模式。

近年宋代国家治理颇受中青年学者青睐，两宋乡村管理体系，就目前所见即有乡里、耆管、都保甲等制度名目，多样化特征相当明显，涉及乡村职役的制度、地域特征和处于弱势地位的贫下户等问题都取得不少研究成果。刁培俊重提如何看待国家与社会、官与民对立的关系，指出过去在民族国家学说影响下将国家与州县官、乡村职役以及贫下户之间理解为统治与被统治关系学说，并不一定符合历史本相。作者指出在民族国家学说影响下的农民战争史叙事模式中，原本是"弱者"的农民摇身一变成为强者，历史的瞬间遮蔽了普遍存在，异常取代了平常。② 这种反思很有见识，是在扬弃旧范式的同时，力图寻找新的替代范式。但作者借用西方近年新的国家与社会关系理论范式及概念，诸如"弱者的武器"、"被统治的艺术"等，作为深入研究官僚士大夫、形势户商人等应对朝廷管理的"范本"，似又使研究回到20世纪80年代后期存在的、在同类问题上总比域外学者慢半拍的老路。为什么我们不能从材料中提出适合我们自己的范式呢？这

---

① 吴铮强：《超越现代化焦虑与理学叙述之去蔽——宋史叙述的发展与展望》，包伟民、刘后滨主编：《唐宋历史评论》第8辑，北京：社会科学文献出版社，2021年，第185—194页。
② 刁培俊：《中国古代乡村的"被治理"——以两宋为主的探索》，《中国史研究动态》2021年第2期。

是中青年学者应当努力的方向。

21世纪之前，宋史研究有重北宋、轻南宋的倾向。21世纪以来，重北轻南有了很大改观，南宋史研究成为近20年宋史研究一个亮点。何玉红从史事、视角、解释三个维度，梳理、回顾南宋政治史研究的基础、视角转换和新议题，对南宋政治史中的政治人物、政治事件、政治制度、政治文化、政治过程论、政治空间论、包容政治、嘉定现象等研究，作了精彩的俯瞰式总结。在梳理和总结之后，作者坦陈两点：一是新政治史的探索中，海外宋史学者得风气之先，国内学者也积极践行；二是除了"包容政治"、"转向内在"等少有的几个概念外，至今我们还没有对南宋政治演进提出一个完整的解释体系，在研究日趋"碎片化"的学术背景下，南宋政治史研究领域中具有普遍意义的解释话语相对不足。随后作者又发问：南宋政治史的特殊之处是什么？我们应当在怎样的叙事框架下解释南宋政治史的意义？"南宋模式"如何形塑汉文化的传统？学术界还没有给出全面和深入的回答。[①] 笔者则以为，要回答类似问题，并无捷径，一是必须打破就南宋研究南宋的老套路，将南宋史置于10—13世纪，乃至整个东亚史的大背景中去研究；二是从传统文化中汲取优秀史学方法，与现今大行其道的西学结合，形成自己的解释话语权。

自20世纪90年代黑水城出土文献陆续公布以来，西夏文献的释读和研究成为热点，特别是法律文献研究、社会文书研究和佛教研究等成为西夏史研究新的生长点。从整体来看，研究成果数量有很大增长，但研究质量的进步并不明显，彭向前认为造成这种局面的原因是西夏学后备力量培养不易，一个合格的西夏学人才不仅能够运用音韵学知识、党项和吐蕃等少数民族语言知识、英文与俄文等外语文献，而且能够把汉文文献与西夏文文献相结合，不以校勘文句和考订史实

---

① 何玉红：《史事·视角·解释——走向"南宋"的南宋政治史研究》，《中国史研究动态》2021年第4期。

为研究工作的终极目的，而要致力于以丰富的实证去探索西夏社会发展规律。期望西夏学与相邻学科加强沟通，促进交流，共同推动该学科建立像甲骨学、敦煌学、简牍学那样的学术地位。除此之外，传世和出土西夏文献残、杂、碎的特点，使西夏学研究对象更趋具体化、细化，一件佛经残片、一件契约、一个药方、一个人物、一个职官、一个地名等都可成为研究对象，如果把握不当，难免有"碎片化"之嫌。所以今后只有加大人才培养力度，开阔视野，促进西夏学研究领域学术生态环境良性发展，西夏学研究才会取得更大的成绩。①

本年度各类图书出版颇为繁盛，专著、编著、译著，应有尽有。据不完全统计，约在 200 种以上。该领域重量级学术著作，当首推韩小忙编著《西夏文词典（世俗文献部分）》，②皇皇 9 册，用比较的方法，依照字头、解形、注音、释义顺序按左偏旁部首编排。此外，该词典部分字头的字形构造解说、正义词汇例句的末尾以及整条释义的最后，往往加有按语。所征引的词语及例句，一般均给出详细原始文献来源。虽然作者汲取少许西夏语言研究的成果，但是更多还是依照中国传统文字学原理和西夏文本身的特征进行编纂，实用性很强。

王育济、范学辉围绕"宋太祖及其时代"，对宋太祖的生平、事迹及其历史贡献进行综合研究。宋朝经济和文化之所以能够达到中国历史上又一个高峰，与宋太祖赵匡胤治国之道有密切关系。③此书是迄今最为全面深入研究宋太祖的著作。

学术思想方面也有新的进展。姜海军将两宋不同时期各家、诸派经学诠释研究与当时政治发展、文化演进相结合，探究两宋经学及思想发展的基本状况，从思想史的角度来分析经学与社会、政治之间的

---

① 彭向前：《西夏学学科发展趋势及研究前沿分析》，《中国史研究动态》2021 年第 5 期。
② 韩小忙编著：《西夏文词典（世俗文献部分）》，北京：中国社会科学出版社，2021 年。
③ 王育济、范学辉：《宋太祖传》，北京：人民出版社，2021 年。

内在关联。① 张凯以北宋著名思想家胡瑗、欧阳修、李觏、王安石、司马光、张载、二程、吕大临的礼学思想为线索,梳理礼学在北宋时期发展演变的轨迹,展现汉学向宋学转变的具体细节和路径。② 王宇主要梳理永嘉学派的形成、得名、代表人物、学术思想、历史地位及其最终的衰落,重点阐释代表人物陈傅良、薛季宣、叶适等人的学术思想,专章论述永嘉学派的经济思想、政治思想、军事思想及其经学、史学的学术成绩。③ 该书不仅很好地总结了已有永嘉学派研究,而且也把该研究向前进行了推进。史卫民揭示蒙古国时期草原帝国统治思想与中国传统农耕王朝统治思想的碰撞,突出展现元朝建立和统一中国的历史进程中如何吸纳和应用农耕王朝政治思想;重点陈述国家大一统奠定了开明政治的思想基础,带动南北理学政治思想融汇,着重叙说治世或救世思想在王朝灭亡的危机中得到进一步升华。④ 该书是近年来元代思想研究的扛鼎之作。

宋金时期社会史方面有3部新著问世。耿元骊以基层为视角,探寻唐宋时期乡村民众的行为方式,从乡村居民的角度观察乡村社会、州县权力、朝廷国家等多方面关系。⑤ 高柯立围绕宋代地方官府与民众之间的信息沟通,包括政令的传布(粉壁与榜谕)、宋代地方官府与民众的诉讼,探讨地方官府与民众之间的信息沟通对于地方治理秩序的影响。⑥ 刘晓飞对以往金代汉族家庭形态研究有所补充和突破,将金代汉族家庭研究从单纯血缘角度扩展至地缘角度,以此充分展现金代汉族家庭的延展性;同时探讨金代汉族家庭民间信仰,从而完整

---

① 姜海军:《宋代经学思想发展史》,北京:人民出版社,2021年。
② 张凯:《北宋礼治思想研究》,北京:人民出版社,2021年。
③ 王宇:《永嘉学派研究》,北京:商务印书馆,2021年。
④ 史卫民:《元代政治思想史》,北京:中国社会科学出版社,2021年。
⑤ 耿元骊:《唐宋乡村社会与国家经济关系研究》,北京:中国社会科学出版社,2021年。
⑥ 高柯立:《宋代地方的官民信息沟通与治理秩序》,北京:国家图书馆出版社,2021年。

呈现金代汉族家庭信仰世界丰富性。①

辽金地方制度方面，陈俊达较细致地论述辽代节镇体制，认为其上承晚唐五代，最终确立了以节镇作为地方一级行政区划，走出一条与唐—五代—宋不同的发展路径。② 孙文政扼要介绍金代上京路设置沿革及行政区划变迁，并对上京路政治、经济、军事、文化、姓氏、家庭及人口等方面作了较为深入的专题研究。③

金元军事和族群文化方面有2部著作值得推荐。周思成以通俗晓畅的笔法完整呈现金王朝内部发生的一系列重要政变、兵变及权力更迭，展现中都、汴京等城市被蒙古军围困期间，金朝从组织抵御、负隅顽抗到君死国亡的全过程，金朝的治乱兴衰之缘由寓于叙事之中。④ 张佳从图像学角度，研究元明政权更替之际，中上层统治者与下层百姓的观念变迁。作者以服饰和葬俗为例，讨论游牧文化在中原地区所经历的由拒斥到受容再到排斥的过程，指出元代士人更倾向于认同一个多族群的国家体系，用"大一统"取代两宋的"华夷之分"观念，成为元代立国的合法性依据。⑤ 张佳讨论的问题是两宋元明时期中华民族形成过程中重要思想观念的变化，是颇有见地的新思考。

用出土文献和新资料补正史记载之缺，近年颇受中青年学者关注，本年度在这方面也有新的贡献。对于社会中下层人群，传世文献给予的关注相对较少，碑刻则可以补充这一方面的记载。苗霖霖利用墓志论及民间互助、社会精神追求等内容，直接展示家族在社会变迁中的凝聚力。⑥ 王晓欣、郑旭东、魏亦乐展示元代江南地区户籍登记总体面貌，为元代乃至宋明户籍制度，以及元代税收、人口、手工

---

① 刘晓飞：《金代汉族家庭形态研究》，北京：中国社会科学出版社，2021年。
② 陈俊达：《辽朝节镇体制研究》，上海：上海三联书店，2021年。
③ 孙文政：《金代上京路研究》，北京：中国社会科学出版社，2021年。
④ 周思成：《隳三都：蒙古灭金围城史》，太原：山西人民出版社，2021年。
⑤ 张佳：《图像、观念与仪俗：元明时代的族群文化变迁》，北京：商务印书馆，2021年。
⑥ 苗霖霖：《贞铭金石——墓志中的金代社会》，北京：中华书局，2021年。

业、农业和人口结构等研究提供新的珍贵文献。①张笑峰纠正以往刊布和研究中存在的录文错误，对黑水城出土元代律令与词讼文书的整理研究，在一定程度上复原了元代基层法律制度，对元代制度史、社会史研究都有重要意义。②杜立晖探讨元代肃政廉访司分司"录囚"、钱粮考较、俸禄放支、站赤管理等相关政务运作、行政管理的程序，以及解由文书、勘合文书等公文使用流程，首次向学界披露元代地方行政体制诸多方面运行实况和治理方法，对学界鲜少涉及的元代地方行政运作机制进行了系统性探索。③

本年度学术专业期刊和集刊、辑刊，如《宋史研究论丛》《唐宋历史评论》《西夏学》《西夏研究》《元史及民族与边疆研究集刊》《隋唐辽宋金元史论丛》等刊载论文、书评280余篇，是辽宋夏金元史的重要阵地。

### （二）史实考订、新视角与宗教

《建炎以来系年要录》所引王大观《行程录》一书，记有金熙宗朝北征蒙古及议和的独家史料，自王国维以来皆将其断为伪作，但近年有研究者欲颠覆前人成说，证其为真。邱靖嘉以为王大观于金皇统年间曾随完颜宗弼北征，所记行程应当是真实可信的，但流传于南宋的《行程录》并非此书原貌，已掺杂某些来自伪书的不可靠内容，从而使其显露出一些作伪的痕迹，因此不能轻易判断其真伪，而应对其史料记载进行仔细辨析和剥离，才有可能看清其真假虚实。④

黑水城文献跨辽宋夏金元等多个朝代，被誉为20世纪中国四大

---

① 王晓欣、郑旭东、魏亦乐编著：《元代湖州路户籍文书——元公纸印本〈增修互注礼部韵略〉纸背公文资料》，北京：中华书局，2021年。
② 张笑峰：《黑水城出土元代律令与词讼文书整理研究》，北京：中国社会科学出版社，2021年。
③ 杜立晖：《元代地方行政运作研究——以黑水城文献为中心》，上海：上海古籍出版社，2021年。
④ 邱靖嘉：《王大观〈行程录〉真伪暨金熙宗朝征蒙史事考》，《文献》2021年第6期。

出土文献之一。与其他文献相比,大多数黑水城文献没有"身份证",因而定名与断代就成为黑水城文献整理研究的首要任务。过去一个多世纪以来,虽然在文献定名和断代方面取得不小成绩,但是不可否认,还存在题名未定、定名不准、年代未断、断代不准等诸多问题,佟建荣对黑水城文献中 TK296、TK296V 等未考订或考订不准的残页重新进行判断和识别,有助于进一步推动认识黑水城文献的全貌及学术价值。①

《天盛改旧新定律令》所附《名略》是西夏在借鉴唐宋律令基础上,用目录学方法编纂法典目录的首次尝试,但是迄今鲜有专门讨论。和智首次从《名略》版本整理中存在的问题,《名略》特点、来源、价值、不足,以及夏汉翻译中存在的问题等方面作了较为细致的讨论,认为《名略》有助于《天盛律令》的页面整理、文字识别,同时对重新认识《天盛律令》、深入研究西夏社会有重要作用。②

帝师热巴(1164—1236)系 12—13 世纪藏传佛教巴绒噶举派著名高僧,也是西夏最后一位帝师。《帝师热巴传》中有关帝师热巴从西藏前往西夏、与夏襄宗李安全交往、蒙夏战争、夏与金战争等史实,未引起学界重视,张晓源结合相关历史文献资料对比分析,还原西夏历史中一些重要事件原貌,弥补正史中有关西夏史料记载不足。③

从金代文献中发掘《太宗实录》《熙宗实录》,将其文本与《金史》互证,由此整合出元人修史所据太宗、熙宗两朝文献的整体面目。陈晓伟推翻苏天爵"金亦尝为国史"旧说,并对《金史·宗室表》取资金朝谱牒说提出疑问,指出该表是以皇帝诸子传序文为蓝

---

① 佟建荣:《黑水城汉文文献补考》,《敦煌研究》2021 年第 2 期。
② 和智:《西夏文〈天盛改旧新定律令名略〉新探》,《敦煌研究》2021 年第 1 期。
③ 张晓源:《〈帝师热巴传〉史料价值初探》,《西藏大学学报》2021 年第 3 期;《〈帝师热巴传〉所见西夏政史考论》,《西夏学》2021 年第 1 期。

本，再辅之列传正文补充成篇，其性质是拼织而成的二手文献。在既定历史认知前提下，元朝史官通过史料摘录、编织、整合而成的文献，被后世奉为"经典"。陈晓伟又指出《金史》资料来源主要是金朝实录，《世纪补》《天文志》《宗室表》《交聘表》《外国传·西夏》《外国传·高丽》等均据此改编。因此，校勘《金史》必须把握原始文献，厘清史料层次，辨析其中是否掺杂后世观点。①

色彩在社会历史中扮演什么样的角色，似乎很少引起学人注意。程民生新近却提出色彩存在于宋代所有社会事物中，作用超出现代想象，这是一个全新认识。他认为宋代建筑物基本色调以土黄和青、白为主，所谓粉墙黛瓦，饰之以红。宋代服色，民间服饰由单调变成五颜六色，官员服饰则向高贵的朱紫蔓延。宋代在一定程度上可谓"色彩治国"，宋代的主色调并非冷色而是暖色。宋人还创造新色彩如油紫、碧色，瓷器釉色创新更多，尤以紫、天青为突出；更有皮影、烟花等光彩创新。历史上脍炙人口的色彩诗词名句，大多出自宋人。色彩创新乃中国文化奇观，为宋文化大发展表现之一。② 程民生不仅关注宋代的色彩，而且把视角投向大象的生存和分布状态。他认为宋代大象主要分布于我国东南、西南地区的北回归线一带，以闽粤沿海地区最为密集。宋代虽立法保护野象，禁止民间象牙贸易，但南宋以后滥杀大象仍颇为严重。驯象在宋代社会中具有不可替代的外交和朝仪作用，既是粉饰太平的道具，也能丰富官民社会生活和政治生活。③ 段志强指出南宋理学家吸收纬书的拟人地理观念、唐代一行的山河两戒说，以堪舆视角整理《禹

---

① 陈晓伟：《〈金史〉本纪与〈国史〉关系再探——苏天爵"金亦尝为国史"辨说》，《内蒙古师范大学学报》2021年第4期；《〈金史·宗室表〉再探》，《民族研究》2021年第1期；《〈金史〉源流、纂修及校勘问题的检讨与反思》，《中国历史研究院集刊》第4辑，第50—104页。
② 程民生：《宋代色彩社会发微》，《社会科学战线》2021年第8期；《青色在宋代的发展与广泛运用》，《河北大学学报》2021年第6期；《宋代社会中红色的功能》，《河南大学学报》2021年第5期；《宋代社会中黄色的功能》，《中州学刊》2021年第8期。
③ 程民生：《宋代大象的自然与社会生态》，《中原文化研究》2021年第3期。

贡》山川，创造出一套中心化的地理秩序。经过元明两代理学家和堪舆家改造，逐步形成中国龙脉论。①

学界对契丹人萨满教信仰问题的研究受诸多因素所限，未能深入展开。邱冬梅梳理《辽史》等文献中辽代契丹萨满教信仰及契丹萨满的活动内容，分析史料中有关古代民族萨满教信仰记载的路径，及影响界定契丹萨满教性质的因素。② 此外，佛教唯识宗、净土宗在辽朝五京地区广泛传播。鞠贺、杨军认为天台宗、密宗、华严宗和律宗在辽后期开始崛起，在辽五京道内均可见此四者的迹象。禅宗和三论宗分布地域有限，在辽朝影响力始终微弱。③ 云门宗为禅宗五家七宗之一，北宋曾盛极一时。刘晓认为北宋灭亡后，云门宗传承依政权疆界（南宋、金元）大致可分南北两大系统，北方系统多出自真定洪济禅院（大洪济寺）慈觉宗赜法脉，目前可考者主要有佛觉法琼、慧空普融两支。④

### （三）政治史、政治文化研究

宋朝士大夫政治备受重视。方诚峰没有继续重复学界皇帝与士大夫共治天下旧有研究模式，而是提出这样一个观点：汉代形成的委托制与唐宋以宰执侍从为主的枢机制，逐渐成为中国古代王朝君主支配基本模式。他指出，唐宋王朝君主—枢机—有司的基本支配结构及其前后变化，都无法指向近现代国家。⑤ 这是近年来讨论君主与士大夫政治中较有深度的一篇文章。

宋神宗时期，御史台除继续开展言论监督之外，又开始推行机制

---

① 段志强：《经学、政治与堪舆：中国龙脉理论的形成》，《历史研究》2021年第2期。
② 邱冬梅：《辽代契丹萨满教性质探析》，《世界宗教文化研究》2021年第4期。
③ 鞠贺、杨军：《辽朝佛教宗派的兴衰及地域分布研究——以出土石刻为中心》，《北方文物》2021年第4期。
④ 刘晓：《宋金之际中国北方云门宗的传承——以佛觉法琼、慧空普融法脉为中心》，《中国史研究》2021年第2期。
⑤ 方诚峰：《从唐宋宰相概念论君主支配模式》，《史学月刊》2021年第3期。

迥异的六察制度。依法核查在京官司文书、纠举其行政失误,成为御史台一项重要工作。这也带来御史台监察职能的重要转变。杨光认为六察制度的推行,是宋神宗调整台谏监察制度的重要环节。①

宋代以来尤其是南宋以降,道途两旁兴建施水亭庵、为巡礼佛教圣迹而设的接待庵院、位于交通要冲之接待院,以及山险地带充当驿传的接待院开始普遍兴起。这些接待庵院的功能主要是补充驿传、邸舍之不足。曹家齐认为宋元佛教的接待庵院,绝大部分属于私创,而潮州、漳州的驿庵却是由地方官员组织兴建,而且地方政府对其管理予以一定保障。在交通史和驿传建置上,驿庵在整个王朝制度框架下逐渐发展,并与其区域地位、地理特征及地方社会因素相结合,体现出一定地方特色。②

对于西夏建立者党项拓跋氏早期历史的研究一向颇受重视。周永杰利用新出土墓志材料,勾勒唐朝边疆蕃政由羁縻府州向押蕃落使转型过程中,拓跋氏通过辟署、奏授等行政程序逐步掌握官员选任、迁转权,在使府、属州人事层面嵌入基于部落宗族的亲属网络,从而形成以拓跋(李)氏为中心的地方势力。③该文在细节和材料上对过去研究有所补充和推进。

屈野河位于北宋麟府路境内,是贯穿麟府路的战略要道,宜耕宜戍,具有重要军事价值。宋夏在屈野河划界问题上时有纷争。但由于"庆历和议"对宋夏双方的制约以及宋辽夏三方关系的变化,宋夏皆保持相对克制的态度,最终通过政治谈判达成各守河岸、互不越界的协议。孙方圆认为这是中国古代不同政权管控边疆危机的一次独特实践。④

---

① 杨光:《六察法的推行与宋神宗时期监察制度的转变》,《中国史研究》2021年第3期。
② 曹家齐:《从驿庵看宋代岭南的陆路交通建置》,广州市文化广电旅游局、广州市文物博物馆学会编:《广州文博》第14辑,北京:文物出版社,2021年,第189—202页。
③ 周永杰:《西夏建国前党项拓跋氏的发展》,《历史教学》2021年第18期。
④ 孙方圆:《从屈野河"侵耕"事件看宋夏边疆危机的管控》,《理论学刊》2021年第3期。

学界一般将金代诸府分为京府、总管府和散府三等。李大海认为，从行政区划角度看，这种划分混淆路级行政机构总管府与总管府路治府之间的差别，也掩盖了《金史》等文献中"京府"通常不指诸京路治府的事实。① 刘晓认为元代出现不少影响后世的新罪名，像传统盗罪衍生出的掏摸与白昼抢夺、传统奸罪衍生出的刁奸与欺奸，均从元代才开始出现，由此产生不少相关判例与法律解释。②

契丹建国后，耶律阿保机试图借助"汉地"实现"中国之志"的皇权政治，耿涛认为兴建"汉城"、灭渤海、建东丹是阿保机建构皇权政治的关键环节，但这一政治意图被复杂权力之争所掩盖，阿保机的政治构想也随之搁浅。③ 关于徽宗改元大观的直接动因，史籍中的记载都指向彗星"天变"。曹杰考察改元典故所出，以及北宋中期以降宋人有关《易·观》的经解，联系经解与政治的双重背景，指出天变的出现对君臣上下提出警示，急进的"绍述"政治需要逐渐放缓，应当探求良善的治道以推行风教，而完善制礼作乐便是徽宗试图寻找的"神道"。④ 自南宋初期以降，在士人与道士记载中，出现大量同道教相关的北宋亡国预言的记载和讨论。这些同北宋覆亡有关的预言，谢一峰认为与其说是反映徽宗朝的实际情形，毋宁说是反映"后徽宗时代"士人和道士对北宋亡国的反思。⑤ 康昊指出日本统治阶层对中国"唐物"存在政治和文化依存，"唐物"在古代日本扮演着重要角色。⑥ 李华瑞指出内藤湖南"宋代近世说"实质为日本入侵中国张目，对其服务于日本政论的观点必须深刻反思。⑦

---

① 李大海：《金代诸府政区等第问题新探》，《历史地理研究》2021年第3期。
② 刘晓：《元代法律对后世的影响——以盗罪与奸罪为例》，《江西社会科学》2021年第11期。
③ 耿涛：《耶律阿保机"嫁接"皇权之路》，《中国边疆史地研究》2021年第3期。
④ 曹杰：《试释大观改元——从宋代历史语境中的〈易·观〉谈起》，包伟民、刘后滨主编：《唐宋历史评论》第8辑，第86—106页。
⑤ 谢一峰：《先见与妖言：靖康之难后同道教相关的北宋亡国预言》，《文史哲》2021年第5期。
⑥ 康昊：《唐舶来珍　丰盈和国——"唐物"对古代日本的影响》，《历史评论》2021年第5期。
⑦ 李华瑞：《走出"唐宋变革论"》，《历史评论》2021年第3期。

制作家礼文本是程朱理学建构理想社会中从下到上的重要环节。陆敏珍在考察家礼制作过程中发现，书写者往往不只是制礼者、注礼者，而是多种角色并存。他们并不隐身于礼规之下，而是在书写中标识着自己的立场、态度；他们安排着每一位演礼者的动作，将每一个礼文中的行动塑造成一种类型，使之变成一个可重复事件。①

文天祥殉节意味宋已不可复，温海清认为这种独特的"宋亡"历史观，在元代史学作品中有所呈现，相关史著可从这个角度引以解析。②

关于西夏陵选址，学界已有"三角说"和"宫城陵卫"不同看法，张瑶等人在此基础上，从历代帝陵与都城关系的历时性对比中，揭示除选址的自然因素之外，西夏陵的陵城空间关系为历代最紧密。③

张晓慧指出，蒙古人往往会用自身家族的起源，去追溯元代蒙古人的祖源，这是以往研究关注较少的角度。"国史"中的祖先传说，以及汉文典籍所传边裔历史，都参与塑造蒙古人"家史"样貌。这使得一些蒙古人的家族记忆，嫁接进蒙古开国历史，或嵌入到汉籍所传边裔历史中。④ 元太宗时有不少政制设计都对元朝历史产生深远影响，其中画境之制与元朝总管府路的形成有密切关联。屈文军认为元太宗时期的制度建设被蒙元史学界普遍忽视，故对其画境制度作了补充性论述。⑤ 耶律楚材在随成吉思汗西征途中作成"西征庚午元历"，设立名为"里差"的地方时改正，在科技史学界是一桩公案，郭津嵩认为"里差"并非来源于西方地理经度，而是由耶律楚材通过观测月食，估计时间、空间差异，独立构拟的一个简单模型，体现一种在天

---

① 陆敏珍：《宋代家礼的书写者》，《史学理论研究》2021年第4期。
② 温海清：《文天祥殉节与宋亡历史观》，《复旦学报》2021年第5期。
③ 张瑶、齐凯、刘庭风：《论京畿格局中的西夏陵》，《西夏研究》2021年第3期。
④ 张晓慧：《元代蒙古人的祖源故事与"家史"书写》，《文史》2021年第1期。
⑤ 屈文军：《元太宗时期大蒙古国对汉地治理中的"画境"制度》，《暨南学报》2021年第8期。

文学测算中自觉关注地理差异的新意识。①

元代回鹘文与蒙古文所记"黄金家族",曹金成认为主要指忽必烈家族,并非学界熟知的成吉思汗家族。他指出,元代"黄金家族"一称,在文献层面上可以视作回鹘文译经的直接产物。而蒙古语和回鹘语之间的亲缘关系、将黄金与汗廷联系起来的草原观念,以及藏传佛教转轮王观念在元朝皇室的传播,有力推动元朝君主对"黄金家族"称号的理解与接受。他还认为在中国古代五德转移说终结的脉络中,元代是承上启下的关键时期。②

《元史·太祖本纪》记载成吉思汗临终前留下灭金"遗言",在其他具有同等史料地位的文献中却不见相应内容,该记载十分可疑。温海清认为成吉思汗最后一次南下目标是西夏,灭金是窝阔台的志业与武功。在灭金问题上,元代有意遮蔽窝阔台而拔高成吉思汗甚至凸显拖雷,于此便可理解为何要将灭金战略植于所谓成吉思汗"遗言"之中而加以彰显。③

## (四)社会经济史研究

国家与社会一直是宋代经济史、社会史研究的重要领域。廖寅对宋代吏人、形势户的社会身分和地位、国家权力介入乡村治理等问题提出一些值得思考的新看法。他认为"公吏"是宋代非常独特的称呼,在宋人语境中多指"公家之吏",旨在突出吏职的公家属性。随着公吏群体的污名化、"毒瘤"化和士人群体分享顾问权、治民权,州县社会形成近似于等边三角形的超稳定权力结构。形势

---

① 郭津嵩:《撒马尔干的中国历法:耶律楚材的"西征庚午元历"及其"里差"法考辨》,《中华文史论丛》2021年第1期。
② 曹金成:《元代"黄金家族"称号新考》,《历史研究》2021年第4期;《元朝德运问题发微:以水德说为中心的考察》,《中国史研究》2021年第3期。
③ 温海清:《成吉思汗灭金"遗言"问题及相关史事新论——文献、文本与历史》,《史林》2021年第3期。

户是宋代极具时代特性和独特内涵的称呼,是理解宋代社会阶层结构和社会经济形态的关键。形势户之所以称"形势",是因为形势户的形成与唐末五代主、客户的出现有着内在关联。与传统认识以权力为首要标准不同,新形势户定义首要标准是财富。与形势户对称的"平户",并非指上户中不服差役的民户,而是指名下没有客户的平常主户。随着社会从分散走向整体和中央集权的强化,国家介入乡村社会力度逐渐增强,人地关联管理走向精细化。在人地关联管理走向精细化的过程中,保甲、经界、地图者三合一,起到关键的推动作用。①

宋代对田宅产权交易立法,促进客户地域流动,从而催生出社会对佃农、人力、女使等贱民阶层权利保护的观念。吴业国、葛金芳认为他们被纳入编户齐民,成为五等户籍制的有机组成,拥有基本的人身权利,宋代对田宅产权的维护最终促使南宋初年贱民制度废止。②

唐中叶颁行两税法后,国家通过乡村基层组织如何征税,又如何落实征税,一直是古代社会经济史的重要课题,虽然各断代研究都取得不少研究成果,但很少能贯通唐宋元明清审视这一问题。包伟民对宋初国家重组乡村基层组织(由乡管制到乡都制)及其之后的演变作了较为系统的考察,认为宋廷一直试图将催税乡役的负担均摊到一般民户,从而形成以二三十人户的结甲制或百余户的户长/大保长催税制,但均因有其不足而陷入两难困境。经元代的承续,明初再次重组乡村社会,形成结合两种制度要素的里甲制,终于对自唐末以来基层催税制度的演变作出总结。③ 南宋绍兴经界的推行,是为了解决南宋初期特有的土地赋税问题,周曲洋认为李椿年与王鈇为达到令"民有

---

① 廖寅:《宋代的公吏与"公吏世界"新论》,《史学月刊》2021年第12期;《何以称"形势":宋代形势户溯源辨正》,《深圳大学学报》2021年第6期;廖寅、杜洋洋:《走向细化:宋代的乡村组织与乡村治理》,《清华大学学报》2021年第3期。
② 吴业国、葛金芳:《宋代对田宅产权的维护与贱民制度的消亡》,《中州学刊》2021年第1期。
③ 包伟民:《近古乡村基层催税单位演变的历史逻辑》,《北京大学学报》2021年第1期。

定产"、"产有定税",即"定户"与"均税"目的,分别采取不同思路推行经界,并影响此后基层实践。①

北宋神宗元丰改制前,三司是掌管中央财政的主要机构,过去对机构设置、三司使等已有较多讨论,但对制度演变及其与宰执分工的关系研究不多。张亦冰在本年度发表2篇文章对此作了细致梳理和分析,指出北宋前期三司与宰执之间已存在权能"错位"现象,至北宋中叶问题逐渐显露,影响国家财政管理的效率及合理性。与此同时,三司过分集中全国财政计度与审核权,导致申省文帐大量积压,影响国计体系正常运作。②

宋朝加强财政集权是消除唐末五代藩镇割据影响的重要措施,黄纯艳将这种集权分作三个阶段:北宋前期实行总量分成的财权分配体制、王安石变法逐步实行税权分配的财权分配体制、南宋实行财权分配的基本制度。而窠名分隶体现南宋财权分配的制度逻辑,使南宋的财政体制表现出新特点。③ 闫建飞指出宋初"制其钱谷"政策,实际是在五代朝廷收藩镇财权基础上,确定上供额,并从三司和州郡两个层面加强对留州钱物的管理,将州郡财政纳入统收统支的三司国计体系,由此基本实现中央财政集权的目的。④

对于宋代社会经济高度发展的成因,学界已有很多讨论,并形成基本共识,本年度香港学者刘光临等借用熊彼特(Joseph A. Schumpeter)"税收国家"的概念,详论宋朝300多年中如何完成从税收国家向财政国家的过渡,从一个侧面说明财政模式对宋代社会经济发展的推动

---

① 周曲洋:《"结甲自实"与"打量画图":南宋经界法推行的两种路径》,《学术研究》2021年第7期。
② 张亦冰:《论北宋财政管理中三司、中书门下的分工模式与权能关系》,《清华大学学报》2021年第4期;《北宋前期三司国计体系的演进》,《历史研究》2021年第5期。
③ 黄纯艳:《南宋财政窠名与窠名分隶》,《社会科学战线》2021年第10期;《南宋财权分配与地方治理》,《江海学刊》2021年第1期;《北宋财政能力与国家治理》,《史学集刊》2021年第5期。
④ 闫建飞:《宋初"制其钱谷"之背景及措施》,《史学月刊》2021年第11期。

作用。①

对于宋代夜市的研究，学界已有相当多成果。在此基础上，张金花等人所作的研究，更加全面系统展现宋代夜市的风貌，说明宋代夜市突破前代以酒楼、茶肆、歌馆、妓院为主要载体和以日市延伸为主的传统夜市形态，勾栏瓦舍、街市与摊贩成为与传统夜市形态并驾齐驱的主体形态，基本实现夜市由封闭式向开放式、由单一型向综合型转变。②

元人视漕粮海运为本朝超越汉唐盛世的标志性政治成就。陈彩云认为元朝注重各族群政治力量的互相制衡，建立蒙古人为监督，色目人、北人、南人互相制衡的漕粮海运体制。然而元代漕运体制中存在严重的族群藩篱和待遇不公，这为漕粮海运在元末的崩溃埋下伏笔。③

宋代城市研究一直是宋史研究中的热门话题，本年度研究呈现出进一步向城市内部街道、街区、城区扩展的新特点。宋朝以南方为主的腹地州县，虽大多不建外城，但普遍建有子城，街区在子城之外。来亚文认为这一现象由南方土质决定。修建砖城的耗费巨大，决定南方"小城大市"的形态，在宋代乃至整个中古时期，都是一种常见的城市景观。④南宋的常熟城市脱胎于唐宋之际县治与其南部的小幅地块，之后沿运河及元和塘等水系干道渐次展开发育，城市规模扩张后，出现特属于县城的"界"级基层管理组织。"界"的范围仅局限于城市建成区，且并非块状闭合区域，外缘边界不明晰，与县下乡村管理组织交错排布。⑤

学界讨论交子起源的直接原因有钱重说和钱荒说两种看法。姜锡

---

① 刘光临、关棨匀：《唐宋变革与宋代财政国家》，《中国经济史研究》2021年第2期。
② 张金花、王茂华、王虹：《宋代夜市规模、形态与消费主体分析》，《首都师范大学学报》2021年第2期。
③ 陈彩云：《元初族群政治与帝国漕粮海运体制》，《中国史研究》2021年第1期。
④ 来亚文：《宋朝腹地"郡县无城"与"小城大市"现象研究》，《史林》2021年第4期。
⑤ 孙昌麒麟等：《南宋常熟的城市形态与城内的"界"——以〈重修琴川志〉的图文分析为中心》，《中国历史地理论丛》2021年第2辑。

东、李金闯另辟蹊径，认为这与北宋政府在川蜀恢复铜钱流通，但是又不愿大额投资买铜铸钱，而且曾经筹划铸造大铁钱缓解高值币缺位问题也未获成功的货币政策有密切关系。① 李鸣飞认为元代确立以纸币为主币的单一货币体制，发行无期限不兑换的信用货币，其钞法系统通过控制新钞进入市场的途径来调控货币总量，在中国古代纸币史上是一个重要进步。②

辽朝拥有万余公里的漫长海岸线，但是过去研究辽朝财政经济只注意辽朝是一个草原王朝，而忽略辽朝滨海的特点。事实上，辽王朝区域内海事活动构成了其社会政治、经济和文化发展的重要内容，辽朝与高丽、日本航海交通便是其具体体现。③

如何认识和处理海洋与陆地关系及其影响，是宋朝需要面对的大问题。黄纯艳指出在沿袭汉唐以来天、地、海三者互动的基础上，通过航海实践，宋朝逐步以陆地为定位，划分出不同海域空间，初步产生陆地标准的海域界限。④

中原农耕文明与周边游牧文明之间的两强之争，在10—13世纪变为工商业文明、农耕文明和游牧文明之间的三足鼎立。柳平生、葛金芳认为，不同文明间的诸多竞争张力，显示历史演进处于一个岔路口。⑤

1974年泉州后渚港发现宋代海船后，学者推测这艘宋代海船可能是自东南亚三佛齐（太平洋与印度洋之间）返航。杨斌重新解读有关考古资料，从宋代海船发现的香料、货贝和环纹货贝，船体附着物的地理分布，宋元两代中国海舶航行印度洋的文献，以及最近南海发

---

① 姜锡东、李金闯：《北宋初期四川地区的货币供应与交子诞生原因再探》，《河北师范大学学报》2021年第3期。
② 李鸣飞：《元中后期纸币控制政策及影响》，《历史研究》2021年第5期。
③ 陈晓菲：《10—13世纪辽朝与高丽、日本水路交通考述》，《理论界》2021年第1期。
④ 黄纯艳：《宋代对海陆关系的认知及其新变》，《南国学术》2021年第2期。
⑤ 柳平生、葛金芳：《试析宋代海上丝绸之路勃兴的内在经济动因——兼论两宋经济结构变迁与三大文明竞争格局形成》，《文史哲》2021年第1期。

现的另外两艘宋代海船等方面加以论述,认为泉州湾宋代海船应当自印度洋返航。①

元朝在宋朝基础上进一步完善国家对航海贸易事务的管理,元代《市舶则法》具有"官法同构"特征,通过规范市舶司官吏及其他"官"的权利义务,确保元朝航海贸易良性运作,进而实现规范"民"的效果,可被视为元朝对外政策由军事向商业转变的标志。②

## (五)王安石及其变法研究开拓新维度

2021年12月18日,是宋代著名政治家、改革家、文学家、思想家王安石诞辰1000周年。由中国社会科学院、江西省人民政府和北京大学共同举办,以"传承优秀传统文化,弘扬伟大民族精神"为主题的纪念王安石诞辰1000周年学术研讨会在江西抚州汤显祖大剧院开幕,时任中国社会科学院副院长、党组副书记,中国历史研究院院长、党委书记高翔在致辞中表示,王安石是北宋著名政治改革家、思想家和文学家,他在哲学、文学方面取得的成就,尤其是在国家和社会治理方面的探索与实践,给后人留下极为宝贵的精神遗产和经验教训。他强调要坚持以马克思主义唯物史观为指导,推动王安石研究不断深化,把王安石放在具体的历史场景和时代条件中加以把握,把变法放在历史演进的长河中加以考察,在客观还原真实历史的基础上,对王安石及其思想、行为展开科学的研究和辨析,得出更符合实际的评价。当代历史学者要深入研究包括王安石在内的政治家、思想家在国家与社会治理方面的思想和实践,总结其经验、教训,为新时代治国理政提供历史智慧;要深入研究中国古代政治文明发展的内在逻辑和规律,加快构建新时代中国特色历史学学科体系、学术体系、话语体系三大体系,王安石的贡献不仅

---

① 杨斌:《当自印度洋返航——泉州湾宋代海船航线新考》,《海交史研究》2021年第1期。
② 陈佳臻:《元代〈市舶则法〉的演变及其"官法同构"现象》,《江西社会科学》2021年第5期。

在于促进他所处时代的社会发展，更在于他的思想和实践丰富了我国古代政治文明的内涵，推动了我国古代政治文明的进步；要坚持独立思考，立足中国国情和实践，用中国的视野做有思想的学问，深入研究中国古代政治文明发展的内在逻辑和规律，充分挖掘中华优秀传统文化内在价值，不断增强文化自信、历史自信，加快推进新时代中国特色历史学学科体系、学术体系、话语体系建设，为促进中华文明与世界文明交流互鉴贡献力量。江西省委常委、宣传部部长庄兆林，北京大学党委书记邱水平，抚州市委书记夏文勇，北京大学人文社会科学研究院院长、中国史学会副会长邓小南先后在开幕式上致辞。该活动由中国历史研究院古代史研究所、中国历史研究院世界历史研究所、江西省文化和旅游厅、江西省社会科学院和抚州市人民政府共同承办，采用"主会场+分会场+视频连线"形式举行，设立了抚州主会场与北京分会场。

  王安石变法是宋代最重要的历史事件，也是20世纪宋史研究中长久不衰的热点问题。虽然褒贬不一，议论纷纭，但肯定王安石及其变法则是大多数人的共识。进入21世纪以来，学界对于王安石及其变法的认识有什么新变化？李华瑞为纪念王安石诞辰1000周年，撰写长文作了较为全面的介绍。他认为21世纪以来，王安石及其变法的研究全面铺开，近20年所取得的成果超过20世纪的总和。王安石文学、经学与变法得到重视，这是之前一直未曾出现过的。王安石经学研究后来居上，是21世纪以来王安石及其变法研究取得进展最重要的标识。尤其是对王安石经学与变法内在理路研究有了新的推进，如对王安石《字说》的重新认识，就是王安石经学研究取得的重大进展。王安石变法研究趋于理性，与党争心态、阶级斗争理论渐行渐远，鲜活的王安石形象越来越清晰地显现出来。大多数学人已能用平常心态对待，这是王安石及其变法研究的进步所在。在研究方法上，运用西方哲学、经济学、政治学、诠释学研究王安石及其变法现今已蔚然成风，若从开启新视角而言，无疑对打开眼界、启迪思路，多元化多层次研究王安石及其变法是大有裨益的。但若以模式化、理论化、标准化的方式，对号入座解构王安石及其变法，恐怕只会离王安石时代越来越远。总体看，虽然王安石及其变法研究已取得令人瞩目的成绩，但是现今仍缺少综合文学、经学、变法及其时代全面有深度的研究。①

以往对苏轼《王安石赠太傅制》的显、隐二义认识不足。李全德认为该赠官制书，表面上是褒词，不失王言之体，但苏轼采取寓贬于褒、明褒暗贬的写作手法，表达个人对王安石学术和新法的否定。这也意味着苏轼与王安石二人关系虽已缓和，但并没有真正实现和解。②

燕永成认为在崇尚功利的熙丰变法时期，新工具、新技术、新发明和新做法不时出现并被适时运用到水利、城建、兵备以及盐酒制作诸重要领域，一些技术还达到省力增效、简便实用、盈利增收等功效。③

宋代文献中有"嘉祐之治"、"仁宗之治"的提法，张邦炜认为这是旧党人士出于党争需要，在北宋中后期所塑造而成。两宋之际政局翻转，旧党全胜，新党覆没。南宋历代君王均"专法仁宗"，从此改革之门关闭。但是包括嘉祐年间在内的仁宗时期，问题成堆、危机四伏，实难同"文景之治"、"贞观之治"等量齐观。④

青苗法又称常平新法，过去通常被认为是王安石理财的主要措施之一，而青苗法设计之初的另一个赈济功能往往被忽略。俞菁慧深入探讨北宋王安石常平新法与粮食赈济体系之间的关系，认为常平新法通过官民出本取息或民间自助，建立维持地方社会自主运行机制与覆盖城乡的救济制度，成为南宋地方治理的经久方式。⑤

---

① 李华瑞：《近二十年对王安石及其变法的重新认识——为王安石诞辰一千周年而作》，《史学月刊》2021年第11期。
② 李全德：《释苏轼〈王安石赠太傅制〉中的"微意"》，《北京大学学报》2021年第5期。
③ 燕永成：《北宋熙丰变法时期实用革新技术的运用及其成因》，《社会科学战线》2021年第8期。
④ 张邦炜：《"嘉祐之治"：一个叫不响的命题》，《四川师范大学学报》2021年第1期。
⑤ 俞菁慧：《王安石常平新法与北宋粮食赈济改革》，《江海学刊》2021年第1期。

## （六）民族融合与中华一体研究

辽宋夏金是中国历史上第二次分裂时期，如何看待这一时期各政权间的战争与对峙？高福顺认为，在辽宋夏金近400年的对峙格局中，诸政权之间的战和关系，本质上都展现出内聚性特征："战"是统一之战，"和"是"君臣"、"叔侄"之和，始终处于"一个中华"的政治和文化语境之中，蕴含的"大一统"趋势不断增强，最终迎来元明清三代空前统一局面。①

辽夏金科举制度学界多有研究，基本理清了相关史实，本年度李兵从科举考试的经史内容、思想倾向、取士实践以及与本民族特色风俗相结合角度，考察辽夏金三朝对"大一统"思想、"天下至公"理念的政治认同，"向风慕华"心态萌生及强化，"懂礼即中国"、"用中国之礼则中国之"观念的增强。他指出辽夏金在科举等国家制度选择上，充分继承隋唐的政治遗产，并参照同时期宋朝的政治经验，不断加强中央集权体制，进一步推动中原与边疆政治制度一体化进程。②这篇论文为中华民族交融史提供新的研究视角。

辽代契丹作为统治民族，在政权建立和发展过程中，形成了一批"世代仕宦的家族"，学界称之为契丹世家大族。以往相关研究多偏重于现象描述，李红坦、王善军则尝试从社会文化变迁角度探讨契丹世家大族伦理变迁，指出在辽朝统治的200余年中，契丹世家大族家庭伦理呈现出日趋儒家化的趋势，基于"父子"、"兄弟"、"夫妇"三组关系而产生的"父慈子孝"、"兄良弟悌"、"夫义妇顺"三种代表性儒家家庭伦理观念，对契丹世家大族产生重要影响，使之形成独具

---

① 高福顺：《辽宋夏金时期内聚性不断增强》，《历史评论》2021年第3期。
② 李兵：《科举实践推动中原与边疆一体化》，《历史评论》2021年第4期。

特色的家庭伦理。①

辽朝统治者在吸收和利用中原宗庙制度的过程中，对其进行本土化改造，建立起一套适合自身政治和社会形态的皇家宗庙祭祀体系。孔维京认为在此体系中，都城庙、州庙与陵庙、陵寝祭祀相互补充，斡鲁朵行宫庙作为辽代特有的祖先祭祀形式，随捺钵四时迁徙，成为皇家宗庙祭祀的核心。②

辽代皇族和后族在汉文语境中，只有耶律与萧两种姓氏，这已是常识，但是吴翔宇指出契丹文中仅有耶律姓，而无萧姓，故此两分模式在契丹文语境中并不成立。耶律姓出现较早，源自阿保机家族住地之名，为契丹语词汇；萧姓出现较晚，通过"随名姓"的方式产生，汉姓色彩明显。③

夷夏观从春秋战国以降，是儒家文化中看待少数民族与汉族关系的重要理念，钱云认为汉儒以此强调"阳尊阴卑"与华夷秩序对应。到了宋代则随着思想与政治的转型，根据"有阴则有阳"、"阴阳消息"、"孤阳不生"衍生出"夷夏相对"、"重内轻外"、"夷夏不可相无"三种不同诠释，④ 是夷夏观的重大转变，这一成果对研究 10—13 世纪民族关系新变化有积极意义。

此前学界一致认为西夏历史上存在"蕃礼汉礼之争"，聂鸿音认为这是受《西夏书事》几条伪史料误导，并指出在西夏国民教育中，"蕃学"与"汉学"和谐共存。在西夏政府大力提倡下，"蕃学"使用的教材、宣传的思想意识及道德观念与"汉学"并没有本质差异，区别仅在于使用文字不同而已。⑤

---

① 李红坦、王善军：《辽代契丹世家大族家庭伦理的变迁及其原因》，《内蒙古社会科学》2021 年第 1 期。
② 孔维京：《辽代"七庙"与皇家宗庙祭祀考论》，《史学月刊》2021 年第 6 期。
③ 吴翔宇：《双重语境下的辽代契丹姓氏研究》，《史学月刊》2021 年第 1 期。
④ 钱云：《夷夏与阴阳：两宋思想、政治转型与夷夏观的重构》，《复旦学报》2021 年第 3 期。
⑤ 聂鸿音：《再论西夏"蕃礼汉礼之争"》，《北方民族大学学报》2021 年第 4 期。

金朝在礼制上逐渐引入唐宋五礼制度，尤其世宗朝之后加快向汉制"靠拢"。宋卿指出金朝帝庙配享的功臣总数和每个帝庙配享的人数都远超宋朝，武将占据配享功臣的绝大多数，配享功臣的民族分布呈现多元状态，并且存在为开国前的未实位"帝王"配享，以及父子、兄弟相继配享的家族配享。这种独具特色的配享制度恰是"中华一体"时期多民族交往交流交融的体现。但是有学者认为女真人"厌弃本俗，积极汉化"，从而导致金朝灭亡。这一观点能够成立吗？汤勤福认为少数民族礼制与汉族礼制交融、分合，是中华传统礼制发展过程中的正常现象，金朝灭亡与"厌弃本俗，积极汉化"毫无关系。①

德运之争是古代正统论中的主要组成部分，宋人讨论较多，女真士人积极参与金代章宗和宣宗两朝德运讨论，闫兴潘认为这种讨论本质上都是以论证金朝在中原王朝统治秩序中的正统地位和政权合法性为目的，标志着女真人文化身份的转变。②

元朝版图之广旷古未有，多个族群被纳入统一疆域之内，"九州内外，靡不臣属，合诸国诸郡而为一家"。说起中国历史上的大一统王朝，人们往往羡谈秦汉、隋唐或明清。事实上，元朝承继秦汉以来中国统一多民族国家的发展趋势，拥有超越汉唐的辽阔疆域，实现广泛的民族交融，为此后明清大一统奠定坚实基础，其历史贡献不容忽视。③

## （七）总结与展望

本年度辽宋夏金元史研究有三个明显特点。其一，中青年学者吴铮强、刁培俊、何玉红、彭向前等对研究议题、范式、学科建设和发

---

① 宋卿：《金朝功臣配享述论》，《史学集刊》2021年第6期；汤勤福：《金朝"民族"礼仪与"汉化亡国说"辨误》，《中原文化研究》2021年第1期；《再论金朝五礼制度》，《甘肃社会科学》2021年第2期。

② 闫兴潘：《论女真士人与金代的德运之争》，《北方文物》2021年第1期。

③ 陈彩云：《元朝强化了中华民族一体格局》，《历史评论》2021年第3期；《元朝疆域观演变与多民族国家的空间认知》，《民族研究》2021年第1期。

展趋势所作的回顾、总结和反思,是一个显著亮点。过去对学术史总结、梳理和反思主要是第二代、第三代学者,现今中青年学者带着敏锐的新视角重视学术史的反思,并提出所遇困惑和试图解决困惑的思路,说明新一代学者(也就是通常说的第四代学者)正在走向研究舞台的中央,他们已准备好担当重担。其二,10—14世纪是中国历史从分裂重新走向大一统的重要时期,民族关系在走向多元一体的过程中出现诸多新特点,本年度的研究敏锐抓住这一时期的特点,提出许多发人深省的观点,譬如夷夏观的变化,婚姻、礼制、科举等制度对民族融合和中华一体所起的潜移默化的巨大推动作用。其三,西夏史、元史研究的进展更为明显,共同特点是利用和整理新资料,爬梳老问题、开拓新领域,因而所取得的学术成果也较为突出。

突破辽宋夏金王朝之间的断代局限、衔接辽宋夏金史与元史、作整体研究或专题的横向和纵向研究,虽然有很大困难,但应当作为今后该领域继续努力的方向。如何避免"细碎化"研究,也将是今后应当继续关注的重要问题。

(责任编辑:管俊玮　李　壮)

# 四、明清史

王日根*

2021年是明清史研究总结和拓新的一年，学者们取向更加辩证，视野更加宽广，老中青三代学者精神焕发，或出版新著，或修订再版经过时间检验的优秀著作，或发现与整理民间文献资料、外文资料，体现积极健康的发展态势。在政治运作与国家治理、民族关系及边疆治理与对外关系、王朝财政制度在经济中的作用、民间组织与社会经济发展等领域都成绩斐然。

## （一）政治运作与国家治理

《清史研究》开辟"清代政治史论坛"专题。郭成康认为18世纪的清朝国家体制，以皇帝为核心的君主专制中央集权制渐臻完备，国家权力的集中、高效、强大，超越以往历代王朝。常建华认为清朝国家的性质为首崇满洲的复合性中华皇朝。刘小萌总结清代八旗人口的变化趋势，认为这反映了八旗制度的蜕变，对清朝统治关系产生了深刻影响。陈支平认为清朝政治体制的内核存在维护统一多民族和谐相处的基本因素。①

就明清政治制度而言，本年度推展甚多，认识趋于全面。郭培贵、郑欣全面检视明代阁臣的选拔方式、经历的若干阶段、成因与效果。② 李小波认为明代中后期内阁密揭制度是内阁与皇帝沟通的主要方式，直接影响最高决策的形成，内阁协调内外的作用显著。③ 杜立

---

\* 作者王日根，厦门大学历史系教授。
① 郭成康：《18世纪清朝国家政体变革再思考》、常建华：《大清：一个首崇满洲的复合性中华皇朝》、刘小萌：《清代八旗人口的变化及其影响》、陈支平：《清代政治体制与东南少数民族》，《清史研究》2021年第4期。
② 郭培贵、郑欣：《明代阁臣选拔方式的阶段特点及其成因与效果》，《文史》2021年第2期。
③ 李小波：《明代内阁密揭制度考析》，《历史研究》2021年第6期。

晖通过《毅庵奏议》纸背文献记载的万历四年（1576）山东布政司官吏考语册，分析明代管理考核制度在后期出现的考语失实现象。① 胡存璐认为清代的月选掣签授官制度虽在一定程度上维护选官公平，但与量才授官、人地相宜用人原则存在本质矛盾。② 王日根、徐婧宜考察清代封印制度，认为其在实际运行中多方面呈现出经权互参的特点。③

明清行政运行越加依赖文书的传送，陈时龙梳理明代诏敕从中央朝廷到基层地方的赍送与传播过程。④ 杨柳考察明洪武朝诏令在初稿、颁布、被史料收录等各阶段由于撰者修改、传写讹误、收录者有意改动等原因而产生的文本流变。⑤ 伍跃则考察成化六年（1470）和万历三十五年两份勘合文书，揭示其实际运行状态。⑥ 马子木认为，清初的奏事体制建立起君臣直接交流的政务运作模式，构成奏折广泛行用的制度基础。⑦ 张一弛从康熙年间本章进呈与批答制度由"先呈御览、下阁票拟"到"径交内阁，票拟进呈"的转变中看到，清朝皇帝发挥臣下处理日常事务的主动性，构筑内廷以强化皇权。⑧

关于明清政治理念的讨论也很热烈，胡吉勋认为嘉靖朝初期的政治原则，是君主与儒家士人按照儒家理想法则共治天下的模式，朝廷施政存在天道、纲纪、清议三重"政治合法性"。"大礼议"中，嘉靖皇帝借用王阳明的心学资源，打击朝臣和加强皇权，传统儒家的治世理念受到冲击，士人立朝的精神逐渐萎靡。⑨ 方志远考察由明入清

---

① 杜立晖：《从〈毅庵奏议〉纸背文献看明代官吏考核制度》，《历史档案》2021年第1期。
② 胡存璐：《清代月选掣签制度考论》，《清史研究》2021年第1期。
③ 王日根、徐婧宜：《清代封印制度的经与权》，《历史研究》2021年第2期。
④ 陈时龙：《明代诏敕的赍送与传播》，《中国史研究》2021年第3期。
⑤ 杨柳：《明代诏令文本的原貌与流变——以洪武朝为中心》，《文献》2021年第6期。
⑥ 伍跃：《关于明代勘合形制的再探讨》，《史学集刊》2021年第2期。
⑦ 马子木：《清初的奏事体制与政务运作》，《清史研究》2021年第2期。
⑧ 张一弛：《清前期本章进呈与批答制度的演进》，《清史研究》2021年第5期。
⑨ 胡吉勋：《威柄在御：明嘉靖初年的皇权、经世与政争》，北京：中华书局，2021年。

对王阳明评价的几次变化,认为其中既贯穿着庙堂和舆论的各种力量之间的争议和博弈,又揭示出不同时代的现实需要和价值取向。① 杜望分析顺康时期内阁权力上升与议政处权力下降,认为这是皇权加强的必然选择。② 张凌霄指出清代军机处档案中的"满伴"即为满章京,其出现和流行标志着军机处内部机制的成熟。③ 徐忠明考察康熙年间李煦《虚白斋尺牍》,认为"门路和请托"作为一种官场实践逻辑,侵蚀国家正式制度。④

明清基层治理仍然是本年度的研究热点。孔伟认为明代皇权对基层民众的控制是全方位、多层次的,主要体现在人身控制、法律控制、军事控制、教育控制、思想控制、宗教控制和规范控制 7 个方面。⑤ 杜志明认为地方武力既构筑基层社会治安防御体系,具有"急诊"之效,又因以民养兵的沉重赋役成为明代社会治安恶化的重要因素。⑥ 张佩国认为明崇祯年间傅岩在歙县民食保障、赋役催科、武备治安、化民成俗等方面的为政实践,反映明王朝"节省治理"的原则。⑦ 陈骏指出地方团练并非晚清独有现象,清廷在部分边地紧张军事形势下早已采用此项政治策略,以达到巩固地方统治目的。⑧ 毛亦可从明代乡绅公议解决地方事务的程序中,发现明代地方绅士里老以乡绅公议的形式联合向地方政府呈文,地方社会意愿表达越来越受到政府重视。⑨ 凌焰、阳水根从清代萍乡图甲制运行中看到在政府主导

---

① 方志远:《盖棺未必论定:王阳明评价中的庙堂和舆论》,《清华大学学报》2021 年第 2 期。
② 杜望:《论顺康时期内阁与议政处的关系——以大学士兼议政大臣为中心》,李世愉主编:《清史论丛》第 41 辑,北京:社会科学文献出版社,2021 年,第 42~50 页。
③ 张凌霄:《军机处的满伴与清代中枢机构之变迁》,《清史研究》2021 年第 4 期。
④ 徐忠明:《门路与请托:清代官场实践的另一种逻辑——以李煦〈虚白斋尺牍〉为素材》,《华南师范大学学报》2021 年第 1 期。
⑤ 孔伟:《明代皇权与基层社会控制研究》,郑州:郑州大学出版社,2021 年。
⑥ 杜志明:《明代地方武力与基层社会治理研究》,北京:人民出版社,2021 年。
⑦ 张佩国:《节省治理:傅岩在歙县的为政实践》,《史学集刊》2021 年第 6 期。
⑧ 陈骏:《清前期团练问题研究》,《清史研究》2021 年第 5 期。
⑨ 毛亦可:《明代文书行政中的地方社会意愿表达》,《历史研究》2021 年第 5 期;《论明末乡绅地方公议的程序——以〈祁彪佳日记〉为中心的考察》,《史学月刊》2021 年第 8 期。

的社会结构下，民间社会组织维系基层社会的实态。① 黄志繁认为儒家价值观的深入传播、宗族组织的构建与强化、地方社会对国家理念的认可和接受是明清乡村治理得以实现的重要经验。②

吴滔对明初以来吴江黄溪史氏家乘衍流线索进行了细致梳理。此前围绕《致身录》是否真实的讨论基本已有定论，史氏族人却在《致身录》后投入更多心力，不断构建本族家史，史彬被改造为"史仲彬"，其粮长身分也被定格。史家曾家业兴旺，史家规定粮长由嫡长子继承，实际上是缩小继承粮长身分族人范围，也更加落实粮长应役义务。史仲彬被追溯为史家不祧之宗，但嘉靖之后粮长制逐渐式微，却让史家的其他支派搭上丝织业繁荣的快车，史氏家族经过不懈努力，在经济上逐渐跻身上层，却仍无法在科举、文化上有所收获。于是，家族成员又投身史仲彬的建文忠臣和乡贤身分构建，这一努力迎合晚明王朝对忠义和贤德的渴求，使史仲彬成了忠贞节义形象的化身。史氏家乘文本的衍变，从一个侧面映现明代国家演变轨迹。③ 曹循认为明代前期锦衣卫、北镇抚司性质类似近侍军事机构，明中叶以后锦衣卫职权文职化，其性质也向治安司法机构转变，这也是明中后期国家治理走向文治道路的反映。他还讨论了武举和督抚委任名色武官的形式，是明中后期军民进身为将的重要阶梯，为明代军事体制注入活力，但相应也出现武官冗滥、将领缺乏练兵作战经验等问题。④ 张金奎认为校尉制度从明前期具有严格制度规范，到明中后期日渐成为民众避役方式的转变，展现制度体系落后于社会发展、新旧势力多层面博弈等问题。⑤ 李小波认为明代高级武官选任方式，经历从明前

---

① 凌焰、阳永根：《清代萍乡图甲制的运行——安长一图的个案分析》，《史林》2021 年第 6 期。
② 黄志繁：《明清乡村治理体系中的文化认同》，《中国史研究动态》2021 年第 2 期。
③ 吴滔：《国史家事——〈致身录〉与吴江黄溪史氏的命运》，北京：北京师范大学出版社，2021 年。
④ 曹循：《明代锦衣卫官制与职权新探》，《历史研究》2021 年第 1 期；《明代武举与武官选任新探》，《中国史研究》2021 年第 1 期；《明代名色武官考论》，《史学月刊》2021 年第 2 期。
⑤ 张金奎：《明代锦衣校尉制度略论》，《史学月刊》2021 年第 10 期。

期皇帝简任为主到弘治以后会推制度占主导的变化历程。① 张祥明对明代军政考选制度进行系统研究与分析，指出明代军政考选制度难以遏制官员腐败，考选掌握于文官手中，进一步加深了文尊武卑的政治格局。②

魏天辉、毛佩琦考察明代诏狱审判程序构成与运行，展现明代诏狱审判程序不合理一面。③ 宋兴家对清代奴婢相关律法修订及司法实践进行考察，发现清代奴婢制度存在普遍化趋势。④ 谢晶指出清代盗律条文及其实践对主观恶性的关注，是为了从根本上止盗、禁盗，体现"律贵诛心"原则。⑤ 魏道明对清代家族内部犯罪的考察，展现宗法等级秩序对法律的影响与支配，彰显中国古代法律伦理化特征。⑥ 新法律文献发现以及对法律文书发掘，进一步拓展了明清法律史研究领域。姚宇梳理新发现的康熙四十六年（1707）修律进呈本，将进呈本条文与顺治律对比，可知康熙修律深入系统，为制定雍正律奠定了坚实基础。⑦ 孟烨以明清时期民事裁判文书为研究对象，分析民事裁判中出现的各类文书，从文书层面还原和解读民事裁判程序。⑧ 于帅以浙江师范大学典藏的松阳《惊天雷》案宗为例，结合浙南诉讼档案，对清代官代书的戳记和写状职能进行探析。⑨

清代司法制度方面，胡祥雨考察清初三法司审判权中，刑部"部

---

① 李小波：《明代武官会推制度的形成与演变》，《历史档案》2021年第4期。
② 张祥明：《明代军政考选制度研究》，北京：中华书局，2021年。
③ 魏天辉、毛佩琦：《明代诏狱审判程序的构成及其运行》，《西南大学学报》2021年第1期。
④ 宋兴家：《清代奴婢制的普遍化——以律法修订及司法实践为中心》，《西南大学学报》2021年第3期。
⑤ 谢晶：《律贵诛心：清代盗律及实践中的"主观恶性"》，《学术月刊》2021年第4期。
⑥ 魏道明：《清代家族内的罪与罚》，北京：社会科学文献出版社，2021年。
⑦ 姚宇：《康熙四十六年修律进呈本的发现及初步研究》，《清史研究》2021年第3期。
⑧ 孟烨：《明代州县裁判与裁判文书研究》，北京：知识产权出版社，2021年；《清代州县裁判文书研究》，北京：知识产权出版社，2021年。
⑨ 于帅：《清朝官代书的戳记与写状职能再探——以浙南诉讼文书为中心》，《清史研究》2021年第5期。

权特重"格局的形成过程。① 李明指出刑部希望任用具有律例知识和理刑经验的部员，因为这有助于保证刑部办案效率，促进国家司法正常运转。② 史志强指出，清代司法档案普遍存在的加工修饰及审转制度，容易造成案件失实与误判。③ 杨一凡认为，则例由法律用语转化为法律形式，再由位阶较低的法律形式上升为国家基本法律形式，经历了一个漫长的演变过程。从唐代至清代，则例的功能与法律地位不尽相同，不可笼统而论。④

有学者力图从具体人物或人物群体考察明清制度。吴兆丰从宦官教育机构内书堂教习机制、宦官教化用书编纂、镇守中官德政塑造等方面，论析中晚明士人教化宦官的具体行动及政治意义，认为明中后期士人"得君行道"的理想和经世致用之学并未衰退，士人与宦官在政治文化中存在良性互动与沟通。⑤ 吴滔等以晚明新封藩王惠王朱常润为例，认为晚明新封藩王有越过藩禁，介入地方政治、经济和军事的趋势，甚或有主导一方社会秩序的可能。⑥ 彭勇考察明末外戚刘氏家族命运时，发现明末外戚与皇权、国家命运之间存在密切关系，呈现出"家国一体"特征。⑦ 毛立平则从制度、礼仪和空间三个维度，探讨清帝控制和打压皇后的权谋，揭示"宫壸肃清"背后的运作逻辑。⑧ 王东杰对颜元的再研究同样给人眼前一亮的感觉，他认为将颜元思想现代化是拔高，应将其置于乡里环境下，剖析其"乡里的圣人"的基本面相。其借鉴心理学、文学等学科，开拓思想史研究新空

---

① 胡祥雨：《清承明制与清初三法司审判权格局的变迁》，《史林》2021年第6期。
② 李明：《清代刑部司员的任用规则与权力分配》，《清史研究》2021年第4期。
③ 史志强：《冤案何以产生：清代的司法档案与审转制度》，《清史研究》2021年第1期。
④ 杨一凡：《历代则例沿革考》，《中国历史研究院集刊》第4辑，第193—259页。
⑤ 吴兆丰：《有教无类：中晚明士人教化宦官行动研究》，北京：社会科学文献出版社，2021年。
⑥ 吴滔、谢宁静：《晚明新封藩王的财源与权势——以惠王为例》，《厦门大学学报》2021年第3期。
⑦ 彭勇：《家国一体：明末外戚刘氏家族的命运》，《史学月刊》2021年第4期。
⑧ 毛立平：《君权与后权：论清帝对皇后权威的控制与打压》，《清史研究》2021年第4期。

间。① 冯宝善力求通过整体与个案相结合的研究，还原明清山人群体的历史面目，为他们作出一个更忠实于历史事实的客观评价。②

## （二）民族关系、边疆治理与对外关系

明清时期是统一多民族国家快速发展时期，明清中国处理民族关系、边疆治理及对外关系的经验，对当今均具有借鉴意义。

马大正总结清朝前后期的边疆治理思想、政策、机构、举措，并分述清朝不同陆疆区域和海疆的治理历程，对治理得失加以反思。③ 陈季君认为清朝创新"大一统"思想和实行"内外合治"，极大推动了边疆与中原一体化进程。④ 彭勇从清朝长城废弃和坚守状况的梳理中认识到，长城是传统中国在处理不同文明类型下族群关系长期探索的结果和成功实践。⑤ 邓涛也指出，清代沿边地区的长城越来越发挥着融合南北民族的纽带作用。⑥ 强光美在对清朝多民族语文合璧书写意涵的重新阐释中，指出"新清史"所谓清朝具有"内亚性"的说法不能成立。⑦ 周轩针对"新清史"代表人物欧立德所著《乾隆帝》中所涉西域诸多史实进行辨析指误。⑧ 彭丰文主张中国民族史研究要跳出胡汉二元对立思维，只有在历史语境中解读中国历史，才能作出正确阐释。⑨

在西北边疆地区治理方面，路其首辨析明代"西北"在经济和政

---

① 王东杰：《乡里的圣人：颜元与明清思想转型》，南京：南京大学出版社，2021年。
② 冯宝善：《明清山人研究》，北京：人民出版社，2021年。
③ 马大正主编：《清代中国边疆治理研究》，北京：中国社会科学出版社，2021年，"前言"。
④ 陈季君：《论中国古代边疆与中原一体化的历史进程：以清朝为中心》，《中国边疆史地研究》2021年第4期。
⑤ 彭勇：《文明共生与族群秩序：清代对长城的废弃与坚守》，《中央民族大学学报》2021年第3期。
⑥ 邓涛：《疆域腹地、直省边缘——清前期长城以南沿边地区与边疆关系之研究》，李世愉主编：《清史论丛》第41辑，第123—133页。
⑦ 强光美：《清朝"内亚性"的再商榷——以多民族语文合璧书写为视点》，《清史研究》2021年第4期。
⑧ 周轩：《欧立德〈乾隆帝〉所涉西域史实指误》，《历史评论》2021年第1期。
⑨ 彭丰文：《胡汉二元对立思维不可取》，《历史评论》2021年第1期。

治上的不同含义,即明代陕甘地区是西北边境,到清朝新疆地区变为西北边境。① 常宏宇、张楠林研究明清陕甘边地"茶马互市"制度发展兴废问题。② 刘正刚、高扬指出嘉靖朝使用因时而变的"例"去经略河西走廊,维护明代边境稳定和安全。③ 许若冰等则揭示明代岷州民政治理逐渐行政化的过程。④ 吐鲁番地方政权在明清时期经历从化外到化内的转变。陈跃等指出明代政府对待吐鲁番吞并哈密一事经历多次态度转变,嘉峪关曾时开时闭,西北边情与朝政变动都是影响因素。⑤ 曲强、王启明、刘锦增分别从吐鲁番伯克莽噶里克归附事件、吐鲁番的"土流并治"回众管理模式和兵屯制度等角度肯定清政府对吐鲁番的统治管理模式。⑥ 清朝收复新疆地区之后,于乾隆二十七年(1762)设立伊犁将军统辖管理新疆地区,吴元丰梳理伊犁将军呈送中央的满文奏折的重要史料价值。⑦ 陈跃认为清政府建立覆盖新疆全境且深入基层的行政管理体系,保障了边疆稳定与祖国统一。⑧

在蒙古地区,军事冲突与贸易交流是明朝与蒙古地区关系的两个主题,赵淑清、吴兆庆分别考察明代瓦剌与大同互市、宣大山西三镇马市。⑨ 清政府对蒙古地区的统治则更加深入,王刚考察清代乌里雅

---

① 路其首:《明代"西北"的不同含义》,《中国历史地理论丛》2021年第3辑。
② 常宏宇:《明洮州茶马司的存续时间》,《中国历史地理论丛》2021年第1辑;张楠林:《清前期陕甘边地"招番中马"制度与茶马司的兴废》,《清史研究》2021年第3期。
③ 刘正刚、高扬:《明嘉靖朝依"例"经略河西走廊研究》,《中国边疆史地研究》2021年第3期。
④ 许若冰、杜常顺:《明代岷州地区的民政治理与行政制度变迁》,《中国历史地理论丛》2021年第4辑。
⑤ 陈跃、韩海梅:《明代哈密危机与嘉峪关开闭之争》,《安徽史学》2021年第2期。
⑥ 曲强:《吐鲁番伯克莽噶里克归附始末考——兼论清朝对吐鲁番的初步治理》,《清史研究》2021年第2期;王启明:《清前期吐鲁番"土流并治"回众管理模式的形成》,《清史研究》2021年第4期;刘锦增:《1715—1755年间新疆兵屯研究——以吐鲁番、巴里坤和哈密为中心》,《中国边疆史地研究》2021年第1期。
⑦ 吴元丰:《伊犁将军及其满文奏折》,《西域研究》2021年第1期。
⑧ 陈跃:《深入基层社会是清代新疆治理的重要经验》,《历史评论》2021年第5期。
⑨ 赵淑清:《瓦剌与明代大同贡市》,《中国历史地理论丛》2021年第1辑;吴兆庆:《明后期宣大山西三镇马市本来源考述——兼述抚赏银在市本中的作用》,《中国经济史研究》2021年第5期。

苏台将军辖区的绿营换防体制。① 蒙古勒呼对《喀尔喀济鲁姆》乾隆十一年法的研究显示，清代喀尔喀地区蒙古律与喀尔喀习惯法之间存在特殊关系。② 包思勤考察嘉庆朝重印《蒙古律例》后附"增订条文"，认为在乾隆朝后期至嘉庆朝，进入蒙地的民人已经成为影响蒙古例修订的重要因素。③ 赵云田探究清代满蒙联姻的"备指额驸"制度对蒙古地区治理的推进作用。④

在西南地区，从土司治理到"改土归流"是明清中央政府在该地区治理模式的重要转向。瞿州莲指出，早在明代洪武年间，"土司"名称及治理活动已经出现。⑤ 孙炜、段超发现明朝管理制度中，湖广的"无印土司"群体兼具刚柔相济特点。⑥ 尤佳强调雍正年间"镇沅事件"对清代革除土司安插制度有深刻影响。⑦ 赵平略指出西南驿递制度与西南国防、西南土司之间的复杂关系。⑧ 黄瑜考察明清都柳江流域的"社祭"传统与"萨玛"坛祠，展现出都柳江地域社会进入王朝国家疆域的历史进程。⑨ 任建敏揭示明代中前期两广瑶僮地区的招主控制体系对民、瑶、僮身分意识形成的影响。⑩ 周妮分析清代湘西地区"军管苗寨"制度的建立与调整，认为这一制度变化深刻反映

---

① 王刚：《漠北汉兵：清代乌里雅苏台将军辖区的绿营换防》，《清史研究》2021年第3期。
② 蒙古勒呼：《蒙古〈喀尔喀济鲁姆〉乾隆十一年法研究》，《清史研究》2021年第2期。
③ 包思勤：《清朝中期蒙古地区的内地移民与蒙古例条文的修订——以嘉庆朝重印〈蒙古律例〉后附"增订条文"为中心》，《清史研究》2021年第6期。
④ 赵云田：《清代"备指额驸"制度产生时间考析》，《中国边疆史地研究》2021年第4期。
⑤ 瞿州莲：《"土司"名称由来研究》，《中国史研究》2021年第4期。
⑥ 孙炜、段超：《明代湖广土司区的"无印土司"》，《民族研究》2021年第2期。
⑦ 尤佳：《"镇沅事件"与清代革除土司安插制度的创立》，李世愉主编：《清史论丛》第41辑，第160—172页。
⑧ 赵平略：《明朝西南驿递制度研究》，北京：人民出版社，2021年。
⑨ 黄瑜：《"社祭"传统与"萨玛"坛祠——都柳江流域的村寨空间、生计变迁与国家制度》，《清华大学学报》2021年第4期。
⑩ 任建敏：《明中前期两广瑶僮地区招主控制体系的形成与扩散》，《中央民族大学学报》2021年第1期。

出湘西地区基层治理、民族融合的艰辛。① 岳小国考察明清时期武陵土司地区，因为王朝权力干预，较既往社会治理发生延伸与拓展。②

在青藏地区，李帅将明代治藏策略概括为"以文治边"，即主要通过制度、物质及思想观念等文化策略，影响和牵引西藏形成对明朝的认同和归属感。③ 赵令志、马坤分析金瓶掣签制度建立之前的六世班禅圆寂善后事宜，指出清政府的善后处理在维护蒙藏地区政治稳定、维持班禅世系正常延续、应对复杂多变国际局势、促进民族情感交融等方面取得成功。④ 张闶关注大小金川战争期间金川土司与西藏之间的互动，指出乾隆帝从巩固统治、稳定边陲角度出发而采取的一系列举措，弱化了嘉绒藏区与西藏之间的联系。⑤

在东北地区，杜洪涛从多个角度关注明代辽东地区的卫所体制与地方社会之间的互动状况，揭示出明代辽东管理体制经历州县体制向卫所体制的转变。⑥ 黄彦震指出清朝索伦部民族分化过程中满洲所起的作用，以及清入关前索伦部在满洲民族联合过程中所产生的积极影响。⑦

在东南地区，海疆治理是显著特色。万明以两部《闽海纪事》为线索，考察嘉靖末年福建海疆治理与危机应对中的文武协同，凸显地方官作用。⑧ 蒋宏达研究杭州湾南岸地区沿海卫所和海疆庇护网络时指出，嘉靖倭乱为王朝国家与海疆社会的重新整合提供契机。⑨ 成一

---

① 周妮：《清代"军管苗寨"制度与湘西基层治理机构的设置及运行》，《中央民族大学学报》2021年第6期。
② 岳小国：《明清时期武陵土司地区的社会治理研究》，《中国史研究》2021年第1期。
③ 李帅：《以文治边：文物考古视阈下明朝对西藏的经略》，北京：社会科学文献出版社，2021年。
④ 赵令志、马坤：《六世班禅圆寂善后事宜探析》，《中国历史研究院集刊》第3辑，第89—159页。
⑤ 张闶：《金川土司与西藏关系考》，《清史研究》2021年第3期。
⑥ 杜洪涛：《戎鼓烽烟：明代辽东的卫所体制与军事社会》，上海：上海古籍出版社，2021年。
⑦ 黄彦震：《清朝索伦部与满洲关系研究》，北京：中国社会科学出版社，2021年。
⑧ 万明：《明代海疆治理与危机应对——以两部〈闽海纪事〉为线索》，《中央民族大学学报》2021年第3期。
⑨ 蒋宏达：《嘉靖倭乱前后的沿海卫所与海疆庇护网络——以杭州湾南岸地区为中心》，《史林》2021年第3期。

农、杜晓伟分析《沿海全图》作者陈伦炯"以天下治安为念"的海防与海疆治理理念。① 台湾开发与治理研究仍然亮点频现。邓涛肯定康熙统一台湾是秉持民族大义之举。② 杨国桢、于帅分析清代苗栗县新港社猫老尉家族文书，彰显平埔族在台湾跨入农耕社会的大背景下，引进闽粤汉族移民的地权观念、租佃习俗和农耕模式，继而转变旧有身分、谋求新生存方式的变化。③ 李细珠梳理清代台湾少数民族政策从汉"番"隔离到开山抚"番"的前后变化。④

近年来，明清对外关系往往围绕"丝绸之路"展开。中俄之间以茶叶贸易为中心形成的"万里茶道"是学界关注的热点之一。倪玉平、崔思朋考察万里茶道的历史变迁过程，指出清代万里茶道的形成是北方草原丝绸之路发展的新阶段，极大推动了清代中国与俄国等周边国家及地区之间的交流互动。⑤ 张舒考察清代万里茶道开辟的条件、路线及其市场演变等，指出山西商人通过合理高效的经营方式，成为推动万里茶道贸易走向繁荣的主力。⑥ 程秀金论述清代中国人对俄国的想象，经历了从朝贡体制下的"胡人"向近代世界体系中的"洋人"的转变过程。⑦ 王力分析准噶尔蒙古与俄国之间的贸易类型，并指出其贸易具有以初级产品为主、受政治关系影响、双方互享优惠关税等特点。⑧

本年度中朝关系史研究持续推进。孙卫国利用朝鲜和明清两朝史料，考察《明史纪事本末》和《明史》等对万历抗倭援朝战争，以

---

① 成一农、杜晓伟：《陈伦炯绘〈沿海全图〉及其海防认知分析》，《社会科学战线》2021年第6期。
② 邓涛：《康熙统一台湾是秉持民族大义之举》，《历史评论》2021年第3期。
③ 杨国桢、于帅：《猫老尉家族文书与清代台湾的族群互动》，《民族研究》2021年第5期。
④ 李细珠：《从汉"番"隔离到开山抚"番"——清代台湾少数民族政策述论》，《河北师范大学学报》2021年第4期。
⑤ 倪玉平、崔思朋：《万里茶道：清代中俄茶叶贸易与北方草原丝绸之路研究》，《北京师范大学学报》2021年第4期。
⑥ 张舒：《清代万里茶道述论》，《中国经济史研究》2021年第6期。
⑦ 程秀金：《从"胡人"到"洋人"——清朝对俄罗斯的认知变化与华夷天下观的解体进程》，《史林》2021年第2期。
⑧ 王力：《准噶尔蒙古与俄国的贸易类型及其特点》，《中国边疆史地研究》2021年第4期。

及这场战争中明军将士群体的历史书写，指出这一历史书写受到清初政治文化的深刻影响。作者又从箕子崇拜、汉字儒学、汉传佛教分析中国文化对朝鲜半岛的影响。① 杨海英考察中朝历史中有关康世爵叙事记载的差异，指出康世爵既是万历援朝将领，也是朝鲜康氏家族的女真祖先。② 衣保中、郭思齐指出朝贡、使行、边市、海上是明清中朝贸易的四种基本形态。③ 李宗勋、姚兰讨论朝鲜朝光海君统治时期的"野史辨诬"事件，以及朝鲜对后金"交邻"中立政策对中朝关系影响。④ 王元崇分析1616—1643年清政府与朝鲜关系演进，认为清政权在"华夷之变"语境内经过政治话语建设，逐步扭转长期被明朝和朝鲜视为"夷"的身分。特别是在1637年初与朝鲜正式建立宗藩关系之后，逐渐形成一个以清政权为中心的完善的多边体系。⑤ 黄纯艳指出古代东亚的和平秩序以中国为中心，以朝贡体系为载体，这一体系实质是东亚和平的历史形态。⑥

中日关系方面，王煜焜以1544年的寿光船队为例，考察日本遣明使中的"伪使"问题，描述事件背后地方大名利益争夺及其与倭寇关系。⑦ 伍媛媛指出，明清两朝设在福州、接待琉球使者的柔远驿，对在华琉球人来说具有多重功能和重要意义。⑧ 方宝川、徐斌、张沁

---

① 孙卫国：《"再造藩邦"之师：万历抗倭援朝明军将士群体研究》，北京：社会科学文献出版社，2021年；《挂席浮沧海　长风万里通——中国古代文化对朝鲜半岛的影响》，《历史评论》2021年第6期。
② 杨海英：《朝鲜康氏的女真血统及其变异——明清时期朝鲜康氏叙事的真伪》，李世愉主编：《清史论丛》第41辑，第15—29页。
③ 衣保中、郭思齐：《明清时期中朝贸易的发展与演变》，《吉林大学社会科学学报》2021年第2期。
④ 李宗勋、姚兰：《朝鲜朝光海君时期对明关系略析》，《社会科学战线》2021年第12期。
⑤ 王元崇：《入关前清政权对朝交涉及其正统观念的形塑》，《中国历史研究院集刊》第4辑，第105—192页。
⑥ 黄纯艳：《朝贡体系维护了古代东亚和平》，《历史评论》2021年第2期。
⑦ 王煜焜：《"正使"抑或"伪使"：16世纪中期的遣明使、倭寇与明、日通交的侧面考察》，《海交史研究》2021年第4期。
⑧ 伍媛媛：《清宫档案里的柔远驿——中国与琉球历史交往的特设机构》，李世愉主编：《清史论丛》第41辑，第175—183页。

兰认为，"闽人三十六姓"移居琉球是一个渐进的历史过程，不同身分的闽人出于多种原因陆续定居琉球久米村。① 叶少飞考察17世纪在日本长崎与安南间从事海上贸易的福建海商魏之琰的身分和形象。② 梁立佳探究19世纪初期沙俄政府尝试开拓中国广州和日本长崎的远东海上贸易过程，分析这一计划失败的原因及影响。③ 罗玮认为"元清非中国论"本质是为日本发动侵华战争提供舆论支持，二战后衍生出"崖山之后无中国"的说法，目的是蒙蔽不熟悉历史的人。④

与东南亚国家的关系也受到学界重视。李庆以林必秀事迹为线索，依据西班牙印地亚斯档案馆收藏的手稿，以及洛阿卡《中国行纪》等未刊文献，更全面准确地展现中国与西属菲律宾首次交往的整体图景。⑤ 韩琦、张昀辰考察1593年后，菲律宾殖民当局建立马尼拉大帆船贸易垄断体制的过程，指出垄断贸易能在短期内维持殖民地内部的贸易平衡，但长期来看，会给菲律宾的经济发展带来种种弊端。⑥ 黎庆松对越南阮朝勘验入港清朝商船的"点目簿"制度进行考察，指出入越清船以广东商船为主。⑦

邹建达、吴剑锋指出，清代滇缅贸易呈现出明显的阶段性特征，英属缅甸时期海路逐渐取代陆路成为中缅贸易的主要形式。⑧ 吴汉泉考察暹罗在朝贡关系下的海运贸易行为，分析中国在暹罗海外贸易和

---

① 方宝川、徐斌、张沁兰：《"闽人三十六姓"移居琉球史料钩沉及其史实考析》，《海交史研究》2021年第3期。
② 叶少飞：《17世纪东亚海域华人海商魏之琰的身份与形象》，李庆新主编：《海洋史研究》第17辑，北京：社会科学文献出版社，2021年，第103—128页。
③ 梁立佳：《破冰之旅：19世纪初期沙俄开拓远东海上贸易的活动及其影响》，《海交史研究》2021年第3期。
④ 罗玮：《驳"崖山之后无中国"说》，《历史评论》2021年第4期。
⑤ 李庆：《明万历初年中国与西属菲律宾首次交往考述》，《历史研究》2021年第3期。
⑥ 韩琦、张昀辰：《马尼拉大帆船贸易垄断体制的建立及评价》，《国际汉学》2021年第4期。
⑦ 黎庆松：《越南阮朝对清朝商船搭载人员的检查（1802—1858）》，李庆新主编：《海洋史研究》第17辑，第129—154页。
⑧ 邹建达、吴剑锋：《档案文献中的清代滇缅贸易》，《历史档案》2021年第4期。

国内经济中的重要作用，指出潮汕人深度参与中暹朝贡贸易。① 王巨新指出，清前期中缅、中暹贸易在贸易方式、贸易路线、贸易主体、主要商品等方面存在较大差异，这些差异与地缘交通、物产、政策和双边关系变化等因素有关。② 李新烽等认为郑和下西洋途中的战役属于自卫反击之战，这是一场和平外交活动，没有恃强凌弱的行为。③ 刘祥学指出中国古代主要是通过"德化外交"吸引"四夷"来朝，而不是依靠武力。④

中西文化交流史方面，本年度学者着重关注中外医学知识交流的情况。单琳等考证18世纪法国来华传教士赫苍璧译介到法国的《脉的奥秘》中文底本，论述了其在法国的流传及影响。⑤ 顾松洁等探究康熙帝命人用满文翻译西方人体解剖和病理学著作《格体全录》版本、内容、成书时间、译者和书名等问题。⑥ 袁玮蔓研究16—18世纪中医传入德国情况，指出德国中医研究者对中药和脉学基本持积极态度，对于针灸的态度则经历从好奇推崇到批评拒绝的转变。⑦

明清东亚海域史、水下考古与海洋文化遗产、黄渤海海上丝绸之路与中日韩三国交流史、海洋文书与图像史料等海洋史话题受到学人关注，体现出学界对建设海洋强国的呼应。⑧

针对目前研究中出现的将"丝绸之路"这一概念过度泛化等问

---

① 吴汉泉：《朝贡与利润：1652—1853年的中暹贸易》，王杨红等译，北京：社会科学文献出版社，2021年。
② 王巨新：《清前期中缅、中暹贸易比较研究》，李庆新主编：《海洋史研究》第16辑，北京：社会科学文献出版社，2021年，第141—157页。
③ 李新烽、郑一钧：《郑和下西洋三战的性质是自卫》，《历史评论》2021年第2期。
④ 刘祥学：《远迩相安 共享太平——中国古代对外交往的宗旨》，《历史评论》2021年第2期。
⑤ 单琳、韩琦：《中国传统脉学著作在18世纪法国的传播——以〈中华帝国全志·脉的奥秘〉的研究为例》，《中国史研究》2021年第2期。
⑥ 顾松洁、高晞：《关于满文抄本〈格体全录〉的几个问题》，《清史研究》2021年第3期。
⑦ 袁玮蔓：《16—18世纪德国的中医研究》，《国际汉学》2021年第4期。
⑧ 万睿祯、董建民：《"全球史视野下的东亚海洋史"学术研讨会概要》，《中国史研究动态》2021年第6期。

题，李伯重指出，"丝绸之路"研究必须被置于史学边界之内，应当将以李希霍芬的定义为基础的全球性"丝绸之路"概念，和以赫定的定义为基础的区域性"丝绸之路"概念结合起来，以前者作为研究的大框架，以后者作为具体研究的框架，二者相互结合，取长补短，才能得出一个合理的"丝绸之路"概念，使得"丝绸之路"研究成为一个既有整体，又有局部的研究领域。合理的"丝绸之路"概念应当包含贸易、丝绸、空间、时间四大要素。① 对这些概念的探讨和厘清，为今后相关研究的推进奠定了良好基础。

研究者也对中外文化交流的其他侧面进行考察。刘晓峰分析中国古代时间文化体系中宇宙模式、文化观念与文化特质对东亚的影响。② 李未醉论述明清时期东亚华人通事群体出现的历史背景与社会环境，分析华人通事的职责及这一群体在中外关系史上的作用。③ 张西平全面介绍1500—1800年欧洲文化、科技、宗教、哲学思想在中国的传播，以及中国文化和哲学在欧洲主要国家的影响。④ 王冕森研究康熙第九子允禟使用西洋文字仿比满文创造出的密码字，指出这一颇具特色的满文转写体系是清初中西文化交流的缩影。⑤

以货物、器物、建筑物乃至动物为中心，探究以"物"为载体或表现的中外文化交流，正日益成为一种重要研究取径。邹振环通过对一系列明清汉文西书和动物文献的细读，展示来华西方传教士和中国知识人参与的各种动物知识文本的生产、制作和流通过程，揭示明清围绕动物知识所展开的种种激烈文化碰撞和交融的复杂面向。⑥ 罗一星考察明清广锅出口及其在海外的文化意涵，指出广锅在明代随郑和

---

① 李伯重：《"丝绸之路"的"正名"——全球史与区域史视野中的"丝绸之路"》，《中华文史论丛》2021年第3期。
② 刘晓峰：《时间与东亚古代世界》，北京：社会科学文献出版社，2021年。
③ 李未醉：《明清时期东亚华人通事研究》，北京：人民出版社，2021年。
④ 张西平：《中国和欧洲早期思想交流史》，北京：北京大学出版社，2021年。
⑤ 王冕森：《允禟西洋密码字档案初探》，《清史研究》2021年第5期。
⑥ 邹振环：《再见异兽：明清动物文化与中外交流》，上海：上海古籍出版社，2021年。

宝船下西洋，在清康熙开海后大量出口，在海外经历了从国家礼品到民间用器的变迁过程。① 伍媛媛对欧洲国家转送到清朝皇宫的各色贡品进行考察。② 王光尧揭示了以故宫浴德堂浴室为代表的罗马风格浴室建筑传入中国的过程，及其对明清江南一带浴室和城市文化产生的影响。③

以某一文本为中心，考察文本和知识在不同文化之间传播与流变过程，也是中外文化交流史研究的重要路径。裴梦苏考察《康熙字典》在朝、日、越三国传播及其对各国辞书编纂模式的影响。④ 张坤、田喻讨论《海国图志》出版之初，来华传教士郭士立、英国外交官威妥玛对其的评论和译介。⑤ 郭满考证18世纪法国人萨玛纳札编造《福尔摩沙的历史与地理》一书的知识来源和写作背景。⑥ 徐克伟以《厚生新编》为中心，探讨明清汉译西书对日本兰学的借鉴意义。⑦ 龙云对法国传教士钱德明所译乾隆皇帝《盛京赋》的法文版，进行文本分析与考订。⑧

天主教作为一种外来宗教，在向中国传播的过程中，如何不断适应本地社会文化，进行"本土化"改造，成为学者特别感兴趣的问题。汤开健对法国耶稣会士聂仲迁在中国南部的传教活动进行考述，介绍其所著《鞑靼统治下的中国历史》的史料价值。⑨ 叶君洋指出，17世纪西班牙在华方济各会士通过学习语言、取汉字名号、易服、

---

① 罗一星：《从国家礼品到民间用器——明清广锅的海外贸易》，李庆新主编：《海洋史研究》第16辑，第282—297页。
② 伍媛媛：《清宫西洋贡品考略》，《历史档案》2021年第2期。
③ 王光尧：《故宫浴德堂浴室建筑文化源头考察——海外考古调查札记（六）》，《故宫博物院院刊》2021年第11期。
④ 裴梦苏：《谱系与环流：〈康熙字典〉东亚传播考论》，《国际汉学》2021年第3期。
⑤ 张坤、田喻：《〈海国图志〉出版之初的西人评介》，《海交史研究》2021年第1期。
⑥ 郭满：《真实与虚构：〈福尔摩沙的历史与地理〉中的知识来源》，《历史地理研究》2021年第1期。
⑦ 徐克伟：《汉译西书之于日本江户兰学的借鉴意义》，《国际汉学》2021年第1期。
⑧ 龙云：《钱德明法译〈盛京赋〉：版本、价值、证误》，《国际汉学》2021年第4期。
⑨ 汤开健：《法国耶稣会士聂仲迁在华传教活动考述——兼谈〈鞑靼统治下的中国历史〉一书的史料价值》，《国际汉学》2021年第2期。

学术传教和医疗传教等文化适应策略，不断努力融入中国社会。① 纪建勋考察龙华民、陆若汉、钟始声等各方围绕利玛窦"帝天说"展开的论争，认为隐藏在论争背后的"两种哲学"、中西经典诠释传统以及儒释耶三家天论是矛盾难以调和的根本原因。② 杨虹帆对在华天主教会司铎佩戴祭巾这一中国特有的礼仪实践进行考察，指出祭巾是明末清初在华天主教会为适应中国习俗而进行的创造，同时亦对中国社会产生影响。③ 孙琪梳理利玛窦《友论》的版本与流传，认为该书的诞生反映出利玛窦最终找到明末天主教扎根中国文化土壤的方式。④

### （三）王朝财政制度在经济中的作用

近年来对"大分流"问题的讨论，将学者关注焦点引向明清国家能力，尤其是财政能力问题。本年度《中国经济史研究》推出"明清国家能力、国家治理与经济变迁"笔谈，对明清国家能力问题进行分析。一些学者研究明清财政制度完善、财政扩张和国家对社会财富控制力增强的过程。赵轶峰认为，明清两朝政府不断调节权力与财富关系，将市场经济所激发的社会财富，尽量多地掌控在权力体制控制范围之内，权力支配财富是明清时代社会结构的基本格局。⑤ 倪玉平指出，清朝前中期的财政治理模式在继承历代王朝统治经验基础上，融会贯通、创新发展，财政收入不断增加，至晚清仍保持着顽强的自我调适能力。⑥ 申斌指出，晚明出现的赋役全书在清初成为中央政府

---

① 叶君洋：《17世纪西班牙在华方济各会士的文化适应策略》，《国际汉学》2021年第4期。
② 纪建勋：《明末儒耶天论发微——"译名之争难题"揭橥"两种哲学"与中西经典诠释传统》，《史林》2021年第5期。
③ 杨虹帆：《来华传教士的祭巾问题》，《国际汉学》2021年第1期。
④ 孙琪：《〈友论〉与利玛窦在南昌的"中国化"》，《国际汉学》2021年第4期。
⑤ 赵轶峰：《权力与财富——对明清社会结构变化的一种侧面观察》，《中国经济史研究》2021年第1期。
⑥ 倪玉平：《"大分流"视野下清朝财政治理能力再思考》，《中国经济史研究》2021年第1期。

财政集权的工具。① 温春来认为，矿业开发展现清代中央政府强大的资源动员与汲取能力，中央政府通过"事例原则"实现对矿业的集权管理。② 彭慕兰等指出，清代国家对经济介入程度因时因地而异，同时政府建设基础设施的能力明显要高于其监管和维护基础设施的能力，因此必须关注"国家与精英关系"及"运动"在清代国家治理中的意义。③ 和文凯认为，清政府在跨地区的大型公共物品提供方面有较强的"直接国家能力"，同时还通过动员地方社会参与国内治理表现出"间接国家能力"。④ 彭凯翔认为，保守财政并未妨碍明清国家在提供公共产品、保护产权、促进金融发展等方面发挥积极作用，通过官民合作，国家权力向下渗透与民间社会的组织过程相互强化。⑤ 还有学者指出明清财政模式的局限性，以及国家在财政运作和提供公共产品的过程中，与市场和社会力量的合作、互动及不足。张泰苏认为，清代国家财政能力薄弱是学界基本共识，清政府在经济总量显著增长和晚清财政危机的情况下，始终拒绝增加农业税的总量，说明其背后的逻辑并非纯粹的理性主义。⑥

本年度关于明清财政制度及其运作的研究继续稳步推进。黄阿明论述明中期以后朝觐经费被纳入地方财政的过程。⑦ 李光伟认为康熙年间形成的普免制度对清前期稳定和发展发挥积极效用，但也造成外省钱粮亏空严重与苛官累民等问题。⑧ 龚浩估算康熙至嘉庆时期的江

---

① 申斌：《赋役全书与明清法定财政集中管理体制的形成——兼论明清国家财政治理焦点之转移》，《中国经济史研究》2021年第1期。
② 温春来：《事例原则：清代国家治理的　种模式》，《中国经济史研究》2021年第2期。
③ 彭慕兰、周琳：《在无为而治与英雄主义的失败之间——清代国家能力与经济发展概论》，《中国经济史研究》2021年第2期。
④ 和文凯：《财政制度、国家权力正当性与国家能力：清代国家能力的再考察》，《中国经济史研究》2021年第1期。
⑤ 彭凯翔：《明清经济史中的国家：一个对话的尝试》，《中国经济史研究》2021年第2期。
⑥ 张泰苏：《对清代财政的理性主义解释：论其适用与局限》，《中国经济史研究》2021年第1期。
⑦ 黄阿明：《明代朝觐经费地方财政化考察》，《中国史研究》2021年第3期。
⑧ 李光伟：《清代普免制度的形成及其得失》，《历史研究》2021年第4期。

苏各类田赋规模及其变化,指出实征田赋规模长期保持稳定,蠲免政策对田赋负担的减轻作用有限。① 江晓成统计乾嘉两朝盐商捐输数额,指出捐输在嘉庆朝已成为盐商沉重负担。②

赋役制度实际运作及其对地方社会经济的影响,也是学者长期关注的问题。侯鹏指出,16世纪江南田赋改革实现摊派标准简明划一,但整个征收活动始终分散在无数个私人关系交织成的牟利网络之中。③ 刘道胜等指出,清代徽州民间面对繁苛的赋役派征,普遍采取照丁粮朋贴和置产立会的应对方式,赋役实际运作体现出从制度到契约的转变。④ 吴琦等研究清代聚集于运河沿线,从事体力、商业以及其他各种服务性活动的人群,指出漕运极大推动运河区域消费市场和商业繁荣。⑤ 胡铁球总结明清百姓避役避比三种主要手段,指出这些手段随后导致赋役制度革新、土地市场复杂化和宗族内部整合。⑥ 马超然指出,嘉道年间巴县形成一个由商人、牙行与书吏构成的商税包揽群体,为晚清厘金征收提供组织基础。⑦

明清时期,民间社会存在一个极为自由和活跃的土地产权交易市场,同时国家在地权秩序的形成、维持和变迁过程中也扮演重要角色。探讨明清国家与民间土地产权秩序之间的关系,成为本年度学术热点之一。岸本美绪考察清代官方对灾后赎地政策的态度,指出明清国家对民间土地契约交易并非单纯的自由放任或积极干涉,

---

① 龚浩:《关于清代应征、实征以及实得田赋规模的估计——以康熙至嘉庆时期的江苏各类田赋规模变化为例》,《中国农史》2021年第6期。
② 江晓成:《清乾嘉两朝盐商捐输数额新考》,《中国经济史研究》2021年第4期。
③ 侯鹏:《16世纪江南田赋征收机制的转变与地域社会关系的变动》,《中国经济史研究》2021年第2期。
④ 刘道胜、宋杰:《照丁粮朋贴、置产立会与明清徽州图甲职役的津贴》,《安徽史学》2021年第3期。
⑤ 吴琦、李想:《清代漕河中的百万"衣食者"——兼论清代漕运对运河大众生计的影响》,《华中师范大学学报》2021年第6期。
⑥ 胡铁球:《明清百姓避役避比的主要手段及其影响》,《华中师范大学学报》2021年第6期。
⑦ 马超然:《商人、牙行与书吏:清中后期重庆城的商税包揽及其变迁》,《清史研究》2021年第2期。

而是在干涉与放任之间进行判断和选择，在契约自由与实质公平之间寻求平衡。① 丁春燕、龙登高研究清代田宅交易中经政府授权提供中介服务、代收契税的"官中"群体，指出官府依托官中等民间主体实现低成本的市场管理，体现出传统中国基层治理体制的特色。② 邱源媛认为清初拨补地的形成、分布及其与八旗圈占旗地紧密联系。③ 赵思渊指出，清代乡村土地市场中的土地权利由鱼鳞图册、赋税册籍、契约文书、家谱等多种文献形成的证据链共同确认，赋役制度与民间惯习相互嵌合，支撑着土地市场运作。他还指出康熙初年长洲县鱼鳞图册中的"业佃并录"现象，是赋役制度因应"田面权"市场发展而出现的新动向。④ 杜正贞认为鱼鳞图册在明清山界争讼中作用有限，民众在买卖和继承中形成的契约和分界合同，仍是山场划界和确权主要依据。⑤ 黄忠鑫认为徽州民间社会对寄庄户及相关土地产业的维持机制，主要依据多种文献构成的凭证体系，并以主仆名分界定的社会关系进行维系。⑥

有些话题常议常新，土地契约即属此类。杨国桢将 20 世纪 80 年代出版的著作加以修订，利用新时期相关资料，对明清经济结构、土地制度和土地契约关系的特点，地权分化的历史运动，贵族地主经济、庶民地主经济和山区经济的变化再作探讨，既有区域性的专题考察，又有对中国古代农村社会经济结构与演变的剖析，为研究中国契约学、明清社会经济史拓展新途径。⑦ 赵国壮认为明清糖业经济虽仍

---

① 岸本美绪：《民间契约与国家干预——明清时代的"契约正义"问题》，《中国经济史研究》2021 年第 2 期。
② 丁春燕、龙登高：《清代田宅交易中的官中与基层治理》，《中国经济史研究》2021 年第 4 期。
③ 邱源媛：《八旗圈地制度的辐射：清初拨补地考实》，《清史研究》2021 年第 3 期。
④ 赵思渊：《清前期徽州乡村社会秩序中的土地登记》，《历史研究》2021 年第 3 期；《土地市场与赋役制度的协同演化：清初江南均田均役再讨论》，《中国经济史研究》2021 年第 2 期。
⑤ 杜正贞：《明清时期东南山场的界址与山界争讼》，《史学月刊》2021 年第 2 期。
⑥ 黄忠鑫：《寄庄户的成立与长期延续——徽州富溪程氏家族宋元明文书考析》，《中国经济史研究》2021 年第 6 期。
⑦ 杨国桢：《明清土地契约文书研究》，北京：北京师范大学出版社，2021 年。

为农业经济与手工业经济的结合体，但生产力和生产关系都有较大程度变革，手工制糖技术日渐程式化，民俗用糖日益普遍化，糖品贸易日臻全球化，其发展动力来自中国内部，规模呈日益扩大态势。相对于江南地区的早期工业化，中国糖业经济在明清时期一直在持续均衡向前发展。① 孙继民对新发现古籍纸背明代黄册文献进行复原与研究，并公布一大批之前不为学界所知的古籍纸背明代黄册文献。②

本年度灾疫史研究热度不减，学者围绕传统灾疫文化、明清国家的防灾减灾措施、民间社会灾害应对策略等话题进行讨论。《史学集刊》组织"灾害文化研究理论与方法论"笔谈，探讨灾害文化的内涵、形式、特点及范式转换等问题。周琼认为，必须从文化起源及传承的防灾、减灾、避灾动因，重新审视和思考灾害历史及其内涵。方修琦认为，历史继承性是灾害文化的特征之一，灾害文化是社会—生态弹性的重要组成部分。夏明方认为，中国灾害史研究应构建更具包容性的新范式，即灾害生态史叙事，人文精神是灾害叙事的本位。余新忠认为，中国传统瘟疫叙事有关于瘟疫自身的叙事和应对瘟疫的叙事两种，灾疫文化的关注点聚焦古代瘟疫的反应和应对。马俊亚认为，古代灾害文化中以血缘关系确定的差序格局使整个社会缺乏动能和生机，袋状格局则体现弱肉强食式的人际交往方式。③ 牛建强等对明代河南洪涝灾害进行量化研究。④ 王保宁等分析清代陕南山区单一农作物结构造成"饥荒循环"的内在逻辑。⑤

防灾减灾是明清国家治理的重要组成部分，通过修筑水利、赈灾

---

① 赵国壮：《东亚糖业史研究》，北京：科学出版社，2021年。
② 孙继民：《新发现古籍纸背明代黄册文献复原与研究》，北京：中国社会科学出版社，2021年。
③ 周琼：《灾害史研究的文化转向》、方修琦：《灾害文化的历史继承性》、夏明方：《继往开来：新时代中国灾害叙事的范式转换刍议》、余新忠：《中国传统瘟疫叙事中的灾疫文化初探》、马俊亚：《灾荒文化视阈下的"差序格局"》，《史学集刊》2021年第2期。
④ 牛建强、姬willie明：《明代河南洪涝灾害的量化研究》，《西南大学学报》2021年第6期。
⑤ 王保宁、王怀祥：《饥荒循环：清代陕南山区的粮食供应》，《中国社会经济史研究》2021年第3期。

济民、动员民间力量参与各种"善行"、"义举"等措施，国家在保障农业经济发展、恢复灾后社会经济秩序等方面发挥不容忽视的作用。杨双利指出，清代官方在救荒实践中严格采用多种因素交互确认的方式认定灾民身分，对身分各异、境遇不同的各类灾民给予差异化的救济待遇。① 胡鹏、魏明孔指出，清代国家通过恤赏、减免、缓征、改征、借贷和籴粜等措施干预粮食市场，从而达到赈恤农民、维持农业生产和平抑价格的目的。② 和卫国研究乾隆皇帝提出的常平仓大规模增贮计划从实施到最终被放弃的过程，揭示地方行政、皇权意志和国家政策之间多维度的政治张力。③ 王大学分析乾隆皇帝下令两浙从柴塘改建为石塘的决策过程，指出在涉及大型公共水利工程的制度问题时，技术与环境因素往往要让位于政治。④ 一些学者还研究民间社会的防灾策略和赈灾活动。张建民指出，"茭䉲"是江汉平原地区湖区居民应对洪涝灾害的居住创举。⑤ 白豆、郝平梳理山西静升村从乾隆到光绪时期的灾赈史。⑥ 郭宇昕分析晚清官方常平仓体系失效后，四川民间大规模积谷运动的成就及其局限性。⑦

以上学者从多角度考察明清国家在经济中的角色，指出传统国家在经济中的作用显著且重要，但亦存在明显的局限性。

市场对经济发展的作用在本年度受到重视，如明清民间金融和市场的研究成果就不少。周建波等认为，明清江南地区的农村金融通过提高资本配置效率促进该地区早期工业化的发展，但农村生产性借贷领域的高利

---

① 杨双利：《清代官方视野下的灾民群体及其救济策略》，《中国农史》2021年第5期。
② 胡鹏、魏明孔：《养民与聚民：清代粮食市场中的国家调控（1644—1840）》，《中国农史》2021年第6期。
③ 和卫国：《道义与政治——乾隆朝常平积贮养民研究》，北京：中国社会科学出版社，2021年。
④ 王大学：《制度背后的技术、环境与政治：以清代柴塘岁修专项银设立为中心》，《历史地理研究》2021年第3期。
⑤ 张建民：《茭䉲考释——兼及江汉平原湖区人水关系》，《中国农史》2021年第1期。
⑥ 白豆、郝平：《清代一个山西商镇的民间灾赈史——以灵石县静升村为例》，《安徽史学》2021年第6期。
⑦ 郭宇昕：《晚清积谷运动的兴废——以四川省为中心》，《安徽史学》2021年第2期。

率致使手工业生产仅能维持家庭兼营方式，并使社会资金大量流入借贷领域，导致投入工业化生产的资本相对不足，使得经济倾向停留在早期工业化阶段而非向近代工业化转型。① 余开亮用粮价数据对清代中国的市场整合及其空间结构进行定量考察，其结论支持施坚雅的大区理论。②

## （四）民间组织与社会经济发展

伴随着明清社会经济发展，各种自发性民间组织如宗族、会馆、书院、善堂、桥会、路会以及宗教信仰组织等纷然兴起，在社会公共品供给和基层治理等方面发挥重要作用。③ 商人和商业组织无疑是大端，许多研究倾向于个案分析。周嘉、张佩国指出，山陕商人建立会馆组织并创设各种制度，为自身的商业利益保驾护航，"把持"与"共利"是商帮制度伦理的一体两面。④ 李灵玢考察汉口山陕会馆兴建和重修过程，指出票号、茶叶、水烟等构成汉口山陕商人经营的主要内容。⑤ 戴昇研究徽商学徒在正式投身经营活动之前，学习贸易知识和经营技能的过程。⑥ 徐俊嵩介绍了山西省图书馆所藏《自诚公皮房账簿》对山西皮毛商人研究的史料价值。⑦

城市是商业活动的主要舞台，一些学者讨论国家与市场因素对城市和市镇发展的影响。罗一星关注佛山民间铸铁权及其成就、国家体制对佛山的管理运作间的关系，认为佛山模式是民间铸铁权与王朝体

---

① 周建波、曾江、李婧：《农村金融与清代江南的早期工业化：以农民兼营手工业为中心》，《中国农史》2021年第2期；周建波、曾江、周子超：《清代江南农村手工业生产性借贷的高利率影响探析——兼谈早期工业化走向近代工业化的金融条件》，《清史研究》2021年第6期。
② 余开亮：《清代的市场整合及其空间结构（1738—1820）》，《中国经济史研究》2021年第5期。
③ 详见龙登高、王明、陈月圆：《明清时期中国的民间组织与基层秩序》，《民族研究》2021年第6期；《论传统中国的基层自治与国家能力》，《山东大学学报》2021年第1期。
④ 周嘉、张佩国：《"把持"与"共利"之间——明清山陕商人之制度伦理》，《史林》2021年第5期。
⑤ 李灵玢：《汉口西会馆重修及清代山陕西商务管窥》，《中国社会经济史研究》2021年第2期。
⑥ 戴昇：《学以成商：明清徽商学徒的贸易知识与生意学习》，《安徽史学》2021年第6期。
⑦ 徐俊嵩：《自诚公皮房账簿及其社会经济史价值》，《清史研究》2021年第1期。

制融合一体的发展模式。① 许檀指出，明清通州不仅是漕运码头和仓储重地，而且是南来商货的水陆转运码头，入京货物和北销商品在此分流。她还对明清冀鲁豫三省50多个较重要的城和镇进行系统梳理。② 周琳利用巴县档案考察清代重庆商业制度和商人群体，指出政治权力是影响重庆商业制度的决定性因素，地方政府的治理失当和对商人的掠夺造成晚清重庆市场的衰败。③ 张献忠等指出，随着市场在天津卫城发展中的作用日益增强，明清国家不断进行自我调适，从而促进城市发展。④ 孙竞昊等指出，大运河的运转重塑了济宁，设置在济宁的运河官僚体制和卫所等建制深刻影响济宁城市社会的政治属性。⑤ 还有学者从社会史角度研究明清市镇中的各类民间组织以及市镇的社会结构。李义琼、张研研指出，清代江南各地城隍信众普遍以董事组织和城隍会方式开展活动，这些高度组织化的信仰活动促进清代城市的社会发展。⑥ 梁敏玲研究外来移民在清代广州城中定居并繁衍后代的过程。⑦ 黄忠鑫研究明清时期太仓州城内基层管理组织和徭役承担单位"里铺"的演变过程。⑧

在宗族组织研究方面，赵世瑜研究江南地区水上人社会中的赘婿现象，以及以此为代表的合伙制关系的形成过程。⑨ 常建华指出，明代苏州处于宗族组织化的新阶段，形成一些不同于其他地区宗族形态

---

① 罗一星：《帝国铁都：1127—1900年的佛山》，上海：上海古籍出版社，2021年。
② 许檀：《明清时期的通州商业》，《中国社会经济史研究》2021年第3期；《明清华北的商业城镇与市场层级》，北京：科学出版社，2021年。
③ 周琳：《商旅安否：清代重庆的商业制度》，北京：社会科学文献出版社，2021年。
④ 张献忠、李宗辑：《国家—市场视域下的城市发展：以开埠前天津为中心》，《史学集刊》2021年第4期。
⑤ 孙竞昊、佟远鹏：《遏制地方：明清大运河体制下济宁社会的权力网络与机制》，《安徽史学》2021年第2期。
⑥ 李义琼、张研研：《清代江南城隍信仰的组织化与城市社会经济》，《中国经济史研究》2021年第1期。
⑦ 梁敏玲：《清代城市移民的定居化与宗族建设——以广州为中心》，《史林》2021年第2期。
⑧ 黄忠鑫：《明清时期太仓州城的"里铺"》，《中国历史地理论丛》2021年第2辑。
⑨ 赵世瑜：《东山赘婿：元明时期江南的合伙制社会与明清宗族》，《北京大学学报》2021年第5期。

的特色。① 吴佩林等考察孔仁玉的孔氏宗族"中兴祖"身分从南宋到清代形塑过程。② 孔勇研究清代衍圣公家祭仪典,指出阙里孔庙丁祭兼备官私双重特点,而以报本堂"时祭"为代表的衍圣公府内部家祭则极具私密色彩。③ 任雅萱考察明清时期山东"门"型系谱形成过程,指出大户分"门"是山东乃至华北宗族特征之一。④ 陈瑞指出,徽州祁门王氏履和堂宗族在应对山场开发造成的生态危机时,既重视发挥宗族自身组织功能,从自身内部设法应对,又重视寻求官府这一权威外力的支持,官民之间围绕生态治理实现良性互动。⑤ 郑小春研究绩溪南关许氏宗族在咸同兵燹之后重建宗法传统和恢复宗族生活的过程。⑥ 徐彬论述明清徽州的士绅如何通过编修家谱来宣扬宗法思想、正统思想及新安理学,以此构建士绅在乡村社会中的文化权力。⑦ 祝虹研究明清徽州家谱中祖先谱系的建构过程。⑧

关于地域社会历史的综合性研究,陈春声从多角度展示韩江中下游地域普通百姓的日常生活及其社会组织变迁,其中重点论述这一地区从"化外之民"逐步成为王朝"编户齐民"的过程,以及宗族组织和民间神祭祀为核心的乡村社会整合、本地海上活动与出海贸易传统,并指出近代以后该地区向"侨乡"转变。⑨ 赵世瑜认为江南地区的社会历史是一个从离散社会走向整合社会的过程,并以苏州洞庭东山水上人上岸的过

---

① 常建华:《明代苏州宗族形态探研》,《史学集刊》2021年第1期。
② 吴佩林、孟维腾:《层累的历史记忆:孔氏"中兴祖"之形塑及其接受史》,《史林》2021年第2期。
③ 孔勇:《清代衍圣公家祭研究》,李世愉主编:《清史论丛》第41辑,第58—80页。
④ 任雅萱:《大户与宗族:明清山东"门"型系谱流变与实践》,《史林》2021年第1期。
⑤ 陈瑞:《"止种兴养":清乾嘉年间徽州宗族处置生态危机的应变之策——以祁门环溪王氏履和堂宗族为中心》,《中国农史》2021年第5期。
⑥ 郑小春:《咸同兵燹冲击下的宗族生活及其重建——以绩溪南关许氏宗族为中心》,《安徽史学》2021年第5期。
⑦ 徐彬:《明清乡村绅权建构与社会认同研究:以徽州士绅修谱为中心》,北京:中国社会科学出版社,2021年。
⑧ 祝虹:《家史制作:明清徽州宗族祖先谱系的建构》,《安徽大学学报》2021年第3期。
⑨ 陈春声:《地方故事与国家历史:韩江中下游地域的社会变迁》,北京:三联书店,2021年。

程来论述这一点。① 田宓研究清代以来黄河河套万家沟小流域的水利秩序构建与蒙旗社会演变之间的关系。② 吴子祺研究硇洲岛社会的渔业经济、信仰与节庆、社会分化及其与地方当局的互动。③ 关于地域社会中的各类民间组织与社会群体的研究，陈月圆等对清代湖南狮山封禁案进行考察，指出狮山书院理事会积极与各级官府沟通协调，利用产权交易、公约民议等非强制性手段有效推动石灰开采污染问题的解决，体现出民间组织在清代基层治理中的突出作用。④ 董永强研究清代陕南以建桥造船为目的而结成的民间组织"船桥会"的制度及其运作，指出士绅群体对船桥会起领导作用，同时各方通过对船桥会进行意义附加和文化营造结成"水上交通共同体"。⑤ 廖涵研究清代江西棚民群体社会上升流动的过程。⑥ 陈鹏飞考察清代四川在招民垦荒过程中出现的"啯噜"群体，探讨其形成原因及其社会影响。⑦ 唐霞依据碑刻资料考辨明清以来豫西北地区"社"与"会"的异同。⑧

对地方社会中仪式专家和"儒医"研究，也是本年度社会史研究亮点。刘永华指出，田野调查是研究礼生与传统礼仪的重要方法，对礼生的研究有助于重建儒家礼仪步入民间及其与其他仪式传统互动的具体过程。⑨ 赵克生对明清礼生进行分类考察，指出其职能在于营造

---

① 赵世瑜：《新江南史：从离散社会到整合社会——以洞庭东山为中心》，《清华大学学报》2021年第2期。
② 田宓：《水利秩序与蒙旗社会——以清代以来黄河河套万家沟小流域变迁史为例》，《中国历史地理论丛》2021年第1辑。
③ 吴子祺：《戏金、罟帆船与港口：广州湾时期碑铭所见的硇洲海岛社会》，李庆新主编：《海洋史研究》第17辑，第310—328页。
④ 陈月圆、龙登高：《公共利益冲突中的产权交易与基层治理——清代狮山书院与山林封禁的考察》，《中国社会经济史研究》2021年第1期。
⑤ 董永强：《船桥会与清代陕南地方社会》，《中国历史地理论丛》2021年第1辑。
⑥ 廖涵：《清代江西棚民的社会上升流动——以铅山篁碧村为中心》，《清史研究》2021年第3期。
⑦ 陈鹏飞：《清初四川招民垦荒与"啯噜"的形成》，《中国农史》2021年第1期。
⑧ 唐霞：《明清以来豫西北地区"社"与"会"之异同——以碑刻资料为中心》，《中国社会经济史研究》2021年第1期。
⑨ 刘永华：《礼生、田野与史家技艺》，《史林》2021年第2期。

出礼仪应有的礼容与秩序，充当士大夫礼仪与村落社会的中介。① 王尊旺研究明代地方政府所设阴阳学及其中的阴阳官、阴阳生的职能和活动。② 贺晓燕研究清代落第后转而习医、业医的士子（即"儒医"）的人生历程、生存状况等。③ 马志超考察明代户籍中的医户与太医院籍及其演变过程。④ 张玉漫、刘涛分析明清时期儒医融合的思想演变及其特征，指出明清时期的儒医关系以互融互显为主流。⑤ 杨奕望对明清两代18位上海医家进行个案研究。⑥

## （五）总结与展望

统观2021年的明清史学界，对若干既有成说的反思进入更深层次，如有关国家与社会治理的讨论热度不减，这是与现实社会提出诸多"时代之问"相呼应的。

本年度对于明清国家政权建设、边疆治理、对外交往以及管理社会经济事务方面成效与局限的研究都趋向于更加全面辩证的把握，民间文献、外文文献更多地被整理出来，推动实证研究向更深处发展。

如何进一步清理受西方主流话语影响的概念系统、学术判断，建立具有中国特色的学科体系、学术体系和话语体系，仍是明清史研究必须努力的目标。兼顾个案研究和宏观把握，实现个性探讨与共性探讨的相互平衡，克服以点代面、过度推衍等弊病，彰显中华优秀传统文化体现的人类共同价值，应成为明清史研究必须坚持的总体原则。

（责任编辑：管俊玮 李 壮）

---

① 赵克生：《何谓礼生？礼生何为？——明清礼生的分类考察与职能定位》，《史林》2021年第2期。
② 王尊旺：《明代阴阳学考论》，《安徽史学》2021年第1期。
③ 贺晓燕：《试论清代科举落第士子的出路：以儒医为例》，李世愉主编：《清史论丛》第41辑，第101—110页。
④ 马志超：《明代的医户与医籍》，《历史档案》2021年第2期。
⑤ 张玉漫、刘涛：《明清时期儒、医融合的思想演变及其特征》，《社会科学战线》2021年第12期。
⑥ 杨奕望：《明清江南儒医的守正与通变》，上海：上海书店出版社，2021年。

# 2021年中国近代史研究报告

马　敏等

2021年是中国共产党成立100周年，也是辛亥革命爆发110周年、九一八事变与抗日战争爆发90周年、太平军金田起义170周年。围绕这些重要历史事件，史学界举办了一系列学术研讨会，在原有研究基础上不断开拓、深耕，涌现出大批学术成果。同时，随着研究视野的拓展、研究时段的延伸、研究方法的创新，中国近代史其他领域的研究也在不断扩展和深入推进，呈现良好发展势头。以下分别从政治史、思想文化史、经济史、社会史和中外关系史五个领域，对2021年中国近代史研究情况进行概述。

## 一、中国近代政治史研究

付海晏　高　航

在历史学领域，政治史研究向来备受关注。2021年中国近代政治史研究成果依然较为密集，无论是晚清政治史还是民国政治史，均不乏扎实、新见迭出的学术论著，以下按照晚清和民国两个时段分别进行概述。

### （一）晚清政治史

人物研究一直是晚清政治史研究的重要组成部分，研究者利用多

---

\* 本报告由华中师范大学中国近代史研究所所长马敏教授统筹。"序言"、"总结与展望"部分由马敏教授执笔。

\*\* 作者付海晏，华中师范大学中国近代史研究所教授；高航，华中师范大学中国近代史研究所博士研究生。

种史料考察张之洞、端方、袁世凯等官员的言行。戴海斌梳理李鸿章与张之洞早期交往的相关史实，反思对"洋务"和"清流"的既有认知，提出二者在洋务观念上不乏交集，但在战和问题上存在根本分歧。① 张之洞与清末立宪的关系向来不乏关注，孙宏云从《张总督松平顾问立宪问答》入手，认为张之洞对立宪的理解是综合各种渠道信息而成的，其所聘日籍政法顾问松平康国就是其中之一，相比而言，张之洞主张更稳健地推进立宪。② 周积明、徐超认为在官办汉阳铁厂时期，张之洞与盛宣怀既互相支持，又互相博弈，从侧面反映了晚清政治格局。③ 朱浒从洋务和赈务互动的角度，重新描绘盛宣怀晚清40余年的经历，对盛宣怀走上洋务之路的起因、光绪四年（1878）办理河间赈务、甲午战后两湖赈灾、辛亥革命后捐赈复产等问题提出独到见解，展现了历史人物及其与时代的互动。④ 张建斌利用中国第一历史档案馆藏端方档案，全面考察端方在丁未年介入政潮的相关活动及其在政潮中扮演的重要角色；此外他还借助端方档案解读政潮期间袁世凯致端方的一封密信。⑤ 陈先松、陈倩深入挖掘《袁世凯全集》等相关文献，认为光绪三十四年袁世凯罢官后，其政治心态呈现出从谨小慎微到复出意愿逐渐增强的阶段性变化，并最终付诸实际。⑥ 袁世凯《戊戌纪略》是研究戊戌变法的重要文献，李永胜系统梳理该书诸多版本的源流关系，认为《戊戌纪略》成书于戊戌政变后不久。⑦ 赵

---

① 戴海斌：《清流、洋务"各有门面"？——以李鸿章与张之洞早期交往为线索》，《史林》2021年第1期。
② 孙宏云：《张之洞与清末立宪补论——以〈张总督松平顾问立宪问答〉为中心》，《广东社会科学》2021年第2期。
③ 周积明、徐超：《张（之洞）盛（宣怀）关系与晚清政局——以官办汉阳铁厂时期为探讨中心》，《河北学刊》2021年第2期。
④ 朱浒：《洋务与赈务：盛宣怀的晚清四十年》，北京：中国人民大学出版社，2021年。
⑤ 张建斌：《端方与"丁未政潮"》，《近代史研究》2021年第3期；《丁未袁世凯致端方密信笺释》，《中华文史论丛》2021年第2期。
⑥ 陈先松、陈倩：《袁世凯罢官期间政治心态试析》，《历史档案》2021年第1期。
⑦ 李永胜：《袁世凯〈戊戌纪略〉版本源流及其写作时间考述》，《社会科学辑刊》2021年第6期。

虎研究奕劻入枢与政务处的关系，梳理了政务处职能由"行政"转向"议政"，最终丧失"新政统汇"地位的历程。[①] 李欣荣聚焦载沣摄政监国礼节的纷争，揭示宣统朝政治的复杂情势。[②] 陈代湘、杨扬探究刘坤一在中日甲午战争中提出的对日"持久战"军事思想，认为这在当时是一种有见地的反侵略战略思想，有助于遏制日本继续深入进攻的趋势。[③] 束荣华、朱庆葆梳理了晚清湘籍官僚集团的私谊，从"人缘性"因素入手，勾勒出晚清独特的"官场文化"。[④] 刘青峰认为，满人瑞麟督粤长达十年，其采取的相对和平的政策，使广东社会经济从咸丰朝的动乱中恢复过来，并逐步呈现"非湘非淮"、广东勇营渐渐尾大不掉的权力格局，折射出朝廷权力和社会秩序的失控。[⑤] 张海荣认为，满族官员文悌的人生履历，反映出满族中下层官员在重要历史转折时刻的政治心态与当时深刻的满汉畛域。[⑥] 邱捷利用广东基层官员杜凤治长达十余年的日记，生动刻画出晚清广东社会和官场生态，同时描摹了州县官员司法审断、钱粮征收、缉捕盗匪的实践图景，揭示官绅的合作与冲突。[⑦]

学界持续关注戊戌变法相关人物。朱浒认为，康有为《书余莲珊〈尊小学斋集〉后》背后隐藏着康有为主动结交江南义赈绅商的动机，折射出以康有为为代表的新型知识群体与新兴绅商群体相互接近的趋向。[⑧] 黄兴涛、荆宇航重新考察作为"戊戌六君子"之一的杨深秀，从杨深秀作为政治改革家、学者和诗人的三重角色入手，进一步深化相关认识。[⑨]

---

① 赵虎：《奕劻入枢与政务处的职能分合》，《中山大学学报》2021年第6期。
② 李欣荣：《匡掌君权：载沣摄政礼节纷争与宣统朝权势新局》，《清史研究》2021年第5期。
③ 陈代湘、杨扬：《刘坤一在中日甲午战争中的"持久战"战略思想》，《南开学报》2021年第6期。
④ 束荣华、朱庆葆：《晚清湘籍官僚集团私谊关系及特点》，《安徽史学》2021年第2期。
⑤ 刘青峰：《瑞麟督粤与晚清广东政治》，《广东社会科学》2021年第2期。
⑥ 张海荣：《"好名立异非中庸"：文悌与晚清变局》，《近代史研究》2021年第6期。
⑦ 邱捷：《晚清官场镜像：杜凤治日记研究》，北京：社会科学文献出版社，2021年。
⑧ 朱浒：《康有为的"投名状"：〈书余莲珊《尊小学斋集》后〉的政治意涵》，《历史研究》2021年第5期。
⑨ 黄兴涛、荆宇航：《戊戌维新志士杨深秀再认识》，《清史研究》2021年第1期。

也有学者关注清末民初社会转型中的中层人物。李志茗运用《赵凤昌藏札》中汤寿潜函电，还原汤寿潜与其他东南精英的人际往来、社会活动及其政治关怀和诉求；他还研究唐廷枢在长达20年的幕僚生涯中佐助李鸿章从事洋务建设，为近代中国的航政、路政、矿政事业开启先路。① 吴莉莉梳理"小人物"徐宝山在清末民初多次政治事件中的命运抉择，勾勒其从青帮盐枭到支持维新派，继而投身辛亥革命，但最终投靠袁世凯的经历，丰富了对历史的认知。②

清季制度改革和清末新政也吸引不少研究者的目光。魏海涛以丙午官制改革为个案，从社会网络结构的角度阐释了皇权在面对中央、地方官僚体制分权时的不同抉择及其内在成因。③ 熊元彬考察了清末朝野筹设审计院过程中，各方围绕审计院是否独立、预算决算时间、院长遴选等问题展开的博弈。④ 章博探究了清末军机大臣副署制度的建构过程，分析了各方对副署的认知与分歧，认为副署概念在制度建构过程中始终存在理解上的混乱。⑤

关晓红揭示宣统朝选官多途并进造成官员壅滞，且未能找到新旧人才妥善衔接的途径，选官困境导致清廷人心涣散，在革命到来时无力抵挡。⑥ 林浩彬考察光绪末年预备立宪大背景下保举人才政策的推行，同时认为清末部院的丞参选任体现了从传统部院职官体系向近代专门化官员体系的转变。⑦ 郭思成梳理了清末民政部向民初内务部的

---

① 李志茗：《清末民初社会转型中的东南精英——以汤寿潜、赵凤昌私人函电为中心》，《福建论坛》2021年第8期；《唐廷枢的幕僚生涯》，《广东社会科学》2021年第2期。
② 吴莉莉：《小人物与大潮流——清末民初的政治潮流与徐宝山的选择》，《民国档案》2021年第1期。
③ 魏海涛：《官僚制结构与皇权的抉择——以清末丙午官制改革为例》，《开放时代》2021年第6期。
④ 熊元彬：《论清末朝野在筹设审计院中的博弈》，《历史档案》2021年第4期。
⑤ 章博：《清季军机大臣副署制度的构建》，《清史研究》2021年第4期。
⑥ 关晓红：《"图治太急"：宣统朝选官用人之困局》，《学术研究》2021年第9期。
⑦ 林浩彬：《光绪末年的保举人才与预备立宪》，《史学月刊》2021年第2期；《丞参选任与清末部院用人专门化问题》，《清史研究》2021年第4期。

转型过程，厘清了其中观念与制度的纠葛。① 李峻杰详细分析了督抚、驻外使臣等官员关于外交改制的建议以及清政府的回应，揭示了近代中国"洋务性外交"的演变过程。②

预备立宪是清末新政的重要组成部分。塔丽婷认为奉天谘议厅的设立为清末地方"谘议政治"描绘了蓝本，开创了通过谘议建构地方法律体系的先例。③ 项旋以美国普林斯顿大学东亚图书馆藏预备立宪筹备清单底稿为基础史料，讨论了清末立宪中的国会年限问题，对比清单定本，指出宪政编查馆原拟定奏请第十年开设国会的计划最终被否决。④ 彭剑对清末制定宪法的过程进行梳理与研究，认为清廷希望通过立宪巩固君权，与民间主张的制宪方法冲突，朝野围绕制宪权展开争夺，清廷一直坚持宪法钦定，直到武昌起义后方才在革命风潮中放弃钦定，但已无法改变被推翻的命运。⑤

清末十年的政局也不乏研究者关注。郑泽民从内政与外交相结合的角度，考察了庚子年上海道台更易事件背后的各方博弈，力图揭示庚辛之际清廷政局的复杂样态。⑥ 刘芳对庚子事变中围攻使馆的和战之争作出补证，指出主和派希望公使出面斡旋，主战派却不放弃围攻，战和失据导致清廷交涉议和最终失败。⑦ 尹新华回顾列强将《辛丑条约》强加给中国的过程，指出该条约是帝国主义集体强权的产物。⑧ 刘利民揭露了"庚子退款"服务于列强侵华战略需要的伪善本

---

① 郭思成：《清末民政部的转型与共和民国之肇建》，《中山大学学报》2021年第6期。
② 李峻杰：《共识何以达成：清末新政伊始外交改制的分奏、会奏与变通》，《史学月刊》2021年第12期。
③ 塔丽婷：《地方"谘议政治"的发端：清末奉天谘议厅述略》，《社会科学战线》2021年第12期。
④ 项旋：《再论清末立宪中的国会年限问题——以预备立宪筹备清单底稿为中心》，《近代史研究》2021年第4期。
⑤ 彭剑：《钦定、协定与民定：清季制宪研究》，北京：北京师范大学出版社，2021年。
⑥ 郑泽民：《"内政外交实相表里"：从上海道台更易事件看庚子年政局》，《清史研究》2021年第5期。
⑦ 刘芳：《庚子围攻使馆之和战问题补证》，《历史档案》2021年第1期。
⑧ 尹新华：《〈辛丑条约〉是帝国主义集体强权的产物》，《历史评论》2021年第5期。

质。① 韩策聚焦清末两江总督人选之争，庚子事变后在清廷支持下"北洋下南洋"逐步形成，利用北洋模式推进南洋新政，长期以来形成的湘人江督格局被迫终结，反映出清末权力格局的变化和南北关系的演进；他还从江督之争出发，重新解释丁未政潮的发生过程。②

2021年正值辛亥革命爆发110周年，辛亥革命研究迎来新高潮，《广东社会科学》特邀几位学者围绕这一主题展开讨论。马敏从辛亥启蒙与五四启蒙的内在联系、新民主主义理论的承上启下、辛亥革命与民族复兴的关系三个角度出发，提出深化辛亥革命对中国历史进程影响的研究路径。桑兵认为目前辛亥革命史研究仍处于"粗放"状态，应该转向精细化研究轨道。王杰以黄三德向孙中山"讨债"为个案，剖析辛亥革命后华侨与革命党人关于义利观的公案。汪朝光从全球化的历史背景出发，关注孙中山的国际观及其实业建设构想。廖大伟认为孙中山的民本思想是古代民本思想精华与西方民主政治思想中人本精神的结合。赵立彬挖掘了各地公私机构中有关孙中山与辛亥革命的新见档案史料，探讨利用技术手段整理未刊史料的方法。③

《华中师范大学学报》也组织"辛亥革命110周年的审视与反思"笔谈。罗志田认为研究辛亥革命应当拓宽思路，将从戊戌维新到新文化运动之间的时段看作一个整体，从长程视角观察辛亥革命。王笛从政治结构角度重新审视清末新政与辛亥革命的关系，认为清末新政虽然取得一定成绩，但后期的收权引起各阶层不满，从而失去政权稳定的社会基础。彭剑从制宪问题入手审视清廷败亡的原因，清廷希

---

① 刘利民：《"庚子退款"绝非"仁声义向"》，《历史评论》2021年第6期。
② 韩策：《清季"湘人江督格局"的终结与"北洋下南洋"的形成》，《史学月刊》2021年第8期；《清季江督之争与丁未政潮的一个新解释》，《近代史研究》2021年第4期。
③ 马敏：《浅谈深化辛亥革命历史影响研究的三个视角》、桑兵：《辛亥革命史研究需要走向精细化》、王杰：《华侨与辛亥革命关系研究的覃思——以民元伊始黄三德"讨债"为例》、汪朝光：《孙中山的国际观与他的实业建设构想》、廖大伟：《孙中山的民本思想》、赵立彬：《公私藏档中孙中山与辛亥革命的史料挖掘》，《广东社会科学》2021年第5期。

望借宪法"巩固君权",但在立宪派宪法民定的呼声下,尤其是革命形势的猛击中,最终连君位也无法保住。左玉河认为辛亥革命时期,革命党人在接受俄国民粹主义后提出无政府主义,采取暗杀、暴动等激进方式,呈现出革命手段多样化的图景。朱英认为1905年的抵制美货运动是近代上海新商人群体登上历史舞台的标志性事件,体现了辛亥革命前民众运动发展的新趋向。①

一些学者对辛亥革命之际的历史人物进行专题研究。熊月之从"双视野人"视角出发,审视容闳、伍廷芳、唐绍仪走向反清革命、拥护共和的心路历程。② 桑兵以汤寿潜在辛亥时期的言行为主线,深入考察立宪派与辛亥革命的关系,认为独立后立宪派的革命转向与革命党的调整相向而行。③ 张皓认为,作为浙江东南立宪党人领袖的汤寿潜于鼎革之际出任浙江都督、临时政府交通总长,卷入权力斗争,体现了立宪党人与同盟会、光复会等各方人士在地方政府和中央政府权力安排上的复杂关系。④ 安东强提出康梁一派在辛亥革命前夕谋划开放党禁,武昌起义后秘密联络国内政治力量,最终均未收到实质成效,康梁之间也产生严重分歧。⑤ 吴世平探讨了郑孝胥在辛亥革命中扮演的角色及发挥的作用,指出其鼓吹借债救国论反倒助推了铁路风潮的爆发,沦为舆论批判的对象,借债造路的"毒国"政策也成为他身败名裂的根源。⑥

除人物研究之外,还有论著从其他角度研究辛亥革命。崔岷考

---

① 罗志田:《尝试稍更广义地看辛亥革命》、王笛:《清末新政与辛亥革命的关系再思考》、彭剑:《制定宪法与清廷覆亡》、左玉河:《辛亥革命时期俄国民粹主义之传入及其中国反响》、朱英:《抵制美货:辛亥革命前新商人群体兴起与商民外交发轫》,《华中师范大学学报》2021年第5期。
② 熊月之:《"双视野人"与辛亥革命——以容闳、伍廷芳与唐绍仪为分析对象》,《广东社会科学》2021年第5期。
③ 桑兵:《辛亥汤寿潜的革命转向》,《民国档案》2021年第4期。
④ 张皓:《从浙江都督到交通总长:辛亥革命期间卷入权力争夺漩涡中之汤寿潜》,《山东师范大学学报》2021年第5期。
⑤ 安东强:《辛亥革命前后康梁在国内的谋划活动》,《中山大学学报》2021年第6期。
⑥ 吴世平:《毒国与自鸩:辛亥革命前夜的郑孝胥》,《史林》2021年第3期。

察了武昌起义后杭州绅商两界筹办民团和商团的经历，以及在此过程中双方的纷争，揭示辛亥革命时期筹办团防过程中呈现出的新旧糅合之相。① 王东指出革命爆发后，革命军迅速接管电报局，利用电报传递重要信息，与此同时，清政府加强电报通信管制，严防传递具有革命信息的电报，由此说明电报通信在辛亥革命中扮演重要角色。② 罗志田重新审视辛亥革命的成因，认为帝国主义的冲击使得本土权势结构发生变化，朝野均面临政治方向、政治体制和政治伦理的变革，虽然清廷在最后十年间持续推行改革，但由于制度困境，自上而下的新政颇具"自毁"意味，最终被迫让位于自下而上的革命。③ 李细珠着眼于反帝反封建的时代主题，分析了辛亥革命爆发的历史必然性。马敏总结了辛亥革命对增强中华民族凝聚力和认同感的历史意义。④ 谷小水强调辛亥革命在中华民族伟大复兴征程上具有里程碑意义。⑤

2021 年是金田起义 170 周年，夏春涛反思了近百年来太平天国的评价问题，指出要以科学态度研究太平天国，绝不能将太平天国"妖魔化"。⑥

在晚清边疆史研究中，陈跃探讨了巴里坤和乌鲁木齐两处满营移驻古城的问题，透视出新疆建省期间军政改革的复杂过程。⑦ 张临希考察清末"丹丕尔案"，认为清末新政在集权能力、财政能力有限的条件下加强了对边疆的治理，有利于后续政权的边疆统合。⑧

## （二）民国政治史

一些北洋政治史研究者关注民初法制建设。柴荣、李浩探究民初

---

① 崔岷：《自救与纷争：辛亥革命时期杭州绅商两界的筹办团防》，《近代史研究》2021 年第 6 期。
② 王东：《电报通信与辛亥革命再探》，《民国档案》2021 年第 4 期。
③ 罗志田：《革命的形成：清季十年的转折》，北京：商务印书馆，2021 年。
④ 李细珠：《辛亥革命爆发是历史的必然》、马敏：《辛亥革命是中华民族走向自觉的重要一环》，《历史评论》2021 年第 3 期。
⑤ 谷小水：《辛亥革命是一次伟大而艰辛的探索》，《历史评论》2021 年第 6 期。
⑥ 夏春涛：《太平天国再评价——金田起义 170 周年之反思》，《中国社会科学》2021 年第 7 期。
⑦ 陈跃：《晚清新疆建省视角下巴里坤乌鲁木齐满营移并古城研究》，《清史研究》2021 年第 3 期。
⑧ 张临希：《光宣之际的边疆治理转型与"丹丕尔案"》，《清史研究》2021 年第 4 期。

北京政府在税制整饬过程中构建的"官中"法律制度,揭示此制度实际推行的效果与影响。① 朱晓东梳理了北京政府时期司法官考试的历史背景、设计过程、实施成效,揭示出制度与实践之间的历史本真。② 翁有为、李想以民国初年江苏省继承案件审理为样本,将司法审断与基层社会相结合,从民众思想进步、个人地位提升、基层司法权收归国家等角度,展现民初案件审理中的现代性。③ 李在全指出,在国民革命军北伐的同时,大量北京政府司法人员南下,成为后来南京政府司法系统班底。④

学者还关注从民国成立到北伐之际的政治制度与政治斗争。邹小站探讨了民初各方关于政党内阁制的争论,追求民主政治的力量希望通过政党内阁制掌握政权,但民初的政治权力集中在军事集团手里,内阁制难以发挥作用。⑤ 李喆考察了1917年"宣战案"政潮中北洋各省督军从"对抗中央"到"拒止张勋"的转变过程,认为这与张勋对督军的蒙蔽、算计及段祺瑞的时局主张有关。⑥ 陈默聚焦于护法运动前后粤军反抗桂系的三次斗争,揭示南方阵营内部的复杂关系。⑦ 谷小水认为,第一次国共合作是中国国民党、中国共产党、苏俄和共产国际各方不断碰撞与调适,最终达成共识的产物,国共两党在合作形成期的各自考量,相当程度预示并决定着两党合作的方式、面貌及限度。⑧ 王建伟研究第一次国共合作后国民党组织在北京的发展,指出在京国民党内部存在"左派"与"右派"之争,反映出国民党高

---

① 柴荣、李浩:《民国北京政府时期"官中"法律制度研究》,《史学月刊》2021年第3期。
② 朱晓东:《探索与规范:民国北京政府司法官考试制度述论》,《江汉论坛》2021年第5期。
③ 翁有为、李想:《民初继承案件审理的现代性探析——以江苏省为例》,《史学月刊》2021年第12期。
④ 李在全:《"革命军北伐,司法官南伐"——1927年前后的政权鼎革与司法人事延续》,《近代史研究》2021年第6期。
⑤ 邹小站:《民初政党内阁论的困境》,《社会科学辑刊》2021年第3期。
⑥ 李喆:《从"抗黎"到"拒张":北洋督军与"宣战案"政潮》,《安徽史学》2021年第2期。
⑦ 陈默:《另一个粤军故事:护法运动时期粤军对桂系的三次反抗》,《学术研究》2021年第5期。
⑧ 谷小水:《再论第一次国共合作的起源》,《中山大学学报》2021年第4期。

层派系分化。① 沈成飞、王刘伟详细梳理1923年陈天太事件，认为李济深作为主要参与者，借此事件在革命阵营中崭露头角，但也为自己埋下隐患。② 陈忠纯认为欧战后大陆与台湾两岸民族运动逐步合流，"台湾革命"被纳入"国民革命"，"民族自决"论在台湾高涨，为台湾光复打下基础。③ 张志建利用台北"国史馆"档案，展现了北伐时期蒋介石与奉系军阀在三次和谈中对南北妥协问题的不同考量。④ 马陵合通过研究20世纪20年代后东三省交通委员会的职能演变，展现近代中央与地方在产业行政管辖权上的特殊关系，反映出交通与政治区域化的内在关联。⑤ 巴杰探讨了国民革命后期国民党党员志愿兵政策从设想、推行到废止的过程，认为国民党始终未能找到驾驭武力又不为其反噬的办法。⑥ 陈明认为，宁汉对峙时期安徽省政府利用现有规制自行推举省政府主席，以求摆脱高层纷争的困境，却导致宁汉合流后南京国民政府改组安徽省政府，并确定省政府主席由国民政府指定的新规制。⑦

学界依旧重视民初人物研究。汪林茂指出，1911年以后汤寿潜对宪政思想的实践，是近代中国宪政思想和活动从兴盛到衰退的典型个案。⑧ 曾业英通过细密考证，认为蔡锷逝世于日本的原因是肺癌。⑨ 戴海斌认为在"大革命"前后，孟森先是介入江苏、上海等地的政治运动，后又加入国民党并进入国民政府任职，政治身份的转换反映其

---

① 王建伟：《1920年代国共合作与国民党组织在北京的早期发展》，《社会科学研究》2021年第3期。
② 沈成飞、王刘伟：《李济深与陈天太事件》，《广东社会科学》2021年第3期。
③ 陈忠纯：《纳"台湾革命"入"国民革命"："民族自决"论与20世纪20年代后两岸革命者的台湾革命认知》，《开放时代》2021年第6期。
④ 张志建：《北伐时期奉张与宁蒋议和再研究》，《安徽史学》2021年第5期。
⑤ 马陵合：《民国政治区域化格局下东北地区交通委员会的职能演进》，《史学月刊》2021年第10期。
⑥ 巴杰：《国民革命后期国民党党员志愿兵考论》，《安徽史学》2021年第5期。
⑦ 陈明：《1927年安徽省政府主席问题与规制演化》，《史学月刊》2021年第12期。
⑧ 汪林茂：《汤寿潜的宪政建设实践（1911—1917）》，《浙江社会科学》2021年第5期。
⑨ 曾业英：《蔡锷因何而过早逝世在日本？》，《近代史研究》2021年第5期。

对"党军"、"党国"体制认知的变化。①

2021年是九一八事变爆发90周年,相关研究成果较多。李在全指出,九一八事变后,尽管南京国民政府争取过溥仪,但由于双方无合作基础未能成功。②韩戍认为,九一八事变后,上海各大学学生抗日联合会与国民党上海特别市党部的关系,经历了从紧密合作到矛盾频发的过程,最终上海学生捣毁国民党上海特别市党部,显示了国民党在整合基层力量方面的虚弱无力。③赵妍杰认为,在九一八事变后的请愿抗日活动中,学生穆光政被国民党山西省党部纠察队枪击身亡,引发舆论风潮,阎锡山借机将山西省党部驱逐出晋,体现了国民党央地、党政关系的缠结。④

九一八事变后外忧日增,国内政争依旧此起彼伏。戴沏通过复原谭常恺弹劾案,考察国民政府监察制度的运作情形,说明监察权已初步独立于行政权。⑤马瑞认为,1933年长城抗战期间,国民党西南地方势力的内部分歧,导致十九路军的援热抗日并未达到预期效果。⑥贺江枫将1933—1934年孙殿英西进青海的行动置于北方政局变动的大背景下考察,展示了流动性军阀为谋求生存与国民政府及地方实力派之间的博弈;他还以1935年何应钦北上为中心,观察国民政府在华北自治运动中的应对,揭示国民政府对日外交,在中日矛盾及中央与地方冲突的共同作用下,陷入从在地解决转为中央主导,又被迫再度退回在地解决的恶性循环。⑦刘文楠利用台北"国史馆"蒋介石、

---

① 戴海斌:《"大革命"前后的孟森》,《中华文史论丛》2021年第2期。
② 李在全:《九一八事变后国民政府争取溥仪考实》,《社会科学辑刊》2021年第2期。
③ 韩戍:《从合作走向对抗:九一八事变后的上海学生团体与国民党党部》,《社会科学辑刊》2021年第2期。
④ 赵妍杰:《穆光政事件与九一八事变后山西政局变动》,《抗日战争研究》2021年第1期。
⑤ 戴沏:《谭常恺弹劾案与国民政府监察制度》,《民国档案》2021年第4期。
⑥ 马瑞:《1933年国民党西南地方与十九路军的援热抗日活动》,《史林》2021年第2期。
⑦ 贺江枫:《流动性军阀的生存逻辑:孙殿英西进与北方政局之变动(1933—1934)》,《史林》2021年第6期;《1935年华北自治运动与国民政府的因应——以何应钦北上为中心》,《史学月刊》2021年第6期。

戴笠档案，还原刺杀杨永泰一案的调查和审理过程，认为刺杨案背后确实有反蒋派系因素，也反映了日本侵华背景下"反蒋"和"抗日"合流的大趋势。① 姜涛指出，南京国民政府建立后曾提出征兵制却无法落实，九一八事变后经过讨论，于1933年颁布《兵役法》，确定常备兵役为有条件的征兵制，蒋介石倡行的国民皆兵办法也是战前征兵制确立的重要一环。②

学者还关注全面抗战时期的诸多问题。桑兵认为，虽然国共两党均认为对日作战是持久战，但双方对作战持续时间预判差别甚大，中共判断时间长短取决于敌、我、友三方面，重视国共力量的对比；而国民党的持久战战略实际是变相的速胜论。③ 罗敏认为武汉会战前后，蒋介石战略决策受多方因素制约，由最初准备"决战"转为"固守"，再到后来与日本交涉，最后又运动英美，其持久战思想缺乏系统性与灵活性，相形之下中共的持久战理论已走向成熟。④ 袁成毅认为抗日战争期间，中国国防地理形势受到中国政治中心南移和日本在华既有权力格局的影响，正面战场的陆战、空战和海（江）战体现出国民政府"以空间换时间"的抗日策略。⑤ 李秉奎提出，1937年日本海军蓄意制造虹桥机场事件，引发淞沪会战，蒋介石希望借机吸引国际援助，但国民党军队失利，无力阻止日军进攻南京，亦未获得国际社会的更多援助。⑥ 贺怀锴依托各类档案资料，认为蒋介石在豫湘桂战役中的决策与应对存在诸多失误，导致国民党军队溃败，影响了抗

---

① 刘文楠：《谁杀了杨永泰？》，《近代史研究》2021年第2期。
② 姜涛：《南京国民政府征兵制的提出、调整与确立》，《民国档案》2021年第1期。
③ 桑兵：《国共抗战的战略异同与政治纠葛》，《社会科学战线》2021年第1期；《抗日战争的持久战要多久——国共高层的抗战时长预判》，《学术月刊》2021年第1期。
④ 罗敏：《武汉会战前后蒋介石的战略决策——兼论国共两党持久战战略之发展》，《近代史研究》2021年第2期。
⑤ 袁成毅：《国防地理视野中的抗战正面战场》，《民国档案》2021年第1期。
⑥ 李秉奎：《虹桥机场事件与淞沪战争的肇始》，《人文杂志》2021年第12期。

战后的政局走向。① 何孔蛟认为国民党大别山敌后游击根据地在抗战中配合正面战场作战，发挥了一定作用，但由于自身局限而无法持续发展。②

抗战时期政局与战局互相牵涉，国民党与国民政府战时政治、军事制度以及战争动员等问题值得深入考察。张燚明研究汪精卫叛逃后国民党内部的制度因应。之前汪精卫主持国防最高会议，权力几乎等同于蒋介石；汪叛逃后，蒋介石着力改革，授意张群组建国防最高委员会秘书厅，并将其打造为专业化的中枢机关，在战时政治运作中响应蒋介石的集权需求。③ 姚江鸿认为，1944 年，为应对日军一号作战引发的政治和军事危机，国民党进行内部政治改革，进行体制内自省。④ 金之夏认为，抗战时期蒋介石通过军委会政治部的操作，利用黄埔系逐步掌控各级政治部，推动政工人员专业化和军队中央化，但一定程度上也制约了国民党军队政治工作的实施。⑤ 李喆研究全面抗战时期重庆卫戍区国军获取副食问题，发现国民党军队生存状况普遍不佳，对当地民众多有滋扰。⑥ 鄢海亮认为对日作战时，国民党军队步炮双方各自为战，问题层出不穷，虽然国民党军队对此作出改进，但成效不彰。⑦ 李俊杰认为，抗战时期中央设计局在完善国家设计制度、国防建设和工业建设方面所作的努力，体现了建设现代化中国的追求。⑧

---

① 贺怀锴：《蒋介石与豫湘桂战役》，《四川师范大学学报》2021 年第 2 期。
② 何孔蛟：《抗战时期国民党大别山敌后游击根据地述论》，《安徽史学》2021 年第 4 期。
③ 张燚明：《组建国防最高委员会秘书厅——蒋介石对汪精卫叛逃的制度因应》，《清华大学学报》2021 年第 4 期。
④ 姚江鸿：《军事冲击下的政治改革——1944 年国民党对政治改革的考量和内部决策》，《民国档案》2021 年第 4 期。
⑤ 金之夏：《抗战时期国民党军队政工人事与军队中央化》，《民国档案》2021 年第 2 期。
⑥ 李喆：《战时国民党军士兵的副食获取与驻地军民关系——以重庆卫戍区为中心》，《抗日战争研究》2021 年第 1 期。
⑦ 鄢海亮：《全面抗战时期国民党军步炮协同作战问题》，《抗日战争研究》2021 年第 3 期。
⑧ 李俊杰：《全面抗战时期的中央设计局——对设计制度、国防建设和工业建设的考察》，《抗日战争研究》2021 年第 4 期。

刘东庆认为，战时工作干部训练团在延续国民党干训传统的同时，也带有胡宗南的个人特色，成为其实现政治目标的工具，折射出当时西北地区的政治生态。① 项浩男考察了国民党基层干部黄体润在庐山训练中的个体感悟，他在返乡后将国家意志传达给基层社会，体现了国民党动员模式的脉络。② 蔡宏俊深入考察抗战后期知识青年从军运动的背景与缘起，知识青年的征召与输送，青年远征军的组建、训练、日常生活、情感世界，以及战后的青年军复员等问题，并从困境和成效两方面对这场运动作出客观评价。③

吴文明、金功辉认为抗战初期各地抗敌后援会筹款筹物、慰问军队，发挥了积极作用，但国民党为加强社会控制而将其解散。④ 刘永文、朱小敏认为藏族人民突破权利界限和地域限制，积极抗战，凸显中华民族团结抗战的伟大力量。⑤

民国时期国民党内部派系与人物仍有研究者关注。贺怀锴认为，蒋介石全面抗战前通过派系分治手段制衡闽系海军，抗战期间借改组机构对闽系海军实现削权，战后重建海军，但并未能解决海军内部派系问题。⑥ 过去学界探究蒋介石与杨虎城关系，多限于个人之间，王悦之扩展思路，研究蒋介石与杨虎城部之间的关系。通过梳理从中原大战杨虎城离冯（玉祥）附蒋，到1944年后蒋介石意图吞并杨虎城旧部而引发决裂，展现了蒋介石与地方实力派的分合斗争。⑦ 王龙飞梳理朱家骅在家乡创办私立鹤和小学并利用公职身份为之背书的过程，指出当时国民党人对这种公私不分、逾越党政法纪的行为视同寻常，

---

① 刘东庆：《胡宗南与战时工作干部训练团》，《抗日战争研究》2021年第2期。
② 项浩男：《庐山训练的个体经验与基层回响——以黄体润为中心》，《抗日战争研究》2021年第1期。
③ 蔡宏俊：《战时知识青年从军运动》，南京：江苏人民出版社，2021年。
④ 吴文明、金功辉：《抗日战争初期国民党的民众动员：以各地抗敌后援会为例》，《学海》2021年第5期。
⑤ 刘永文、朱小敏：《藏族人民参与抗战的特点及其意义》，《西藏大学学报》2021年第1期。
⑥ 贺怀锴：《蒋介石对国民政府海军派系的分治与整合（1927—1949）》，《安徽史学》2021年第1期。
⑦ 王悦之：《蒋介石与杨虎城部关系述论》，《史学月刊》2021年第9期。

表明国民党政权与实现"天下为公"的现代政治有很大距离。①

国共之外的政党也是民国史研究对象。曾辉认为，抗战期间青年党和第三党推动国民参政会成立，又在民盟成立后发挥主导作用，最终形成中共、民盟及地方实力派共同推进民主运动的态势。② 刘大禹、师家兴关注1947年国民党拉拢民社党和青年党进行政府改组，民社党和青年党希望借机参与政治，蒋介石被迫妥协，就此加剧了政治分裂。③

除上述研究外，一些学者对民国时期的具体制度也进行了考察。朱晓东、张卫东系统梳理民国时期立法审查派与司法审查派关于合宪审查的争论，立法审查派主张审查权归属国家政治机关或立法机关，司法审查派主张审查权归属法院，两派内部又有不同主张，双方论争推动了合宪审查制度的近代转型。④ 肖高华探讨了国民政府时期监察院与其他机构行使监督权之间的权限衔接，厘清了监察院与立法院、行政院、司法院、国民大会的监督权限问题，深化了对监察制度近代转型的认识。⑤ 省制问题在近代国家构建过程中至关重要，成梦溪、徐杨梳理了民国时期关于省制的各类表达与实践，揭示出省制争论背后的学理与政争，认为省制争议反映了不同派别的特定诉求。⑥ 柳德军、郝东升聚焦于保甲制度的执行者，探讨20世纪三四十年代甘肃乡镇保长的群体构成与人事嬗变，认为这一群体具有阶段性和不稳定性，战争的残酷与制度的扭曲造成了民国时期乡镇保长素质的整体性蜕变。⑦

---

① 王龙飞：《公私之间：朱家骅与鹤和小学》，《近代史研究》2021年第5期。
② 曾辉：《全面抗战时期民主力量的聚合——以青年党、第三党为中心的考察》，《安徽史学》2021年第6期。
③ 刘大禹、师家兴：《友党不友：1947年国民政府改组之政党杯葛》，《民国档案》2021年第1期。
④ 朱晓东、张卫东：《"政治优先"抑或"法律优先"：民国时期立法审查派与司法审查派的合宪审查之争》，《社会科学研究》2021年第4期。
⑤ 肖高华：《冲突与协调：国民政府时期监察监督与其他监督权限衔接疏论》，《江汉论坛》2021年第11期。
⑥ 成梦溪、徐杨：《何以共和：民国时期省制争议中的学理与政争》，《民国档案》2021年第3期。
⑦ 柳德军、郝东升：《20世纪三四十年代甘肃乡镇保长群体构成与人事嬗递》，《史学月刊》2021年第9期。

# 二、中国近代思想文化史研究

许小青[*]

思想文化史是中国史学研究的传统领域，也是近代史研究比较活跃的分支。欧阳哲生将中国近代思想史研究路径分为三条，即以思想家为对象、以社会思潮为对象和以观念（概念）演变为对象。本综述拟从上述三条路径入手，撮要介绍2021年近代思想文化史研究。

## （一）近代人物研究

2021年学界通过挖掘新史料，将人物思想演变研究提升到新的高度，对以往受关注较多的思想家研究进一步深化、细化，同时也涉及之前较少为人所注意的人物，提出了许多新观点。

其一，维新时期人物研究。方炯升对比郭嵩焘与薛福成，认为他们分别从文明转型与权力竞争视角发展自身的思想体系，其问题意识和结论均与当代有共通之处。[①] 胡其柱认为，早年参与洋务受挫和中法战争使郑观应转变观念，逐渐形成"以议院书院为体，以通商制造为用，以中国圣教为本"的变法理念。[②] 康有为、梁启超的思想一直受学界关注。段炼认为，随着19世纪末思想与时势的密切互动，康有为初步实现新世界观的形塑，由此开始尝试以倾向于客观知识与外部制度的"普遍性"，取代传统儒家世界观重视内在德性的"普遍性"。[③] 邓名瑛等认为，康有为对"孔教"的定位，随时势及自身思想的变化而不断转变，尤其体现在戊戌前后他对政教关系的差异化设

---

[*] 作者许小青，华中师范大学中国近代史研究所教授。
[①] 方炯升：《外交思想史视域下的"百年未有之大变局"——晚清驻外使节郭嵩焘、薛福成思想对观》，《山东社会科学》2021年第12期。
[②] 胡其柱：《郑观应变法思想的演进路径及逻辑架构》，《天津社会科学》2021年第6期。
[③] 段炼：《尊君、改制与"实理公法"的初创——以戊戌变法前康有为的世界观形塑为中心》，《安徽史学》2021年第1期。

定，进而为救亡寻求有效的推进模式、为"孔教"寻求适宜的合法性支持。① 欧阳哲生认为梁启超《欧游心影录》为东西文化论争增添了新成分。梁启超要求思想解放，提倡法治、宪政、自治、国民运动，都是新鲜且具有建设性意义的观点，因此将他归为文化保守主义或东方文化派并不恰当。② 2021年适值严复逝世百年，出现了一批关于严复思想的研究新作。欧阳哲生认为，严复通晓"世变"的维新思想，具有康有为所不具备的先锋性。③ 段炼认为，在"天演"世界观影响下，严复将科学公理作为实现理想政治与社会规范的"公例通理"；在"由道变俗"与"道通为一"的思想张力背后，是严复对于"超越富强"之"道"的深沉追寻。④

其二，对社会转型时期知识分子的研究也在不断推进。五四运动一直是中国近代思想研究的热门领域，对五四人物的研究范围不断拓展，研究不断精细化。田志涛、陈勇对傅斯年思想进行再研究，认为将兰克史学作为同道的傅斯年，虽然对史学主观因素有过疑惑，但始终没有放弃对史学客观之真的追求信念。⑤ 潘光哲考察胡适20世纪30年代参与北京大学改革引起的一系列纷争，尤其是1934年北大国文系教授林损"请辞"一事，认为胡适透过人事择汰推动中国现代科学及学术之发展，固有争议，却是理有应然。⑥ 韩星与倪超以熊十力《读经示要》为中心，认为他推动当代新儒学达到高峰。⑦ 陈

---

① 邓名瑛等：《从合一到分离：康有为政教思想的嬗变》，《湖南大学学报》2021年第2期。
② 欧阳哲生：《梁启超的国际观与晚年思想转向——梁启超著〈欧游心影录〉的思想新解》，《史学理论研究》2021年第3期。
③ 欧阳哲生：《以译代著、唤醒中华——严复逝世百年纪念省思》，《福建论坛》2021年第12期。
④ 段炼：《寻求"超越富强"之道——"天演"世界观之下严复的道德与政治论述》，《福建论坛》2021年第12期。
⑤ 田志涛、陈勇：《论傅斯年对史学客观性的认识》，《史学史研究》2021年第4期。
⑥ 潘光哲：《胡适与1930年代北京大学的改革与纷争——兼谈林损辞职事件》，《安徽史学》2021年第1期。
⑦ 韩星、倪超：《熊十力：以经学为基础的新儒家哲学建构——以〈读经示要〉为中心》，《湖南大学学报》2021年第3期。

先初、张晓燕认为贺麟从文化复兴至民族复兴的逻辑出发，提出儒家思想新开展命题，在孔孟之真精神真道德基础上融会贯通外来文化，依时代与社会需要创进民族新精神，建设民族新道德，为民族新前途铺垫坚实的文化基石。①

学界关注五四时期相关学派及学人网络。魏旭认为，陈独秀"不谈政治"的问题，体现了转型时期知识分子学术和政治身份的分离，也促使他们转型分流为现代知识分子和职业革命家，令中国革命呈现新面貌。②张辉考察了1928—1948年中央研究院历史语言研究所学人群体结构与社会关系，探索学术发展与人际网络之间的互动，揭示学术帷幕间的利益交织。③周月峰认为"梁启超系"的文化运动有政治方面"造势力"与社会方面"筑基础"两个层次，该党派加入新文化运动，加速了"五四"以后思想界的政治转向；并讨论"梁启超系"通过整顿《解放与改造》杂志，从革命回归改良，成为激进时代渐进者的过程。同时，周月峰还研究蓝公武及其主编的《国民公报》，揭示他与五四时期思想界的互动。④张宝明探究五四新青年派的聚合和分离，认为新青年派形成了"学理型政治"和"政治型学理"两种学/政观念，后者在"五四"后期占据上风，促使大批新青年派知识分子完成从民主主义到社会主义的转向。⑤许高勇探索了《新青年》同读者及社会的多元

---

① 陈先初、张晓燕：《从文化复兴到民族复兴——贺麟儒家思想新开展之精神取向》，《南京社会科学》2021年第3期。
② 魏旭：《陈独秀的政治何以不得不谈？——"不谈政治"与转型时代知识分子时代转型》，《安徽史学》2021年第2期。
③ 张辉：《近水楼台：史语所学人群体结构与社会关系（1928—1948）》，《安徽史学》2021年第3期。
④ 周月峰：《筑基础与造势力：五四前后"梁启超系"文化运动的政治面向》，《天津社会科学》2021年第3期；《从革命到改良：整顿〈解放与改造〉与"梁启超系"的渐进取向》，《学术月刊》2021年第12期；《响应与批评：五四运动前蓝公武与〈新青年〉同人的互动》，《中共党史研究》2021年第6期。
⑤ 张宝明：《从学术到政治："五四"新青年派走向社会主义的精神路径》，《探索与争鸣》2021年第6期。

互动。① 胡芮研究了以柳诒徵为代表的东南学派的学术性格,及其对中国近代史学的影响,特别是在20世纪30年代对反传统思潮的扭转作用。②

### (二)学术史与思潮研究

2021年,近代学术史研究仍是近代思想文化史研究的重要方面。一批学者立足于史学理论、史学实践等,对近代史学发展进行探讨。

近代史学史研究,主要集中于20世纪三四十年代的社会史论战、"古史辨运动"及史家学术思想与实践等三个方面。在社会史论战方面,罗志田从理论凸显的角度考察了社会史论战对中国史学面貌的改变。③ 李孝迁剖析了郭沫若《十批判书》的写作语境,指出该书是20世纪三四十年代马克思主义史学内部论战的产物。④

在"古史辨运动"方面,马建强认为"层累观"与有史学革命意义的"古史辨运动"没有必然联系,"古史辨运动"是顾颉刚利用现代学术体制经营的结果,钱玄同在其中也发挥了重要作用。⑤ 李政君认为,20世纪20年代,顾颉刚通过研究孟姜女故事已认识到故事的演变不仅是历时性的,还是地域性的,通过对故事跨地域流布现象的关注,顾颉刚古史考辨方法路径得到完善。⑥ 李长银考察了乾嘉考据学作为"古史辨运动"重要本土学术资源的意义,肯定乾嘉考据学

---

① 许高勇:《从〈新青年〉到"新青年":五四知识青年的〈新青年〉阅读与思想变革》,《湘潭大学学报》2021年第4期。
② 胡芮:《还"德"于"史":柳诒徵与二十世纪东南学派史学伦理化转向》,《东南大学学报》2021年第5期。
③ 罗志田:《理论的凸显:社会史论战对史学的一个影响》,《社会科学战线》2021年第9期。
④ 李孝迁:《〈十批判书〉的写作语境与意图》,《历史研究》2021年第4期。
⑤ 马建强:《"古史辨"是如何"运动"起来的?——从学术实践的角度来理解》,《南京社会科学》2021年第11期。
⑥ 李政君:《故事的跨地域流布与古史的"层累造成"——试论20世纪前半期顾颉刚古史考辨路径之推进》,《南开学报》2021年第2期。

在近代学术文化转型中的作用。①

在史学家学术思想研究方面,徐国利分析郭沫若的文史关系理论及其对当代文史理论发展的重要贡献。②李孝迁、胡昌智研究了兰克史学思想与中国近代史学的联系,认为20世纪兰克史学思想进入中国,其治史方法在中国被辗转传述,反映出国人心中殷切的期望,也呈现出现实中多重的局限。③谢辉元回顾了翦伯赞的学术成就与学术品格,认为他学术具有理论与史料相融、通史与专史兼擅、史学与文学合一、历史与现实贯通的特点。④胡逢祥重点关注吕振羽从选题到著述,每每是感于历史使命,强调吕振羽的史学研究始终饱含着深切的现实关怀和淋漓的创新元气。其求真、求实和求精的治学态度与勤奋治学、勇于开拓的治学精神,为后人提供诸多启示。⑤乔治忠在肯定陈寅恪成就的同时,对其学术中的穿凿臆断予以揭示,并提出盲从性的"陈寅恪热"应当冷却。⑥

2021年,学界对民族主义思想颇为关注,相关研究也有推进和创新。张三南再探陈独秀民族主义思想发展历程,认为他虽犯有重大错误,但其民族主义思想有较重要的历史意义。⑦奂平清讨论顾颉刚民族思想与"中华民族是一个"理论,认为尽管顾颉刚的中国通史和民族史编撰事业并未完成,但其思想仍有重要启示意义。此外,奂平清还提出顾颉刚关于中华民族发展与融合的论述,符合马克思主义民族理论的基本原理。⑧王志通分析了顾颉刚在西北考察中获取民族知

---

① 李长银:《乾嘉考据学与"古史辨运动"》,《人文杂志》2021年第6期。
② 徐国利:《郭沫若的文史关系理论及其史学实践与特色》,《安徽大学学报》2021年第4期。
③ 李孝迁、胡昌智:《史学旅行:兰克遗产与中国近代史学》,上海:上海人民出版社,2021年。
④ 谢辉元:《良史翦伯赞》,《历史评论》2021年第2期。
⑤ 胡逢祥:《"从选题到著述,每每是感于历史使命"——吕振羽的治学之要》,《历史评论》2021年第3期。
⑥ 乔治忠:《陈寅恪治史,有成就也有局限》,《历史评论》2021年第4期。
⑦ 张三南:《陈独秀民族主义思想发展历程述析》,《安徽史学》2021年第2期。
⑧ 奂平清:《论顾颉刚的中华民族共同体思想:以民族史编撰为中心》,《史学集刊》2021年第3期;《"中华民族是一个"理论与顾颉刚民族思想的学术转向》,《中共党史研究》2021年第3期。

识的方式、过程和结果,说明此次考察所获得的民族知识是顾颉刚民族理论建构的重要知识养分。① 王文光、马宜果认为,近代以来中国民族思想完成了从华夷二元向中华民族一元观的转变,成为中华民族共同体建设与发展的精神力量。② 罗志田关注范文澜汉民族观念的形成,认为范文澜让民族国家突破了"现代"的范围;民族、国家和民族国家概念的在地动态变化,以及反侵略的时代背景,是理解范文澜"以国家说民族"论述特色的要素。③ 左玉河梳理钱穆抗战时期对中华民族文化的探索,认为钱穆揭示中国文化的民族性和特殊性,坚信中国文化复兴的光明前景,对重建民族自信心和弘扬民族精神是有益的,但在一定程度上夸大了民族文化的特殊性和优越性。④

学科转型方面的探讨也颇为热烈。学科转型不仅意味着教育内容的变革,同时在学术变迁、制度构建等诸多方面也引发新的变化,而今人观念多受变革后学科分类影响,若不能从渊源脉络上理解近代学科发展,就很容易落入主观臆断的窠臼。章清从"传入"与"接引"两方面分析以分科为标志的近代知识传入中国的过程。⑤ 段金生以清末民族学的兴起为切入点,分析了西方分科治学的传播、知识分子的推动以及国家局势等因素对民国时期民族学进一步发展的影响,强调其中既有对西方民族学和人类学理论的借鉴,也有对中国传统思想文化的重新利用。⑥ 张福强、董茂林关注民国时期民族学本土化应用性格的形成,梳理其历程与原因,提出民族学突出科学属性在一定程度

---

① 王志通:《"中华民族是一个"的田野基础与学理支撑——顾颉刚西北考察与民族知识的获取》,《中央民族大学学报》2021年第3期。
② 王文光、马宜果:《近代中国民族思想史研究——以中华民族为中心的讨论》,《云南师范大学学报》2021年第5期。
③ 罗志田:《以国家说民族:范文澜关于汉民族形成思想的特色》,《南京大学学报》2021年第6期。
④ 左玉河:《特殊性和优越性:钱穆的战时文化民族主义情结》,《福建论坛》2021年第10期。
⑤ 章清:《"学归于一":近代中国学科知识成长的意义》,《天津社会科学》2021年第5期。
⑥ 段金生:《民国时期民族研究学科的发展、路径与趋向——基于民族学研究者的视角》,《安徽师范大学学报》2021年第6期。

上抑制了人文属性和社会现象批判属性,这也是今后民族学研究需要面对的问题。① 于作敏和俞祖华对图书馆学、哲学和社会生物学的设立过程进行考察,由此得出清末学科转型为"会通古今、会通中西、会通文理"的学术取向。②

## (三)概念史研究

近20年来,概念史和观念史吸引众多学者关注,成为中国近现代思想史研究中较活跃的领域。2021年度,概念史和观念史研究依然有相当可观的成果,呈现出以下几种特点。

一是概念史、观念史的理论和方法研究有所进展。李里峰认为,20世纪20年代是中国现代基本概念(尤其是与革命有关的基本概念)形成和定型的年代,彰显出概念引领政治实践的巨大能量。③ 高瑞泉认为,观念史研究要从来源于经典世界和生活世界的"词汇"入手,关注受异端与正统二分话语影响的词汇变化和"异端推翻正统"现象,关注某一词汇从边缘讨论演变为核心观念的过程,关注现代观念与传统观念的联系与重构;还提出从"风俗"、"思潮"、"人物"三方面研究"风气"的变化。④ 方维规关注概念的动态特性,及其表现事实、改变事实的能量。⑤ 此外,概念史研究方法还被其他领域引用,赵庆云主张将概念史方法引入马克思主义史学史,深化对马克思主义理论的理解。⑥

---

① 张福强、董茂林:《学术救国:民国时期民族学本土化的取向与实践》,《北方民族大学学报》2021年第3期。
② 于作敏、俞祖华:《中国学术现代转型中的"三个会通"——以图书馆学、哲学与社会生物学为重点》,《山东社会科学》2021年第5期。
③ 李里峰:《1920年代与中国革命的概念史研究》,《史林》2021年第1期。
④ 高瑞泉:《词汇:中国观念史研究的进路》,《学术月刊》2021年第5期;《"风气":观念史的视角》,《华东师范大学学报》2021年第5期。
⑤ 方维规:《历史的概念向量》,北京:三联书店,2021年。
⑥ 赵庆云:《马克思主义史学史视域下的概念研究》,《史学集刊》2021年第4期。

二是对近代中国重要政治观念和思潮的研究力度加强。郭思成探讨近代中国"民政"概念的演变,分析它与制度的互动,及其对近代民政体系形成的影响。① 王昌考察"海权"概念变迁与中国民众海洋意识、主权意识的觉醒过程。② 此外,与近代思想关系密切的"文明"概念也受到学者关注。王锐着眼于"文明等级论",梳理"文明等级论"的源流、传播过程,并作出反思。③ 王鸿探讨了晚清"文明"概念的宗教面向,挖掘观察中西冲突的新视角。④ 杨雄威考察近代中国"时代"概念及其演变。⑤ 杨剑利探讨近代中国性别观念的变迁与政治、经济和文化变动的联系,揭示以"男女有别"为核心的传统性别观念在这些话语冲刷之下退隐的历程。⑥ 袁一丹从名与实的缝隙切入,追问"新文化运动"一词的出现及其被"反套"在《新青年》身上,并与"五四"焊接的过程,进而重新审视文学革命、"五四"与新文化运动间的历史逻辑。⑦

三是现代国家基本概念的研究。晚清至民国时期是中国国家转型的关键期,各种传统与现代国家概念相互交织,构成纷繁复杂的历史景象,有必要加以细致考察。赵世瑜对"王朝国家"概念进行辨析,认为既不应无视中国历史自身特点而不加甄别地套用"帝国"或"王朝国家"等概念,也不必断然拒绝比较政治学和文明类型学意义上的概念工具。⑧ 对"中华民族"概念的讨论较热烈。石硕系统梳理梁启超、顾颉刚、费孝通阐释"中华民族"概念的学术脉络及其共

---

① 郭思成:《清末"民政"概念演变与制度建制(1901—1906)》,《学术研究》2021年第5期。
② 王昌:《清末"海权"概念考释》,《河北学刊》2021年第6期。
③ 王锐:《"文明等级论"在近代中国——一个思想史视角的鸟瞰》,《人文杂志》2021年第1期。
④ 王鸿:《晚清"文明"观念的宗教面向——以来华传教士群体为中心的探讨》,《史林》2021年第3期。
⑤ 杨雄威:《"知更鸟":近代中国的"时代意识"》,《历史教学问题》2021年第6期。
⑥ 杨剑利:《闺门的退隐:近代中国性别观念的变迁(1860—1925)》,北京:人民出版社,2021年。
⑦ 袁一丹:《另起的新文化运动》,北京:三联书店,2021年。
⑧ 赵世瑜:《"王朝国家"与前现代中国的国家转型》,《清史研究》2021年第4期。

识，探讨"中华民族"概念的文化逻辑与历史基础，认为三位前辈留下的启示是：不能简单附和西方的民族概念，应该从中国历史脉络中认识"中华民族"概念。① 郑师渠则从国共合作的历史进程切入，考察近代"中华民族自觉"概念的发展。② 在现代国家建构的研究中，"新中国"一词被频繁提及，但少有人关注"新中国"一词本身含义的变化。王玉玲溯源"新中国"概念，理清其在维新时期、20世纪初、五四运动时期所包含的不同意义，还原国人救亡图存和建立现代民族国家的历史轨迹。③

---

① 石硕：《从中国历史脉络认识"中华民族"概念——"中华民族"概念百年发展史的启示》，《清华大学学报》2021年第3期。
② 郑师渠：《近代中华民族意识的自觉——以国共合作为中心的考察》，《北京师范大学学报》2021年第5期。
③ 王玉玲：《清末民初"新中国"一词的概念内涵与话语演进》，《史学月刊》2021年第8期。

# 三、中国近代经济史研究

魏文享[*]

2021年，中国近代经济史领域不仅论著数量丰富，研究议题也在持续扩展，学术讨论及线上演讲极为热烈。究其原因，官方经济档案及民间文献的大量发掘，研究视野的纵横贯通，研究方法的交叉互鉴，都是推动要素。同时，受新冠疫情延续、国际政经格局及国内重大时政要事等因素影响，学者对中国共产党百年历程及中国式现代化、国家财政能力、近代产业经济和全球化等课题有了更多探索，为从经济史角度理解中国近代历史进程提供了新的实证及理论成果。

## （一）中国共产党的百年经济建设及中国式现代化研究

2021年是中国共产党成立100周年，这不仅是党和国家政治生活中的大事，更是学界展开学理探索和实践总结的重要节点。在中国共产党领导的新民主主义革命、社会主义革命和建设、改革开放征程中，经济和民生一直是中国共产党关注的基本问题。学者从不同维度、不同专题出发，对百年来经济思想、经济政策及经济建设成就等加以总结。

在经济与民生议题方面，张远新、吴素霞总结中国共产党百年来领导民生建设的政策与成绩，将其分为新民主主义革命时期的"解放型"民生建设、社会主义革命和建设时期的"生存型"民生建设、中国特色社会主义新时期"基本小康型"民生建设、中国特色社会主义进入新时代"全面小康型"民生建设四个阶段，并总结基本经验为：坚持党的集中领导，坚持以人民为中心，坚持用发展的手段来解决民生问题等。[①] 蒋永穆、王运钊分析中国共产党百年所有制理论认

---

[*] 作者魏文享，华中师范大学中国近代史研究所教授。
[①] 张远新、吴素霞：《中国共产党百年来领导民生建设的历史考察及基本经验》，《江汉论坛》2021年第5期。

识问题，认为所有制理论与中国新民主主义及社会主义经济实践同步发展，相关争鸣涵盖了概念、结构、形式及实现方式等方面。尤其对非公经济、国有企业性质的认识值得重视。①

土地政策及乡村建设是中国共产党走农村革命道路的重要支点。胡岳岷回顾中国共产党土地制度百年变迁史，强调从大历史观来把握其变迁规律。② 刘涛认为，中国共产党百年乡村治理经历了自主性建设、全能管控、改革建设、均衡发展四个发展阶段，向着统合型治理转变，推动党建嵌入乡村治理结构之中，建构起党领导乡村治理的适用性模式及体系。③ 程启军认为，中国共产党百年乡村治理实践基本围绕治理力量、治理方式及治理目标的主线展开，主要经验包括坚持和改善党对乡村治理的领导、以任务和需求为导向、法治化和制度化等。④

中国共产党百年财政思想与实践也是关注重点。闫坤、史卫对此进行了总结，认为以人民为中心、统筹人民长期利益与当前利益，是中国共产党百年财政思想与实践的主线，它贯彻于革命根据地财政建设的实践，促进了新中国独立完整工业体系和国民经济体系的确立。⑤ 闫坤主编的《中国共产党百年财政史：思想与实践》，将中国共产党从诞生到十九届五中全会召开的整个历程划分为11个阶段，全面记录了党的财政工作保障革命战争供给以及服务国家政权建设、经济发展和社会进步的全过程，从中亦可领会以人民为中心的财政的真正内涵。⑥

革命与现代化建设密不可分。关于中国式现代化的讨论，既与党关于现代化道路的论述有关，也是长期以来现代化理论及问题研究的进一步延伸与拓展。中国式现代化强调中国共产党领导的革命、建设

---

① 蒋永穆、王运钊：《中国共产党百年所有制理论探索和争鸣》，《福建论坛》2021年第7期。
② 胡岳岷：《中国共产党土地制度百年变迁》，《福建论坛》2021年第6期。
③ 刘涛：《中国共产党百年乡村治理的功能定位、实践逻辑及时代任务》，《人文杂志》2021年第8期。
④ 程启军：《中国共产党百年乡村治理实践的演进及其核心经验》，《人文杂志》2021年第5期。
⑤ 闫坤、史卫：《中国共产党百年财政思想与实践》，《中国社会科学》2021年第11期。
⑥ 闫坤主编：《中国共产党百年财政史：思想与实践》，北京：中国社会科学出版社，2021年。

与发展道路,与通常从传统与现代、东方与西方,抑或中国中心观、全球史观维度下的讨论有关联也有区别。马敏对此有系统论述。他认为中国式现代化道路是历史形成的,是历史和人民选择的结果。中国现代化进程总体上可以分为资本主义"近代化"和社会主义"现代化"两大历史阶段。"中国式现代化"是中国共产党在探索现代化建设过程中提出的重要概念,是"四个现代化"概念的深化与发展。中国式现代化新道路之"新",在于其是中国特色社会主义道路,是不同于西方的路。①

关于中国共产党在不同革命阶段的财政、土地及经济政策研究。游海华认为,苏区史研究要重视从战时环境维度、人性维度、长时段维度来展开。② 王志峰对晋西北根据地减租减息政策和公粮政策进行讨论,认为减租减息是公粮政策的基础,但晋西北以自耕农为主,公粮征发重视负担控制,减租减息的激发效应不宜高估。③ 闫茂旭认为,中国共产党统一财经主要是在解放战争时期,较早由晋冀鲁豫中央局庞村会议发轫,华北财经会议确立统一目标及部署;加强财经工作、支持解放战争,是其目标,统一货币、稳定物价,是其难点。④

## (二)财政、货币、金融及国家财政能力研究

治国以财政为基,理财又以施政开源。与近代中国的民族危机紧密相伴的,还有财政危机。自晚清起,历届政府、不同政权均在寻求节流开源之道。同时,在战争危机及全球竞争态势之下,政府职能却在不断扩充,财政用度相应迅猛增加,债务、通胀其势难止。如何变革财政、应对政经危机,需要务实且长远的运筹规划。

---

① 马敏:《中国式现代化新道路的历史演进及前瞻》,《历史研究》2021年第6期。
② 游海华:《战时环境、人性、长时段:苏区史研究应有的维度》,《中共党史研究》2021年第6期。
③ 王志峰:《晋西北根据地的减租、公粮与动员(1940—1944)》,《苏区研究》2021年第1期。
④ 闫茂旭:《中国共产党统一财经的缘起与初步实施》,《中共党史研究》2021年第3期。

晚清时期是近代财政及税收改制转型的起步阶段。张泰苏认为，学界一直偏向从经济理性主义视角解读清代财政的变迁历程，但无法解释清政府灵活运用非农业税的事实，因此应从意识形态视角理解清朝财政的政治逻辑。① 和文凯从国家权力正当性与国家能力的关系入手，认为19世纪后期中央和督抚财政权力的移位使中央难以有效管理资金，又依赖地方来应付治理之需，制度惯性阻碍了晚清中国的现代财政转变。②

周建波等以道咸年间蔚泰厚苏州分号代捐业务为例，分析票号代办捐纳业务对提高捐纳制度的运行效率、扩大融资来源及促进票号经营发挥的重要作用，认为代办捐纳开创了清代金融机构与财政融资的早期合作模式，加强了国家财政与金融市场的联系，揭开了晚清由传统财政向现代财政转型的序幕。③ 倪玉平分析太平天国运动时期，贵州因解送协饷严重不足，朝廷特许到外省办理捐输充抵协饷。贵州先后在湖南、湖北、四川、江苏等省设立黔捐局，至光绪时期，合计得捐输达2170万两。他还认为，咸丰时期作为商税主体的关税和厘金从根本上改变了清朝旧有的农业型财政税收结构，开启了商业型税收结构转变，这意味着清代财政的近代化转型。④ 许存健分析咸同时期贵州、云南、甘肃、安徽等省来湖南开办捐局，湖南曾以统收米捐加以抑制，同时从江西统捐中获取分成，并派员赴福建办理援黔捐输，揭示了咸同战时财政体制下，捐输作为传统财政收入成为协饷制度的有效补充，但各省争相办捐，也导致捐税征收的混乱与低效。⑤ 蒋宝

---

① 张泰苏：《对清代财政的理性主义解释：论其适用与局限》，《中国经济史研究》2021年第1期。
② 和文凯：《财政制度、国家权力正当性与国家能力：清代国家能力的再考察》，《中国经济史研究》2021年第1期。
③ 周建波等：《票号代办捐纳的业务特征及其财政作用探析——以道咸年间蔚泰厚苏州分号代捐业务为例》，《清华大学学报》2021年第5期。
④ 倪玉平：《清朝同光时期贵州隔省捐输研究》，《近代史研究》2021年第4期；《"旧瓶"、"新瓶"：清朝咸丰时的关税与财政》，《南国学术》2021年第3期。
⑤ 许存健：《清代咸同年间湖南捐输的运作与协饷转变》，《清史研究》2021年第6期。

麟分析清末废科举之后,科举经费体系并未随之取消,而是转用于新式教育,收支名目及方式虽有变,但来源未有大变化,原来内销—外销的科举经费体系被整合进中央—地方教育财政体系。他还分析了晚清的公款公产兴学问题,认为地方公款公产作为新式教育经费的来源,与公款公产集合概念的形成互为表里,在实践中发挥重要作用。①王晓静认为清廷推行川盐官运制度是为了增加中央财政收入,但官运局强行改变原来运行的旧规,损害各方利益,导致官运制度运行不畅。② 邱捷以晚清广东州县官杜凤治《望凫行馆宦粤日记》为史料,分析晚清广东各州县催征钱粮的情况,认为各州县无不依靠族绅、局绅协助催征,州县官常用威胁及强迫手段完成钱粮任务;日记中难见图甲制及投柜制在征粮中的作用,令人感到困惑。③

在晚清商税及杂税方面。高福美认为烧酒是崇文门税关的大宗税源,政府通过酒税设置达到寓禁于征的目标;但征收存在诸多漏洞,导致私酒难以禁绝。④ 刘煜泽分析清朝初年即形成较为系统的烟草税,前期以商品税和常关税为主,归属百货一类;晚清烟草厘金与酒厘形成独立的烟酒税。⑤ 王燕指出,晚清各省杂税杂捐达2200余种,原因在于就地筹款、就地筹饷、自主筹款政策的实施,各地各行其是。太平天国、甲午战争赔款、新政之需,都促使其爆发性增长,规则纷乱。⑥

民国初年的财政预算制度与实践之间存在分歧。王梅分析了清末民初多个年度预算案,其中数据多为财政当局在各省报送数据上复核而成,预算案编订颁布并非全是形式,数据虚实相间,对于考察制度

---

① 蒋宝麟:《清末废科举后科举经费体系的转型》,《近代史研究》2021年第1期;《公款公产与清末兴学》,《社会科学研究》2021年第4期。
② 王晓静:《晚清川盐官运商销制度的形塑》,《史林》2021年第3期。
③ 邱捷:《晚清广东州县催征钱粮探微——以〈望凫行馆宦粤日记〉的记载为中心》,《安徽史学》2021年第1期。
④ 高福美:《禁而未止:清代京城酒税征收与私酒之兴》,《中国社会经济史研究》2021年第3期。
⑤ 刘煜泽:《清代烟草税收研究》,《安徽史学》2021年第3期。
⑥ 王燕:《晚清杂税杂捐征收名目统计与厘析》,《史学月刊》2021年第4期。

运行仍有意义。王梅还研究了民初临时参议院审议预算案问题。依制度设计，参议院具有审议监督财政之权，也主动要求政府切实办理预算，但因政局变动、党争及参议院本身经验欠缺，往往议而不决。①杜佩红、徐鹤涛也辨析了北洋政府财政预算数据，认为需深入预算形成过程之中，方可准确了解数据来源。②聂鑫、付宁馨分析民初通过立法将财政纳入宪法和法律的框架中，确立了法定主义原则，引入财政公平、量能负担和平等主义的原则理念，提出财政国家类型、地方自治运动为充实地方财政提供了理论支持，强化了地方财政的管理权。③张超分析民国初期北京政府借鉴日本模式，建立金库制度，确立银行委托制，给予中国银行、交通银行国库代理权，有助于统一财政。但各省财政收支不统一，加之存在经征不分、代理权分散、预决算难定等问题，国库管理混乱的问题未根本解决。④

民国时期，政府的财政改革一方面以促进财政统一、增进中央财政能力为目标；另一方面也在力图回应社会上废除苛捐杂税的诉求，但实际效果不佳。柯伟明分析民国时期田赋在中央与地方之间的移转情况。田赋归属受民国财政分权体制影响，同时与军政格局、战争有密切关系，田赋归属的变动不仅未能有效调节中央与地方的财政关系，反而激化了国家与民众的矛盾。⑤高蓉芳、刘志英分析全面抗战时期国民政府内债与通胀关系，认为国民政府利用内债向国家银行抵押借款，是内债增加法币的主要方式，也是引发通胀的重要因素。⑥

---

① 王梅：《虚实之间：清末民初国家财政预算案与预算数据》，《江西社会科学》2021年第12期；《进退失据：民初临时参议院审议预算案的窘境》，《史学月刊》2021年第11期。
② 杜佩红、徐鹤涛：《北洋政府财政预算数据辨析》，《经济社会史评论》2021年第3期。
③ 聂鑫、付宁馨：《民初国地财政划分的法制建构（1912—1925）》，《清华大学学报》2021年第2期。
④ 张超：《国库统一与财政整理：民初北京政府金库制度建设研究》，《民国档案》2021年第3期。
⑤ 柯伟明：《民国时期财政分权体制下田赋归属的变动》，《近代史研究》2021年第3期。
⑥ 高蓉芳、刘志英：《全面抗战时期国民政府内债与通货膨胀的恶化——以国民政府抵押内债为主的探讨》，《中国社会经济史研究》2021年第2期。

李发根、杨金客分析20世纪30年代蚌埠的"北盐公共营业处"案，该机构由盐务机构与运商联合设立，与省财政及盐行利益相左。在平衡利益后，中央饬令废除盐牙，省财政则得到弥补。①

民国时期的直接税、工商税近年受到高度关注。朱海嘉发掘云南省档案馆的财政史料，讨论抗战时期云南省直接税问题，指出战时直接税开征后，国民政府加强对地方税政的干预，逐步解构了战前相对独立的地方税收格局。②王荣华分析20世纪40年代福建的禁酿及其中的酒税问题，酒税是关键的利益所在，在"禁"与"弛"的反复变化中，米、酒、税的消长受到中央、地方、酿户之间博弈的影响，最终节约粮食的主旨转化为寓禁于罚政策。③潘健分析1929年特种消费税开征问题，认为其目的在增加财政收入而非发展经济，制度设计缺陷重重，导致东南五省裁厘失败。④于广研究裁厘改税与近代出厂税问题，认为改税的成功得益于机器工业的发展，也与出厂税的稽查及退税制度日益完善有关。⑤郝平、张文瀚研究山西的契税问题，认为在南京国民政府时期，因官方契税征稽制度优化，契税增长成为山西第三大税种。⑥罗凯提出，20世纪30年代汉口外商营业税征收取得一定成功，对实现中外商人纳税平等有积极意义。⑦

货币、金融既关系财政，更与整个经济、市场体系的运转紧密相

---

① 李发根、杨金客：《盐务改革背景下的1930年代蚌埠"北盐公共营业处"案》，《安徽史学》2021年第5期。
② 朱海嘉：《国家税政介入与地方社会因应：抗战时期云南省直接税实施述论》，《中国社会经济史研究》2021年第3期。
③ 王荣华：《米、酒、税的三重变奏：20世纪40年代福建禁酿问题研究》，《近代史研究》2021年第2期。
④ 潘健：《南京国民政府统治初期裁厘改税的尝试与挫败——以1929年特种消费税开征为中心》，《福建论坛》2021年第3期。
⑤ 于广：《从机器货物税到统税：裁厘改税与近代中国出厂税的演变》，《中国经济史研究》2021年第6期。
⑥ 郝平、张文瀚：《杂税转正：民国时期山西契税的征稽（1912—1937）》，《中国经济史研究》2021年第5期。
⑦ 罗凯：《20世纪30年代初汉口外商营业税之稽征》，《中国经济史研究》2021年第3期。

关。陈昭、邓颖杰估算近代中国广义货币供应量,认为依据货币乘数公式中的基础货币与货币乘数等数据得出的1887—1909年广义货币量数据是可靠的;影响1887—1935年数据的主要因素是出口、华侨汇款、国际银价和经济景气程度。① 王丽分析了美籍财政顾问杨格与抗日战争前中国的币制改革问题,杨格推崇金本位改革方案,希望以此参与中国货币改革,间接实现美国的利益,在劝谏失败后又提出实施汇兑本位制,为法币改革提供支持。在此期间,国民政府始终掌握着改革的主导权,杨格则努力以货币金融事务为核心建立新型中美关系。② 荣晓峰研究废两改元对天津银两制度的影响,天津废除关平银、行化银,传统金融组织炉房和公估局解体,拨码制度被纳入银元体系。其中,"银两集团"与"银元集团"之间、中央与地方之间、中国与外国势力之间都存在激烈博弈。③ 许晨分析近代福州钱庄发行台伏票问题,认为这是一种双重本位的不兑现纸币,通过民间自发的制度调适,在"虚银两"制度下以钱计价。台伏票具有紧缩特征,其发行总量有限,是政府货币制度与民间惯例在制度层面的结合。④

## (三)产业结构及行业经济史研究

在经济近代化进程中,资本、技术、市场及制度因素至为关键。在不同阶段,产业结构也在发生累积性变化。在共同趋势之下,新旧不同行业的市场角色存在差异,其变迁路径也各有不同。大量不同行业的研究案例,有助于深化对近代经济的认识。

在宏观经济发展评估方面。关永强梳理了民国以来各种工业生产指数的编制、体例、资料来源及存在的问题,同时讨论了指数所反映

---

① 陈昭、邓颖杰:《近代中国广义货币供应量的估算及其影响因素研究(1887—1936)》,《中国社会经济史研究》2021年第3期。
② 王丽:《美籍顾问杨格与战前中国的币制改革》,《近代史研究》2021年第2期。
③ 荣晓峰:《"废两改元"与天津银两制度的终结》,《中国社会经济史研究》2021年第4期。
④ 许晨:《虚银与虚钱:近代福州台伏票制度及其变革》,《清华大学学报》2021年第5期。

的近代中国工业发展总体趋势、阶段性特点和产业差异。① 缪德刚讨论近代中国"国富"问题,运用中外文献,思考国家资产总量核算问题,厘清其与国家资产负债的内在关系。② 欧阳峣、易思维认为,新式教育提升了近代人力资本水平,有利于促进工业和新式金融业的产业结构升级。③

在资本等要素方面,周建波等认为清代江南农村生产性借贷利率过高,削减了农民兼营手工业的收入,难以形成规模化的劳动力转移。同时,高利率吸纳社会资金而使生产资本受到影响;由政府参与建构金融市场,是促进工业化转型的核心条件之一。④ 吴静分析20世纪30年代初,国民政府采用荣宗敬提案实施的英国"庚款担保购锭"案,荣宗敬原提议由国民政府为民营纺织企业购买机器提供担保,但因政府所定还本付息办法过于严苛而成为一纸空文。⑤

在区域或全国经济体系中,行业之间存在不同程度的关联。王强研究民国上海堆栈业,指出堆栈业在不断完善其货物存储、交易流通及抵押借款功能的同时,也在降低交易成本、稳定市场秩序等方面发挥作用,堆栈业的栈单信用兼具对人信用和对物信用,但未建立起独立的公共信用机制。⑥ 刁莉、宋思琪分析,1872—1919年汉口中药材贸易以埠际贸易为主,转口贸易居重要地位,增长明显,主要进出口药材有土产鸦片、大黄、五倍子、麝香、土茯苓等,汉口自清代以来形成的中药材传统商业网络及市场机制仍然延续。⑦ 张子健认为晚清民营通信机构

---

① 关永强:《近代中国工业生产指数探微》,《中国经济史研究》2021年第5期。
② 缪德刚:《中国近代国家资产总量——基于"国富"指标的项目整合与数据考证》,《中国经济史研究》2021年第5期。
③ 欧阳峣、易思维:《新式教育、人力资本与中国近代产业升级》,《中国经济史研究》2021年第6期。
④ 周建波等:《清代江南农村手工业生产性借贷的高利率影响探析——兼谈早期工业化走向近代工业化的金融条件》,《清史研究》2021年第6期。
⑤ 吴静:《20世纪30年代国民政府"庚款担保购锭"述论》,《中国社会经济史研究》2021年第1期。
⑥ 王强:《存储、流通与信用:贸易周转中的民国上海堆栈业发展(1912—1937)》,《安徽史学》2021年第2期。
⑦ 刁莉、宋思琪:《近代汉口的中药材贸易(1872—1919)》,《近代史研究》2021年第4期。

在空间上可分为"轮船"与"内地"两个部分，民信局与轮船买办的合作，促进了轮船航线和通信网络的互利扩张，轮船运输促进了通信的工业化，邮递通信与物流同步，通信线路与贸易线路可以互相支持。① 张跃提出，近代上海缫丝业中"租厂制"盛行的原因在于，价格波动和经营风险较大的市场环境下，此法可以有效规避风险，营业主可降低成本，实业主可以获得租金收益。② 徐俊嵩讨论了收藏于山西省图书馆的《自诚公皮房账簿》，360 册账簿始自道光八年（1828），止于 1955 年，时间跨度大，内容丰富系统，是全面认识山西皮毛商人经营状况的重要史料。③ 冯剑、梁晓艺认为民国时期青岛的期货交易市场早期由日本人成立取引所，后来华商独立建立物品证券交易所。④

林业、渔业等副业情况也受到关注。池翔分析，晚清政府已加快长白山木材开发，但受交通及加工条件限制，市场状况不佳。日俄战争后，日本加强对长白山林木资源控制，通过控股公司实施对华资本输出和资源掠夺。⑤ 刘超建、马从心分析 20 世纪 30 年代广西省政府为挽回利权组建广西糖厂，采用精制糖设备和技术，取得一定成绩，但因日军破坏、秩序动荡及政府支持不力，最终仍归失败。⑥ 刘静研究清至民国青海湖的湟鱼捕捞问题，蒙古族、汉族及藏族民众都是重要的捕捞者，共同的捕捞生活是推动各族间产生"同化"现象的重要原因。⑦

---

① 张子健：《轮船运输与晚清民营通信的空间转型》，《史学月刊》2021 年第 5 期。
② 张跃：《价格波动、经营风险与租厂经营——近代上海缫丝业"租厂制"盛行原因研究》，《中国社会经济史研究》2021 年第 1 期。
③ 徐俊嵩：《自诚公皮房账簿及其社会经济史价值》，《清史研究》2021 年第 1 期。
④ 冯剑、梁晓艺：《民国时期青岛期货交易》，任吉东主编：《城市史研究》第 43 辑，北京：社会科学文献出版社，2021 年，第 18—36 页。
⑤ 池翔：《晚清时期东北林木与中国北方市场的木材贸易竞争》，《清史研究》2021 年第 6 期。
⑥ 刘超建、马从心：《新桂系时期广西糖业近代化实践——以广西糖厂为例》，《民国档案》2021 年第 2 期。
⑦ 刘静：《资源、生计与族群：清至民国时期青海湖湟鱼的捕捞与运销》，《中国历史地理论丛》2021 年第 2 辑。

## （四）企业、市场及商人组织

在市场经营主体方面，企业、企业制度及企业经营行为一直是研究的重点。近年，随着大量企业档案、账簿、报刊及海外史料的整理与利用，企业史研究的深度与广度都在拓展。

巫云仙总结了中国企业史研究的历程，认为近百年中国企业史学科以 1949 年、1979 年为节点可划分为三个阶段，形成与经济史学科高度融合的企业史范式。自 20 世纪 90 年代以来，企业史关注度升高，在融合经济史研究外，也与其他学科交叉，形成分立发展态势。[①] 李彦超分析近代官办企业的融资问题，认为融资方式随时局之变而相应调整，从早期官款到吸纳社会商股、钱庄借款、外国借款、银行贷款，渠道有所拓宽。但南京政府的官办企业融资主要来源于财政及银行资金，内源性融资不足。[②] 杜恂诚考察全面抗战前英商上海业广地产公司的发展史，发现其业务重心并非土地买卖及售屋，而是建房出租。[③] 严跃平等认为，民国时期银行常见的暗账行为，是金融管制与通货膨胀共同冲击的后果，成为资产保值的重要方式，是银行家应对内外环境冲击的选择。[④]

市场是企业运行的社会和制度空间，市场网络、市场制度及市场秩序的演变，也是近代经济进程的主脉之一。在市场网络方面，刘煜泽、雷鸣使用民国前期山西省政府县级物价统计史料，运用统计及计量方法，讨论电报和铁路对市场整合的作用。铁路对大宗低值商品的市场整合作用较为明显，电报对小宗高值商品市场整合的

---

[①] 巫云仙：《中国企业史百年研究：融合与分立的发展逻辑》，《东南学术》2021 年第 6 期。
[②] 李彦超：《中国近代官办企业的融资变化》，魏明孔、戴建兵主编：《中国经济史评论》第 13 辑，北京：社会科学文献出版社，2021 年，第 84—105 页。
[③] 杜恂诚：《以造房出租为主业的英商业广地产公司》，《中国经济史研究》2021 年第 3 期。
[④] 严跃平等：《金融管制、通货膨胀与民国时期银行的暗账行为（1940—1948）》，《中国经济史研究》2021 年第 3 期。

作用较为明显。① 郑成林、李升涛认为，清代中后期四川乡场由得到官府授权的场总实施管理，场总扮演着官府代理人、乡场保护人等多重角色。② 孔源分析19世纪后期连通大兴安岭东西、呼伦贝尔与东四盟、蒙古高原等地区的贸易网络，认为它促进了经济交往和文化整合，草原丝绸之路对中华民族多元一体化进程具有促进作用。③ 郑会欣分析1937年"纱交风潮"，揭示其成因及国民政府处理贪腐案件的困境。④

在市场法规方面，法律与习惯一直是讨论重点。张二刚、高红霞分析民国上海传统行业同名字号现象，指出1934年司法解释禁止这一惯习，但因商家沿用而影响法律执行，传统行业同名字号通过具结登记方式得到维持。⑤ 张世慧认为，清末创设的《破产律》虽被废止，但在司法实践中仍发挥作用，其部分内容被1935年南京国民政府《破产法》继承。⑥ 左海军认为近代中国商业破产法规虽有实施，但效果有限，较多依赖以习惯法为依据、以商会为依托、以股东财产为对象的清理机制。⑦

在市场标准方面，李佳佳分析近代中国棉花检验制度的建立问题。西方棉商在18—19世纪全球棉花贸易中确立了等级标准制度，中国自19世纪70年代进入全球棉花市场，至20世纪20年代初步

---

① 刘煜泽、雷鸣：《民国前期山西省市场整合研究——以探讨电报及铁路对市场整合作用为中心的量化历史研究》，《中国社会经济史研究》2021年第2期。
② 郑成林、李升涛：《清代中后期四川乡场的管理机制及权力关系——以南部县为中心的考察》，《四川师范大学学报》2021年第4期。
③ 孔源：《近代草原丝绸之路东北端的文化景观、经济网络和文化认同——19世纪呼伦贝尔的社会商业网络和认同变迁》，《社会科学》2021年第7期。
④ 郑会欣：《1937年"纱交风潮"的爆发与处理》，《史学月刊》2021年第12期。
⑤ 张二刚、高红霞：《商业习惯与现代经济立法——民国上海传统行业同名字号现象研究》，《中国经济史研究》2021年第4期。
⑥ 张世慧：《清末破产法的创设、顿挫与遗产》，《清史研究》2021年第6期。
⑦ 左海军：《近代中国商业破产习惯中的债务和解及其清理机制》，《中国社会经济史研究》2021年第3期。

建立起以上海、天津、武汉为中心的检验区域布局。① 杨泽嵩、关增建研究了中日商约谈判与清末度量衡改革，认为经过两个阶段的谈判，形成了以统一为核心目标、营造尺库平制为标准的改革方案。②

商人群体及商帮、商会组织依然受关注，研究视野也进一步深入社会、经济的运行进程及企业经营之中。朱英对辛亥革命前上海商会与抵制美货运动的关系进行了再讨论，指出最早一次发起抵货运动的会议虽在上海商会会所举行，但并非由商会发起，商会领导人亦未出席，所发通电也非商会领导人署名，仅为商董曾铸领衔。客观而言，上海商会只是参加抵制美货运动的众多社会团体之一，并非发起领导者。③ 李灵玢运用《汉口山陕西会馆志》对汉口西会馆的重修及山陕商人在汉口的经营活动进行了分析。④ 唐晔以保定商会为中心讨论了近代中小商会的角色与功能问题。⑤ 戴昇分析明清徽商的学徒制度，学徒在学艺期间需学习辨物、估价、识银、算术等贸易知识及记账、经营等实用技术，言传身教、商书学习、请教效法、自身体悟，均是学习之道。⑥ 彭南生从上海城市史、商人团体史脉络入手，系统研究以往未受关注的商会形态——马路商界联合会，揭示这一组织产生、发展及衰落过程；并透过其组织功能及集体行动，说明马路中小商人在政治、经济、公益、市政等方面的应对及参与，也展示了街区里商人组织的市场、社会及利益维护机制。⑦

---

① 李佳佳：《全球视野中近代中国棉花检验制度的建立与演进》，《湖北大学学报》2021年第4期。
② 杨泽嵩、关增建：《中日商约谈判与清末度量衡改革》，《学习与探索》2021年第4期。
③ 朱英：《再论辛亥革命前的上海商会与抵制美货运动》，《史林》2021年第6期。
④ 李灵玢：《汉口西会馆重修及清代山陕西商务管窥》，《中国社会经济史研究》2021年第2期。
⑤ 唐晔：《中国近代中小商会发展之路——以保定商会为中心》，《中国经济史研究》2021年第6期。
⑥ 戴昇：《学以成商：明清徽商学徒的贸易知识与生意学习》，《安徽史学》2021年第6期。
⑦ 彭南生：《街区里的商人社会：上海马路商界联合会（1919—1929）》，北京：北京师范大学出版社，2021年。

## （五）农业经济、土地制度及租界地权问题

学界对近代中国农业规模问题的讨论一直较为激烈。李金铮辨析了大农经营与小农经营的内涵、大农与小农之优劣、如何实现大农经营、农业经营的现状及原因等四个问题，认为大农经营建设成效有限，事实上小农经营居于绝对统治地位。① 马烈、李军比较了南、北方农民维持家庭粮食所需用工量，发现南方农民通过更少的用工量来获得必需粮食，生活水平相对较高。②

在农业作物方面，陈明分析近代花生引种及商品化问题，认为花生种植走向商品化，与口岸贸易、交通网络、农民生存需求及工业原料需求等密切相关，生产的专业化和区域化程度与其商品量、商品率、流通范围均呈正向关系。③ 朱星宇、包平讨论晚清至民国时期东北主要粮食作物由以大豆—高粱—粟为主转向以大豆为中心的种植格局，发现伪满政权的政策、日本殖民控制对其有重要影响。④

在农业技术方面，张瑞胜、梅雪芹讨论美国万国农机公司在中国设立奖学金始末，认为对培养近代中国第一代农业工程师发挥了重要作用。⑤ 夏如兵、由毅分析了穆藕初与近代棉业改良问题，认为其提出的"振兴农业，非财不可，且非才不办"理念，推动了农学界与企业界结合，有利于科技与市场的协同发展。⑥ 董维春等强调20世纪20

---

① 李金铮：《大农与小农：清末民国时期中国农业经营规模的论争》，《近代史研究》2021年第5期。
② 马烈、李军：《近代中国农业生产中南北方农民维持生存用工量的比较》，《中国农史》2021年第3期。
③ 陈明：《从佐餐小食到利用厚生：近代花生的引种及其商品化探析》，《中国农史》2021年第4期。
④ 朱星宇、包平：《1905—1945年东北大田作物种植格局变迁研究》，《中国农史》2021年第4期。
⑤ 张瑞胜、梅雪芹：《意图与历史的错位——万国农机奖学金设立始末（1945—1948）》，《中国农史》2021年第6期。
⑥ 夏如兵、由毅：《科学与企业的耦合：穆藕初与中国近代植棉业改良》，《中国农史》2021年第3期。

年代以来，中国科学社一批农学家创办10个农业及生物类学会和50余种学术期刊，表彰其促进现代农业知识引进与传播的贡献。①

近代乡村地权分配研究中，阶级占地比例、基尼系数标准有不同侧重。胡英泽对相关研究运用基尼系数评估存在的问题提出疑问，认为按户计算地权分配基尼系数相对精确，过去一些研究低估了地权集中程度。②庞浩等通过整理上千个县份的县志史料，从基尼系数、第一泰尔指数、地主富农占比等维度测度土改前后不平等的地权分配情况，认为土改极大降低了地权分配不平等程度。③马烈对"南方多租佃，北方多雇佣"的经济现象进行再讨论，认为学界从经济发展、人地比例、社会特权、贸易冲击、税收政策、成本风险等角度均有论述，但缺少对地主与农民农业经营方式选择机理的分析。④

租界的地权问题不属于农业范围，而是城市发展带来的新问题。关于上海与天津等地租界的市政建设、土地交易制度、地价变动等，都有不少学者关注。李一苇、龙登高研究了近代上海道契土地产权属性，认为道契在继承传统土地产权制度同时，吸纳了西方法律原则。不过，道契申领并未发生原业主对承租人的所有权交割，可界定为介于所有权和使用权之间的土地占有权，道契持有者由此获得地价增值的支配权，形成可交易的经济权利。⑤牟振宇考察上海道契土地面积精度，认为在会丈局成立前，不少田单转换为道契时未经官方重新勘量，会丈局成立后，完善了道契测量、颁发流程，道契数据精度得到提高；1900年公共租界清丈处成立后，测量技术及工具更新，勘量更为准确。他还运用上海法租界地籍资料及土地估价

---

① 董维春等：《二十世纪前半叶农业与生物类学会主办的学术期刊考略——以中央大学和金陵大学为主线》，《中国农史》2021年第1期。
② 胡英泽：《近代中国地权分配基尼系数研究中若干问题的讨论》，《近代史研究》2021年第1期。
③ 庞浩：《土改前后地权分配之比较：基于县志的研究》，《中国经济史研究》2021年第1期。
④ 马烈：《为什么近代中国"南方多租佃，北方多雇佣"?》，《中国经济史研究》2021年第4期。
⑤ 李一苇、龙登高：《近代上海道契土地产权属性研究》，《历史研究》2021年第5期。

数据，复原法租界在若干年份的地价分布及变化轨迹，认为1924—1934年地价呈持续增长趋势，空间上构成以外滩和霞飞路为中心、由内向外递减的圈层结构，地价受基础设施、城市更新及商业繁荣影响最为直接。① 龚宁研究近代天津英租界的规划与建设情况，英租界的市政建设与海河工程局、英租界工部局以及租界业主利益一致，使规划得以顺利通过；建设过程中，租界地价不断上涨，改变了原有的城市空间格局，租界区域逐步成为天津城市的新经济中心。②

## （六）抗战经济史研究

近年，在中国抗日战争史研究会、中国历史研究院近代史研究所《抗日战争研究》编辑部和抗日战争史研究室、西南大学重庆中国抗战大后方研究中心等组织机构及广大学者投入参与下，抗日战争史在史料整理、学术交流、学术发表、研究队伍建设等方面都取得长足进步，其中关于经济史的研究论著也相当丰富。在这个过程中，由中国社会科学院、国家图书馆及国家档案局牵头，中国历史研究院近代史研究所承办的"抗日战争与近代中日关系文献数据平台"发挥了重要的学术基础设施作用。抗战经济史涉及不同区域和主体，因战时经济特征及抗战需要，又包含一些特有的经济议题。在经济史分科领域内，也有相对集中的关注议题及对话空间。

在国民政府方面，王荣华研究战时国民政府对重庆面粉业的管控，粮食部成立陪都粮政密查队，对面粉产销进行调查，在战时粮食管理方面发挥一定作用，但所查案件有相当部分为队员邀功作假，成为病商害民工具。③ 郑康奇分析了全面抗战爆发后，国民政府实施存

---

① 牟振宇：《晚清上海道契土地数据的再认识（1843—1911）》，《史林》2021年第4期；《民国时期上海法租界地价时空演变规律研究（1924—1934）》，《中国经济史研究》2021年第5期。
② 龚宁：《近代天津英租界规划、建设与地价变动研究》，《史林》2021年第1期。
③ 王荣华：《战时国民政府对重庆面粉业的管控——以粮食部陪都粮政密查队为中心》，《史学月刊》2021年第1期。

粮调查，试图将大粮户纳入征纳体系的过程。①

在抗日根据地经济方面，周祖文分析山东抗日根据地的公粮征收问题，根据地不断修订征收公粮办法，既强调公平负担，也提升征稽效率，并在抗战后期走上统一累进税轨道。②钟钦武分析山东抗日根据地的货币斗争，指出山东根据地排除法币并非抛弃之，而是将其作为平衡内外经济的资源，类似"外汇"的作用；通过排除法币，中共掌控了区域货币控制权。③陈争平、尹秀秀分析了山东根据地北海银行的农贷扶贫工作，对其经验及绩效进行了总结。④

在沦陷区经济方面，彭鹏关注七七事变后日本成立兴亚院，对中国展开系列调查，其中棉花是调查重点。兴亚院在北京、上海设立联络部，利用伪政权展开调查并实施统制，以此达到经济控制目标。⑤卫和成、黄英伟运用一位抗战期间居于沦陷区的企业管理者的日常收支账本——《董士账本（1936—1942）》，根据其中所记不同商品及服务价格情况讨论沦陷前后的物价变动，认为日本侵华是导致米粮及其他商品价格普遍上升的直接原因。⑥王亚奇、田彤讨论了上海"孤岛"时期新亚药厂的经营问题，在许冠群领导下，药厂致力于科学管理，增进企业凝聚力，推动了企业的战时扩张。⑦

抗战时期中日货币战问题备受关注。燕红忠从国际因素和内外部

---

① 郑康奇：《谁来纳粮：全面抗战时期川陕地区的大粮户》，《抗日战争研究》2021年第2期。
② 周祖文：《山东抗日根据地的救国公粮征收研究——兼与华北其他根据地比较》，《近代史研究》2021年第5期。
③ 钟钦武：《"排法"：山东抗日根据地货币斗争新探》，《中国社会经济史研究》2021年第3期。
④ 陈争平、尹秀秀：《抗战时期中国农贷扶贫经验——以红色金融企业北海银行为例》，《中南财经政法大学学报》2021年第6期。
⑤ 彭鹏：《日本兴亚院对华棉花调查及对其生产流通的统制（1938—1942）》，《抗日战争研究》2021年第4期。
⑥ 卫和成、黄英伟：《抗战前后沦陷区物价变动——基于董士账本（1936—1942）的证据》，《中国社会经济史研究》2021年第2期。
⑦ 王亚奇、田彤：《抗日战争时期企业科学管理的实践——以新亚药厂为例》，马敏主编：《近代史学刊》第25辑，北京：社会科学文献出版社，2021年，第179—192页。

力量交互影响的视角，系统考察中日之间围绕商业、贸易、产业发展和战时经济展开的货币金融斗争，厘清中日货币战争表现形式及发展阶段，揭示其对中日经济关系及中国历史进程的影响。① 王萌揭示了日本当局建立以日元为中心的殖民地金融体系，以此掠夺沦陷区，妄图"以战养战"的过程。②

### （七）中外贸易及中外经济关系

随着学术交流的全球化以及大量海外史料的发掘，学界的研究视野在不断拓宽，之前以学科、时段、地域、主题为中心的研究走向交叉贯通。进出口贸易、商品流动、海关、航运、港口等相关研究呈现出更为丰富的面相。滨下武志指出，海关资料除贸易、税收之外，还涵盖海洋管理、航线、气象、邮政等多方面主题，因此世界史、全球史、海域史既是观察海关的视角，也可从海关史料中得到支撑，如果能够建立大型海关资料数据库，将可在贸易、资源、环境、市场等不同领域取得进展。③

研究中外贸易及经济关系不能仅关注进出口贸易，还应从全球和国内经济体系的不同维度，来分析市场网络和交易行为。侯彦伯指出目前中外贸易研究过于偏重洋关和轮船，对口岸市场的复杂多样性估计不足。他认为晚清泛珠三角的贸易体系中，华商、中式帆船、常关仍具备与洋商、轮船、洋关的对抗能力。华商通过对运费、常关税费的考量来调整贸易线路。④ 吴汉泉考察暹罗与中国在朝贡关系下的海运贸易行为，并分析中国在暹罗贸易与经济结构中的重要地位，认为

---

① 燕红忠:《中日货币战争史（1906—1945）》，北京：社会科学文献出版社，2021年。
② 王萌:《战时日本对华货币战》，南京：江苏人民出版社，2021年。
③ 滨下武志:《全球历史视野下晚清海关资料研究的新挑战与新途径》，《清史研究》2021年第6期。
④ 侯彦伯:《晚清泛珠三角模式的贸易特色：华商、中式帆船与粤海常关的积极作用（1860—1911）》，《中国经济史研究》2021年第6期。

中暹贸易是中国海上贸易的重要组成部分。①

张珺关注近代中国进口日本煤炭问题,提出自 19 世纪中期起,日本煤炭在上海一度占据煤炭消费市场首位,日本也借此获得外汇收入。直到 20 世纪 20 年代,由于日本国内需求增长及中国本土煤炭生产改观,日本煤炭对华出口才明显萎缩。② 刘志扬认为,辛亥革命后川边茶在西藏销量急剧下降的原因并不是英国贩运印度茶叶。由于中国抵制以及藏人对川边茶的偏好,印度茶在西藏占有量并不高,实际上是滇茶弥补了川边茶的缺额,大量占据西藏茶叶市场。③ 此外,刘锦研究近代上海沙船业,随着北方口岸开放,西方航运业侵入北方豆货运输业务,沙船市场空间不断萎缩。沙船业一方面通过改变货物运输结构维持生存,另一方面也在向现代航运业转型。④

在海关和关税研究方面,柴鹏辉提及在 1929 年实行新税则后,走私活动猖獗。国民政府采用国际通行准则,划定缉私界线,但这一措施受到日本强权干涉。⑤ 杜丽红、刘嘉梳理了近代汕头海港检疫权的收回过程:1874 年后汕头形成由地方官、潮海关税务司及汕头领事团合管的机制;1927 年后,汕头尝试将检疫权收归自办,遭到外国反对;直到 1936 年,汕头市海港检疫所才真正成为全国海港检疫处的直属机构。⑥

---

① 吴汉泉:《朝贡与利润:1652—1853 年的中暹贸易》,王杨红等译,北京:社会科学文献出版社,2021 年。
② 张珺:《近代中日煤炭贸易——以上海对日本煤炭的进口为中心》,《清史研究》2021 年第 2 期。
③ 刘志扬:《19 世纪末到 20 世纪中叶印度茶叶在西藏的销售及其影响》,《民族研究》2021 年第 3 期。
④ 刘锦:《中国传统航运业的近代命运——以上海沙船业的衍变为考察对象》,《江苏社会科学》2021 年第 2 期。
⑤ 柴鹏辉:《南京国民政府时期海关缉私界线划定述论》,《中国边疆史地研究》2021 年第 3 期。
⑥ 杜丽红、刘嘉:《管辖权嬗变与利益博弈——近代汕头海港检疫权的收回》,《史学月刊》2021 年第 7 期。

# 四、中国近代社会史研究

魏文享

2021年，中国近代社会史研究持续关注社会结构、社会组织、社会秩序及社会生活宏观变迁，更聚焦于医疗、救济、日常生活及社会文化等议题，相关讨论对话更为集中，方法上更加重视从微观、民众、过程、运行等维度揭示具象的社会生活场景，在延续传统议题的同时，"新社会史"的色彩越发浓重。

## （一）医疗社会史研究

经过较长时期的积累，医疗社会史不论在专业研究人员队伍上，还是专门的研究中心与研究集刊都有所发展，论著数量亦堪称丰富；加上新冠疫情的持续，医疗社会史已经成为关注度较高的学术领域，学术共同体的建设不断充实完善。

在医疗社会史视野中，中国近代是中西古今交会的过渡阶段。同时，近代医疗社会史的史料极其丰富，也为持续的学术创新奠定基础。在新冠疫情仍然持续的背景下，近代医疗事业、公共卫生等议题受到广泛关注。近年关于晚清东北鼠疫的研究不断增加。侯杰、张鑫雅以《盛京时报》《奉天疫事报告书》等史料为主，认为1910—1911年东北鼠疫中，媒体的及时关注，使官方和民间了解到疫情的严重性，政府随之设立防疫病院及隔离所，采取隔断交通、隔离感染源等措施；商会等民间团体也采取多种防疫举措，积极应对。①

医用口罩为重要医疗防护工具，刘春燕、张勇安探索了医用口罩的知识史。从希波克拉底时代到19世纪中叶，瘴气论及疫病传播推

---

① 侯杰、张鑫雅：《媒介视域中的疫情防控——以1910—1911年东北鼠疫为例》，《安徽史学》2021年第4期。

动鸟嘴口罩的出现。鼠疫杆菌发现及飞沫传播理论，为现代医用口罩提供了知识前提。1910年东北鼠疫及1918年大流感，推动了口罩的普及。此后，因抗生素及免疫运动推广，口罩的防护作用有所式微，但其防护功能仍受到重视。① 陈鹏、王璞分析，20世纪初为应对东北鼠疫等疫病灾害，卫生学家尝试将口罩用于防疫之中。随着细菌学知识及传染病防治经验积累，口罩于1929年被正式纳入中央层面的公共卫生防疫制度，迅速实现社会化普及。②

鸦片是危害民众健康的重大社会问题，但因涉及巨大的税收及实际利益，难以严厉禁绝。王宏斌梳理了1876—1885年中国、英国、印度三方围绕鸦片税厘征收的博弈过程，揭示鸦片贸易的巨大经济利益对各方博弈智慧及道德底线的考验。③ 谢晓鹏分析，抗战时期日伪当局为获得鸦片税收，实施寓禁于征的政策，表面禁鸦片，实际上经官署许可即可种植贩卖，既造成河南沦陷区鸦片泛滥，也导致吏治腐败。④ 顾万发认为在寓禁于征的政策下，作为铁路交通中心和工商中心的郑州成为毒品集散地，鸦片种植和运销猖獗，烟毒业成为其主要产业之一。⑤ 麻醉品也是成瘾性吸食品，其管理难点在于区分药用与禁烟禁毒。姬凌辉指出，南京国民政府加强麻醉品统一管理，但垄断专营、利润分成等措施造成烟政、药政部门贪腐，同时专营政策也增加了购药难度，导致全面抗战时期麻醉药品供不应求。⑥

公共卫生问题涉及面广，在不同地区表现不同。曹牧认为天津开

---

① 刘春燕、张勇安：《医学知识的发展与防疫方式的变迁：初探医用口罩的知识史》，《史林》2021年第5期。
② 陈鹏、王璞：《卫生防疫口罩在近代中国的兴起、流行与波折》，《福建论坛》2021年第7期。
③ 王宏斌：《中、英、印围绕鸦片税厘征收之博弈（1876—1885）》，《中国历史研究院集刊》第3辑，北京：社会科学文献出版社，2021年，第160—202页。
④ 谢晓鹏：《抗战时期日伪的烟毒政策及其影响——以河南沦陷区为例》，《安徽史学》2021年第2期。
⑤ 顾万发：《铁路、市场与禁毒——近代郑州烟毒业述论》，《史学月刊》2021年第12期。
⑥ 姬凌辉：《南京国民政府管控麻醉药品的制度尝试与专营困境》，《近代史研究》2021年第4期。

埠后在全球流行性疾病及卫生革命的影响下,租界开始发掘地下水并建立供排水设施,但井水氟化物超标使天津成为地域性氟病高发区。这说明,人类可以改变城市从自然获取资源的形式,但无法改变其基础条件。① 冯闻文研究晚清上海租界季节性野味禁令问题,指出实施之因在于维持猎物种群以及保障食品卫生,本地士绅商民、外国侨民对此认识不一,体现出殖民话语与地方话语、传统话语与现代话语的交织。②

在医院史方面,李传斌讨论北伐战争前后杭州广济医院被地方政府收回自办又发还教会的过程,认为此事是民族主义运动及时局变化的产物,也与教会医院的特殊性有关。但由于收回自办难以持续,医院最后仍由教会办理。③ 李恒俊研究新四军外来医务人员问题,指出医师与革命队伍间需要磨合。皖南事变后,作为专业技术人员的医者在与部队的长期相处中逐步融入革命队伍。④

## (二)灾害及慈善史研究

灾害一直是困扰人类社会的难题。在历史记载中,天灾或人祸带来的"灾"、"害"、"饥"、"荒"不断。与灾害史相伴而行的还有慈善史,从古代荒政到近代慈善救济体系的建立,慈善反映着人类社会的抗风险机制、社会公益道德水平及社会治理能力。

近年来,学界对灾害史、慈善史的关注度一直很高。2021年8月,中国人民大学清史研究所、《清史研究》编辑部主办"第二届清代灾荒与中国社会学术研讨会",议题包括清代灾害研究百年回顾、

---

① 曹牧:《饮水、深井与氟齿病——全球化视野下清末民初天津地下水资源开发及影响》,《清史研究》2021年第6期。
② 冯闻文:《洋场上的禁苑:晚清上海租界的季节性野味禁令》,《史林》2021年第6期。
③ 李传斌:《北伐战争前后杭州广济医院的收与还》,《近代史研究》2021年第6期。
④ 李恒俊:《从"进入"到"融入":新四军外来医务人员的吸纳与群体转化》,《抗日战争研究》2021年第3期。

跨学科视野下的清代灾荒史、疫情防控与灾异祈禳、社会记忆与灾害文化、清代荒政制度与实践、清代民间赈济与御灾机制等,充分体现灾荒史研究的新成果。① 12月,中国灾害防御协会灾害史专业委员会第十八届年会暨"全球史视野下的灾害、生命与日常生活"学术研讨会在南开大学举行,议题包括"疫灾及其防控"、"环境与灾害"、"水害与水利"、"水害与城市"、"灾荒中的官与民"、"灾害书写与灾害文化"、"中国共产党防灾救灾认识与实践"等,还召开四场青年论坛,主题包括"灾害与政治"、"灾害与慈善"、"环境与灾害"、"灾害与文化"。与会学者从社会史、环境史、全球史、人类学、地理学、灾害学等多学科角度,对灾害史研究的问题、理论、方法展开讨论。②

在灾荒方面,萧凌波研究清代华北平原社会生态系统及灾害变化,认为气候、水旱作为关键变量具有重要影响。他分析社会生态与粮食安全、人口迁徙、社会动乱等问题的关联,剖析其传递扩散的过程及机制。③ 战争与自然灾害叠加,会对正常社会秩序带来更大的冲击,需要及时采取应对措施。邓广讨论1948年山东解放区的灾荒应对问题,认为华东局在前期"以工代赈"缓解灾情,后期在政府财粮不足情况下,推动"民间互济",反映出中共较强的组织动员及社会调控能力。④ 陈默研究抗战时期四川的米荒问题。在战时粮食严重短缺的情况下,四川省的限价政策造成米源断绝,政府出台的促商购运、公款提购等办法均未见效。1940年9月成立省粮食管理局后,实行供销分区办法,但统制无力,米价依然暴涨。⑤

在赈济方面,王璐以清末无锡善士余治为中心,分析其劝善思想

---

① 《"第二届清代灾荒与中国社会学术研讨会"剪影》,《清史研究》2021年第6期。
② 《推动灾害史研究走向深入——中国灾害防御协会灾害史专业委员会第十八届年会暨"全球史视野下的灾害、生命与日常生活"学术研讨会在南开大学举行》,http://his.cssn.cn/lsx/slcz/202112/t20211229_5385809.shtml,访问日期:2022年10月9日。
③ 萧凌波:《气候、灾害与清代华北平原社会生态》,北京:科学出版社,2021年。
④ 邓广:《财尽何以救民:1948年春山东解放区政府的灾荒应对》,《安徽史学》2021年第4期。
⑤ 陈默:《控制与失控:1940年四川省政府对川省米荒的因应》,《民国档案》2021年第3期。

中儒家与宗教的相互关系。他认为晚清地方儒者的劝善活动强调儒家主导地位，将修身理念与宗教救劫观念相结合，形成儒家与民间信仰杂糅的劝善理论。①

### （三）日常生活史研究

在新社会史、新文化史脉络下，日常生活史是极为活跃的研究领域。原本隐藏在历史缝隙、大众日常中的生活面相不断被挖掘，而且日常生活作为观察政治、经济、制度议题的视角也受到关注。常建华在这一领域用力较勤，除致力于实证研究外，也在不断进行理论探索。他认为，讨论日常生活史，应将生活置于制度之前，用"生活与制度"概念超越"制度与生活"的思路和"国家与社会"的视角，建立"小历史"与"大历史"的紧密关系。他提出，应将日常生活与非日常生活的制度化领域打通；从生活史角度促进制度史的研究。常建华还归纳了中国社会史研究的进展，并重点探索明清时期的日常生活。② 秦颖、刘合波分析，自20世纪70年代起，西方以日常生活史为主要内容的新社会史兴起，其研究内容、维度、时段不断扩展，并促使学者关注当代中国日常生活。③

王笛在新著中研究1900—1950年的成都茶铺，所用材料包括田野调查、官方档案和小说诗歌等，以微观史学的研究取向和深描的写作手法，展示成都茶铺公共空间中的大众生活、社会常态，说明茶铺内外世界紧密相连，茶铺也是历史的舞台。④ 杨贺研究清末民初北京的茶馆，当时茶馆种类较多，是市民的信息与社交中心、交易与雇佣

---

① 王璐：《晚清劝善思想中儒家与宗教关系的新转向——以江南善士余治为中心的考察》，《安徽史学》2021年第6期。
② 常建华：《生活与制度：中国社会史的新探索》，《历史教学》2021年第2期；《日常生活的历史学——中国社会史三探》，北京：北京师范大学出版社，2021年。
③ 秦颖、刘合波：《中国当代日常生活史研究的缘起、现状与展望》，《齐鲁学刊》2021年第2期。
④ 王笛：《那间街角的茶铺》，北京：人民文学出版社，2021年。

中心、矛盾调解中心，反映着北京在社会转型过程中新旧文化的融汇与冲突。① 澳大利亚昆士兰大学黎志刚教授与常建华教授在《河北师范大学学报》主持了一期"日常生活史研究"专栏，其中王书吟关于牛奶育婴问题、孙笑颜关于清代以来北京城酸梅汤消费的研究，反映出近代西方饮食逐步进入中国市场及日常生活，民国时期人们的饮食习惯受到城市化、工业化的影响。② 李冰冰通过抗战时期大量知识人所写游记分析内迁生活，指出重庆城市建筑形态及天气特征加强了其作为山城、雾都的印象，同时游记中也反映出中国人坚韧的抗战精神。③

账簿不仅具有经济史研究价值，更是反映收入与消费的重要文本载体。黄英伟、袁为鹏利用《董士账本（1936—1942）》，分析账本主人及家庭的社会经济活动，揭示日本侵略对其生活的影响。④

## （四）乡村社会及宗族研究

乡村社会保持着相对的延续性，但也在近代社会变迁中发生变化。郑小春以安徽绩溪许氏宗族为例，分析咸同兵燹对徽州地区经济、社会、文化及伦理生活方面的冲击，许氏宗族由此开展修建祠堂、整顿礼俗、重修宗谱等行动。⑤ 吴晓荣研究中央苏区时期中国共产党的宗族改造政策，认为中国共产党通过瓦解宗族之经济基础、拆解其权力共同体、重塑农民思想文化及重构乡村公共文化空间等方式，分解了乡村宗族的权势与影响，重塑了乡村的权力结构，使苏维埃政权得以建

---

① 杨贺：《清末民初北京茶馆与市民日常生活探析》，《农业考古》2021年第5期。
② 王书吟：《哺育中国：牛奶育婴与近代中国家庭结构及亲子情感变迁》、孙笑颜：《馋饮：酸梅汤与清以来北京城市生活》，《河北师范大学学报》2021年第5期。
③ 李冰冰：《全面抗战时期游记中的重庆印象与内迁生活》，《中华文化论坛》2021年第6期。
④ 黄英伟、袁为鹏：《民国中产阶级账本：体面地用好每一文钱》，北京：社会科学文献出版社，2021年。
⑤ 郑小春：《咸同兵燹冲击下的宗族生活及其重建——以绩溪南关许氏宗族为中心》，《安徽史学》2021年第5期。

立在新的阶级关系、阶级利益、革命观念、群众组织之上。①

乡村的地方精英及基层治理连接着国家、政党和乡民。方勇骏认为20世纪30年代各地推选乡贤的活动，是国民政府激发民族精神、增进国家认同、强化国民党权威的重要举措，但实际效果并未达到国民党的政治目标。②

中国共产党在革命过程中重构乡村权势结构，加强党与群众的政治与组织联系。齐小林认为抗战时期，中国共产党重塑了华北村庄的政治结构、权力结构，并对农民进行革命启蒙，与农民建立起紧密的组织及政治关系，探索出有效整合乡村的新路，农民的主动参与性及行动力也在增强。③ 张宏卿、李博懿分析苏区时期的群众大会，认为政治仪式及会场呈现加强了民众对苏区政权的认同感和归属感。④ 黄文治研究中共豫南革命与商城民团之关系，认为豫南中共党团组织通过正式或非正式的组织网络，打入整体政治倾向比较反共的民团武装，提供了一种"地武打入型"案例。⑤

## （五）城市社会与城市治理研究

城市是人口和资源的集中地，是社会政治、经济、文化的中心，也是现代化发生和现代性叙事的主要载体。梁敏玲研究清朝中后期广州的城市移民问题，清代广州的人口来自全国各地，世居人群维系着一些松散的城市型宗族。但是，城市中复合多元的社会网络以及高流动性、高竞争性特性，又限制着宗族的发展空间，因此广州的宗族通

---

① 吴晓荣：《从血缘到阶级：中央苏区时期中国共产党对宗族组织的瓦解及改造》，《苏区研究》2021年第6期。
② 方勇骏：《1930年代中叶乡贤推选活动考论》，《安徽史学》2021年第2期。
③ 齐小林：《村庄里的抗战：全面抗日战争时期的中国共产党与华北乡村》，《抗日战争研究》2021年第3期。
④ 张宏卿、李博懿：《政治仪式与政治认同：苏区时期的群众大会》，《苏区研究》2021年第6期。
⑤ 黄文治：《中共豫南革命与商城民团研究（1927—1932）》，《中共党史研究》2021年第5期。

常规模不大、较为松散，并与同乡同业等关系交织。① 李志成认为，近代北京的西式饭店作为新式综合休闲空间，不限于旅馆功能，兼有宴饮、聚会、游艺、展览等功能。② 王长松认为，近代北京东交民巷经历了从传统王朝礼制空间到列强使馆区，再到被中国政府收回的过程，每一阶段的变化都是文化与社会变迁的反映。③

绅商及市民群体在城市治理中发挥了重要作用。涂文学认为武昌起义后，政府主导了汉口的城市重建，商界也有广泛参与，市民阶层在此进程中得到成长。在观念方面，市民的财产所有权意识、城市共同体意识、自治和政治参与意识、城市本位意识都在日渐增强。④

## （六）社会文化史研究

大众文化依然是研究热点，在乡村和城市的不同场域，文化的形态和演化逻辑也有较大差异。刘文辉研究苏区红色戏剧，认为革命者通过短期突击计划，组织扩大戏剧生产，实施动员；同时通过组建创作小组公开征稿，推动了集体创作。这两种方式，成为苏区红色戏剧组织化生产的主要途径，符合其时的动员和生产需要。⑤ 郑立柱以抗战时期晋察冀边区为例，分析戏剧与群众运动之关系。中国共产党领导的根据地政权通过组织动员、演出革命戏剧、规范村剧团等措施，使乡村戏剧成为群众性戏剧运动。戏剧运动丰富了根据地民众生活，同时也配合并推动了党的群众工作。⑥ 段俊分析山西抗日根据地广泛成立儿童剧团，深入根据地及敌占

---

① 梁敏玲：《清代城市移民的定居化与宗族建设——以广州为中心》，《史林》2021年第2期。
② 李志成：《西式饭店：近代北京新式休闲空间的兴起（1901—1927）》，《江苏师范大学学报》2021年第1期。
③ 王长松：《文化与形态：近代北京东交民巷的空间演变》，《首都师范大学学报》2021年第5期。
④ 涂文学：《武昌起义后汉口重建中的国家与社会》，《史林》2021年第6期。
⑤ 刘文辉：《"突击生产"与"集体创作"：苏区红色戏剧的组织化生产》，《苏区研究》2021年第6期。
⑥ 郑立柱：《戏剧建设与群众运动的交融共生——以抗战时期的晋察冀边区为例》，《福建论坛》2021年第7期。

区,进行戏剧公演、会演及巡演,在抗战宣传上取得实绩。① 彭庆鸿认为,近代苏州评弹艺人为生计奔波,在都市、市镇、乡村之间发挥文化沟通作用。② 林绪武、管西荣探讨苏区的公共阅读问题,认为中国共产党在苏区开辟阅读空间、组织集体读报,帮助工农大众和战士克服阅读障碍,提高了文化水平和政治意识。③

城市的文化娱乐业内容极为丰富。何王芳、姜文楠研究民国时期杭州的城市娱乐业,认为杭州市政府确立"风景都市"的城市定位,影响城市的走向。娱乐业是城市经济中的重要产业,体现出以旅游、文化为中心的特质,政府也有相关行业管理及发展政策,丰富了市民生活,也促进城市公共空间的成长。④ 刘海岩认为随着天津租界兴起,大众娱乐业中心逐步移转到租界,同时租界的商业环境促使娱乐业进城、女演员出现及大众娱乐行业的兴盛。传统文化借助租界成为近代城市流行文化的组成部分。⑤ 杨宇菲、张小军研究20世纪20年代以后北平冰雪运动流行的原因及其形态,认为北平冰雪文化在西风东渐下扩散,冰场革命与妇女解放议题紧密相关。冰雪大众文化弱化了传统的等级、性别,精英与百姓、中国与西方之间的界限。⑥ 孟浩讨论抗战时期贵阳的国民体育问题,认为当时贵州省推动国民体育,既是贯彻中央政令,也有筹款、施政的需求,其中存在商机。⑦

---

① 段俊:《山西抗日根据地儿童剧团戏剧活动研究》,行龙主编:《社会史研究》第10辑,北京:社会科学文献出版社,2021年,第105—122页。
② 彭庆鸿:《近代评弹艺人"走码头"》,《经济社会史评论》2021年第2期。
③ 林绪武、管西荣:《苏区的公共阅读建构——以〈红色中华〉的大众阅读为例》,《人文杂志》2021年第2期。
④ 何王芳、姜文楠:《民国杭州城市娱乐业发展的特征和影响(1911—1937)》,《民国档案》2021年第2期。
⑤ 刘海岩:《流行文化与天津法租界商业中心的形成》,任吉东主编:《城市史研究》第44辑,北京:社会科学文献出版社,2021年,第236—258页。
⑥ 杨宇菲、张小军:《文化共融:中国近代冰雪大众文化与社会转型》,《清华大学学报》2021年第6期。
⑦ 孟浩:《边城欢哨:全面抗战时期贵阳的国民体育与公共生活》,任吉东主编:《城市史研究》第43辑,第210—228页。

## （七）宗教及民间信仰问题

从民众、社会、仪式、观念等角度观察宗教及信仰问题，可以有更多新发现。赵晓阳分析，宋美龄将基督教会作为加强其政治介入的入口，在新生活运动初邀请教会和传教士参与其中，以此巩固国民党统治秩序，防控共产党的影响。基督教会借此加强与政府联系，其社会服务与国民政府的政治社会运动渗透叠合，扩展了影响力。① 刘宝吉认为，民国时期的县级道院从山东向各地不断扩散增加，标志着新兴宗教在地化程度提高。县级道院的扩散与北洋时期地方军绅政权结构密切相关，绅权与神权在县域社会中实现合作，绅权借其扩张空间，而宗教也获得一定空间，二者的融合使县域精神的整合度加强。② 魏春羊、郝平提出，清末民初并非全是毁庙兴学，山西乡村在庙宇改为学校时也给神灵预留空间，呈现出庙学共融现象。③ 庞毅认为祈雨在现代政治中并不是简单的"迷信"，而是组织者借助仪式来达到救灾目的。1934年祈雨是由长沙四乡农民及省区救济院发起，国民政府对此持禁止态度，但湖南省政府最后在地方社会力量推动下，支持祈雨活动，说明省政府倚重地方力量，与国民政府存在分离。④

## （八）社会群体与社会团体

分群与结社，是现代社会结构及群体行动的重要表征。梁晨等学者以收录33所高校近12万学生学籍信息的数据库为基础，对民国大学生地理来源进行量化分析，认为清代科举制下全国统一式的人才供

---

① 赵晓阳：《宗教和政治的叠合互利：基督教与新生活运动》，《史林》2021年第2期。
② 刘宝吉：《路径依赖与新兴宗教在地化：民国时期县级道院微观研究》，《近代史研究》2021年第1期。
③ 魏春羊、郝平：《"庙"、"学"共融：清末民国乡村庙宇改建学校研究——以山西为例》，《福建论坛》2021年第8期。
④ 庞毅：《传统仪式在现代政治中的再现：1934年长沙祈雨背后的地方与国家》，《史学月刊》2021年第6期。

给机制被完全打破，东南地区和中心城市成为大学生的主要来源，省际差异扩大，城市集中化趋势明显。这一格局的形成，与大学不再实行类似科举的名额强制分配以及地区的教育文化水平密切相关。①

在社会团体方面，赵睿、李严成研究了抗战结束后全国律师公会联合会的筹建问题。联合会在成立后，希望促进国家司法革新、加强行业监管，但成效有限。②巴杰分析了20世纪二三十年代的赤色店员工会，认为苏区内工会实施阶级动员的政治职能较为明显，在"扩红"、筹款中发挥重要作用。在国统区，赤色店员工会数量有限，重视进行革命动员和启发阶级觉悟。整体上，赤色店员工会呈现出"重阶级、轻职业"的特点。③李甜、张亚辉研究民国时期清江流域的船帮问题，认为船帮组织不仅具有秘密会社性质，且与航运贸易紧密关联，是具有武力性质的商业法团组织。④

综上，2021年中国近代社会史研究在医疗社会史、灾害慈善史、日常生活史、社会文化史等几大领域内均取得一定成果，既扩展了学术议题，也在研究方法、学科概念等方面取得新进展。经过多年积累，相关主题的发展进程、问题领域、概念方法等也多为学界所熟悉，学术共同体的联系更为紧密，一批青年学者投身其中，意味着这些领域有了更为强劲的发展力量。同时，在乡村、城市、革命、群体等议题内，得益于大量民间文献的发掘整理及数据库建设，史料扩充也带来研究的深化和拓展。

---

① 梁晨等：《民国大学生地理来源量化考析》，《近代史研究》2021年第3期。
② 赵睿、李严成：《战后中华民国律师公会全国联合会的筹建》，《江汉论坛》2021年第8期。
③ 巴杰：《阶级动员与职权分担：20世纪二三十年代赤色店员工会论析》，《史学月刊》2021年第9期。
④ 李甜、张亚辉：《船帮的故事——中国民间法团研究》，行龙主编：《社会史研究》第11辑，北京：社会科学文献出版社，2021年，第224—243页。

# 五、中国近代中外关系史研究

付海晏

自 1981 年 5 月中国中外关系史学会在厦门成立以来,中外关系史经过 40 年发展历程,建立起较完整的学科体系。2021 年学界继续加强研讨,成果更加丰硕。

## (一)中外重大历史事件研究

对中外重大历史事件的考察一直是中外关系史研究的重中之重。2021 年,随着新史料的发掘和研究方法的更新,中外关系的历史脉络更加清晰。相关研究基本围绕中法战争、庚子事变、北伐战争、五四运动、抗日战争等方面展开。

围绕中法战争,学界主要关注中法越南交涉以及由此引发的边患问题。易锐通过考察中法越南交涉中,清朝"瓯脱"之议缘起及其演变过程,揭示在屏藩丧失、强敌逼处的变局下,国人疆土观念突破思想樊篱,进入新的认知阶段。[①] 章扬定、倪腊松考察中法战争前,双方围绕越南问题进行谈判的过程及背后各种因素,还原清政府借助西方公法维护宗藩关系所作的努力。[②] 此外,学界进一步探讨边疆危机,特别是英国对西藏的觊觎和俄国对新疆的野心。肖萍、向玉成通过考察 1840—1875 年列强进入卫藏的过程,探析英国在卫藏考察活动中独占鳌头的原因。[③] 张皓考察 1944—1951 年间英国对西藏问题态度演变过程,认为英国不断以"宗主权"挑战中国治藏主权,实际上是妄图分裂西藏,制造西藏"缓冲区"。他还以 1946 年英军拟定出兵占领

---

① 易锐:《中法越南交涉时期中国的"瓯脱"筹议》,《安徽史学》2021 年第 6 期。
② 章扬定、倪腊松:《中法战争前清政府对越南问题的政策和态度探析(1880—1883)》,《广东社会科学》2021 年第 5 期。
③ 肖萍、向玉成:《英国人进入卫藏考察活动的阶段性特点及成因(1840—1875)》,《四川师范大学学报》2021 年第 3 期。

西藏的机密军事文件即"最后文件"为研究对象，考释战后英国为制造西藏"缓冲区"，计划对西藏实施"直接的军事援助"的背景和过程。① 徐铮考察英缅殖民政府侵占片马的过程及深层原因，探索清末民初云南边疆治理的内在理路。② 赵维玺研究左宗棠西征时期俄国索思诺福斯齐考察团来华考察事件，认为该使团来华的目的，除实地考察外，更重要的是希图以供应西征军粮为诱饵，打开中国市场。③

对庚子事变的研究主要围绕美国政府对义和团运动的认知展开。崔志海细致考析了美国政府在义和团运动中的态度和反应，指出战争爆发并非由"中外双方在交流方面的误解"引发，而是19世纪以来中外民教矛盾和冲突长期得不到妥善解决的必然结果。④ 刘芳认为"庚子事变"是中国人对美国认知的关键转折点，此后中国人长期对美国持既批判又期待的复杂情感。⑤

北伐战争的研究主要集中在日本政府对北伐军的干涉及"济南惨案"的因应处理。陈太勇探究北伐初期若槻内阁拉拢国民党右派，攫取在华优势地位的战略意图，厘清了日本军国主义急欲打破华盛顿体系束缚，以武力干涉北伐的政治动因。⑥ 此外，二次北伐时期，日本政府对国民军亦有干涉，王美平考察了日本对国民革命军进军京津地区的军事压迫与政治干涉情况，并梳理奉系军阀与北伐军各派的应对措施。⑦ 俞凡、石尚上考察了中日两国关于"济南惨案"的国际舆论

---

① 张皓：《英国关于西藏在中国的法律地位的态度演变——1944—1951 年为中心的考察》，《人文杂志》2021 年第 3 期；《"直接的军事援助"：1946 年英军筹划占领中国西藏的一份机密文件》，《民国档案》2021 年第 2 期。
② 徐铮：《清末民初云南边疆治理的困局——以清末片马事件的发生、演变为例》，《大理大学学报》2021 年第 5 期。
③ 赵维玺：《索思诺福斯齐考察团来华与左宗棠的应对》，《新疆大学学报》2021 年第 3 期。
④ 崔志海：《美国政府与义和团运动再考察》，《清史研究》2021 年第 2 期。
⑤ 刘芳：《"庚子事变"前后中国人对美情感的嬗变与清政府联美行动的受挫》，《美国研究》2021 年第 2 期。
⑥ 陈太勇：《北伐初期若槻内阁构建对华扩张新目标的外交尝试》，《中山大学学报》2021 年第 2 期。
⑦ 王美平：《日本对北伐进军京津的干涉与影响》，《社会科学辑刊》2021 年第 5 期。

对抗政策和具体举措,特别是高层舆论,认为这场舆论战堪为九一八事变、七七事变国际舆论战的一次预演。[①] 张俊义侧重分析了"济南惨案"后英国政府的反应,并对南京国民政府的联英交涉,以及英国对日合作政策的实质作了探究。[②]

五四运动研究主要着眼于运动爆发前后的内外博弈与外交分歧。唐启华通过考察"中日密约"在国内公布的历程,探讨当时外交与内政诸问题之纠结,由此更全面地阐释五四运动的爆发背景。[③] 王美平探讨日本政府对五四运动的干涉,以及五四运动后日本对华战略的调整。[④] 孙江追寻新人会成员访华及北大学生访日的足迹,揭示五四运动后日本知识界提倡中日青年相互"提携"的真实意图,并分析吉野作造与李大钊及五四运动的关系。[⑤] 郭双林探究了一战后以黄兴为首的欧事研究会,说明当时中国知识阶层对西方的政治制度已有较为深层的认识和解读。[⑥] 此外,学界还探析了北洋时期军阀的外交行为。杨天宏考察直皖战争后吴佩孚从"联俄"到"反赤"的一系列变化,认为吴认同的是自己理解的西方政制,"联俄"的目的是政治运作与外交谋略,不宜从政治认同角度加以解读。[⑦] 郭循春研究了日本在第一次直奉战争前后推行的"不援张"政策,并分析了这种政策的成因。[⑧]

抗日战争史研究始终是近代史研究的热点,也是中外关系史研究的重头戏。九一八事变后因中日两国冲突升级,中外交涉与之前的外交活动相比有其独特性。以下拟从三个方面对 2021 年抗战史及抗战

---

① 俞凡、石尚上:《"济南惨案"中的中日舆论战——兼论北伐统一前后蒋介石之舆论观》,《新闻与传播研究》2021 年第 3 期。
② 张俊义:《济南事件后英国的应对与中国的困境》,《抗日战争研究》2021 年第 4 期。
③ 唐启华:《五四运动前之公布"中日密约"问题》,《近代史研究》2021 年第 1 期。
④ 王美平:《五四运动与日本对华战略的调整》,《中国历史研究院集刊》第 3 辑,第 203—249 页。
⑤ 孙江:《五四时期中日知识界的往还》,《中国社会科学》2021 年第 8 期。
⑥ 郭双林:《欧事研究会成员对一战的观察、分析与预测》,《近代史研究》2021 年第 1 期。
⑦ 杨天宏:《从"联俄"到"反赤"——吴佩孚对苏俄的认知及其变化》,《近代史研究》2021 年第 2 期。
⑧ 郭循春:《第一次直奉战争前后日本的"不援张"政策》,《民国档案》2021 年第 1 期。

时期在华各国外交行为研究作一梳理。

首先,作为抗日战争的开端,学界对九一八事变的发生、发展及影响进行了深入研究。臧运祜以日本学界对"十五年战争史"开端问题的争论为切入点,梳理九一八事变后侵华"行"与"止"的问题,认为九一八事变是"十五年战争史"的开端,并提出九一八事变前后日本殖民中国东北的构想与实践,亦为其对周边国家的扩张提供了范例。① 宋志勇认为,日本自以为对日"不公"的国际秩序观、"满蒙权益"论和反苏防共意识,构成了一战后日本对外认知的核心;而这三大认知逻辑的合流,正是九一八事变爆发的深层原因。② 尹晓宇考察由1936年中日成都事件引发的中日交涉,探讨全面抗战爆发前中日关系调整的必要性及有限性。③ 潘德昌通过研究日本军政情报机构的国际舆情调查工作,解析了日本发动九一八事变的蓄意性与战略性。④ 董学升分析了九一八事变作为中国知识界对东北认知转变分水岭的重要意义。⑤ 陈珍梳理了从九一八事变到全面抗战爆发前,中国留日学生的抗日活动及日本政府的应对措施,揭露日本通过中国留学生为其侵华政策服务。⑥ 翁敏从中外各方对九一八事变后日本劫夺东北盐税事件的因应入手,探究西方列强对日政策与对华债务问题上的立场。⑦ 陈祥认为,九一八事变中,日本海军以支持陆军北进,换取陆

---

① 臧运祜:《九一八事变后日本侵华的"行"与"止"——兼及"十五年战争史"的开端问题》,《日本侵华南京大屠杀研究》2021年第1期;《九一八事变前后日本殖民统治中国东北的构想与实施》,《社会科学辑刊》2021年第4期。
② 宋志勇:《国际秩序、"满蒙权益"、反苏防共:日本发动九一八事变的认知逻辑》,《社会科学辑刊》2021年第4期。
③ 尹晓宇:《全面抗战前中日国交调整的力度与限度——以成都事件为视点的考察》,《日本侵华南京大屠杀研究》2021年第1期。
④ 潘德昌:《日本情报部门对九一八事变的国际舆论调查》,《外国问题研究》2021年第4期。
⑤ 董学升:《从边陲到"中央":九一八事变前后中国知识界对东北的认知流变》,《日本侵华南京大屠杀研究》2021年第4期。
⑥ 陈珍:《九一八事变后中国留日学生的抗日活动及日方的应对》,《日本侵华南京大屠杀研究》2021年第4期。
⑦ 翁敏:《九一八事变后日本劫夺东北盐税及各方因应》,《日本侵华南京大屠杀研究》2021年第2期。

军对其南进策略的支持，从而在整体上完成全面侵华前的战略磨合。①

国联调查团来华和伪满洲国成立是九一八事变后的重要历史节点。陈海懿关注九一八事变后国联调查团代表选定问题，认为在代表选定过程中多种因素影响了九一八事变调查的实效性。②陈海懿、郭昭昭认为在九一八事变中，日本和国民政府采用多种形式对共产主义进行诋毁，使得欧美各国对九一八事变后的"共产主义"产生忧虑，形成了九一八事变与"共产主义"存在关联的刻板印象。③此外，国联代表团通过对"一·二八"事变的调查，了解其与九一八事变存在复杂关联，这一发现对整个东亚调查工作具有重要意义。④马海天认为《李顿报告书》发表后，围绕中日和解决议草案的修改过程，中、日、英、美等国及国联的态度发生巨大转变，其中蕴含复杂的政治权衡与烦琐的外交运作。⑤吴元康从冯玉祥对国联的深刻认知、坚定的民族气节、企图东山再起等三个层面，分析九一八事变后冯玉祥反对依赖国联的原因。⑥耿青国从伪满洲国军事统治方针的确立与强化、军事机构设立、军事驻守布局、军事讨伐等四个方面考察日本对伪满洲国的军事统治。⑦郑毅认为，伪满洲国所谓"国家"表象空间的人为塑造过程与其内在的殖民地属性，是考察其在日本殖民体系中特殊性的重要路径。⑧庞宝庆探讨了伪满洲国军费政策演变的本质特征。⑨

---

① 陈祥：《日本海军侵华战略在九一八事变中的转变》，《日本侵华南京大屠杀研究》2021年第3期。
② 陈海懿：《九一八事变后国联调查团代表选定研究》，《社会科学辑刊》2021年第2期。
③ 陈海懿、郭昭昭：《九一八事变中的"共产主义"因素研究——基于李顿调查团的视角》，《中共党史研究》2021年第4期。
④ 郭昭昭、陈海懿：《国际联盟对一·二八事变的聚焦与因应——以李顿调查团为视角的考察》，《民国档案》2021年第2期。
⑤ 马海天：《〈李顿报告书〉发表后国际联盟促使中日和解的尝试》，《抗日战争研究》2021年第2期。
⑥ 吴元康：《九一八事变后冯玉祥反对依赖国联之政治主张探析》，《安徽史学》2021年第6期。
⑦ 耿青国：《试析日本对伪满军事机构及军队的统治》，《社会科学战线》2021年第9期。
⑧ 郑毅：《虚幻的建构："满洲国"表象空间的制造与殖民地属性的构成》，《吉林大学社会科学学报》2021年第1期。
⑨ 庞宝庆：《日本对伪满洲国的军费政策（1931—1945）》，《社会科学战线》2021年第5期。

武向平则从九一八事变与"满洲事件费"入手，揭露日本预设关东军"独走"背后的政治目的是推卸天皇和政府的战争责任。①

此外，学界还对九一八事变之后日军军事行动进行探究。冯明铭分析陆军参谋本部、第十军与松井石根的多方博弈，对日本向南京用兵的"止"与"行"进行了探索。②张展以日军的战略演变为基础，通过考察日军对皖南事变的分析，探究日、国、共三方在皖南事变善后过程中的互动，认为日本的军事部署客观上为国共关系的缓和提供了"转机"。③秦永章介绍了抗战时期日本当局对青海马步芳势力开展的秘密调查及拉拢活动，认为马步芳敷衍、不合作的态度，使得日本当局利用马步芳切断中国西北交通线的阴谋以失败告终。④

其次，抗战时期在华各国的外交活动无不掺杂着日本因素。陈谦平从国际关系角度，考察各国对中国抗战发展进程的影响以及中国抗战与国际抗战的关系。⑤菅先锋以美国在1937年布鲁塞尔会议上的目标设定为锚点，分析了中日全面战争初期美国远东政策的矛盾性与复杂性。⑥高佳考察了1937年日军轰炸南京时各国对日交涉的复杂历程，认为中国政府借助国际社会抗议日军轰炸之呼声，促使国联通过决议谴责日军轰炸暴行，造成了有利于中国的外交局势。⑦左双文以1940年英国封锁滇缅路为切入点，考察封锁前后的中英缅关系，认为在封锁期间，禁运未加严格执行，英缅方面对中方有不少通融和协助，使得日本完全掐断滇缅路的企图落

---

① 武向平：《"独走"背后：九一八事变与"满洲事件费"》，《日本侵华南京大屠杀研究》2021年第1期。
② 冯明铭：《"制令线"：1937年日本向南京用兵的"止"与"行"》，《民国档案》2021年第4期。
③ 张展：《皖南事变善后过程中的日军因素》，《抗日战争研究》2021年第2期。
④ 秦永章：《抗战时期日本当局对马步芳的秘密调查活动——以日本历史档案资料为中心》，《民国档案》2021年第2期。
⑤ 陈谦平：《国际关系视野下的中国抗日战争研究》，《史学月刊》2021年第3期。
⑥ 菅先锋：《1937年布鲁塞尔会议与美国的外交因应》，《抗日战争研究》2021年第3期。
⑦ 高佳：《1937年日军轰炸南京的国际反响再探讨》，《抗日战争研究》2021年第1期。

空。① 左双文、陈舒媛钩沉了二战时期中法在华南进行军事合作的构想。② 姚江鸿考察 1943 年国民政府组织的访英团,认为它具有民间和官方双重性质,并探究该团成员就战时英国社会制度的观察,还原当时国人对战时英国社会的认识。③

陈开科广泛利用中俄档案资料,全面论述抗战前期苏联援助中国筹建伊宁航校问题。④ 侯中军讨论了雅尔塔密约后、中苏条约谈判前的中国外交活动,认为国民政府在得知雅尔塔密约的消息后,进行了一系列的外交准备工作,意图借助高涨的战后民族解放运动,增加中苏条约谈判的筹码,阻止苏联对华主权的侵犯。⑤ 褚静涛围绕国民政府在开罗会议的提案,认为《开罗宣言》是中、美、英三国领导人集体会商的产物,集中反映了三国的共同意志,国民政府关于战后处置日本割占中国领土等问题的设想为开罗会议提案确定了基调。⑥ 陈默分析国民政府就 1941 年苏德战局的战略研判,认为这一时期对苏德战局"持久战"的预判得益于驻外机构的努力和中国抗战的经验,而蒋介石本人的战略眼光显然没有表现出其有过人的判断力。⑦

张北根回顾美国特使居里第一次访华,认为蒋介石既害怕美国介入国共冲突,又欣喜于居里为中国经济、财政出谋划策的矛盾心理。⑧ 王文隆着重探讨抗战时期中泰武装冲突的背景与起因,兼及中泰武装

---

① 左双文:《未严格执行的禁运:滇缅路封锁前后的中英缅关系》,《民国档案》2021 年第 1 期。
② 左双文、陈舒媛:《二战时中法在华南的军事合作构想》,《社会科学研究》2021 年第 1 期。
③ 姚江鸿:《战时中国朝野对英国社会的观察与认识——以访英团为中心的考察》,《历史教学》2021 年第 18 期。
④ 陈开科:《抗战前期苏联与中国中苏西北国际通道上的伊宁航校》,《社会科学研究》2021 年第 4 期。
⑤ 侯中军:《1945 年中苏谈判前国民政府围绕雅尔塔密约的外交交涉》,《学术月刊》2021 年第 4 期。
⑥ 褚静涛:《国民政府开罗会议提案与〈开罗宣言〉的草拟和修改定稿》,《军事历史研究》2021 年第 2 期。
⑦ 陈默:《国民政府对 1941 年苏德战局的研判——兼论蒋介石的战略眼光》,《抗日战争研究》2021 年第 2 期。
⑧ 张北根:《"不可救药"与"热心可嘉":蒋介石对居里第一次访华的矛盾心理》,马敏主编:《近代史学刊》第 25 辑,第 143—164 页。

冲突的经过与由此展开的中、日、泰博弈。① 韦丽华、于向东探究国民政府派员入越受降活动，认为陈修和参与入越对日受降，不仅缓和了当时一度紧张的各方关系，使得受降工作得以顺利完成，而且为当时越南政局稳定、民族独立创造了有利的外部条件。② 马建凯以中、日、美、英多方史料为基础，探讨"一·二八"事变前后上海扶轮社的活动，尤其是该社在制止战争、维护国际和平等方面的努力和成效。③ 魏善玲梳理抗战时期海外留学生的相关史料，再现了战时海外留学生的困境及国民政府救济。④

抗战胜利后，战犯审判与汉奸惩治是秩序重建的重要部分，学界对此多有探讨。其中，遣返日俘及审判战犯是核心工作。刘统阐述了1946—1949年国民政府审判日本战犯的全过程。⑤ 段振华利用湖北高等法院司法审判档案，详细梳理湖北省的汉奸逮捕、审判、刑罚执行各环节。⑥ 张传宇则通过考察华南地区遣返问题，探讨了中方对日俘施以受降、收容、鉴别、教育、遣返、征用、留用等政策的实际效果。⑦ 粟明鲜利用澳大利亚收藏的战犯审判记录，考察战后澳大利亚军事法庭台籍战犯的来源、指认、审判及后续遣返情况。⑧ 严海建通过考察战犯审判的实践环节，从法院审判官、检察官、辩护律师、社会舆论等视角入手，揭示了国民政府对日审判的实质逻辑。⑨ 曹鲁晓

---

① 王文隆：《抗战时期中泰两国的武装冲突及其影响》，《抗日战争研究》2021年第4期。
② 韦丽华、于向东：《陈修和与战后初期的中越交往》，《中国边疆史地研究》2021年第3期。
③ 马建凯：《国际主义抑或人道主义：一·二八事变中的上海扶轮社》，《日本侵华南京大屠杀研究》2021年第4期。
④ 魏善玲：《全面抗战时期国民政府对海外留学生的救济》，《南开学报》2021年第6期。
⑤ 刘统：《大审判：国民政府处置日本战犯实录》，上海：上海人民出版社，2021年。
⑥ 段振华：《抗战胜利后湖北省的汉奸逮捕、审判和刑罚执行》，《日本侵华南京大屠杀研究》2021年第3期。
⑦ 张传宇：《广州日俘日侨遣返问题研究》，《抗日战争研究》2021年第1期。
⑧ 粟明鲜：《战后澳大利亚军事法庭对台籍战犯的审判》，《抗日战争研究》2021年第4期。
⑨ 严海建：《抗战胜利后国民政府审判日本战犯的若干特质与面相》，《日本侵华南京大屠杀研究》2021年第2期。

研究了各地军事法庭置废、变更过程，发现国民政府对审判战犯等战后遗留问题的对策已显乏力。①

## （二）列强在华特权与利权纠纷研究

鸦片战争后，列强通过不平等条约攫取各种在华特权，对中国的主权和领土完整构成极大威胁。租界的存在不但侵夺了中国的行政权和司法权，还建立起独立于中国政权体系之外的行政管理机关，形成"国中异域"。抗战爆发后，随着国军节节败退，大片国土成为沦陷区。学界对租界实态及日本帝国主义在沦陷区内的恶行多有探讨。

魏兵兵通过重建晚清上海租界华人参政问题的相关史实，探讨了华人参政之议消长的内在原因，从中管窥上海租界华洋关系的嬗变。② 王敏认为，上海公共租界的华人代表权问题体现出其作为国际共管租界的高度国际性，也揭示出其依托上海城市所形成的深度地方性。③ 樊果梳理上海公共租界停电事件始末，认为上海总商会、华商纱厂联合会、总工会、工部局在解决停电事件中发挥了重要作用，其中民间组织的参与是当时社会治理特点的一次体现。④ 杜鹃梳理了天津英租界的历史发展脉络和管理特征，并讨论租界内华洋群体如何通过公共空间进行互动。⑤ 张晓虹、罗婧研究上海开埠初期虹口地区城市化过程，并分析了英美租界合并的驱动机制。⑥ 龚宁利用天津英租界档案，还原了天津英租界从划定到规划，再到吹填、道路修筑的历史

---

① 曹鲁晓：《国民政府审判日本战犯法庭的置废与变更》，《日本侵华南京大屠杀研究》2021年第2期。

② 魏兵兵：《晚清上海租界华洋关系的嬗变——以华人参政问题为视角》，《暨南学报》2021年第11期。

③ 王敏：《国际性、地方性与利益共同体——以上海公共租界华人代表权问题为线索》，《近代史研究》2021年第2期。

④ 樊果：《1925年上海公共租界停电事件中多方行动分析》，《中国经济史研究》2021年第5期。

⑤ 杜鹃：《公共空间语境下的中外交流——基于天津英租界的考察》，《历史教学》2021年第22期。

⑥ 张晓虹、罗婧：《开埠早期上海虹口地区城市化进程研究——兼论英美租界合并的土地经济动力》，《苏州大学学报》2021年第1期。

过程，并探讨了吹填工程中各方利益的交织关系及地价变动。①

徐涛探究万国商团与五卅运动的关系，认为面对五卅运动的"直接挑战"，工部局由起初之"颟顸"一步跃至后来之"过激"，是促成五卅运动爆发的原因之一；而其辖下的万国商团是工部局保持强硬的武力支撑。②侯庆斌利用法国外交档案和新见陈独秀案判决书等资料，梳理了1922年陈独秀被捕受审的前后史实，通过司法、舆论和时局的互动，揭示了法租界当局对陈独秀案的考量。③谢力哲通过梳理《中国论坛》与"伊罗生事件"，探究了租界、治外法权与左翼文化运动之间的实际联系。④喻平阶、张畅认为中国政府、外国租界与中国民族报业三者之间形成了复杂的三角平衡关系；租界既是近代民族报业的"孵化基地"，也是"缓冲"、"平衡"民族报业与中国政府关系的权重因素，还是列强对华文化殖民扩张的基地。⑤

学界对沦陷区的研究主要从沦陷区生态、经济掠夺、舆论"宣抚"与奴化教育三个层面展开。首先，学者从多个层面展现日伪统治下沦陷区的状况。刘广建、朱玲以南京地区为例，考察慰安所及日军"慰安妇"制度在中国实施的过程与特点，揭示这项制度的国家犯罪和集体犯罪特征。⑥冯成杰以1939年天津洪灾为切入点，考察日伪政权救济洪灾的过程及困境，以此揭示日伪政权的施政乏力。他也探讨了日伪在天津的统治，并分析了伪政权与日本、英法租界之间的复杂关系。⑦曾磊磊从政治宣传、诱降谋略、军事战略等层面，考察了日

---

① 龚宁：《近代天津英租界规划、建设与地价变动研究》，《史林》2021年第1期。
② 徐涛：《试析万国商团与五卅运动》，《史林》2021年第1期。
③ 侯庆斌：《1922年陈独秀在上海法租界被捕事件考析》，《史林》2021年第6期。
④ 谢力哲：《租界、治外法权与1930年代中国左翼文化运动的国际性——以〈中国论坛〉与"伊罗生事件"为中心》，《安徽史学》2021年第6期。
⑤ 喻平阶、张畅：《缓冲、平衡与利用：租界与中国近代民族报业发展》，《江汉论坛》2021年第3期。
⑥ 刘广建、朱玲：《日军"慰安妇"制度在南京实施的再考察》，《日本侵华南京大屠杀研究》2021年第1期。
⑦ 冯成杰：《抗战时期日伪政权的救灾与防疫——以1939年天津洪灾为中心的考察》，《历史教学问题》2021年第4期；《日伪在天津的统治研究》，南京：江苏人民出版社，2021年。

伪在黄河决堤后的因应措施。① 谢晓鹏在回顾河南沦陷区形成过程及各级日伪组织建立与演变的基础上，剖析河南沦陷区实态。② 周东华研究中国制止侵华日军毒气战的成败历程，探究太平洋战争爆发后中国的大国地位与国际话语权变迁，认为国家实力较弱时获取国际话语权的前提条件只能是坚持抗战。③ 周东华、苏相宜还考订了1940年宁波鼠疫"敌机散毒"事件，认为华美医院的鼠疫防控是731部队实施细菌战的确凿证据。④ 王奋举聚焦日本占领海南岛期间居留民的社会关系与权力关系，探讨战争状态下占领地居留民社会的形成机制。⑤ 此外，学界还对沦陷区的日本居留民进行了考察。郝东升以太原沦陷时期日本居留民为主线，在系统梳理人口波动与职业构成的基础上，分析日本居留民的社会组织、日常生活等问题。⑥

其次，日本帝国主义在沦陷区进行经济掠夺。薛毅系统考察了日本在华侵占煤矿及奴役战俘劳工的情况。⑦ 孟二壮利用日本商业会议所档案资料，研究九一八事变期间日本商业会议所的活动，揭示近代日本在华民间经济团体为日本侵华服务的实质。⑧ 石嘉研究了战时日本烟草企业在华中沦陷区的扩张轨迹，以及日本当局对华中沦陷区卷烟生产、销售、烟叶收购的统制情况。⑨

再次，为压迫中国人民，日本帝国主义在沦陷区进行了旷日持久

---

① 曾磊磊：《抗战时期日伪对黄河决堤的政治因应和军事利用》，《军事历史研究》2021年第2期。
② 谢晓鹏：《日伪对河南沦陷区的统治》，南京：江苏人民出版社，2021年。
③ 周东华：《太平洋战争爆发后中国的大国地位与国际事务的话语权——以中国争取制止侵华日军毒气战为例》，《学术月刊》2021年第7期。
④ 周东华、苏相宜：《1940年宁波鼠疫"敌机散毒"补考》，《日本侵华南京大屠杀研究》2021年第3期。
⑤ 王奋举：《日本占领海南岛期间的居留民社会及其公共文化空间构建（1939—1945）》，《军事历史研究》2021年第1期。
⑥ 郝东升：《沦陷时期太原日本居留民初探》，《安徽史学》2021年第1期。
⑦ 薛毅：《日本在华侵占煤矿奴役战俘劳工政策与罪行探析》，《社会科学辑刊》2021年第2期。
⑧ 孟二壮：《助纣为虐：日本商业会议所在中国东北的活动评析》，《日本侵华南京大屠杀研究》2021年第2期。
⑨ 石嘉：《战时日本对华中沦陷区烟草业的统制（1937—1945）》，《史林》2021年第1期。

的监督、"宣抚"工作。许金生利用日本外交机构遗留的原始档案，考察了1937年之前日本对华宣传政策的形成过程，以及日本外交机构与军方在华操纵报刊、通讯社的活动等内容。① 郭恩强利用日伪上海市政府"检查新闻工作报告书"，揭示了日伪新闻检查人员的日常工作和人际网络。② 史桂芳以《朝日新闻》刊登的商业广告为研究对象，认为该报广告的内容设置、构图风格、语言特征无不体现着战争动员因素，在为"举国一致"的战争体制推波助澜。③ 王格格以日本医疗团体在华北地区的工作报告为切入点，认为日本在华北沦陷区的医疗"宣抚"活动是侵华日军医疗"宣抚"体系建立和实践的重要环节，其根本目的在于"安抚"民心，稳定占领地秩序，确保日军在沦陷区的统治利益。④ 王萌聚焦于华北沦陷区"宣抚班"，考察其组织结构的变化、工作的内容与性质、"宣抚员"群体的形成与更替等问题；他还对全国沦陷区的"宣抚工作"实相进行全面分析。⑤

除政治"宣抚"和舆论宣传外，日本帝国主义还在沦陷区进行了一系列奴化教育活动。朱丁睿研究在日本政府和华北伪政府的政治管控、殖民教育和精神训练下，伪北大如何一步步沦为日本殖民统治的工具。⑥ 孔明全面梳理了清末民初至全面抗战爆发前日本与孔府交往的历程，认为日本对孔府的拉拢利用未能得逞，反而促使国民政府走向全面尊孔和借助文化来调适对日关系。⑦ 此外，日本军政各方为侵

---

① 许金生：《近代日本对华宣传战研究（1868—1937）》，上海：复旦大学出版社，2021年。
② 郭恩强：《整饬文辞：日伪上海政权新闻检查员的工作日常》，《新闻与传播研究》2021年第11期。
③ 史桂芳：《商业广告中的战争动员——以卢沟桥事变后的〈朝日新闻〉为例》，《首都师范大学学报》2021年第4期。
④ 王格格：《全面侵华初期日本在华北沦陷区的医疗"宣抚"考论》，《民国档案》2021年第2期。
⑤ 王萌：《日本在华北沦陷区的宣抚班及其"宣抚"工作》，《日本侵华南京大屠杀研究》2021年第3期；《谋心：日本在中国沦陷区的"宣抚工作"（1937—1945）》，北京：社会科学文献出版社，2021年。
⑥ 朱丁睿：《日本对伪北京大学的殖民管控与奴化教育》，《抗日战争研究》2021年第4期。
⑦ 孔明：《全国抗战爆发前日本对孔府的接触利用与国民政府之因应》，《军事历史研究》2021年第5期。

华进行了充分的学习和前期准备。寇振锋通过对日本军用汉语教科书的考察,发现该书系日军在战场上随身"必携"纯军用汉语教科书,军用特色及侵略属性十分突出,侧面印证了日本对华侵略的全方位谋划。① 梁德学、王翠荣以日本全面侵华前后"大连放送局"的汉语广播为切入点,认为汉语广播在殖民统治、战时动员及对中国人欺骗宣传和奴化教育等方面都发挥了作用。②

这一时期,国民政府也迫切需要搭建自己的宣传体系,向国际社会发声。刘静发现,九一八事变后,国民政府的声音始终被日本全面压制,只能另起炉灶,组建新的境内外宣传网络。国际宣传处与境内外宣传网络的建立,为中国争取国际支持和打破日本反宣传作出贡献。③ 翟意安梳理中日两国宣传系统建立和完善的过程,探究了国、共、日在抗战期间的宣传政策和效果。④ 郭奇林分析了抗战时期美英舆论在有关中国报道上的重大变化及深层原因,认为这一时期中国的重大转变,使西方逐渐认识到世界反法西斯进程与中国抗战的紧密关联。⑤ 何卓恩、潘恩源考察了太平洋战争前中国大学校长通电美国的行为,认为这一民间外交形式是抗战期间国际宣传不可或缺的一环,它既是国家战争动员能力提升的象征,亦彰显了知识精英的道义担当,对争取广泛的国际同情和美国援助发挥了重要作用。⑥

在列强特权的压迫下,在租界与沦陷区外亦出现诸多利权纠纷案

---

① 寇振锋:《日本军用汉语教科书〈皇军必携:实用支那语〉探究》,《日本侵华南京大屠杀研究》2021年第4期。
② 梁德学、王翠荣:《侵华战争间日本"大连放送局"的汉语广播》,《日本侵华南京大屠杀研究》2021年第2期。
③ 刘静:《"为中国发声":全面抗战初期国民政府国际宣传网络的构建(1937—1938)》,《史林》2021年第2期。
④ 翟意安:《抗日战争期间中日间的宣传战(1937—1945)》,北京:社会科学文献出版社,2021年。
⑤ 郭奇林:《从美英报刊视角看中国抗战——以〈时与潮〉时论译文为中心的考察(1937—1939)》,《安徽史学》2021年第5期。
⑥ 何卓恩、潘恩源:《太平洋战争前中国大学校长对美国的通电外交》,《华中师范大学学报》2021年第5期。

例。刘峰指出，1876年以后，日本在新的东亚变局下摸索对华外交路线的转变，并以1882年朝鲜"壬午兵变"为契机逐渐转向"对清协调"路线，但这一路线的本质仍是日本对外扩张的工具，甲午战争也无法避免。① 颜龙龙考察盛宣怀与井上馨关于汉冶萍问题的交涉，探讨个人交谊在国家利益交涉中的作用及其得失教训。② 黄翊民关注清末中日鸭绿江国境通车交涉案，认为在中日交涉中，清政府的抗争有效抵制了日本的鸭绿江国境铁路直通计划。③ 刘萍研究1903—1907年间锡良与中英江北煤铁公司交涉案，认为该交涉建立在不平等条约基础上，历经多年交涉的经济合同只是一纸空文。④ 张丽运用中、英、澳、新各方的一手资料，再现了晚清时期澳洲、新西兰排华立法的交涉过程。⑤ 黄文辉还原了清末澳门"路环血案"始末，认为澳葡政府以解救遭绑架的学童为由，扩大路环岛的屠杀和殖民侵占，实际是想从军事、民政等方面实现对全岛的实质管理。⑥ 袁文科通过分析锦瑷铁路的筹建背景、中外之间的博弈过程及清廷中央与地方的歧见，展现清末东北路权斗争的复杂面相。⑦

屈文生、万立仔细查考六大不平等条约中英文约本及其缔结与履行过程，以条约的不平等与翻译的不对等为双焦点，从文本出发，厘清晚清旧约章的相关历史叙事。⑧ 杨宇冠、高童非分析《南京条约》文本的产生过程、呈现形式和翻译时的转换问题，认为清廷想要通过

---

① 刘峰：《甲午战争以前日本的对华协调政策——以1876—1894年的朝鲜问题为例》，《安徽史学》2021年第5期。
② 颜龙龙：《在个人交谊与国家利益之间：井上馨与盛宣怀围绕汉冶萍问题交涉始末（1897—1915）》，马敏主编：《近代史学刊》第25辑，第108—125页。
③ 黄翊民：《清末中日鸭绿江国境通车之交涉》，《学术研究》2021年第11期。
④ 刘萍：《川督锡良与中英江北煤铁公司交涉——以锡良档案为中心》，《四川师范大学学报》2021年第6期。
⑤ 张丽：《晚清时期有关澳洲、新西兰排华立法的中外交涉》，《暨南学报》2021年第5期。
⑥ 黄文辉：《清末澳门"路环血案"始末考述》，《暨南学报》2021年第11期。
⑦ 袁文科：《博弈与歧异：清末锦瑷铁路筹建之败局（1909—1910）》，《西南交通大学学报》2021年第6期。
⑧ 屈文生、万立：《不平等与不对等：晚清中外旧约章翻译史研究》，北京：商务印书馆，2021年。

文本表面修改淡化该条约不平等性,英方则通过语言翻译上的垄断在文本中追求自身利益的最大化,最终从不同层面加深双方不平等的鸿沟。① 何星亮全面探讨了《中俄勘分西北界约记》关于"人随地归"条款订立的原因、过程及后果。② 王征梳理《中俄陆路通商章程》的缘起、签订及修订过程中的具体问题,认为这一章程的签署与修订,掀开了俄国不断索取陆路通商特权序幕。③ 侯中军基于英国外交部档案,分析二战后中英商约的筹议过程及内部分歧。④ 王钊利用美国斯坦福大学胡佛研究所藏张嘉璈档案,详细考察中英关于广梅铁路借款的交涉及其背后各方的复杂博弈。⑤

此外,中日两国在战后利权分割、劫物归还等方面也存在诸多复杂问题。吴景平梳理战后日本归还劫物的过程和诸多归还案例,分析了战后归还劫物问题陷于困境的原因和教训。⑥ 刘利民考察国民政府对日本渔船越界侵渔的应对措施和处理效果,由此观察中国、盟军、日本的复杂关系。⑦ 宋睿奇梳理民营企业永利铔厂对日索赔过程及结果,认为该案为战后民营企业如何在政府辅助下对日索赔提供范例。⑧

## (三)中西文化交流与认知想象研究

中西文化交流是中外关系的重要组成部分,2021年中外文化交流研究主要从报刊与中西交流、教会及侨民与中西交流、留学活动、认知与观念变迁等四个层面展开。

---

① 杨宇冠、高童非:《〈南京条约〉中英文本不平等问题研究》,《苏州大学学报》2021年第4期。
② 何星亮:《清代中俄西北分界与边民"人随地归"研究》,《西域研究》2021年第4期。
③ 王征:《晚清〈中俄陆路通商章程〉述略》,《历史档案》2021年第3期。
④ 侯中军:《论英国对二战后中英商约的筹议》,《近代史研究》2021年第3期。
⑤ 王钊:《全面抗战爆发前后中英广梅铁路借款交涉》,《民国档案》2021年第3期。
⑥ 吴景平:《关于战后中国要求归还劫物的若干问题》,《日本侵华南京大屠杀研究》2021年第3期。
⑦ 刘利民:《战后日本渔船越界侵渔与国民政府的因应》,《近代史研究》2021年第1期。
⑧ 宋睿奇:《战后南京永利铔厂的对日索赔》,《日本侵华南京大屠杀研究》2021年第4期。

其一,报刊处于中西交流的关键位置,学界对此着墨颇多。张玥以鸦片战争前《泰晤士报》对华鸦片报道为例,探究 18—19 世纪英国报纸对中国形象的建构,认为该报对中国形象的刻画形塑了英国本土读者的中国认知,所形成的舆论导向对第一次鸦片战争起推波助澜的作用。① 程方毅对不同时期、不同版本的《时局图》进行梳理,探究细节变化反映的中外局势和社会变迁。② 杨硕培考察宣统元年(1909)日本向清政府及各地督抚所呈汉译本《日本开国五十年史》,认为该书进入中国后即成为清末预备立宪指导书,直接影响了宣统政局的走向。③ 叶彤通过梳理日本《公闻报》在华发展历程,揭示日本官方在天津开展"新闻操纵",实施文化侵略扩张的历史事实。④

徐君玉梳理了护国战争前后英文《京报》与梁启超及其同人关系的转变,考察该时期《京报》对中外舆论的影响,展现民初英文报刊在政争中的特殊地位。⑤ 熊玉文探讨在华英美人士及其所办报刊对五四运动的观察,认为这些报道体现了西方政府对此次运动的态度,是英美等国在华舆论宣传的媒介。⑥ 杨宏雨以《星期评论》为中心,详细介绍五四时期国民党人对十月革命和苏俄政权的认知,认为当时国民党人对十月革命及苏俄政权持同情和肯定态度。⑦ 杨帆认为,一战结束后爱国华人以《纽约时报》为阵地,就山东问题与日方展开论

---

① 张玥:《鸦片战争前〈泰晤士报〉对华鸦片报道中的中国形象》,《云南师范大学学报》2021 年第 4 期。
② 程方毅:《语境交织与媒介跨越——清末〈时局图〉再探》,《史林》2021 年第 4 期。
③ 杨硕培:《〈日本开国五十年史〉献书事件与宣统政局》,《河南大学学报》2021 年第 3 期。
④ 叶彤:《外务省与近代日本在华第一份英文官报〈公闻报〉关系探析》,《新闻与传播研究》2021 年第 4 期。
⑤ 徐君玉:《外亦是内:护国战争前后梁启超与英文〈京报〉的合离》,《清华大学学报》2021 年第 6 期。
⑥ 熊玉文:《在华英美报刊与五四运动》,北京:社会科学文献出版社,2021 年。
⑦ 杨宏雨:《五四时期国民党人对十月革命和苏俄政权的认知——以〈星期评论〉为中心的研究》,《学术界》2021 年第 4 期。

战,是中国近代民族主义对外表达的一种有益尝试。① 王笛依据五四运动后美国媒体对中国问题的报道及对中国局势的分析,考察西方对20世纪20年代中国的认识。② 李珊通过梳理《中国之病》与"死硬派"记者甘露德的关系,以及该书出版后在中外人士中产生的反响,揭示五卅运动中西方对华的复杂观感及国民性话语与民族主义的碰撞。③ 侯庆斌以法国外交部档案和《中法新汇报》原件为核心史料,考订该报停刊经过,展现法国机关报和法国政府对北伐初期中国时局的不同认识,也为列强在华机关报的管理及其自由言论限度提供了一个注脚。④ 李小青厘清了《上海新报》与北华捷报馆的关联,认为该报从翻译内容、新闻观念和言论立场都有较深的西报印记,其在借鉴西报理念和探索西报本土化过程中形成的依赖也限制其进一步发展。⑤

其二,教会与中外交流研究主要侧重于两个方面:一是以侵略为目的的传教活动;二是以传教为媒介的文化交流和科学译介活动。苏德毕力格利用蒙古文档案,对教会内地置产权、天主教植根蒙地、蒙古人入教与蒙教冲突、庚子变乱与蒙旗"仇教"等问题展开讨论,分析晚清时期教会与蒙旗的关系变化。⑥ 刘晓临、刘子奎以美国来华传教士彼得·伯驾为例,探讨传教士来华后由传教到从政的转变及对道光年间中美关系所产生的影响。⑦ 程丽红、刘洋以戊戌政变至武昌起义期间的广学会为研究对象,考察其出版活动和发展策略,揭示其对

---

① 杨帆:《五四时期中国近代民族主义的对外表达——以〈纽约时报〉华人读者来信为中心》,《华侨华人历史研究》2021年第2期。
② 王笛:《"中国的根本问题在了自己":美国媒体对20世纪20年代中国局势的解读》,《清华大学学报》2021年第4期。
③ 李珊:《论"死硬派"记者甘露德〈中国之病〉及其反响》,《史学月刊》2021年第11期。
④ 侯庆斌:《〈中法新汇报〉停刊事件考述》,《史学月刊》2021年第3期。
⑤ 李小青:《探索中文新闻纸的路子:北华捷报馆下的〈上海新报〉》,《新闻与传播研究》2021年第7期。
⑥ 苏德毕力格:《"和约"下的对峙:晚清时期的教会与蒙旗》,《清史研究》2021年第3期。
⑦ 刘晓临、刘子奎:《从传教到从政:美国来华传教士伯驾身份转换探析》,《东岳论丛》2021年第9期。

华思想渗透本质。① 鱼宏亮通过分析李希霍芬几次考察路线选择、实施过程等问题，探讨19世纪西方殖民主义全球性科学考察背景下的中国调查及其多重属性。② 元青以双语词典的编纂为切入点，考析近代早期来华传教士获取中国文化知识的途径和过程，认为它反映了西方殖民主义背景下传教士的宗教利益考量和国家利益考量。③ 王萌考察晚清万国史著的译介与传播过程，认为万国史的译介与传播使世界史影响力迅速扩散，大大延伸了国人对世界历史地理的认知范围。④ 王慧颖考察美国中华协会的创办缘起、组织架构、主要活动，揭示居华美侨群体在晚清中国所扮演的角色。⑤

张乐考察一战期间中国与罗马教廷通使问题，认为北京政府企图借助与教廷通使，在战后和会中占据有利位置，进而制衡日本，但协约国成员基于各自利益考虑，积极附和法国，逼迫北京政府暂缓乃至取消通使。此次通使的失败，标志着北京政府联合教廷制衡日本外交策略的破产。⑥ 张勇安、施基邱艳梳理国际宣教会从唤醒中国和印度民众拒绝毒品，到参与1924—1925年日内瓦国际鸦片会议的过程，探讨它如何成为20世纪20年代国际禁毒工作的一支重要力量。⑦ 日本学者金丸裕一考察近代中日关系恶化过程中日本基督徒的言行变化，认为随着九一八事变爆发，两国基督教交流变质为日本基督徒对中国的"教化"，最终

---

① 程丽红、刘洋：《晚清政治运动中的广学会——一个传播帝国的落寞》，《吉林大学社会科学学报》2021年第1期。
② 鱼宏亮：《晚清时期李希霍芬中国地理考察及其影响》，《历史档案》2021年第1期。
③ 元青：《双语词典编纂与近代早期来华传教士对中国文化知识的获取》，《近代史研究》2021年第3期。
④ 王萌：《晚清万国史著的译介与传播》，《历史教学问题》2021年第2期。
⑤ 王慧颖：《晚清时期居华美侨的联合：美国中华协会述论（1898—1913）》，《史学月刊》2021年第10期。
⑥ 张乐：《第一次世界大战期间中国与罗马教廷通使问题再考察》，《近代史研究》2021年第2期。
⑦ 张勇安、施基邱艳：《从道德教化到政治参与：国际宣教会与1920年代的国际禁毒运动》，《社会科学研究》2021年第3期。

演化为一场信仰、心灵层面的侵略战争。① 张德明聚焦宗教教育，考察华北基督教中学在政府立案后至全面抗战前开展宗教教育的新举措及具体活动，进而探析教会教育与福音传播的复杂关系。②

此外，在中外交往过程中，海关发挥了重要的推动作用。杨智友、李宁围绕抗战时期中国海关行政权展开讨论，展现十四年抗战历史中海关这一特殊机构的真实境遇。③ 丁怡骏、张志云探讨了总税务司署如何利用海关图书馆的知识进口、管理和生产功能回应近代中国多变的政治格局。④

侨民不但在抗战中扮演重要角色，亦是中外交流的急先锋。徐炳三认为广州外侨亲历日军轰炸广州平民暴行，遂创立"外侨对华正义会"，通过会刊、宣传册、广播等揭露真相，呼吁国际社会援华，对各国制定远东政策的潜在影响不可低估。⑤ 潮龙起考察了晚清至抗战时期美洲的侨情及华侨抗日团体的兴建与发展，重点阐述美洲华侨在各居住地采取的多种抗战活动。⑥ 潮龙起、陈惠扬还将美国华侨的国民外交运动置于中国、日本、美国及华侨四方互动的跨国空间中，分析抗战时期美国华侨开展国民外交的方式、内容和成效。⑦ 李晓红、杨俊芳还原了1939年马来亚华侨发起抗战电影运动，认为此次运动不仅是东南亚华侨参与抗日救亡的明证，也说明华侨观众通过优质中国影片实现自我启蒙、参与救亡祖国。⑧ 沈惠芬以华侨跨国书信为切

---

① 金丸裕一：《危机下的日中基督教关系史——"中国认识"的诸面相》，《抗日战争研究》2021年第4期。
② 张德明：《在地教育与福音传播：华北基督教中学立案后的宗教教育调适（1930—1937）》，《广东社会科学》2021年第3期。
③ 杨智友、李宁：《抗战时期的中国海关》，南京：江苏人民出版社，2021年。
④ 丁怡骏、张志云：《海关图书馆与中国政治进程（1863—1951）》，《苏州大学学报》2021年第6期。
⑤ 徐炳三：《外侨对日军轰炸广州暴行的见证与揭露——以广州外侨对华正义会为中心》，《暨南学报》2021年第5期。
⑥ 潮龙起：《美洲华侨与抗日战争》，南京：江苏人民出版社，2021年。
⑦ 潮龙起、陈惠扬：《试析抗战时期美国华侨的国民外交运动》，《广东社会科学》2021年第3期。
⑧ 李晓红、杨俊芳：《1939年马华抗战电影运动研究》，《厦门大学学报》2021年第2期。

入点，探讨华人离散群体在太平洋战争中的遭遇、情感及大战对华人的影响。作者还以福建侨眷的生活为中心，考察了抗日战争、太平洋战争引发的侨汇变化对跨国留守群体生活的影响，以此探讨跨国留守群体与近现代人口跨国迁移的多元关系。①

其三，留学活动对中西文化交流发挥了重要作用，学界对此有所关注。元青、吴鲁锋关注清季留学生群体"中学西传"的活动过程和宣传渠道，认为这一活动丰富和改善了域外对中国的文化认知，是近代中西跨文化交流重要组成部分。②余子侠、王海凤梳理了近代来华留学生的国别分布、留学方式、所入学校、所选学科，揭示近代来华留学生教育历史演变的状貌及特点。③付鸿军、何雪砚认为在新疆地区开设俄语课程及派送留学生等俄语教育活动，对宣传马列主义，促进民众觉醒起到了重要作用。④朱强概括了清末云南留学生省籍认同的特点及与国家认同的关系，认为云南留学生报刊中所体现的国家话语反映了他们从爱乡到爱国、由省籍认同到国家认同的思想轨迹。⑤张蒙考察了医学传教士对拉丁文的负面看法与其帝国话语的结合过程，进而探讨留日学生对医学拉丁文和中文术语的不同认识，认为这场学术论争的背后，既是传教士与留日学生争夺中国医学标准的制定权，也可见留日学生试图打捞那些在帝国话语中消失的中国传统，以保存国族认同的努力。⑥雷环捷梳理了清末民初科研院所从移植到本

---

① 沈惠芬：《华人离散群体的战争记忆——以东南亚华侨关于太平洋战争的侨批为中心》，《厦门大学学报》2021年第6期；《华侨汇款与侨眷生活：抗日战争时期福建跨国留守群体生活的变迁》，《福建论坛》2021年第9期。
② 元青、吴鲁锋：《清季留学生群体的"中学西传"活动》，《南开学报》2021年第1期。
③ 余子侠、王海凤：《近代来华留学生教育的演变历程及特点》，《湖北大学学报》2021年第5期。
④ 付鸿军、何雪砚：《清末民国时期新疆俄语教育及翻译活动述论》，《新疆大学学报》2021年第5期。
⑤ 朱强：《由爱乡到爱国：清末云南留学生报刊中的国家话语》，《思想战线》2021年第2期。
⑥ 张蒙：《医学拉丁文在近代中国：传教士的帝国话语与留日学生的在地反抗》，《史林》2021年第4期。

土化的成长进程。① 刘大椿检视中国近现代科技转型的历史轨迹，认为经过从晚清到民国近百年的师夷长技，整个体制和规范已经走出传统模式，与西方先进科学技术逐渐实现并轨。②

其四，从晚清到民国，国内各阶层的外交观念及对西方的认知都发生了翻天覆地的变化。外交手段和解决中外纠纷的能力也随着外交"阵痛"而趋向多元。李育民认为在应对列强侵华新态势和条约关系新格局的过程中，晚清利益观念经过一系列的调适演进和扩展转型，实现了从"怀柔"、"施恩"到具备主权观念和修约意识的转变。③ 随着认知的不断深入，外交形式渐趋多元。许龙生关注中日围绕明治天皇去世展开的"外交攻防"，认为中日两国就此显现的"迎"与"拒"，反映出外交手段与外交实践的分离，以及民国政府寻求列强承认与日本政府意图扩大在华利益之间的对立。④ 陶祺谌探究了清廷及地方督抚派员赴日考察的基本情况、赴日观操对清末军事改革产生的影响及其局限。⑤ 此外，公使的派驻与顾问的增设也是外交观念变迁的显著例证。郭黎鹏考察了日俄战争前后驻美公使梁诚的作为，认为他为清廷因应日俄战争作出巨大贡献。⑥ 薛轶群利用日方档案，考察日本首任驻外武官福原和胜在华活动的相关史实，探研了日本驻外武官情报网的形成与具体运作状态。⑦ 张礼恒以袁世凯与德尼的关系为线索，梳理中朝关系恶化的历史脉络，评述了洋顾问对中朝关系的影响。⑧

---

① 雷环捷：《清末民初科研院所在中国的移植与本土化成长》，《天津社会科学》2021年第4期。
② 刘大椿：《西学东渐与中国近现代科技转型的若干问题》，《天津社会科学》2021年第1期。
③ 李育民：《晚清对外关系中利益观念的演变》，《历史研究》2021年第4期。
④ 许龙生：《中日两国围绕明治天皇去世开展的"葬礼外交"探析》，《安徽史学》2021年第4期。
⑤ 陶祺谌：《赴日观操与清末军事改革——以日本陆军特别大演习为线索》，《安徽史学》2021年第5期。
⑥ 郭黎鹏：《中国驻美公使梁诚与日俄战争》，《历史教学问题》2021年第1期。
⑦ 薛轶群：《日本首任驻外武官福原和胜在华活动探析》，《抗日战争研究》2021年第2期。
⑧ 张礼恒：《利益交葛下的东西方观念冲突——袁世凯、德尼关系论》，《安徽史学》2021年第4期。

与此同时，西方国家在处理同中国关系时，对中国的认知也发生着变化。郑彬彬、张志云考察英国驻华使领馆对华情报工作，阐述1843—1861年英国如何依托驻华使领馆构建情报网络，搜集中国商贸情报和内政情报，并探讨英方的情报工作如何形塑英国对华认知。①丁怡骏、张志云阐释法国如何运用殖民帝国中各种力量推进战争宣传，在抵制德国反法舆论的同时扩大在华影响力。②张礼恒探析1900年中韩重建邦交的原因，认为中韩重建邦交是众多合力促成的结果，既有国际大环境的影响，也有中韩两国各自需求的内在驱动。③马建标、刘畅分析马慕瑞"公约主义"的践行与失败，观察美国的法律政治习惯和外交决策如何影响这一时期华盛顿体系的运作。④王敏、甘慧杰通过考察中日之间就逮捕和引渡章太炎、邹容等进行的交涉，认为日本在苏报案上的态度，反映出其当时已经以欧美国家处理国际关系的惯例来处理同中国的外交事务。⑤

清政府、国民政府虽竭力融入国际社会，希望用国际法和国际惯例处理中外纠纷，但在实践中依旧遇到诸多困难。夏维奇梳理列强侵损中国水线主权的过程及中国历届政府修复水线主权的理念、举措与成效，认为近代中国面临的复杂内外局势严重制约政府行政水平。⑥朱琼臻分析了京师自来水公司设立前，国内开明人士呼吁和洋商争相竞办自来水公司的情况。⑦王静考察第二次海牙保和会中，副议员钱

---

① 郑彬彬、张志云：《英国驻华使领馆的情报工作与修约决策（1843—1869）》，《历史研究》2021年第2期。
② 丁怡骏、张志云：《第一次世界大战期间法国在华的宣传活动》，《史林》2021年第1期。
③ 张礼恒：《被动中的抉择——清政府同意中韩建交的原因探析》，《山东师范大学学报》2021年第1期。
④ 马建标、刘畅：《"公约主义者"的悲剧：马慕瑞与华盛顿体系的兴衰》，《近代史研究》2021年第5期。
⑤ 王敏、甘慧杰：《苏报案交涉中的日本》，《学术月刊》2021年第4期。
⑥ 夏维奇：《近代中国电信主权的破坏与修复——以外商在华沿海水线之纠葛为考察中心》，《学术研究》2021年第7期。
⑦ 朱琼臻：《清末京师筹办自来水新探》，《历史档案》2021年第2期。

恂、军务议员丁士源就美国保护海上私产提案产生的分歧,讨论清廷参加国际会议的困窘,认为这是由清政府国力衰弱、法律不备等客观状况造成的。① 胡天舒探讨幕末至昭和初期以知识人为主体的日本人来华体验,考察其来华过程中的"双重中国认知",认为这一坐标定位已成为近代日本人中国观由"蔑视"向"无视"转变的密钥。②

此外,2021年学界还推出了几部专著。王元崇以1784—1911年为时限阐述中美两国关系,指出美国在晚清时代不断调整对华策略,为民国时代中美合作作了铺垫。③ 金光耀利用美国哥伦比亚大学藏"顾维钧档案"及大量访谈资料,叙述了顾维钧的一生。④ 张志勇充分利用《赫德日记》未刊手稿,认为赫德深度介入了晚清外交活动,是清政府利用外国人办外交的典型代表。⑤

综上所述,2021年近代中外关系史,在还原史实基础上,逐渐摆脱传统的解释框架,重视新史料发掘和多国史料互参,叙事更加全面,形式更加多元,愈显勃勃生机。

---

① 王静:《光绪末年清廷参加第二次海牙保和会的困窘》,《历史档案》2021年第1期。
② 胡天舒:《"双重中国认知"的演绎经纬与事实定位——对近代日本来华知识人"中国体验"的再观察》,《东北师大学报》2021年第6期。
③ 王元崇:《中美相遇:大国外交与晚清兴衰(1784—1911)》,上海:文汇出版社,2021年。
④ 金光耀:《以公理争强权:顾维钧传》,北京:社会科学文献出版社,2021年。
⑤ 张志勇:《赫德与晚清外交》,北京:中华书局,2021年。

# 总结与展望

2021年中国近代史研究成果相较过去更为丰富，涌现出更多高水平论著，全方位推动中国近代史研究朝着更加精深的方向发展，彰显了具有中国特色的历史学学科的繁荣。这得益于近年来大量档案资料汇编的公开出版、众多数据库的开发，以及国家在科研方面的大力扶持。但繁荣的背后，依然存在一些"老问题"，如"碎片化"、理论关怀不足等，因此迫切需要通过加强理论对话，扩大研究视野，进一步推动中国近代史"三大体系"建设。

在中国近代政治史研究方面，晚清政治史和民国政治史均呈现研究重心向后延伸的情况。晚清政治史研究多在戊戌之后，尤其是清末十年；民国政治史研究则集中在抗日战争时期。在晚清人物方面，高层人物与政局关系研究进一步深化，同时随着新史料的发掘，一些过去未曾进入学者视野的中下层官员也逐渐受到重视；清末新政与制度变革近年来一直是热点，相关研究不断精细化。2021年是辛亥革命爆发110周年，大批成果涌现，推动辛亥革命研究进入新的高度。北洋政治史依然是中国近代政治史的薄弱环节，相关研究远不及南京国民政府时期。抗战时期政治史成果最多，学者多关注政局与战局的互动，以及战时制度的兴废变化。

在后续研究中，晚清史方面似需要向前追溯，更加关注甲午之前的政治和社会，方能厘清后来时局演变的脉络。北洋政治史研究亟待加强，因为其正处于承前启后的位置，这样方可贯通地把握中国近代政治史。解放战争时期的政治史成果也不太多，需要加大研究力度，从丰富的档案史料入手，深刻剖析共产党之所以胜利、国民党之所以失败的缘由。

在中国近代思想文化史研究方面，延续了过去人物思想研究、学术思想（思潮）研究和概念史研究的发展理路。维新派和"五四"

相关人物依然是重要的研究对象；学术史研究中马克思主义史学史得到了迅猛推进，民族主义和学科转型的相关成果较为集中。囿于思想史自身的学科性质，当下人物思想研究多集中在精英层面，忽视了一般大众的"思想"；应当眼光向下，重视作为社会多数的普罗大众日常中呈现的思想文化。在近代学术史研究中，应进一步加强对经学史的研究，尤其是要关注近代学术体制转型后经学的命运变化。概念史研究虽然成果纷呈，但需要在具体研究中把握不同流派的研究脉络，借鉴不同研究方法来处理不同的概念问题。同时，应当对中国近代史上的大量概念进行分类梳理，鉴别其内在属性，进而在此基础上进行整合，构建具有本土特色的学术话语体系。

2021年，中国近代经济史研究体现出较好的连续性，工商业及农业经济、企业制度及行业组织、财政金融、市场形态等议题继续得到推进，为理解近代中国经济演变的历史逻辑提供了新观点和论证。同时，基于学术史发展脉络及现实问题的关怀，对中国共产党百年来的经济建设、中国式现代化、中外经济关系、财政能力与现代国家建构等问题，学界关注度明显提高。相关讨论还与政治史、中外关系史、革命史等领域密切相关，体现出多领域、整体史取向。经济史研究在史料发掘及量化方法运用上有长足进步，也更深入市场运行及社会实态。虽然因疫情阻隔，许多线下学术活动受阻，海外交流也受到明显影响，但通过线上信息传播及数据库资源支持，学界对话仍然十分频繁，且对现代化、财政国家建构、全球贸易、抗战时期经济等问题有相对集中的讨论，推动了相关研究更趋精进。通过年度节点观察和纵横连接，可以清晰发现学术共同体的运行脉动。不论是从学科、主题、方法还是学人等不同维度而论，经济史都不是一个封闭的领域，而是需要更为开放、创新、自由的探索，来追寻过去与未来、中国与世界的经济逻辑。

2021年，中国近代社会史研究在医疗社会史、灾害慈善史、日常生活史、社会文化史等几大领域内明显聚焦，取得了较为突出的成果。一是社会史内部的专题分化与整体关怀。社会史包罗万象，议题丰富，在形成一些相对集中的专题领域的同时，历史进程的整体面相也被勾勒得更为清晰。虽然仍不无"碎片化"的担忧，但"原生态"信息的发掘还远远未足。二是社会史成为连接历史与现实的重要通道。现实社会中存在的问题通常会存在历史的回响，社会史对公共卫生、灾害慈善等问题的持续关注，不仅在于鉴往知来，更重要的是明确历史中的风险及应对之道。三是对于"人"的持续关注和尊重。不论是医疗史、生命史，还是生活史、文化史，重视的根本主体在于"人"，空间场景在于"社会"；不论是精英还是普通大众，作为个体、生命、家族或群体，其历程和叙事都是有意义的，都是历史的构成部分。四是作为议题的社会史与作为方法的社会史的贯通。社会史研究议题不断拓展和丰富，同时作为方法的社会史更关注整体社会系统的互动及其在社会层面的反映。从自下而上的微观史视角观察，大历史也会呈现出更为具象、生动、真实的面相。

2021年，中国近代中外关系史研究在还原史实的基础上，逐渐摆脱传统的解释框架，更加重视新史料的发掘和多国史料的并进使用，叙事更加全面，形式更加多元。抗日战争时期的中日关系依旧是中外关系史的热点，其中九一八事变的相关研究成果尤其丰富，抗战之际各国在华外交、沦陷区、战后审判等问题也得到了更加系统的考察。晚清中外关系、租界与列强在华特权、中西文化交流等方面也有不少新作问世。研究者综合运用多国档案，将中外关系史研究推向新高度。目前研究中，中日、中美、中英关系占比较高，中苏（俄）关系则研究相对较少。苏联（俄国）作为中国最大的邻国，一直以来对近代中国内外事务均有较大影响，需要发掘更多的俄文档案史料，进一步加强中苏（俄）关系史研究。

总体看来，今后的中国近代史研究需要从以下几个方面持续努力。

一是纵向上拓宽历史视野,从长时段的角度观照中国近代史,重视近代史与清史、中华人民共和国史之间的联系。尽量在贯通角度下研究近代史事,从整体视角揭示关键历史细节,避免掉入零散而细碎的"档案陷阱";同时加强对甲午以前的晚清史、北洋史、解放战争史等时段的研究,使中国近代史各个时期的研究成果相对均衡,相互贯通,从而厘清近代历史发展的经纬与脉络。

二是横向上推动跨学科研究,借鉴其他人文社会科学的优长,如政治学、经济学、社会学、哲学、文学等,从而拓宽视野,提升发现问题、解决问题的思维能力。当然,也要避免研究方法与研究对象不相适应的情况。既不能不重视研究方法,又不能唯方法论,一味追求新奇。

三是高度重视史学理论的研究与运用,提升研究者的理论水平与学术对话能力,而非仅仅依照时间排比史事,描摹历史事件的前因后果。注重在史实细节的基础上进行理论概括和提升,而非仅仅沉溺于无关大局的零散问题。同时应当注意近代史研究与现实之间的关联,为中国式现代化新道路提供可资借鉴的历史经验。

四是继续加强中国近代史文献史料尤其是档案资料的整理与出版。2021年出版了大量档案和文献史料汇编,其中很大一部分是首次披露,极大促进了中国近代史研究。如《中国现代史档案资料汇编》《近代国学文献汇编·第三辑》《近代国学文献汇编·第四辑》《民国时期大学校刊汇编》《民国时期儿童期刊汇编》《近代女性教育文献丛刊》《民国时期旅游文献续编》《中国近代工业史论著选辑》《近代博览会资料汇编》《中国近代医疗卫生资料三编》《近代警政史料汇编》《香港中文大学藏盛宣怀档案全编》《近代史所藏李景铭档案》《中国社会科学院近代史研究所藏张之洞档案未刊稿汇编:第一辑·折片档》《抗战时期江西人口伤亡及财产损失档案汇编》《侵华日军关东宪兵队"特殊输送"档案汇编》《抗战时期云南空袭善后救济档案汇编》《二战时期西南太平洋战区日本战俘讯问档案汇编》《二战日军细菌战档案汇编》《伪满洲国联合协议会记录档案》《中国近现代稀见史料丛刊·第八辑》等。

作为一门实证性很强的学科,史料的开发和利用是历史学科繁荣的前提,近代史学界应继续重视新史料的发掘整理,为新时代史学繁荣发展奠定坚实的基础。

(责任编辑:黄　娟　成　棣)

# 2021年中共党史、中华人民共和国史研究报告

辛逸 赵懿 董龙[*]

对于中共党史和中华人民共和国史（以下简称"党史"、"国史"）而言，2021年是极不平凡的年份。这一年，中国共产党迎来百年华诞；党的十九届六中全会通过党史上第三个历史决议，全面总结了党的百年奋斗重大成就和历史经验；中共党史党建成为一级学科，党史、国史研究再迎新的发展良机。因此，2021年的党史、国史研究成果丰硕，在诸多研究领域取得了显著进展。一大批回顾和总结百年党史、阐释党的第三个历史决议的研究成果涌现；中共党史研究的理论和方法，特别是中共党史的学科属性等问题得到深入探讨；宏观研究视野更加开阔和综合，微观研究层次更加深入和多元，两种类型研究都取得显著进展；跨学科研究趋势更加明显，更多的政治学、经济学等学科的研究者加入对党史、国史相关问题的探讨。为总结党史、国史在这一重要年份取得的成就，笔者在深入阅读2021年党史、国史论文的基础上，对"两史"研究的一些新进展进行评析。受能力和篇幅所限，本文难免遗漏有重要学术贡献的佳作，也可能对一些成果的理解有误，或对有些文章未作完整、全面的概述。以上种种舛漏，包括还未被笔者意识到的其他问题，均由笔者负责。

---

[*] 作者辛逸，华东师范大学社会主义历史与文献研究院教授；赵懿，中国历史研究院历史研究杂志社编辑；董龙，中国人民大学马克思主义学院博士研究生。

# 一、理论与方法

为庆祝中国共产党成立100周年，多家专业期刊推出纪念专栏或笔谈。《历史研究》2021年第2期刊发"中国共产党与中国历史道路"笔谈，围绕百年来中国共产党对中国道路的探索展开探讨。曲青山回顾了百年来中国共产党的执政之路，将党的百年执政历程分为奠基（党的成立到十一届三中全会）、新路（党的十一届三中全会到十八大）和新境界（党的十八大以来）等三个阶段。作者总结出中国共产党执政的基本经验，共有"必须坚持党对一切工作的领导"、"必须坚持马克思主义的指导地位"等十三条。张太原论述了百年来党对理想社会的探索与建设，认为党追求理想社会的历程，充分体现了马克思主义不断革命精神和中华优秀传统文化积极进取精神的结合。杨凤城从党的百年历史考察了马克思主义中国化与中国道路的关系，认为中国共产党之所以"能"，关键在于将马克思主义中国化与中国道路紧密结合并形成良性互动。罗平汉论述了党对中国现代化道路的探索历程。新民主主义革命时期，党为中国实现现代化"扫清前进障碍"；社会主义革命和建设时期，党对中国现代化之路进行了艰辛探索；改革开放以后，党开创、发展了"中国式的现代化"，使中国"离现代化目标越来越近"。龚云认为，中国共产党"书写了世界社会主义历史的中国篇章"，"引领了世界社会主义运动发展方向"。具体来说，中国革命开辟了世界无产阶级革命新道路；中国社会主义建设与改革"拯救了社会主义在全世界的威望"，"改变了世界社会主义发展格局"；中国特色社会主义"引领世界社会主义不断走向光明"。①

为深入学习贯彻习近平总书记在庆祝中国共产党成立100周年大

---

① 曲青山：《中国共产党执政的历史经验》、张太原：《百年来中国共产党对理想社会的追求》、杨凤城：《马克思主义中国化与中国道路百年探索》、罗平汉：《中国共产党与中国现代化》、龚云：《中国共产党对世界社会主义的历史性贡献》，《历史研究》2021年第2期。

会上的重要讲话精神和党的十九届六中全会精神,《历史研究》2021年第6期刊发"以史为鉴 开创未来"笔谈,围绕中华民族伟大复兴、马克思主义同中华优秀传统文化相结合、中国式现代化新道路、人类文明新形态、构建人类命运共同体等重大命题展开探讨,深入阐释中国共产党百年奋斗的历史经验和历史意义。夏春涛运用大历史观,回顾总结近代以来中国社会演进的历史过程,论述了一百年来中国共产党团结带领中国人民为实现中华民族伟大复兴持续奋斗的光辉历史。欧阳军喜论述了百年来中国共产党将马克思主义同中华优秀传统文化相结合的历史实践过程。作者认为,习近平总书记提出的"马克思主义同中华优秀传统文化相结合"的重要论断包含两方面含义:一是用马克思主义激活中华优秀传统文化,推动中华优秀传统文化创造性转化、创新性发展;二是充分吸收中华优秀传统文化的丰厚滋养,发展当代中国马克思主义、二十一世纪马克思主义。马敏认为,中国式现代化道路是中国依据自身国情,独立自主闯出的一条新路,"为世界上那些渴望独立发展、走符合自身国情现代化道路的国家,提供可资借鉴的中国方案"。于沛从世界历史大变局的视角出发,探讨了人类文明新形态产生的历史必然性及其理论和现实意义。作者认为人类文明新形态反映了人类的共同理想和诉求,为人类文明进步作出永不磨灭的历史贡献。张清敏探讨了人类命运共同体理念的时代价值及其对全球外交的指导意义。作者认为人类命运共同体理念回答了新时代中国应推动建设什么样的世界、构建什么样的国际关系、需要什么样的外交、怎样办外交等重大问题,体现出中国共产党对当今世界形势和时代主题认识的深化。[①]

---

[①] 夏春涛:《从大历史视角看民族复兴进程之不可逆转》、欧阳军喜:《马克思主义同中华优秀传统文化相结合的百年实践》、马敏:《中国式现代化新道路的历史演进及前瞻》、于沛:《历史大变局中的人类文明新形态》、张清敏:《人类命运共同体理念的外交意义》,《历史研究》2021年第6期。

在百年奋斗历程中，中国共产党取得了伟大成就和宝贵经验，为我们留下弥足珍贵的精神财富。曲青山《中国共产党百年历史经验》一书，以辩证唯物主义和历史唯物主义认识和理解党的百年奋斗史，探讨了党的历史决议的重要历史地位和意义、党的百年奋斗史的主题、伟大建党精神、学习党史与坚定道路自信的关系、党的领袖的真理与人格力量等一系列重要问题，对党的百年成就和历史经验进行了深入总结。①

中共党史的学科属性及其归属问题受到热议。《中共党史研究》杂志就中共党史学科的学科属性和学科建设，组织"面向新时代的中共党史学科建设"笔谈。杨凤城建议，设立"中国共产党历史与理论"一级学科，既是学科发展的需要，也符合党和国家发展的重大战略需求。从历史的角度而言，中共党史应包括党领导革命、建设和改革的奋斗史，党的理论发展史和党的建设史。由此构成"三位一体"的学科体系，这已成为党史学界的学术共识。上述三个二级学科，基本能够体现党的奋斗（史）、理论创新（史）、管党治党（史）的三位一体架构，且有比较成熟的学科积累和基础。除上述三个主干学科外，可以考虑将中华人民共和国史作为二级学科纳入其中。何志明认为，中共党史模糊的学科归属，导致其在人才培养、专业建设和学术研究等方面都处于不利地位。要解决这些问题，首先需要明确党史学科归属。任何时候都不能否认党史研究自身的历史学特性，以及中共党史与历史学科之间的密切关系。其次是党史研究者应该淡化学科边界，以更加开放和严谨的心态，积极提倡跨学科研究，大力引入历史学、政治学、社会学、法学等学科的研究方法，形成党史自身的研究范式与旨趣，最终获得其他学科的认同。吴志军提出，党史研究的学术安排具有显著的国情特殊

---

① 曲青山：《中国共产党百年历史经验》，北京：人民出版社，2021年。

性，其学科规划的设置和建设应充分尊重和发扬这种特殊性，使党史研究获得学科建设的独立性。如果党史学界无视这种特殊性，不基于这种特殊性来讨论党史研究的学科属性问题，无异于缘木求鱼。刘雨亭认为，党史学科建设理论应兼顾研究对象的客观性、知识产品的通约性以及知识生产的协作性。在此基础上，中共党史学科才能够有效吸纳经济学、历史学、政治学、社会学等学科的理论与方法，在学科互动中呈现中国共产党对中国经济、政治乃至社会变革的塑造作用，从而真正发挥党史学科的学术生产能力。上述学者认为，党史应该属于历史学科，只有明确党史的历史学科属性，才能划清党史与社会学、人类学、经济学等学科的边界，进而形成自身的研究范式，推出符合史学规范并得到学术界普遍认可的学术成果。①

中共党史专业的学科归属问题，一段时期以来一直存在争议。李金铮认为，党史归属历史学科更有其必要性和正当性。党史专业最初就设在历史系，今天从其他学科重新回到历史学，不过是重归原位。只有将党史归为历史学，将研究对象和研究内容扩大为"大党史"，才能改变传统党史学者的局限，保证学术性与政治性的统一。作者注意到，近些年的党史学界，包括各高校马克思主义学院、党校、党史研究室的学者，在学术研究和人才培养上已和传统党史学者不可同日而语，规范化、学术化大大增强。尤其是年轻一代，凡是研究比较深入、取得较好成绩的，大都既接受了历史学、中国近现代史以及党史学科的训练，又汲取了相关学科的理论和方法，此为中共党史学界的一大变化。②

---

① 杨凤城：《关于中共党史学科定位与建设的若干思考》、何志明：《明确归属和淡化边界——中共党史学科建设"再出发"刍议》、吴志军：《无妨以更广阔的胸怀来认识党史研究的学科属性——兼论学术观念的自我反思意识》、刘雨亭：《新时代中共党史学科建设理论的三重意涵及其科学化问题》，《中共党史研究》2021年第1期。
② 李金铮：《中共党史回归历史学科的正当性》，《江海学刊》2021年第4期。

《近代史研究》2021年第3期推出"庆祝中国共产党成立100周年"笔谈。张海鹏认为,以农村包围城市、武装夺取全国政权的道路,区别于俄国革命道路,具有中国特点,是马克思主义中国化的具体体现。新中国成立后,国家的社会主义建设道路,依据马克思主义基本原理,结合中国实际,形成了具有中国特点的社会主义制度。金以林认为,中国革命的特点是通过游击战方式,陆续在农村建立起一批独立的根据地,最终逐步统一成中央政权。新中国的国体、政体、阶级状况、国民经济构成等立国之本,都可以从抗日根据地找到雏形。郭若平指出,在历史认识论中,历史时间显然不同于自然时间。对于党史书写来说,时间概念不应当被看成意指单向度的直线流变,而应被看成蕴含交叉、覆盖、转换等多重变化的社会活动时间。在处理特定史事过程中,这种时间概念并不是处在动态性与静态性的辩证关系中。有些以档案为史料基础的个案研究,往往不能将档案蕴含的断裂性时间,合理地对接中共党史的整体性表征的连续性时间。左玉河认为,中国共产党根据"民族斗争与阶级斗争一致性"的理念,妥善处理抗日民族统一战线中统一与独立、斗争与合作的复杂关系,为抗战胜利创造了基本条件。中共在抗战时期实施的许多政策,如减租减息政策、三三制政权等,就是将民族斗争与阶级斗争统一起来的集中体现。何友良考察了苏维埃革命在百年党史中的作用和意义。作者认为,苏维埃革命是中国共产党治党治军、治国安民的初步尝试,中国共产党根据中国具体实际,对苏维埃制度进行了探索创新,是"中国共产党在引用外国经验与结合本国实际方面的重大实践"。[①]

《史学集刊》2021年第1期推出"百年中共党史研究理论与方法论笔谈"。周良书探讨了党史研究中的范式问题,认为"复线

---

[①] 何友良:《苏维埃革命与中国共产党百年历程》,《近代史研究》2021年第3期。

史"的叙事方式试图打捞散失在历史缝隙和裂纹中的不同声音,用多样性来替代单一体的演化,从而打破"线性历史"的封闭叙事,展现更多分立并存的叙事结构。与宏大叙事相对应的"小历史"研究范式,通过对党史叙事中某个事件、村庄或学校等个案的分析,把微观层面作为党史研究的着力点,有助于在宏大叙事外补充更多历史细节。王广义认为,地方党史与全国党史的研究,应从社会互动的角度探讨国家、地方、民众的互动与社会变迁的关系。不只是从国家对于地方、民众的正向关系来看待历史问题,还要从其反向关系来观察社会历史现象,"从底层看历史",从中找出更加符合客观历史的规律。"眼光向下",重新审视历史,展现出基层社会各阶层的分化、重组及其日常心态和生活,把社会下层群众的活动同上层人物的活动连接起来,把广大民众的生活同重大政治、经济、文化现象连接起来,从整体上说明人类历史发展轨迹。党史研究还需要内外结合,既要从国外的角度看中国,也要从中国的立场看国外。①

《中共党史研究》2021年第6期刊出"新民主主义革命时期党史研究的继续深化与发展方向"笔谈(二)。瞿骏认为,史学的"求真",除了"求真相",还要"求真实",二者相辅相成,联结互补,方能切实推进党史研究。因为蕴含细节"真相"的史料很多时候并不能够直接得出"历史真相",恰恰需要把握住"历史真实"才能得出"历史真相"。只有把握住"历史真实",才能真正逼近"历史真相"。游海华提出,应该从战时环境、基本人性和长时段等三个维度审视和研究苏区史。忽视战时环境极易产生以下问题:一是拔高评价、易致悖论,即认为战时的各项工作,反而比和平时期的资源更多、民众素质更好;二是贬低评价、无视史实,如将前委领导制度看作"家长

---

① 周良书:《中共党史研究中的范式问题》、王广义:《时间·空间·学科:新时代中共党史研究的三重视域》,《史学集刊》2021年第1期。

制"；三是无视不同时期和不同环境的差别，将苏区前期的战时经验照搬到其他时期。运用长时段视角研究苏区史，一是需要考察苏区的自然、经济和社会结构的变迁，分析各边区民众的生存环境，以及其产权、交易、教育、信仰、卫生、金融、行政等制度；二是需要分析苏区革命既受制于区域自身发展的结构，也深受明清以来世界与中国社会大变迁潮流的影响和制约；三是需要考察苏区革命所开创的革命道路及其制度创新、农村经济社会的变革模式，和苏区新型社会关系及观念对中国后来的影响。周俊认为，有关党内交通的研究，概述、回忆性质的文章偏多，实证研究较少；个案研究虽逐渐增加，但能勾勒全局的通史性著作尚未面世；对党内交通在1949年以后的延续，关注较少；缺乏跨学科的理论对话。①

郭若平将《向导》周刊的时评文章视为"反应性史料"，并从理论与方法上对其进行辨析。这些时评已经蕴含对政治现象的价值判断，折射出时人对当时政治事态所秉持的立场与观点，其在中共党史研究中的价值并不低于一手史料。作者认为，从不同层面观察中共党史的史事细节，并不等同于取缔传统的"事实史料/研究分析"的二元模式，而是进一步拓展研究的空间，以"事实史料/史事表征/研究分析"的方式进行研究。《向导》时评史料发挥的正是"史事表征"的史学功能。用这种史学功能解释中共早期历史，不但可以充分利用一切原始史料，而且可以充分利用那些对史事作出反应的史料。②

概念史研究一般多关注新概念的引入、形成及其流变的过程，对此，李里峰认为，概念史研究应进一步探讨基本定型的概念是如何指引政治实践，如何成为参与和引领社会政治变迁之"要素"。20世纪

---

① 瞿骏：《觅求"真实"与理论反思——对百年中共党史研究的两点思考》、游海华：《战时环境、人性、长时段：苏区史研究应有的维度》、周俊：《组织的血脉：党内交通研究的再检视》，《中共党史研究》2021年第6期。
② 郭若平：《〈向导〉的向导：时评反应中的中共早期历史》，《福建论坛》2021年第4期。

20 年代不仅是中国现代基本概念（尤其是与革命相关的基本概念）形成和定型的年代，也是这些概念由"表征"转向"要素"、由话语转向行动的关键时期。这一时期见证了概念/话语竞争从"批判的武器"向"武器的批判"的转换过程，彰显了概念引领政治实践的巨大能量，是中国革命概念史研究一个适宜的切入口。[1] 侯竹青从概念史视角对中共纪念史进行研究。在纪念活动中，中共对核心概念的选择和阐释是中共政治理论构成和变迁的表征，其对核心概念的强调和重复也在无形中传播着中共的政治思想，推动着中共的政治实践。作者进一步指出，一个概念从共时性看可能不是核心概念或基本概念，但是从思想的历时性来看却是一个重要概念。研究者既要注意特定时间内概念与思想的同步性，也要重视特定时间内概念既有的批判性变化；既要注意中共纪念活动中文本概念与社会实践的关系，还要注意研究纪念对象的概念化。[2]

针对中国近现代史研究过于侧重革命史、相对忽略建设史研究的现状，王先明提出，中国革命与建设并不是对立的历史，也非冲突的思想体系，实质上是二而一、一而二的统一的历史进程，是统一的时代命题。从近现代历史发展的长程上看，建设历史长于革命历史，建设内涵远大于革命内涵；从历史进程的统一性而言，革命与建设是不可分割的统一的过程。在新时代中国史学的学科体系、学术体系和话语体系的建构中，如何拓展和深化近代中国建设史论题，是我们必须反思和亟待解决的重要问题。[3]

关于国史的分期问题，历来有争议。朱佳木认为国史可分为五个时期：1949—1956 年为中国结合实际学习苏联社会主义建设经验的时期；1956—1978 年为中国探索自己的社会主义建设道路时期，或者说

---

[1] 李里峰：《1920 年代与中国革命的概念史研究》，《史林》2021 年第 1 期。
[2] 侯竹青：《概念史视角下的中共纪念史研究》，《党史研究与教学》2021 年第 3 期。
[3] 王先明：《革命与建设：20 世纪中国的时代命题与历史主线》，《史学月刊》2021 年第 2 期。

是要突破苏联模式，试图把计划经济体制加以突出，政治和群众运动作为经济与社会发展目标模式的时期；1978—1992年为开创中国特色社会主义建设道路时期；1992—2012年为开创中国特色社会主义道路新局面时期；2013年以来为中国特色社会主义道路更加成熟和定型时期。①

三线建设研究近年渐成热点，多种刊物均有关注三线建设的研究。有学者主张以历史学、地理学、社会学、人类学的理念与方法，对应地研判三线建设中的时间、空间、社会和主客位。在访谈三线建设当事人时，即使是在两人对谈的封闭环境中，访谈人依然能够感觉到，"国家在场、单位在场、他人在场"。徐有威对三线建设民间文献进行了界定。凡属小三线建设时期的，无论其作者是否是三线建设的亲历者，只要是记述与小三线建设有关并且保存在民间的文献，都可称为小三线建设民间文献，包括厂志、日记、工作笔记和自印本回忆录等。②张勇认为，时间、空间、社会、主客位等四个基本学科元素组合在一起，可构建起三线建设研究的多学科体系。历史学、地理学、社会学、人类学这四门学科各有侧重，在研究对象和研究手段上具有内在的逻辑联系。作者主张，研究者需要从长时段出发，将三线建设置于全球史、整体史的背景下分析其成因和影响。将目光回溯到20世纪60年代之前甚至1949年之前，探寻单位制的渊源、工业建设的形成；还要将目光延伸至80年代之后，分析三线建设的调整改造、三线社区的转型与城乡关系的变迁。此外，还可从历时性和共时性角度对三线建设进行比较研究。纵向比较三线建设与抗战内迁、明代屯堡移民；横向比较可与新疆生产建设兵团、三峡移民等。三线建设的对话对象，既可是"文化大革命"、知青上山下乡、改革开放等重大

---

① 朱佳木：《再谈国史分期问题》，《当代中国史研究》2021年第2期。
② 徐有威：《民间文献和小三线建设研究》，《华中师范大学学报》2021年第1期。

事件，也可是工业建设、城市化、社区发展、西部大开发等。①

日本学界的中共党史研究热度近年不断升温。对近年来日本学界中共党史研究取得的主要成果和最新进展，张屹、徐家林有比较专业和全面的介绍。作者发现，日本以"中国共产党党史"、"中国共产党"为标题、关键词的研究专著、资料集与调查报告等不少于70部，其他专题性的党史研究成果，难以完全统计。然而，这些研究成果的中文翻译与出版却屈指可数。日本中共党史研究者可分为两类：一是由战时情报人员转为中共党史学者；二是学术研究出身的党史学者。21世纪以来，日本党史研究呈现出以下新特点。其一，强调历史研究中的人本主义，如高桥伸夫《党与农民：中国农民革命再检讨》等；其二，强调国家、社会与民众的互动过程，如祁建民《中国的社会凝聚与国家权力：井冈山村落的历史变迁》等；其三，强调党史中的社会因素与文化因素的作用，如丸田孝志《革命的仪式：中国共产党根据地的政治动员与民俗》等。②

## 二、新民主主义革命时期

新民主主义革命时期的党史研究较往年呈现若干新特点。一是中共革命的国际背景得到更为广泛的探讨。有学者论述了日本马克思主义学者及其著作在中国早期共产主义者引入无产阶级专政理论的过程中发挥的中介作用。二是对中共革命的微观考察更加深入。八路军基层干部的"个人阅读史"成为研究对象，生动展现了革命军人的精神世界。三是研究视角更加多元。有学者从权力和技术的角度分析了大革命失败背后的共产国际因素。

---

① 张勇：《四维同构：三线建设多学科综合研究之构架》，《宁夏社会科学》2021年第2期。
② 张屹、徐家林：《异域之眼：日本的中共党史研究》，《党史研究与教学》2021年第2期。

## （一）建党之初和大革命时期

关于社会主义最初传入中国的过程，既有研究多以报刊对社会主义的宣传和引介为研究对象，作宏观和静态的考察，缺乏对各区域差异性的关注，以及对传播过程的动态分析。瞿骏以江南地区为例，论述了社会主义传播的条件、渠道和"落地"过程，以及社会主义的传播对革命实践的影响。作者认为，便捷的交通条件、较高的经济和文化发展水平、与国外联系互动的人文条件、来自上海的影响、清末民初形成政治组织等因素，使社会主义思想在江南地区广泛传播，并影响全国。社会主义思想在被江南人士接受的过程中，与"求世间公道、追天下大同"的中国传统思想文化相结合，展现出"中国革命强大的内生性"。这样的结合，使江南地区的革命实践寻求"将中国人生活的出路、生命意义的出路、国家的出路乃至整个世界的出路串联在一起解决"的整体性解决方案，不仅要"救国救民"，更要谋求"人类全体的幸福"。①

学界过去对中共创建初期的政治主张的探讨，大多以历次代表大会的决议案为依据。郭若平认为，这些决议案能够"反映中共短期和长期的方针政策与奋斗目标"，"却不能显示这种总体方案如何付诸具体革命行动"。这些问题只能"从中共创建初期的中国社会政治局势中去寻找"。作者以1922—1927年中共针对国内政治局势发布的四次"时局主张（或宣言）"为主要依据，指出中共早期提出的政治主张，即通过召开"国民会议"的方式推动一场具有广泛代表性的"国民革命"，是因应"时局"的结果，即"因应军阀统治造成的危局及其变化"。作者认为，中共早期因应"时局"而提出的政治主张"逐步确立了自身的政治位置"，形成了其在新民主主义革命时期

---

① 瞿骏：《20世纪初社会主义在江南的传播》，《历史研究》2021年第6期。

"反帝反封建"革命理论的内核和基础,"体现了挽狂澜于既倒的气魄",为中国革命的胜利提供了强大的思想武器。[1]

1920年,罗素访华演讲,建议中国走苏俄道路,但其游记却批评苏俄的无产阶级专政理论,经《新青年》刊发后广为流传。这种含糊不清的态度在当时的中国思想界引发论战。这场论战间接促进了列宁无产阶级专政理论的引入。既有关于这场论战的探讨,大多列举早期中共党员关于无产阶级专政的观点,缺乏对其思想来源和形成过程的分析。蒋凌楠认为,在中国早期共产主义者引入无产阶级专政理论的过程中,日本马克思主义文献起到了中介作用,特别是山川均的论著。这些从日本引入的无产阶级专政学说的主要内容和特征,一是强调国家的阶级属性,反对一般民主理论对民主和专政的二元对立;二是论证无产阶级专政的过渡性,以彰显其必然性和合理性;三是将列宁无产阶级专政理论中对内专政的民主制度,解读为"无产阶级先锋队"的专政统治,并以此解释国家、政党、人民和阶级的关系。作者指出,通过译介、传播和论战,中共早期无产阶级专政理论得以丰富,并开始了在中国的本土化进程。[2]

"寸铁"是国民革命期间,中共在《前锋》《向导》《布尔塞维克》等机关刊物上开设的专栏。这些专栏包含一系列对国民革命的报道和评论,数量达600余篇,是中共宣传国民革命的重要渠道。周良书等认为,中共通过"寸铁"宣传了自身关于国民革命的路线、方针、政策,进行了对反革命者的舆论斗争和对国民党的"思想规训","树立了中共的革命形象,扩大了革命的话语影响,成为中共开展国民革命动员的关键一环"。这些"短小精悍、导向深刻、语言鲜明而富有战斗力"的专栏文章形成的话语传统,"为此后中共的革命实践

---

[1] 郭若平:《"时局"历史中的中共早期政治主张》,《中共党史研究》2021年第1期。
[2] 蒋凌楠:《列宁无产阶级专政学说的早期引介——以1920年代山川均译介为中心》,《史林》2021年第4期。

提供了宝贵的思想资源"。①

霍新宾考察了建党之初和大革命时期,中国共产党纪念巴黎公社的史实,并以此为切入点探讨了中共早期对政权理论的认知及党的建设问题。作者提出,中共早期巴黎公社纪念经历了由个体马克思主义知识分子引介与宣传,到国民革命初期党团发动,再到国民革命中后期国共合作纪念的过程,开启了有组织、有规划的党团"宣传动员"模式,促进了中共对革命政权理论的认知与实践,强化了组织动员能力,展现出党的建设早期探索的复杂艰辛。②

直系军阀吴佩孚对苏俄及其支持的孙中山、中共等政治势力的态度,经历由合作到反对的变化过程。杨天宏论述了这一变化过程,认为吴佩孚"联俄"并非出于对苏俄道路的政治认同,而是借此对付孙中山、段祺瑞和张作霖组成的反直"三角同盟"。由于在外蒙古问题上对苏俄存在顾虑,以及寻求英国和美国的支持,吴佩孚最终由"联俄"走向"反赤"。作者认为,吴佩孚的"联俄"举措,表现出其作为"一个军政领袖的不成熟","弄得自己敌友不分,进退失据"。吴佩孚采取"反赤"的举措,更是"其政治生活中的败笔",违背了当时追求"赤化"的普遍民意,最终被国民革命军打败,"演绎了近代中国不懂政治却又不得不与闻政治的军政人物的历史悲剧"。③

近年来,对中国革命的国际背景的探讨,一直是研究趋势之一。姚中秋将中国共产党的成立和发展,置于现代世界政治体系的演变脉络中,回答了中共诞生于1921年的原因、马克思主义中国化的重要历史意义等问题。作者指出,俄国十月革命的胜利,使得西方列强支配的"资本主义—帝国主义"世界体系,在局部出现坍塌。共产国际

---

① 周良书、袁超乘:《"寸铁"与中共对国民革命的宣传动员》,《历史研究》2021年第3期。
② 霍新宾:《巴黎公社纪念与中共建党的早期探索》,《中国历史研究院集刊》第4辑,北京:社会科学文献出版社,2021年,第260—300页。
③ 杨天宏:《从"联俄"到"反赤"——吴佩孚对苏俄的认知及其变化》,《近代史研究》2021年第2期。

的成立，构建起一个"反抗性的革命世界体系"。1921年中国共产党的成立与这次世界政治体系的"裂变"密切相关。其自成立伊始，便积极利用"世界规模的革命资源"，同时坚持独立自主和马克思主义中国化，"创造性地以世界性思想和组织资源构建内生性的中国革命力量，此为革命胜利之本"。①

1927年是中国近代史上一个具有重要转折意义的年份。国民党反动派发动反革命政变，致使大革命失败，中国共产党确立了土地革命和武装反抗国民党反动派的总方针。金冲及《1927：生死转折》一书紧扣这一重要转折时点，分析了重要转折背后的政治、经济、社会等因素，并以1927年为基点，深入揭示了中国革命发展的历史规律。作者对比了民主革命时期中国共产党遭遇的两次巨大挫折，即1927年大革命失败与1934年反"围剿"失败，认为反"围剿"失败时，中国共产党在政治上已走向成熟，有了自己的军队和政权；大革命失败时，中国共产党尚处于幼年期，缺乏政治经验，几乎没有掌握军队和政权。1927年的惨痛失败深刻教育了共产党人，使他们迅速警醒，确立了新的革命路线，从而在极端困难的境地中闯出一条新路，把中国革命推向更高的阶段。②

王奇生提出，"1927年革命的失败，共产国际的指导难辞其咎"。他从"权力机制"和"联络技术"的角度对这一观点进行了论述。作者认为，高度集权的共产国际，一味强调世界革命的统一行动路线，不顾及不同国家和民族之间的差异，不允许各国共产党主动制定出符合各国国情的方针，在苏联国家利益影响下，将俄国经验和模式强行套在各国共产党的革命实践中。此外，在当时的通讯技术条件下，莫斯科与上海中共中央的通讯不畅，相关情报相互矛盾乃至虚假，造成莫斯科的决策失误和中共中央的执行困难。上述"权力机

---

① 姚中秋：《世界体系的裂变与中国共产党的成立》，《开放时代》2021年第4期。
② 金冲及：《1927：生死转折》，北京：社会科学文献出版社，2021年。

制"和"联络技术"导致共产国际的成员党大多陷入危机或遭到失败,"1927年中共革命的失败不过是其中的一个个案而已"。①

熊月之探讨了上海的国际性如何促进中国共产党的创建和发展。作者认为,由于租界的存在,近代上海存在一种"内嵌式"的国际性,即通过租界与各国发生联系。上海的三个行政管理机构,即公共租界、法租界和华界之上,没有任何可以统辖或协调三者关系的权力结构。这就造成了"上海存在诸多管理薄弱地带与隙缝"。共产国际和中国共产党都"积极而巧妙地利用这一特点",极大地促进了中国革命的发展。作者认为,过去学界更多关注农村在中国革命中的作用,实际上作为大都市的上海也意义非凡,"说明中国革命的多样性和丰富性"。②

徐志民认为,关于中共与日共的关系,学界往往关注两党在新中国成立后,特别是中日关系正常化之后的来往,对1945年之前,特别是1931年九一八事变之前的来往缺乏关注,或者否认两党在组织层面上有过交流。作者指出,早在建党初期,中共就在共产国际的指导下与日共进行了初步合作,并共同指导了台共的创建和革命斗争,对国民党和日本造成一定冲击。中共还积极营救了在中国被捕的日共领导人佐野学。作者认为,"基于共同信仰,中共与日共在白色恐怖年代无畏风险、相互支持、联合斗争,对新时代两党关系发展具有特殊意义与现实启迪"。③

王美平利用亚洲历史资料中心所藏的日本外务省、军部档案,以及《日本外交文书》、英美外交档案与北洋政府档案等史料,从日美竞争与合作的角度,探讨了日本对五四运动的干涉与日本对华战略的关系。作者指出,五四运动初期日本无视中国民族主义的觉醒,采取

---

① 王奇生:《权力机制与联络技术:莫斯科与早期中共》,《民国档案》2021年第2期。
② 熊月之:《上海城市的国际性与中共的创立及早期发展》,《世界历史》2021年第2期。
③ 徐志民:《中共与日共早期关系考(1921—1931)》,《史学月刊》2021年第7期。

粗暴的干涉措施。上海"三罢"运动爆发后，日本工商业遭受重大打击，加之美国等列强的施压，日本政府将其对华战略从"一国独占"，调整为与欧美等国一同对华扩张的"国际协调"。作者认为，正是由于无视中国民族主义的觉醒，日本才"在侵华的道路上越走越远"。日本对五四运动的粗暴干涉，终结了清末以来中日关系的"黄金蜜月"期，成为"中国抗日战争的思想、组织与动力起源"。此外，日美两国针对五四运动的政策差异，加剧了日美矛盾，"促使两国政府将彼此视为第一假想敌，成为日美在华及亚太走向对抗的新起点"。[①]

一般认为，统一战线与中共一大无关，其源头是中共二大。肖存良则认为，中共一大实际上也讨论了统一战线问题，对此进行了广泛争论，并在"担任国会议员和政府官员等方面还是给统一战线留下了一定的政治空间"。作者认为，中共一大是统一战线的萌芽期，因此"中共统一战线应溯源到中共一大"。[②]

## （二）土地革命战争时期

1934年11月，在长征途中，中央红军主力部队进入广西，经过浴血奋战，突破了蒋介石布置的第四道封锁线，转入贵州。关于这段历史，有观点认为桂系的"让路"是中央红军能够胜利走出广西的主要原因。贺金林等反驳了这一观点，认为"让路"的说法"要么是出于某种目的的捏造，要么就是纯粹就湘江战役某一阶段的片面描述，没有将红军长征经过广西作为一个整体加以考察"。作者认为，中央红军到达广西之前，桂系确实"有一丝给红军让路的想法"，但为避免蒋介石借机吞并广西，只能拼尽全力对红军进行堵截。中央红军最终通过广西，"依靠的是广大红军将士们的浴血奋战和以毛泽东

---

① 王美平：《五四运动与日本对华战略的调整》，《中国历史研究院集刊》第3辑，北京：社会科学文献出版社，2021年，第203—249页。
② 肖存良：《中共一大与统一战线关系再研究》，《中共党史研究》2021年第5期。

为代表的共产党人纠正'左'倾错误路线的努力"。"让路"说忽略了各个势力之间"出于保护自身利益的需要,亦存在某一定的阶段或某种程度上的合作",也是蒋介石将策略失败的责任归结于桂系的托词而已。①

中国工农红军挺进师是第五次反"围剿"失败后,以红十军团的突围部队为基础,以浙西南地区为根据地,活跃在闽浙赣边区的游击部队。王才友论述了挺进师游击战略的发展与演变过程,认为挺进师初入浙江,试图采取以自身为中心,与闽东和闽北游击区协作的"大游击"战略,但这一战略未能被闽东和闽北游击区所接受,并引发分歧和争执。1936年6月,"两广事变"爆发后,国民党加紧对南方游击根据地的"清剿"。在严峻的革命形势下,挺进师放弃"大游击"战略,采用各游击区隐蔽斗争、独立作战、协同联动的"小游击"战略,并推行相对和缓的社会经济政策,最终建立起稳固游击根据地,使其所在的闽浙赣地区成为中国南方重要的革命支点。作者认为,挺进师适时采用"小游击"战略,是"对中共整体革命方略在地方社会的积极贯彻,也是中共组织原则经由党员自觉在地方革命中得到认真落实的体现","也揭示出中国革命成功经验的有效路径"。②

民主集中制是中国共产党的根本组织原则和领导制度。目前学界对这一根本原则和制度的研究略显薄弱。刁含勇从中共组织史的角度入手,以1927年大革命失败至1933年中共中央迁往苏区期间,党中央与国统区地方党组织的权力关系为主要研究对象,分析了土地革命战争时期中共民主集中制的实际形态和发展趋势。作者指出,1927年大革命濒临失败之际,中共中央将"民主"和"集中"置于同等地位,

---

① 贺金林、王谦:《中央红军长征过广西之桂系"让路"说辨析》,《党史研究与教学》2021年第4期。
② 王才友:《挺进师与闽浙赣边区游击战略的选择》,《历史研究》2021年第1期。

推动集中制和民主制并行发展,但在这一时期中央权威弱化的情况下,这些举措导致党内出现"极端民主化"的现象。从1928年中共六大开始,在残酷的斗争环境下,中央通过改组、巡视等方式推进集中制,逐步形成"以集中制为重心的民主集中制理论架构和实践形态"。①

李顿调查团是日本发动九一八事变后,国际联盟为了解事变情况而派出的调查小组,调查结果形成了《李顿调查团报告书》,共产主义运动在东北的发展情况是其中的重要内容。陈海懿等论述了日本和国民政府对报告书中与共产主义有关的内容产生的影响。作者指出,日本与国民政府通过多种方式,"误导调查团关于九一八事变和'共产主义'的判断与认知"。日本利用共产主义问题,误导调查团、国际联盟和欧美各国,为其侵华和扶植伪满洲国的正当性进行诡辩。国民政府同样围绕共产主义问题大做文章,但目的是借共产主义问题指控日本的侵略行为,试图向调查团说明,日本发动的九一八事变使国民政府的"剿共"行动受到严重影响,日本应立即停止侵略,以便其继续"剿共"。作者认为,日本和国民政府关于共产主义问题的错误、片面叙述,使"欧美等国对九一八事变后的'共产主义'产生忧虑,逐步形成九一八事变与'共产主义'存在关联性的刻板印象"。②

托尔马乔夫军政学院是苏联历史最为悠久的高级军事院校之一,为列宁军事政治学院、俄罗斯联邦国防部军事大学等院校的前身。1927—1930年,托尔马乔夫军政学院为国共两党培养了40余名重要的高级军政干部,如萧劲光、曾涌泉、薛子正、刘伯坚、蒋经国等。既有研究缺乏对这所重要院校的关注,叶帆利用俄罗斯国家社会政治历史档案馆、俄罗斯国防部中央档案馆馆藏档案以及相关人物的回忆

---

① 习含勇:《土地革命战争前期的中国共产党民主集中制新探(1927—1933)》,《中共党史研究》2021年第1期。
② 陈海懿、郭昭昭:《九一八事变中的"共产主义"因素研究——基于李顿调查团的视角》,《中共党史研究》2021年第4期。

录等史料,介绍了这些中国学员的基本信息、学习和培养情况、生活情况、组织情况、结业与回国的过程等内容。作者认为,托尔马乔夫军政学院在中共领导的人民军队初创时期,为中共培养了数十位能够领导省级、州级部队军事政治工作的高级干部,为人民军队的成长壮大和革命事业的最终胜利作出了重要贡献。①

"党指挥枪"是中国共产党领导人民军队的根本原则。关于这一根本原则的含义,一般的理解是党对军队的绝对领导。王劲嵩提出,除了党对军队的绝对领导外,"党指挥枪"还具有微观层面的含义,即党对枪支分配的绝对控制。作者认为,武装革命初期,红军中普遍出现无法完全自主分配枪支的现象。其原因,一是游击战争状态下各军事单位"谋求自身生存与发展的理性行动";二是这一时期的红军军团都是由多支部队合编而成,导致小团体主义一时难以消除;三是缺少权威领导。为解决枪支分配问题,中共通过思想教育、制度建设等方式,使党对军队的领导从宏观战略层面深入到枪支分配这一微观层面,做到了对枪支分配的完全掌控,真正实现了"党指挥枪"。②

## (三)抗日战争时期

从延安整风到中共七大,是中国革命过程中的关键环节,标志着中国共产党在政治上、思想上、组织上全面走向成熟,为新民主主义革命的胜利和新中国的诞生奠定了坚实基础。金冲及以党的思想建设为核心,以马克思主义中国化的历史进程为线索,将这一关键环节分成整风运动的历史背景、酝酿和准备、内容和过程,以及中共六届七中全会和中共七大的召开等五个部分,论述了中国共产党在这一重要历史时期发生的深刻变化。作者指出,"从延安整风到党的七大,党

---

① 叶帆:《20世纪20年代末苏联托尔马乔夫军政学院对中共高级军政干部的培养》,《安徽史学》2021年第1期。
② 王劲嵩:《党指挥枪:武装革命初期中共红军枪支分配问题研究》,《苏区研究》2021年第3期。

内的思想和作风从上到下发生了很大变化,既有坚定不移的理想信念,又能细腻地从实际出发,实行灵活机动的战略战术,切实发动并依靠人民群众,从而在四年多后就取得中国革命的胜利"。①

有观点认为,传统中国缺乏准确的数目字管理观念和技术,甚至认为这是传统中国迈向现代社会的主要障碍之一。到了近代中国,特别是抗战时期的中共根据地,这一状况已有极大的改变。杨东考察了中国共产党在抗日根据地实行"数目字管理"的制度文本和运行轨迹,认为在根据地治理实践中,中国共产党强调以精确的调查和统计为基础,以计算统计为手段,制定工作计划、布置工作任务、开展社会动员、总结工作经验。作者认为,数目字管理是中共由局部执政向全面执政过渡过程中重要的治理方式和工作方法,"不仅成为一项政策"和一项"好的传统",还成为"中国共产党治国安民的基本功"。②

抗日战争时期,中共为克服抗日根据地严重的经济困难,开展了驰名中外的大生产运动。关于大生产运动的发动时间,学界存在分歧。有观点认为是1939年2月,还有观点认为是1938年7月。张绍春依据1938年武汉动员社出版的《抗大动态》以及1939年抗日军政大学政治部出版的《生产导报》等史料,对大生产运动开展的时间及其与抗大的关系进行了研究。作者指出,早在1938年4、5月间,抗大为解决经费困难,锻炼和教育学员,发扬艰苦奋斗作风,就已经发动了生产运动,内容包括开荒种菜、饲养家禽家畜、兴办合作社和出版社等。"抗大是1939年延安生产运动中表现最突出的单位,它为后来的大生产运动作了干部上、方法与经验上的准备"。③

整党运动是中共进行党的建设和党内治理的重要方式,也是勇于

---

① 金冲及:《从延安整风到中共七大》,《历史研究》2021年第3期。
② 杨东、牛泽林:《抗战时期中共根据地的数目字管理》,《中国历史研究院集刊》第4辑,第301—336页。
③ 张绍春:《抗日军政大学与生产运动的发动》,《湖南社会科学》2021年第3期。

"自我革命"重要体现。赵诺指出,学界一般将1941年开始的整风运动视为中共整党运动的开端,但实际上早在1940年中共中央就在各根据地,特别是在华北根据地开展了大规模的整党运动。作者利用山西省档案馆藏的革命历史档案,考察了晋冀豫根据地开展的整党运动,认为这次整党运动是中共进入华北,组织大发展以后,进行的"回应和调适"。晋冀豫根据地在整党过程中秘密进行干部审查,为地方党组织的发展划出了界限,对"干部群体的社会构成、内部结构、思想作风等层面均产生重要影响,具有鲜明的特点",与随后的整风运动"形成接续、呼应关系"。①

中共的抗日民族统一战线向来为学界关注,但中共在抗战时期另一条重要的统一战线尚缺乏专门研究,即国际抗日统一战线。汪谦干论述了这条统一战线提出和建立的过程,以及其中存在的问题。作者指出,为积极争取国际援助,弥补国内抗日力量的不足,中共在抗战爆发后逐渐形成了国际抗日统一战线思想,在太平洋战争爆发后的第二天,即1941年12月9日发表《中国共产党为太平洋战争的宣言》,公开呼吁建立国际抗日统一战线。作者认为,由于抗战时期中共尚未建立全国性政权,不得不借助国民政府的力量,因此以国共合作为基础的抗日民族统一战线,为国际抗日统一战线提供了条件。与此同时,世界反法西斯统一战线的建立与发展也与国际抗日统一战线密切相关。②

郝昭荔考察了抗战时期中共与国民党在胶东地区军事力量头目的赵保原部的合作与斗争。赵保原之前是日伪团长,1938年被国民党招降,在抗日民族统一战线的旗帜下,一度领导"鲁东抗日联军"作战,并取得战绩。抗战进入相持阶段后,赵保原日益敌视中共抗日武装,率国民党游击部队进攻胶东根据地,在1945年2月的万第战役中被八路军击溃。抗战胜利后,赵保原部在1946年6月被中共武装

---

① 赵诺:《中共晋冀豫根据地的"1940年整党"》,《抗日战争研究》2021年第3期。
② 汪谦干:《论中国共产党的国际抗日统一战线思想》,《安徽史学》2021年第3期。

消灭。作者指出，中共能够在与赵保原部的斗争中胜出，"实际上是国共综合能力全方位交锋的结果"。长期以来的中共革命史研究缺乏对其他力量的关注，"常常成为自身力量的循环论证"。加强对他方的研究，可以有助于全面把握动态的历史发展。①

张展指出，关于皖南事变善后问题，既有研究大多关注国共两党的战略和决策，然而实际上日军也在其中发挥了重要影响。作者考察了皖南事变善后过程中日军因素，认为日军的军事行动在"客观上加速了国共双方的相互妥协"。日军对国共争斗本来采取观望态度，但由于战略转变，迫切需要采取军事进攻以迫使国民政府求和。由于日军的进攻，原本态度强硬的蒋介石不得不与中共和解，共同出兵抵抗日军。中条山战役后，国民党中央军在华北的核心力量卫立煌集团遭受重创，极大削弱了国民党在华北的军事力量，为皖南事变善后事宜的真正解决提供了条件，"因事变引起的破裂危险已逐渐消弭"。作者最后指出，"国、共、日三方互相影响的复杂关系，在皖南事变的善后过程中表现得淋漓尽致"。②

"一号作战"是1944年日军为摧毁美军在华空军基地和挽救其在太平洋战场颓势实施的进攻作战计划。姚江鸿比较研究了国共两党对日军"一号作战"的战略预判和战略决策，认为"一号作战"期间，中共在情报获取以及政策的制定和执行上都能做到精准研判、当机立断和上通下达，体现出了"杰出的战略预判能力、娴熟的应对战略危机和把握战略机遇的能力"和"以毛泽东为首的中共领导人的杰出战略眼光，以及驾驭全局进行全盘战略布局的能力"。国民党和蒋介石则"犹豫不决，下塞上聋"，屡屡失误，只能被动应对，与中共存在明显差距。③

---

① 郝昭荔：《抗战时期中共与国民党赵保原部在胶东的合作与博弈》，《史学月刊》2021年第10期。
② 张展：《皖南事变善后过程中的日军因素》，《抗日战争研究》2021年第2期。
③ 姚江鸿：《国共两党对日军一号作战的研判与因应——兼论毛泽东、蒋介石二人的战略眼光和性格特征》，《党史研究与教学》2021年第4期。

"一号作战"计划实施后,日军发动了豫湘桂战役。学界一般认为,豫湘桂战役使国民党在河南等地遭受巨大损失,瓦解了河南等地的地方势力,为中共在这些地区的发展提供了良机。因此,豫湘桂战役是国共力量此消彼长的转折点。盛差偲以活跃在湖北、河南等地的新四军第五师在敌后的发展过程为研究对象,指出豫湘桂战役的转折意义并没有一般认为的那么明显。新四军第五师在向南发展过程中遇到的挫折表明,河南的地方势力并没有瓦解,"国民党军在敌后仍保持相当的实力和政治影响"。①

　　抗日战争期间,除了战场上的军事较量,中国军民还与日本侵略者在战场外的诸多领域展开斗争,宣传战就是其中重要组成部分。翟意安《抗日战争期间中日间的宣传战(1937—1945)》一书,探讨了全面抗战爆发后中日之间的宣传战,论述了中国共产党、国民党及日本的宣传系统运作情况,考察了中国共产党对日军、伪军宣传战的基本政策及其变动的原因和效果,尤其关注到毛泽东在宣传战中发挥的重要领导作用、中共对宣传工作的改进、太平洋战争爆发后中共对伪军的宣传攻势等内容。作者认为,中共充分发挥革命政党的组织优势,顺应了抗战期间对敌斗争的需要,把握了宣传战的特点,积极开展包括基层动员在内的广泛宣传动员工作,促进了敌后抗日武装和根据地的发展,有力配合了其他战线的推进,彰显了中国共产党的中流砥柱作用。②

　　抗日战争全面爆发后,东北抗日联军与中共中央失去联系,之后退入苏联境内,接受苏联和共产国际的领导,是中共党史上唯一一支在与中央长期失去联系的情况下,接受过他国共产党领导的部队。关

---

① 盛差偲:《豫湘桂战役爆发后新四军第五师在敌后的发展与调适》,《抗日战争研究》2021年第1期。
② 翟意安:《抗日战争期间中日间的宣传战(1937—1945)》,北京:社会科学文献出版社,2021年。

于这支部队，学界尚缺乏深入和系统的研究。郝江东考察了抗战胜利后到解放战争爆发初期，中共中央与东北抗联的关系。其中包括东北抗联恢复与中央的组织关系，协助东北局人员迅速进入东北，代表中央宣示中共在东北的合法地位和接收东北。作者指出，东北抗联曾接受苏联领导，具有独特的"苏联属性"，使其在抗战胜利后中共对东北问题的处理过程中发挥了重要作用，尤其是"帮助中共迅速占领苏军控制下的各战略要地"。作者认为，东北抗联可以作为"观察中国内战起源之苏联因素的重要视角，解答苏联对中国内战的爆发究竟持何种立场以及应负何种责任"。但作者并未对此展开论述。①

1941年，泰国成为中国国内舆论关注的焦点。中共《新华南》、国民党《时事解剖》和汪伪政权《政治月刊（上海）》等报刊不约而同地分别发表了一篇名为《泰国往何处去》的文章。吴宇潇利用日本亚洲历史中心档案、美国和英国的外交档案、台北"国史馆"档案以及蒋介石日记等史料，探讨了泰国被中国社会关注的国际地缘政治因素。作者指出，由于重要的地理位置和丰富的自然资源，泰国具有极为重要的战略意义，可称得上是"远东的波兰"，"放在全球的视野下，泰国的背后更暗藏着英美与日的博弈"。在当时的国际格局下，泰国倒向日本的概率远大于倒向英美和中国。1941年，中国出现对"泰国往何处去"的讨论，"毋宁说是泰国倒向日本之后'中国往何处去'的问题"。②

宋仕宏等以民国时期十余次民意测验为研究对象，探讨了当时国人对时局变化的认知。作者指出，抗战三个阶段中开展的民意测验均表明，当时的国人坚信中国必胜，日本必败，"说明既有关于国人抗

---

① 郝江东：《一九四五年至一九四六年中共中央与东北抗联关系再考察》，《中共党史研究》2021年第3期。
② 吴宇潇：《"泰国往何处去"何以成为一个问题——兼论1941年太平洋战争前泰国对中国抗战的影响》，《党史研究与教学》2021年第1期。

战信心的研究结论过于笼统,不尽可靠"。这些民意测验还表明,尽管这一时期抗战成为急务,国人对国民党的集权统治给予了一定的包容,但这"并不代表民众真的认同国民党'集权'"。此外,这些民意测验还体现了这一时期战时外交的新取向,即"在国际事务中主张独立、平等、自决的原则,支持帮助弱小国家和民族的独立运动"。①

近年来,关注微观历史和日常生活逐渐成为新的研究趋势。杨东等利用一批干部日记,探讨了八路军基层干部的"个人阅读史",回答了其阅读材料来源、阅读习惯、阅读兴趣等问题。作者指出,八路军干部大多有注重个人阅读的习惯。尽管阅读具有个人色彩,但面对严峻的民族危机,八路军干部的阅读"很大程度上是集体行为",是"为了国家和民族的解放事业而问道于书",起到了"凝聚抗战意志、汇聚集体力量"的显著作用,因此"不可避免地带有时代的印记"。尽管这些八路军干部的文化水平总体上较低,"却有着极高的政治认知水平",他们通过学习和阅读,"拓展更为长远也更为宏大的意义空间,以'迎接行将到来的世界与中国革命的新形势'"。②

## (四)解放战争时期

2004年,蒋介石日记被蒋家后人交付斯坦福大学胡佛研究所保管,后被逐步开放,供人查阅和研究。日记一经开放,即在学界引起研究热潮。一批以之为基础的研究论著相继问世,推进了对一些重要历史事件和问题的研究,如西安事变、国共关系等。但也有一部分研究过分"迷信"蒋介石日记,不加甄别地将其当作真实的历史,被蒋介石的日记左右,失去了史学研究者应有的客观立场。《历史评论》编辑部邀请三位学者,围绕蒋介石日记的客观性、真实性展开探讨。汪荣祖对有学者认为蒋介石日记仅供自用,因此具有相当的真实性

---

① 宋仕宏、杨天宏:《抗战时期民意测验与时局变化》,《党史研究与教学》2021年第3期。
② 杨东、李宇轩:《日记所见八路军基层干部的个人阅读史》,《民国档案》2021年第3期。

的观点提出疑问。作者以日记中关于中山舰事件、西安事变、蒋日暗通、重庆谈判等重大历史事件的记载为例,指出蒋介石日记"不见其真,反见其伪"。他的日记并不是他个人的"私密空间",既有故意不留痕迹之处,也有刻意留给史家看的内容。其"最大的用处,应该是从他的每日所记之中,细察他有意或无意透露出来的内心世界,以便深入分析他的性格,作为分析史实的一定依评"。张太原《蒋介石日记难掩人心向背》认为,蒋介石在日记中一直对国民党失败的真正原因即人心向背问题"百般回护"。蒋在日记中将各界人士对中共的肯定和赞赏,污蔑为"中毒已深"、"昏庸竟如此"、"卑劣行态",其责难和"痛斥"黄炎培等亲共人士,恰恰反映了"共产党得道多助,国民党失道寡助"。齐春风《蒋介石的"反省"很不彻底》指出,蒋介石对国民党失败的根本原因缺乏真正深刻的认识,基本都是"轻描淡写、隔靴搔痒,甚至诿过于人",从未涉及"如何代表最广大人民群众利益、从而赢得最广大人民群众支持这一根本性问题"。作者认为,尽管抗战胜利初期的中国共产党,在武器、装备等硬件条件上远不如国民党,但其"想人民所想、急人民所急,与人民团结在一起,维护广大人民群众的利益",与国民党进行对比,"胜负之势早已确定"。①

太原战役是解放战争中历时最长,战斗最为激烈的战役。张利杰等对太原战役期间中共与阎锡山集团的民众动员方式和动员效果进行了对比研究。作者指出,阎锡山集团的动员方式与同时期中共十分相似,"好似偷来了中国共产党的秘密药方",但动员效果却远逊于中共。其原因是双方"迥异的组织能力、政治文化"。中共具有严密的组织性和纪律性,能够通过平等、民主的方式将群众紧紧吸附在周围,使群众成为革命的中坚力量。阎锡山集团则内部派系林立、政务

---

① 汪荣祖:《读蒋日记者,能不慎乎?》、张太原:《蒋介石日记难掩人心向背》、齐春风:《蒋介石的"反省"很不彻底》,《历史评论》2021年第1期。

废弛，丝毫不顾民众的感受，诸多政策无法落实到基层，以致"官民区隔、上下离心"。阎锡山集团虽然学习中共的动员方式，"却始终是得其形而未得其神"。双方在民众动员中呈现出的差异，折射出国共两党"最终胜败的内在原因"。①

20世纪40年代随着共产主义运动在中越两国的发展，中越边境地区形成了一个跨国革命区。这一革命区的地理范围包括整个越南北方和中国广东、广西、云南三省的部分地区。韩孝荣考察了1945—1950年中越边境跨国革命区形成的条件、中共与越共跨国协作的方式及其影响。作者指出，1950年之前的中越革命同盟关系过去鲜为学者关注，事实上这一同盟关系值得深入探讨。一是因为这一同盟关系与中国解放战争和第一次印支战争密切相关，并"代表了国际冷战的一种地方形态"；二是因为这一阶段的中越两党合作为20世纪50—70年代的中越关系打下了基础。中越边境跨国革命区形成的条件，一是中共与越共有共同的政治信仰，并建立起联系和友谊；二是法国殖民政府无法全面管控中越边境，使中越人员往来畅通。这一革命区对中共的意义在于它有助于保证华南革命力量的生存。对越南方面而言，这一革命区既有助于越北革命力量的生存，又成为1950年后建立更为紧密的中越革命同盟的基础，进而成为1954年（越南南北分治）和1975年（越共统一越南）两次重要转折的保证之一。②

农村阶级划分是土地改革运动中的关键工作，也是中共革命理论中的重要内容。李里峰指出，既有关于中共在农村社会进行的阶级划分的相关研究"大多侧重于党在不同时期的阶级划分标准及政策演变，而对阶级划分实际运作情形的微观考察仍然相对薄弱"。作者利

---

① 张利杰、行龙：《解放太原战役期间中国共产党与阎锡山集团民众动员之比较》，《史学集刊》2021年第2期。
② 韩孝荣：《国际冷战初期的一个地方热点——1945年至1950年间的中越边境跨国革命区》，《南洋问题研究》2021年第1期。

用山东、河北等省档案馆藏的基层土地改革档案,以华北土地改革运动为研究对象,考察了中央制定的阶级划分标准在地方的实践情况。他认为,近代中国的经济发展水平和阶级分化程度"远未达到马克思恩格斯所描述的程度"。在这种情况下发动革命,敌我二元对立的阶级政策"难免与社会现实之间产生张力",导致阶级划分的实践过程不可避免地与中央政策相背离,如有的村单纯以土地财产的多少为标准划分阶级,还有的村以政治身份或政治表现来划分阶级,甚至有的村将祖父一代的贫富情况作为阶级划分标准。作者认为,阶级划分政策与实践之间的背离"不能被视为政策执行过程中的错误或偏差,而是政策弹性和适应性的体现","在一定程度上反而可能具有弥合政策话语和社会现实之张力的功能"。这表明"新民主主义革命是由中国共产党统一领导的,又是一场具有显著多样性的'地方革命',其最终成功是在意识形态框架下因时制宜、因地制宜的结果"。①

学界关于土改整党试点的研究主要着眼于反"左"纠偏之前,而对于其后乡村建党建政实践的梳理尚不够完善和清晰。有学者指出,在潞城县的土改整党反"左"纠偏后就戛然而止,建党建政亦被暂时搁置。邓宏琴、马维强发现,这一观点不仅与事实不符,也低估了革命的复杂性及中共的危机应对能力。事实上,中共仍然按照既定的整党目标,在试点的基础上全面铺开土改工作,并完成系统整党的任务。作者将1948年潞城县土改整党试点工作归纳为"工作队进村"、"整编贫雇农和党内整党"、"开门整党"、"反'左'纠偏"、"建党建政"等几个阶段组成的完整过程。而在非试点村则先结束土改,然后集中全力进行系统整党建政。对于反"左"纠偏后的土改整党应重新审视。②

---

① 李里峰:《践行革命:华北土改运动中的阶级划分》,《史学集刊》2021年第3期。
② 邓宏琴、马维强:《何去何从:山西潞城县后期土改整党试点研究》,《安徽史学》2021年第5期。

党的全国代表大会贯穿党史、国史，是研究中的重要议题。李颖等的《民主革命时期党的历次全国代表大会研究》，立足长时段视野，运用最新公开出版的党的全国代表大会档案文献，从习近平总书记强调的党的不懈奋斗史、理论探索史和自身建设史角度，系统考察了民主革命时期党的全国代表大会制度的历史沿革和发展特点，以及全国代表大会对党的理论探索历程、党和国家事业发展及党的自身建设发挥的重要作用，在一定程度上弥补了既有研究的不足。作者认为，民主革命时期党的全国代表大会发展生动展现了中国革命道路形成发展的脉络、马克思主义中国化时代化的历程和党的建设伟大工程发展演进的主线。①

## 三、社会主义革命和建设时期

2021年社会主义革命和建设时期的研究，在过去较为薄弱的经济史领域成果显著。一些过去被忽视的经济问题得到关注，如农业合作社的会计制度等。一些中央领导同志作出的经济决策也在史实层面得到考订。还有经济学者运用经济学研究方法系统估算了新中国前30年的贫富差距。本年度研究的另一特点，是更加关注个人的精神世界与现实际遇。有学者利用上海青年学生日记，探讨新中国成立初期青年学生精神重塑的内外动因。此外，与工人阶级相关的诸多问题成为本年度的热点，不仅受到党史、国史研究者的关注，还吸引其他学科的研究者加入探讨。政治学者论述了工人阶级的领导地位如何在"五反"运动中得到确立；社会学者运用洛阳矿山机器厂员工的口述访谈，讨论了新中国工人阶级劳动传统的形成与继承。

### （一）社会主义革命时期

既有研究普遍认为，新中国成立初期中国人民政治协商会议的

---

① 李颖、杨凯、陈郝杰：《民主革命时期党的历次全国代表大会研究》，北京：人民出版社，2021年。

根本性质是统一战线的组织形式。对于人民政协"如何承担建立新中国的重任",金文认为,新中国成立后,人民政协逐步具备"超越统战组织"的属性,不仅仅承担统战功能,还"在推进社会主义民主政治建设和构建新型政党关系等方面发挥着十分重要的作用"。①

以往对上海"新三反"运动中黄逸峰事件的研究,主要侧重于他的个人命运以及新闻媒体在其中的导向作用,但对该事件前因后果及其对整党建政工作的影响关注不多。徐锋华认为,黄逸峰本人经历了从开始的拒不合作到后来的积极配合,心路历程经历巨大转变,显示出舆论动员下社会运动的巨大威力,其个人命运随之发生重大转折。这一事件对克服官僚主义、反对压制批评意见影响很大,是整党建政的一个范例,体现了中央为防止党政干部被权力腐蚀、不论职位高低都必须接受人民群众监督的坚定决心。尽管处理黄逸峰的方式方法可以商榷,但共产党整党建党、廉政为民的良苦用心却昭然可见,其坚定态度是毋庸置疑的。②

新中国成立初期治淮工程中民工的卫生安全问题,学界以往关注不多。葛玲梳理河南、安徽等地方档案后发现,治淮工程中出现严重卫生和医疗问题的一个重要原因,是淮委集中关注工程质量,而施工队则优先考虑如何如期甚至提前完工。施工队与淮委之间目标诉求的差异,造成双方对医疗政策和卫生问题的不同理解和认识。③

以往学界对新中国成立初期个人日记的讨论,主要关注自上而下的国家力量和各类政治运动对个人的形塑,却忽视个体在被塑造过程中主体的能动性和过程性。王余意、周晓虹以上海青年学生舒文秉的

---

① 金文:《从"代行"到"回归"——新中国成立初期人民政协功能定位的历史考察》,《江苏师范大学学报》2021年第2期。
② 徐锋华:《"黄逸峰事件"与上海"新三反"运动》,《史林》2021年第4期。
③ 葛玲:《预防抑或治疗?——1950年代治淮工地上的卫生问题及其解决》,《安徽史学》2021年第3期。

日记为例，使用社会表征理论和认同过程理论，探讨了青年知识人精神重塑的内外动因。作者认为，党和国家通过锚定与具体化机制，将社会主义表征嵌入青年的意识之中，并借助国庆仪式这一爱国主义方式，从觉知、理解、接受、吸收和突显等五个层面，将社会主义及其"新人"的表征诉诸青年知识人的认知与情感。①

党史研究中关于中华人民共和国成立后对工人阶级教育的研究相对较少。游正林集中探讨了"郝建秀工作法"形成的曲折过程及其推广的意义。"郝建秀工作法"基本特点为：工作主动，有规律；善于分配时间，工作有轻重缓急；善于组织自己的力量，把几件工作结合起来做；抓住细纱工作的主要环节——清洁工作。作者认为，这些特点体现了郝建秀对待劳动的基本态度以及她在劳动过程中遵循的一些基本原则。从更深层面来看，推广这一工作法对改造工人、技术人员、旧职员乃至工会干部的思想，规训其行为，有着不同寻常的意义。②

工人阶级是"五反"运动中的主力军。郑维伟考察了上海"五反"运动中工会、工人阶级和工商业者之间的互动关系。作者指出，市总工会在市委和市增产节约委员会的领导下，与青年团相配合，大规模发动青年工人斗争工商业者，还通过举办高级职员训练班、座谈会等方式，逐步提高了工人的阶级觉悟，使其认识到阶级的力量。由此，"工人阶级的领导地位开始从名义变为现实"。在"五反"运动中，工会不断发现、培养积极分子，将其纳入党群组织中，教育或淘汰落后分子，进而不断嵌入社会，成为"政治动员和社会统合的基本工具"。③

与农业和城市资本主义工商业的社会主义改造相比，农村小商小

---

① 王余意、周晓虹：《"新人"的塑造：社会表征与个体认同——以青年学生舒文秉的日记（1951—1955）为例》，《社会学评论》2021年第4期。
② 游正林：《合作型劳动关系的形成——"郝建秀工作法"的总结与推广过程及其意义》，《中共党史研究》2021年第5期。
③ 郑维伟：《政治动员与阶层分化：上海"五反"运动中的工人群体析论》，《史林》2021年第2期。

贩的社会主义改造更显复杂。常明明梳理农村小商小贩社会主义改造的演进历程,讨论社会主义改造对农村小商小贩经营及城乡商品流通的影响和国家的应对之策。农村小商小贩在社会主义改造运动中,先后经历了"先安排,后改造"、"主要改造,继续安排"及"整顿调整,巩固成果"三个阶段,被组织成为合作商店、合作小组等集体组织形式。作者认为,中国地域辽阔,农民需求千差万别,小商小贩固有的分散性、流动性、灵活性等经营特性,能够满足分散农民多样化的需求,在沟通城乡物资交流中仍具不可替代的作用。有鉴于此,人民政府和供销合作社适时调整政策,利用小商小贩的经营特性,促进城乡物资交流,活跃城乡经济。[1]

以往对农业合作化的经济层面研究主要关注工分制和生产效率,而对其会计制度的研究相对较少,常常作为合作社的附属内容。郭志炜以山东省为中心,利用政府公文、调查资料和村庄档案,从"技术性介入"的角度对农业互助合作过程中会计制度的形成、实践及其作用展开论述。作者认为,在向集体化转变的过程中,会计制度应时之需,在账簿体系、记账方法、财务管理等方面不断改进,逐渐规范化,为合作化运动的发展不断注入动力。政府通过编制教材和组织培训班的方式解决会计人才缺乏的问题。会计工作的特殊属性,使其对合作社的农业生产和经营管理,对农民的生活和文化教育,对农业知识和农业科技的推广都产生了重大影响。[2]

"统一财经"是统一国家财政经济工作的简称,在新中国史上具有极为重要的意义,以至于毛泽东称其意义"不下于淮海战役"。既有研究大多将 1950 年 3 月中央人民政府颁布的《关于统一国家

---

[1] 常明明:《进退的张力:农村小商小贩社会主义改造研究(1954—1956)》,《史林》2021 年第 1 期。

[2] 郭志炜:《数目字管理:农业合作化运动中会计制度的形成》,《中国经济史研究》2021 年第 3 期。

财政经济工作的决定》作为统一财经的起点。闫茂旭指出,中共统一财经工作实际上发轫于1946年9月晋冀鲁豫中央局召开的"庞村会议",其目的在于加强财经工作领导、支援解放战争需要。新中国成立前的统一财经工作,"焦点和难点"是统一货币发行和稳定物价。与此相关的政策制定和颁布,为新中国成立初期统一财经管理体制"建构了制度框架和政策基础"。①

肖安森指出,既有研究关注到了新中国农业合作化对养猪业的影响,但忽视了"粮猪经济"中相辅相成的关系,及其对农民个体行为的影响。作者认为,土地改革后,农民养猪积极性提高,"粮猪经济"模式得到发展。1957年之后,随着相关政策调整,一个新的养猪经济模式出现,传统的"粮猪经济"模式解体,养猪业基本与粮食种植业脱钩。②

既有关于私营工商业社会主义改造的研究,缺乏对进出口贸易行业的关注。严宇鸣以上海口岸为例,运用上海档案馆的史料,考察了新中国成立初期国家对进出口私商的管理和改造过程。作者认为,新中国成立后,进出口私商以及相应的市场运作机制仍然存在,"由此产生的不确定性与国家计划管理预期之间的冲突是各级管理部门面临的现实问题",也与中共七届二中全会确立的整体"计划平衡"方针相悖。为了应对西方国家的"封锁"、"禁运",以及推进私营工商业社会主义改造,上海口岸不断调整对进出口私商的管理制度,先后采取"自进自出"、"公进私出"等业务分配制度,并在国家资本主义下实施联营制度,最终实现公私合营,将进出口私商纳入国家计划体系中。③

宋佩玉认为,上海市政府对外资房地产企业的政策,有一个从

---

① 闫茂旭:《中国共产党统一财经的缘起与初步实施》,《中共党史研究》2021年第3期。
② 肖安森:《新中国成立初期湖南郴县专区养猪业经济效益考察》,《中共党史研究》2021年第4期。
③ 严宇鸣:《新中国成立初期进出口私商的管理制度变革——基于上海口岸的历史考察》,《中共党史研究》2021年第3期。

监管到清理的曲折变化过程,其清理的方式较为复杂。市政府主管部门首先进行物权分解处置,将外资房地产企业所占土地一律收归国有,地上建筑物在承认其所有权的前提下,分情况制定针对性政策,促使其自主歇业,或采取接管、代管、转让等不同形式加以清理。作者认为,在清理外资房地产企业的同时需考虑广大租户的利益,给予其必要的照顾;在租金调整,欠租与押租清理等方面需谨慎把握。①

聂励认为,20世纪50年代香港爆发的贸易危机,是"亚洲经济冷战中的一个重要事件",受到中国、美国、英国的三方面力量左右,"是冷战格局下美国遏制共产主义发展的一次较量,也是英国维护在港利益的一次策略调整,更是新中国'反封锁、反禁运'斗争中的一环"。中国政府在应对这场危机的过程中,充分发挥香港在外贸、外交和统战工作中的作用,利用英国和美国之间的矛盾,不断突破封锁禁运,维持与英国的贸易往来。中共领导人在此过程中逐步明确对香港问题的政策方针,同时削弱了英国在香港经济中的影响力。②

学界对晋南地区乡村土客杂居的研究,多聚焦于客户迁入的过程,而对集体化时代国家力量如何影响乡村内部土客户的融合的考察相对薄弱。行龙、张利杰认为,集体化时代农村土客融合的进程深深刻着国家的烙印。原本需要几代人、十几代人的缓慢融合过程,在集体化近30年的时间里得以完成。这在很大程度上得益于土地改革、农业合作化、人民公社制度等一系列政策的推动。中共在制度设计中并没有针对性地要消除土客之别,但种种灌注着公平平等、效率优先理念的政策方针最终落实到了控制和改造乡村的历史实践当中,加速了土客融合的进程。这一时期集体化进程和国家政策深刻地影响了村庄的权力格局、经济分配、文化教育、婚姻习俗等方面,系统而长期

---

① 宋佩玉:《新中国成立初期对上海外资房地产企业的监管与清理》,《安徽史学》2021年第6期。
② 聂励:《新中国成立初期香港贸易危机与中英关系》,《中共党史研究》2021年第2期。

地改造了乡村的社会结构。①

20世纪50年代，苏北、皖北、鲁南等地多次出现规模较大"毛人水怪"的谣言恐慌。既有研究的重心主要放在县级政权上。赵凯欣等人利用档案材料和田野访谈，对这一事件进行社会历史学的研究。作者将县级政权对谣言的处理政策放置在诸级政权间的互动之中，对无为县政治谣言的事件史进行了社会学思路的再考察。作者认为，在理解地方政府的应对策略时，不能将之视作铁板一块。县级政权的应对策略，是在县级政权与上下级不断互动、反复修正中形成的。②

张楠考察了新中国初期烟毒治理中的毒品收缴与处理机制。作者指出，1949年10月至1950年7月，各地主要沿袭旧有政策，通过收购、征缴、清理和没收等四种途径收缴毒品。1950年7月至1952年4月，中央人民政府开始统一管理毒品收缴和处理工作，并统一制定了禁种、禁运及毒品收缴和处理的规定和政策。与此同时，美国政府在冷战思维的支配下，借助新闻媒介和联合国麻醉品委员会肆意歪曲中国的毒品收缴和处理政策，企图丑化新中国的国家形象。1952年4—12月，随着土地改革和镇压反革命取得基本胜利，新中国完成政权巩固工作，决定发动一场"禁绝制贩运毒的肃毒运动"，毒品收缴与处理工作被暂时搁置。1952年11月底，全国性的肃毒运动基本结束，中央政府再次将毒品收缴和处理作为工作重点，相关工作在1953年底基本结束。之后，毒品收缴与处理工作"成为地方政府的常态工作"。作者认为，新中国成立初期的毒品收缴与处理工作，经历了一个由区域和地方到国家和中央的过程，同时"在一定程度上受到国际政治博弈的影响"。③

---

① 行龙、张利杰：《集体化时代乡村社会中的土客关系——以山西省襄汾县东李村为例》，《山西大学学报》2021年第4期。
② 赵凯欣：《平谣术：安徽省无为县"水鬼毛人"谣言治理（1953—1954）研究》，《开放时代》2021年第2期。
③ 张楠：《新中国成立初期烟毒治理中的毒品收缴与处理机制研究》，《中共党史研究》2021年第2期。

一个中国原则是中国政府在台湾问题上一贯坚持的根本原则。张勉励考察了新中国成立初期一个中国原则基本内涵的确定历程。作者指出，其基本内涵包括三部分，一是"中华人民共和国政府是全中国的唯一合法政府"，二是"台湾是中国领土不可分割的一部分"，三是"世界上只有一个中国"。作者认为，其确定过程表明，一个中国原则的内在逻辑包含内外两个方面，对内是争取实现国家统一大业，对外是捍卫国家主权和领土完整，两个方面密切关联、相互作用。作者认为："中国共产党在新中国成立初期的复杂局面下短时间内确定一个中国原则的基本内涵，影响深远、意义重大。"①

## （二）社会主义建设时期

姬文波考察了1953—1958年中央军委对公安部队编制体制、领导关系的调整历程。1955年，公安部队实行"小改"，各专区和县的公安部队8万余人转归公安机关领导，改编为地方人民警察。同年，中国人民解放军公安部队改称"中国人民解放军公安军"。1957年，公安军实行"中改"，公安军番号撤销，其领导机构改编为总参谋部警备部，地方公安部队由各军区直接领导。1958年，公安部队实行"大改"，中国人民解放军公安部队改编为人民武装警察部队，建制序列由军队划归政府公安机关。作者认为，公安部队的调整，主要因为公安工作的分散性、经常性与军队建设的集中统一性之间存在张力。通过上述体制改革，"适合这支部队任务特点的、具有中国特色的领导形式"初步形成。②

20世纪60年代初期，邓小平等中央领导同志提出"试办托拉斯"的主张。这里的"托拉斯"，指的是将若干生产同类商品的企业

---

① 张勉励：《新中国成立初期一个中国原则基本内涵的确定》，《当代中国史研究》2021年第4期。
② 姬文波：《公安部队领导体制的调整与变革（1953—1958年）》，《当代中国史研究》2021年第2期。

及其上下游企业合并而成的"联合公司",是当时社会主义国家的企业组织形式之一。薄一波在《若干重大决策与事件的回顾》一书中设专章讲述了"试办托拉斯"的经过。作者进行考证后指出,"试办托拉斯"的主张明确提出的时间应是 1960 年 3 月 25 日。这一主张提出时,国民经济尚未开始调整,距国民经济调整"八字方针"的提出还有 9 个月。"试办托拉斯"提出后,中央及相关部门以报告会、考察讲话、批转报告、舆论引导等形式进行部署,各地则利用现场会、典型示范、组织实体等形式响应中央。①

常江潇等通过对洛阳矿山机器厂 59 名员工的口述访谈,从"共时态"和"历时态"两个维度,讨论了新中国工人阶级劳动传统的形成与传承。在"共时态"维度上,作者指出,洛阳矿山机器厂通过班前会、标准化生产等方式实现了对工人的制度规训;同时又通过塑造主人翁意识、政治动员、劳动竞赛、国家危机叙事和树立焦裕禄等模范典型,锻造出工人阶级的意义感。两方面的结合,消解了纪律和意义感之间的张力,使"'守纪'和'做主'成为相辅相成的一体两面","缓冲了对工人的严格管束可能带来的对其创造性的挫伤及管理机构官僚主义的滋生"。在"历时态"维度上,作者认为,中信重工接收洛阳矿山机器厂后,将焦裕禄精神树立为企业文化和企业精神,在"亲子和师徒等后亲缘传递模式"的帮助下,"完成价值系统和文化系统的代际继替"。此时,焦裕禄精神促使"个体都自觉地将自己作为企业及其精神的传承人","国家权力、单位或企业管理者与工人群体便会通过整合与互动共育出绵延不绝的精神动力"。②

陈宗胜等运用基尼系数,系统估算了新中国前 30 年居民收入差距

---

① 李博、李端祥:《"试办托拉斯"若干判断的考析——以〈若干重大决策与事件的回顾〉下卷为中心的考察》,《党史研究与教学》2021 年第 6 期。
② 常江潇、周晓虹:《新中国工人阶级劳动传统的形成——以洛阳矿山机器厂为例》,《社会学研究》2021 年第 4 期。

的总体情况以及变动趋势。作者指出,1952—1977年我国城、乡、城乡间和总体收入基尼系数分别为 0.2059、0.2432、0.1552、0.3033,处于较为平均的状态,说明"社会主义制度建设在中国已经取得成功"。新中国前30年中国居民收入差距变动情况,可划分为两个阶段。第一个阶段是1949—1956年。这一阶段中,无论农村、城镇还是全国,收入差距都下降了。第二个阶段是1962—1978年。在这一阶段中,无论农村、城镇还是全国,收入差距都保持稳定,变化不大。①

谢景慧等对贵州"三线建设口述史项目"的若干份访谈文本分析后发现,三线建设者在工作上、生活上和情感上,都是非常苦的,但他们却感觉不苦。作者认为,这种"苦与不苦"的双重叙事,反映了国家对个体思想、身体和空间等方面的规训,使个人与国家形成"高度相互依赖的情感关系"。②

在中国与周边国家关系史研究中,中国与阿富汗关系向来缺乏关注。张安依靠中国外交部档案,考察了20世纪60年代中阿通航问题的来龙去脉。作者认为,阿富汗为利用中国平衡苏联和美国在阿富汗的影响,主动提出中阿通航。由于当时中国机场建设落后,西北和北京空域涉及国家安全,加之可能损害中巴关系和担心阿富汗受美国恩惠而别有用心,中国政府始终对中阿通航慎之又慎。中阿两国关于通航问题的交涉,反映了这一时期中阿关系的复杂面相。③

新中国成立后,澳大利亚追随美国步伐,对华实施战略物资禁运。此后,由于中澳两国在朝鲜战争、越南战争中的严重分歧,两国关系不断恶化,直到1972年才正式建交。谢晓啸指出,中澳两国建交之前,

---

① 陈宗胜、张杰:《新中国前30年中国居民收入差别估算及影响因素分析——兼及改革开放前后中国居民收入基尼系数总趋势及比较》,《中国经济史研究》2021年第2期。
② 谢景慧、吴晓萍:《苦与不苦:时代规训与三线人的双重叙事》,《社会科学研究》2021年第5期。
③ 张安:《20世纪60年代中国对中阿通航问题的处理与中阿交涉——基于中国外交部档案的考察》,《首都师范大学学报》2021年第3期。

尽管双方官方交往基本断绝，民间往来却未曾中断。以上海为例，1956年之前，访沪的澳方人员以左翼青年学生、和平运动人士为主。1956年以后，国际局势相对缓和，澳方政商两界达成发展对华贸易的共识，访沪的澳方人士数量明显增多，身份也更多元。作者认为，这一时期两国民间往来推动了中澳关系正常化，扮演了"桥梁"角色。[1]

## 四、改革开放和社会主义现代化建设新时期

1985年9月2日，在重庆开往武汉的"巴山号"轮船上，中国社会科学院、中国经济体制改革研究会和世界银行联合召开"宏观经济管理国际讨论会"，即"巴山轮会议"。这次会议对此后的中国市场经济体制改革，以及中国宏观经济政策产生重要影响。张琦考察了"巴山轮会议"的背景和主要内容，以及这次会议后中国宏观经济研究范式发生的深刻转变。作者指出，这次会议的背景主要有两个，一是1984年中共十二届三中全会通过了《中共中央关于经济体制改革的决定》，将经济改革的重心从农村转移到了城市，二是1984年底到1985年初中国经济出现了过热的势头。这次会议之后，中国宏观经济的研究范式从传统苏联政治经济学转换为现代宏观经济学。因此，"巴山轮会议"也是"中国宏观经济研究新旧范式转换的分水岭"。[2]

杨凤城等考察了改革开放以来，中国共产党对孔子认识的演进历程。作者认为，改革开放初期中共首先突破了简单化的阶级认知标准，改变了否定孔子的态度，逐步提倡和支持对孔子和儒家学说的学术研究。随着市场经济的发展和对外开放的扩大，中共开始强调孔子以及传统文化的民族属性和意义，"实质上是对'中西文化差异'困

---

[1] 谢晓啸：《中澳建交之前两国民间往来初析——以1949—1965年间来沪的澳方人士为例》，《史林》2021年第3期。
[2] 张琦：《"巴山轮会议"与中国宏观经济研究的范式转换》，《中国经济史研究》2021年第6期。

扰和影响中国一百多年的重要问题做出回答"。中共十八大以来,以习近平同志为核心的党中央从中华民族伟大复兴的高度、从中国特色社会主义来源于中华文明的历史大视野出发,对孔子及其思想作出了高度评价,并将儒家思想的精华运用于治国理政。中共对待孔子的评价始终遵循马克思主义的立场和观点,实际上是"一个如何将传统融入、适应并促进现代国家治理和发展的问题,尤其是要为中国特色社会主义提供特定价值支撑"。①

朱晓艳等考察了改革开放初期中国高新技术产业发展战略的出台背景、过程及其意义。作者指出,由于面临经济落后、科技力量薄弱的现实国情,中共对中国要不要开展高科技研究、要不要实现高科技产业化以及高科技在国民经济发展中的地位等问题,进行了长时间的讨论和探索。1992 年前后,中共决定成立 52 个国家级高新技术开发区,正式确立了以"高新区"为主要方式的高新科技产业发展战略。作者认为这一战略"在中国改革开放的发展史上具有里程碑的意义,为我国后期经济的高速增长奠定了重要基础"。②

付吉佐指出,1978 年以后,中共在认识和对待传统文化的问题上发生了重大转变。一是加强了对传统文化的保护;二是以"半介入"的方式,支持学界对传统文化及其与现代化关系问题的讨论;三是强调传统文化的民族属性和意义。作者认为,这一重大转变的实质,是"中共对传统文化与现代民族国家关系的重新认识和定位的过程",其原因是该时期中共"面临的反封建与反自由化的双重历史任务"。③

---

① 杨凤城、付吉佐:《改革开放以来中国共产党对孔子认识的变化与演进》,《中共中央党校(国家行政学院)学报》2021 年第 1 期。
② 朱晓艳、杜磊:《改革开放初期中共对高新科技产业发展的战略选择》,《党史研究与教学》2021 年第 5 期。
③ 付吉佐:《一九七八至一九九二年中共对传统文化态度的调整》,《党史研究与教学》2021 年第 1 期。

赵胜梳理了改革开放初期海南地区人民公社与国营农场土地纠纷冲突的由来、爆发过程和化解方法。作者指出，改革开放之前，农村人民公社体制的数次变动，导致人民公社和国营农场的土地界限模糊不清。改革开放之后，随着市场经济的发展和宽松的政治环境，人民公社与国营农场为寻求经济利益产生一定矛盾，甚至暴力冲突事件，引起广东省委的高度重视。1980年5月，广东省委第一书记习仲勋亲赴海南进行调研，推动国务院出台"202号文件"，即《海南岛问题座谈会纪要》，使海南土地纠纷的化解有了国家层面的政策指导。该年8月，广东省委召开会议，出台一系列化解方案，如联营、互换、让地或合并等，"最终成功地将土地纠纷问题纳入至整个海南长远经济发展的大蓝图中加以解决，从而实现了国营农场与人民公社农民之间关系从紧张到融合的转变"。①

## 五、人物研究与史料挖掘

2021年党史人物研究集中于中共早期领导人的评述。研究者使用新见一手资料，对陈独秀于1921年、1922年在上海两次被捕的原因进行了新解读；由对李大钊早期思想的多重脉络分析，引出马克思列宁主义在中国早期传播中的日俄渠道和欧美渠道的讨论；对毛泽东思想在拉丁美洲尤其是对秘鲁"光辉道路"重要影响的探讨，拓展了毛泽东思想研究的新领域；有学者分析了张申府自由主义信念、个人主义个性与其对列宁主义建党原则的服膺和对党内集体主义的崇敬之间的张力；美国学者对张太雷革命活动的考订，亦是本年党史人物研究中的亮点。

在党史史料挖掘与整理方面，亦取得不少新进展。中国共产党地下工作手册《秘密工作常识》在法国外交档案馆被发现；对日本防卫

---

① 赵胜：《从紧张到融合：改革开放初期海南农村土地纠纷的化解》，《安徽史学》2021年第6期。

省防卫所藏关于冀察鲁豫抗日根据地的原始文献和日军情报的系统介绍，涉及根据地的中共组织机构、军民关系、战略战术、财政与经济以及文化教育等方面；美国中情局涉华宣传情报档案内容较为丰富，具有较为突出的研究价值。

## （一）人物研究

学界对李大钊的研究，近年逐步超越传统党史范式，注重探寻李大钊思想的多重脉络。段炼认为，李大钊在五四时期对于"世界"与"文明"的议题有新的思考。"五四"前期，李大钊不断调整认知世界与评价文明的价值尺度，形成了从"风俗保群"到"第三文明"的思想转变。"五四"后期，李大钊在反思作为现代文明重要表征的西方共和制度与资本主义发展模式的同时，通过对互助、合作、博爱的思考与实践，试图以此催生超越民族国家的新文明主体——平民（大众）。李大钊心目中的平民革命，既为五四时期的思想启蒙提供了现实动力，也从历史时空（"世界"）与内在品质（"文明"）上深化了启蒙的思想内涵。基于对民初共和政治以及西方文明的失望，他又极力通过底层民众的不断革命与民主参与，以新文明的方式实现对代议制、立宪制度的超越。与此同时，马克思主义的传播与1917年俄罗斯的两次革命（特别是十月革命），从理论与实践上，共同整合了李大钊心目中对于寻求富强的民族国家与追寻"世界大同"的新文明目标。① 王磊发现，由李大钊研究会编注、人民出版社2013年出版的《李大钊全集》（修订本）第3卷收录的《"五一"（May Day）运动史》的正文及注释，存在十余个疏误或存疑之处。作者在此基础上发现，对马克思列宁主义在中国早期传播渠道的研究，呈现"三多三少"特点：对日俄渠道的研究较多，对欧美渠道的研究较少；就欧美

---

① 段炼：《血洗出一个"新纪元"——五四时期李大钊思想中的"世界"与"文明"》，《学术研究》2021年第3期。

渠道而言，对欧洲渠道的研究较多，对美国渠道的研究较少；就欧洲渠道而言，对勤工俭学群体的研究较多，对其他群体的研究较少。鉴于此，作者认为深化马列主义在中国传播渠道的研究，除要继续加大对日俄渠道的研究外，还需深化欧美渠道与日俄渠道的比较研究。①

在陈独秀研究方面，陈独秀于1921年10月4日被捕，过去认为是因其违反《暂行新刑律》第221条及其中共领导人的身份暴露。侯庆斌利用新见会审公廨判决书和法国领事馆档案等资料，认为陈独秀被捕并在12天后被释放的唯一理由，是陈独秀涉嫌在寓所经营未经注册的"秘密出版社"。这反映出中共一大前后法租界的出版监管，对中共早期宣传活动的干扰相对有限，客观上为中共建党和组织发展提供了机遇。1922年后法租界当局对陈独秀和共产党组织愈发关注，法租界较之公共租界开展革命的区位优势不再明显。侯庆斌另文考析了陈独秀1922年8月9日再次被捕的原因及其影响。他认为，陈独秀这次被捕仅9天后被释放，其主要原因是法租界当局既试图维护社会秩序，又力求在中国国内政争中保持中立，避免成为反帝运动攻击的对象。作者注意到，这年陈独秀案审结后法租界的政治环境一度非常严峻，危及中共的生存，成为是年10月和次年2月中共中央机构两度迁出上海法租界的背景。②

长期以来，关于毛泽东在拉美地区的影响，学界介绍有限且不够系统。高维谦结合拉美地区独特的社会历史条件，从思想理论、政策主张、组织状况和地域特色等方面对以秘鲁"光辉道路"为代表的拉美毛主义政党与组织进行了系统梳理，分析毛泽东思想在拉美地区的本土构建。"光辉道路"的创始人阿维梅尔·古日曼1965年初被秘鲁共产党派往中国学习。在中国他学习国际政治（主要是同修正主义进

---

① 王磊：《李大钊〈"五一"（May Day）运动史〉校勘订补》，《党史研究与教学》2021年第3期。
② 侯庆斌：《1921年陈独秀在上海被捕事件探賾》，《近代史研究》2021年第6期；《1922年陈独秀在上海法租界被捕事件考析》，《史林》2021年第6期。

行斗争的经验)、如何建立统一战线以及中国共产党的基本工作路线。他对毛泽东的"人民战争"、"农村包围城市"等论断甚为欣赏,主张积极开展武装斗争,建立革命根据地,联合秘鲁社会各界的力量推翻独裁政府。他认为秘鲁的国情与中国十分相似,是一个半殖民地半封建的国家,阶级矛盾日益尖锐,特别是美帝国主义的干涉使整个国家的发展长期处于落后状态。在"光辉道路"发展的鼎盛时期,正式成员达到3000人左右。20世纪70年代末,古日曼正式建立了"人民游击队",成为"光辉道路"的主要军事力量。①

李张容提出,毛泽东关于中国共产党创建史的记忆主要体现在对中国共产党建党纪念、历史认知与中共党史编撰三个方面。如今早已成为惯例的七一纪念源于毛泽东的提议;毛泽东的"十二人"说在相当一段时间内直接影响对一大代表人数的判断;毛泽东的相关回忆反映在中共党史的编撰和内容之中。毛泽东的相关回忆足以搭建起中国共产党创建史的主体框架。即便有一些不准确的地方,也无法改变或忽视他的记忆产生过重大历史影响。更何况后来对比档案,再经过学术检验,他的回忆大体可靠,一些误记的内容也得到更正。如此,其记忆的影响便更为深远,也变得更加权威。②

李放春考察了无产阶级"领导权"一词的俄国起源,梳理了瞿秋白关于领导权思想的译介情况。1923年,瞿秋白最早在《新青年》上译介领导权思想,并新造了术语"领导权"。直到1927年中共五大期间,"领导权"作为"hegemony"一词的译词才最终确定。瞿秋白在这一跨语际的革命思想传播过程中发挥了关键作用。作者认为,无产阶级领导权这个词语承载的政治思想,深刻影响了中国革命的历程。③

---

① 高维谦:《毛泽东思想对拉美地区文化政治的影响研究》,《国外社会科学前沿》2021年第2期。
② 李张容:《毛泽东关于中国共产党创建史的记忆》,《近代史研究》2021年第6期。
③ 李放春:《瞿秋白与"领导权"的定名——Hegemony 概念的中国革命旅程(1923—1927)》,《近代史研究》2021年第5期。

向警予于1928年3月被叛徒出卖,在汉口法租界被捕,被关押在法租界巡捕房。起初,法国总领事拒绝向国民政府引渡向警予,后在国民政府的强烈要求下同意引渡。侯庆斌认为,学界对向警予引渡案的研究"过度依赖时人回忆,以致该事件的本相与影响尚不清晰"。作者利用法国外交部档案和中外报刊等史料,考察了国民政府与法国就该案的交涉和决策过程。作者指出,国民政府为引渡向警予,以"受贿庇共"构陷反对引渡的法国总领事陆公德,并以收回汉口法租界相威胁。在社会舆论和反帝风潮影响下,法国向国民政府作出让步,不仅同意引渡向警予,同时放弃对中共党员的"政治犯不引渡"原则,开始配合国民政府在租界搜捕和引渡中共党员。这种处理办法随后被上海等地法租界效仿,使得中共无法在大城市中生存,成为中共中央机关离开上海、迁往苏区的原因之一。①

囿于档案资料不足,学界对张太雷早期经历认识较为模糊。潘佐夫通过分析众多原始档案、打印文件和张太雷的手迹,以时间为线索,力求为其革命生涯提供一份较为全面的评述,并对若干有争议的史实进行考订。如苗可秀(Kristin Mulready-Stone)认为,张太雷出席了1923年10月在莫斯科召开的青年共产国际第三次代表大会,"向大会致辞,并入选青年共产国际执委会"。作者提出,这次大会召开于1922年10月,张太雷应该是在缺席这次会议的情况下当选青年共产国际执委的。1922年7月16—23日,张太雷参加中共二大,积极支持并促成马林关于中国共产党人加入国民党的方案。张太雷是领会共产国际统一战线政策意义的第一个中国布尔什维克,也是最早关注中国农民问题的中共领导人之一。②

1932年10月31日,张闻天在《斗争》上发表《文艺战线上的

---

① 侯庆斌:《一九二八年向警予引渡案与中法交涉》,《中共党史研究》2021年第5期。
② 亚历山大·潘佐夫:《张太雷与布尔什维主义在中国的传播》,《上海师范大学学报》2021年第2期。

关门主义》。董广认为，文章对左翼文艺运动中所执行的"左"的关门主义错误进行了批判，是中国共产党在文艺领域最早且较为系统的反"左"文献。《文艺战线上的关门主义》佐证"第三种人"及"第三种文学"的存在及其合理性，辩证分析了文艺作品的价值与阶级性，成为张闻天个人思想从"左"到"反左"转变的起点。张文使"革命的小资电影"的命运从前景未卜到步入正途，事实上促成了左翼电影的健康发展，也影响着 20 世纪 30 年代中国电影发展的历史走向。①

## （二）史料挖掘

1928 年 5 月 31 日，中共中央组织科印发《秘密工作常识》。该文件当时传播较广，山东、江苏、浙江、福建、广东和广西等地的党组织都有传达、学习的记录，但流传至今的文件甚少。蒋杰在法国巴黎外交档案馆发现了《秘密工作常识》。这本小册子含封面共 24 页，约 8700 字，由劈头语、如何建立秘密机关、如何举行秘密会议、如何保存秘密文件、秘密交通法、认识敌人侦探及逃脱法、如何化装、散发传单及公开活动应注意之点、向人宣传及介绍同志的方法和态度、同志间的关系及态度、如何在敌人的机关中安置侦探、机关破毁及被捕后应注意之点、对付叛徒或敌探的办法、结论等 14 个小节组成。实际上，此后中共秘密工作的"三化"、"六要"原则，在该文件中已初具雏形。作者发现，与影视作品中常见的当众大量抛撒传单的方式不同，该文件要求，"去散发时传单一次不要拿得太多，最多一次不要过十张。发时先将传单折好，最好是在人群中，乘人不意，后面放置入他的衣袋中"。②

---

① 董广：《张闻天与 20 世纪 30 年代"革命的小资电影"的命运》，《北京电影学院学报》2021 年第 1 期。
② 蒋杰：《法国所藏中共〈秘密工作常识〉的保存、内容与价值》，《中共党史研究》2021 年第 6 期。

国内史学界一直高度重视美国中央情报局涉华情报档案的搜集、整理和利用，但中情局涉华宣传情报档案却没有引起学界过多关注。赵继珂发现，在中情局《信息自由法》电子阅览室以"中国宣传"为关键词可搜索出相关条目13000多项。占这些档案主体的是中情局制作的评估报告。《双周宣传指导》《每月预警评估：中国》《共产党宣传趋势》《外国广播信息谍报处每日报告》等，既收录中情局从世界各主流媒体中搜集到的信息，还包含如何扩大美国对外宣传的建议，其中很多内容与中国相关。如1949年底，中情局便通过解读中国电影市场的票房变动数据，判断出在中国电影市场美国已经被苏联完全替代。作者认为，系统梳理中情局涉华宣传情报档案，为重绘冷战时期中国开展宣传活动的完整图谱提供了重要史料补充；同时有助于深化对美国文化冷战史、中情局发展史的研究。作者提醒，《信息自由法》虽要求中情局等相关机构定期解密历史文件，但涉华宣传情报档案中很多敏感内容并未全部解密，一些页面被大段涂黑。[①]

张屹、徐家林发现，通过亚洲历史资料中心网站可查询到日本防卫省防卫研究所藏的中共文献。日本陆军省新闻班编辑的《中共军队（1936）》，分析中共军队的概念、本质及形成过程，介绍各地红军的基本情况，重点记载红军各部自1935年1月至10月期间的行动轨迹、重要战斗等。编者认为，中共军队拥有坚定共产主义信念的干部，在军队中设立政治部，强化党对军队的领导，这支军队绝不可轻视。日本华北方面军参谋部1938年12月编辑的《晋察冀边区经济政策》由晋察冀边区政府大事记、晋察冀边区战时经济政策、金融政策及粮食政策等组成。日军华北方面军宣抚班汇编的《宣抚工作业务概要》显示，该班调查员三崎良一秘密潜入山西省和顺县，对该县中共

---

① 赵继珂：《美国中情局涉华宣传情报档案评介》，《中共党史研究》2021年第3期。

组织进行长达两个多月的实地调查,形成"和顺报告"。该报告计6编,防卫研究所仅存4编,内容涉及县治行政、财政与经济、群众教育与文化工作、群众抗日团体与干部教育、村自卫队、游击队与敌后战场、中共秘密工作等。1940年5月形成的"冀中报告"认为,中共领导的合作社运动在组织民众方面取得良好效果;货币一元化政策及其边区券也获得群众的支持;边区小学的思想教育效果显著,很多小学生自愿帮助中共收集传递情报。在长达200余页的"冀南报告"中,统计图表占了相当大的篇幅,包括各类群众组织的人员名册、各类机关及会议制度一览表,区公所、村公所群众选举情况,抗战军人家属优待、县内自然灾害救济、剪发放足等统计图表。《治安强化运动指针》的第一部分,包括中共对外政策的破绽、新民主主义的矛盾、抗战中的矛盾、贫困地区真相、国共斗争真相、对中共思想战的前途等。①

## 结　　语

习近平总书记在庆祝中国共产党成立100周年大会上指出:"一百年来,中国共产党团结带领中国人民,以'为有牺牲多壮志,敢教日月换新天'的大无畏气概,书写了中华民族几千年历史上最恢宏的史诗。这一百年来开辟的伟大道路、创造的伟大事业、取得的伟大成就,必将载入中华民族发展史册、人类文明发展史册!"② 在这样一个具有重要意义的年份里,党史、国史研究坚持正确导向,在提出新观点、挖掘新史料、拓展新领域、使用新方法,尤其是学科融合方面均取得不俗成绩。

---

① 张屹、徐家林:《日本防卫省防卫研究所所藏中共党史文献评介》,《中共党史研究》2021年第4期。
② 习近平:《在庆祝中国共产党成立100周年大会上的讲话(2021年7月1日)》,北京:人民出版社,2021年,第8页。

与往年相比，本年度党史、国史研究呈现出三个突出特点。一是相关研究更加主动回应现实关切、注重总结历史规律。对于党史、国史研究而言，2021年是极不平凡的一年。本年2月，党中央决定在全党开展党史学习教育，全党、全社会迅速掀起学习党史的热潮；7月，中国共产党迎来百年华诞；11月，党的十九届六中全会通过党的第三个历史决议。在这样一个重要时间节点，党史学界在强烈的使命感召下，围绕马克思主义中国化时代化与中国道路、党对中国现代化道路的探索、人类命运共同体的时代价值等一系列兼具重大历史与现实意义的问题展开探讨，进一步发挥了党史研究知古鉴今、资政育人的作用。二是以大历史观、正确党史观为引领，积极开展长时段研究。党的百年光辉奋斗历程，为党史、国史研究提供了丰富的学术沃土和史料宝藏。2021年，学界系统梳理百年来党在各个领域取得的伟大成就，深入阐释百年党史中的历史经验，突出体现在对党局部执政和全国执政经验的总结，以及对中国共产党将马克思主义基本原理同中华优秀传统文化相结合的历史实践及其重要意义的研究阐释等。三是学科交流融合更加深入。党史、国史是学科交流融合的重要领域，并且日益受到社会学、经济学、政治学等学科的关注。与往年相比，本年度有更多的党史、国史研究者主动借鉴其他学科研究方法，如运用社会学理论分析新中国初期国家认同问题，运用经济学理论分析新中国成立后农业发展模式等，提出诸多新的见解，深化了对相关问题的研究。

但与此同时，笔者也发现一些论文在学术史梳理的规范、借鉴其他学科的理念与方法等方面，还有可商榷和讨论的空间。本文不揣浅陋，提两点愚见，仅供参考。

其一，学术创新很大程度上有赖规范的学术史梳理。一些作者对学术史梳理的功能和作用不甚了解，以为学术史梳理就是列举与自己论题有关的论著。有的文章甚至只在注释中罗列有关论著的题目和出处，在未对这些论著进行讨论和分析的情况下，贸然指摘这些作品对此项研究不够系统、不够全面、不够深入、在某些方面尚待提高等。这种模棱两可、自说自话式的学术史梳理，不仅无助于甚至不可能找到该文的对话对象，无法与既有研究发生碰撞和交流，而且难以在与已有研究的对比中形成明确的问题意识，提出新的创见。

其二，"两史"研究与其他学科的相互借鉴和融合，应以遵守历史学的基本规范为前提。据笔者观察，与历史学联姻比较成功且得到同行认可者，莫过于所谓"历史社会学"。以社会学的理念、方法书写的历史，热衷于揭示历史事件的"结构"，描述历史运行的"机制"。在传统史家看来，按此套路书写的历史，难免按其"结构"而不是史实本身的演变逻辑来裁剪史料。历史书写特有的历时性、历史过程的完整性不免模糊和变形，甚至比史学更易陷于"史从论出"的窠臼。历史学者不苛求发现唯一的结论，而是尽量展现历史演变的多样性、复杂性和曲折性。这就要求作者尽量还原历史研究对象的价值观及其行为模式。陈寅恪研究思想史的心得同样适用于"两史"研究。他提出："对于古人之学说，应具了解之同情，方可下笔……必须备艺术家欣赏古代绘画雕刻之眼光及精神，然后古人立说之用意与对象，始可以真了解。所谓真了解者，必神游冥想，与立说之古人，处于同一境界，而对于其持论所以不得不如是之苦心孤诣，表一种之同情，始能批评其学说之是非得失，而无隔阂肤廓之论。"① 根据研究者的需要对古人和往事任意褒贬，显然有违历史学的旨趣和规范。概言之，"两史"研究提倡与其他社会科学相互借鉴和融合，但应以遵守历史学基本规范为前提。

（责任编辑：刘　宇）

---

① 陈寅恪：《冯友兰中国哲学史上册审查报告》，陈美延编：《金明馆丛稿二编》，北京：三联书店，2009 年，第 279 页。

# 2021年世界史研究报告

## 一、世界古代史

晏绍祥[*]

2021年，中国的世界古代史研究取得了相当程度的进展，出版著作数量显著增加，达到近几年创纪录的18种，较2020年增加了一倍多，较2019年增加了两倍。如果算上中国学者在国外出版的著作，数量肯定更多，且质量有所提升。根据类型划分，著作中有最基础的资料整理，也有系统的学术专著，还有具备相当学术含量的普及性读物。根据领域划分，古希腊史著作占比最高，但古代埃及、西亚和罗马史等也都有相当不错的著作问世。古代史研究者共发表论文200余篇，覆盖面更为广泛，从国家与文明起源到古典晚期社会转型，兼及古典传统与学术史。

### （一）世界古代史综论

在对世界古代史进行总体思考的学者中，首先必须提到刘家和先生。改革开放以来，刘先生一直在中西古史比较领域辛勤耕耘，先后出版《古代中国与世界》《史学、经学与思想》《史苑学步》等著作。2021年，在全根先、蒋重跃先生的帮助下，刘先生出版了《丽泽忆

---

[*] 作者晏绍祥，首都师范大学历史学院教授。

往——刘家和口述史》。① 在这部著作中，刘先生不仅系统回顾了自己的成长历程、学术和方法，而且通过讲述他与不同学人的交往，介绍了许多近现代学人治学的理论与门径，对现当代中国学术史研究具有重要的资料意义。此外，刘先生对历史学的基本性质等诸多重大问题，如历史的客观性、历史理性、历史比较研究、记忆与历史、学术工作的基础、如何培养史学人才、如何突破旧的方式和实现史学创新等，都通过亲身实践，提出引人深思的看法。

李水城先生的《耀武扬威——权杖源流考》是另一部重要的世界古代史著作。权杖作为权力的象征，是古代世界广泛存在的现象。但权杖起源于何时？材质如何？缘何选择某些特殊材料并制成特定形状？历史上它如何表达权力？对大多数学者来说，并不完全清楚。该书的贡献，一是作者研究范围广大。举凡古代世界，西亚、埃及、印度、中国、希腊、罗马、中南美洲，甚至大洋洲，只要有权杖的踪迹，无一漏网。二是作者搜罗的资料丰富。作者利用访学机会，到世界各地的博物馆中寻访，探索不同地区不同时代权杖的材质、工艺、形状和功能，并且为一部分权杖提供了清晰的图片以及适当解说。对理解古代权杖的起源和发展而言，该书可以作为第一手资料使用。三是作者对权杖在不同地区的起源和发展，按照地区和时代先后，作了详尽介绍和分析。②

林梅村汇集了大量波斯帝国和大约同时期中国的考古文物，试图通过它们确定东西交流的路线，尤其是波斯各省前往波斯主要都城的路线。在他看来，张骞通西域之前，某种形式的丝绸之路，以及中国通过这条路线与波斯、印度等的往来早已开始。该书还涉及波斯帝国的都城、贡税体系、中央和地方的组织等问题。③

---

① 刘家和：《丽泽忆往——刘家和口述史》，全根先、蒋重跃访问整理，北京：商务印书馆，2021 年。
② 李水城：《耀武扬威——权杖源流考》，上海：上海古籍出版社，2021 年。
③ 林梅村：《轴心时代的波斯与中国——张骞通西域前的丝绸之路》，西安：西北大学出版社，2021 年。

杨巨平等系统讨论了丝绸之路沿线各文明古国，包括巴克特里亚、托勒密、塞琉古、帕提亚、贵霜、罗马、萨珊波斯、粟特和斯基泰人文明的发展及其与丝绸之路的关系，试图揭示各古国或族群在丝绸之路上的活动及其在东西方贸易中的角色，以及不同文化在丝绸之路上的交流融合。这部著作的有趣之处，不仅在于对不同古国兴衰历史的梳理，还在于综合运用了历史学、考古学、钱币学、艺术史等学科的史料，进行跨学科整合与研究，是一部综合性丝绸之路古国和文化交流史。① 不过，对于该书的限定，如时限设定和主题设定等，还存在一些争议。

《古代世界的迷踪》是黄洋的学术随笔集，大体分为三个部分：古代希腊、古代罗马和古典传统，其中希腊部分包含一些非常有意思的文章，如对近现代荷马研究和古希腊同性恋等主题的讨论。在关于苏格拉底的问题上，作者更偏向于芬利的看法，但提供了新论证。罗马部分如皇帝如何打造自己的形象、克莱奥帕特拉研究中的东方主义倾向等，该书的讨论也相当有趣。古典传统部分涉及当今学术界一些热门话题，如文明、帝国概念以及全球史研究方法和古典传统的影响等。② 晏绍祥《与距离斗争——中国和西方的古代世界史研究》文集大体分为两部分，第一部分是对古代波斯、罗马和中国如何治理庞大国家的讨论，认为对古代的大国而言，最大的挑战来自距离，即在古代的交通和通讯条件下，如何实现国家有效治理。作者认为，古代帝国的基本统治方式，是最高统治者的专制和地方自治的结合。第二部分探讨从古希腊罗马到当今的中外学者如何认识古希腊、罗马的历史。该书试图表明，如同古代统治者面对庞大帝国一样，现代学者面对相距遥远且文化相当不同的古代世界，还有资料和自身立场的局限，在认识古代时同样要"与距离斗争"。③

---

① 杨巨平主编：《古国文明与丝绸之路》，北京：中国社会科学出版社，2021 年。
② 黄洋：《古代世界的迷踪》，北京：商务印书馆，2021 年。
③ 晏绍祥：《与距离斗争——中国和西方的古代世界史研究》，上海：上海人民出版社，2021 年。

与 2020 年不同的是，国家和文明起源以及早期国家的特点，在 2021 年受到较多关注，涉及国家和文明起源的理论、具体路径。沈长云和陈胜前的文章，都希望说明如何处理考古学和历史学在国家和文明起源研究中的地位。沈文主要关注中国早期文明起源中考古学和历史学可以发挥的作用，并尝试在传统文献与考古资料基础上重构中国早期文明进程。① 陈文更关注考古学、人类学和历史学在研究早期文明和国家起源中的关系，强调将科学即逻辑和推理与人文即历史叙事有机结合起来。② 理论和方法上的反思说明，学者已充分意识到，只有把中国史和外国史，人类学、考古学和历史学结合起来，开展多学科研究，才可能开辟出文明和国家起源研究的新路径。③ 只是这样的理想一旦落实到具体实践之中，尤其是各个地区文明和国家的起源之中，需要研究者具有强大的理论思考能力和资料解读能力，并不太容易做到。

《史学集刊》2021 年第 3 期组织的 4 篇文章，除前述陈胜前的文章偏理论外，其他三位作者虽然尝试运用新考古资料探索古代两河流域、埃及和克里特国家的产生等问题，但仍限于讨论早期国家某些比较具体的方面，如晏绍祥深入探讨了克里特国家的起源及特征，国洪更讨论两河流域王衔的沿革和国家形态变迁之间的关系，史海波关注对他者的想象在古代埃及国家起源中的作用。④ 就国家和文明起源研究的理论和方法而言，历史学家和考古学家、人类学家之间，仍需要寻求恰当的结合点。

中外古史比较研究延续了 2020 年的势头，比较对象涉及多个层面，有古代中国、印度和希腊多个对象之间的比较，也有古代中国与

---

① 沈长云：《中华文明起源的历史学、考古学与人类学考察》，《历史研究》2021 年第 1 期。
② 陈胜前：《有关国家文明起源的研究路径的反思》，《史学集刊》2021 年第 3 期。
③ 参见陈淳：《酋邦概念与国家探源——埃尔曼·塞维斯〈国家与文明的起源〉导读》，《东南文化》2018 年第 5 期。
④ 晏绍祥：《克里特国家的起源及特征》、国洪更：《古代两河流域早期王衔的沿革与国家形态的演变》、史海波：《古代埃及国家起源过程中的"他者"形象与国家职能建构》，《史学集刊》2021 年第 3 期。

单一区域如埃及或希腊的比较。不过，大多数讨论聚焦于思想层面，如姚卫群近年来致力于古代中国、印度和希腊思想比较，已经连续发表多篇文章，分别比较了古代中国、印度、希腊关于出世与入世、灵魂、善恶、有与无、真理等不同层面的观念。① 这类比较为把握各个古代文明思想的特性提供了一定启发，对拓宽古代文明研究领域，加深对古代思想的理解，具有积极意义。但因涉及面较广，相关资料不免局限于精英阶层留下的文献，资料征引难兼顾全面，有关异同的论述及其结论也相对宏观，有时并未超出一般印象。有些比较研究的文章相对具体，如"王道"（古代中国）和"哲学王"（古希腊）观念的比较，不仅触及思想层面，也涉及理想实现的手段，以及实现理想和"霸"之间的联系。② 有些则较具体地比较了古代罗马和古代中国的农书，对两者所反映的古代农业耕作技术和偏好有所揭示，操作性比较强，结论也相对具体化和实证化。③

## （二）古代西亚史研究

2021年发表的有关古代两河流域及其周边地区的论文约40篇。从主题看，涉及政治、经济和文化各个方面；从时段划分，早至苏美尔文明起源，晚至萨珊波斯时期；从空间范围看，包括苏美尔、阿卡德、赫梯、亚述、希伯来、波斯帝国、帕提亚和萨珊波斯，以及两河流域的对外交往，涉及古代西亚文明几乎所有区域。

---

① 姚卫群：《中西印哲学中的"心识"观念》，《云南大学学报》2021年第5期；《中西印哲学中的"出世"与"入世"观念比较》，《深圳社会科学》2021年第3期；《古印度和古希腊的善恶观念比较》，《伦理学研究》2021年第3期；《古印度和古希腊的灵魂观念比较》，《科学与无神论》2021年第6期；《古代中希印哲学中的"有""无"观念比较》，《世界哲学》2021年第3期；《古代中西印哲学中的真理观念比较》，《中国高校社会科学》2021年第6期。
② 孙伟：《"王"与"霸"——早期儒家与古希腊政制观之比较》，《江南大学学报》2021年第4期。
③ 范秀琳：《西汉与古罗马农书之比较——以〈氾胜之书〉与〈农业志〉为例》，《辽宁师范大学学报》2021年第5期。

拱玉书翻译的《吉尔伽美什史诗》是 2021 年古代西亚史研究最重要的进展。① 虽然史诗此前已有中文译本，但都是根据现代语言的译本转译，作为学术研究的史料不免有缺憾。新译本有如下显著优势，一是完全依据原文——底本是公元前 1300 年左右阿卡德语版本，并广泛吸收了当代学者的研究成果，因而译文的专业性、可靠性和前沿性毋庸置疑。二是作为资深学者，译者在中外文上有精深造诣，译文晓畅可诵，获得学术界和翻译界广泛认可。三是该书不是一般的翻译作品，而是文献整理和研究作品，通过补缺、说明和解读，译者将史诗最新研究进展比较全面地呈现出来。四是译者的长篇导论详细介绍了史诗的起源、创作、流传和相关研究情况，不啻一部简要的两河流域诗歌史。

宋娇和李海峰从解读古代传世文献《埃努玛·埃里什》等入手，探讨了古代两河流域传世神话所反映的文化特性，认为神话传说中诸神和吉尔伽美什、恩吉都等英雄形象，大体反映了当时人们对"力"的推崇，并把崇尚"力"的倾向与两河流域恶劣的自然环境、低下的生产力和频繁的战争联系起来。两河流域宗教和王权至上的倾向，使人们将神灵置于人类之上，形成所谓"神本主义"。他们关于古代两河流域宇宙观的文章，从宇宙的初始状态和本源、宇宙万物的起源和结构等方面，比较详细地介绍该地区宇宙观的发展。② 其中将宇宙本源视为水的说法饶有趣味，因为古希腊哲学家泰利斯也认为宇宙的本源是水，二者对于水作为万物本源的解释具有一致性。曹顺庆和董智元介绍了苏美尔文学的大概情况，进而论及要重视不同文明的贡献，以打破文论研究中的西方中心倾向。③

---

① 《吉尔伽美什史诗》，拱玉书译注，北京：商务印书馆，2021 年。
② 宋娇、李海峰：《古代两河流域创世神话所反映的文化特征》，邹芙都、赵国壮主编：《西部史学》第 5 辑，重庆：西南师范大学出版社，2020 年，第 158—171 页；《古代两河流域人的宇宙观》，《世界历史评论》2021 年第 4 期。
③ 曹顺庆、董智元：《世界文学的起源与文明互鉴的意义》，《中外文化与文论》2021 年第 2 期。

古代两河流域的经济问题受到刘健、刘昌玉等学者的注意。刘健在关于运河的文章中指出，两河流域的灌溉事业发展得非常早，最早的运河可以追溯到公元前 4500 年左右，也就是苏美尔文明起源时期。在她看来，除灌溉、运输和通讯功能外，运河还承担着城市规划、确定国界、宣扬王权等诸多政治和社会功能。运河所蕴含的象征意义因古代两河流域文明的发展而不断扩展，渐成古代两河流域文明的文化标志。此外，运河的开凿、维护与使用则体现了独特的政治蕴意，许多国王格外重视自己作为运河开掘者和水源提供者的身份。① 李智关于苏美尔驿站的研究具有重要意义。他的研究表明，起源于苏美尔早王朝、完善于乌尔第三王朝的驿站，最初就属官办，由地方政府负责，主要服务于因公出行人员，意在强化政府统治，如快速传达政令、调集物资、方便内外人员相互交流等。因此，驿站越发达，分工越精细，统治强度也就越高。作者还认为，亚述、波斯等帝国的御道系统，或许就是苏美尔尤其是乌尔第三王朝驿站系统的延续。② 可惜对最后这个问题，他只提供了学理上的结论，没有具体谈到两者之间的继承关系。

刘昌玉近年一直关注乌尔第三王朝，尤其是该王朝的经济财政及其与国家治理的关系。他充分利用近年发现的乌尔第三王朝数十万块泥版文书，尤其是其中 10 余万块经济管理文献，详尽讨论了不同地区的税收状况，涉及非常具体的税收名目，并据此判断一般民众的税收负担情况和国家治理成效。这部著作最重要的贡献不仅在于讨论了各种税收情况，还提供了不少具体资料，为后人的研究提供了起点。但作者对乌尔第三王朝的国家体系与税收制度的关系，以及税收支出的流向等问题还缺少更加细致深入的讨论。③

---

① 刘健：《古代两河流域文明运河功能探析》，《历史教学问题》2021 年第 4 期。
② 李智：《苏美尔人驿站系统的形成及其作用》，《世界历史》2021 年第 1 期。
③ 刘昌玉：《古代两河流域乌尔第三王朝赋税制度研究》，北京：中国社会科学出版社，2021 年；《税制与乌尔第三王朝的国家治理》，《古代文明》2021 年第 1 期。

古代两河流域的对外关系也受到关注。刘健比较系统地讨论了古代两河流域与所谓"下海"即波斯湾的联系。在她看来，尽管不同时期海湾地区的地位不尽相同，但总体上看，海湾地区都是古代两河流域国家和居民取得资源之地，各国的海湾政策都服务于国家利益，因而与两河流域国家本身的兴衰关系密切。① 刘昌玉讨论的问题更加具体："麦鲁哈"作为一个地名演变的历史。在讨论相关文献和历史背景后，他认为公元前3千纪，麦鲁哈指印度河流域，但到公元前2千纪指代东非，而这一变化是由商路变迁造成的。②

此外，两河流域文献所反映的对周边游牧民的态度、叙利亚地区埃卜拉古城的考古发掘和研究，也都有学者论及。刘昌玉通过系统梳理古代两河流域楔形文字文献中关于库提人和阿摩利人的描述，认为这两类游牧民族对待两河流域文化的态度存在差异，库提人排斥两河文化，在两河流域建立的统治短命而亡，而阿摩利人积极吸收与认同两河文化，并建立起长久统治。③ 刘昌玉、朱方云梳理了埃卜拉遗址考古发掘及所发现的出土文献，表示泥板文献主要包括经济行政、外交与学术三种类型，为进一步研究埃卜拉的历史文化提供了关键的一手材料。④

有关赫梯的两篇文章都出自李政之手。一篇涉及赫梯文明发展中外来文化的作用：赫梯人如何通过吸收安纳托利亚及美索不达米亚文明的文学养分，在不断学习借鉴周边文化成就的基础上，形成多元文化色彩浓厚的文学体系，创造了种类丰富的赫梯文学。另一篇文章讨论赫梯国王如何利用诸如潘库斯和吐里亚等机构，鼓励官员相互监

---

① 刘健：《古代两河流域国家对海湾政策的演变和调整》，《史林》2021年第6期。
② 刘昌玉：《从印度到东非：古代两河流域文献中的"麦鲁哈"地名变迁探析》，《史林》2021年第6期。
③ 刘昌玉：《排斥还是认同：库提人、阿摩利人与古代两河流域文化》，《社会科学战线》2021年第5期。
④ 刘昌玉、朱方云：《古叙利亚埃卜拉城的考古发掘与埃卜拉学研究》，《西北大学学报》2021年第6期。

督、派出监察官员和发布敕令等手段，逐步强化王权。① 考虑到赫梯在两河流域以及东西文化交流中的重要地位，对该领域的研究，如赫梯的内政治理及其对周边地区的影响等，理应有所加强。

国洪更探讨了亚述帝国司法制度在公元前7世纪中后期的变化，指出随着亚述王权的强化，由国王任命的行政官员在司法领域的权威日渐上升，成为绝大多数案件的裁决者，而原来具有重要作用的专业法官以及地方自治市的代表则基本被排除在审判过程之外。这些官员大多听命于国王，使司法裁决行政化，严重违背法治精神，忽视不同地区的利益。② 这个判断至少让我们意识到，亚述这样的大帝国之所以灭亡，除自身穷兵黩武之外，内部治理也是需要考虑的重要方面。刘健以出土于尼尼微的亚述帝国晚期354份脏卜报告为基础，讨论了脏卜师在亚述帝国后期的地位。她发现，亚述帝国时期，卜师占卜涉及的问题基本属于军国大事，且多与国家管理或军事征伐有关。更重要的是，卜师内部如同官员一样，出现了明显的职业化和等级化现象。尽管亚述帝国的卜师与学士集团仍保持某些联系，但他们本质上是亚述官僚集团的一部分。③ 贾妍从巴拉瓦特王宫大门的浮雕入手，揭示新亚述时期国王如何通过艺术作品，展现亚述帝国神灵、国王和民众之间的关系。在细心复原巴拉瓦特宫殿遗址布局和大门浮雕的基础上，她发现大门无论开还是合，亚述王都居于中心，体现了亚述王对整个帝国的操控，浮雕的布局体现了亚述国王作为世界统治者和操控者的主宰地位。④ 亚述帝国研究中，在缺乏系统文字文献的情况下，从艺术空间解读官方意识形态，无疑是非常值得肯定的尝试。

---

① 李政：《论赫梯文学发展和形成的历史文化道路》，《国外文学》2021年第2期；《浅析赫梯国王维护王权统治的监管措施》，《历史教学问题》2021年第4期。
② 国洪更：《亚述帝国诉讼的行政化》，《世界历史》2021年第5期。
③ 刘健：《亚述帝国王宫出土脏卜报告中的卜师》，《殷都学刊》2021年第3期。
④ 贾妍：《开合之际与内外之间：新亚述帝国浮雕纪功门的空间阅读》，《文艺研究》2021年第3期。

关于古代希伯来文明的研究，集中在文学和思想方面。赵克仁比较了古代埃及和希伯来的王权，突出埃及王权的绝对性和希伯来王权的有限性，并从历史观、民族特性、自然地理等方面，对两者的差异作出解释。① 梅华龙从公元前1千纪前期尤其是新亚述帝国崛起和扩张的历史背景出发，分析了希伯来宗教观念变迁与亚述世界性帝国兴起之间的关系。在他看来，希伯来人之所以能够将耶和华塑造为世界之主，正是亚述的世界帝国给希伯来文士提供了灵感，促使他们将历史上的以色列王国描绘为地区性强权。这种"神学帝国主义"不仅使希伯来精英在面对亚述等帝国的威胁和犹太王国灭亡时，能够保护希伯来的地方传统，而且重新定义以色列—犹大的族群身份。② 张若一对希伯来文献有关"迦南美地"形象生成的讨论，从侧面印证希伯来精英在公元前1千纪中后期的类似努力。他们把原本自然条件恶劣、资源匮乏、争端四起的巴勒斯坦，描绘为"流奶与蜜"的人间乐园，为流散长达1800余年的犹太民族提供了强大的精神支撑与民族凝聚力。③ 两人的研究再次表明，犹太文化在亚述到波斯时期发生的巨大变革及其对后世犹太人认同产生的巨大影响，值得高度关注。张琳根据文献重释犹太人的希腊化进程及其影响，认为犹太人的希腊化始于大祭司耶森引入竞技场等希腊文化元素，但希腊文化的引入造成了犹太人内部分裂，并成为马卡比起义的重要动因。④

波斯帝国尤其是帝国的王权统治，在2021年受到异乎寻常的关注。吴欣通过详细梳理波斯时期中亚的考古资料，包括聚落和宗教建筑的分布、遗址内部结构和居住史等，证明帝国对中亚实现有效统

---

① 赵克仁：《希伯来与古埃及王权政治制度比较研究》，《中东研究》2021年第1期。
② 梅华龙：《希伯来经典文献对世界帝国话语体系的重构与借鉴》，《世界历史》2021年第3期。
③ 张若一：《土地观念、宗教运动与文士书写：论犹太经典〈塔纳赫〉中"迦南美地"意象的生成》，《外国文学评论》2021年第2期。
④ 张琳：《犹太人希腊化改革的文献考察与历史重释》，《外国问题研究》2021年第4期。

治，从而挑战了此前晏绍祥等关于波斯帝国地方自治大于中央集权的看法，更对如库克、布里昂等国外学者的主流看法形成有益的纠偏。① 蒋瑞霞通过艺术史，尤其是对《贝希斯敦铭文》的细致分析，包括波斯国王大流士的形象与其他人物形象的对比，铭文内容和浮雕之间的联系与区别，以及《贝希斯敦铭文》的空间布局及其与观众的关系，证明波斯艺术承继了古代西亚和埃及传统，与其说向人们展现的是波斯帝国的现实，不如说是波斯统治的理想图景，也较好地解释了波斯国王的艺术形象自大流士以来缺少个性的问题。② 与有关亚述巴拉瓦特宫殿浮雕的研究一样，蒋瑞霞的研究，提示艺术研究对政治史研究可能作出的贡献及其局限。在文献缺失的情况下，艺术史通过艺术场景一定程度上复原了帝国的意识形态或帝国观念。然而，问题在于，在缺乏直接书面证据的情况下，如何避免对图像的过度解读。穆宏燕论及波斯帝国的文化，认为虽然迄今并未发现波斯帝国时代的书籍，但波斯国库收藏的大量泥版文书本身就表明波斯有书籍存在。③ 虽然到目前为止，没有发现任何波斯人自己撰写的书面历史或其他书籍，但这并不意味着波斯人除宫廷记录账目外，没有历史或其他文学作品。在希伯来人的《圣经》中，明确提到波斯帝国有史书记载：以斯帖向国王报告了一次谋害国王的阴谋，国王在处死阴谋分子后，吩咐"将这事在王面前写于历史上"；还提到某夜国王失眠时，"吩咐人取历史来，念给他听"。④

帕提亚和中亚地区的历史因丝绸之路研究得到一定关注。李毅铭关于帕提亚帝国时代丝绸之路路线的考证和分析，充分利用了考古资

---

① 吴欣：《帝国印记：波斯阿契美尼德王朝在中亚的统治》，《历史研究》2021年第3期。
② 蒋瑞霞：《现实与想象的融合：从〈贝希斯敦铭文〉解读古代波斯王权图像的本质》，《美术》2021年第4期；《古代波斯阿契美尼德王朝的艺术风格》，《大众文艺》2021年第5期。
③ 穆宏燕：《波斯古代的书籍制作与图书馆》，《读书》2021年第4期。
④ 《圣经：以斯帖记》，2∶23；6∶1。

料，并且与历史背景相联系。① 在丝绸之路研究中，这是一篇有较高学术价值的论文。龙沛否认帕提亚帝国是希腊化国家，强调它保留的西亚传统。② 冀开运和杨晨颖认为，萨珊波斯利用地理位置优势，一方面与中国开展频繁的官方往来，另一方面与东罗马帝国争夺丝绸之路贸易控制权。萨珊波斯一定程度上促进了丝绸贸易的繁荣，成为该时期丝绸之路贸易的受益者和控制者。③

## （三）古代埃及、印度史研究

2021年出版古代埃及史专著一部，发表论文约30篇，较前两年有所增加，关注的主要领域有文献整理、古代埃及文明起源、经济、宗教和文化等。在资料建设方面，最值得注意的是郭丹彤主持编译的《古代埃及新王国时期经济文献译注》，④ 主要收入韦伯莎草纸文献等与土地制度、税收有关的文献。此外，该书提供了文献的古埃及象形文字原文、拉丁字母转写和中译文，并附有简短的文献介绍和一定数量的注释，是国内第一部断代和专题性质的古代埃及文献整理性著作，为研究古埃及新王国时期经济和社会提供了一手资料，是埃及学发展过程中的基础性工作。颜海英搜集和整理了散落在中国国家图书馆和北京大学赛克勒博物馆的古埃及文物，包括墓碑和人形木棺等，对文物上的铭文首次进行了系统汇集、转写和释读，在此基础上对文物和铭文涉及的具体学术问题，如来世观念、仪式、墓葬文学、天文知识等做了非常深入的研究，提出了富有启发性的看法。⑤ 这部著作

---

① 李毅铭：《丝路开通之初帕提亚帝国境内的东西交通路线》，《中国历史地理论丛》2021年第1辑。
② 龙沛：《帕提亚帝国"希腊化王朝论"商榷》，《古代文明》2021年第2期。
③ 冀开运、杨晨颖：《公元5至6世纪波斯与中国在丝绸之路上的关系探析》，《内蒙古民族大学学报》2021年第2期。
④ 郭丹彤主编：《古代埃及新王国时期经济文献译注》，上海：中西书局，2021年。
⑤ 颜海英：《中国收藏的古埃及文物》，北京：中国社会科学出版社，2021年，第144—157页。

的价值，不仅在于作者对中国收藏的古埃及文物做了系统整理和研究，并以此为基础与世界其他博物馆收藏的同类文物进行比较研究，表明即使在埃及学这样传统上由西方学者垄断的领域，中国学者仍可以做出独特的、富有开创性的成果。

《历史教学》2021年第16期发表了金寿福、郭丹彤和郭子林关于古埃及文明的专题文章，分别论及埃及统一国家形成的进程、埃及文明对外来文明的态度以及埃及人对过去的看法。金寿福认为，埃及统一国家的形成经历了希拉康波利斯、涅伽达和阿比多斯阶段。一方面，该文注意到希拉康波利斯到阿比多斯地区统一埃及的自然地理条件：那里尼罗河河谷较宽，有更多的可耕地，古王国选择孟菲斯为都，在于其能够控制上下埃及的战略位置。另一方面，该文未将埃及国家的统一归于某个单一因素，而是突出陶器生产、贸易和精英阶级意识形态传播等多种因素的作用。也就是说，促使国家实现统一的，终归是在多种条件制约下人的活动。① 这种综合性考量，或许能够更好地解释某些地区缘何出现国家，以及何以在特定时刻出现国家，为国家和文明起源研究提供很多有益的启发。郭丹彤承认古代埃及人对外族存在某种偏见或敌意，但他们也乐意接纳外族，吸收外来物质文化、神灵及其他遗产，因此"对外来文化的接纳和包容是埃及文明兴盛的原因之一；反之，当埃及人丧失了对外来文明的接纳和包容能力，古代埃及文明距离衰落直至消亡也就不远了"。② 郭子林从古代埃及何以未能写出自己的历史入手，揭示了宗教对古埃及文明延续的不利影响。2000多个神让古埃及人有理由把所有成就都归于神，贬低或者轻视人类的功业，眼睛也盯着来世，"不够重视现实生活，自然不关注真实的历史，不借鉴历史，不研究历史，不书写历史"。③

---

① 金寿福：《古埃及最早领土国家形成的路径》，《历史教学》2021年第16期。
② 郭丹彤：《古代埃及文明的包容性》，《历史教学》2021年第16期，第5页。
③ 郭子林：《古埃及：一个不重视历史的文明》，《历史教学》2021年第16期，第11页。

古代埃及王权及其表达是 2021 年研究的重点。除前文已介绍的金寿福论文外，还有多篇文章不同程度地触及王权形象及其表达。薛江和颜海英综合考察了史前时期埃及墓葬的壁画、陶器和其他文物，在复原和细致分析希拉康波利斯 100 号墓壁画的基础上，认为它的主题可能是某个不知名国王的葬礼，王权最重要的象征之一塞德节场景，也在壁画中出现过。他们还注意到，在同一时期的其他文物上也出现过类似场景，因而"100 号墓中的每个图像的基本象征意义，不仅与同时期的陶器图案互相印证，而且延续到后来标准化的艺术甚至文字中"。"在追求永生的信仰之下，在国家形成之前，王权以图像的形式，最直观地表达了出来"。[1] 黄庆娇具体研究希拉康波利斯 100 号墓中壁画所表现的暴力图景，对其中一位手持棍棒、与众不同的大人物进行了分析，认为该幅画像意在表达对动物和人的征服，画中他对动物和人类的击打，表达了早期埃及人对国家、王权的认识，即权力与暴力紧密相关。她还证明，希拉康波利斯的图像，成为统一时代埃及王权表达的基本范式。[2] 上述研究，反映了早期埃及王权起源和发展过程中意识形态宣传的重要作用，也说明古代埃及王权早在史前就出现萌芽，到文明时代已相当成熟。郭丹彤、王晗从波斯国王、埃及官吏和普通平民三个层面揭示了波斯君主在埃及的形象及其特点，认为此前埃及统治者竭力因循埃及古老传统，更替和丰富王权理念。但波斯的统治，在普通民众难以把握相对遥远的波斯皇帝形象的同时，造成了埃及法老形象的复杂化：世界上最高的统治者变成了波斯皇帝，埃及法老不过是波斯皇帝众多头衔之一，而且不是最重要的，从而严重冲击了传统的埃及王权理念，一定程度上造成了埃及文明的断层，使埃及文明从

---

[1] 薛江、颜海英：《古埃及前王朝时期的王权表达》，《美术大观》2021 年第 11 期，第 32—33 页。
[2] 黄庆娇：《图写权力：希拉康波利斯第 100 号壁画墓的"暴力"图像研究》，《世界美术》2021 年第 1 期。

此步入衰退期。① 不过，波斯国王似乎很少自称皇帝，最多自称天下四方之王。作者所以改称皇帝，或许是为了与埃及法老的传统称号区别。

杨熹、郭丹彤指出谷物税在保证埃及财政收入的同时，也体现了国家治理从中央到地方纵向管理的倾向，从谷物税的角度验证了古代埃及专制和统一的程度。② 刘金虎根据古代埃及文献，按时序梳理了古代埃及与努比亚的关系，以及埃及文明与努比亚文明的交流融合。③ 田明和苏玉雪较为强调古代埃及和阿克苏姆之间的交往及其与地中海贸易的联系，并将两者之间的经贸往来视为东地中海贸易圈的一部分。④ 杨熹认为，古代埃及职业教育具有构建文化记忆与身份认同、延续文化传统的重要功能。⑤ 郭丹彤的看法与杨熹类似，她将古代埃及教育划分为书吏、高级人才和学徒三类，将书吏和医生等高级人才的培养归于职业教育。⑥

古代埃及宗教和文化受到特别关注。南树华汇集了奥西里斯神在埃及拥有的40余个头衔，并对每个头衔作了概要说明。他认为，头衔昭示了奥西里斯作为"普世信仰之神"的重要地位，埃及人对这位神灵的广泛崇拜，以及神灵化身和属性的多样，都强化了奥西里斯死而复活、无所不容的能力。⑦ 郭丹彤、陈嘉琪以埃及的各类书信为研究材料，探讨书信所反映的玛阿特的多重面相，侧重这一观念的正义与仁慈、服务与遵从、和谐与责任等内容，书信也成为展现古埃及人

---

① 郭丹彤、王晗：《波斯统治时期的埃及王权形象》，《史林》2021年第6期。
② 杨熹、郭丹彤：《法老时代埃及谷物税研究》，《历史教学问题》2021年第4期。
③ 刘金虎：《试论史前时代至新王国时期古代埃及与努比亚地区的交往》，《杭州师范大学学报》2021年第1期。
④ 田明、苏玉雪：《古埃及与阿克苏姆的文明交往》，《内蒙古民族大学学报》2021年第1期。
⑤ 杨熹：《文化记忆视阈下的古代埃及职业教育》，《内蒙古民族大学学报》2021年第1期。
⑥ 郭丹彤：《从书吏到工匠：古代埃及的职业培训教育》，《光明日报》2021年3月29日，第14版。
⑦ 南树华：《古代埃及奥西里斯的头衔整理及研究》，《内蒙古民族大学学报》2021年第3期。

宇宙观念、思维方式的载体。① 陈嘉琪提出一个重要问题：埃赫那吞改革后，王权和神权如何相互协调。中国学界对这个问题重视不够，似乎埃赫那吞死后，神权基本掌控政权，然而实际上，法老依旧在台前活动。陈嘉琪对第三中间期阿蒙贞女的产生和作用的分析表明，古代埃及后期，王权和底比斯的神权并不和谐，国王面对神权并非毫无作为。② 颜海英探讨古代埃及尤其是古希腊罗马时代神庙流传的神秘知识，特别是仪式指南、《努特之书》和《法雍之书》等文献在传承古埃及传统知识和文化进程中的作用。③ 王思杰试图证明，古代埃及的宗教信仰尤其是埃赫那吞宗教改革，深刻影响了希伯来人的所谓摩西律法。④ 不可否认的是，希伯来人曾生活在埃及，受到埃及文明影响，但犹太教教义与埃赫那吞宗教观念相似，并不必然意味着前者受到后者的启发和影响。要证明希伯来一神教及其主张来自埃及，需要直接证据。

此外，古埃及贝斯神崇拜、神猫、宗教仪式中的"洁净"观念、服饰变化及其表达的审美观念等，也受到学者注意。杜雪婷梳理了古埃及贝斯神信仰，指出随着王朝更替，其职能也随形象的变化以及与古埃及其他神祇相互交融而变化，其崇拜符合古埃及人尤其是埃及社会侏儒群体的日常生产生活需求。⑤ 贾妍从大英博物馆收藏的两件青铜小像入手，对古埃及艺术中"神猫"造像的两类基本范式进行了分类解析，同时结合文献记载与考古遗存，从图像特征与精神内涵两方面探析了贝斯特信仰所体现的法老时代晚期的文化风貌。⑥ 马智博从

---

① 郭丹彤、陈嘉琪：《古代埃及书信中的玛阿特观念》，《世界历史评论》2021年第4期。
② 陈嘉琪：《古代埃及阿蒙贞女研究》，《外国问题研究》2021年第3期。
③ 颜海英：《古埃及神庙中的"秘传"知识》，《杭州师范大学学报》2021年第1期。
④ 王思杰：《古埃及宗教对希伯来信仰与律法的塑造》，梁工主编：《圣经文学研究》第23辑，北京：宗教文化出版社，2021年，第244—274页。
⑤ 杜雪婷：《古埃及贝斯神崇拜》，《外国问题研究》2021年第4期。
⑥ 贾妍：《神猫：古埃及艺术与信仰中的贝斯特形象探析》，《美术大观》2021年第7期。

与"洁净"相关的仪式文本入手,分析洁净仪式的内容、功能及其在古埃及宗教体系中的地位,指出随着宗教实践与表达的变化,"洁净"作为来生信仰的一部分,其观念也随之不断扩充,呈现出丰富的宗教内涵。① 金继宏和李晓东梳理了古埃及神庙、陵墓等墙壁浮雕与壁画中展现的古埃及服饰特点及其变革,认为古埃及服饰体现出融天地思想、神话故事、神秘传说与人生观念于一体的艺术追求。②

古代印度史研究相当冷清,研究内容多与印度对外文化交流有关。周利群根据《大唐西域记》和印度佛经《往事书》等,对佛经有关印度地形的划分作了较深入的分析和讨论,认为玄奘将印度划分为东、南、西、北、中五个部分的理论,以恒河谷地为印度中心,与古代印度佛教和其他宗教文献大体协调。他接着分析了古代印度的四洲、七洲和九洲等关于世界地理构造的理论,认为基本符合印度人的天文地理知识体系及其想象,但在向中国传播过程中,中国仅仅接受了"四洲说",并且将河南登封作为天下之中心,反映了两大古代文明的相互竞争。③ 这篇文章因大量利用了佛经材料,而且涉及中印文明交流和文化传播中的变异,有较重要的学术价值。

## （四）古希腊史研究

2021年,古希腊史研究成果仍然是世界古代史各领域中最多的,包括7部著作和50篇左右的论文,有概论性的总体阐述,也有不少专题讨论,政治史明显减少,思想文化史显著增加。

资料建设方面,有3部译著值得一提,分别是刘皓明翻译的品达《竞技赛会庆胜赞歌集》、刘玮编译的亚里士多德《论动物的运动》

---

① 马智博:《神圣、复活与秩序——古埃及宗教仪式中的"洁净"及其相关观念》,《外国问题研究》2021年第2期。
② 金继宏、李晓东:《古埃及服饰历史变迁中的审美意识》,《文艺争鸣》2021年第5期。
③ 周利群:《佛教文献中记载的古代印度大地区划》,《世界历史评论》2021年第4期。

和陈玮翻译的亚里士多德《论灵魂》,都采用了希腊语和汉语对照的形式,既便利普通读者,也可供专业研究者使用。① 虽然亚里士多德的著述大多已有中译本,但这两部新译著带有明显研究性质,不仅有版本交代,而且附有注释,《论动物的运动》还附有长篇研究性导论,详尽讨论了该书的写作、结构以及当代学术研究中的相关问题。品达的诗歌则是首次被译成中文,颇具学术性。② 这部译作是继张巍译注特奥格尼斯、王扬译注《古希腊抒情诗集》之后,中国学界又一次直接接触古希腊另一位知名诗人的原文和中文译本,对资料建设具有重要意义。

吴晓群采用"通史的观照、专题的写法",在注意时序性的同时,按照不同专题阐述古希腊思想与文化的不同方面,将思想和文化的发展置于适当的历史背景之下。对于一些具体问题,如古希腊城邦政治的特点、史学的发展、艺术的产生和演变等,作者不乏见解。对于多中心的希腊来说,这样的处理自有合理性,但正如莫米利亚诺在评论布克哈特时所说,古希腊地域的广泛性和城邦国家的独立性及多样性,让概括变得相当艰难。③ 这样看来,我们或许更需要"复数形态"的希腊思想和文化。黄洋和晏绍祥修订再版了《希腊史研究入门》。该书的意图不是系统叙述古希腊历史,而是给有兴趣的读者提供研究基础,因而在第一章概述古希腊史的发展后,接着是对古希腊史主要资料和学术史的介绍;第四章在前三章基础上,对热点研究领域,如城邦的兴起、荷马社会研究、东方的影响等问题,作更充分和深入的评析;第五章介绍相关工具书、原始资料、主要期刊和网络资源。④ 这类书存在它自身无法克服的困境:作为研究入门,当写作完

---

① 品达:《竞技赛会庆胜赞歌集》,刘皓明译,北京:北京大学出版社,2021年。
② 亚里士多德:《论动物的运动》,奥利弗·普利马维你等编,刘玮编译,北京:北京大学出版社,2021年;《论灵魂》,陈玮译,北京:北京大学出版社,2021年。
③ 吴晓群:《希腊思想与文化》,北京:中信出版社,2021年。
④ 黄洋、晏绍祥:《希腊史研究入门》,北京:北京大学出版社,2021年。

成之时，或许就面临部分内容过时的窘境，因为学术一直在发展，新的热点不断出现。另外，对相关学术史和热点的评述，无论怎么全面，都无法避免选择性，进而忽略某些专题。如对学术史的介绍，与中外学者丰硕的成果比较，被省略的必然是绝大多数；如对雅典民主政治研究有较为充分的介绍，对斯巴达和其他城邦的研究则只能割爱。

"修昔底德陷阱"和伯罗奔尼撒战争仍然引起学者的兴趣。艾利森《注定一战：中美能避免修昔底德陷阱吗？》中译本的出版，尤其是美国总统特朗普任上发动的中美贸易战，以及中美博弈的背景下，使"修昔底德陷阱"成为热门话题，雅典和斯巴达的关系也成为被反复研究的主题。2018—2020年，中国学者，尤其是国际关系学者，就此发表了大量论文。但这些论述大多基于当今形势解读修昔底德，缺少对修昔底德著作和古希腊史的充分理解，甚至连艾利森的基本史实错误也一并承袭下来。

2021年，国际关系学者开始较多关注世界古代史的研究成果，并试图引入中国历史的理论资源。如胡键一方面否认"修昔底德陷阱"的适用性，另一方面借助杜牧的理论，认为大国冲突的根本原因在内部。① 虽然作者思路总体正确，将外交视为内政的延续，希望从内部挖掘对外政策的根源，但如果将两国冲突的原因完全归于内部，恐怕有违历史现实：任何一个国家，都并非独存于世界，对外政策不可避免地受到外界影响。此外，于少龙试图否认瘟疫对伯罗奔尼撒战争最终结局的影响。② 的确，这提醒我们雅典人没有被瘟疫压倒，是对过于强调瘟疫影响的修昔底德叙事的有益纠偏。但要将瘟疫及其影响从影响战争结局的因素中剔除也不尽合理，瘟疫以及长期战争造成的人力短缺，至少迫使雅典人在公元前406年解放部分奴隶充任水

---

① 胡键：《大国成长的困惑："修昔底德陷阱"还是"杜牧陷阱"》，《社会科学》2021年第2期。
② 于少龙：《瘟疫对伯罗奔尼撒战争的影响探析》，《保定学院学报》2021年第2期。

手,而羊河之战后雅典人的败北,除财政枯竭外,也与人力彻底枯竭有关。

胡传胜概要介绍了古希腊修辞术演说技巧、说服—论证和话语分析的三重含义,强调城邦是一个言辞共同体,围绕公共政策的辩论构成修辞术的基本语境。虽然他意识到修辞术的起源非常古老,而且恰当地指出希腊城邦政治与修辞术的关系,但仍将修辞术的产生和繁荣与雅典联系起来,多少有忽视西西里或其他城邦的倾向。尽管资料限制使有关修辞术的讨论只能集中在雅典,但如作者本人意识到的,古希腊城邦政治需要演说术,许多人包括普通公民都具有一定演说能力,因而这样的讨论难逃雅典中心论嫌疑。[①] 王志超、黄晓博强调,泛希腊主义不仅突出希腊人城邦自治和自由的一面,也包含征服的一面,是强大的城邦控制其他城邦的工具。自由与征服两个面相既共生又冲突。他特别提及底比斯的表现:一方面利用自由、自治反对《大王和约》与斯巴达的霸权,另一方面却利用所谓"自由"实现对比奥提亚的征服,尽管征服隐藏在所谓的自治面纱之后。[②]

对古代希腊罗马经济的兴趣,自芬利《古代经济》出版以来,在西方学术界一直热度不减。20 世纪 80—90 年代,国内对古希腊社会经济史有不少讨论,但进入 21 世纪后,学界的兴趣似乎有所下降。陈思伟分析了古希腊罗马周航记的功能。一般认为,这类著作是供海员使用的指南,因为它记录了航海途中的风土人情,以及不同地区之间的距离和航行时间。但该文在讨论周航记一类作品的行文风格和内容后,认为它们的主要内容不适用于航海,并在与中世纪欧洲类似著作比较后,指出这类著述可能是作者写作历史前搜集的资料,旅行者

---

[①] 胡传胜:《公共辩论的技艺:古希腊政治生活中的修辞术》,《东南大学学报》2021 年第 6 期。相关论述参见晏绍祥:《演说家与希腊城邦政治》,《历史研究》2006 年第 6 期。
[②] 王志超、黄晓博:《试析古典泛希腊主义的两种面相》,《外国问题研究》2021 年第 1 期。

和商人可以将其当作旅行和购物指南。作者还证明，在古代航行于地中海的船只上的确有大量游客，并且他们在出发前会设法获得一本周航记之类的书。① 也就是说，古希腊人也许并不如一贯认为的那么闭塞。

自社会史兴起，女性的社会地位一直受到不同程度关注。21世纪以来，中国学者也开始关注古希腊社会的女性。黄建通过分析古希腊的婚姻仪式及其公共性，试图界定婚礼在家庭、城邦和个人之间的纽带作用，指出婚姻意味着城邦的延续和新合法公民来源的确认，由此决定了订婚和结婚仪式的公开性。② 谢芝芹讨论了雅典社会的杀婴现象及其背后的社会、城邦和个体因素。③

雅典仍然受到最多注意，多篇论文与之相关。王恒试图为阿克比亚德斯（王文称为亚西比德）辩驳，认为伯里克利的战略无法帮助希腊取得与斯巴达之战的平局。作者借用修昔底德的理论，指出阿克比亚德斯促使雅典与阿尔戈斯等联盟，以及发动西西里远征，是雅典寻求战争胜利的必要变通之举，而远征失败的原因在于雅典内部的斗争和放逐阿克比亚德斯。④ 如果我们相信修昔底德，或许事实正是如此。不过，修昔底德的判断是否一定是对的，有待更深入讨论。杨光明认为，帝国时期，雅典把古希腊传统的外交代理人制度转变为控制帝国的工具。他根据希罗多德的记载和铭文史料，详细讨论了雅典最初的两位外交代理人，接着分析了雅典帝国代理人制度的起源和发展，指出其特殊性在于：由于雅典代理人在维护帝国统治、镇压盟邦叛变中具有重要作用，地位远超其他城邦代理人，同时也受雅典特殊保护。在许多城邦，他们被视为与雅典公民具有同等地位的人，侵犯代理人

---

① 陈思伟：《古代希腊罗马的周航记及其功用》，《史学集刊》2021年第1期。
② 黄建：《古希腊婚礼仪式及其社会文化意蕴》，《学术研究》2021年第10期。
③ 谢芝芹：《试论古代雅典社会的杀婴现象》，《历史教学》2021年第6期。
④ 王恒：《柏拉图、亚西比德与雅典帝国问题》，张志铭主编：《师大法学》第7辑，北京：法律出版社，2021年，第3—27页。

者会被处以巨额罚款甚至处死。雅典人利用希腊这项传统制度，给统治披上合法外衣，输出文化和意识形态。① 陈克关于德尔菲外邦代理人礼仪性的讨论，从另一个方面说明了雅典外邦代理人的特殊性。②

戴晖从法学视角讨论梭伦法权思想，认为其思想契合了生产力提高带来的城邦关系的变化，重新诠释了神与人的关系。③ 这一点或许是正确的，但他将梭伦视为整个希腊的代表，甚至认为梭伦法权思想能够规范古希腊人的居住方式，乃至于澄清对财产和荣誉的要求，恐怕言过其实。毕竟梭伦只是雅典政治家，他的观念或许会对希腊人产生影响（对此缺乏直接证据），但他的立法肯定只能影响雅典，是否能规范希腊人的居住方式，还有待证明。赵云龙主要关注雅典的志愿公诉制度，将该制度上溯到梭伦时代，但认为直到公元前5世纪中期埃菲阿尔特改革后，公诉制度才走向成熟，并且把志愿诉讼制度的发展与雅典对帝国的统治联系起来，还批评志愿诉讼制度后来造成多起冤假错案。④ 但志愿诉讼更多与古代城邦缺乏成熟的司法制度以及民主政治发展有关，与雅典对帝国的统治未必有非常密切的关系。至少从赵文提供的志愿诉讼的类型如离任审计、告发和非法法令指控看，诉讼的主要对象是雅典官员和演说家，而非帝国内的反叛人员，所以志愿诉讼与帝国统治之间的联系非常微弱，也缺乏相关案例。

邢颖运用文化记忆理论，在复原雅典广场柱廊4幅画作的基础上，从仪式空间和宗教活动入手，尝试论证画廊不仅是雅典人的节日空间，还是雅典城邦历史的记忆之场，传达着雅典民主政治的合法性。因为那里是雅典人日常活动场所，展示着雅典人历史上取得的四次重要胜

---

① 杨光明：《外交代理人与雅典帝国的兴衰》，《历史教学》2021年第24期。
② 陈克：《论德尔菲外邦代理人制的礼仪性》，《古代文明》2021年第2期。
③ 戴晖：《梭伦的法权思想——缪斯智慧中的公正》，王杰主编：《马克思主义美学研究》第23卷，上海：上海人民出版社，2021年，第383-391页。
④ 赵云龙：《试论古代雅典志愿公诉制度》，《内蒙古大学学报》2021年第3期；《试论古代雅典"sycophant"的含义》，《内蒙古大学学报》2021年第5期。

利的画作,承担着雅典战争胜利纪念馆的功能:雅典人的历史记忆被展现于画面之上,核心主题是民主的雅典得到女神保护,并在统一阿提卡后击败内外各方敌人,成为希腊人的领袖。① 晏绍祥关注雅典国葬典礼演说仪式及其所反映的政治变迁。他详细分析了现存的 5 篇演说,发现在伯里克利时代,演说关注帝国及其统治,但从公元前 4 世纪开始,随着雅典从霸主演变为挑战者,演说中雅典也从帝国统治者变成了希腊人自由的维护者。与此同时,葬礼演说赞颂的主角,也从伯里克利时代的公民群体,变成叙佩莱伊德斯口中的雅典将军。主角的变化,反映的是希腊城邦公民集体在公元前 4 世纪的危机和瓦解。②

李宏伟更多地注意到公元前 4 世纪雅典的内外政策,以吕西亚斯的演说为基本材料,通过分析伯罗奔尼撒战争失败到民主政治恢复期间几个关键事件的不同版本,试图证明吕西亚斯诉讼演说中有选择性地遗忘和回忆,构建起一个统一的民主意识形态,成功化解了雅典内部冲突,维持民主政治在公元前 4 世纪的稳定。③ 这篇文章运用历史记忆理论,在法庭演说和城邦政治之间建立起有机联系,为演说词和历史研究提供诸多有益启发。贾文言从公元前 4 世纪初雅典和底比斯的对外政策入手,分析雅典如何在实力不足的情况下,利用底比斯、斯巴达和波斯等复杂关系,逐步实现重回城邦世界舞台中心的目标。④

祝宏俊集中讨论斯巴达社会经济史,对诸多问题进行了完善和充实。例如,在美塞尼亚战争问题上,他认为,文献中所谓的第一次美塞尼亚战争并不存在,因为斯巴达人对美塞尼亚的征服,早在公元前 740 年之前就已开始,所谓征服也并不完整;第二次美塞尼

---

① 邢颖:《古典时代雅典的节日空间与历史记忆——以雅典绘画柱廊为核心的探讨》,《殷都学刊》2021 年第 3 期。
② 晏绍祥:《古典时代雅典国葬典礼演说与城邦形象建构》,《社会科学战线》2021 年第 5 期。
③ 李宏伟:《记忆、历史与遗忘:古典大赦与吕西阿斯的修辞策略》,《世界历史》2021 年第 4 期。
④ 贾文言:《公元前 4 世纪初底比斯对雅典的外交政策论析》,《西华师范大学学报》2021 年第 1 期。

亚战争，很可能是第一次美塞尼亚战争的延续，所以两次战争都属于斯巴达的征服活动。如果说两次战争真的存在，那也不过是200多年征服活动中的两次高潮。对黑劳士的处境，他认为，在第三次美塞尼亚战争前他们更像分成制下的农民，但第三次美塞尼亚战争后，尤其到公元前4世纪初，黑劳士的地位逐步下降，最终形成所谓的古典黑劳士制度。① 作者的最终目标是挑战斯巴达为所谓极权主义国家的理论。该书最值得肯定之处，在于它试图打破对斯巴达社会数百年一贯的刻板印象，强调在历史长河中斯巴达各项制度因应形势不断变化的特点。此外，晏绍祥论及古希腊城邦如何培育合格公民的问题。②

古希腊史学史在2021年受到特殊关注。杨共乐从古典文本入手，通过分析希罗多德、修昔底德和波利比乌斯对各自作品的界定，认为希罗多德使用的ιστορία，修昔底德的συγγράφω和波利比乌斯的ιστορία三个术语，并不能简单地都等同于现代观念的"历史"，而是各有含义。希罗多德的ιστορία强调"探研究诘"；修昔底德的συγγράφω偏向整理、搜集和书写，重在亲身经历，由此决定了两人书写方式和风格的不同；波利比乌斯则吸收融合了两者的观念与风格，并据此对历史学的功能作出界定，也对历史研究者提出了要求。所以，西方史学并非"同源一流，而是多元并存"。③ 张绪强评述了"口头传统"理论对荷马和早期希腊史研究的贡献，指出该理论使我们注意到表演在早期希腊文化中的作用，也有助于理解梭伦作为立法家和诗人的双重角色。④

---

① 祝宏俊：《古代斯巴达经济社会史研究》，北京：中国社会科学出版社，2021年。
② 晏绍祥：《古希腊城邦的公民教育》，《光明日报》2021年3月29日，第14版。
③ 杨共乐：《西方古代史学源流辨析》，《史学史研究》2021年第3期。
④ 张绪强：《从荷马到梭伦："口头传统"理论在早期希腊历史研究中的运用》，杨共乐主编：《史学理论与史学史学刊》第24卷，北京：社会科学文献出版社，2021年，第171—187页；《"口头传统"理论与荷马研究》，《西南大学学报》2021年第5期。

吕厚量以一部专著探讨古希腊史学中帝国形象的变迁。该书关心的不是帝国兴衰、制度和治理，而是解释帝国形象在古希腊史学发展中的"变"与"不变"。对希腊人来说，"波斯帝国是希腊古典时期最重要的对外交往对象之一"，是希腊文明参照的"他者"。自公元前2世纪后，罗马帝国是"后期希腊史家关注的重点和地中海世界整体史的载体"。因此，"波斯与罗马构成了古希腊史学中最重要的两大帝国形象"。[①] 根据两大帝国与希腊的关系，作者确定了两个主题：有关波斯的部分，关注希腊人反应中的所谓东方主义倾向；有关罗马帝国形象的讨论，则着眼于希腊人文化上的调整和适应。无论是资料处理，还是分析方法和学术观点，该书都有诸多可取之处。作者发表的有关演说家阿里斯泰德历史观的讨论，[②] 是对该书的有益补充。期待作者能够在未来就希腊人关于雅典帝国、马其顿亚历山大帝国的形象进行讨论，也期待他能够把哲学家、文学家笔下的帝国形象与史学家的帝国形象进行比较，进而构建一幅希腊人帝国观的整体画面。

张新刚的《古希腊思想通识课：希罗多德篇》是他在北京大学经典阅读课讲义基础上完成的，作者希望解决现代人如何进入经典的问题。他选择了与希罗多德及其著作相关的12个主题，如习俗的力量、幸福、埃及、政体辩论、雅典和斯巴达等，分别讨论希罗多德相关问题的不同方面。对这些问题的选择以及解读，不仅充分体现了作者对希罗多德的理解以及对当今学术动态的把握，还从不同方面为如何理解希罗多德提供了启发。[③] 郭涛借用文学批评，通过剖析希罗多德关于雅典史前史的书写，证明希罗多德不是有闻必录。相反，他的著作是精心构思的作品，并且经过特殊的选择。据此，他进一步推论，希罗

---

① 吕厚量：《古希腊史学中帝国形象的演变研究》，北京：中国社会科学出版社，2021年，第4页。
② 吕厚量：《埃利乌斯·阿里斯泰德与2世纪希腊知识精英的历史观》，《历史研究》2021年第5期。
③ 张新刚：《古希腊思想通识课：希罗多德篇》，长沙：湖南人民出版社，2021年。

多德通过对埃及文明古老的申述，对皮拉斯基人作为雅典祖先野蛮性的描绘，以及对所谓雅典乃至伊奥尼亚人祖先说法的批评，构建雅典"史前史"。而该史前史，在很多方面与伯里克利时代雅典人的说法冲突，因而希罗多德有意对公元前5世纪雅典人的"土生人"神话以及视外邦人为蛮族的观念提出批评和挑战。① 这种对文本的新解释相当精巧和出人意料，对我们理解希罗多德富有启发，但如此理解希罗多德，是否也有从字里行间寻求新意的嫌疑，将古人没有的思想赋予古人？

中国学者对希罗多德的推崇，并没有完全剥夺修昔底德的荣耀。陈莹雪并不直接研究修昔底德本身，而是借助修昔底德的名义，讨论近代希腊的古希腊史研究如何塑造希腊民族认同。她整理了希腊独立战争前后希腊人关于古代希腊史的研究和书写材料，评估了古希腊历史在基础教育中的作用，梳理了希腊人关于希波战争、马其顿征服等重大事件的记忆和改造，为希腊独立战争的发生与民族认同提供了历史的背景。② 该书涉及从荷马到德摩斯梯尼等古代作家的作品在近代希腊流传的情况，资料扎实，广泛运用西方学者的成果，再现古代历史如何为近代希腊独立提供合法性的细节，弥补了古典传统研究中一个非常重要的缺环。

古希腊宗教和竞技研究近年有走热趋势。魏凤莲经过多年研究和拓展，写出了关于狄奥尼索斯崇拜的专著。该书不仅在时间和空间上大大扩展，而且借用跨文化视角从地中海世界的背景讨论狄奥尼索斯崇拜的起源，并将视野延伸到罗马时代及其以后。对于狄奥尼索斯崇拜何以在古代如此广泛流行，该书有更深入和广泛的探讨，把狄奥尼索斯从相对模糊的平民神，转变成一个几乎囊括城邦生活所有方面的"全方位的神"。该书不仅探讨了研究希腊神灵常见的问题，如神灵的起源、演变、仪式等，更重要的是提供了狄奥尼索斯作为城邦神灵的

---

① 郭涛：《希罗多德与雅典"史前史"的书写》，《世界历史》2021年第4期。
② 陈莹雪：《修昔底德的苏醒：古史写作与希腊民族认同转型》，北京：商务印书馆，2020年。

多面职能：他最初是植物神，到古风和古典时代成为酒神，同时还是秘仪之神、狂欢之神、戏剧之神和城邦之神。魏凤莲的著作，"有助于我们突破'酒神'崇拜的局限，把希腊人对狄奥尼索斯崇拜的理解提升到一个新的层次"。①

曾紫来从瘟疫入手观察古希腊人对宗教的认识，指出瘟疫是古希腊社会的常见现象，人们一般将瘟疫的发生归于神灵，但到古典时代，随着理性主义兴起，至少在修昔底德和希波克拉底派的作品中，瘟疫与神的联系被剥离。但大多数人并未达到如此高度，他们在短暂怀疑神灵和及时行乐后，仍回归到传统崇拜中，由此导致阿斯克勒庇俄斯崇拜的流行。② 这篇文章一定程度上纠正了雅典自大瘟疫之后道德风气日益败坏、宗教崩解的观念，并为医神崇拜的流行提供了较为合理的解释。

竞技本是希腊人祭祀神灵的组成部分，从荷马时代就已如此，不过相关文献不多，考古和瓶画资料显得相当重要。在唐晓义看来，瓶画上出现神祇直接参与竞技的场面不多，很多时候它是作为裁决者或胜利桂冠授予者出现。他还注意到"泛雅典娜节"奖品上雅典娜女神和作为竞技者出现的普通人图像的样态。③

崔丽娜通过分析亚历山大大帝钱币在希腊化世界的发展和演变，发现亚历山大在远征过程中发行的钱币在希腊化各国广泛使用，既便利了各国往来，也是希腊各国统治者确立权力合法性的重要象征，因此，是否使用亚历山大钱币，在某种程度上表达着统治者的态度，也体现了希腊化世界的基本特征。④ 陈群志论及早期古希腊人的时间观

---

① 魏凤莲：《跨文化视野下的狄奥尼索斯崇拜研究》，北京：科学出版社，2021年，第 iii 页。
② 曾紫来：《宗教视野下古希腊人对瘟疫的认识变化初探》，《南开史学》2021年第1期。
③ 唐晓义：《古希腊瓶画中的神祇与竞技》，《浙江体育科学》2021年第5期；《"泛雅典娜节"体育赛会奖品图像研究》，《体育科技》2021年第4期。
④ 崔丽娜：《定义希腊化世界：亚历山大型钱币的出现和传播》，刘新成主编：《全球史评论》第19辑，北京：中国社会科学出版社，2020年，第81—93页。

念，认为荷马虽然没有具体年、月、日的概念，但从万物的生长消亡、人类的死亡以及神灵的不朽中，产生了朴素的时间观念。赫西奥德和俄耳甫斯教神谱系统通过叙述神话，初步建构起宇宙秩序，确定了人类的起源及其在宇宙中的地位，具备了初步时间观念。① 白春晓勾勒出古希腊人大地中心观念从早期到希腊化时代的变化，指出该观念与希腊人对世界的认识紧密相关。② 陈思伟考察了希腊罗马人对曼德海峡的认知，进而探索古希腊罗马时代学人对曼德海峡的书写，以及古典时代地理学的一般特征。莫米利亚诺认为，希腊人对他者文化的认知偏于理论和想象，罗马人更注重实用。但陈思伟认为，对于那些偏远地区，他们的写作大多是道听途说，远没有那么可靠。③

## （五）古代罗马史研究

罗马史领域在2021年有两部著作推出，关于帝国时代和古典晚期的论文有所增加，显示了中国学界对古代罗马越来越浓厚的兴趣，也暗示学界的重心越来越多地转向资料更丰富的帝国时代。

李筠的《罗马史纲：超大规模共同体的兴衰》不是一般历史学意义上的罗马史。该书按时间顺序将罗马历史分为王制时代、共和时代和帝国时代，而且每个部分大致按年代顺序讨论罗马各时期面对的问题及其应对，它属于政治学家心目中的罗马史，即政治家可以从罗马国家发展历程中总结经验教训的历史。李筠不是概要叙述罗马历史的框架，而是讨论如何治理超大规模共同体，用他的话说，"史纲不是纯粹的简明史或极简史，浮皮潦草地看个热闹。它是用鲜明的框架和逻辑，抓住历史演进当中重要的节点，讲一套完整的'大逻辑'，历

---

① 陈群志：《古代希腊早期文明中的"时间"构想——从荷马时期到古风时期的理路变迁》，《浙江学刊》2021年第5期。
② 白春晓：《古希腊文明视域下的"世界中心"：一项观念史考察》，《世界历史评论》2021年第4期。
③ 陈思伟：《曼德海峡与古希腊罗马地理知识的传承》，《中国历史地理论丛》2021年第4辑。

史是药引子,大逻辑才是真见识。'史'是素材,'纲'是逻辑。透过对历史素材的解析,最终要呈现的是一套西方文明的大逻辑"。①但从总体上看,该书有为了治国的"大逻辑"而强解历史之嫌。虽然如此,对那些想从罗马历史上寻求治国安邦之道的读者,该书提出了诸多有趣且不乏启发的想法,值得一读。

刘津瑜概述了罗马历史、史料、学术史和重点学术问题以及罗马史研究关键词和学术资源。② 作者对国际学术界的最新进展耳熟能详,字里行间体现了对学术前沿和历史叙述之间平衡的把握。即使在第一章的罗马史概述中,也有不少内容能够体现最新的研究进展。附录二列举的线上线下学术资源,在本版中有相当大的扩充,几乎涉及罗马史研究所有领域,既包括各类工具书、辞典,也包括铭文集、图片资料、语言教育等方面的主要资料目录和网址,充分体现了作者对国际学术前沿的把握。对任何希望进一步了解和研究罗马史的读者,该书都会提供程度不等的帮助。

罗马共和国史在 2021 年比较冷清。杨之涵讨论了耳熟能详的罗马共和国混合政体问题,指出在波利比乌斯看来,混合政体实际存在机械混合与有机混合之分,斯巴达的机械性混合政体可以保持稳定,但无法统治帝国;罗马有机性混合政体的优越性在于对内保证政体稳定,对外则可以扩张并有效统治帝国。③ 蔡丽娟与钟典晏从收养制度层面探索共和国时代显贵长期垄断权力的原因,认为收养在保证家族延续的同时,还是显贵建立政治和社会同盟,继续左右共和国政治的重要手段。④ 王忠孝系统梳理了罗马人地理知识的扩展与罗马征服战

---

① 李筠:《罗马史纲:超大规模共同体的兴衰》,长沙:岳麓书社,2021 年,"前言",第 4 页。
② 刘津瑜:《罗马史研究入门》,北京:北京大学出版社,2021 年。
③ 杨之涵:《罗马混合政体的优良性探析——波利比乌斯〈通史〉读书笔记》,《政法论坛》2021 年第 3 期。
④ 蔡丽娟、钟典晏:《罗马共和国显贵群体中收养现象探究》,《安阳师范学院学报》2021 年第 6 期。

争的联系，认为从大道和里程碑等看，罗马最初并无建立庞大帝国的打算。希腊人的游记、地图固然发展了罗马人对世界的认识，但亚历山大大帝东征时带着大批地理学家搜集资料，以及由此带来的地理知识的剧烈扩展，对罗马产生了更加明显的影响。共和国末年罗马将领的失控与对军功的追求，是帝国迅速扩张更直接的原因。①该文章广泛运用古典文献、铭文、图像和地理学等资料，从历史学角度给予解释，在中国开辟了认识罗马帝国主义的重要维度。刘小青批评罗马行省治理几近暴政，但也注意到共和国治理的努力。然而，共和国的努力未能成功，原因在于它并未建立起有效制约总督权力的机制。共和国政治弊病、税收体系混乱，连同行省治理的腐败与政治暴力，最终走向灭亡。她还注意到马略形象在共和国末年被理想化的一面，认为共和国末年的现实情势、社会记忆的选择性和简单化，应对马略形象的理想化负责。②

奥古斯都时代的诗歌与政治在 2021 年受到异乎寻常的关注，两部著作与此相关，而且分量十足。高峰枫以讨论《埃涅阿斯纪》的政治含义为中心，意在挑战哈佛派对维吉尔的某些解释。该书最亮眼之处，是对维吉尔与奥古斯都关系以及《埃涅阿斯纪》中政治元素的处理。作者区分了书名中"历史"一词的双重含义：一是维吉尔可以利用的罗马传说和历史；二是维吉尔与奥古斯都或当朝政治的关系。他的分析也以此展开。在批评哈佛派悲观解读的基础上，该书勾勒出奥古斯都时代文人和统治者之间复杂微妙的关系图景："执政者与诗人，不是简单的赞助，甚至雇佣关系，而是遵从古罗马贵族和士人之间一种文明而默契的相处之道。"关于埃涅阿斯的形象，该书认为"来自

---

① 王忠孝：《从殖民地、大道、游记、里程碑和地图看罗马世界观与罗马帝国主义》，《世界历史评论》2021 年第 4 期。
② 刘小青：《罗马共和国后期行省治理的弊端与规范》，《史学集刊》2021 年第 1 期；《罗马共和国末期盖乌斯·马略公共形象的理想化及其成因》，《中南大学学报》2021 年第 2 期。

罗马对于自己民族起源的想象和建构，也来自想跻身于主流文明世界的努力"。① 该书的讨论建立在作者对文本细读的基础上，相关问题的结论在与国际学术界的对话中娓娓道出。

刘津瑜主编的《全球视野下的古罗马诗人奥维德研究前沿》，②是一部有资格代表国际古典学界前沿水平的重要著作。与维吉尔等不同的是，奥维德拒绝写作史诗，而醉心于描绘风花雪月。这部著作根据奥维德研究的实际内容和前沿成果，汇集多国奥维德研究成果汇编，因而该书内容非常丰富全面，涉及与奥维德研究有关的所有主要方面，如奥维德与奥古斯都时代的关系、奥维德著作文本的传承情况等，还有一部分是奥维德诗歌新的中文译注。不少论文尤其是关于奥古斯都时代诗歌和政治的论述，如果与上文高峰枫的著作结合起来研读，会更深刻理解奥古斯都时代诗歌与政治、诗人与皇帝的关系，以及当时罗马的社会、文化、历史与政治。

罗马帝国史研究基本延续了2020年的势头，尤为关注政治方面。韩伟华从奥古斯都自传的文本、和平祭坛的建筑及雕刻中，探寻奥古斯都重塑帝国秩序的努力。③ 王忠孝注意到"凯撒"名号从奥古斯都时代到2世纪含义的变化，由此讨论罗马的皇位继承制度。"凯撒"本来是罗马独裁者盖乌斯·尤利乌斯·凯撒的尾名，屋大维之后，"凯撒"成为家族名，并为朱利亚王朝前三位元首提供了某种程度的合法性。但从克劳狄乌斯开始，"凯撒"再度成为尾名，并为没有被奥古斯都过继的克劳狄乌斯的统治提供合法性。在此之后，"凯撒"逐渐从名变成统治者的称号，"凯撒"头衔随之从私人家族领域进入国家公共领域，名字由元老院授予。到韦伯芗王朝时，凯撒的称号因

---

① 高峰枫：《维吉尔史诗中的历史与政治》，北京：北京大学出版社，2021年，第8—9页。
② 刘津瑜主编：《全球视野下的古罗马诗人奥维德研究前沿》（上、下卷），北京：北京大学出版社，2021年。
③ 韩伟华：《奥古斯都与罗马帝国象征秩序的形塑》，《学海》2021年第6期。

现实需要，成为皇储头衔。这种从名号变化探索帝国政治的研究方法，为认识罗马帝国皇位继承制度及其权力合法性提供了有趣视角。① 何立波注意到奥古斯都从在位到死后称号的变化，试图从中找到罗马皇权神化，即"王权和祭坛"结合的线索。②

倪滕达对奥古斯都时代公民人口的大幅增长作出有趣解读。她详细分析奥古斯都时代颁布的两部婚姻法的内容及目的，认为公民人口增长与这位皇帝鼓励婚育的政策并无直接关系，反而与授予行省居民公民权和大量解放奴隶有关。③ 许礼捷根据古典文献解释哈德良在位期间何故把一半左右时间用来巡视帝国，认为"皇帝的行省巡视加强了地方与帝国政府的沟通，是一种地方治理的新模式"。④ 李震宇、宫秀华分析了潘诺尼亚军团在帝国时代不断发动叛乱、干预帝国政治的动机，认为士兵叛乱固然干扰了正常的皇位继承，但也在一定程度上重建了帝国秩序。⑤ 刘星星认为，史学家苏维托尼乌斯能够考辨史实，并且较全面地考察帝王的活动，具有求真精神。⑥ 何立波论及古希腊罗马作家关于"赛里斯"的记录，指出相关记录充满想象，而且随时代发展，赛里斯的概念也在不断变化，从最初指中国新疆地区，到后来变成中国北方；关于蚕和蚕丝的描写，希腊罗马作家的记录也是想象多于实际。⑦

自彼得·布朗以来，谈论古典晚期的转型而非罗马帝国衰落成为

---

① 王忠孝：《论"凯撒"之名号在罗马元首制时期的演变》，《复旦学报》2021年第2期。
② 何立波：《从"第一公民"到"圣奥古斯都"：论罗马帝国元首的神化》，何星亮主编：《宗教信仰与民族文化》第15辑，北京：社会科学文献出版社，2021年，第147—162页。
③ 倪滕达：《从〈尤里乌斯法〉和〈帕披乌斯·波派乌斯法〉看奥古斯都的婚育政策》，《世界历史》2021年第2期。
④ 许礼捷：《古代文献视域下的哈德良巡视与罗马帝国行省治理》，《河北师范大学学报》2021年第6期。
⑤ 李震宇、宫秀华：《论罗马帝国前期潘诺尼亚军人干政的成因与影响》，《广西社会科学》2021年第5期。
⑥ 刘星星：《论苏维托尼乌斯的求真思想》，《史学史研究》2021年第4期。
⑦ 何立波：《古希腊罗马作家对"赛里斯"的历史书写和形象塑造》，《蚕业科学》2021年第4期。

时髦之举。苏聪通过分析拜占庭史家塞奥非拉克特的《历史》，认为他一方面模仿古希腊史学家如希罗多德和修昔底德等的风格，记述政治和军事史，另一方面又受教会史和圣徒传记的影响，把历史视为上帝的产物，这一双重特点体现了从罗马帝国向拜占庭帝国的转型。① 莫凡探讨了奥罗修斯《反异教徒历史七书》的纪年体系，指出奥罗修斯虽然综合运用罗马执政官纪年、皇帝纪年以及奥林匹亚纪年等，并以罗马建城纪年为核心，但通过将所有负面事件系于世俗纪年体系之下，证明所有问题都与教会无关，从而巧妙地将基督教与负面事件切割开来。② 董晓佳分析了晚期罗马皇帝芝诺时期的政局动荡，指出动荡的根本原因是皇权与军队将领的矛盾。③

古代罗马史的学术史和罗马人的遗产，近年受到越来越多的关注。林国荣的文章涉及近代以来罗马帝国学术史的变迁及其与19—20世纪欧洲历史变化的关系，指出蒙森和塞姆对待罗马帝国态度的变化不仅与历史批评本身有关，更与彼时西方国家面对的客观政治和思想情势紧密相连。④ 熊宸关于罗马帝国主义概念的起源及其应用的分析，在很多方面呼应了林文。她认为，起源于19世纪后期的帝国主义概念，首次被英国史学家西利用于指涉罗马帝国时，主要指"系统性的行省管理制度和以常驻兵团为特点的军事管理制度"，有时还与波拿巴的专制主义联系在一起，并不都是正面含义。直到19世纪80年代，帝国和帝国主义才与文明结合起来，逐渐成为扩张中的大英帝国的镜鉴。蒙森在德意志统一背景下提出的防御性帝国主义理论，为19世纪末20世纪初帝国主义问题弥漫于罗马史研究提供了可能。后殖民时代到来后，

---

① 苏聪:《延续与转型:古代晚期视域下的历史书写——以塞奥非拉克特〈历史〉为中心》,《贵州师范大学学报》2021年第5期。
② 莫凡:《奥罗修斯在〈反异教徒历史七书〉中的纪年方法及其意蕴》,《史学史研究》2021年第4期。
③ 董晓佳:《论晚期罗马帝国皇帝芝诺统治时期政局混乱的原因》,《外国问题研究》2021年第3期。
④ 林国荣:《从蒙森到塞姆:罗马帝国叙事的变迁》,张志铭主编:《师大法学》第7辑,第28—60页。

威廉·哈里斯等对这种理论提出挑战。① 此外，赵辛阳讨论了古典教育对革命一代美国人的影响，② 刘寅评述了彼得·布朗的晚期古典研究。③

## （六）总结与展望

2021年的世界古代史研究稳步推进，一些过去的热门领域如中西古史比较、古代埃及宗教、"修昔底德陷阱"、古代希腊史学、罗马帝国政治等，继续有高水平成果问世。此前部分被忽视的领域，如世界古代史研究的理论与方法、国家和文明起源、古代两河流域社会经济史、斯巴达社会经济史、奥古斯都时代的政治、罗马传统及其影响等，获得较多关注。但在上古时期的印度、东南亚和日本史等领域，我们仍期待出现足以代表国际学术前沿的著述。还有一些重要领域，如古代中亚、安纳托利亚文明、波斯帝国社会经济史、黑海地区的文明、中亚古代史、马其顿和希腊化世界、罗马共和政治等，成果仍然不多，需要进一步强化相关研究。即使一些成果较多的领域，论著的水平仍有参差。译著可以在一定程度上弥补相关空白，2021年出版的世界古代史各类译著，数量有数十种，有些还产生了较大影响，对扩大世界古代史学科影响、普及知识、追踪学术前沿等具有重要意义。④ 但这些译著多以西方发达国家学者的著作为主，与中国视角仍有一定差距，译著质量也不免有所差别，这些都是需要不断加以改进的地方。

（责任编辑：焦　兵　郑　鹏　高　凡）

---

① 熊宸：《19世纪罗马"帝国主义"问题在西方学术界的缘起与发展》，《世界历史》2021年第2期。
② 赵辛阳：《古为今用——论美国革命中罗马史的发掘和利用》，《历史教学问题》2020年第3期。
③ 刘寅：《彼得·布朗与他的古代晚期研究》，《史学史研究》2021年第2期。
④ 参见约翰·埃德温·桑兹：《西方古典学术史》，张治译，上海：上海人民出版社，2021年；M.I.芬利：《古代经济》，黄洋译，北京：商务印书馆，2021年；F.W.沃尔班克等主编：《剑桥古代史》第7卷第1分册，杨巨平等译，北京：中国社会科学出版社，2021年。

## 二、世界中世纪史

孟广林*

2021年，我国的世界中世纪史研究在以往成就基础上继续推进，努力开拓，取得较为丰硕的成果。学界的考察大致可分为文明史、政治史、经济社会史、思想文化史、史料学与学术史五大类。在研究中，新议题、新视野接踵显现，传统史学与新史学之学术理路互相影响与渗透，一些研究热点逐一发散，这些都预示着我国学界在中世纪史研究领域良好的发展趋势。

### （一）文明史研究

2021年度文明史研究在以往成果的基础上继续推进，并在文明交流史领域有所建树。任世江、王元天在回顾以往文明史研究时指出，针对欧洲文明肇始于何时，其与古希腊罗马文明、以色列文明和古代日耳曼传统是什么关系，谁是欧洲文明创生主体等问题，相关学者进行了深入宏观思考与评估，特别对其文明内核进行了全景式探寻。[①]

为推动欧洲文明史研究，学者纷纷撰文，阐述各自学术见解。侯建新对欧洲文明的主体性和元规则的社会基础问题作了补充。在他看来，日耳曼人是创生欧洲文明的主体，对这一文明形成具有能动的主导作用。日耳曼人对中世纪政治经济制度、基督教、传统文化进行了改造。8世纪，日耳曼人创造封建制，建立"准契约关系"。经过数个世纪的发展，"准契约关系"中的个体成为"准独立个体"，为欧洲走出中世纪提供了根本动力。[②]刘昶以语言学为切入点，认为个人本位社会在欧洲中世纪的确立，代表欧洲文明的一种转向。此前欧洲

---

* 作者孟广林，中国人民大学历史学院教授。
① 任世江、王元天：《欧洲文明内核之全景式探寻》，《经济社会史评论》2021年第1期。
② 侯建新：《"准独立个体"：日耳曼人突破性贡献》，《史学月刊》2021年第10期。

文明和其他文明都以各种共同体为基础，从这一刻起，欧洲文明开始偏向以个人主义为轴心。个人主义为欧洲走出中世纪进入近代提供了不可或缺的动力。① 徐浩着眼于西北欧，认为这一地区较好地保留了日耳曼传统，在欧洲文明形成中具有核心作用。13 世纪左右，该地区建立起西方法律体系，这成为西北欧后来居上的体制性前提。英国在转型时期的私人财产所有权和农场雇工普遍化、领主农奴的地位此消彼长，这些发展为 15—16 世纪欧洲文明转型奠定了基础。② 龙秀清考量了中古教会婚姻立法中的同意原则，指出中古教会法在婚姻缔结问题上强调当事人意愿的重要性。虽然同意原则尚不能算作完整意义上的婚姻自主，却是迈向婚姻自主的关键一步，也是现代西方婚姻制度奉行的基本原则。③ 李振宏以非欧洲史研究者的角度，在本体论和认识论两方面指出对欧洲认识的刻板印象，同时强调重新认识欧洲文明的重要意义。④

东西方文明史研究是文明史研究的热点。姬庆红考察了中世纪后期欧洲社会盛传关于基督教在东方扩张并取得胜利的传说人物，指出这是神圣罗马帝国皇帝腓特烈一世的文人团队构建的以东方三博士为核心的传说体系，用以宣传其皇权的普适性和权威性，并为十字军东征提供宗教依据。但《马可·波罗游记》并未将东方三博士置于基督教话语体系中记述，且与拉丁版传说体系之间存在诸多悖异之处。⑤ 付马通过解读近年刊布的《蒙古山水地图》，论证了其中所提供的明代自嘉峪关向西直到小亚细亚的道路地理信息。⑥ 陈巍、靳宇智梳理

---

① 刘昶：《欧洲经验的独特性及其意义》，《史学月刊》2021 年第 10 期。
② 徐浩：《西北欧在欧洲文明形成中的核心作用》，《史学月刊》2021 年第 10 期。
③ 龙秀清：《中古教会婚姻立法中的同意原则》，《史学月刊》2021 年第 10 期。
④ 李振宏：《重新认识欧洲文明的价值和意义》，《史学月刊》2021 年第 10 期。
⑤ 姬庆红：《〈马可·波罗游记〉与中世纪欧洲东方观的悖异——以东方三博士传说体系为例》，《古代文明》2021 年第 3 期。
⑥ 付马：《〈蒙古山水地图〉中的"洗儿乞"、"脱谷思"与回鹘时代的伊西路》，《中国边疆史地研究》2021 年第 1 期。

了中世纪伊斯兰市场监察手册所载药物辨伪知识,论证了自古典时代、中世纪到近代早期地中海沿岸、伊斯兰世界、印度和中国等丝路沿线药物真伪优劣辨察知识的流传和演变情况。① 车效梅、马思的研究揭示,15—16世纪的霍尔木兹是古代海上丝绸之路国际性港口城市,在印度洋贸易与欧亚贸易中举足轻重。以霍尔木兹为中心的贸易圈的繁荣,是稳定的国内环境与通畅的海上丝绸之路交互作用的结果,使霍尔木兹成为欧亚非文明交汇之地,推动城市宗教文化和经济生活等方面的国际化与多元化。②

张箭在以往研究的基础上,对中世纪晚期西方人的"地理大发现"作了较系统研究。他结合发轫于15世纪初的航海探险,讨论相关基本理论和重要概念,考察重要历史事件与历史事物,并对中国人为什么没有参与"地理大发现"作了较深入分析。由此,从宏观与微观结合的角度论证"地理大发现"的社会根源、基本历史脉络及其在东西方文明交流中所扮演的重要角色,揭示了它对人类社会和世界历史产生的重大而深远的影响。③

## (二)政治史研究

政治史研究聚焦于西欧,兼及其他国家和地区,探讨的议题既有王权建构与运作、教俗关系等传统问题,也有政治文件、政治神话、政治诉求等方面的研究,涉及制度史、宗教史、地方史、法律史范畴。

中世纪前期的西欧政治史为研究重点。这一时期,法兰克王国的制度建构尚待展开,国王的政治权威并不凸显,其与教会的关系

---

① 陈巍、靳宇智:《古代丝路上的药物辨伪知识传播——以中世纪伊斯兰市场监察手册为线索》,《海交史研究》2021年第2期。
② 车效梅、马思:《15—16世纪霍尔木兹贸易圈与海上丝绸之路研究》,《西亚非洲》2021年第6期。
③ 张箭:《地理大发现研究(15—17世纪)》,北京:商务印书馆,2021年。

尚不清晰，而"诸子析产"传统对法兰克王位的继承与疆土分治的影响也甚为朦胧。刘虹男针对墨洛温王朝的王权问题指出，传统观点认为墨洛温王朝百余年的懒王时代，意指其国王虽有国王之名，却无国王之权。20世纪中期以来西方学者从文本信度视角重新审视这一问题，认为墨洛温王朝晚期诸王并不比其先辈更弱。实际上，自7世纪中叶开始，墨洛温诸王依旧握有一定显性权力，但继承制度的缺陷不断侵蚀墨洛温王室的统治根基，王朝中后期王权渐趋衰败是不争的事实。① 刘虹男、陈文海在探讨基督教对法兰克王权理论的影响时强调，20世纪90年代以来西方学者试图突破"血统权益论"，发掘法兰克王权理论中的基督教元素。从墨洛温王朝教会法及相关文献可以看出，国王借由教务会议，赋予自身统治合法性，逐渐成为法兰克主教团认可的正统基督教君主。更为重要的是，法兰克王权的神圣性，在教务会议的仪式与法令中得到充分展现，传递出国王与主教共商国家大计、处理王国要务的象征性内涵。不过，"共商同治论"最终成为墨洛温王朝寿终正寝的理论滥觞。② 此外，刘虹男认为在地方行政管理缺失的情况下，基督教教务会议既把神职人员的行为规范视为民众教化的先决条件，同时又将其节庆仪式作为统一民众生活步调的重要工具。在此过程中，基于高卢主教团与法兰克君王的关联与媾和，这种管理模式夹杂着各式各样的王权表演，体现了法兰克早期国家政教二元共治的基调，在一定程度上保证了法兰克民众对墨洛温王室的感知与认同。③

张楠通过"不平献十"个案对加洛林王朝与教会关系提出独到见解，认为教宗斯蒂芬二世以"圣彼得国"的理论构想，通过和平联

---

① 刘虹男：《墨洛温王朝中后期"王权虚无论"考议》，《华南师范大学学报》2021年第3期。
② 刘虹男、陈文海：《墨洛温王朝教务会议与法兰克王权理论的构建》，《历史研究》2021年第1期。
③ 刘虹男：《圣职、仪式与表演——教务会议视域下法兰克王国的日常统治》，《世界历史评论》2021年第1期。

盟、涂油加冕和书信劝诫等手段，将法兰克国王"矮子丕平"塑造成"圣彼得国"保护者。由此，丕平借助"献土"在意大利实现圈地建国的政治诉求，完成了罗马从隶属于拜占庭帝国到依附于法兰克王国的西方转向。①

李云飞则对加洛林王朝疆土分治作了较有创见的研究，认为受法兰克习俗和墨洛温王朝先例影响，加洛林王朝代际更替过程中经常出现兄弟或叔侄分疆而治。为确保王位传承、满足诸子欲望及更有效地治理王国，加洛林王朝诸王注重通过分治和调整疆土来维护王族团结。在父子分治、兄弟分治、叔侄分治和混合分治四种权力格局中，诸王采用多种手段维护王国一体，比如取消部分儿子的继承资格、限制女儿出嫁、禁止分王国再分治、强化长子地位、兼并或分治绝嗣之王的疆土，或频繁会商、联手打击异姓异族。因此，疆土分治和王国一体并非总是彼此对立，分治并不必然导致国家分裂，亦可有利于王国一体。②

李隆国通过辨析查理曼的名号，强调其称帝并非从国王到皇帝的晋升过程，而是从"罗马国老"被加冕为"罗马皇帝"。这个皇帝只是统治以罗马城为中心的特定地理辖区，但获得帝号后，查理曼所辖广大区域与帝号之间的张力，驱动帝号发生变化并逐渐泛化，从而指代其管辖的所有地区。查理曼的帝号也从"罗马皇帝"变为"统治罗马帝国的皇帝"，再变为"皇帝"。这一进程体现了中古早期欧洲权势转移的政治面相及发展的巨大不平衡性。③

王晋新对史书记载所作的考辨，属于微观政治史研究。他从文本、学术和历史三重语境出发，对诺特克在《查理大帝业绩》一书中

---

① 张楠：《塑造丕平与教宗斯蒂芬二世的圈地建国》，《世界历史评论》2021年第1期。
② 李云飞：《加洛林王朝代际更替中的疆土分治与王国一体》，《历史研究》2021年第2期。
③ 李隆国：《查理曼帝号与中古早期欧洲权势变迁》，《中国历史研究院集刊》第4辑，北京：社会科学文献出版社，2022年，第337—374页。

关于查理曼"流泪"的叙事细致辨析，认为这是一则不符合史实的叙事，但具有一定史料价值，它以一种特殊的修史方式，折射出9世纪下半叶法兰克社会对诺曼人威胁的感知，体现出诺特克本人对朝廷解决内忧外患等时局危难的期盼。这则叙事为查理曼整体形象的塑造增添了一缕特殊而感人的色彩。①

在对中世纪前期西欧政治史进行研究时，学界对法兰克时代核心历史文献的梳理与诠释也不断展开，使这一领域的研究具备了继续拓展的史料基础。李云飞译注的《圣伯丁年代记》，重点叙述了"秃头查理"时期西法兰克境内发生的事件，并收录了大量一手资料，包括教皇信件和各种会议记录。② 王晋新对《圣伯丁年代记》的基本面貌、性质以及史学价值等作了细致分析。他还重新审视了尼特哈德及其所撰写的《历史》，深入探讨了其学术价值和历史意义。③ 刘寅梳理了《法兰克王国条令》第121号布道辞的编校史，并结合古文书与史学信息，论证了查理曼公元800年称帝后发动的改革运动，构成了此篇布道辞产生的历史语境。除此之外，他将里昂主教致查理曼述职信的版本与译文，作为了解加洛林改革地方实践的重要史料进行了讨论研究。④ 张楠梳理了学术界关于《加洛林书信集》的研究成果与争议，选译了《加洛林书信集》的开篇序言与前两封书信。⑤ 李云飞详细分析《帝国御秩》制定的背景、原则以及学术界对该文件的争议，

---

① 王晋新：《情感与真实——诺特克所述"查理曼之泪"之辨析》，《世界历史评论》2021年第1期。
② 《圣伯丁年代记》，李云飞译注，北京：人民出版社，2021年。
③ 王晋新：《〈圣伯丁年代记〉探微》，《古代文明》2021年第1期；《尼特哈德〈历史〉的再认识》，《经济社会史评论》2021年第4期。
④ 刘寅：《查理曼的钦定布道辞——"德意志文献集成"〈法兰克王国条令〉第121号译释》，《世界历史评论》2021年第1期；《加洛林改革的地方实践：里昂主教莱德拉德致查理曼述职信译释》，陈莹雪、李隆国主编：《西学研究》第4辑，北京：商务印书馆，2021年，第56—67页。
⑤ 张楠：《教宗格里高利三世致查理·马特书信两通》，陈莹雪、李隆国主编：《西学研究》第4辑，第68—87页。

认为这一史料对于欧洲中古政治和政治思想史研究意义重大。① 李隆国梳理了多种编年史和年代记中对831年诏书颁布背景的记载，并将此诏书译为中文。②

中世纪英国政治史构成了学界研究的另一重点。在议会与君主立宪制方面，许明杰对中世纪英国议会的起源作了探讨，将这一时期议会形成演进大致分为三个阶段：第一阶段是孕育时期，盎格鲁—撒克逊时代的"贤人会议"和诺曼征服之后形成的"王廷会议"是议会的前身；第二阶段是13世纪，议会正式形成，不仅基本格局逐步奠定，而且各项标志性特征也渐趋完备；第三阶段是14、15世纪，议会政治职能明显增强。英国议会经过中世纪数百年演进，从孕育、产生到发展，至15世纪末已成为整个王国最重要的政治机构之一。③ 谷延方在论证议会与王权的初次较量时指出，面对1297年政治危机对王权的冲击，在议会、教会及民众的压力下，爱德华一世被迫调整其政治理念，三次确认大宪章和"林区宪章"，承认和扩充臣民代表的合法权益。王权肆意征税被限制，"众意"或"公议许可"内涵进一步丰富，"王在法下"观念再次成为社会共识。这场危机在议会与王权的博弈中暂时化解，促进了英国议会发展。④

对于中世纪晚期英国政治史，学界研究还触及下层民众的政治形态与政治行为。英国宗教改革后，英王面临处理民众传统信仰与国家治理之关系的大问题。对此，刘城通过对伊丽莎白一世时期天主教徒身份认同困境的细致解读指出，中世纪基督教的"宗教社会"传统，在16世纪宗教改革期间得到延续并强化。宗教社会以统一的

---

① 李云飞：《817年虔诚者路易〈帝国御秩〉》，陈莹雪、李隆国主编：《西学研究》第4辑，第88—107页。
② 李隆国：《831年分国诏书》，陈莹雪、李隆国主编：《西学研究》第4辑，第108—123页。
③ 许明杰：《中世纪英国议会的起源》，《历史教学》2021年第9期。
④ 谷延方：《1297年危机：英国议会与王权的初次较量和妥协》，《经济社会史评论》2021年第1期。

宗教信仰为核心价值,构建并维持社会共同体秩序。伊丽莎白一世与罗马教宗庇护五世沿用"宗教社会"传统,以信仰统一原则规训社会,从而加剧了天主教徒的身份认同困境。无论是将多数人的信仰强加于少数人,还是将少数人的信仰强加给多数人,都可能招致社会不满和反抗。如何突破宗教社会的传统,以适应宗教改革后基督教信仰多元化发展的局面,是当时英格兰国家治理需要解决的重大议题。[①]

德国与法国的封建政治史研究也取得新成果。王银宏探究了神圣罗马帝国的"意义想象"与制度体现,在他看来,受古罗马帝国崩溃后"帝国记忆"影响,神圣罗马帝国成为集"神圣性"、"罗马性"和"世俗性"于一体的存在。卡尔四世于1356年颁布的《金玺诏书》被称为"帝国基本法",体现出神圣罗马帝国与罗马教会的二元特性,同时将世俗性与宗教性结合在一起,实现了权力的契约化,是帝国政治向"共识政治"发展的重要基础。[②] 朱孝远对德意志农民战争纲领的研究强调,该纲领有着建立人民国家的丰富内容,包含了对原有国家体制进行改革的诉求。政治改革表现为用共和制代替君主制,用选举制代替任命制,用人民司法代替贵族领主法庭,用正规军代替民兵制。这些改革都服务于一个目的,即人民的国家执政为民,充分保障人民的政治、经济、社会权益,反映出早期人民国家的真正特性。[③]

在法国政治史研究中,董子云考察了15世纪末法国的习惯法编纂运动,指出该运动是法国从中世纪走入近代的标志性事件,它的最终形式与"出于确知"核准关系紧密。"出于确知"核准最初被教会采用,13世纪见于世俗领主函令,并于14世纪成为法国国王法令文

---

① 刘城:《伊丽莎白一世时代天主教徒的身份认同困境》,《历史研究》2021年第4期。
② 王银宏:《神圣罗马帝国"多元性"的"意义想象"及其制度表达》,《华东政法大学学报》2021年第2期。
③ 朱孝远:《德意志农民战争纲领中的国家制度改革》,《历史教学》2021年第4期。

书中常用的固定表述。配合习惯法理论的发展以及法国认知和掌控习惯法的需要,"出于确知"核准与地方三级会议结合,形成了法国独特的习惯法编纂路径。董子云的另一篇文章以地方习惯法的更迭为切入点,认为 1281 年佛兰德尔伯爵强行颁布新法引发城市强烈反对。13 世纪 90 年代,法国王权介入。在王权向佛兰德尔城市扩张过程中,封建原则以及王室司法是最重要的工具。1297 年法国国王腓力四世颁布新习惯法,引入新式调查程序,不仅借此拉拢了城市统治者,而且从伯爵手中夺过了城市立法权,既为法国顺利兼并布鲁日作了铺垫,也促进了法兰西王国的法制化进程。① 叶宣延解读了 1438 年查理七世颁布的《布尔日国事诏书》,指出该政治文件宣布取消教皇保留圣职与预先指定的权力、规定主教由法国教士团选举产生、废除上缴给教皇的首岁金等,这些举措带有浓厚反教宗至上论色彩。同时,诏书也赋予法国国王对教士的举荐权,为王权干涉教职人员任命提供了依据。《布尔日国事诏书》的问世,是中世纪晚期法国政教关系发展史上的重要转折点。②

"十字军"国家和拜占庭帝国政治史研究也有亮点。苏泽明探讨了学界忽略的耶路撒冷王国神授王权的建构,认为 11 世纪西欧国王的加冕礼,随十字军东征传入耶路撒冷王国。借助加冕礼本身所蕴含的象征意义及其激发的想象,耶路撒冷王国将王权的合法性来源建构为上帝和血统,即神授和世袭,并借此剔除了选举因素的影响,最终完成由"选举治权"到"神授世袭王权"的建构。③ 庞国庆通过对土地关系的考察,揭示出拜占庭帝国统治中存在的主要矛盾,即地主与农民之间剥削与被剥削关系的矛盾,以及中央政府与大地主阶层为争

---

① 董子云:《"出于确知"与中世纪法国习惯法编纂的历程》,《华东政法大学学报》2021 年第 1 期;《布鲁日习惯法的两次更迭与国王、伯爵、城市的权力之争(1281—1297)》,《世界历史》2021 年第 3 期。
② 叶宣延:《〈布尔日国事诏书〉与中世纪晚期法国的政教关系》,《法国研究》2021 年第 4 期。
③ 苏泽明:《加冕礼与耶路撒冷王国神授王权的建构》,《经济社会史评论》2021 年第 1 期。

夺土地资源而发生的矛盾。① 陈志强关注到军事权力的得失与拜占庭帝国兴亡存在关联，强调自 12 世纪始，拜占庭帝国中央政府逐渐丧失了对雇佣兵的征募权和指挥权。这导致雇佣兵随心所欲地自由行动，由战后撤离拜占庭领土变为常驻帝国境内，从而为其追逐超出雇佣军饷之外的政治经济利益创造了机会，他们不再是按照拜占庭人意志作战的武装团体。拜占庭人丧失自主军队建设意识，过度依赖雇佣兵，甚至自废武功，解散军队，凿沉战舰，最终将保卫帝国的指挥权交给雇佣兵，是其灭亡的直接原因。②

东亚尤其是朝鲜政治史研究，较以往取得突出进展。刘波考察了古代朝鲜王朝土官的分类与品级、职权与选拔途径，指出该制度主要体现国家权力秩序结构中的层级支配性。③ 李大龙在探讨高句丽的"建国神话"时指出，移植改造神话大致始于朱蒙（邹牟）被诱杀之后，而其完整和完善则是在《好太王碑》撰写成文和《魏书·高句丽传》成书之前。王室建构神话的目的是神化朱蒙（邹牟），巩固桂娄部的统治地位，但也有意或无意掩盖了高句丽王位由涓奴部转到桂娄部的史实，为解读高句丽早期历史造成障碍。④

马云超以近年来兴起的东亚外交史视野解读朝鲜王朝初期的对外政策，强调世宗时期的"己亥东征"不仅是军事行动，更是外交博弈。通过出兵对马岛和促成望海埚大捷，朝鲜成功规避了可能出现的明朝出兵日本的危机，建国以来与对马岛等地倭人的贸易关系得以保全，战后与日本的外交关系迅速恢复。最重要的是，朝鲜重新获得明朝信任，成为册封体系中最重要的藩国。⑤

---

① 庞国庆：《拜占庭帝国土地关系述评》，《世界历史评论》2021 年第 1 期。
② 陈志强：《晚期拜占庭帝国雇佣兵控制权的丧失及其影响》，《世界历史》2021 年第 3 期。
③ 刘波：《朝鲜王朝的土官制度》，《古代文明》2021 年第 2 期。
④ 李大龙：《试析高句丽建构建国神话的时代背景与目的》，《史学集刊》2021 年第 5 期。
⑤ 马云超：《"己亥东征"与 15 世纪前期的东亚外交博弈——以朝鲜王朝初期的对外政策为中心》，《江海学刊》2021 年第 5 期。

刘晓东依据前近代东亚区域的华夷秩序体系，对各方在壬辰战争中的出兵与乞师所折射的政治伦理作了深度解读，指出基于彼此权利与义务关系的"事大字小"之政治伦理，明朝最终基于"恤远字小"的伦理义务决定出兵援朝。朝鲜则通过对"事大以诚"的强调，不断通过请兵、内附等方式，希望明朝履行"兴灭继绝"的职责。而日本对自己"一超直入大明国"的真正目的不断修饰，并形成本欲通贡天朝却被朝鲜所阻、因朝鲜"交邻无信"与"通贡见拒"才不得已兴兵相向的政治诡辩。这些政治言说的叙述逻辑，都没有超出"事大交邻"的基本政治伦理范畴，但所呈现出来的特殊现象一定程度上反映出这一体系的潜在裂隙及其解构趋向。① 李佳以朝鲜王朝启圣祠为中心，论证了明清礼制对朝鲜的主导性影响以及中朝宗藩关系的强固，同时透露出朝鲜礼仪文化一定程度的自主性，体现明清两代中朝关系的差异性。②

对日本历史，张如意研讨了中世纪日本的"武家社会"，强调自1192年镰仓幕府开始到1867年江户幕府结束，日本一直由武士掌握政权。作为日本古代一种独特社会形态，武家社会不仅为武士道的发展提供了土壤，而且孕育了日本独特的精神文化，对日本社会以及日本人的行为方式和思维习惯产生重要影响。③

## （三）经济社会史研究

2021年度的经济社会史研究涉及的领域比较广泛，涵盖经济水平、经济地理、商业信贷、土地关系、城市特权、阶层划分、日常生活与移民等方面，一些论著视角新颖、理路独到，探讨空间拓展到西

---

① 刘晓东：《壬辰战争出兵与乞师言说中的政治伦理》，《古代文明》2021年第2期。
② 李佳：《文庙祭礼变动与16至18世纪中朝关系的演进——以朝鲜王朝启圣祠为中心》，《古代文明》2021年第2期。
③ 张如意：《论日本武家社会的形成和发展》，《日本问题研究》2021年第4期。

欧以外的其他国家与地区。

在这一领域，以往学界偏重于农业、工商业、人口等问题的研究，以之论证中世纪西欧社会经济的发展水平。徐浩独辟蹊径，从食品供应变化考察西欧经济的变化与发展，指出告别糊口经济意味着解决了温饱问题，而欧洲各国从糊口到温饱的转变时间不同。许多因素影响了这一过程的早晚快慢，但主要因素还是食品供求关系。中世纪欧洲低出生率的国家较早开始摆脱人口与资源的周期性循环，在中世纪农业缓慢增长的条件下率先改善了生活水平。而农业发展相对迟缓但人口增长较快的国家，则延续传统的人口—资源模式，生活水平没有根本变化。① 谢丰斋强调私人法权介入对中世纪英国城镇化的重要作用。在他看来，这一时期，英国城镇化主要是小微城镇化，小微城镇数量极多，以至于出现了"过热"或"超常"现象。造成这一现象的原因是，地方领主在城镇化过程中动用私人法权建造私人小城镇，其数量不受限制。城镇化不单由经济发展所致，也由领主私人法权造就。② 于振洋、李新宽在考察中世纪晚期英国商业时注意到，英国商业发展虽然经历了危机，但由于信贷广泛存在，商业在市场格局、商品消费以及贸易群体方面仍能保持相当的活跃性。③

在经济社会史研究中，还有有关社会阶层与移民群体的研究成果。倪世光、牛姗姗论证了中世纪西欧贵族等级制度，强调贵族等级头衔并非由某位君主或政治权威人物在特定时期统一制定和颁发，而是存在逐渐发展和演化的过程。头衔是划分贵族等级的标识，比爵位、服饰和纹章等更能全面明确地反映贵族的等级状况。④ 干本立对中世纪英国的犹太人族群作了辨析，认为其来源相对集中、数量有

---

① 徐浩：《告别糊口经济——中世纪欧洲食品供求关系研究》，《史学月刊》2021年第2期。
② 谢丰斋：《私人法权的介入：中世纪英格兰的城镇化》，《世界历史》2021年第1期。
③ 于振洋、李新宽：《危机中的繁荣：中世纪晚期英国信贷与商业活跃性》，《史林》2021年第2期。
④ 倪世光、牛姗姗：《西欧中世纪贵族等级头衔考察》，《河北师范大学学报》2021年第6期。

限，但分布相当广泛，他们因身份标记、宗教、教育、婚姻、语言、职业等要素，与其他族群的区别较为明显；他们长期依赖王权保护，拥有一定自治权，在若干领域里有出色业绩和贡献。犹太人族群的存在丰富了中世纪英国人的概念。① 范恩实就外来移民对高句丽发展影响的研究表明，族群认同的维系与嬗变，是理解外来移民与高句丽社会关系的关键要素。在这一过程中，夫余人迁入并与桂娄部结成联盟，塑造了共同的祖先记忆，奠定了高句丽兴起的基础。沃沮、东夫余、北夫余、韩秽等族裔政治体成为高句丽的藩属，经过城邑建设与政治体离散，在语言相通和文化相近的助力下完成了族群融合，为高句丽疆域扩大和人口增长创造了条件。②

日常生活史是本年度经济社会史中的热点。黄嘉欣剖析了 14 世纪早期英国议会中的寡妇产请愿，认为国王侵占寡妇产是造成请愿大批涌现的主要原因，而侵占源于男爵叛乱和王权更替背后政治权力的争夺。王室借助解决寡妇产问题实现对地方和贵族的控制，而寡妇则通过请愿参与公共政治生活。③ 黄春高通过对中世纪晚期英国帕斯顿等三大乡绅家族书信细致研读，以中世纪基督教的婚姻同意原则为背景，对 15 世纪英国乡绅的婚姻观念与实践进行较深入的实证研究。他认为，关于同意原则对于基督徒的规训和支配作用不宜作过度解读；对于同意原则下婚姻所凸显的自主、自由和爱情等现代性特征，不宜过分强调，土地财产和身份地位等传统要素依旧在此类婚姻中发挥重要作用。④ 高峻峰通过对玛格丽·帕斯顿与管家之婚事遭家族反对的个案考察，指出在帕斯顿家族成员的观念中，婚姻对乡绅身份获得与认同有重要影响。而在中世纪晚期的英国，这种观念在像帕斯顿

---

① 王本立：《中世纪英国犹太人的特征与价值》，《贵州社会科学》2021 年第 8 期。
② 范恩实：《高句丽史上的外来族群问题研究》，《史学集刊》2021 年第 5 期。
③ 黄嘉欣：《14 世纪早期英格兰寡妇产请愿探究》，《古代文明》2021 年第 4 期。
④ 黄春高：《同意原则的表里：15 世纪英国乡绅书信中的日常婚姻》，《历史研究》2021 年第 1 期。

这类新兴乡绅家族中十分普遍。①

王超华关注中世纪晚期英国民众的日常生活，指出农民阶层在多达百天的节假日里参与宗教活动、休闲娱乐，在仲夏节期间，举行各种庆祝活动、宴饮与游行，甚至对上层社会模仿和嘲讽。王超华的另一篇文章还论及中世纪英国乡村节日庆祝的功能，认为从经济角度看，通过节日庆祝，农民可以确定农忙和休闲时间，应对农业生产中的不确定因素，按时完成农活；从社会角度看，节庆活动可缓和日常生活中的紧张和恐惧情绪，某些界定村庄边界的活动还有利于维护村庄共同体内在关系。②

在法国研究方面，吕昭以阿维尼翁兄弟会为中心，对中世纪晚期法国民间的基层组织与互助活动作了独到研究。她指出，在14、15世纪，基层民间组织兄弟会在法国城市中普遍兴起，标志着法国市民社会的形成。兄弟会的自治体系是市民社会运转的基本方式，激发社会活力并确保社会有效运转。兄弟会对外的慈善救济和对内的互帮互助，构成了市民社会最重要的职能，弥补了政治和社会制度的缺位，增强了基层社会应对危机的能力。③董子云运用情感史研究新路径，通过"撒旦的诉讼"系列文本展现了中世纪法庭对于愤怒的情感标准变迁，认为这是区分新旧司法观念的标志，即作为复仇和宣泄手段的法庭演变为追求真相的新式法庭。④

## （四）思想文化史研究

2021年的思想文化史涉及面较广，新视角与思路多有显现，成

---

① 高峻峰：《玛格丽·帕斯顿的婚姻和乡绅身份的构建与认同》，《经济社会史评论》2021年第3期。
② 王超华：《中世纪晚期英格兰农民的仲夏节娱乐》，《经济社会史评论》2021年第2期；《中世纪英格兰乡村的节日庆祝及其功能》，《首都师范大学学报》2021年第6期。
③ 吕昭：《阿维尼翁兄弟会与中世纪晚期法国基层互助》，《历史研究》2021年第6期。
④ 董子云：《中世纪晚期法庭情感标准的变迁——以"撒旦的诉讼"系列文本为中心的考察》，《古代文明》2021年第2期。

果集中在西欧中世纪后期,尤以文艺复兴研究为甚。同时,文学、艺术学领域的学者也加入其中,形成了别具一格的多学科交叉的"共振"势头。

对中世纪欧洲大学历史的研究可谓"旧题新作",学界在考察其起源和发展时独辟蹊径,新论迭出。高露、王云龙从行会角度出发,认为为维护自身权益,巴黎城师生效仿其他行会,组建学人共同体。学人共同体与王权、教权和城市博弈,取得特许状,以法律形式确立法人社团,获取诸多特许权,实现自我保护和管理。① 王珞对中世纪欧洲大学的考察颇有新意,认为中世纪欧洲的大学不仅是学术共同体,也是为师生提供贫病救济、丧葬礼仪和亡灵追荐服务的宗教性慈善组织。12 世纪末至 13 世纪初大学的出现,经常被描述为中世纪思想教育从"蒙昧"到"理性"、从服务于宗教到职业化过程的一大转折点。事实上,大学承继了传统宗教社团的部分社会功能,通过集体性丧葬礼仪等宗教服务为成员提供基本社会保障,塑造群体认同。②

张弢以黑死病为切入点,揭示大学发展轨迹。他指出,在 14 世纪中叶欧洲"黑死病"期间及疫情后,中世纪大学的应对与贡献获得社会普遍信赖。以抗疫为起点,部分医生和大学教师开始反省书本中的医学知识,思考人体的生命原理,这即便没有立即占据主流,也是经验科学转向的思想开端。从大学史的角度看,"黑死病"只是短暂挫折,并没有阻碍大学整体前进步伐。没有一所中世纪大学因"黑死病"蔓延而被迫关闭,其数量在中世纪晚期成倍增长的全新图景,明显反映出人们心态发生了潜移默化的积极性转变。③

---

① 高露、王云龙:《行会视角下西欧中世纪大学起源——以巴黎大学为例》,《外国问题研究》2021 年第 2 期。
② 王珞:《养生丧死与中世纪欧洲大学的起源》,《世界历史评论》2021 年第 2 期。
③ 张弢:《"黑死病"与欧洲中世纪大学》,《北京大学教育评论》2021 年第 2 期。

在古典文化对西欧中世纪的影响上，田庆强关注到 13 世纪亚里士多德《政治学》传入后，基督教神学观与古希腊自然政治观的交锋。他认为，依据对《政治学》的看法，基督教会不同派别都继承了源自该著作的诸多观念，如自然主义国家观、优良政体、法治及公民概念等，旨在消解亚里士多德政治思想带来的威胁，将其融入基督教神学，以调和理性与信仰。此种情况间接促进了《政治学》的传播，基督教会成为传播亚里士多德学说的先锋和西欧先进思想的引领者，从而在一定程度上改变了人们对基督教的固有认知。① 李润虎认为由于欧洲主流医学传统的长期统治，人们对阿拉伯医学的认识主要停留在欧洲主流医学叙事框架下，即认为阿拉伯医学的主要贡献是"医学知识的保管人"，尚未充分意识到其在内科、外科、医院、解剖、疾病定义及"倾向非宗教性的医学"方面的历史贡献。但诸多史实表明，阿拉伯医学的发展及其达到的高度，不仅为欧洲文艺复兴时期医学发展奠定了基础，更为后期科学革命和医学革命提供了土壤。②

对中世纪欧洲文学的考察更有新意。张亚婷从经济地理、伦理价值和文化象征意义三个方面对骑士文学中"动物地理"进行研究。她指出，在 12—15 世纪的中世纪西欧骑士文学里，人与动物的相遇和互动出现在不同空间，关系随着边界流动而发生变化。文本中的动物布局和特定空间中出现的不同类型的动物，被赋予特定意义或价值，中世纪作家的叙事表现出对人与动物关系流动性及空间不确定性的思考。③ 李韦豫、朴玉认为 9 世纪前后拜占庭帝国的边疆诗歌，赞颂了驻守边境和保卫拜占庭帝国东部边界的男性英雄的丰功伟绩。与拜占庭其他地区的作品相比，边疆地区的史诗对性别角色和男女关系的观

---

① 田庆强：《基督教的政治学"启蒙"——以亚里士多德〈政治学〉在中世纪的传播为例》，《贵州社会科学》2021 年第 10 期。
② 李润虎：《中世纪阿拉伯医学对近代西方医学革命的奠基》，《自然辩证法通讯》2021 年第 9 期。
③ 张亚婷：《中世纪西欧骑士文学中的动物地理》，《世界历史评论》2021 年第 3 期。

点更加极端。但诗歌中的女性人物在家庭生活和文化传播方面发挥了重要作用，为改善个人及整个女性群体生存状况付出巨大努力和牺牲。①

14—16世纪西欧的文艺复兴，有力促进了人们的思想解放，为西方文化艺术摆脱中世纪神学的桎梏并迅速发展奠定了坚实基础。因此，它素来受到学界关注，2021年再度成为学界研究热点且有纵深拓展的势头。

在关于人文主义著作传播的研究中，周施廷认为，人文主义者通过构建物质形态和语义形态两条相互呼应的路径接受《神曲》，开创了文艺复兴时期文本传承的典范。在物质形态方面，《神曲》文本沿着"散本—抄本—印刷本"路径演变，在15世纪下半叶完成版本蜕变和存续。在语义形态方面，评注和传记两种副文本，在正文本之外发展出引导、解读、建构作者身份和推广作品的重要功能。结合正副文本，可系统考察人文主义者对《神曲》的多元接受路径。②

在对人文主义的考量上，颇有新意的成果较多。钟碧莉以独特视角审视了彼特拉克书信中的"食物意象"，强调它们凸显了彼氏对个体选择自由的重视，展现了彼氏作为人文主义者的特殊"入世"方式，也在更深层次上揭示了其对中世纪方济各式"清贫至上"精神的尊崇。钟碧莉还撰文指出，中世纪圣方济各修会的"贫穷至上"准则对彼特拉克影响深刻，而彼氏的"贫穷观"显示了其思想的复杂性与多面性。③ 这样的理解涉及如何评估人文主义者的"人欲"观及其与宗教信仰的关系。对此，赵立行提出了颇有见地的看法，指出早期人

---

① 李韦豫、朴玉：《拜占庭边疆诗歌中的女性形象解析》，《文艺争鸣》2021年第6期。
② 周施廷：《永恒的在场——但丁〈神曲〉在文艺复兴时期的多元接受路径》，《文艺研究》2021年第11期。
③ 钟碧莉：《清贫与孤独：论彼特拉克食物书写中的人文主义与方济各精神》，《外国文学评论》2021年第2期；《彼特拉克"贫穷观"的发展：基于方济各思想的解读》，《世界历史》2021年第1期。

文主义者关注人性、爱情,但无法摆脱宗教思维影响,由此演化出两种截然不同的爱情观,即"精神之爱"和"肉欲之爱"。前者试图在宗教框架里确立爱情的正当性,后者则试图从对抗宗教的角度阐释爱情本质,但两者都没有触及爱情本质。不过,这两种爱情观都代表着对中世纪禁欲主义的挑战,提出了爱情正当性这一重要命题,体现了人文主义者对人性的思考。① 思想传统的延续虽然为人文主义带来了宗教印记,但并不能掩盖其新的时代诉求。在这一问题上,李婧敬从自然观、人性观、义利观、快乐观、女性观、行动观等诸多角度对洛伦佐·瓦拉人文主义思想的具体内涵进行了系统剖析,认为瓦拉以语文学、修辞学和辩证逻辑学研究为手段,从理论层面赋予"快乐"一词全新含义,从而构建起一种将"人"、"天主"和"自然"兼容并包的全新伦理体系。②

对人文主义政治思想,学界也作了较多有新意的研究。陈浩宇尝试重新判定文艺复兴时期不同共和理论的性质。他通过对历史文本的细致梳理,分析马基雅维利《佛罗伦萨史》序言对市民人文主义者布鲁尼的指责是否言之有据。作者认为马基雅维利和以布鲁尼为代表的公民人文主义者,在政治思想和历史观念等方面存在明显差异,不应将两者的思想等量齐观。③ 谢惠媛认为,马基雅维利政治思想中有一个"审慎概念",这一概念消解了以往的道德维度,侧重于强化一种顺应时势灵活变通的根本能力。从德性向能力的语义转换可以从"术"和"道"两个层面加以把握。从"术"的层面看,马基雅维利把审慎与德性区分开来,审慎退化为善于在行善与作恶之间游走的能力,而非在不同德目之间作出选择的能力。为了论证"去道德化"审慎概念的合

---

① 赵立行:《信与欲:文艺复兴早期人文主义者的爱情意象》,《上海师范大学学报》2021年第1期。
② 李婧敬:《以"人"的名义:洛伦佐·瓦拉与〈论快乐〉》,北京:人民出版社,2021年。
③ 陈浩宇:《如何书写政治冲突:马基雅维利〈佛罗伦萨史〉序言对布鲁尼的三重批评》,《学海》2021年第3期。

理性，马基雅维利除诉诸国家目的外，还从"道"的层面借助命运概念提供说明。① 唐吉意、陈琳则力图否认马基雅维利政治思想中蕴含"德性"，指出《君主论》在论及权力与道德、吝啬与慷慨、残暴与仁慈等问题上，隐形建构出马基雅维利所认同的"政治"内涵，核心便是"政治去道德化"。然而，马基雅维利这一思想却饱受争议。无论如何，他的"政治去道德化"思想触及了政治本质，即"政治"在应然与实然上的属性问题，对后世政治理论与实践产生了深刻影响。②

文艺复兴研究还出现多向发散趋势。吴琼指出15世纪末佛罗伦萨多明我会布道者萨伏那洛拉死后，佛城绘画出现了一种令后世艺术史家难以理解的图像神秘主义，认为看似"错时论"的风格回转虽历时不长，却暗示文艺复兴艺术的某种图像转向，尤其画家对图像惯例的解域化重置，预示了贝尔廷意义上"图像时代"的终结。③ 黄越从社会史角度探讨了文艺复兴时期罗马的城市公社，指出公社继承了古罗马政治和文化遗产，在反对专制统治的过程中成长起来。在阿维农之囚和教会大分裂时期，城市公社获得长足发展，教廷和贵族势力不得不与之妥协，城市公社的精神遗产一直影响到16世纪。④ 高阳从科学史角度，通过解读人文主义者皮科的《驳星相书》，考察了文艺复兴时期西欧的星占学改革，指出当时人文主义者分别从神学、医学及数理学角度对星占学进行反思，被称为文艺复兴时期的"第一次科学革命"。⑤ 相比之下，从艺术史角度探讨文艺复兴更为活跃。孙晓霞强调世俗的、通识性的、应用性的人文学科，造就了艺术批评的修辞化、艺术经验的理论化，让艺术知识体系得到全方位更新，艺术反过

---

① 谢惠媛：《马基雅维利审慎概念的"术"与"道"》，《学海》2021年第3期。
② 唐吉意、陈琳：《论马基雅维利之"政治去道德化"》，《社会科学动态》2021年第8期。
③ 吴琼：《萨伏那洛拉与16世纪初佛罗伦萨的图像神秘主义》，《文艺研究》2021年第9期。
④ 黄越：《文艺复兴时期罗马的城市公社研究》，《历史教学》2021年第4期。
⑤ 高阳：《文艺复兴时期西欧的星占学改革——以皮科的〈驳星相书〉为中心》，《自然辩证法研究》2021年第6期。

来成为人文主义精神的最佳叙事载体。它以一般性知识的姿态"柔化"了中世纪神学、科学、自由艺术及工匠经验间的坚固壁垒,将文化、政治、道德、宗教及自然科学等知识与工匠技艺经验联通。①

关于文艺复兴时期的知识传播及其社会变迁,张炜的系统研究值得注意。他将印刷媒介的社会影响力问题置于社会变迁维度下考察,强调其在社会变迁进程中的催化剂作用。他认为,在16世纪的英国,作为新兴产业的印刷出版业逐渐发展壮大,而印刷媒介的兴起又与此时英格兰正在经历的资本主义工商业萌芽与发展、新教改革、教育变革,以及王权和民族国家观念的强化等产生有机联系。②

## (五)史料学与学术史

具有原创性、开拓性的史学研究成果,都以翔实的原始文献资料为基础,同时也离不开对学术史的系统追踪与辨析。随着学术研究的拓展,史料学与学术史越来越多地引起国内学界关注,其研究在2021年取得明显进展。

张弨结合德语国家及地区的研究状况,对中世纪史料学内容、类别与释读等作了较系统探讨。他指出,西欧中世纪留存至今的文字性材料,是探究这一时期欧洲历史的史料基础和重要线索。培养研究者释读此类文献能力的"历史辅助科学",在德语国家和地区是一个学科群,涵盖诸多分支和领域。"历史辅助科学"在史料学平台基础之上,以文书学为统领,将其他多个分支领域关联起来,形成一套释读史料文本的方法。而在释读过程中乃至之前,需要率先对文献精准识别,在对其真伪及史料价值作出初步辨别之后,才能进一步开展释读。③

---

① 孙晓霞:《文艺复兴时期的人文学科与艺术知识体系的革新》,《南京社会科学》2021年第7期。
② 张炜:《社会变迁的催化剂——16世纪英格兰的印刷媒介》,北京:社会科学文献出版社,2021年。
③ 张弨:《西欧中世纪史料学初探——以德意志王国的帝王诏旨为例》,《古代文明》2021年第4期。

在学术史方面，黄艳红对法国史学家贝尔纳·葛内的中世纪史学研究作了独到评析。他指出，葛内从文献类别以及史学在整个知识体系中的地位出发，对中世纪史学的若干特征进行诠释，始终关注史学发展与中世纪整体历史进程的互动，侧重于考察中世纪特殊"历史文化"，揭示中世纪史学的多样性和变动性，尤其在中世纪记忆与政治权力关系的考察上更为出色。总体而言，葛内倾向于把中世纪史学视为整个西方历史文化进程中的重要环节，认为它与文艺复兴史学之间没有根本性断裂。① 董子云认为，20 世纪 70 年代，法国传统政治史研究面对年鉴学派的有力挑战，在此关头，葛内结合当时史学理论和史学方法的新发展，提出研究法国中世纪晚期政治史的新框架。按葛内的学术理路，新政治史研究应当超越事件与人物，关注权力的演变和结构。政治史考量应有四个层次——社会基础、空间框架、政治行动和政治心态，其中政治心态史又涵盖公共舆论、政治宣传、民族情感、政治观念等方面。由此，葛内的研究推动了法国中世纪晚期政治史研究的复兴。②

杨韶杰等以史料、方法及学人为中心，探讨了 20 世纪以来英国中世纪教会史研究的延续与嬗变，认为该领域的研究在历史延续中实现了自身的嬗变式发展。受益于大批中世纪教会档案的整理出版及资料使用，学界不断发现和提出新问题，推动研究的整体性进步。③ 庞国庆认为，近现代希腊拜占庭研究的孕育、兴起和发展，见证了希腊自 1821 年独立以来民族历史书写范式探索和逐渐成熟的过程。19 世纪上半叶，新兴希腊国家为构建民族认同，采用"复兴"古希腊民族历史书写范式，丑化拜占庭帝国形象。19 世纪下半叶，拜占庭研究

---

① 黄艳红：《贝尔纳·葛内的中世纪史学研究述略》，《世界历史评论》2021 年第 1 期。
② 董子云：《贝尔纳·葛内与法国中世纪晚期政治史研究》，《史学理论研究》2021 年第 5 期。
③ 杨韶杰、菲利帕·霍斯金：《20 世纪以来英国中世纪教会史研究的延续与嬗变——以史料、方法及学人为中心的考察》，《史学史研究》2021 年第 4 期。

兴起，解决了"复兴"范式下希腊历史书写的断裂问题，并确立"延续"的历史书写范式。20世纪前30年，希腊学者对拜占庭的研究更为深入，实现了民族历史书写和拜占庭研究共同繁盛的局面。①徐浩对中世纪英国的工资问题进行了学术史梳理与辨析，认为19世纪下半叶至21世纪，英国学者对这一问题的探究并没有就工资论工资，而是围绕工资先后提出几个重大课题。大体来说，中世纪英国工资问题研究，主要出现过工资购买力、工资劳动和工资劳动者三种问题意识，每种问题意识的产生都极大推动了该研究，显著提升了认识深度和广度。这些来自实证研究的新知识和新认识，将会逐渐成为当今中世纪史的基本常识。②

在有关王权与议会之关系研究中，杨军将视野投向西方史学界主轴学理模式，指出19世纪末以来以斯塔布斯为代表的宪政主义学派，建构了15世纪英国的"宪政实践"模式；以麦克法兰为代表的"修正学派"，基于"变态封建主义"概念，从贵族群体运动的角度解构辉格史学。继之而起的一些学者，又提出"玫瑰战争"与约克王朝制约下的"议会虚权"模式，宪政主义学派的"宪政神话"最终遭到解构。③针对英国剑桥学派对马基雅维利政治思想解释的新思路，谢惠媛认为，以波考克和斯金纳为代表的剑桥学派，试图把马基雅维利政治思想中离经叛道的元素纳入共和主义框架。然而，在德性问题上，这一先入为主的共和主义逻辑歪曲了马基雅维利之德性政治化取向的真实含义，未能完整呈现其思想的新异性和冲击力；又因过分倚重公民美德而未能如实展现马基雅维利对"大人物"之德性的专注，从而遮蔽其国家主义本质。这在一定程度上反映出，

---

① 庞国庆:《希腊民族历史书写视域下的拜占庭研究（1821—1930年）》，《史学理论研究》2021年第5期。
② 徐浩:《中世纪英国工资研究的问题意识》，《经济社会史评论》2021年第2期。
③ 杨军:《从"辉格解释"到"议会虚权"论——西方学界对15世纪英国政治史的考量》，《古代文明》2021年第3期。

剑桥学派对马基雅维利政治思想所作的共和主义式阐释难以称得上是成功的。①

## （六）总结与展望

综合观之，2021年我国世界中世纪史研究有了较大提升。历史视野的拓宽、问题意识的凝练、研究路径的拓展与原始文献的运用，不仅使研究更具实证特征，而且注重历史规则乃至规律的总结与探索。尽管原创性与高水平学术成果还较为有限，但向这个学术目标挺进，已经成为学界普遍共识与执着追求。当然也必须看到，由于学术队伍体量有限，研究空间虽然有所突破，但整体而言仍主要集中于西欧，对于非西欧国家和地区的研究还非常薄弱。此外，一些研究尽管文献资料扎实丰富，但在解释与论证上，仍旧过多借鉴西方成果，缺乏自身学术体系与话语体系的运用，未能达到应有的广度与深度。由是观之，只有强化学术队伍的扩充，尤其是新一代学术梯队的构建，加强马克思主义唯物史观的理论指导，我国的世界中世纪史研究才能赓续与不断攀升，展现大国学术应有的良好前景。

（责任编辑：焦　兵　郑　鹏　高　凡）

---

① 谢惠媛：《共和主义的歧路：剑桥学派对马基雅维利政治德性的解读》，《伦理学术》2021年第1期。

# 三、世界近现代史

赵学功　邢来顺[*]

2021年，我国世界近现代史研究继续取得令人欣喜的成绩，学界推出世界近现代史研究成果约400项。整体上，相关成果呈现三种趋向：一是密切关注国际史学界最新研究动向，致力于回应国家和社会的现实关切，坚持中国话语，在拓展新领域、利用新材料、运用新范式等方面，都有不俗表现；二是顺应史学研究的跨学科潮流，融入环境科学、全球学、军事科学、文化人类学、民族学等跨学科元素的研究成果持续呈现；三是无论外交史与国际关系史、政治史、经济史与社会史、思想文化史等传统研究领域，还是医疗社会史、全球史、跨国史、区域史等新兴研究领域，都出现了新趋势。

## （一）全球史与跨国史研究

在过去一年中，一批以物品为媒介的文明交流互鉴研究成果，成为全球史研究的亮点。张箭考察了辣椒在全球的传播。辣椒起源于美洲，前哥伦布时代普遍种植于墨西哥、中南美洲地区。1493年，哥伦布返航并将辣椒带回西班牙。16、17世纪，欧洲人将辣椒传播到非洲、亚洲等地区，印度人、阿拉伯人、马来人等也参与了这一过程。辣椒在全球范围内的传播，是不同国家地区交流交往的历史过程。[①] 曹瑞臣梳理了棉花的全球传播过程。较早进行栽培并向外传播的是亚洲棉。公元前6世纪，印度棉纺织品被运往红海和波斯湾沿岸港口，后贩运至欧洲。公元前2世纪或更早时期，棉花及棉织品传入中国。大航海时代之后，美洲陆地棉以其绒长优势迅速在世界各地得

---

[*] 作者赵学功，南开大学历史学院教授；邢来顺，华中师范大学历史文化学院教授。
[①] 张箭：《辣椒在全球的传播》，《光明日报》2021年4月19日，第14版。

到种植。工业革命后，工业棉代替农耕时代的手工棉。棉花和棉织品的全球传播，对新旧大陆不同文明区域经济和社会发展产生深远影响。① 陈雪考察了烟草及其全球化。大航海时期以后，烟草经由欧洲传遍世界，因其外来性被贴上"野蛮"标签；工业化时代，烟草被改造为标准化的现代产品，在全球推广中建构起"文明"新身份；二战后医学发现证实了卷烟的危害性，一场反烟草行动逐渐在全球形成。② 李灵玢考察了全球史视野下中俄茶叶之路的变迁及影响，认为其变迁历程可划分为三个阶段：1492—1840年，通过以恰克图为中心的中俄茶路，东方文明与科技借贸易通道自东向西传播，助推欧洲向近代社会转变；1840—1900年，逐渐形成以汉口为中心的中俄茶路，欧洲国家通过全球殖民扩张取得支配性的经济优势，国际茶叶贸易的繁荣实际上加重了中国沦为半殖民地半封建社会的危机；1900—1945年，以西伯利亚铁路为主线的中俄茶路，反映出西方列强对殖民地的经济控制不断加强。③

关于全球史视角的其他研究成果，陈日华、刘莨妍以拉·孔达米纳对南美洲的探险考察为例，分析了启蒙时代早期欧洲知识人的殖民地科学探险与旅行书写，指出此时的欧洲知识人实质上以理性为工具，以殖民地为研究对象，尝试构建一套维护旧殖民秩序的普遍原则，并为殖民帝国提供驯服被殖民者的新手段。④ 马腾嶽以现代世界体系理论视角，分析了夏威夷王国在强权威胁下的生存策略，认为夏威夷王国的建立与发展，得益于它在现代世界体系中关键的地理位置与政治能动性，但最终也因其地理位置的关键性、资本的贪婪与帝

---

① 曹瑞臣：《棉花的全球传播》，《光明日报》2021年5月10日，第14版。
② 陈雪：《野蛮与文明：烟草及其所经历的全球化》，《清华大学学报》2021年第4期。
③ 李灵玢：《全球史视野下中俄茶叶之路的变迁》，《光明日报》2021年12月6日，第14版。
④ 陈日华、刘莨妍：《启蒙时代早期欧洲知识人的殖民地科学探险与旅行书写——以拉·孔达米纳对南美洲的探险考察为例》，《拉丁美洲研究》2021年第5期。

主义者的野心，被美国占领兼并。① 潮龙起分析了晚清至抗战时期的美洲侨情，重点阐述了美洲华侨采取多种方式支持祖国抗战，包括战时美洲华侨的国民外交运动以及对祖国的财力捐输、物力支援与归国直接参战等。②

基于文明交流互鉴的跨国史研究成果也十分丰富。施晔采用文化史研究方法，以17—19世纪中期东印度公司兴亡史为时间轴，以"中国风"在绘画雕塑、园林建筑、音乐戏剧、室内装饰等领域的兴衰为纬度，从不同侧面最大程度还原"中国风"这一艺术风格对启蒙时期欧洲物质文化及艺术领域的深刻影响。③ 邢来顺以跨国史和跨文化史视角审视了19世纪旅美德国学者的文化民族主义关切，指出在近代欧洲民族主义演进中，德国文化民族主义致力于守护和复兴德意志民族文化共同体。这种努力在19世纪外溢为对美国数百万德裔移民及其文化的关切和守护，形成一股基于德意志文化共同体意识的跨国性文化民族主义。一些旅美德国学者不仅为捍卫美国的德意志文化申辩，而且探讨了德意志文化在美国的命运，其思想认知经历了从执着守护德意志文化到理性思考融入美利坚文化的转变。④ 蒋真、李小娟探讨了美国传教士在奥斯曼帝国的传教活动及影响，指出作为美国对外扩张的先锋，美国传教士受"天命"激励，以实现新教在奥斯曼帝国广泛传播为目标。传教士的活动在促进帝国教育和妇女事业发展的同时，还间接助长了帝国境内民族主义运动及分离主义势力，为帝国解体埋下隐患。⑤

---

① 马腾嶽：《"中心的边陲"与"边陲的中心"：现代世界体系理论视角下的夏威夷王国兴亡》，《世界民族》2021年第3期。
② 潮龙起：《美洲华侨与抗日战争》，南京：江苏人民出版社，2021年。
③ 施晔：《海上丝路：东印度公司与启蒙时期欧洲的"中国风"》，上海：上海古籍出版社，2021年。
④ 邢来顺：《19世纪旅美德国学者的文化民族主义关切》，《历史研究》2021年第3期。
⑤ 蒋真、李小娟：《美国传教士在奥斯曼帝国的传教活动及其影响》，《阿拉伯世界研究》2021年第3期。

一些学者以跨国史视角重新审视美国历史。李剑鸣将美国革命史置于跨国史框架下进行考察，指出美国革命不仅是殖民地人民反对英国殖民统治的行动，也是大西洋世界多个殖民帝国长期竞争的一环，独立战争很快就从殖民地反叛转变为一场重要的国际战争。作者强调，在跨国史视野中，美国革命首先而且主要是一场政治革命，而不是社会革命或其他各种"复数化"的革命。美国革命之所以成为重要的跨国事件，并非缘于普通民众的诉求和行动，而是凭借精英领导人的活动和主张。① 薛冰清探讨"网络路径"与美国早期史研究，认为"网络路径"为美国早期史开拓了更广泛的研究课题，提供了新研究框架，但在方法论层面存在诸多局限和挑战，应留意其有效性和适用性。② 蔡萌指出，近年来，美国早期社会改革运动研究呈现普遍的"跨国转向"，这种跨国史不仅改变了传统民族国家史学对诸多问题的解释，还发现了超越民族国家的活动空间。但研究者应特别注意，跨国史与民族国家史学不能截然对立，而应携手并进。③ 刘祥同样认为跨国史和民族国家历史已成为密不可分的史学探寻方式，未来的历史研究应实现跨国史与民族国家史的平衡。④

关于跨国史的个案研究也受到学界关注。荆玲玲分析了近代早期烟草文化的欧洲化，指出尽管这一过程充满曲折，但在中等阶级形成和消费社会兴起的推动下，再加上经济利益驱使，烟草最终在欧洲流行普及开来。在欧洲武力征服美洲后，来自美洲的烟草实现了对欧洲的"征服"。⑤ 丁见民探讨了英美之间医疗信息跨大西洋的交流及其过程，认为这对美国早期医疗历史发展产生了重要影响。⑥ 金海对英

---

① 李剑鸣：《从跨国史视野重新审视美国革命》，《史学月刊》2021年第3期。
② 薛冰清：《"网络路径"与美国早期史研究》，《史学月刊》2021年第3期。
③ 蔡萌：《美国早期社会改革运动的跨国网络》，《史学月刊》2021年第3期。
④ 刘祥：《近年来史学界对跨国史的批评与反思》，刘新成、刘文明主编：《全球史评论》第20辑，北京：中国社会科学出版社，2021年，第17—29页。
⑤ 荆玲玲：《近代早期美洲烟草文化的欧洲化》，《世界历史》2021年第2期。
⑥ 丁见民：《18世纪到19世纪初期英美医疗信息的跨大西洋交流》，《历史教学》2021年第20期。

美废奴运动的合作、影响及其局限性进行考察，认为英美废奴运动的共同特征是大规模群众性社会运动与政府行动相结合，形成了大西洋世界中独特的"盎格鲁—美利坚模式"。① 谢国荣将美国种族问题置于冷战背景下考察，指出冷战初期种族主义对美国的国家形象、民主制度和外交活动等造成了负面影响，为逆转这一不利局势，美国政府通过多种方式对外宣扬美国在民权领域取得的进步，捍卫所谓"自由世界领袖"地位。这种偏离真相的海外宣传被一些黑人精英利用，借此推进美国民权改革，对美国历史进程产生重要影响。② 朱雅莉考察了20世纪50年代国际原子能机构保障监督制度，指出该制度看似为各国核合作提供了保障，但其中体现的有核国家凌驾于无核国家之上、发达国家凌驾于发展中国家之上的弱点，使得除西方阵营外的大多数国家出于国家安全、经济利益考量，远胜于让渡"主权"进行国际合作的意愿。③

基于中日文明交流视角的成果令人瞩目。许美祺介绍了16—19世纪日本长崎唐馆的发展历程，认为存在了将近170年的长崎唐馆是近世东亚海域社会特殊历史条件的产物，而其消失则是19世纪资本主义世界市场体系进一步覆盖东亚海域的结果。④ 孙传玲探讨了神儒习合与近世日本儒者"自我"的确立，认为相较于日本中世时期的"神佛习合"，"神儒习合"可谓日本近世思想史的一大特征。"习合"的过程也是日本儒者认识"自我"与"他者"，建立自我主体意识的过程。⑤ 杨立影、赵德宇考察了"日本型华夷秩序"的由来及其历史

---

① 金海：《18世纪末至19世纪上半期的英美废奴运动：合作、分歧与局限》，《首都师范大学学报》2021年第6期。
② 谢国荣：《种族问题与冷战初期美国的对外宣传》，《世界历史》2021年第3期。
③ 朱雅莉：《两极之间：1950年代国际原子能机构保障监督制度的建立》，刘新成、刘文明主编：《全球史评论》第21辑，北京：中国社会科学出版社，2021年，第224—235页。
④ 许美祺：《16—19世纪日本长崎唐馆的发展历程》，《光明日报》2021年11月29日，第14版。
⑤ 孙传玲：《神儒习合——近世日本儒者"自我"的确立》，北京：社会科学文献出版社，2021年。

虚幻性，认为"日本型华夷秩序"是日本人在观照清代中国的基础上产生的颠覆性"新东亚秩序"观，其目标并非和平共处而是攫取利益，是动摇区域秩序稳定的因素。① 刘豫杰以樽井藤吉及其《大东合邦论》为中心探讨了早期亚洲主义，认为近代日本对亚洲主义的提倡起自应对西方的威胁，而其泛滥又同时对应着日本侵略亚洲的高潮。② 徐静波选取了7位在20世纪前半叶访问中国的日本作家，介绍并梳理了这些作家笔下的中国形象。③

基于社会经济和文化等视角的区域史研究，东亚及东北亚地区是关注重点。瞿亮、张承昊考察了砂糖产业与近代日本的南方扩张。明治初年，在"殖产兴业"政策下日本糖业迅速发展，并将糖业布局重心放在包括琉球在内的"南方"地区。甲午战争后，日本强占台湾并进行一系列砂糖业部署，同时以台湾为基点向南洋迈进。日本南进过程中的砂糖问题牵扯到疆域变化、殖民地政策、经济战略以及燃料国策，是影响日本向南侵略扩张的重要因素之一。④ 文春美探讨了寺内内阁的"区域经济一体化"政策与西原借款。一战爆发后，以首相寺内正毅为首的"朝鲜组"主导制定"鲜满经济一体化"政策，鼓吹"日中经济提携"。朝鲜银行在金融层面上承担该政策的积极推进者角色，并试图通过西原借款将中国东北、关内纳入"日元货币圈"。寺内内阁时期由朝鲜银行主导的西原借款是20世纪30年代所谓"日满支经济一体化"政策的雏形。⑤ 祝曙光探讨了朝鲜与东亚国际秩序的近代转型。19世纪后期，中国为维护国家安全和抵御外来侵略，竭力维持中朝宗藩关系，力图使华夷国际体系与近代条约体系兼容。但事与愿违，东

---

① 杨立影、赵德宇：《"日本型华夷秩序"辨析》，《古代文明》2021年第1期。
② 刘豫杰：《"益友"？"恶友"？——以樽井藤吉及其〈大东合邦论〉为中心》，《聊城大学学报》2021年第3期。
③ 徐静波：《同域与异乡——近代日本作家笔下的中国图像》，北京：社会科学文献出版社，2021年。
④ 瞿亮、张承昊：《砂糖产业与近代日本的南方扩张》，《世界历史》2021年第5期。
⑤ 文春美：《寺内内阁的"区域经济一体化"政策与西原借款》，《华中师范大学学报》2021年第3期。

亚国际秩序在武力威胁与军事冲突中向近代转型。①

在中亚区域史研究方面，昝涛考察了16—19世纪中亚穆斯林朝觐与丝绸之路西段的耦合。一般认为，在大航海之后，传统的陆上丝绸之路逐渐衰落，但实际上并非如此。16—19世纪中亚穆斯林从中亚经伊斯坦布尔的朝觐之路，应被视为丝绸之路西段的一部分。朝觐不只是宗教功课，同时伴随着一定规模的人员流动和贸易活动。②曾红、慕占雄对斯坦因中亚考察报告中的帕米尔研究资料进行了述评。斯坦因三次中亚考察报告中的帕米尔研究资料对帕米尔地区的居民和多元文化交流等作了详细描述，同时我们也应注意到资料中的帝国主义侵略色彩。③

### （二）思想文化史、概念史

2021年思想文化史研究领域结出累累硕果，不仅数量喜人，而且呈现新的趋势和亮点：一是研究和关注重点出现了明显的亚洲转向，出现了一批基于跨国史和区域史视域的文明交流互鉴研究成果，思想文化的全球和跨国传播特征得到生动展现；二是有关知识生产与发展进步关系的研究成果也有呈现。

美国思想文化史聚焦于美国种族主义思潮、史学思想与社会教育等。伍斌认为"美国例外论"与19世纪美国排外主义紧密关联，"例外论"是美国排斥外来移民的核心话语之一，这一意识形态不但煽动美国人对外来移民的广泛排斥与歧视，而且在很大程度上塑造了美国19世纪后期的移民政策，推动美国逐渐由相对自由的移民制度向控制移民转变。④付成双从文化史和环境观念史视角对处女地假说进行

---

① 祝曙光：《朝鲜与东亚国际秩序的近代转型》，《江汉论坛》2021年第2期。
② 昝涛：《在布哈拉与"幸福门"之间——十六至十九世纪中亚穆斯林朝觐与丝绸之路西段的耦合》，《北京大学学报》2021年第2期。
③ 曾红、慕占雄：《斯坦因中亚考察报告中的帕米尔研究资料述评》，《国际汉学》2021年第4期。
④ 伍斌：《例外论与19世纪美国对外来移民的排斥》，《中国历史研究院集刊》第3辑，北京：社会科学文献出版社，2021年，第258—314页。

了探讨，认为这是传统的征服自然观念、伊甸园假说与男权主义相结合的产物，代表种族主义偏见和殖民主义罪恶。① 张国琨认为杰斐逊的《弗吉尼亚笔记》表现出鲜明的"文明—蒙昧"、"自我—他者"二元对立的思维模式，凸显了美国早期国家构建中的"白人至上"原则。② 牛忠光指出 20 世纪 60 年代民权运动后，虽然受反种族歧视法律的制约，种族主义行为被视为非法，但美国旧有的白人种族主义思想从未根除，此后美国种族主义思潮历经"白人对抗"、"白人性"、"无视肤色"以及"后种族主义"等流变。③

有多篇文章探讨了美国史学思想的发展变化。徐良、丛玮梳理了近代早期美国历史书写的发展演变，认为从地方史或地区史到美国革命专题史，从美国编年史到十卷本的美国通史，美国早期国家史研究不断深入，这不仅推动了美国史学的发展，在某种意义上也促进了美国国家和社会的发展。④ 原祖杰、武玉红探讨了 20 世纪 80 年代美国妇女史研究范式的转变，即从倾向于寻求普遍的姐妹情谊，转变为承认女性的多样性和尊重女性差异，认为新保守主义、黑人女性主义和后现代女性主义思潮冲击了主流女性主义，女性研究随之进入一个强烈的自我反思时期。⑤ 林漫则考察了美国男性史的发展脉络，以及男性史与妇女史、性别史的关系。⑥

学术史发展方面，张杨考察了战后美国行为科学的发展，认为美国双重资助体制的确立促进行为科学加速发展，行为科学家是冷战行

---

① 付成双：《处女地假说与北美印第安人的命运》，《史学集刊》2021 年第 2 期。
② 张国琨：《"文明"视角下美国国家构建中的自我与多重他者——以杰斐逊〈弗吉尼亚笔记〉为中心的考察》，刘新成、刘文明主编：《全球史评论》第 21 辑，第 58—74 页。
③ 牛忠光：《后民权时代美国种族主义思潮嬗变：路径、逻辑与成因》，《外国问题研究》2021 年第 3 期。
④ 徐良、丛玮：《早期美国国家史的历史书写》，《江西师范大学学报》2021 年第 5 期。
⑤ 原祖杰、武玉红：《从"姐妹情谊"到"女性差异"——美国女性史研究范式的转变》，《社会科学战线》2021 年第 7 期。
⑥ 林漫：《男性史：当代美国性别史的新视角》，《史学月刊》2021 年第 5 期。

为科学重大工程的决策者和推动者。但是，行为科学的"硬科学"取向、与国家安全机构过于密切的合作，以及突破学术伦理的人类和社会试验，最终导致其走向衰落。她还探讨了战后美国全球知识霸权与国际学界的批判。① 王希以美国历史学家理查德·霍夫施塔特的学术生涯和美国史研究路径为起点，考察其《反智主义》一书创作的历史背景及其与霍氏学术谱系的关系，力图揭示一种被称为"霍夫施塔特困境"的现象——作为一名坚持自由主义立场的知识分子，如何在一个高度"民主化"同时又高度"反智化"的美国社会找到自己的位置。② 田肖红、郭秋锐认为二战后美国政治中的反智主义进一步强化和发展，呈现出思想保守化、政治极端化和手段民粹化等特征，大众媒体在其中扮演了重要角色。③ 赵辉兵将美国学界对进步主义运动的研究分为两个阶段：1970 年之前社会中心研究取向的一元主义研究居于主导，学者关注的重心是社会运动问题；1970 年后进入多元主义时代，国家中心研究取向与社会中心研究并驾齐驱。④ 李晔梦考察了区域研究在美国的兴起和发展，认为美国区域研究不仅塑造了北美风格的新知识体系，也深刻影响了美国社会科学的发展，成为世界范围内区域研究的引领者。但 20 世纪八九十年代以来，伴随全球化发展趋势、美国社会舆论导向和高校内部对教育资源的争夺，美国的区域研究面临一系列困境。⑤

美国教育史方面，石可鑫考察了第一次世界大战期间，圣路易斯公共图书馆针对移民儿童展开的"美国化"教育。圣路易斯公共图书

---

① 张杨：《以理性的名义：行为科学与冷战前期美国的知识生产》，《世界历史评论》2021 年第 2 期；《战后美国全球知识霸权与国际学术界的新批判浪潮》，《光明日报》2021 年 10 月 25 日，第 14 版。
② 王希：《反智主义与霍夫施塔特困境》，《美国研究》2021 年第 4 期。
③ 田肖红、郭秋锐：《大众媒体与二战以来美国政治中的反智主义》，《聊城大学学报》2021 年第 6 期。
④ 赵辉兵：《美国进步主义运动研究百年回顾与展望》，《外国问题研究》2021 年第 3 期。
⑤ 李晔梦：《美国区域研究的发展趋势》，《史学月刊》2021 年第 5 期。

馆利用多种教育方式，向移民儿童展现美国的价值观念，目的在于为美国培养"未来的合格公民"。① 臧震梳理了卡内基基金会参与 1958 年美国《国防教育法》高中汉语教学项目的过程及影响，指出冷战共识下，卡内基基金会并非其标榜和宣称的独立于政府和市场之外的非政府组织，而是通过相对隐秘的方式积极参与冷战，服务于美国国家安全利益。②

此外，谢文玉考察了《纽约时报》对新左派运动重要组织"学生争取民主社会组织"（简称"学民社"）的相关报道，认为当"学民社"以一种崭新的政治抗议力量登上美国政治舞台时，《纽约时报》的报道相对中立。随着该组织的不断壮大、与主流社会日渐疏离，它被逐渐"边缘化"；当"学民社"组织性质及组织结构发生变化时，《纽约时报》将其妖魔化为一种危险的破坏性力量。③

欧洲思想文化史研究结出了较丰硕果实。江晟分析了印刷术与欧洲社会现代性塑造的关系，认为印刷术制造的大量文本及其传播方式削弱了人们对基督教共同体的归属感，进而引发身份认同危机。④ 姜守明解构了欧洲宗教改革运动的神学支点——因信称义，认为将宗教改革建立在因信称义上，并不是马丁·路德的突发奇想，而是他对使徒保罗福音信仰的认知结果。⑤ 刘林海在梳理、总结相关研究和改革背景基础上，从《圣经》、宗教公会议、圣礼、社会救济、宗教改革时期基督教信仰的一般特点等方面，对新教与罗马天主教进行了分

---

① 石可鑫：《第一次世界大战期间针对移民儿童的"美国化"教育——以圣路易斯公共图书馆为例》，《历史教学问题》2021 年第 6 期。
② 臧震：《试析卡内基基金会的高中汉语教学项目（1961—1974）》，《历史教学问题》2021 年第 6 期。
③ 谢文玉：《美国主流新闻媒体对新左派运动的形象建构——以〈纽约时报〉对"学生争取民主社会组织"的报道为中心》，《史学月刊》2021 年第 11 期。
④ 江晟：《印刷术与欧洲社会现代性的塑造》，《光明日报》2021 年 5 月 10 日，第 14 版。
⑤ 姜守明：《解构欧洲宗教改革运动的神学支点——因信称义：从使徒保罗到改革家马丁·路德》，《学海》2021 年第 2 期。

析，认为新教与天主教在很大程度上是欧洲走向现代的两种路径，传统的非此即彼的认知模式失之偏颇。[1] 屈伯文、陈恒批判了近代早期欧洲军事革命论中的西方中心主义偏见。20世纪中期，英国史家罗伯茨提出近代早期欧洲军事革命论。该理论对西方兴起、东西大分流等问题作出了新解释，但其预设带有一定偏向性，内容建构亦受西方中心主义影响。尤其是20世纪末以来，伴随新军事史研究及其所涉地域范围的扩展，该理论蕴含的西方中心主义偏见更清晰地显露出来。[2] 王晓德探析了启蒙运动时期荷兰哲学家德波对美洲全面"退化"的想象。启蒙时代美洲问题专家德波尤其关注美洲人的"退化"，包括生活在美洲的欧洲白人移民后裔。后者的"退化"更能说明"恶劣"的自然环境是如何使"优越种族"的生理机能或创新能力向"低劣"蜕变。德波向欧洲人展现出一幅令人恐怖的美洲图景，对美洲的全面否定满足了欧洲人的种族或文化优越心态。[3]

英国思想文化与近代教育史方面有多篇成果呈现。李宇恒考察了16世纪著名政治家托马斯·莫尔的法律职业生涯，分析了其著作《乌托邦》中的民生观，认为完善的法治是乌托邦社会的核心特征，即一切民生问题都可用公正的法律解决。[4] 张影考察了斯图亚特王朝晚期，英国政府审查制度演变过程及原因。[5] 徐煜认为斯图亚特王朝是英国向近代社会转型的重要时期，作为政治文化组成部分的宗教政策也因此表现出鲜明的独特性，一定程度上促进了英国政治制度变革，使英国走向独特的政治发展道路。[6] 赵红探讨了16—17世纪英国大学财政收入及其影响，认为这一时期大学财政管理体制逐渐完善，

---

[1] 刘林海：《宗教改革时期的新教与罗马公教研究》，北京：中国社会科学出版社，2021年。
[2] 屈伯文、陈恒：《近代早期欧洲军事革命论的西方中心主义偏见》，《复旦学报》2021年第4期。
[3] 王晓德：《启蒙运动时期德波对美洲全面"退化"的想象》，《世界历史》2021年第1期。
[4] 李宇恒：《托马斯·莫尔的法治民生观及影响》，《历史教学》2021年第4期。
[5] 张影：《斯图亚特王朝晚期英国出版审查制度的变革》，《史学月刊》2021年第6期。
[6] 徐煜：《英国斯图亚特王朝时期宗教政策变化及启示》，《湖北师范大学学报》2021年第5期。

财政收入实现了由中世纪时单一性教会支助模式向现代多元自主性经营道路的重要转变。① 陈磊对 19 世纪牛津大学历史学科的设立进行了研究，认为牛津历史学科的创建模式，不仅深刻影响英国史学发展的脉络和风格，也塑造了英国政治文化和民族特性。②

关于社会思想、观念变化和民族认同建构，张乃和分析了英国现代知识生产机制问题，认为形成于 19 世纪中后期的这一机制具有自主性、多样性和开放性的突出特征。在此过程中，英国现代知识生产者实现了专业化、职业化转向，国家资助和引导作用日益增强。③ 袁跃华提出，在早期社会，破产被视为一种犯罪行为。18 世纪"破产有罪观"开始淡化。随着英国经济社会转型以及福音主义运动兴起，"破产无罪观"正式形成，破产法也不再以防止破产欺诈为主要目的。④ 陈日华认为，在脱离中世纪民族起源神话后，摆在英国古物学家面前最重要、最迫切的问题是建构民族认同。古物学家界定了英国文明的日耳曼特征，重新评估了基督教因素。古物研究不是对历史的简单考证与复原，古物学家也不是脱离时代的老学究，近代早期古物研究运动与英国社会变迁密切相关，具有鲜明的民族性与时代性。⑤ 莫磊考察了二战前后英国左翼知识分子与 20 世纪 30 年代的历史书写，指出在左翼知识分子影响下，英国学界普遍确立了对这一年代的"消极"书写范式，并对英国政治话语体系产生了长期影响，塑造了民众对这一时期的历史认知和记忆。⑥ 此外，刘章才基于文化传播视角，对英国茶文化的形成过程、内涵及特色进行了梳理，揭示了茶文化与英国政治经济社会等方面的密切关联。⑦

---

① 赵红：《16—17 世纪英国大学的财政收入及其影响》，《西南大学学报》2021 年第 4 期。
② 陈磊：《博雅与专业的妥协：19 世纪牛津大学历史学科的建立》，《世界历史》2021 年第 4 期。
③ 张乃和：《英国现代知识生产机制的形成》，《光明日报》2021 年 8 月 30 日，第 14 版。
④ 袁跃华：《近代英国个人破产观念的变迁》，《河北大学学报》2021 年第 2 期。
⑤ 陈日华：《古物学家与近代早期英国民族认同建构》，《历史研究》2021 年第 3 期。
⑥ 莫磊：《二战前后英国左翼知识分子与 1930 年代的历史书写》，《史学史研究》2021 年第 2 期。
⑦ 刘章才：《英国茶文化研究（1650—1900）》，北京：中国社会科学出版社，2021 年。

关于法国思想文化史，吕一民认为第三共和国前期法国人对"知识"表现出超常热情，是因为当时战败的法国人不约而同地将失败归因于法国在知识生产，特别是教育体制方面的不足。因而，第三共和国前期始终把教育改革作为重要任务，同时借助各种报刊、市镇图书馆等传播知识，这一时期大多数法国民众的受教育程度和知识素养均有所提高。①李蕾、沈弘以法国遣使会传教士谭卫道为例审视了近代法兰西博物学知识的形成，梳理了谭卫道在华考察活动及传译中西博物学知识的始末。②于京东探讨了近代法兰西国家形象及其传播。17世纪后，"法兰西"这一政治符号在主权者象征、疆域意识、社会生活与公共舆论等领域得到具体呈现。拟人化国家人格、有限特殊的高卢版图、多元一体的领土景观与温情包容的"祖国"想象等，共同形塑了法国人从"家乡"到"祖国"的体验与记忆。这不仅构成了近代爱国主义与民族主义话语中的元叙事，更为此后的历史书写与制度设计提供了同质化的范畴。③

关于德国思想文化史，邢来顺考察了近代德国有组织的知识生产与文化科技发展，指出近代德国在文化科技领域的成就，很大程度上受益于有组织的知识生产体制。这种有组织的知识生产大致经历三个阶段，即近代早期依托于宫廷的多样性知识生产、近代中期基于大学平台的研究型知识生产，以及近代晚期基于国家多组织平台的创新型知识生产。④付家慧分析了德国农民战争中闵采尔的共有思想，认为该思想包含财产共有与权力共有两部分。闵采尔的政治经济主张一方面影响了农民战争时期其他主要建国纲领，另一方面与当时领地国家

---

① 吕一民：《法国在第三共和国前期的知识生产与传播》，《光明日报》2021年8月30日，第14版。
② 李蕾、沈弘：《从谭卫道看近代法兰西博物学知识的形成》，《国际汉学》2021年第1期。
③ 于京东：《近代法兰西的国家形象及其传播——兼论共同体意识的文化构建》，《人文杂志》2021年第4期。
④ 邢来顺：《近代德国有组织的知识生产与文化科技发展》，《光明日报》2021年8月30日，第14版。

形成的趋势相悖。① 徐健探讨了普鲁士改革时期的浪漫主义，指出浪漫主义运动是一场构建民族精神特质的思想塑造运动。柏林的宗教氛围、普鲁士君主制传统，特别是作为其"血脉"的等级制度，使普鲁士成为浪漫主义者的政治实验场。亚当·米勒和斯泰因是改革时期浪漫派代表，前者从观念出发，将君主制、等级制浪漫化，用于指导改革；后者在实践中尝试将君主制和等级制作出顺应时代的改变。他们的思想和实践对普鲁士改革进程产生了重要影响。②

与德国反犹主义及大屠杀相关的思想文化史研究继续有成果呈现。李大伟考察了反犹主义概念的起源与流变，指出自1879年德国人威廉·马尔首创反犹主义术语"Antisemitismus"以来，反犹主义概念呈现泛化与类型化趋势。③ 李超认为当今德国秉承的记忆文化，主要是对大屠杀历史的直面，这一历史认知的构建经历了漫长而曲折的过程。④ 张倩红、邓燕平介绍了国际组织对大屠杀记忆的传承。以联合国为代表的国际组织主要从战争罪行证据的调查搜集、大屠杀纪念与教育活动的开展、与"否认大屠杀"等反犹主义行为做斗争等方面保存大屠杀记忆，将大屠杀纪念与教育活动制度化。国际组织对大屠杀记忆的传承有助于推动创伤教育成为公共文化的重要内涵与道德基石，但在此过程中始终存在对创伤记忆的政治化解读与道德滥用现象。⑤

东亚思想文化史研究视域下，日本思想文化史研究成果较多。赵承伟、卢镇探讨了日本二宫尊德思想形成的理论渊源，认为其思想主要来源于早年所受的儒学教育及武士道精神教育。⑥ 李文明考察了20

---

① 付家慧：《闵采尔的共有思想与德意志农民战争》，《历史教学》2021年第4期。
② 徐健：《普鲁士改革时期的浪漫主义：思想与行动》，《史学集刊》2021年第3期。
③ 李大伟：《反犹主义概念的起源与流变》，《世界历史》2021年第5期。
④ 李超：《沉默还是回忆：战后德国记忆文化评析》，《安庆师范大学学报》2021年第2期。
⑤ 张倩红、邓燕平：《国际组织对大屠杀记忆的传承》，《历史教学》2021年第12期。
⑥ 赵承伟、卢镇：《二宫尊德思想形成的理论渊源》，《洛阳师范学院学报》2021年第3期。

世纪日本学界的"古代虾夷族群"论争。"古代虾夷族群"论争与"石器时代日本居民"论争、"古代邪马台国"论争并称为20世纪日本学界的三大古史论争。"古代虾夷族群"论争至今仍未终结。2001年工藤雅树提出"超越论争"的倡议,但论争的长期无解不能简单视为"超越"的理由。只有对"论争"这一学术现象本身进行分析,对各种学说的合理性、矛盾性都有辩证认识,才能对"论争"有所超越。① 彭卫民考察了德川日本古学派"家礼"思想,认为德川时代的儒家知识人继受朱子《家礼》,将生死观建立在《家礼》仪式的日常实践上。与此同时,以伊藤仁斋、荻生徂徕为代表的古学派知识人,主张重新理解"先王之道"与《家礼》中"孝弟之道"的关系,试图在批判宋儒礼学基础上证明华夏儒学道统的"日本化"。古学派对家礼思想的本土改造,旨在重新界定"华夷观",彰显"自文化中心主义"。② 胡炜权指出,日本战国时代为日本汉学史研究的空白时期,中日两国学者通常认为当时儒学为主的汉学尚未发展起来。然而,通过战国时代武士的遗训、文书等不难发现,战国武士通过僧侣的教导,在日常行为和道德思想上已受到儒家思想的影响。③ 邓华莹考察了"国家类型学说"在近代东亚的传播与重构。西方"国家类型学说"在19世纪中叶以后传入东亚文明圈,迅速在明治日本形成一套辨析国体政体关系的国家类型知识体系,相关理论纠缠于君权与民权问题。清季中国从日本引进各类国体政体理论,同样因君权与民权取向互歧而衍生出互异的国体政体观念。辛亥革命后,君权时代结束和民主共和兴起,日本的国体政体学说在中国日趋失去活力。④

---

① 李文明:《20世纪日本学界的"古代虾夷族群"论争》,《世界历史》2021年第4期。
② 彭卫民:《复归"先王之道":德川日本古学派"家礼"思想的批判》,《济南大学学报》2021年第3期。
③ 胡炜权:《概论日本战国时代汉学经典的吸收:以武士社会为中心》,《国际儒学》2021年第3期。
④ 邓华莹:《国家类型学说在近代东亚的传播与重构》,《学术月刊》2021年第8期。

日本侵略扩张的理论基础、文化政策等也受到广泛关注。万齐岭分析了近代早期日本"亚细亚主义"悖论性格。① 刘丹、赖正维考察了伊波普猷"日琉同祖论"的形成与转变。琉球近代启蒙思想家伊波普猷致力于冲绳史研究，论述了琉球王国和琉球民族的存在，同时他又主张"日琉同祖论"，认为1879年废藩置县是一种奴隶解放行为。但当他发现日本并未给琉球带来真正的解放时，强烈抨击日本不过是继萨摩藩岛津氏之后又一支配琉球的帝国主义势力。换言之，伊波普猷的"日琉同祖论"观点与日本明治政府的殖民同化政策有本质区别。② 李凯航、俞祖成探讨了明治日本"南进论"思想的形成与演变，认为不同于向朝鲜半岛及中国大陆进行武力扩张的"北进论"，"南进论"强调经由小笠原岛、琉球群岛、台湾岛向南洋群岛进行移民与贸易。明治初年，日本还是一个弱小国家，选择避开与西方列强以及当时实力强大的清王朝竞争，把对外扩张的方向定在南洋乃至太平洋"无人岛屿"上。③ 王美平梳理了甲午战争至九一八事变期间，日本政界、军界、知识界以及普通民众的对华认识，揭示了近代日本对华观的流派、特点及规律等，指出近代日本套用西方原生型及日本型"民族国家"范式作为评价中国的标尺，是导致其错误地采取一系列侵华行动并最终发动九一八事变的认识根源与思想鸦片。④ 孙继强认为，在大力推行以"总体战"为特征的战时体制形势下，日本当局推动构建"出版新体制"，强化出版业的战时宣传功能，将不同业态的出版机构纳入统制范畴，最终导致战时日本出版政策的法西斯化。⑤

---

① 万齐岭：《"连带"与"脱亚"的共谋——近代早期日本"亚细亚主义"悖论性格之新探》，《武夷学院学报》2021年第2期。
② 刘丹、赖正维：《伊波普猷"日琉同祖论"的形成与转变探析》，《外国问题研究》2021年第1期。
③ 李凯航、俞祖成：《明治日本"南进论"思想的形成与演变》，《南洋问题研究》2021年第2期。
④ 王美平：《日本对中国的认知演变——从甲午战争到九一八事变》，北京：社会科学文献出版社，2021年。
⑤ 孙继强：《战时日本"出版新体制"的构筑及其法西斯化》，《世界历史》2021年第2期。

关于战后日本思想文化史，李臻、徐显芬探讨了中日"历史问题"背后的美国责任，认为东京审判的不彻底性、取消战争赔偿以及片面媾和《旧金山和约》都是美国因素影响的具体表现。从思想根源看，美国单独对日占领体制掩盖了日本战争责任的本质在于侵略中国，造成日本对中日战争认识不足。美国对日本意识形态和价值观等思想层面的全面改造，强化了"日本战败于美国"的认知，使日本败给中国的意识愈发淡薄。[1] 孙立祥考察了日本右翼势力的思想结构及其流变。日本右翼势力的核心思想伴随着"传统右翼"、"革新右翼"、"战后派右翼"、"新右翼"的代际嬗递，相应留下了天皇中心主义、法西斯主义、反美反体制主义、历史修正主义的演变轨迹。[2]

亚洲其他国家的思想文化史也多有涉及。陈西西探讨了《薄伽梵歌》中的平等观与种姓制度。《薄伽梵歌》一方面肯定了万物源于梵的平等思想，另一方面又借助数论中原人与原质的二元区分以及原质三性解释种姓制度的由来，因而产生了平等的本体论与不平等的道理伦理之间的紧张关系。20世纪提拉克、甘地等对《薄伽梵歌》中的平等观与种姓制度进行讨论，试图通过个人本性与品质的不同来构建一种存在差异但并非不平等的种姓制度。[3] 黄民兴、康丽娜考察了19世纪中叶以前布哈拉汗国文化变迁轨迹。布哈拉汗国是1500年在中亚河中地区由乌兹别克人建立的国家，在近代中亚文明交往中举足轻重，其文化变迁以三大王朝的更迭为界。政权统治、宗教影响力、游牧文明与农耕文明的兴衰影响着19世纪中叶以前布哈拉汗国的文化变迁。[4] 艾仁贵探讨了马萨达神话与以色列集体记忆塑造。马萨达是

---

[1] 李臻、徐显芬：《中日"历史问题"缘起的美国因素——以对日占领体制及思想文化改造为中心》，《西北师大学报》2021年第2期。
[2] 孙立祥：《日本右翼势力的思想结构及其百年流变》，《南京社会科学》2021年第11期。
[3] 陈西西：《论〈薄伽梵歌〉中的平等观与种姓制度》，《南亚东南亚研究》2021年第3期。
[4] 黄民兴、康丽娜：《19世纪中叶以前布哈拉汗国文化变迁轨迹》，《新丝路学刊》2021年第2期。

犹地亚沙漠深处的天然军事要塞。公元73年，驻守马萨达堡的1000余名犹太人在罗马军队的包围下集体自杀，但这段历史在中世纪被遗忘。进入20世纪，有关马萨达事件的集体记忆进入现代犹太认同中心，被塑造成一个为以色列社会所深切认同的现代政治神话。①

奥斯曼帝国文化史也受到关注。李宁考察了16世纪伊斯坦布尔的咖啡馆文化与市民社会，认为当时的咖啡馆具有三种基本特征：娱乐休闲中心、具有经济实体功能和扮演国家政治角色。依托咖啡馆形成的都市文化和生活方式，为我们观察16世纪奥斯曼帝国的公共空间、社会文化和政治变迁提供了窗口。②陈莹雪以1593—1821年发布的教会文件为基本史料，分析了奥斯曼帝国统治时期东正教会对希腊公益教育的支持，重新考察了这一时期东正教会对学校教育的影响。③

非洲及拉美思想文化史成果相对较少。陈天社、常晓东考察了埃及穆罕默德·阿里时期的教育改革，认为西方殖民扩张、伊斯兰传统教育衰落以及西方先进思想文化传入等内外因素，构成了阿里教育改革的主要动因。这一改革打破了埃及伊斯兰传统教育的垄断地位，对埃及教育格局、改革进程以及社会现代化产生了深远影响。④邢昊考察了索马里民族主义的历史演变及其特征。索马里民族主义的独特性源自索马里人族群单一、部落社会长期存在。历经被殖民和联合国托管的索马里，表现出独特的民族主义发展态势。部落始终影响索马里民族主义的发展，由部落体制衍生出的部落主义阻碍民族主义的整体性发展。⑤韩琦对墨西哥文化革新运动与现代化进行了研究。1910年

---

① 艾仁贵：《马萨达神话与以色列集体记忆塑造》，北京：社会科学文献出版社，2021年。
② 李宁：《16世纪伊斯坦布尔的咖啡馆文化与市民社会》，《世界历史评论》2021年第1期。
③ 陈莹雪：《奥斯曼帝国统治时期东正教会对希腊公益教育的支持（1593—1821年）》，《世界历史评论》2021年第1期。
④ 陈天社、常晓东：《埃及穆罕默德·阿里时期教育改革探究》，《阿拉伯世界研究》2021年第4期。
⑤ 邢昊：《索马里民族主义的历史演变与特征研究》，《大庆师范学院学报》2021年第2期。

墨西哥革命发生后，在墨西哥新政府倡导下，伴随政治革命发生了一场文化革新运动，包括何塞·巴斯孔塞洛斯提出的种族和文化融合思想，人类学家曼努埃尔·加米奥提出土著主义思想，以及与此相关的土著主义运动、反教权主义、教育改革、壁画运动、革命小说创作、民族主义电影等。文化革新运动实质上是一场文化民族主义运动。①

此外，概念史方面有较多成果呈现。李建军分析了"巴尔干"与"东南欧"这两个概念的历史文化内涵。这两个指代欧洲东南部区域的名词自19世纪末以来一直被人们混用，但它们的历史文化内涵存在明显差异。"巴尔干"是分裂的欧洲的缩影和象征，折射出奥斯曼帝国与之前历史的断裂，强调历史变异以及种族混合和离散因素造成的巨大异质性；"东南欧"则反映了该地区历史演化的有机统一观念，追求的是文化共性，强调跨越时空的亲缘关系和渗透性。② 李伯重对"丝绸之路"概念进行了探讨，认为今天"丝绸之路"概念被泛化，引起了对"丝绸之路"的诸多误解。而在史学边界内，有李希霍芬的"丝绸之路"和赫定的"丝绸之路"两种概念，它们源自"全球史"和"区域史"两种不同的研究取向。这两种取向各有优点和不足，只有二者相互结合，取长补短，才能得出一个合理的"丝绸之路"概念。③ 李花子考察了日本对"间岛"地理概念的利用。日本陆军中佐斋藤季治郎《间岛视察报告书》核心内容是假定"间岛"境界线，将朝鲜人创制的原本指称图们江沿岸的"间岛"扩充为区域概念，此举暴露了日本利用"间岛"地理概念进行扩张的侵略意图。④ 张迅实对英国"贵族"概念的起源及其多重表述的近代衍变

---

① 韩琦：《墨西哥文化革新运动与现代化》，北京：社会科学文献出版社，2021年。
② 李建军：《概念史视阈下的"巴尔干"与"东南欧"》，《光明日报》2021年8月16日，第14版。
③ 李伯重：《"丝绸之路"的"正名"——全球史与区域史视野中的"丝绸之路"》，《中华文史论丛》2021年第3期。
④ 李花子：《日本利用"间岛"地理概念的扩张企图——以斋藤季治郎〈间岛视察报告书〉为中心的考察》，《云南大学学报》2021年第1期。

进行了考证，认为贵族这一特殊群体的观念和行为在英国社会转型时期产生了独特的历史作用。①

## （三）医疗社会史

医疗社会史继续受到关注。在日本医疗社会史方面，焦润明、杨殿林探讨了19世纪70年代末日本应对霍乱的举措及启示。1877—1879年日本暴发大规模霍乱疫情，为防止疫情扩散蔓延，明治政府颁布一系列防疫法规，建立起以政府为主导、以警察和医生为主要参与者的疫情防控体制。同时借鉴西方国家的抗疫经验和医疗技术，最终控制了疫情传播。上述防控举措对日本近现代防疫体系的形成具有重要推动作用。②孙志鹏考察了大正中期日本的西班牙流感疫情及危机应对。1918年春，西班牙流感传入日本。对于这一突发的公共卫生事件，起初日本中央政府未予重视，随后确立佩戴口罩、预防接种等方针。地方政府和社会团体遵照中央政府指示，采取启蒙国民、打击口罩投机商、限制集会、派遣巡回医疗组、鼓励民众自救等措施，在维护社会稳定上获得"疗效"。日本中央政府指导、地方执行、全民动员是近代日本应对突发公共卫生事件的基本模式。③黄玥瑜、赖正维指出冲绳战役爆发后，八重山地区日军因战略防御需求，强行将冲绳民众集中驱赶至疟疾高发的山岳地带，导致大量平民感染疟疾死亡。日军强制平民迁徙、战后疟疾受害者与遗属要求日本政府赔偿的艰难历程，深刻揭露了日本军国主义对冲绳平民造成的严重伤害。④

欧洲医疗卫生史研究成果较多。赵秀荣就英国社会对抑郁症认知

---

① 张迅实：《争议、表述和再考证：近代英国"贵族"概念探究》，《世界历史》2021年第3期。
② 焦润明、杨殿林：《19世纪70年代末日本应对霍乱的举措及启示》，《吉林大学社会科学学报》2021年第1期。
③ 孙志鹏：《夺命的流感：大正中期日本的突发公共卫生事件及危机应对》，《历史教学问题》2021年第2期。
④ 黄玥瑜、赖正维：《二战时期冲绳八重山疟疾受害者问题探析》，《福州大学学报》2021年第3期。

的变化进行了考察，认为抑郁症在近代英国以及欧洲历史上既是疾病术语也是重要的文化概念，近代英国乃至欧洲抑郁症概念的流变以及对这一疾病认知的发展，不仅反均映了文明和理性的进步，而且有助于理解英国社会的文化建构。赵秀荣还以玛丽—伊丽莎白案为切入点，考察了近代英国对"歇斯底里"症状的认知，认为这一认知背后体现的是医学与宗教的角力。① 张珊则考察了英国医生乔治·切恩对忧郁症病因、症状及治疗方法的相关论述。② 邹翔对英国民间医学的衰落及其原因进行了探究，认为在英国民间医学衰落、官方正规医学逐渐占据主导地位的过程中，政治、文化和宗教发挥了重要推动作用，医学进步本身则未在其中扮演重要角色。③

疫情治理方面，柴彬、程冠宇认为在 1665—1666 年伦敦大瘟疫治理中，教会逐渐从中世纪独立的主导性角色转变为世俗政府的辅助力量，扮演精神上的"讲道者"，而世俗力量则逐步取代宗教机构承担起治理瘟疫的责任，但囿于当时整个社会的医学认识，无法解释瘟疫的发生病理并提出有效的医学治疗方案，宗教解释仍占据主流地位。④ 王希铭分析了当时社会对伦敦大瘟疫的应对及其局限性。在这场抗疫中，我们能看到近代早期英国面对疫情所采取的严格全面的公共防疫举措，但也不能忽视人类行动的局限性。⑤ 刘金源考察了 1832 年霍乱在英国的流行及特点，英国医学界面对这场并非突如其来的流行病几乎束手无策，霍乱造成的大量病亡及引发的社会恐慌与其他国

---

① 赵秀荣：《近代英国对抑郁症的认知——从忧郁症到抑郁症》，《安徽史学》2021 年第 1 期；《近代早期英国社会对"歇斯底里"的认知》，《经济社会史评论》2021 年第 3 期。
② 张珊：《18 世纪英国医生乔治·切恩对忧郁症文化内涵的重塑》，《中国社会科学院研究生院学报》2021 年第 4 期。
③ 邹翔：《近代英国民间医学的衰落：一项社会史的考察》，《中国社会科学院研究生院学报》2021 年第 4 期。
④ 柴彬、程冠宇：《1665—1666 年伦敦大瘟疫治理中的面相探析》，《历史教学》2021 年第 16 期。
⑤ 王希铭：《1665 年伦敦大瘟疫与英国近代早期的防疫应对》，《英国研究》2021 年第 1 期。

家同样严重。①陆伟芳、余志乔以19世纪伦敦霍乱为研究对象，探讨了伦敦应对霍乱疫情的立法举措及城市水基础设施建设，揭示出瘟疫、公共卫生、基础设施建设的关联性与复杂性，认为霍乱疫情在一定程度上推动了排水基础设施的现代化建设。②王广坤考察了近代英国的卫生检查制度，并对19世纪英国政府为应对公共卫生环境恶化与各类疾病的侵袭而设置卫生医务官职位的情况进行了研究，指出卫生医务官的设定与发展推动英国建立起国民健康服务体系，有助于促进英国福利国家建设。③元鹏成认为慈善药房是近代英国一种旨在为城市下层民众提供医疗救济的慈善机构，其兴起迎合了社会转型时期英国城市贫困人口的医疗需求，弥补了政府公共服务职能的缺失，促进英国医学事业的发展，为19世纪英国公共卫生运动的兴起打下了基础。④张春梅考察了战后英国病患组织的发展历程及其作用。这一组织的发展是医疗体制改革的产物，同时又推动英国医疗体制改革进程。⑤胡莉梳理了20世纪70年代末英国国民健康服务制度改革的性质、内容及特点，认为这一改革表明医疗服务与市场机制之间存在一定张力，应重新反思新自由主义界定的政府与市场关系，正视社会服务的公共属性及价值。⑥

美国疾病医疗史研究主要集中在近代疫病防治方面。丁见民考察了19世纪以前北美精英专业医生的类型、人数，以及其建立医学团体、规范行医活动、推动医学教育本土化和呼吁规范医生职业道德等专业化诉求，这些诉求成为北美医学专业化的开端。丁见民还就传染病对

---

① 刘金源：《1832年英国的霍乱流行及其特点》，《学术研究》2021年第10期。
② 陆伟芳、余志乔：《19世纪霍乱疫情与伦敦水基础设施的现代化》，《求是学刊》2021年第4期。
③ 王广坤：《论近代英国的卫生检查制度》，《北京师范大学学报》2021年第4期；《守护健康：19世纪英国的卫生医务官》，《历史教学问题》2021年第5期。
④ 元鹏成：《论近代英国慈善药房的兴起》，《历史教学》2021年第6期。
⑤ 张春梅：《试论英国病患组织的变迁及特征（1960—1997）》，《历史教学》2021年第22期。
⑥ 胡莉：《英国国民健康服务制度的新自由主义改革与反思》，《经济社会史评论》2021年第1期。

19世纪以前北美白人人口的影响进行了研究,指出到19世纪初期以后,各种传染病对美国白人社会已不构成主要威胁,从而使白人人口迅速增加。① 王光伟考察了1878年密西西比河流域暴发黄热病疫情的原因,揭示了19世纪美国应对传染病疫情等突发性公共卫生事件的模式和特征。他还梳理了"蚊子说"的产生及其社会传播途径,认为"蚊子说"在1905年美国黄热病的预防和治理中发挥了重要作用。②

从古至今,人类遭遇了无数次瘟疫,而瘟疫对国家和社会治理也产生了重要影响。宁浩介绍了17世纪上半叶东亚牛瘟流行史及其影响。17世纪上半叶朝鲜、日本境内相继暴发牛瘟,中国东北和华北亦受其侵袭。来自内亚草原的牛瘟病毒在边境人畜和物资流动过程中,凭借高传染性横扫东亚。其高感染率与致死率对东亚各国农业经济造成严重冲击。③ 冯燚考察了1889—1892年瘟疫大流行与伊朗社会抗议运动。伊朗恺加王朝统治后期暴发的全国性传染病疫情,造成了极高的感染率和病亡率。此次疫情大流行是外商贸易及人员往来频繁、城市生存环境恶劣、缺乏科学认知、治疫举措成效不显著等多重因素共同作用的结果。伊朗民族主义者将殖民者和宗教少数派视作瘟疫传播者,并发动抗议运动。此次具有民族觉醒氛围的抗议运动还为1906年宪政革命奠定了基础。④ 顾年茂以罗伯特·科赫1897—1907年三次东非行医为中心,审视了殖民地医疗化与德意志殖民帝国建构,认为科赫的东非行医不仅是德属东非殖民地社会治理的一部分,更是柏林构建"殖民帝国"诸多政策战略的重要组成部分。⑤

---

① 丁见民:《19世纪以前北美精英专业医生的专业化诉求》,《史学集刊》2021年第6期;《传染病与19世纪中期以前北美白人人口的增长》,《四川大学学报》2021年第4期。
② 王光伟:《传染病疫情下的政府防治与社会救助——以1878年美国黄热病疫情防控为例》,《史学月刊》2021年第4期;《"蚊子说"与1905年美国黄热病疫情的防治》,《世界历史》2021年第6期。
③ 宁浩:《17世纪上半期东亚牛瘟流行史述论》,《海交史研究》2021年第2期。
④ 冯燚:《论1889—1892年瘟疫大流行与伊朗社会抗议运动》,《史学集刊》2021年第4期。
⑤ 顾年茂:《医疗化与德意志殖民帝国建构——以罗伯特·科赫的三次东非行医为中心》,《自然辩证法通讯》2021年第9期。

公共卫生史选题更加广泛，水卫生史等受到关注。郑晓云指出，水卫生是人类生存和文明延续的基石。水卫生的内涵包括洁净水的供给、污水处理、沐浴、防治与水相关的疾病等。水卫生的发展，一方面是技术进步的结果，另一方面受生活方式、思想观念、社会制度等文化因素的深刻影响。从一定意义来讲，人类的历史也是一部基于水的卫生发展史。① 程晶认为，巴西作为世界城市化水平最高的国家之一，水卫生事业的发展在城市化进程中扮演至关重要的角色，是城市发展的风向标。近代巴西城市水卫生经历了由"原始状态"到"公共喷泉时代"，再到"自来水时代"三大转变期。这一历史性变迁，彰显了思想观念的更新和科学技术的进步。②

防疫合作、防疫手段、医学技术发展等在各类严重疫情应对中扮演重要角色。孔维琴介绍了冷战时期美苏疫苗合作。20世纪下半叶，美国和苏联在文化、科学及其他人道主义活动中进行交流与合作，包括合作开发、测试和生产疫苗，尤其是在脊髓灰质炎和天花疫苗研制方面取得了重大成就。③ 刘春燕、张勇安从医用口罩知识史出发，考察了医学知识的发展与防疫方式的变迁。希波克拉底时代至19世纪中叶，腐败气体产生并传播瘟疫的看法推动了鸟嘴口罩的出现。祛魅时代，鼠疫杆菌的发现以及飞沫传播理论的发展，为现代医用口罩的发明提供了知识前提。1910年东北鼠疫和1918年大流感的两次大规模"试验"，推动医用口罩作为传染病大流行时个人防护用品的应用和普及。④

## （四）海洋史

近年来海洋史成为我国世界近现代史研究的热点之一，2021年

---

① 郑晓云：《水卫生：人类生存和文明延续的基石》，《光明日报》2021年4月19日，第14版。
② 程晶：《近代历史上巴西城市水卫生的变迁》，《光明日报》2021年4月19日，第14版。
③ 孔维琴：《冷战时期美苏疫苗合作及其当代启示》，《西部学刊》2021年第20期。
④ 刘春燕、张勇安：《医学知识的发展与防疫方式的变迁：初探医用口罩的知识史》，《史林》2021年第5期。

有一批较高质量成果推出。

海洋作为人类文明交往和交融的平台功能在相关成果中得到呈现。张箭评析了开辟欧亚新航路的若干问题和历史作用。达·伽马率葡萄牙船队于1497—1499年成功开辟的欧亚（印）新航路将欧亚非三大洲联系在一起，是传统海上丝绸（瓷器）之路的极大拓展和延伸，促进了沿路各洲各国各地各族的物质文化与人员交流。① 艾仁贵考察了港口犹太人与近代早期的洲际交流互鉴。16—18世纪，港口犹太人在新旧大陆之间从事多层次、多形式、大范围的洲际活动。他们活动的主要港口几乎都是当时最具活力的国际经济中心。这些散布在各大海域的港口犹太人，不仅参与了洲际经济交流，而且推动了近代早期犹太思想与欧洲思想的双向互动，既是文明交流的参与者和推动者，也是文明互鉴的实践者和受益者。② 何爱民以"卡尔亲王"号1750—1752年航程为例，重点考察了18世纪瑞典东印度公司商船的航海生活，指出这一航程是18世纪瑞典公司商船由哥德堡往返广州各次航程的常态和缩影，具有帆船时代背景下各国远洋航船的诸多特征，与各国海舶生活存在诸多共通之处。③

西方列强以海洋为载体的殖民扩张活动和海权战略也在相关研究之列。叶艳华、韩宇婷介绍了18世纪俄国在北太平洋海域的地理科考活动。④ 刘霁评析了19世纪末以来德国海权的发展特点。19世纪末20世纪初德国开始实施海洋战略，向世界大国迈进。尽管德国追求海权的道路并不顺利，但依然体现出其独有特点：对海洋扩张与国家利益的关系认识深刻，重视海军在国家海权建设中的主导作用，推

---

① 张箭：《开辟欧亚新航路的若干问题和历史作用》，《海交史研究》2021年第1期。
② 艾仁贵：《港口犹太人与近代早期的洲际交流互鉴》，《光明日报》2021年8月16日，第14版。
③ 何爱民：《18世纪瑞典东印度公司商船的航海生活——以"卡尔亲王"号1750—1752年航程为例》，李庆新主编：《海洋史研究》第17辑，北京：社会科学文献出版社，2021年，第46—63页。
④ 叶艳华、韩宇婷：《18世纪俄国在北太平洋海域的地理考察与科学研究》，《西伯利亚研究》2021年第3期。

进以潜艇为核心的国家海上力量作战装备，军事战略为国家对外政策服务，等等。①

英国海洋史方面，杜平对近代英国海上贸易保护政策的演变进行了系统梳理，将其划分为三个阶段。第一阶段为 17 世纪中叶至 19 世纪早期，英国海上贸易保护政策主要是护航，且形成了较为成熟的护航体系。第二阶段为 19 世纪后期至 20 世纪初，英国逐渐放弃了护航政策，确立了以"争夺制海权"为先决、以"沿战时航线驻扎舰队"为特点的保护政策，体现出对掌握制海权的重视。第三阶段主要是两次世界大战期间，英国政府重新确立了较为全面的战时海上贸易保护政策。② 杨辉从国家治理视角探讨了 19 世纪 30 年代英国灯塔的国有化改革，分析了灯塔国有化改革与航运业、公共管理的关联互动，认为英国灯塔的国有化改革破除了旧有管理体制束缚，开启了英国灯塔现代化治理的进程，是英国政府保障航运安全和推进航运业发展的重要举措。③ 征咪就 19 世纪英国海洋拖网渔业立法问题进行了探讨。④

## （五）生态环境史

生态环境史依然是学界研究的重要领域，在研究指向上出现了更加注重生态环境与人类及工农业生产关系的转向。江山运用历史学、生态学、地理学等多学科交叉研究方法，立足于德意志社会政治变革与自然生态系统变化的相互关系，系统梳理了自古以来德国在农业经济发展、城市建设、工业生产、森林资源保护等方面人类活动与生态

---

① 刘霏：《十九世纪末以来德国海权发展特点评析》，《荆楚学刊》2021 年第 4 期。
② 杜平：《近代英国海上贸易保护政策的演变（17 世纪中叶至 20 世纪初）》，北京：世界知识出版社，2021 年；《19 世纪 80 年代英国海上贸易保护新政策的提出和落实》，《河南师范大学学报》2021 年第 2 期。
③ 杨辉：《19 世纪 30 年代英国灯塔的"国有化"改革》，《安庆师范大学学报》2021 年第 4 期。
④ 征咪：《科学决策的盲区——19 世纪英国海洋拖网渔业立法依据转型的思考》，《史学月刊》2021 年第 7 期。

环境互动变迁过程。① 费晟以澳新华人移民的经历与命运为线索，考察了华人移民与澳新殖民地生态变迁的互动，力求展现全球资本主义及西方殖民扩张中人口交流、经济发展、环境变化以及文化冲突之间的复杂互动。②

如何处理好环境保护与工农业生产之间的关系，一直是社会发展面对的重要问题。肖晓丹考察了"光辉三十年"期间法国工业环境监管模式的转型，指出二战结束后，法国工业在急剧扩张的同时造成了严重的环境问题。随着公共治理民主化，政府放弃传统的威权管制模式，倾向通过财税激励、谈判协商方式促使污染者加强自我监管。20世纪70年代环境部和工业界针对污染物限制排放所缔结的合同标志着新合作主义的制度化。③ 刘宏焘考察了20世纪70年代以来菲律宾水产养殖业化学品的使用及其管控。70年代，菲律宾正式引入并使用集约型水产养殖技术和化学品，推动了菲律宾水产养殖业繁荣发展。然而，化学品的不规范使用乃至滥用，对养殖对象、水生环境、食品安全和人类健康构成了严重威胁。这促使菲律宾政府从20世纪80年代开始加强对水产养殖业化学品的管控。④

英国生态环境史方面有数篇文章呈现。梅雪芹考察了屈威廉的乡村保护思想及实践活动，指出他在投身乡村保护的过程中，对于自然本身及其与人类关系的认知从人类中心视角向生态整体认知推进，其乡村保护事业在英国环境史上留下了重要一页。⑤ 严玉芳分析了19世纪伦敦公地用途的法律诉讼与思想语境。19世纪，当伦敦向郊区扩

---

① 江山：《德国环境史研究》，北京：中国社会科学出版社，2021年。
② 费晟：《再造金山：华人移民与澳新殖民地生态变迁》，北京：北京师范大学出版社，2021年。
③ 肖晓丹：《"光辉三十年"期间法国工业环境监管模式的转型》，《世界历史》2021年第2期。
④ 刘宏焘：《20世纪70年代以来菲律宾水产养殖业化学品的使用及其管控》，《陕西师范大学学报》2021年第2期。
⑤ 梅雪芹：《论20世纪英国史学家屈威廉的乡村保护事业及其意义》，《北京师范大学学报》2021年第6期。

张并逐渐侵占公地等城市空地时，英国人为了保留呼吸场所、休闲地、自然美等竭力保护大量绿地，并将自然置于文明的保护与管理之下。① 张敏、严火其对英国乡村野生动植物保护措施的演变及其发展规律进行了探讨。② 崔财周考察了1993年英国《清洁空气法》出台背景以及出台过程中不同利益集团的博弈，认为该法颁布后，英国汽车尾气等污染物明显减少，烟雾问题基本得到解决。③

美国生态环境史方面，高国荣考察了20世纪30年代中期，美国政府出台的区域发展规划《大平原的未来》，认为尽管该规划只得到局部落实，但体现了美国农地利用政策从掠夺性开发到保护性利用的转折性变化。④ 张文静考察了《阿拉斯加原住民土地赔偿安置法》和《阿拉斯加国家利益土地保护法》的制定和实施，梳理了两部法案的联系、承接以及阿拉斯加各方势力之间的博弈，揭示了阿拉斯加从土地索赔到荒野保护的环境保护之争。⑤ 侯深通过考察堪萨斯城的变迁揭示了城市与自然的关系，同时还以美国历史上的城市发展及其与自然的关系为研究视角，探讨了以"无墙之城"为核心意象的美国城市的形成与发展、困境与使命。⑥ 孙群郎、张豪俊认为，美国郊区低密度开发扩大了流域内的不透水面积，进而增加了洪水强度和洪灾发生频率，美国政府为此采取了各种防治措施，并实施了"全国洪灾保险计划"，但其主要目的不是协调人与自然的关系，而是调整社会关系，实现利益再分配，在一定程度上

---

① 严玉芳：《19世纪伦敦公地用途的法律争讼与思想语境》，《外国问题研究》2021年第3期。
② 张敏、严火其：《英国乡村野生动植物保护措施的演变及启示》，《农业现代化研究》2021年第3期。
③ 崔财周：《英国烟雾治理的立法措施——以1993年〈清洁空气法〉为视角》，《历史教学问题》2021年第2期。
④ 高国荣：《从掠夺性开发到保护性利用：对美国区域规划文件〈大平原的未来〉的重新审视》，《史学集刊》2021年第6期。
⑤ 张文静：《从土地索赔到荒野保护——1968—1980年阿拉斯加的环境保护之争》，《鄱阳湖学刊》2021年第6期。
⑥ 侯深：《自然与城市历史的缠绕——草海之城堪萨斯城的变迁》，《史学集刊》2021年第2期；《无墙之城：美国历史上的城市与自然》，成都：四川人民出版社，2021年。

刺激洪泛平原的开发活动，反而加重了居民的洪灾损失。① 刘晓卉通过波特兰这一具有代表性的城市，考察了美国绿色城市形成的普遍规律。②

## （六）政治史

近年来相对沉寂的传统政治史研究呈现出新气象，不仅成果数量有所增长，而且出现了研究视域的新转向：从关注上层精英的传统政治史转向关注群体政治活动的新政治史。从国别角度看，美国、英国、德国、俄国和日本史研究成果较为突出。

**1. 美国政治史**

美国政治史依然是学界研究重点，成果相当丰富。李剑鸣从"知识政治学"着眼考察美国建国史，指出美国建国者身处"理性主义"高涨的时代，深信知识和信息的广泛传播不仅使美国政体区别于欧洲的专制统治，而且对于共和国的命运有着至为关键的意义。他们不仅善于调动和运用多种知识资源，而且重视公共图书馆建设，主张发展公共教育，以培育有知识、有信息的公民，推动美国的共和实验走向成功，他们关于知识的公共属性和政治功用的认识提升了"启蒙"的意义。③ 姚桂桂对美国建国初期新泽西州妇女选举权问题进行了考察，认为该州妇女选举权得而复失的历史折射出"政治权宜至上"这一美国选举政治的核心要素。④ 郭巧华考察了美国联邦最高法院第四任首席大法官约翰·马歇尔的宪法观，认为马歇尔在一系列重要宪法案件

---

① 孙群郎、张豪俊：《美国郊区的低密度开发与洪涝灾害及其治理》，《吉林大学社会科学学报》2021年第6期。

② 刘晓卉：《20世纪70年代后美国绿色城市的建设——以波特兰为例》，任吉东主编：《城市史研究》第44辑，北京：社会科学文献出版社，2021年，第294—315页。

③ 李剑鸣：《美国建国者的"知识政治学"》，《世界历史评论》2021年第2期。

④ 姚桂桂：《论美国建国初期新泽西州妇女选举权——1776—1807年的一个历史考察》，《历史教学问题》2021年第3期。

中坚持法律共识与人民主权的平衡,不仅使最高法院成为以宪法为准绳的裁判者,而且极大提升了最高法院的权威。①

美国选举制度和国会立法是美国政治史研究的又一重要内容。王玮认为美国总统选举所采用的选举人团制,是为满足美国早期政治需求而设立,在早期政治框架下,该制度得以维系并保持运转,但随着人口分布的不平衡发展,选举人团制出现了结构性变化。内战结束后,通过重申各州的权力地位,联邦政府与南方各州达成和解,但联邦的妥协助长了南方各州对黑人权利的侵犯,这种系统性的选民压制对选举博弈的结构和进程产生不可忽视的影响。② 张业亮从美国宪法文本规定的不足和两党制的发展论述了选举人团制演变历程、改革及其方案,认为选举人团制是美国政治制度和联邦制的柱石之一,但也存在诸多制度缺陷和政治缺陷。③ 石庆环、李俊霖通过梳理二战后美国国会立法机制改革,认为既有改革措施对提升国会立法能力和维护其在联邦政策制定中的话语权有积极作用,但由于这些措施均不同程度地陷入围绕国会立法权行使方式展开的权力博弈中,改革未达到预期成效。④

学者重新审视美国内战与重建问题。郭小雨从南北双方关于美国内外秩序设想的争论出发,对美国内战爆发的原因及内战的特殊性等进行了分析。⑤ 胡小进认为,重建时期通过的宪法第十三、第十四和第十五修正案改变了美国的宪法结构,但其使命尚未完成,因为奴隶制的烙印依然存在,最高法院的判决曲解了修正案的主旨,且宪法修正案令美国女性非常失望,美国华人至今还深受其影

---

① 郭巧华:《在法律共识与人民主权之间:约翰·马歇尔的美国宪法观》,《历史研究》2021年第2期。
② 王玮:《美国选举制度变迁与选民议题演进》,《美国问题研究》2021年第2期。
③ 张业亮:《美国选举人团制:历史演变、制度缺陷和改革》,《美国研究》2021年第2期。
④ 石庆环、李俊霖:《二战后美国国会立法机制改革研究》,《求是学刊》2021年第1期。
⑤ 郭小雨:《何谓"更好的联合"?——论美国内战时期关于美利坚内外秩序的争论及林肯对"联合"的再定义》,《美国研究》2021年第5期。

响。这三条修正案并不符合民众对于美国重建的期待。①

美国政党政治方面,王禹将乔治主义和农民抗争结合起来,分析19世纪晚期美国农民对乔治主义从接受到摒弃的态度变化。②许镇梅以党派政治文化为中心,将平民主义置于美国政治文化的反政党传统中考察,通过探讨南方农民联盟的兴衰,阐释了农民组织反政党取向的由来、内涵和意义,揭示了镀金时代大众社会改革运动与党派政治的复杂关系。③石庆环、刘博然梳理了纽约坦慕尼协会的形成、组织架构及权力运作,多维视角考察其在进步主义时代纽约市政革新中扮演的角色,认为坦慕尼协会并非完全是纽约进步主义市政改革的阻力,协会的衰落正是由于其融入了城市改革浪潮,最终促进了城市改革。④

美国民权运动依然是学界关注重点。谢国荣从冷战与美国黑人民权改革关系的角度探究了1957年小石城事件的历史影响,认为小石城事件是美国民权运动的转折点和国际化的分水岭,促进了民权运动的发展和民权立法的通过。⑤于展分析了1963年伯明翰运动,认为冷战外交的国际压力与民权运动的国内压力,改变了美国国内的舆论和民意,成为肯尼迪推进民权改革的重要原因。肯尼迪政府对冷战利益的追求也是促进国内民权改革的深层因素。此外,他还梳理了肯尼迪政府为应对非洲外交官在美国所受到的歧视而采取的举措。⑥

---

① 胡小进:《尚未完成的美国宪法重塑——从〈第二次建国〉谈起》,《美国研究》2021年第4期。
② 王禹:《19世纪晚期美国农民对"乔治主义"的接受与扬弃》,《四川大学学报》2021年第2期。
③ 许镇梅:《19世纪末美国平民主义运动中的反政党文化——基于南方农民联盟兴衰史的分析》,《四川大学学报》2021年第2期。
④ 石庆环、刘博然:《"进步主义"背后的另一个面相:美国纽约市政改革中的坦慕尼协会》,《史学集刊》2021年第3期。
⑤ 谢国荣:《小石城事件国际影响下的美国民权运动》,《历史研究》2021年第4期。
⑥ 于展:《伯明翰运动、国际舆论与肯尼迪政府的民权改革》,《史学月刊》2021年第10期;《非洲外交官在美受歧视事件与肯尼迪政府的应对》,刘新成、刘文明主编:《全球史评论》第21辑,第198—223页。

刘祥从国际规范的视角探讨了美国社会组织与《联合国宪章》人权条款的关系，认为在人权议题进入《联合国宪章》的过程中，美国社会组织的作用不容忽视。刘祥还围绕以《联合国宪章》及1948年《世界人权宣言》为代表的国际人权文件在美国的适应性问题，从普遍主义与例外主义两大理念出发，分析了美国参与国际人权议程的国内回响及其对美国人权政策的深远影响。同时他从"人权政治"的视角考察了联合国成立初期美国在联合国关于人权议题的决策，认为美国政策的核心在于通过人权政治提升国际影响力，同时避免联合国对其国内管辖权的干涉，这对美国后来的联合国人权政策及联合国人权议题本身都产生了深远影响。①

**2. 欧洲政治史**

欧洲政治史一直深受学术界关注。叶成城探讨了1848年欧洲各国政治现代化成败的原因。② 贾浩考察了近代欧洲战争赔款的转型及其影响，认为近代欧洲战争赔款索要目的由经济补偿变为政治惩罚，战争赔款已无法达到使战胜国暴富和削弱战败国的目的。③ 王力康探讨了近代西欧绝对主义的兴起及其历史意义。④

英国政治史研究成果较为丰富，成果颇多，社会政党与政府政策是主要关注点。阎照祥分析了19世纪中后期英国保守党领袖皮尔和迪斯雷利的主要思想和行事风格，认为他们的言行符合时代大潮，扭转了保守党的政治劣势，体现出保守党的强韧生命力和历史地位。⑤ 李华锋对英国工党百余年主流思想的嬗变历程、动因、表现及影响进

---

① 刘祥：《美国社会组织与联合国人权规范的起源》，《史学集刊》2021年第1期；《普遍主义与例外主义的变奏：战后初期美国围绕国际人权的争论》，《四川大学学报》2021年第4期；《美国与联合国初期的人权政治》，《美国研究》2021年第4期。
② 叶成城：《第二波现代化之"帝国的共鸣"——1848年欧洲变革的案例研究和定性比较分析》，《欧洲研究》2021年第4期。
③ 贾浩：《近代欧洲战争赔款的转型及其影响》，《郑州大学学报》2021年第3期。
④ 王力康：《近代西欧绝对主义的兴起与历史意义》，《商丘师范学院学报》2021年第7期。
⑤ 阎照祥：《论19世纪中后期英国保守党领袖的政治主动性》，《历史教学》2021年第2期。

行了较全面考察。① 梁远探讨了19世纪中后期英国住房政策由卫生治理到"重新安置"的演变,认为这种转变是政府指导思想从古典自由主义向新自由主义转变的结果。② 于明波探讨了英国威尔逊政府的移民政策,认为威尔逊政府提出的限制—融合移民政策推动了英国种族关系的整合,对英国社会影响深远。③

英国近现代政治史研究的另一关切点是济贫问题。郭家宏对1834年新济贫法的实施进行了研究,认为英国当局修建了许多济贫院医院,济贫法医疗救助成为广大下层民众特别是贫民诊疗的主要渠道。19世纪70年代后,济贫院医院的条件大为改善,开始从济贫院分离出来,英国逐渐建成了一套系统的为贫民免费服务的公共医疗卫生服务体制,为二战后英国国民健康服务体制的建立打下了基础。④ 王公燕分析了1834年新济贫法出台原因,认为1830年英格兰发生的农民暴动推动了济贫法改革,汤森、伊登、戴维斯、马尔萨斯等社会学家、经济学家为这一改革提供了思想来源。⑤ 刘曼慈、张晓华探讨了近代早期英国济贫实践中的腐败现象及其整治措施。⑥

关于意大利和法国等拉丁语族国家,杜佳峰探讨了16世纪初佛罗伦萨迈向近代民族国家的三种政治模式,指出这一时期以佛罗伦萨为代表的意大利城邦共和国遭遇危机,三位佛罗伦萨政治家提出三种改革设想并形成了三种政治模式:吉罗拉莫·萨沃纳罗拉的市民共和国模式、弗朗切斯科·圭恰迪尼的温和兼容模式、尼科洛·马基雅维

---

① 李华锋:《英国工党主流思想的嬗变研究》,北京:中国社会科学出版社,2021年。
② 梁远:《从卫生治理到重新安置——19世纪中后叶英国住房政策的演进》,《历史教学》2021年第10期。
③ 于明波:《从"自由移居"到"限制—融合"——试析英国威尔逊政府移民政策的形成》,《史学集刊》2021年第4期。
④ 郭家宏:《新济贫法体制下英国贫民医疗救助问题探析》,《史学月刊》2021年第2期。
⑤ 王公燕:《英国1834年新济贫法出台原因探析》,《西部学刊》2021年第14期。
⑥ 刘曼慈、张晓华:《近代早期英国济贫实践中的腐败成因及整治措施特征》,《历史教学》2021年第20期。

利的富民强兵模式。从这三种政治模式可以发现意大利存在向近代民族国家过渡的特殊路径。① 张弛则从政治体制、政治语境和政治文化三个方面对18世纪的法国进行了多层次解析。②

德国政治史研究有较多成果呈现。付家慧探讨了德意志农民战争中矿工的诉求和作用,认为蒂罗尔地区农民战争领袖盖斯迈尔提出的将矿业收归国有、解决矿业生产所有权问题等改革措施,较全面地解决了矿工诉求。矿工作为近代产业工人的前身,在变经济斗争为政治斗争、变反抗剥削制度为筹建人民国家的关键性转折中,起到不可替代的革命作用。③ 王银宏探讨了《威斯特伐利亚和约》与神圣罗马帝国的秩序建构。《威斯特伐利亚和约》旨在通过政治化和法律化的方式解决宗教争端,通过宗教宽容和政治保障建构帝国内部的世俗秩序与宗教秩序。但是神圣罗马帝国本身的制度性缺陷使其无力解决诸多内外危机,帝国所处的特殊地理位置及其所具有的"开放性"等"帝国"特性,也使其实现内部和平面临重重困难。④ 赵光锐介绍了德国历史学家埃卡特·克尔关于德意志第二帝国海军扩张问题的研究,克尔提出"国内政治优先"论断,并认为威廉德国的海军扩张是德国自1848年以来政治、社会阶级等多种因素复杂发展、相互影响的一部分。⑤ 赵伟通过梳理德国民族主义的历史和魏玛共和国的民主化进程,分析了德国民主化和民族主义的关系,认为一战后,魏玛共和国打破了德国的威权主义传统,曾被控制的民族主义在经济与政治危机下肆意扩张,加剧社会分裂对立,直至走向专制主义和战争。⑥

---

① 杜佳峰:《16世纪初佛罗伦萨迈向近代民族国家的三种政治模式》,《历史教学》2021年第4期。
② 张弛:《重估政治:理解18世纪法国史》,杭州:浙江大学出版社,2021年。
③ 付家慧:《德意志农民战争中矿工的诉求和作用》,《史学月刊》2021年第12期。
④ 王银宏:《宗教争端的世俗衍化和政治表达——1648年〈威斯特伐利亚和约〉与神圣罗马帝国的秩序建构》,《史学月刊》2021年第7期。
⑤ 赵光锐:《对外政策优先还是国内政治优先?——埃卡特·克尔关于德意志第二帝国海军扩张问题的研究》,《国际政治研究》2021年第1期。
⑥ 赵伟:《1918—1939德国的民主化、民族主义和它的战争》,《牡丹江大学学报》2021年第4期。

### 3. 亚洲政治史

亚洲政治史研究也取得丰硕成果，日本政治史研究成果尤其突出。在近代日本政治史方面，孟二壮考察了近代日本宪法的解释与论争。明治宪法颁布后，日本出现了"天皇主权说"与"天皇机关说"两种不同的宪法解释理论，最终"天皇机关说"成为主流。但到昭和初期，"天皇机关说"却被判为"谋反"学说并遭到扑灭，日本朝着法西斯主义的方向不断推进。从宪法解释理论这一变化过程入手，能够窥探近代日本宪法解释中立宪主义要素逐渐倒退，最终与军国主义合流的特征。① 陈伟分析了近代日本政党内阁期的选举运动，指出两大政党政友会与民政党依托普选法中的制度化规定及自身执政优势，通过地方官的党派调动等手段，在选举运动中占据绝对优势。执政党通过选举运动获得众议院多数议席的同时，顺利推行其内外政策。陈伟还探讨了原敬关于立宪君主制改革的构想与实践，以及日本初期议会期藩阀政府与民党关系的演变，认为藩阀政府以"富国强兵"政策对抗众议院中占多数的民党提出的"休养民力"政策。经过与民党的反复较量，藩阀政府只能妥协。而民党虽然可以依靠众议院的席位优势削减预算，却很难实现"休养民力"和建立政党内阁的目标。两者关系经历了从对立到接近以至妥协的演变过程。② 张用清认为日本近代化转型过程中，明治政权倡导建立"公议"政治，并尝试成立公议所、集议院等公议机关，其中以元老院存在时间最长，发挥作用最明显。元老院是政府平息民意、追求政治平衡的产物，但实际权限始终受到政府掣肘。元老院的设立运行及其与政府的博弈式互动，可视为

---

① 孟二壮：《近代日本宪法的解释与论争——以"天皇机关说"的胜出与终结为中心》，《外国问题研究》2021年第1期。
② 陈伟：《近代日本政党内阁期的选举运动》，《北京社会科学》2021年第9期；《原敬关于立宪君主制改革的构想与实践》，《世界历史》2021年第5期；《日本初期议会期藩阀政府与民党关系之演变》，《中国社会科学院研究生院学报》2021年第3期。

近代东方国家宪政转型的预演。①

在当代日本政治史方面,程宇博以自民党政治家的媒体宣传活动为例,考察了日本"五五年体制"形成前后的政媒关系。② 孙岩帝探讨了日本新保守主义的历史演变,认为中曾根康弘、小泽一郎、安倍晋三三位政治强人,不但扮演了日本新保守主义的"奠基人"、"理论旗手"、"践行者"等关键角色,而且在日本政治右倾化过程中发挥了"启动"、"推进"、"提速"等作用。日本新保守主义及其启动的政治右倾化对 40 年来日本政局走向和东亚格局变化产生了深远影响。③

关于朝鲜政治史,朱玫利用存世的朝鲜户籍文书对户籍编制与五家统的关系进行了分析,在此基础上比较朝鲜与明朝基层组织、户籍管理机制的差别,指出五家统作为朝鲜时代官治基层组织也运用于户籍编制中。户籍采用面里制和每五家为一统的五家作统制相结合的编制体系。④ 王臻认为朝鲜王朝发展史上,以武将勋贵权臣为主的勋旧派同以儒生、士大夫为主的士林派以及士林派内部的派系争斗,体现出朝鲜王朝统治阶层利益之争的尖锐化,加深了朝鲜王朝的政治、经济、军事危机,引发国家内忧外患。⑤

在东南亚、南亚政治史研究领域,张鑫、刘自强探究了法属时期老挝精英阶层对民族国家身份的建构。在法国殖民统治下,新兴的老挝精英阶层迫切希望老挝人民能有独立、统一的身份符号。20 世纪上半叶,菲特萨拉特王子首次提出建构民族国家身份的构想,老挝精英阶层随后利用法国"去暹罗化"举措的间隙,开展民族国家身份建

---

① 张用清:《日本近代"公议"政治下元老院的创设与运行》,《日本问题研究》2021 年第 2 期。
② 程宇博:《日本"五五年体制"形成前后的政媒关系——以自民党政治家的媒体宣传活动为例》,《西部学刊》2021 年第 17 期。
③ 孙岩帝:《日本新保守主义的历史演变》,《华中师范大学学报》2021 年第 3 期。
④ 朱玫:《17 世纪朝鲜基层组织"五家统"的成立与制度设计》,《古代文明》2021 年第 3 期。
⑤ 王臻:《朝鲜王朝时代的派系党争问题探析》,《贵州社会科学》2021 年第 8 期。

构运动，包括文化、宗教、民族三种身份的建构，奠定了老挝民族国家的发展基础。① 张传宇考察了近代荷属东印度华侨"抵制日货运动"，认为因受复杂的国际因素和荷属东印度华侨自身商业特点的影响，这场"运动"未能持久。而日本虽欲积极反制，却无法撼动当地华侨在商业领域的支配性地位。② 谢超以旁遮普问题为例，探讨了1983—1994年印度族群关系的治理，指出持续不断的族群问题是制约旁遮普经济和社会发展的重要因素，族群关系治理需要平衡族群发展与国家建设。③

西亚和中亚政治史研究成果丰富，其中，部落研究有突出表现。韩志斌从概念认知、类型演化及社会治理角度探讨了中东部落问题，认为根深蒂固的部落文化构成了中东社会的基本特质，对中东国家部落社会的深入剖析既是理解中东国家问题的基础，也是窥探中东社会必不可少的视角。④ 吴彦考察了沙特阿拉伯历史上的部落与国家，纵观沙特阿拉伯的历史进程，部落与国家长期互动、共生进而融入国家体制，是其历史变迁的鲜明特色。⑤ 闫伟聚焦于阿富汗穆沙希班王朝时期的部落社会，分析了无政府状态下的部落社会建构和社会秩序维系。⑥ 李茜分析了约旦少数族群对国家构建的影响，认为约旦是多族群国家，民族性族群、宗教性族群与跨界族群并存，在不同族群中形成约旦国家认同。1946年约旦独立后，国家开始通过维护王权的制度设计提出"约旦优先"倡议来构建

---

① 张鑫、刘自强：《法属时期老挝精英阶层对民族国家身份的建构研究》，《大庆师范学院学报》2021年第3期。
② 张传宇：《近代荷属东印度华侨"抵制日货运动"》，《东南亚纵横》2021年第2期。
③ 谢超：《论印度族群关系治理——以旁遮普问题为例（1983—1994）》，北京：中国社会科学出版社，2021年。
④ 韩志斌：《中东部落：概念认知、类型演化及社会治理》，《史学月刊》2021年第5期。
⑤ 吴彦：《沙特阿拉伯历史上的部落与国家》，《史学月刊》2021年第5期。
⑥ 闫伟：《无政府社会：当代阿富汗部落社会的权力结构与秩序延展》，《史学月刊》2021年第5期。

国家认同，鼓励跨族裔合作与融合。① 邓燕平指出长期以来，由于国家机构和档案文献的缺席，巴勒斯坦难民在第一次中东战争中的经历以及流亡历史在国际社会鲜有提及。为争取民族权利，瓦利德·哈立迪等知识分子通过收集黎巴嫩等地难民营难民证词，重建以乡村记忆、灾难记忆、回归记忆为基本内容的民族叙事，以此强化难民对巴勒斯坦地域、文化与政治的认同感，塑造共同的民族意识，促进民族国家构建。②

在伊朗、土耳其等国政治史研究方面，李福泉、金鹏考察了什叶派乌里玛与1905—1911年伊朗立宪革命。20世纪初在伊朗内外危机作用下，什叶派乌里玛、巴扎商人和现代知识分子结成盟友，为立宪革命的爆发创造了必要条件。伊拉克什叶派圣城纳杰夫的三位大阿亚图拉积极支持立宪革命，强力干预伊朗政治发展进程。以努里为代表的乌里玛则经历了从勉强支持到坚决反对的转变，成为反立宪派的中坚力量。③ 王泽壮、李屿萌探讨了伊朗萨法维时期驿站建设问题，认为伊朗历史上的驿站及驿站制度源远流长，尤以萨法维王朝时期驿站的建设规模最大、数量最多且分布更加合理。发达完备的驿站网络为萨法维时期民族国家构建和全国统一市场的形成提供了基本保障，也为萨法维王朝积极发展对外贸易提供了交通条件。④ 肖文超指出奥斯曼帝国境内库尔德问题经历了库尔德人享受"半自治"特权待遇、废除库尔德人特权地位及由此引发的库尔德人武装暴动、整合亲奥斯曼政府部分库尔德部落武装、20世纪初库尔德人现代民族意识充分觉醒、一战后奥斯曼库尔德斯坦直接分治等复杂的历史演变过程，为现代库尔德民族主义运动勃兴埋下了种子。⑤

---

① 李茜：《约旦少数族群对国家构建的影响》，《外国问题研究》2021年第2期。
② 邓燕平：《巴勒斯坦的口述历史、集体记忆与民族认同》，《西亚非洲》2021年第3期。
③ 李福泉、金鹏：《什叶派乌里玛与1905—1911年伊朗立宪革命》，《安徽史学》2021年第3期。
④ 王泽壮、李屿萌：《伊朗萨法维时期驿站建设及功用》，《经济社会史评论》2021年第2期。
⑤ 肖文超：《奥斯曼帝国时期境内库尔德问题的历史演变》，《世界民族》2021年第1期。

### 4. 非洲、拉丁美洲和大洋洲政治史

在非洲政治史方面，基于部落视角的相关研究成为焦点。王铁铮认为非洲阿拉伯民族国家构建中的氏族（家族）、部落、部族与民族国家认同问题是无法回避的。非洲阿拉伯国家在获得独立和建立民族国家后，大都经历了不同程度的现代化，并对部落社会进行了相应改造。部落意识向国家认同的转变也是一个双向度问题。非洲阿拉伯国家滞后的社会发展和固有的传统文化，决定了各国根深蒂固的部落意识的转变将是一个缓慢的渐进过程。① 韩志斌、林友堂探讨了1953年法国在摩洛哥的政变与格拉维部落的兴衰，认为此次政变集中反映了摩洛哥国内部落和民族主义力量对国家政权的竞逐，法国殖民者则成为二者沉浮的决定性因素和制衡力量。由于部落对国家认同的脆弱性，殖民主义政权得以通过操纵部落认同对殖民地分而治之。② 韩志斌、邢昊还探讨了索马里现代国家建构过程中的部落问题，认为在这一过程中，部落与国家竞逐社会权力，造成"强社会"博弈"弱国家"的社会结构。③ 高文洋从部落社会角度考察了"里夫战争"的起源和性质。④ 张玉友对部落在阿尔及利亚国家构建中的作用进行了探讨。⑤ 沈晓雷考察了津巴布韦被殖民时期族群关系的变迁。⑥

在拉美和大洋洲政治史方面，金晓文提出，虽然国内学界认为现代化推动了阿根廷民众主义的兴起，但一些关键性节点往往会打破原

---

① 王铁铮：《非洲阿拉伯民族国家构建中的部落因素》，《光明日报》2021年1月18日，第14版。
② 韩志斌、林友堂：《部落与民族主义的竞逐——1953年法国在摩洛哥的政变与格拉维部落的兴衰》，《史学集刊》2021年第3期。
③ 韩志斌、邢昊：《索马里现代国家建构过程中的部落问题——以国家建构关系理论为视角》，《世界民族》2021年第2期。
④ 高文洋：《"里夫战争"起源和性质的部落社会阐释》，《史学月刊》2021年第5期。
⑤ 张玉友：《部落在阿尔及利亚国家构建中的作用》，《光明日报》2021年11月29日，第14版。
⑥ 沈晓雷：《津巴布韦殖民时期族群关系的变迁》，《浙江师范大学学报》2021年第6期。

有的发展路径。1912年爆发的"阿尔科塔的呼声"就是这种关键性节点之一。随着阿尔科塔农民运动的出现,阿根廷社会陷入萧条与动荡,并导致激进党在1916年成功上台执政。因此,阿根廷早期民众主义的兴起并非现代化的产物,而是经济危机下政治领导人重建权威的一种方式。① 夏立安、周文章从财产权角度探讨了智利阿连德改革失败的原因,认为进入20世纪后,智利国内形成了左、中、右三股理念不同的政治力量。左派要求分割大地产,右派主张财产神圣不可侵犯,中间派主张财产具有社会义务。最终中间派的财产社会义务观念被写进1925年宪法。但1970年上台的阿连德秉持激进社会主义理念,将财产社会化推向财产国有化的极端,最终导致改革失败。② 张瑾则探析了二战后30年间澳大利亚技术移民的结构及其成因,认为澳大利亚曾长期奉行"白澳"政策,二战后,澳大利亚对移民特别是技术移民的需求空前增长,澳大利亚政府多次改革移民政策,来自其他国家和地区的技术移民比重增大。英澳人才供给的特殊关系逐渐消失,种族歧视的"白澳"政策走向瓦解,族裔、文化及移民来源地日渐多元化。③

### (七)经济史与社会史

美国经济史成果较少。付成双、赵陆从环境社会史角度对美国农业转型所引起的农场主分化问题进行了探讨,认为随着农业技术革新和现代化农业的兴起,工业化农业综合体代替家庭农场成为美国农业发展的新趋势,使家庭农场的梦想变得更为遥远。④ 美国城市史研究有多篇成果呈现。李莉分析了19世纪后半期美国城市住房治理实践

---

① 金晓文:《移民、租佃制与阿根廷早期民众主义的兴起》,《拉丁美洲研究》2021年第1期。
② 夏立安、周文章:《智利阿连德改革失败探因:基于财产权的视角》,《拉丁美洲研究》2021年第5期。
③ 张瑾:《二战后三十年间澳大利亚技术移民结构与成因探析》,《世界历史》2021年第1期。
④ 付成双、赵陆:《美国的农业现代化与家庭农场梦想的破灭》,《历史教学》2021年第24期。

的效用与特点,认为这场主要由城市低收入阶层住房问题引发的治理实践局限于城市住房的间接干预层面,未能在实质上惠及低收入家庭以及有效改善城市住房问题。① 伍斌对1906年旧金山大地震后唐人街的重建问题进行了系统研究,认为重建后的旧金山唐人街成为中国文化与建筑风格的积极代表,旧金山的华人形象也因新唐人街得以逐渐改善。② 李文硕就美国城市史研究的空间取向进行探讨,认为这一取向表现在两个方面:在研究主题上,空间不再仅仅是研究对象所在的场地,空间本身就是研究对象;在研究尺度上,跨国史路径介入城市史研究,人员、物品、资本和信息的流动将观察城市历史的视野拓展至民族国家之外。空间研究既加深了对城市问题的理解,也拓宽了城市史研究范围。李文硕还对二战后美国政府发起的大规模城市再开发问题进行了探讨,揭示了联邦政府与城市目标的差异。同时,他对纽约市保障性住房政策进行了系统考察,重点探讨了20世纪70年代前后的政策转变,认为这种转变实质上是城市治理策略的转变,即经济增长成为城市的首要任务,而社会福利逐渐被边缘化。大幅削减社会福利开支虽然刺激了经济增长,却加剧了两极分化。③ 曹升生对1993年克林顿政府制定的以城市授权区项目为主体的城市政策进行了考察,认为该项目试图发动城市社区基层力量,结合联邦政府的拨款和税收政策,改善美国主要城市的贫困问题,重振美国大都市区经济,但成效较为有限。④ 韩宇对美国东北部马萨诸塞州洛厄尔的经济转型历程和经验进行了考察,认为产业结构多元化是其经济转型的基本特征,工业遗产可以成为老工业城市重振经济的宝贵资源,邻近经济繁

---

① 李莉:《19世纪后半期美国城市住房治理研究》,《求是学刊》2021年第2期。
② 伍斌:《劫后重生:1906年旧金山大地震后唐人街的原址重建及其意义》,《世界历史》2021年第5期。
③ 李文硕:《美国城市史研究的空间取向》,《史学理论研究》2021年第6期;《寻找"合适的衰败区":联邦与城市关系视角下的美国城市更新》,《社会科学战线》2021年第7期;《20世纪七八十年代纽约市保障性住房政策的转变及其影响》,《世界历史》2021年第5期。
④ 曹升生:《克林顿城市授权区项目论析》,《厦门大学学报》2021年第2期。

荣和技术发达的大城市是其复兴的有利条件。①

此外，刘向阳以环境史视角重新审视了20世纪70年代美国的滞胀危机，认为环境管制是物价上涨、通货膨胀的重要因素之一，同时他强调环境史的经济学转向有利于揭示环境—经济—社会之间复杂的因应协同关系，有利于深入挖掘历史要素演进嬗变的内在机制。②

欧洲经济史方面，艾仁贵探讨了资本主义与战争的关系，指出二者之间存在"看不见的纽带"。近代早期欧洲国家普遍存在的战争压力与竞争态势，促使资本主义经济体制兴起。资本主义的扩张性使之在全球范围内夺取原料产地和商品市场，将战争扩展至全球规模。资本主义作为不断进行自我扩张的系统，必然导致对经济垄断和政治霸权的无限追求。③朱华进考察了19世纪晚期中西欧"谷物大入侵"现象。19世纪晚期美俄等世界农业生产大国的谷物持续性大规模涌入，打破了中西欧农业生产与贸易的平衡状态，主要农产品价格持续下跌，土地价格与租金等亦有不同幅度下滑，直至19世纪90年代中期外部谷物输入衰退才使这场农业慢性萧条宣告结束。"谷物大入侵"是世界农业大国农业生产发展、交通运输革命、欧洲贸易壁垒瓦解等因素综合作用的产物，催化着中西欧国家农业变革。他还分析了1873—1896年中西欧经济慢性萧条，认为这是70年代前后欧洲经济虚假繁荣、美俄等农业生产大国"谷物大入侵"和制造品倾销等综合作用的结果。④信美利认为中意关系在20世纪30年代经历了一段"黄金时期"，意大利法西斯掌权后积极寻求对外扩张，要求参与对华

---

① 韩宇：《老工业城市的再生之路：洛尔尔的转型路径》，《厦门大学学报》2021年第2期。
② 刘向阳：《环境史视野下的20世纪70年代美国"滞涨危机"新解——兼论环境史的经济转向及其创新》，《北京师范大学学报》2021年第6期。
③ 艾仁贵：《资本主义是靠战争喂养大的》，《历史评论》2021年第1期。
④ 朱华进：《19世纪晚期中西欧"谷物大入侵"探析》，《中国农史》2021年第4期；《1873—1896年中西欧经济慢性萧条探析》，《青海师范大学学报》2021年第4期。

合作项目。但法西斯政府内部意见不一,一方面是因为意大利经济发展迟滞,无法承担"巨额"投入风险,另一方面是意大利战略重点仍在欧洲,不愿在远东牵涉过深,加之中国局势动荡,意中经济合作计划谈判最终无果。①

英国经济史方面有多篇成果呈现。李新宽对17世纪90年代英国土地银行进行了探讨,认为制度设计缺陷、货币短缺状况恶化等是土地银行失败的主要原因。② 任有权梳理了19世纪英国租佃方式的变化过程、动因和影响,认为论年租佃取代定期租佃适应市场经济变化,对当时的英国来说是"最优制度选择",作者还梳理了佃农权从习惯上升为法律的转变。③ 褚书达考察了苏格兰高地渔业争取国家支持的历程,认为苏格兰地方人士出于对高地贫困与人口流失的担忧,积极游说议会,推动议会立法支持苏格兰高地发展渔业,确保地方诉求的顺利实现。④

英国作为昔日的海上霸主,航运对其经济发展具有极为重要的意义。王玉茹、刘梦君认为,自18世纪以来,随着殖民贸易的开展和格拉斯哥的工业发展,克莱德航道已不能满足现有需求,因而出现了专门的航道治理机构。在200多年的发展过程中,克莱德航道治理机构不断加入工商业者、船主和纳税人代表等决策者,他们积极参与并推动航道治理工作的开展,实现了决策者、航道治理机构与港口贸易发展之间的良性互动,同时经过航道治理和港口建设,格拉斯哥逐渐发展成为英国的重要港口之一。⑤

关于俄国经济史,李巧认为毛皮贸易是17世纪俄国拓殖运动不可或缺的组成部分,是俄国拓殖西伯利亚的重要形式。俄国政府通过

---

① 信美利:《20世纪30年代初意大利与中国的经济合作计划》,《世界历史》2021年第4期。
② 李新宽:《近代早期英国的土地银行》,《经济社会史评论》2021年第1期。
③ 任有权:《市场化与英国土地租期的转变》,《经济社会史评论》2021年第2期;《从习惯到立法:19世纪英国佃农权运动》,《外国问题研究》2021年第2期。
④ 褚书达:《1785年后苏格兰高地渔业争取国家支持的经过》,《经济社会史评论》2021年第4期。
⑤ 王玉茹、刘梦君:《航道治理与港口贸易发展(1759—1965年)——克莱德航道治理机构研究》,《南开学报》2021年第4期。

征收毛皮税、实行贵重毛皮专卖制度等渠道获得大量毛皮,毛皮收益成为西伯利亚财政收入的主要来源。① 邓沛勇、罗丹萍认为19世纪下半叶外资大量涌入俄国,成为左右社会经济发展的重要力量。外资对俄国经济发展的作用在于推动俄国工业化进程,使全俄铁路网络得以奠定,铁路国有化基本完成,同时还促进俄国银行业的发展和股份制公司大量涌现。但也留下了俄国经济对外资依赖度过高的后遗症。② 邓沛勇还重新审视了全俄统一市场的形成和19世纪末俄国经济发展特征,认为全俄统一市场形成过程中呈现经济重心南移、外资依赖度高、政府政策推动工商业发展和垄断组织形成等特征。③ 王学礼分析了一战期间俄国经济治理的困境与危机,认为战争给经济发展带来严重冲击和挑战,导致工业生产与农业生产遭到严重破坏,交通运输尤其是铁路运输长期处于超负荷状态。而交通运输体系的混乱和瘫痪,加剧了前线和后方燃料及粮食供给的紧张局势,引发更严重的粮食和燃料危机,最终导致社会局势动荡和革命发生。④

拉美经济史也有成果呈现。徐振伟、赵勇冠认为阿连德政权的垮台主要因为其错误的经济政策特别是农业和粮食政策,以及过于冒进的土改政策,而全球性粮食危机的爆发以及美国的粮食禁运和经济制裁加速了阿连德政权的垮台。⑤ 王迪以劳工代理人制度为中心分析了秘鲁的早期现代化与劳动力困局,认为劳工代理人制度的兴衰演变是秘鲁封建经济式微和资本主义生产方式逐步确立的缩影。⑥ 孙洪波以拉美石油产业为例评述了资源民族主义研究,指出国际学

---

① 李巧:《毛皮贸易与17世纪俄国的西伯利亚拓殖运动》,《世界历史》2021年第1期。
② 邓沛勇、罗丹萍:《外国资本与俄国经济发展:规模和影响探究》,《俄罗斯学刊》2021年第5期。
③ 邓沛勇:《再论全俄统一市场的形成——兼论19世纪末俄国经济发展特征》,《经济社会史评论》2021年第1期。
④ 王学礼:《"一战"期间俄国经济治理的困境与危机》,《贵州社会科学》2021年第9期。
⑤ 徐振伟、赵勇冠:《智利阿连德政权垮台的粮食因素》,《安徽史学》2021年第2期。
⑥ 王迪:《秘鲁早期现代化与劳动力困局——以劳工代理人制度为中心(1895—1930)》,《经济社会史评论》2021年第2期。

术界先后提出"经济主权—资源民族主义假说"、"资源诅咒假说"、"资源—权威主义体制假说"和"资源丰腴悖论"等分支性观点。而跨学科、案例比较研究是拉美石油资源民族主义的常用研究方法，旨在揭示石油繁荣与资源国的政治变革、经济发展之间的内在逻辑关系。①

此外，黄民兴探讨了第二次世界大战后发展中国家的经济发展道路，指出20世纪80年代前后，发展中国家的经济发展取得了显著成绩，但也暴露出一系列问题。其经济发展呈现出共同规律：经济发展必须符合各国国情；技术和创新在经济发展中扮演极其重要的角色；增长与分配平衡是经济发展中的关键问题；农业是经济发展的基础；制度创新具有重要意义；反思经济发展模式的必要性。②

在过去的一年中，社会史研究状况相对平衡，但主要集中于欧美史领域。土地确权、社会政策等研究成果凸显出议题的现实关切。

美国社会史较多集中于对美国少数族裔、移民、女性问题的研究。谢国荣、徐跃龙考察了美国重建时期南方黑人自由民教师群体，认为与北方白人教师不同，南方黑人自由民教师对黑人群体有着更强烈的种族情感认同，无论在黑人教育领域还是黑人公民权利领域，南方黑人教师都扮演引领者角色，对国家重建及美国社会产生了深远影响。③ 女性史方面，鲁迪秋考察了1800年费城女性协会成立的社会背景、济贫方式及其意义，进而分析了女性在社会变迁中的角色，提出费城女性协会活动不仅在于救济贫困女性与儿童，还有效扩展了女性

---

① 孙洪波：《资源民族主义研究评述：以拉美石油产业为案例的历史考察》，《西南科技大学学报》2021年第1期。
② 黄民兴：《试论第二次世界大战后发展中国家的经济发展道路》，《西北大学学报》2021年第2期。
③ 谢国荣、徐跃龙：《南方黑人自由民教师与美国重建》，《历史教学问题》2021年第2期。

的活动空间，推动女性的公共参与。① 洪君从女性的生存境遇、婚姻家庭、教育就业、政治参与等方面探讨了美国中产阶级女性由"维多利亚女性"向"新女性"的转变。② 李婷就进步主义运动时期"全国妇女俱乐部总联盟"对自然资源的保护活动进行了考察，认为该活动推动了自然资源保护运动由一场以男性精英为主导的政治运动转变为自下而上的社会运动，提升了美国女性的影响力和社会地位。③ 伍斌考察了内战后美国南部华人农业劳工群体，将华人的处境与南部种族关系格局相联系，认为美国内战后南部农业华工虽然是自由移民，却受到带有种族主义意识形态的种植园主歧视，也束缚于当时美国乃至全球资本主义网络。④ 梁茂信以"差异与融合"概念为切入点，对1900—1929年拉美移民迁移美国进行了研究，认为随着美国工业化的完成和经济繁荣发展，美国西南地区劳动力供求关系脱节问题日益加剧，拉美国家开始大量向美国移民，其中墨西哥移民数量最多。在此过程中，美国企业的招工措施直接促成了墨西哥劳工进入美国经济的生产过程，对后续移民产生了连锁反应。⑤

社会运动、劳资关系等议题也有相关成果呈现。原祖杰、周曼斯考察了19世纪下半叶美国反堕胎运动及堕胎法的转型。19世纪下半叶，职业医师发起反堕胎运动，一方面利用科学和道德话语向公众，尤其是女性推广反堕胎理念，另一方面游说各州立法机构，以立法形式"监管"和"惩治"堕胎行为。反堕胎运动背后蕴藏着职业医师追求权威地位和经济利益的行业诉求，也体现了以美国中产阶级职业

---

① 鲁迪秋：《美国内战前费城女性协会的济贫活动》，《经济社会史评论》2021年第4期。
② 洪君：《从"维多利亚女性"到"新女性"：美国社会转型过程中的中产阶级女性（1870—1920）》，上海：上海辞书出版社，2021年。
③ 李婷：《美国进步主义时期自然资源保护运动中的女性活动及影响——基于以全国妇女俱乐部总联盟为中心的研究》，《湖南工业大学学报》2021年第5期。
④ 伍斌：《美国内战后的南部华人农业劳工》，《四川大学学报》2021年第2期。
⑤ 梁茂信：《美国的拉美移民来源的梯度结构分析（1900—1929年）——以墨西哥移民为中心》，《拉丁美洲研究》2021年第6期。

医师为代表的盎格鲁—撒克逊族裔本土白人对社会转型时期人口—种族结构失衡、社会道德滑坡等问题的应对。① 周余祥梳理了1890—1935年美国劳方、资方与政府三方就缓和劳资关系进行的探索活动，揭示了三者之间复杂的利益博弈。② 董俊探讨了20世纪六七十年代起源于旧金山并蔓延至多个城市的抵制高速公路运动，认为各市抵制运动成效不一，且带有强烈的种族色彩。这一运动不仅是60年代美国社会运动中重要一环，且至今仍然影响着美国城市对于公路的看法和决策。③ 周顺梳理了美国平权运动的发展历程，认为这一运动部分实现了矫正社会歧视、补偿弱势群体、实现多元化社会的目标，但也导致政治认同两极化趋势。④

欧洲社会史成果相对丰富，但主要集中于英、法、德、俄等国。在法国社会史方面，贺丽娟研究了近代早期法国土地制度，指出到近代早期，法国虽然是大、中、小土地所有制并存的国家，但特殊的土地经营方式使大土地经营模式在法国长期得不到发展，而小土地经营占主导地位，这是近代法国农业发展的特点之一。⑤ 侯建新探讨了大革命前后法国农民土地产权问题，托克维尔曾认为革命前法国农民已经是土地所有者，因此法国农民十分仇恨封建势力。托克维尔的这种推断是个历史误判。大革命前的法国农村，农民身受教俗贵族和王权压迫，众多佃农、无地农与土地没有任何产权关系。农民土地问题才是大革命爆发的深层原因。法国大革命推动了农民土地确权，但也付出了代价。⑥

---

① 原祖杰、周曼斯：《19世纪美国反堕胎运动的权力争夺与种族因素》，《厦门大学学报》2021年第4期。
② 周余祥：《美国探索调解劳资关系的曲折之路（1890—1935）》，《历史教学问题》2021年第3期。
③ 董俊：《美国民众抵制高速公路运动的缘起、发展及影响》，《四川大学学报》2021年第4期。
④ 周顺：《美国平权运动及其对政治认同的影响》，《史学月刊》2021年第9期。
⑤ 贺丽娟：《近代早期法国土地制度研究》，北京：中国社会科学出版社，2021年。
⑥ 侯建新：《大革命前后法国农民土地产权问题——从托克维尔的一个误判谈起》，《史学集刊》2021年第5期。

英国社会史研究成果较多，探讨议题广泛。侯建新对近代英国土地确权立法与实践进行了研究，认为在前资本主义社会中，英国并没有完全的私人财产权，直至17世纪中叶英国议会推出《骑士领废除与补偿法》，标志着土地私有制在英国率先实现国家立法。后来的议会圈地则是土地确权的实践。议会圈地的法治化使圈地成果受到法律保护，从而为英国崛起奠定了经济基础。① 倪正春从圈地议案的拟定、审理和实施等环节，探讨了议会圈地的实施程序、特点及内在逻辑，认为议会圈地顺利推进的重要因素在于实施程序不仅遵循"程序正义"原则，而且以明确地方产权人的土地权利为目的，自下而上逐步推进，确保议会圈地的顺利推进。② 孙小娇梳理了19世纪英格兰租佃权产生的历史背景、租佃权与农业投资、租佃权的立法进程。③ 杨晓敏就19世纪英格兰的"小土地持有"运动的背景、议会相关立法活动等进行了考察，分析了这一运动对英格兰农业社会发展产生的重大影响。④

社会立法方面，张乃和对近代英国公司制度的起源问题进行了探讨，认为近代英国公司制度在形式上是法律制度，公司是法人，本质上则是经济制度，公司就是财产。这是两种研究视角，也是两条历史线索，在近代以前分头并进。到16世纪，公司法人与公司财产合二为一，近代英国公司制度由此起源。⑤ 刘金源梳理了19世纪后半叶英国工厂立法的演进历程，认为英国一系列工厂法的颁布与推行减少了劳资争议的发生，缓和了劳资关系。⑥ 许志强梳理了18世纪英国社会转型时期狩猎法的变迁，认为英国狩猎法对乡村生态、农业发展、社

---

① 侯建新：《英国近代土地确权立法与实践》，《世界历史》2021年第4期。
② 倪正春：《英国议会圈地的实施程序及其特点》，《经济社会史评论》2021年第3期。
③ 孙小娇：《19世纪英格兰租佃权的历史考察》，《史林》2021年第3期。
④ 杨晓敏：《19世纪英格兰的"小土地持有"运动》，《河北师范大学学报》2021年第6期。
⑤ 张乃和：《近代英国公司制度的起源》，《吉林大学社会科学学报》2021年第6期。
⑥ 刘金源：《19世纪后半叶英国工厂立法的演进》，《历史教学》2021年第6期。

会秩序等产生了深远影响，同时其实践困境反映了日益加剧的乡村社会矛盾，也见证了土地贵族在资本主义发展早期的身份危机。①

在流浪儿童、贫困等社会问题的治理方面，许志强探讨了19世纪中叶伦敦慈善组织发起的免费学校运动以及免费学校的课堂教学、社会救助等，认为在工业化转型背景下，英国大量无人监护的失学儿童流浪街头，成为严重的社会隐患，而免费学校在缓解这一问题中发挥了重要的社会功能。② 杨辉认为英国家庭津贴运动冲击了传统的性别观念和既有的家庭理念，推动英国传统家庭政策的转型。③ 李家莉、苏泽明就工业革命时期伦敦的娼妓问题及其治理进行了分析，认为伦敦娼妓泛滥是多种因素导致的综合性"社会疾病"，而英国政府和社会长期仅将其视为犯罪问题和道德问题，主要通过法律措施和道德改革打击和治理娼妓业，缺少对城市人口增长数量和速度的宏观调控，更缺少增加女性就业以及平衡就业性别结构的调控机制及举措。④

消费史方面，李新宽考察了英国18世纪前奢侈消费下移问题，认为国内外市场旺盛的消费力和国际市场网络将奢侈品变成了日常用品，新的消费需求得到快速满足，比工业化之前的变迁产生了更广泛深刻的社会影响，也为17世纪中后期英国消费社会的兴起奠定了基础。⑤

特别要指出的是，由钱乘旦主编的"英国社会转型研究丛书"已由南京师范大学出版社出版，对英国工业革命以来社会方面的各种变化进行了全面系统深入的研究。该套丛书包括钱乘旦的《工业革命与英国工人阶级》、刘金源的《近代英国劳资冲突与化解》、傅新球的

---

① 许志强：《狩猎与盗猎——英国"长18世纪"转型视域下的狩猎法变迁》，《史学集刊》2021年第6期。
② 许志强：《19世纪中叶伦敦免费学校的儿童施教与救助》，《学海》2021年第6期。
③ 杨辉：《挑战与变革：1917—1945年的英国家庭津贴运动》，《历史教学》2021年第14期。
④ 李家莉、苏泽明：《工业革命时期伦敦的娼妓问题及其治理》，《英国研究》2021年第2期。
⑤ 李新宽：《试论近代早期英国奢侈消费的下移》，《英国研究》2021年第2期。

《近代英国人口、婚姻与家庭》、姜德福的《维多利亚时代的道德建设》、施义慧的《工业革命与英国儿童教育》、郭家宏的《近代英国的贫富差距问题》、陆伟芳的《英国城镇社会转型与发展》、金燕的《英国邮政改革与社会变迁》和吴铁稳的《英国治安防控与警察发展》。此外,潘迎华就19世纪英国中产阶级女性在家庭私人领域和公共领域的活动状况、地位和作用变迁进行了全面考察,揭示了这一时期英国社会发展与中产阶级两性关系变化之间的关系。①

关于德国社会史,田伟认为在政教关系上,德国形成了一种独具特色的友好型政教分离模式,既确保国家与宗教在制度上分离,又允许甚至鼓励二者"交互关注与合作"。在法律原则上,友好型政教分离体现为国家对宗教的"兼容开放型中立"和"供应的平等"。在制度设计上,友好型政教分离落实为公立学校宗教课程、宗教公法团体制度等国家与宗教团体之间的合作机制。② 侯建新探讨了德国农民土地确权问题,认为政府主导的自上而下的土地确权具有鲜明的德意志特色。19世纪初期的土地变革,使农民普遍获得属于自己的土地,同时实行经济补偿原则,较大程度地减少和规避社会动荡,使变革有序推进,同时为普鲁士迅速崛起提供了社会条件。③ 孟钟捷、王琼颖利用政治文化史研究方法,以雇员保护政策、住房政策、劳动力市场政策、传统社会保险政策、家庭政策、历史政策和特殊群体政策等七大社会政策为观察对象,以劳动时间规范、社会福利房建设、失业保险体制建构、"堕胎禁令"存废、公共纪念之争及针对青少年、吉卜赛人、同性恋者的矫正措施等为研究个案,剖析了魏玛德国社会治理的路径与问题。④

---

① 潘迎华:《19世纪英国中产阶级女性研究》,北京:社会科学文献出版社,2021年。
② 田伟:《德国的友好型政教分离:理念、原则、制度与成因》,《德国研究》2021年第1期。
③ 侯建新:《自上而下变革:德国农民土地确权》,《经济社会史评论》2021年第3期。
④ 孟钟捷、王琼颖:《魏玛德国的社会政策研究》,北京:中国社会科学出版社,2021年。

关于俄国社会史,叶怡静、解国良探讨了俄国农奴制改革后农民打工问题,指出 1861 年俄国农奴制改革后,农民变成了自由民,随之而来的是份地减少和赋税增加。为了应对身份变化,农民走上打工道路。在身份转变过程中,农民遭受地主和国家双重压迫,经历了从经济到心理的痛苦转变,其传统思想文化遭受冲击。① 南慧英解析了 19 世纪末 20 世纪初俄国远东移民群体的结构及移民政策,指出积极鼓励本国居民向远东地区迁移,是俄国一直奉行的移民政策。由于短期国内移民效果不彰,俄国政府遂将优待政策施及外国移民,吸引东亚各国移民涌入远东地区,并很快使之成为劳动力供应的重要来源,最终有效地实现了对远东地区的统治与开发。② 张广翔探讨了 1894—1914 年俄国酒销售垄断政策,认为该政策的初衷是为增加国家岁入,同时引导民众文明饮酒和减少酗酒。然而,减少民众酒消费和增加国库收入存在根本矛盾。而在俄国政府看来,财政利益远高于戒酒利益。这是酗酒问题难以根除的客观原因,民众的饮酒方式和习俗则是主观因素。③

此外,刘涛分析了荷兰黄金时代城市化的跨区域性和多元性发展趋向。一方面,城市的发展出现了沿海城市带动内陆城市的态势,城市化发展具有跨区域性。另一方面,乡村地区生产活动渐趋多元化,既造就了城市属性四溢的乡村,也使荷兰黄金时代城市化内涵更趋多元。这种"异动"使荷兰跳出传统经济窠臼,确保荷兰经济能够在此后的欧洲工业化进程中跟队前行。④ 闵冬潮考察了瑞典福利国家建立前夜的农民蜕变,指出 20 世纪 30 年代瑞典社会民主党与农民党结

---

① 叶怡静、解国良:《农奴制改革后俄国农民打工问题探析(1861—1881)》,《哈尔滨学院学报》2021 年第 6 期。
② 南慧英:《俄国远东移民群体结构及政策解析(1860—1917)》,《世界民族》2021 年第 3 期。
③ 张广翔:《1894—1914 年俄国酒销售垄断政策目的与结果为何相悖(上)》,《北方论丛》2021 年第 3 期;《1894—1914 年俄国酒销售垄断政策目的与结果为何相悖(下)》,《北方论丛》2021 年第 4 期。
④ 刘涛:《跨区域性和多元性:荷兰黄金时代城市化发展趋向》,《郑州大学学报》2021 年第 3 期。

盟，开启了社会民主主义的福利国家之路，农民和农民党在其中起了举足轻重的作用。①

相比较之下，亚洲社会史研究成果寥寥。杜娟考察了近代日本移民政策的转变，指出"安政五国条约"的签订结束了日本锁国时代，为日本海外移民潮的出现提供了先决条件。"明治维新"在推动日本近代化的同时，也导致大量剩余劳动力的出现和流动。随着失业加剧、鼓励生育政策和近代医疗卫生制度的发展，日本人口急剧增长。加上扩张主义思想的膨胀，明治中后期日本鼓励向外移民，将其视作殖民扩张战略和民族国家构建的重要一环。②

关于拉美及大洋洲社会史，刘明考察了20世纪以来巴西印第安人土地政策的变迁。葡萄牙殖民统治导致巴西印第安人土地被大量侵占和瓜分。独立后政府的内陆边疆开发政策将印第安人置于更为不利的境地。直至20世纪这一现象才有所改善。然而，出于工业化和农业现代化发展需要，政府默认甚至纵容农矿业等利益集团侵占印第安人土地，印第安人土地问题更加严峻。③ 李晓婷研究了皮诺切特时期圣地亚哥城市贫民住房运动，认为该运动促使当局转变市场主导住房的原则，对城市贫民住房进行调控。④

## （八）国际关系史

近年来，出于对百年未有之大变局以及中国国际影响力不断增长的关切，我国学界对于国际关系史的研究兴趣明显增强。2021年，美国对外政策史依然是学界关注的焦点，传统上一直受到重视的欧洲特别是西欧国际关系史的研究成果相对稳定，亚洲尤其是中国周边地

---

① 闵冬潮：《瑞典福利国家建立前夜的农民蜕变》，《澳门理工学报》2021年第4期。
② 杜娟：《近代日本移民政策的转变》，《北方论丛》2021年第3期。
③ 刘明：《20世纪以来巴西印第安人土地政策的变迁》，《世界民族》2021年第3期。
④ 李晓婷：《皮诺切特时期圣地亚哥城市贫民住房运动研究（1973—1987）》，《河北北方学院学报》2021年第1期。

区国际关系史研究成果有显著增加。

学者对英美霸权转移进行了新的探讨。胡德坤、钱宇明探讨了西方学界有关英美霸权转移的主要观点，特别是20世纪90年代以来西方学界出现的新理论。与保罗·肯尼迪为代表的传统解释不同，新理论普遍认为英美霸权转移的主要过程在1938—1942年快速完成，英国在二战前仍是全球唯一的世界霸主。但这一新理论同样存在诸多问题。实际上，英美霸权转移应当同时具备长期性和短期性，片面理解这一历史过程都会违背历史唯物主义。① 邓超对"英美霸权和平转移论"的底层逻辑进行了分析，认为这一理论带有明显的美国中心论和文化霸权等意识形态色彩，而且其赖以存在的前提和史实充满争议。②

付文广探讨了美国对外干预思想的起源与发展，认为从1823年"门罗主义"的提出到威尔逊任期结束，是美国对外干预的观念基础、行为模式与思想格局孕育和定型的关键阶段。③ 滕凯炜探讨了卡内基基金会如何从法律国际主义出发思考和构建一战后的国际秩序，揭示了这一时期国际秩序构建过程中政治外交方案与法律主义方案的角力。④ 金将将考察了美国与美洲体系的建构，认为美国所倡导的拉美政策，其最终目的只是让美国成为拉美国家的"仲裁者"和"保护者"，将整个拉美囊括进由美国建立和掌控、独立于其他大国势力之外的"美洲体系"中。⑤

关于第二次世界大战期间的美国外交史研究，雷海花分析了1933—1945年美国接受德国难民的战略考量，认为美国接受德国难民

---

① 胡德坤、钱宇明：《争论与发展：西方学界英美霸权转移理论评议》，《江汉论坛》2021年第1期。
② 邓超：《"英美霸权和平转移论"的底层逻辑》，《太平洋学报》2021年第8期。
③ 付文广：《从门罗主义到威尔逊主义：美国对外干预思想的起源与发展》，《拉丁美洲研究》2021年第3期。
④ 滕凯炜：《卡内基基金会与一战后国际秩序的构建》，《世界历史》2021年第3期。
⑤ 金将将：《制造"后院"：美国与美洲体系的初步建构（1880—1890）》，杭州：浙江大学出版社，2021年。

既是人道关怀、历史传统和现实原因使然,也是出于国家战略考量。这些德国难民不仅为美国推行战时战略、赢得反法西斯战争作出巨大贡献,也为美国实现战后战略布局,推动美国成为科学、文化与学术中心发挥了不可替代的作用。①

二战后的美国外交是学界研究重点。石斌分析了美国战略观念与战略思维的突出特征,认为美国在成长为超级大国的历史进程中,逐步形成了独特的战略安全观与战略思维方式,其显著特点是立足"最坏假设",强调实力地位,保持技术优势,偏重军事手段,追求绝对安全,维持全球霸权,秉持"道德普遍主义"和意识形态优越论。这些思想特征在成就美国超强地位的同时,也造成了美国霸权的困境。②牛可考察了美国冷战战略与国家建构之间的关系,以揭示冷战战略的历史根源、国家风格及复杂特征,认为作为政策思想和行为的"大战略"反映了现代世界的总体战和"总体冷战"的特性与要求,具有内在扩张性、综合性和政治性。③姚百慧考察了美国应对1958年法国政府危机的政策变化,认为美国政策选择是在矛盾且极为有限的范围中进行的,美国从保持冷战优势、顺应非殖民化浪潮、法国政治变动等方面,确定戴高乐执政是对自身最有利的结果。④武子飙探讨了艾森豪威尔政府为推动成立欧洲原子能共同体以及美欧原子能合作方面所采取的政策。⑤李翔分析了20世纪60年代初美国面临的国际经济环境以及美国政府的应对,认为《贸易拓展法》授权美国总统大幅削减关税的权力,既顺应美国经济发展需要,也是为了稳定美国在资本主义世界经济体系中的霸权地位。美国不仅团结主要盟国,还在《贸

---

① 雷海花:《美国接收德国难民的战略考量及其效果(1933—1945)》,《世界民族》2021年第1期。
② 石斌:《美国国家安全战略的思想根源》,《国际政治研究》2021年第1期。
③ 牛可:《冷战与美国的大战略、国家安全理念和国家构建》,《国际政治研究》2021年第1期。
④ 姚百慧:《美国与1958年法国政府危机》,《世界历史》2021年第1期。
⑤ 武子飙:《美国艾森豪威尔政府与欧洲原子能共同体》,《历史教学问题》2021年第2期。

易拓展法》中对发展中国家给予优待，目的在于孤立苏联阵营、扩大己方优势。①

隐蔽行动和心理战是美国进行冷战的重要手段。白建才考察了美国对苏联及东欧国家实施的包括无线电广播、图书项目、制造假消息、支持非政府组织活动和公共外交等隐蔽宣传行动，认为隐蔽宣传行动是美国冷战战略体系的重要一环，与其他公开宣传互相配合，对20世纪80年代末东欧剧变产生了重要影响。②高文知就冷战初期美国对民主德国的心理战进行了探讨。作为美国对民主德国实施心理战的主要手段，美占区广播电台除引导公众舆论外，还利用音乐节目等美化美国在民主德国民众心目中的形象，传播美国价值观念。③朱美娣探讨了越南战争期间美国心理战对越南女性形象的塑造，认为美国此举并非帮助越南女性发展，无辜的她们只是美国心理战"武器"。④

美国对苏政策和美苏关系方面，杨彦君以美国档案为基础，就二战后美苏围绕日本生物战情报进行交涉的动因、过程和结果进行了考察，认为在交涉中美国达到了预期目标，最终单独占有日本生物战情报，同时避免生物战情报对外公开，而苏联却一无所获。⑤赵学功梳理了核武器与美国对苏政策，指出作为维护国家安全的重要工具，核武器在美国对苏政策和美苏关系中扮演非常重要的角色。⑥

有数篇论文探讨了核武器与美国对外政策。刘京考察了1945年11月美、英、加三国首脑就原子能问题举行的华盛顿会议，就这次会议的缘起、各方立场与相互之间的博弈等进行了探讨，认为这次

---

① 李翔：《肯尼迪政府与〈1962年贸易拓展法〉》，《学术探索》2021年第11期。
② 白建才：《美国隐蔽宣传行动与苏东剧变》，《国际政治研究》2021年第1期。
③ 高文知：《冷战初期美占区广播电台与美国对民主德国心理战》，《历史教学问题》2021年第4期。
④ 朱美娣：《美国对越心理战中越南女性形象论析》，《历史教学问题》2021年第4期。
⑤ 杨彦君：《第二次世界大战后美苏围绕日本生物战情报的交涉》，《史林》2021年第5期。
⑥ 赵学功：《核武器与冷战时期美国对苏联的政策》，《国际政治研究》2021年第1期。

会议实质上是美国的胜利。① 张瑾分析了 1958—1966 年美国关于印度发展核武器的情报评估，认为这些情报体现出美国对印度核问题态度由积极支持到理性限制的转变，从侧面承认了中国的核大国地位。② 柏友春梳理了尼克松政府对印度 1974 年核试验的反应。对美国来说，维持美印关系的重要性要高于阻止印度走上发展核武器道路的重要性，因此美国不愿在核问题上采取实质性措施以影响双边关系。③ 刘子奎认为，核查是艾森豪威尔时期禁止核试验会谈中引起最大争议和最多讨论的问题，也是这一时期达成禁止核试验协议的主要障碍。他还考察了卡特政府防核扩散政策的变化，认为其政策逐步从原来的立场后退，重点从阻止非核国家获得核能力，转向防止具有所谓"不良意图"的"问题国家"开发核武器，这是美国政府防核扩散政策的转折点，奠定了此后美国政府防核扩散的基本立场和走向。④

在美国对亚太地区的政策方面，赵志辉、孙鋆考察了美国政府内部围绕对日媾和与东亚战略重心展开的辩论，认为这场大辩论不仅使美国东亚战略制定的主导权从国务院远东司转到政策设计室，也促使战后初期美国东亚战略重心转移，日本成为保障美国推行遏制政策的重要基地。⑤ 尹蒙蒙重点梳理了美国太平洋"岛链"战略的形成与实施，认为这一战略是美国大战略的重要组成部分，同时也是美国维护亚太均衡和霸权的重要方面。⑥ 梁志利用美韩双方的档案资料，考察了 1948—1979 年双方关于驻韩美军裁减事宜的交涉，指出美韩在驻

---

① 刘京：《杜鲁门的胜利：1945 年华盛顿会议与联合国管制原子能的缘起》，《历史教学》2021 年第 10 期。
② 张瑾：《美国情报视阈下的印度核问题（1958—1966）》，《首都师范大学学报》2021 年第 2 期。
③ 柏友春：《尼克松政府对印度 1974 年核试验的研判、反应与对策——基于美国解密档案的考察》，《军事历史研究》2021 年第 6 期。
④ 刘子奎：《核查与艾森豪威尔政府禁止核试验谈判（1957—1960）》，《华东师范大学学报》2021 年第 1 期；《卡特政府防核扩散政策考察》，《历史研究》2021 年第 5 期。
⑤ 赵志辉、孙鋆：《"博顿草案"大辩论与战后初期美国东亚战略重心的转移》，《吉林大学社会科学学报》2021 年第 5 期。
⑥ 尹蒙蒙：《美国太平洋"岛链"战略的构建及其当代影响》，《安徽师范大学学报》2021 年第 6 期。

韩美军裁减问题上屡次发生争端甚至信任危机,反映出双方战略认知的差异。而且在大多数情况下,韩方对削减或撤除驻韩美军议题并无否决权。战略认知方式相左与话语权不对称,仍是当今美韩同盟关系的基本属性之一。同时,他还对20世纪70年代韩国导弹开发过程中的美韩交涉进行了考察,揭示了美国难以制止韩国导弹研发的多重动因。①

美国对东南亚地区政策方面的研究成果较多。安竣谱梳理了1955—1956年"美缅技术与大米交换"计划的谈判过程,认为随着东南亚国际格局两极化趋势加剧,缅甸成为美方拉拢的对象。为防止缅甸倒向社会主义阵营,美国以牺牲经济利益为代价支持缅甸提出的"美缅技术与大米交换"计划。但相比苏联40万吨的年购买量,美缅大米贸易的象征意义大于实际意义。②范宏伟、吴思琦考察了美国制裁缅甸政策,认为在美国对缅甸政策形成过程中,府院之间、不同政党之间存在分歧,导致美国外交决策充满矛盾、妥协以及协调。③刘睿、储永正梳理了战后美国对菲律宾军事援助的演进及特点,认为军事援助是美国与菲律宾同盟关系的重要纽带,也是美国控制菲律宾的重要手段。④温荣刚考察了20世纪60年代美国与泰国在老挝的联合隐蔽行动,指出这一举措既是美泰同盟关系强化的表现,也是美国在东南亚推行遏制战略的必然要求。⑤温强、李星然考察了美国民主植入政策与尼泊尔民主改革的关系,揭示该政策最终破产的主客观原因

---

① 梁志:《"导火索":驻韩美军裁减问题与美韩关系(1948—1979)》,《华东师范大学学报》2021年第1期;《合作与限制:20世纪70年代美国对韩国导弹开发活动的反应与对策》,《世界历史》2021年第1期。
② 安竣谱:《美缅关于技术与大米交换问题的谈判(1955—1956)》,《历史教学问题》2021年第3期。
③ 范宏伟、吴思琦:《美国制裁缅甸政策的形成过程与路径——以国会与政府互动为视角(1988—2008)》,《厦门大学学报》2021年第6期。
④ 刘睿、储永正:《美国对菲律宾军事援助的历史演进及特点分析》,《军事历史》2021年第5期。
⑤ 温荣刚:《20世纪60年代美国与泰国在老挝的联合隐蔽行动》,《四川大学学报》2021年第4期。

及其在美国冷战战略中的工具主义本质。①

美国对其他地区的政策方面,张瑾就美国情报部门围绕1962年中印边界争端展开的评估分析进行了梳理,认为这些报告在一定程度上为美国针对中印边界问题和中印关系的政策战略提供了决策参考。这批情报反映了美国的冷战思维,带有强烈的反共意识形态色彩。②贾岩、徐显芬考察了十月战争期间美国在中东地区"均衡外交"战略,认为美国的干涉改变了中东地区的政治格局,确立了美国在该地区的优势地位。③陆如泉考察了战后美国、沙特和沙特阿美石油公司之间复杂的"三角关系"。④徐世澄系统梳理了美国与古巴政策和双边关系的发展。⑤

文化、教育、科技以及卫生等领域是美国冷战战略的重要组成部分。潘迎春、洪玲艳考察了第二次世界大战后美国对科技信息传播的控制。科学技术在二战中表现出强大力量,美国意识到科技对于国家安全和发展具有重要作用,开始严格控制科技信息的传播。美国通过保密先进技术、限制科技人员出入境等手段,建立起全方位限制科技信息传播控制机制。该机制有助于美国垄断先进科技,成为美国维持世界霸权的重要工具。潘迎春、洪玲艳认为美国利用1957—1958年国际地球物理年活动为其发射人造地球卫星创造了有利环境,并通过国际地球物理年南极科研活动促成对南极的国际共管,实现了对南极的政策目标,巩固了美国在南极管理中的优势地位。⑥石可鑫考察了

---

① 温强、李星然:《美国对尼泊尔民主植入政策述论》,《史学集刊》2021年第5期。
② 张瑾:《美国情报视野中的1962年中印边界战争》,《中国社会科学院研究生院学报》2021年第1期。
③ 贾岩、徐显芬:《美国"均衡外交"在十月战争中的实践》,《历史教学问题》2021年第2期。
④ 陆如泉:《石油权力:二战以后美国、沙特和阿美(沙特阿美)石油公司"三角关系"透析》,北京:石油工业出版社,2021年。
⑤ 徐世澄:《美国与古巴关系史纲》,北京:中国社会科学出版社,2021年。
⑥ 潘迎春、洪玲艳:《第二次世界大战后美国科技信息传播控制机制探析(1946—1955年)》,《思想战线》2021年第5期;《美国在外交中对国际科技合作的利用——以1957—1958年国际地球物理年为例》,《历史教学》2021年第18期。

艾森豪威尔政府对印尼实施的图书项目，认为囿于决策者的冷战思维及其对图书的政治化处理，美国图书项目中"政治宣传—文化传播"的关系难以平衡，是冷战时期美国官方图书项目的主要局限所在。[1] 周嘉滢对20世纪50—70年代西方经典现代化理论产生的历史根源、主要观点等进行了梳理，认为这一理论是美国同苏联进行意识形态对抗的产物，具有历史观念和意识形态双重性质，同时也是二战后美国建构全球学术话语体系的重要理论工具。[2] 王子晖、李楚楚梳理了1958—1972年美苏学术交流，探究了其缘起、运作机制、对话障碍及其对冷战的影响等，认为这些学术活动的开展为冷战时期双方关系的缓和提供契机。[3]

关于美国与国际组织关系的研究，舒建中、陈露考察了美国关于建立联合国的政策方案，认为"敦巴顿橡树园计划"在普遍性国际组织的机构设置、安理会职权范围、国际经济和社会合作等制度设计主要体现了"美国方案"的构想，并为联合国的构建奠定了制度框架。[4] 晋继勇、郑鑫梳理了1946年以来美国与世界卫生组织的互动关系，指出美国对世卫组织的政策基于不同的利益重点而呈现出不同特征，但维护其国际政治利益的总体目标是一成不变的。[5]

英国外交史方面，韩志斌、张弛对巴尔干战争前后英国的"协调外交"进行了考察，认为这一事件充分体现出"协调外交"的局限性，即尽管大国之间的协调外交可以解决个别问题，但无法解决国际

---

[1] 石可鑫：《美国对印尼的官方图书项目及其局限性（1953—1961）》，《西部史学》2021年第2期。
[2] 周嘉滢：《美苏意识形态分歧与经典现代化理论的形成》，《史学月刊》2021年第6期。
[3] 王子晖、李楚楚：《冷战中的美苏国际学术交流活动探析（1958—1972）》，《外国问题研究》2021年第3期。
[4] 舒建中、陈露：《敦巴顿橡树园会议与联合国的建立》，《史学月刊》2021年第6期。
[5] 晋继勇、郑鑫：《美国与世界卫生组织的互动关系——一种历史的分析》，《太平洋学报》2021年第8期。

体系的根本问题。① 杜哲元对 1864—1885 年英国在中亚地区的政策演变以及与俄国的博弈进行了系统考察。② 杭聪系统梳理了二战后英国英属撒哈拉以南非洲政策的制定和发展演变。③

徐弃郁通过分析德意志帝国从统一到第一次世界大战前的外交和政治军事政策，论述了大战略的成败如何决定德意志帝国的命运，从而回答了"威廉德国为何走向战争"这个问题。④ 楼天雄以 1933 年 7 月 20 日签订的《德梵政教协定》为切入点，集中展现梵蒂冈与第三帝国的互动博弈，进而为理解天主教曲折的现代化转型之路提供了有益视角。⑤ 张涛探讨了威廉二世"世界政策"失败的根源，认为这项大战略的制定及实施细节都存在导致失败的因素，威廉二世也未充分考虑国家规模的局限性以及地理位置的不利因素，过度膨胀的目标诉求只能使德国走向失败。⑥ 张广翔、王金玲考察了德国专家与苏联核计划问题。二战后，苏联实施核计划，为补齐人才缺口，通过德国本土签约和从战俘营中挑选两种渠道招募德国专家参加核计划。德国专家承担的工作是苏联核计划基础性工作的重要组成部分，具体研究工作处于核计划中的主流方向，在苏联核计划中发挥了重要作用。⑦ 周弘等对德国统一的外交活动进行了系统考察，不仅对联邦德国和民主德国在德国统一进程中的政策变化进行了分析，还剖析了英、法、美、苏以及欧共体等主张并推动两德统一的政治力量在两德统一进程

---

① 韩志斌、张弛：《巴尔干战争前后英国的"协调外交"》，《世界历史》2021 年第 3 期。
② 杜哲元：《中亚大变局与英国的政策应对（1864—1885 年）》，北京：中国社会科学出版社，2021 年。
③ 杭聪：《战后英国英属撒哈拉以南非洲政策研究（1945—1980）》，北京：中国社会科学出版社，2021 年。
④ 徐弃郁：《脆弱的崛起——大战略与德意志帝国的命运》（修订本），北京：商务印书馆，2021 年。
⑤ 楼天雄：《罗马教廷与第三帝国——1933 年〈德梵政教协定〉研究》，北京：宗教文化出版社，2021 年。
⑥ 张涛：《威廉二世"世界政策"失败的根源及启示》，《学理论》2021 年第 4 期。
⑦ 张广翔、王金玲：《德国专家与苏联核计划（1945—1956）》，《史学月刊》2021 年第 10 期。

中的折冲樽俎。①

俄国（苏联）外交史也受到关注。张兰星考察了19世纪初俄列扎诺夫使节团访日始末，指出日本幕府以坚持锁国祖制为由，拒绝使团请求，惨遭拒绝的列扎诺夫鼓动俄舰南下。这一报复行为非但没有促进日俄通商，反而迫使日方加大锁国力度，俄日关系蒙上阴影。② 邓沛勇、孙慧颖梳理了1700—1917年俄国外交史的整体脉络，从基辅罗斯、莫斯科公国和俄罗斯帝国三个时期以及与东西方国家的关系两个层面探究其外交历程，勾勒出俄国外交的起源、发展、鼎盛和衰落。③ 肖瑜、江艺鹏在解读俄罗斯、英国、美国和以色列档案文献基础上，分析了冷战初期苏联与以色列的关系，认为以色列是在苏美两个超级大国的支持下建立的，特别是苏联的支持更具有实质意义。④

冷战时期的国际关系史一直受到学者关注。侯彩虹、陈波考察了冰岛共产党与1956年北约防务危机，认为1956年进步党和社会民主党组成左翼政府并吸收共产党入阁，要求美军撤出冰岛，甚至威胁要退出北约。冰岛成为西方阵营中第一个挑战美国和北约集体安全政策的国家，1956年危机也是一国政局变动危及美国海外军事战略的典型案例。⑤ 周桂银探讨了冷战时期中间地带的国际互动及启示。冷战时期三种不同等级的行为体，在中间地带形成了超级大国的全球性战略竞争、次级大国（力量中心）参与的局部性竞争与地区大国参与的地区性竞争合作等三个层次的国际互动关系。超级大国之间的竞争在纵向上贯穿整个冷战时期，在横向上扩展至全球，而次级大国和地区

---

① 周弘主编：《德国统一的外交》，北京：社会科学文献出版社，2021年。
② 张兰星：《19世纪初俄列扎诺夫使节团访日始末》，《西伯利亚研究》2021年第3期。
③ 邓沛勇、孙慧颖：《俄国外交史（1700—1917）》，北京：社会科学文献出版社，2021年。
④ 肖瑜、江艺鹏：《从蜜月走向对抗——冷战初期的苏联与以色列关系研究：1948—1953》，北京：社会科学文献出版社，2021年。
⑤ 侯彩虹、陈波：《冰岛共产党与1956年北约防务危机》，《历史教学问题》2021年第1期。

大国参与的国际互动仅限于一两个阶段和一两个地区，即具有阶段性和局部性特点。①

此外，张勇安、施基邱艳考察了国际宣教会与20世纪20年代国际禁毒运动，认为国际宣教会从创立伊始即将"帮助人类摆脱毒瘾"视为长期奋斗目标。一方面，它接续前辈传教士传统，在传教地区担负起道德教化的责任，通过舆论宣传唤醒公众的反鸦片意识。另一方面，在基督教国际主义思想感染下，国际宣教会还试图影响国际联盟建构下的世界新秩序。正是以国际禁毒为载体，国际宣教会在道德教化与政治参与之间找到了耦合点。② 路阳以"国际难民组织"为中心考察了国际难民机制与战后初期全球难民治理问题。二战爆发造成大量难民和流离失所者，国际难的民组织作为联合国处理难民问题的专门机构应运而生。该组织重点从难民照护、失踪人员追踪、法律和政治保护等领域出发，参与到国际难民保护实践中。该组织还通过遣返、重新安置等方式积极推动难民安置目标的实现。③

2021年国际关系史研究中，东北亚诸国外交史是关注重点，其中，日本外交史成果占据突出地位。赵骁探讨了德川幕府体系的构建与崩溃，认为该体系的崩溃并非单纯因为军事失败，而是体系外西方国家带来的冲击导致的。面对体系外的冲击，幕府作为体系内最强大的单位选择与其他单位分享权力以获得支持，但又使其制度安排遭到破坏。④ 许金生利用日本外交机构遗留的原始档案，以1937年为下限，就近代日本对华宣传政策的形成与发展过程，以及日本外交机构与军方等在华操纵报刊、通讯社等活动进行了系统考察。作者认

---

① 周桂银：《冷战时期中间地带的国际互动及启示》，《国际政治研究》2021年第1期。
② 张勇安、施基邱艳：《从道德教化到政治参与：国际宣教会与1920年代的国际禁毒运动》，《社会科学研究》2021年第3期。
③ 路阳：《国际难民机制与战后初期全球难民治理——以"国际难民组织"为中心的考察》，《史学集刊》2021年第3期。
④ 赵骁：《古代东亚国际体系再探：德川幕府体系的构建与崩溃》，中国人民大学国际关系学院主办：《世界政治研究》第9辑，北京：中国社会科学出版社，2021年，第142—164页。

为,从明治初期开始,日本政府就十分注重利用报刊等开展对外宣传,并逐渐将在华操纵报刊等上升至国家立策层面,宣传被视为解决对华问题的重要手段。[①] 王涛、邓荣秀基于日本国立公文馆解密档案,考察了日本对1934—1936年意埃冲突的外交政策,认为日本从最初对埃塞俄比亚的同情,转变为支持意大利占领埃塞俄比亚全境,这种政策逆转本质上是一种投机性外交。[②]

战后日本外交史也有多项成果呈现。李超考察了战后初期日本关于琉球领土归属权的对策研究与实践活动。[③] 张建伟探析了冲绳军用土地遗留问题。[④] 李臻、徐显芬探讨了日本战后初期芦田外交中的经济因素,揭露芦田外交将其经济自立政策与媾和准备工作相结合的本质。[⑤] 张素萍梳理了同盟国对日本A级战犯审判政策之流变,指出以美国为主的同盟国家为其自身政治利益而侵蚀国际司法正义。[⑥] 陈静静探讨了佐藤政府对琉球的政策,认为佐藤应对琉球问题的基本方针是试探、模糊与渐进,之所以采用这种策略,主要原因是他在国内的政治压力以及日美不平等的同盟关系。[⑦]

在中近东国际关系领域,赵娜考察了法国委任统治与亚历山大勒塔问题的由来,认为这一问题是法国对叙利亚委任统治当局奉行的殖民政策、土耳其领土收复主义以及国际联盟纵容等因素相互作用的结果。法国委任统治当局的分而治之政策,强化了亚历山大勒塔内部各

---

[①] 许金生:《近代日本对华宣传战研究(1868—1937)》,上海:复旦大学出版社,2021年。
[②] 王涛、邓荣秀:《日本对意埃冲突(1934—1936)的外交政策演变——基于对日本国立公文馆解密档案的考察》,《历史教学问题》2021年第2期。
[③] 李超:《二战结束初期日本关于琉球领土归属权的对策研究与实践活动(1945—1947)》,《四川师范大学学报》2021年第1期。
[④] 张建伟:《"媾和前赔偿":冲绳军用土地遗留问题探析》,《苏州科技大学学报》2021年第1期。
[⑤] 李臻、徐显芬:《日本战后初期芦田外交中的经济因素再探讨》,《兰州大学学报》2021年第2期。
[⑥] 张素萍:《从东京审判到丸之内审判:同盟国对日A级战犯审判政策之流变》,《社会科学研究》2021年第6期。
[⑦] 陈静静:《佐藤政府对琉球政策:模糊立场与渐进路线》,《日本问题研究》2021年第1期。

族群的冲突，而族群矛盾成为法国割让亚历山大勒塔以寻求土耳其支持的借口。亚历山大勒塔领土主权的转移违背了当地大多数居民维持现状的意愿，为叙利亚与土耳其两国的领土争端埋下祸根。① 胡键探讨了"东方问题"远东化、克里米亚战争与中国的安全问题，认为克里米亚战争结束后，俄国更聚焦于亚洲，从而对中国边疆安全产生直接冲击，结果中国在俄国的欺诈和恐吓之下割让大片领土及其他战略利益。由此可见，克里米亚战争也促使"东方问题""亚洲化"或"远东化"。② 马德义考察了二战期间围绕波斯湾走廊援苏物资运输通道的国际合作问题。苏德战争爆发后，盟国约四分之一的援苏物资经此运往苏联，波斯湾走廊对苏德战争及欧洲反法西斯战争的胜利发挥了积极作用。美英苏三国在开辟和利用"波斯湾走廊"过程中既有合作，也有分歧。各方"合作"尽管伴有矛盾，但在反法西斯战争大背景下最终实现了合作共赢。③ 陈天社、邢文海多视角解读了巴以百年冲突。无论是对一百余年来的巴以交往史，还是对两族冲突本身，巴以的民族叙事几乎是迥异的甚至对立的。迥异的民族叙事是巴以冲突的表象，其根本原因在于巴以两种民族主义的对立。④

有关非洲和拉丁美洲国际关系史研究成果呈现较少。毕健康考察了埃以和谈中埃、以、美围绕巴勒斯坦问题的三方博弈，认为萨达特是弃守而非背叛巴勒斯坦人民事业。由于贝京政府控制巴勒斯坦的谈判底线不容动摇，卡特政府不能迫使其让步，萨达特维护巴勒斯坦立场不坚定，而埃及内部又存在重大分歧，最终无奈弃守巴勒斯坦。⑤

---

① 赵娜：《法国委任统治与亚历山大勒塔问题的由来》，《世界历史》2021年第5期。
② 胡键：《"东方问题"远东化、克里米亚战争与大清帝国的安全》，《四川大学学报》2021年第1期。
③ 马德义：《二战期间围绕波斯湾走廊援苏物资运输通道的国际合作》，《俄罗斯东欧中亚研究》2021年第5期。
④ 陈天社、邢文海：《巴以百年冲突的多视角解读——兼评〈敌人与邻居：阿拉伯人和犹太人在巴勒斯坦和以色列，1917—2017〉》，《世界民族》2021年第2期。
⑤ 毕健康：《背叛抑或弃守？——埃以和谈中埃、以、美围绕巴勒斯坦问题的三方博弈》，《安徽史学》2021年第4期。

肖曼、刘明以不结盟运动为例,考察了阿根廷外交政策的转向。阿根廷从1973年加入不结盟运动,到1991年退出不结盟运动并选择与美国"自动结盟",标志着其对外政策从独立自主、支持第三世界国家的不结盟路线转向完全追随美国的结盟路线。①

## (九)军事史

关于两次世界大战的研究成果,李其聪、邵丽英梳理了"一战"中美索不达米亚战役始末,这场战争对英国与奥斯曼帝国双方都产生了重要影响,英国进一步控制了波斯湾地区,奥斯曼帝国也在战败中走向瓦解。② 贾珺考察了第一次世界大战中英国信鸽的角色转换与形象变迁。一战爆发后,信鸽的军事价值使保护信鸽成为保护情报、保障通信安全的必然选择,而在战争期间对信鸽形象的人性化塑造,有助于公众理解信鸽保护条例和动物福利理念。③ 梁强考察了情报对斯大林在苏芬战争中战略决策的影响。④ 张箭、韩卓识认为二战初期法国迅速败亡的原因甚多,包括马奇诺防线没能发挥作用、兵役制度滞后、战略战术呆板、军事理论和思想落后等。但是法国政府军民上下厌战情绪浓厚、畏敌如虎的心态,才是导致其速败的决定性因素。⑤ 张箭、陈安琪考察了二战时期英军兵力规模的变化,认为二战爆发后,英军的军队规模迅速扩大,为反法西斯战争的胜利作出了重要贡献。⑥ 此外,徐传博对太平洋战争起源进行了新探讨,认为德国的扩张攻势对日本"南进"决策发挥了重要推动作用,日本也不是被动接

---

① 肖曼、刘明:《阿根廷外交政策的转向:以不结盟运动为例》,《西南科技大学学报》2021年第2期。
② 李其聪、邵丽英:《"一战"中美索不达米亚战役始末》,《西部学刊》2021年第3期。
③ 贾珺:《英国信鸽在"一战"中的角色转换与形象变迁》,《世界历史》2021年第1期。
④ 梁强:《情报与斯大林在苏芬战争中的战略决策》,《历史教学问题》2021年第1期。
⑤ 张箭、韩卓识:《二战初期法国速败之原因新探》,《黑龙江社会科学》2021年第3期。
⑥ 张箭、陈安琪:《二战时期英国军队军备规模述评》,刘新成、刘文明主编:《全球史评论》第20辑,第265—277页。

受德国的影响,而是主动将德国扩张创造的有利形势为己所用,实施既定的"自给自足经济圈"战略。①

在战后苏联军事战略史方面,韩增林研究了冷战时期苏联对美国的战略制衡,认为苏联的战略制衡在一定时期内稳固并拓展了其战略空间,维持冷战时期国际战略格局的基本稳定。②齐石指出古巴导弹危机前,苏联的海军建设一直在传统武器装备体系和战术体系内缓慢发展。危机后,苏联开始正视自身战略需求和建设远洋海军的必要性,迅速形成了与核工业和导弹工业深度结合的武器装备体系和战术体系,完成了从近海防御到远洋进攻的转型,扭转了长期以来在海权领域的弱势地位。③

美国军事史方面的成果较多。陈永考察了美国发展为世界海军强国的历史进程,阐释了海军政策与政治、外交政策转型和美国国际地位的关系。④温荣刚探讨了战后美国海军战略的调整,认为随着战略环境的变化,美国海军进行了针对性的部队转型与能力建设。⑤王子晖以二战期间美国战略情报局研究分析处为中心,对"官智合流"现象的成因、历史作用等进行了探析,认为这一时期的"官智合流"一方面为战时政府决策提供了大量参考信息,奠定了战后情报工作的框架和基础,另一方面对人文社会科学界的变革也起到了推动作用,对战后美国政府同学者合作的扩大与深化产生了重要影响。⑥张愿通过梳理美英在西南太平洋、大西洋、北非与中东的防务关系,认为双方

---

① 徐传博:《太平洋战争起源再研究:德国扩张对日本"南进"决策的推动》,《日本侵华南京大屠杀研究》2021年第3期。
② 韩增林:《冷战时期苏联对美国战略制衡研究》,《军事历史》2021年第4期。
③ 齐石:《古巴导弹危机前后苏联的海权与海军建设》,《史学月刊》2021年第12期。
④ 陈永:《军官团与海军建设:美国海军崛起的过程研究(1882—1922)》,上海:上海人民出版社,2021年。
⑤ 温荣刚:《第二次世界大战后美国海军的战略调整及其海权理论思考》,《辽宁大学学报》2021年第2期。
⑥ 王子晖:《二战期间美国"官智合流"现象探析——以战略情报局研究分析处为中心》,《军事历史研究》2021年第4期。

在不同地区的防务安排既体现出美英在安全需求、战略重心和权利主张等方面的差异，又反映了双方安全利益的趋同与互补。海外军事基地成为连接美英战略利益的桥梁，美英在战后逐渐形成了"以军事基地换取安全保障"的合作模式。① 史澎海就二战时期美国对德意日法西斯轴心国的心理战及其特点、成效等进行了分析。②

核战略与核部署是学者关注较多的领域。赵学功通过考察战后初期美国对苏联的核作战计划，认为杜鲁门政府之所以没有在美国垄断核武器与享有绝对核优势时对苏联发动预防性战争，是国内外各种因素共同作用的结果，并且在很大程度上是基于对苏联实力的忌惮以及可能产生的后果的考虑。③ 通过梳理美国诸军种协同核作战计划的出台及其影响，王晓坤认为美国制定的首个诸军种协同作战的核战争计划SIOP-62标志着美军形成了以战略空军为核心、其他军种相互配合的比较完整的核战争战术思想。④ 陈波分析了艾森豪威尔政府的海外核部署行动，指出美国在欧洲部署核武器的过程充满曲折，主要因为北约各国利益诉求不同、内部政治情形各异，特别是法国、联邦德国在核部署问题上态度不一，而美国政府内部在部署时机、谈判方式等问题上存在分歧。随着美、法在北约军事一体化问题上矛盾的加剧，艾森豪威尔政府在欧洲顾此失彼、缺乏系统的核武器部署过程，最终推动美国走向"多边核力量"计划。他还就美国在联邦德国、意大利等国的核部署分别进行了考察。⑤

---

① 张愿：《二战后初期美英在全球军事基地问题上的分歧与协调》，《军事历史研究》2021年第2期。
② 史澎海：《第四种战争：二战时期美国对轴心国的心理战》，西安：陕西人民出版社，2021年。
③ 赵学功：《美国对苏联的预防性核打击计划及其流产（1945—1949）》，《历史研究》2021年第6期。
④ 王晓坤：《美国首份诸军种协同核作战计划SIOP-62的出台及其影响（1958—1960）》，《学术探索》2021年第11期。
⑤ 陈波：《"大规模报复"战略与美国海外核部署》，《世界历史》2021年第2期；《20世纪50年代美国在欧洲部署核武器政策探析》，《史学月刊》2021年第9期；《艾森豪威尔时期美国在联邦德国的核武器部署》，《史林》2021年第5期；《艾森豪威尔政府与美国在意大利的核部署》，《华东师范大学学报》2021年第1期。

王勇探讨了尼克松政府核试验政策的变化,认为美国选择"有限禁止核试验"是美国核试验能力、核武器现代化与国内政治演变的结果,"有限"而非"全面"禁止核试验并未使美国核武器现代化能力受限。①

有关日本军事史的成果也有较多呈现。郭循春考察了近代日本军队的国民"统制"机制及其演进,认为自1873年日本开始施行征兵制以来,日本军部逐渐构建起一套有别于内务省体系、属于军部的国民"统制"机制。②曹亚坤梳理了近代日本学生兵役制度的演变,指出以国民皆兵为原则的征兵制是近代日本军国主义存在与发展的制度基础。但是,在明治维新后很长一段时间里,接受中高等教育的学生却享有在学免缓现役、短期服役等兵役特权。随着日本对外侵略战争的加剧,兵源日渐枯竭,学生被逐渐剥夺缓役特权,大批学生兵沦为战争的炮灰。学生兵役的制度设计与日本军国主义体制和对外战争密切相关。③吴启睿考察了日本陆军在1939年诺门罕事件中的决策路径,认为日军因军事准备不充分,陆军中央与关东军的作战指导分歧严重,既消极对待诺门罕事件,又无决心尽早结束作战,最终令日军彻底丧失战役主动权。④吴怀中讨论20世纪80年代日本对美提供军事技术的开启问题,指出这一战略转向为此后日本对外军事合作及同盟转型奠定了初步基础。⑤

## (十)总结与展望

2021年我国世界近现代史研究不仅取得了丰硕成果,而且研究

---

① 王勇:《从"部分禁止"到"有限禁止"——尼克松政府核试验政策选择》,《军事历史研究》2021年第3期。
② 郭循春:《近代日本军队的国民"统制"机制及其演进》,《世界历史》2021年第5期。
③ 曹亚坤:《从"免缓现役"到"学徒出阵":近代日本学生兵役制度的演变》,《外国问题研究》2021年第1期。
④ 吴启睿:《日本陆军在诺门罕事件中的决策路径考察》,《史林》2021年第2期。
⑤ 吴怀中:《试论日本对美提供军事技术的开启》,《军事历史》2021年第3期。

指向和特点较2020年又出现了新变化。

其一，在过去一年中，我国世界近现代史研究出现了一些新的现实关切取向。一是因应百年未有之大变局以及中国走向国际政治舞台中央的现实需要，国际关系史研究成果大幅增长。相关研究涉及大国对外政策、外交战略、国际关系以及德国统一的外交策略等。与此同时，中国周边国家外交及国际关系史研究成为热点。二是鉴于严峻的国际形势，军事史研究成果有一定增加。除传统战争史成果外，战略学和制度史视角的成果也有呈现。三是因应我国社会发展需要，开拓新的研究领域。例如，契合我国知识型社会发展的需要，思想文化史领域推出了西方国家历史上的知识生产研究，社会史研究也推出一些涉及土地确权、社会政策等方面的现实关切成果。

其二，人类文明交流与互鉴研究得到鲜明呈现。无论在全球史、跨国史、区域史、海洋史研究中，还是在思想文化史、经济社会史研究中，各国各地区文明交流交融成果集中显现。

其三，研究重心出现重大调整。一是政治史、思想文化史等传统领域研究在一段时间的相对沉寂后，出现了明显反弹，研究成果数量和质量都有较大提升；二是研究成果的地域分布出现重大调整，出现明显的亚洲和中国周边转向，日本、朝鲜和俄国史成果明显增加，西亚和中亚史成果也有新进展。

其四，基于新视域、新视点和新范式的成果不断涌现。一方面，无论是政治史、经济史，还是社会史研究，都有一些基于新视域的研究成果出现。在政治史研究领域，关注视角从传统政治史转向群体政治活动的新政治史，部落群体研究成为新亮点。另一方面，研究成果的融合创新持续推进，具体体现在两个方面。一是医疗社会史、海洋史、概念史等新视域和新范式的研究成果继续涌现，研究重点出现转移。在医疗社会史研究中，瘟疫史、公共卫生史研究受到关注；海洋史研究中，以展现海洋作为人类文明交往和交融平台功能的研究成为热点，关注地域转向中国周边。二是传统经济史和社会史等研究出现新视域和范式突破。在经济史方面，突破民族国家樊篱的区域经济史、跨国经济史研究成果有较多呈现。此外，概念史、记忆史、妇女史等也有新成果推出。

其五，研究成果的资料基础愈加扎实。不少高质量的研究成果成形于厚实的一手原始档案和时文之上，同时又对国外同行的最新研究动态把握到位。

总之，在过去一年中，我国世界近现代史研究量质齐升，各个研究领域"新"意频现，生机勃勃。

当然，由于我国世界近现代史学术队伍无论在数量还是质量上都还处于建设的上升期和调整期，而需要研究的学术领域极其广阔，需要面对的研究对象众多，加之研究思维惯性、外语能力和资料条件等仍束缚着学者的研究选择，我国世界近现代史研究还有继续努力的空间。一是创新意识还有待进一步提升。二是研究地域分布虽有一定程度改善，但仍主要集中于西方大国。三是相关研究成果基本上立足于微观和中观层面，而把握世界近现代史发展大势和内在规律的宏大叙事成果鲜有。四是缺乏高显示度的重大成果。从建设中国特色的世界史学术体系、学科体系和话语体系的角度看，我国世界近现代史研究任重道远。

（责任编辑：焦　兵　马俊燕　高　凡）

# 2021年考古学研究报告

## 一、考古学理论与方法

陈胜前*

2021年是仰韶文化发现和中国现代考古学诞生100周年，10月17日在河南三门峡市召开纪念大会，习近平总书记致信祝贺："100年来，几代考古人筚路蓝缕、不懈努力，取得一系列重大考古发现，展现了中华文明起源、发展脉络、灿烂成就和对世界文明的重大贡献，为更好认识源远流长、博大精深的中华文明发挥了重要作用。希望广大考古工作者增强历史使命感和责任感，发扬严谨求实、艰苦奋斗、敬业奉献的优良传统，继续探索未知、揭示本源，努力建设中国特色、中国风格、中国气派的考古学，更好展示中华文明风采，弘扬中华优秀传统文化，为实现中华民族伟大复兴的中国梦作出新的更大贡献！"[①] 2021年，中国考古学界积极响应习近平总书记号召，在考古学理论与方法领域进行新的探索，取得一系列进展。

### （一）总体发展状况

按照学术史的方法考察考古学的发展，通常需要从外部与内部

---

\* 作者陈胜前，中国人民大学历史学院教授。
① 《习近平致仰韶文化发现和中国现代考古学诞生100周年的贺信》，《人民日报》2021年10月18日，第1版。

关联两个角度出发。外部关联包括时代背景、社会思潮与相关学科发展，内部关联指考古学理论、方法与实践之间存在的张力。从外部关联来看，中国考古学迎来前所未有的发展机遇，党中央高度重视，各级政府大力推动，中国经济与社会飞速发展，为中国考古学研究提供了良好的物质条件，同时也产生了旺盛的需求。与之相应的还有新时代精神导向，中华民族伟大复兴事业需要传承与创新中华优秀传统文化。新冠肺炎疫情暴发后国际局势的深刻改变，对中国发展独立自主的科学知识体系提出更迫切的需要。与中国考古学相关的自然与人文社会科学已有长足发展，并与考古学发展形成众多交叉领域，中国考古学发展自身学术体系、学科体系、话语体系有了必要的外部支撑。从内部关联来看，大量新材料的发现，以博物馆、文化遗产保护利用为代表的中国考古学应用实践规模宏大，新的技术方法日新月异，这些都为理论创新提出了新的要求。2021年，在纪念百年中国现代考古学、建设中国特色中国风格中国气派考古学目标的推动下，中国考古学在理论方法上的探索也更为活跃。

总体而言，2021年中国考古学理论方法研究的进展可以归纳为以下四个方面。

第一，有关百年中国现代考古学发展历程的回顾。通过系统回顾，继往开来，以便更好认识中国考古学取得的成绩、发展现状及未来努力的方向。

第二，有关中国特色考古学理论的系统讨论。《中国社会科学》《历史研究》《考古》等主要学术刊物专门组织探讨，为未来发展提供有益参考。

第三，中华文明探源研究。中华文明探源一直是中国考古学研究的核心问题，也是推动中国考古学理论方法发展的核心课题。2021年，该课题研究范围扩大，研究层次也更深入。

第四，考古学方法进步迅速。其中的突出特点就是科技考古方法全面应用于考古遗存研究中，并深入古代社会状况的研究中。

## （二）百年中国考古学的回顾

2021 年是中国现代考古学诞生 100 周年。中国现代考古学的诞生伴随着中国学术、中国文化、中国社会的深刻转型，百年中国考古学的发展也从一个学科的角度折射中国古老文明的新生。为铭记百年中国考古学发展历程，《中国考古学百年史（1921—2021）》于年内出版，全书分为石器时代、夏商周时代、秦汉到明清时代、科技考古及考古学专题研究四部分，每个部分又包括 50 个左右研究课题，[①] 该书系统梳理了百年中国考古学各个领域的发展脉络。《江汉考古》《草原文物》等学术期刊出版纪念百年中国考古学的专刊，其他学术期刊也大多设置纪念专栏，从不同角度展示百年中国考古学的发展历程。

在相关讨论中，以赵辉等十余位学者开展的"纪念中国考古学百年"笔谈最为全面，在肯定百年中国考古学取得成绩的同时，也指出困扰当前研究的主要问题。[②] 在具体学术史研究中，张弛发现一个有趣的线索，即中国考古学从诞生伊始，文化历史与社会历史两种研究取向就并存发展。前一研究视角试图通过考古学文化的研究解决中国文化和中华民族从哪里来的问题，归根到底是"民族"问题；后一研究视角大多数时间按照苏联式社会发展史观论证中国古代社会发展历史，为中国社会的走向寻找理论依据，在中国近现代话语体系下乃是"革命"的问题。[③] 余西云从更宏观的角度分析，认为 19 世纪考古学主要在方法上创新，让考古资料成为基于时空联系的系统，进入科学研究

---

[①] 王伟光名誉主编，王巍主编：《中国考古学百年史（1921—2021）》，北京：中国社会科学出版社，2021 年。

[②] 赵辉等：《纪念中国考古学百年笔谈》，《江汉考古》2021 年第 6 期。

[③] 张弛：《民族与革命——百年中国考古学的研究取向》，《文物》2021 年第 6 期。

的范畴；20世纪考古学主要在理论上创新，使考古学研究从具体层面达到抽象层面，根据遗存探索文化与社会。文化历史主义与新进化论是两个不同层面的理论。前者着眼于文化的变迁过程，后者着眼于社会的进化过程。新进化论和历史唯物论具有互补性，新进化论侧重宏观的演化框架，历史唯物论侧重具体的社会历史。21世纪的考古学主要在技术上创新，丰富文化与历史的内涵。① 陈胜前从理论视角回顾了百年中国考古学，认为可以将其成就归纳为四个方面：科学考古学学科体系的形成，中国史前史时空框架的建立，史前史上若干重大问题的解释以及考古学应用体系的发展。当前有待解决的问题包括与透物见人考古推理相关的理论建设、人文视角的研究、世界视野的不足等。②

就中国现代考古学发展历程而言，赵宾福注意到那些直接影响中国考古学发展和进步的主流事件，都是从东北开始酝酿、起步，并走向中原、走向全国的。③ 常怀颖就20世纪50年代第一次全国考古工作会议有关中国考古学发展规划蓝图进行研究，回顾其中所经历的艰难曲折。④ 朱乃诚较全面地回顾了百年中国考古学的成就与历程。⑤ 其他学者则从具体研究层面作了回顾。仪明洁等、郭晓明等分别关注周口店、泥河湾两项中国旧石器时代考古经典研究的百年历程。⑥ 赵辉整体性探讨了中国新石器时代考古的历史与现状，从中国考古学发展进程的角度，解析新石器考古学的开端、学术定位、发展阶段及相应社会背景与深层因素，提出中国学术界开始正式接纳考古学

---

① 余西云：《中国考古学百年回顾与前瞻》，《中原文物》2021年第6期。
② 陈胜前：《理论视角下百年中国考古学的回顾与展望》，《江汉考古》2021年第6期。
③ 赵宾福：《从东北出发：百年中国考古学的起步与进步》，《江汉考古》2021年第6期。
④ 常怀颖：《擘画蓝图：跋〈考古学研究工作十二年远景规划草案〉——中国考古学发展规划研究之一》，《南方文物》2021年第4期；《第一次全国"考古工作会议"补述——中国考古学发展规划研究之四》，《江汉考古》2021年第6期。
⑤ 朱乃诚：《中国考古学百年成就》，《文物春秋》2021年第1期；《中国考古学百年历程》，《南方文物》2021年第1期。
⑥ 仪明洁等：《百年周口店：中国旧石器时代考古学发展历程的见证》，《北方文物》2021年第6期；郭晓明等：《泥河湾百年科学探索述略》，《文物春秋》2021年第4期。

这门学问始于安特生对仰韶遗址的发掘，它肩负着重建中国历史的任务，从而决定了它不可能走人类学的发展道路，必然要采用从物质文化史研究深入古代社会研究的学术逻辑。① 戴向明、魏兴涛关注仰韶文化的发现与研究，尤其关注仰韶文化与中华文明起源之间的联系。② 贾笑冰注意到红山文化的发现在打破"中原中心论"上具有重要作用。③ 秦大树等回顾磁州窑考古的百年变迁，透视中国历史时期考古在辨正文献记载上的重要贡献及其在研究方法论上的发展变化。④ 刘建国回顾了百年来的考古测绘，认为作为中国科技考古的代表，考古测绘很好地体现中国科技考古从无到有，再到不断完善的过程。⑤

回顾百年中国现代考古学发展历程，研究者都肯定中国考古学在田野考古工作上取得的成就，现代考古学的诞生就以田野考古学引入中国为标志，其中包含着科学精神与科学方法。当然，现代考古学忽视了金石学本身所包含的文化内涵，剥离了物质遗存的文化意义，不利于中国文化的传承。经过百年发展，中国考古学的学科体系已基本建立，以田野考古为基础，综合运用多学科方法，尤其是科技考古方法，由此构成当代中国考古学的基本特点。在现有学科体系中，考古理论研究相对薄弱，导致中国考古学的学科体系还不够完善，还没有完全形成独立自主的知识体系，这是我们今后需要特别努力的方向。

## （三）中国特色考古学理论研究

《历史研究》2021年第1期组织"建设中国特色、中国风格、中

---

① 赵辉：《中国新石器时代考古学的过去与现在》，《文物世界》2021年第2期。
② 戴向明：《百年仰韶考古发现与研究简议》，《文物世界》2021年第2期；魏兴涛：《从文化到文明化——仰韶文化百年历程及其文明化成就》，《华夏考古》2021年第4期。
③ 贾笑冰：《红山文化研究的百年历程与展望》，《草原文物》2021年第1期。
④ 秦大树等：《磁州窑考古与研究的百年历程》，《文物春秋》2021年第6期。
⑤ 刘建国：《考古测绘100年》，《江汉考古》2021年第6期。

国气派考古学"笔谈，其中朱凤瀚提出中国考古学的"中国特色"可以归纳为三个方面：中国考古学在学科归属与研究目标上属于广义的历史科学；中国考古学植根于实践，也致力于新理论的探讨，尤其是在中华文明起源与发展模式的探讨上，有着鲜明的中国特色；中国考古学在与许多学科合作交叉的同时，继承了文献史学传统。他进一步强调中国考古学需要处理好与文献史学、人类学的关系，处理好自身学术发展与国际交流的关系。陈胜前提出新时代中国考古学亟须加强具有自身特色理论的建设，这是由学科外部与内部关联结合作用的结果。基于中国化的马克思主义思想、中国思想观念、悠久的史学传统、迅速发展的中国创新、独具特色的中国文化以及中国特色社会主义事业发展的需要，中国特色的考古学理论体系是可能建立起来的。这里的特色就是我们的创新，在具体建设上需要注意当代考古学理论体系是多维的、多层次的、开放的，要注重学术积累、学科交叉等。高星从旧石器时代考古视角出发，追溯中国远古人类与文化的起源，强调中国境内古老型人类向现代人演化是一个连续、无缝衔接的过程，非洲迁出人群全面取代本土古人群的假说得不到化石证据的支持；远古华夏的旧石器时代文化薪火相传，自成体系，通过交流与融合铸成现代族群，在此基础上，形成独特的"旧石器时代东方行为模式"，与后世的文化传统一脉相承。沈长云从历史学、考古学与人类学三个学科的角度展开，就中华文明起源问题作了分析，注意到三个学科存在不同程度的理论贡献。霍巍强调百年中国现代考古学丰富了中华民族的历史维度，深化了对中华民族整体面貌与形成轨迹的历史认识，在铸牢中华民族共同体意识方面作出重要贡献。①

《中国社会科学》2021年第9期就新时代中国考古学的特色、风

---

① 朱凤瀚：《关于中国特色考古学的几点思考》、陈胜前：《建设新时代中国考古学理论体系》、高星：《探索华夏民族与中华文明的远古根系》、沈长云：《中华文明起源的历史学、考古学与人类学考察》、霍巍：《铸牢中华民族共同体意识的考古学贡献》，《历史研究》2021年第1期。

格与气派问题组织文章讨论,可分为三组。第一组为余西云、汤惠生的文章,侧重讨论马克思主义对中国考古学的影响。余西云注意到历史唯物论从20世纪初传入中国,中国考古学以之为基础进行社会历史重建,首先采用五种社会形态说,也接触过柴尔德理解的历史唯物论,到20世纪80年代前期,完成向中国考古学界理解的历史唯物论嬗变,开启实事求是的社会历史重建之路,形成考古学的中国学派;汤惠生则关注马克思主义在指导古史分期与学科体系发展上的作用。两位学者都认同考古学文化、区系类型理论在重建古史、探索历史规律中的核心地位。第二组是韩建业、陈淳的论文。韩建业强调考古学文化这一概念的客观性,认为至少在新石器时代至青铜时代研究中,考古学文化与不同层次的族群有大致的对应关系,为中华文明探源提供了基本方法,也是中国特色考古学的主要内容之一。陈淳肯定了考古学文化的概念在学术史上的意义,但认为它与迅速发展的科技考古难以契合,应该更多赋予考古学文化以功能、系统与过程的新内涵,从而更好地发展理论解释。他认为当代考古学已经发展成为一门纵贯古今的世界性学科,中国考古学只有放到世界背景中才能体现民族性。第三组研究涉及历史考古,刘庆柱等注意到历史考古中所言的考古学文化具有更丰富的意义,是以物质载体形式体现的文化,充分结合历史文献,可以就国家文化、文化认同、文化基因进行阐释。徐良高则更强调考古学在重建上古史中的独立作用,认为历史文献经过反复建构,可能并不可靠,考古学需要超越证经补史的传统史学思维,在构建上古史上发挥主导作用。[1]

《考古》也有两篇文章专门探讨中国考古学的理论特色问题。韩

---

[1] 余西云:《历史唯物论与中国考古学理论体系》、汤惠生:《中国马克思主义考古学派与类型学》、韩建业:《考古学文化阐释的理论与实践》、陈淳:《范式变化与考古学文化概念的发展》、刘庆柱等:《历史考古的考古学文化阐释》、徐良高:《以考古学构建中国上古史》,《中国社会科学》2021年第9期。

建业认为中国特色的考古学主要包括与文献史学结合、以考古学文化为中心的区系研究、以马克思主义为指导。① 这一认识在赵宾福的文章中也有体现,赵文更强调从中国考古学的"实情"出发,坚定走"中国化"道路,以新时代"新要求"为导向,坚持做好具体方面的工作。② 在《考古学报》的另一篇文章中,霍巍回顾了中国考古学理论发展史,分析了中国考古学自诞生起便担负起时代使命——救亡图存与重建古史,在新时代背景下,中国考古学将继续在引领社会思潮、坚定文化自信上发挥重要作用。③

归纳起来,有关中国特色考古学理论关注的焦点问题包括:(1)中国特色考古学的内涵究竟是什么?(2)考古学如何贡献于当代社会?(3)如何实现文献史学与考古学的合作?(4)如何理解考古学文化理论在当代中国考古学理论发展中的意义?(5)如何更好发挥马克思主义的指导作用?就中国特色考古学的内涵,研究者有较好的共识,部分研究者侧重从考古学的内部关联考察,朱凤瀚、霍巍、陈胜前则注意到考古学外部关联的重要性,我们需要结合内外关联认识中国特色考古学的特征。有关考古学如何贡献于当代社会的建设,研究者认识到中华文明探源研究的重要意义,陈胜前强调考古学研究中人文视角的重要性,提出通过历史与文化意义的阐释,更好发挥考古学的现实作用。④ 就文献史学与考古学的合作、理解考古学文化理论在当代中国考古学理论发展中的意义两个问题,目前学界存在明显分歧。至于更好发挥马克思主义指导作用,从历史唯物论到考古类型学与考古学文化论,还有较大差距,中国考古学研究还需要更深入的探索。

---

① 韩建业:《中国特色考古学的主要内容》,《考古》2021年第4期。
② 赵宾福:《走中国道路:建设中国特色中国风格中国气派的考古学》,《考古》2021年第9期。
③ 霍巍:《中国考古学的历史传统与时代使命》,《考古学报》2021年第4期。
④ 陈胜前:《探索考古:作为人文的考古学》,北京:三联书店,2021年;《中国文化基因的起源:考古学的视角》,北京:中国人民大学出版社,2021年。

就中国考古学的发展，研究者展开了思考与批评。陈恒特别强调世界史前史的重要性，认为世界视野是认识中国特色的前提，在这个意义上，考古学不能取代世界史前史。① 施劲松就处在空前发展机遇期的中国考古学作了探讨，提出多学科交叉、理论建设以及不同文明间的比较应是发展重点。② 不同文明的比较呼应了陈恒的世界视野。陈胜前在分析中国考古学生长点的历史与现状后提出，未来中国考古学可能在中程方法（考古推理）、考古学理论、国外考古、中国文化考古、新综合五个方向上取得突破。在强调世界视野的同时，强调应该从科学与人文两个维度发展考古学，两者缺一不可。③ 陈淳特别强调考古推理的重要性，指出考古材料本身并不是历史，考古学家需借助科学的理论方法来揭示材料背后的信息。④

简言之，发展中国考古学关键离不开考古学的根本任务，那就是透物见人；离不开中国考古学所处的背景与条件，即需要扎根中国，把握时代特征，努力创新，最终形成具有中国特色的考古学理论体系。

## （四）中华文明探源研究

中华文明起源一直是中国考古学研究的核心问题，尤其是20世纪80年代以来，苏秉琦提出要揭示"中华民族、中华国家与中华文化的起源和发展过程"，⑤ 之后的"夏商周断代工程"、"中华文明探源工程"都以之为中心展开，中华文明探源成为中国考古学研究的主要驱动力。中华文明探源研究把考古学重建真实古史与阐释意义充分结合起来，成为中国考古学研究的经典成功模式。它充分发挥我国集中

---

① 陈恒：《考古学取代不了史前史》，《读书》2021年第10期。
② 施劲松：《历史节点上的中国考古学》，《考古》2021年第4期。
③ 陈胜前：《中国考古学的生长点：过去、现在与未来》，《中原文物》2021年第6期。
④ 陈淳：《任重而道远的中国考古学》，《群言》2021年第10期。
⑤ 苏秉琦：《辽西古文化古城古国——兼谈当前田野考古工作的重点或大课题》，《文物》1986年第8期。

力量办大事的组织优势，围绕一个中心问题，进行多学科合作研究，其中考古学发挥中心作用。相应地，中华文明探源研究对于中国考古学理论方法的发展意义重大，成为培育与检验理论方法的理想场所。

王巍介绍了中华文明探源工程的总体状况，提出判断文明社会的八个关键特征：一是农业显著发展，人口不断繁衍；二是手工业技术显著进步，专业化进一步发展，被权贵阶层所掌控；三是人口显著集中，形成都邑；四是社会分化程度高，形成贵族阶层及以礼器体现尊贵身份的初期礼制；五是形成金字塔式的社会结构，出现集军事指挥权、社会管理权和宗教祭祀权于一体的王权；六是血缘关系仍然保留并与地缘关系相结合，维系社会发展；七是暴力现象和战争频繁发生；八是形成王权管理的区域性政体和服从于王的管理机构。他认为，距今5500年左右，黄河中下游、长江中下游和辽河流域，都出现了文明化进程加速的情况，形成了各具特色的区域文明；各地普遍出现龙的观念，形成"以玉为贵"的理念。距今5000—4000年，各地区进入文明社会，这一结论可得到浙江余杭良渚、湖北天门石家河、山西襄汾陶寺、陕西神木石峁、河南偃师二里头等都邑性遗址考古研究支持。[①]魏兴涛等总结中华文明探源研究的历程，归纳出目前关于中华文明形成标准的判断，都以生产力的发展作为人类步入文明社会的基础动力，进而将社会分化、等级制度、公共权力等上层建筑，尤其是国家（古国）的出现，视为判别文明产生的核心标尺。[②]

此外，中华文明探源的具体研究可以分为以下两个方面。

### 1. 文明化进程

有关早期文明的发展，陈雍以聚落、墓葬、水利设施、生产工具、稻田遗迹等考古遗存为基础，探讨良渚的都邑布局、社会结构、

---

[①] 《百年考古与中华文明之源——访中国历史研究院考古研究所王巍研究员》，《历史研究》2021年第6期。

[②] 魏兴涛等：《百年考古，叩问中华文明之源》，《历史评论》2021年第6期。

物质生活、社会控制方式、意识形态等发展状况，特别注意良渚文明与历史传统文化的关联。① 戴向明的讨论侧重中原地区，他提出一个假说：盐作为农业社会发展成熟之后不可或缺的基本生活资料，同时又是一种相对稀缺的资源，在文明发生初期，控制盐的生产和分配的社会群体就有可能聚集起众多人口和强大能量，如果再辅之以优越的农业等生产条件，则这样的区域或社群就会率先走上"文明之路"。晋南地区作为盐的产地，具备这些条件，因此可能在中原文明化进程中发挥了重要作用。② 同样关注中原地区的还有张海等，他们从文化谱系、社会发展与绝对年代三个方面梳理了公元前3千纪前半叶该地区的考古学文化，注意到区域发展的时空不平衡性是其重要特点，同时来自东西两个"半月弧"地带的诸多文明要素深刻影响了中原社会早期文明化的进程。③ 郭伟民发现，长江中游新石器文化是本土文化吸收融合周边文化而产生的，其文化谱系及发展历程总体而言存在以南北二元结构为主的多样性系统。油子岭文化之后，这种结构差异被打破，文化多样性迅速转变为一体性，随之而来的是社会复杂化进程加速，文明霞光绽放。④ 相比而言，袁广阔更关注环境变迁对文明发展的影响。结合考古材料考证黄河改道历史，他认为先秦黄河下游地区经济发达、文化繁荣，后来黄河频繁改道严重影响该地区文明发展，地理景观发生极大变化，从前丘、泽遍野的景观最终为平原所取代。⑤

在中华文明探源研究中，一个社会各界广泛关注的热点问题就是夏代的有无。许宏从信念史、概念史、推定史、称呼史四个维度，回

---

① 陈雍：《解读良渚文明：中国早期国家形态特征及其研究路径》，《南方文物》2021年第1期。
② 戴向明：《晋南盐资源与中原早期文明的生长：问题与假说》，《中原文物》2021年第4期。
③ 张海等：《仰韶与龙山之间：公元前3千纪前半叶中原社会的变革》，《中原文物》2021年第6期。
④ 郭伟民：《一体化，还是多样性？——长江中游新石器文化进程反思》，《江汉考古》2021年第6期。
⑤ 袁广阔：《考古学视野下的黄河改道与文明变迁》，《中国社会科学》2021年第2期。

顾有关"夏"遗存认定的研究史,认为"所谓'主流观点'或'共识'的取得,都不是建立在获得决定性证据(即有像甲骨文那样的内证性文字材料出土)的基础之上的,持不同论点者多将今人依据传世文献而提出的推论和假说当作讨论的主要证据。鉴于在证据层面和方法论上缺乏里程碑似的转捩点,故可以预见,这样的论争还将持续下去"。① 段天璟等总结探索夏文化的方法,包括文献与考古材料的对证法、都城界定法、文化因素分析法等,强调要坚持让材料牵着鼻子走,实事求是地"以物论史",在系统构建考古学文化谱系基础上,探索以物质文化形式表述的夏代古史。② 从这两项研究来看,夏代古史研究一个尚未解决的问题就是如何把古史文献与考古研究结合起来。把经过反复书写的古史文献不加辨析地当作实证材料是不妥当的,而认为古史文献毫无用处则又似乎走向另一个极端。

目前,从中国文化传统的延续性而言,运用古史文献是一条合理路径,考古学中"直接历史法"的前提就是连续历史与一脉相承的文化传统,而这正是中国考古学特有的优势。韩建业认为,在考古学领域,结合以"三皇五帝"为代表的古史传说展开对证研究,是探索中华文明起源与早期发展问题的重要途径;同时也应注意到,商周距离"三皇五帝"时代已相当久远,商周及以后文献中关于"三皇五帝"的记载,传承过程中不免有错漏虚夸,必须深入辨析、去伪存真,但又不可疑古过猛、"走得太远"。③ 曹慧奇从天文考古学角度结合古史文献来重建陶寺城址的择向及其与历法的关系,认为陶寺城址前后数百年保持一种维向系统的不变,是经过科学的天文测向来奠定的,而这种特定的维向方位又与《尚书·尧典》所描述的天文历法高度重合。中国古代"文明"正是以"经纬天地"来"敬授民时",实现从

---

① 许宏:《"夏"遗存认知推定的学史综理》,《南方文物》2021年第5期,第39页。
② 段天璟等:《求事与求实:考古学何以续写夏代古史》,《江汉考古》2021年第6期。
③ 韩建业:《结合古史传说探索中华文明起源》,《历史评论》2021年第1期。

"天文"到"人文"的交融。① 何努以陶寺遗址为例，探讨了古史传说时代历史重建的理论与方法，陶寺遗址发现的天文、文字符号及其他丰富的物质材料，可以与文献、人类学（民俗学）的证据链相互补充。② 王青以山东宁阳于庄东南遗址出土的大汶口文化陶文为研究对象，将其与文献记载的"少昊之墟"和太昊氏后裔分布之地联系起来，认为大汶口文化晚期"炅（昊）"族首先在鲁中南一带兴起，并创作了标识族群身份的陶文作为族徽，后来分化出少昊氏与太昊氏两个支族，宁阳于庄大口尊及其陶文很可能是太昊氏的遗留。③ 目前研究多将古史文献与具体考古学文化研究结合起来，以求实现对证的目的。

考古学与古史文献的关系还可以更加游离，这一类研究以考古学为主体，把直接历史法暗含在考古学研究中。在有关裴李岗文化墓葬的研究中，韩建业把族葬与中国文化传统中的祖先崇拜联系起来，认为族葬的出现和祖先崇拜的强化，成为"早期中国文化圈"或文化上"早期中国"萌芽的内在标志，对此后"早期中国文化圈"的形成和发展产生了深远影响。④ 方燕明等认为禹州瓦店龙山时期WD2F1祭祀遗存是祭祀之墠，重建其时社祀的祭祀场景，并讨论WD2F1建筑祭祀的形式和季节等问题。⑤ 施劲松比较考古中国与"神性"中国，介绍赵汀阳有关中华文明形成的"旋涡模型"，认为这个模型比"逐鹿中原"能够更好地解释中华文明多元一体的文化融合特色。⑥ 类似的还有何努等有关国家社会象征图形符号的研究，尽管运用了相关社会

---

① 曹慧奇：《曙光之城——从天文考古学看陶寺城址的择向与历法》，《南方文物》2021年第3期。
② 何努：《试论传说时代历史重建的方法论——以陶寺遗址考古实践为例》，《华夏考古》2021年第4期。
③ 王青：《太昊氏与少昊氏的考古学探索——从宁阳于庄发现的大汶口文化陶文说起》，《中原文物》2021年第4期。
④ 韩建业：《裴李岗时代的"族葬"与祖先崇拜》，《华夏考古》2021年第2期。
⑤ 方燕明等：《禹州瓦店龙山时期WD2F1祭祀遗存初探》，《华夏考古》2021年第6期。
⑥ 施劲松：《考古的中国与"神性"的中国》，《南方文物》2021年第2期。

科学理论，但其中还是暗含着中国文化传统——直接历史这个前提。①

考古学还可以完全脱离文献材料的帮助形成一条独立的文明探源路径。栾丰实等从石器角度揭示了山东日照两城镇龙山时代社会手工业的分化程度，认为两城镇遗址的石器生产已脱离家庭手工业生产阶段，进入更为复杂的专业化生产时期。② 曲枫从人类学视角出发，将红山文化的萨满教问题置于西方理论框架中，借以探讨如何运用理论探索史前萨满教因素，同时对上述理论与方法论的可靠性作出反思，认为普遍萨满教理论、神经心理学模式存在非历史主义和泛历史主义弊端，以及在探索史前萨满因素上的不可靠性，主张在可比较层次上使用民族学分析方法，同时强调情境考古学研究。③ 该研究体现了考古学研究的另一个范畴，即在文明起源中还有人类学这个维度。考古学的文明探源研究可以处在历史学、考古学本身、人类学之间。目前人类学维度的实证研究还比较少，但在纯粹理论研究中有更大的影响力。

**2. 理论探讨**

有关文明起源基础理论的探讨相对较少，但取向较为多样。王晓红重新梳理了恩格斯《家庭、私有制和国家的起源》中的家庭理论，提出家庭形式的演变随着时代变化，从以自然条件到以经济条件为基础、由低级到高级能动进化。家庭是社会历史发展的动力，一定历史时代和一定地区的家庭对社会制度有制约作用。家庭也受社会关系，尤其是所有制关系的影响。④ 家庭理论可以与当代考古学的家户方法联系起来，对研究社会经济的等级分化有指导意义。李志伟考察了国

---

① 何努等：《国家社会象征图形符号系统理论框架——国家社会象征图形符号系统考古研究之一》，《南方文物》2021年第1期。
② 栾丰实等：《山东日照两城镇遗址龙山文化的石器生产》，《考古》2021年第8期。
③ 曲枫：《史前萨满教研究理论与方法探析——以红山文化为例》，《北方文物》2021年第2期。
④ 王晓红：《〈家庭、私有制和国家的起源〉中的家庭理论及其当代意义》，《殷都学刊》2021年第4期。

内有关酋邦的研究，认为20世纪80年代酋邦理论被引入国内以来，根据研究内容及研究层次，其研究历程可分为三个阶段，从初步引入（1983—1994）到聚焦酋邦的政治特征和成因探讨（1995—2005），再到如今侧重辨析酋邦理论的适用性与比较研究（2006年至今）。他认为酋邦作为一个由多聚落或多社群组成的、存在等级分化与权力集中现象的政治单位，最本质的特征是产生了政治不平等现象。"酋邦"与"聚落群（团）"、"古国"等概念的基本内涵相近，且能够较准确地表述我国新石器时代晚期的不平等社会，在中国古代社会研究中具有一定适用性，在探索国家起源方面具有重要借鉴意义。[1] 酋邦理论来自人类学，其优点在于探讨了社会复杂化的机制，它用于考古学却存在古今一致性的问题，还涉及文化历史背景的差异。张光直最早将其引入中国考古学研究中，试图将其与中国材料结合起来，印群回顾了张光直有关中国古代文明起源的理论探讨，注意到张光直在理论研究上不断中国化的趋向，强调青铜器、巫觋在中国文明进程中的独特作用，同时强调中国文明属于连续发展的文明而且具有普遍意义；注重分析中国文明形成的动力机制，同时也非常关注中国文明的特色。在张光直晚年的研究中，已经把"酋邦"与"方国"等同，将人类学理论完全融入文明探源理论研究中。[2]

考古学有关文明起源理论的探讨多来自考古材料的发现、分析与研究，尤其是碳十四测年技术的进展。陈伟驹比较了夏鼐与苏秉琦就中华文明起源的认识，认为夏鼐"紧跟世界学术潮流"，很早就认识到单中心传播论的缺陷和碳十四断代在这一问题中的关键作用，由此倡导建立碳十四实验室，为认识中国文化（文明）起源"多元说"提供了必要、科学的年代数据；苏秉琦在继承徐旭生多元史观的同时，独立于碳十四测年，用陶器类型学的方法为中原和

---

[1] 李志伟：《国内有关酋邦的研究评述》，《文物春秋》2021年第5期。
[2] 印群：《论张光直先生的中国古代文明起源理论》，《殷都学刊》2021年第4期。

周边地区新石器文化准确断代，同样认识到中国文化起源的多元性，是与新潮流并列的另一潮流（方法论）。尽管两位研究者方法有所不同，但殊途同归。①

陈胜前反思了国家文明起源的研究路径，认为其中存在三种逻辑结构：从高层理论出发的演绎，从考古材料出发的归纳，以及从民族志材料出发的类比。目前研究缺乏充分的演绎，归纳的理论升华工作还不够，民族志的类比则缺少可用材料。其中立足于连续历史的"直接历史法"是值得进一步发扬的中程理论方法。考古学在研究文明起源问题时，一方面需要发展严格的科学推理，完善推理链条；另一方面需要加强人文导向的研究，中国考古学家研究自身文化时，应充分发挥主位优势，掌握阐释上的话语权。此外，他对文明起源的理论进行新阐释，提出东西方文明起源存在集体主义与个体主义的观念分野，这种分别来自长期生产方式及其所导致的生活上的差异。从文明发展的历程来看，集体或个体导向只是不同历史时期的需要。两者是辩证关系，一般意义上，并不存在哪一个更好或更优，应该相互学习、取长补短。② 这一探讨试图突破西方文明起源理论的理念基础，同时用以解读当前社会现实问题，从而实现历史意义阐释的目的。

## （五）考古学方法论

考古学方法涉及两个方面：一是常规考古学方法，如石器、陶器、聚落、墓葬考古等；另一是科技考古方法，包括动植物考古、同位素分析、DNA考古、环境考古等。两个方面的工作实践较多，跨

---

① 陈伟驹：《殊途同归：夏鼐和苏秉琦中国文化起源多元说形成之比较》，《考古学报》2021年第2期。
② 陈胜前：《有关国家文明起源的研究路径的反思》，《史学集刊》2021年第3期；《文明的根源》，《读书》2021年第7期。

越了不同时段的考古学研究,也是中国考古学研究中最为活跃的方面,这里只在方法论意义上简要归纳。

**1. 常规考古学方法**

在石器分析领域,赵海龙等针对泥河湾盆地下卜庄遗址的端刮器、卢立群等针对中国旧石器时代的石球进行实验考古,探索石器的功能与行为意义。① 周玉端等系统回顾旧石器类型学与技术学研究,反思当前主导中国旧石器考古学的技术类型学体系,认为应更多从技术学的角度来考察石制品。② 李三灵等指出,中国学者经常以台面数量的多少作为标准划分旧石器时代早期石核类型,但这一分类方法忽视了石核剥片技术的多样性,难以深入揭示古人类石器技术及相关行为与认知能力等方面的信息,同时介绍国外旧石器时代早期石核分类体系,提出基于石核剥片阶段性的动态类型学划分方法。③ 薛峰等对怀来盆地西沟湾1号地点出土石制品进行拼合分析,重建石器生产的技术过程。④ 张月书等以周口店遗址和泥河湾盆地旧石器时代遗址的发掘历史为主线,简要回顾旧石器时代考古发掘记录方法的变革;以东谷坨遗址的新发掘为例,介绍该遗址发掘和记录的一般规则和具体方法,呼吁建立具有科学性和包容性的旧石器时代遗址考古发掘操作规程。⑤ 几何形态测量方法是生物学研究中用于形态特征分析和形态比较研究的一种常用方法,雷蕾等以广西百色盆地南坡山遗址发现的手斧为例,利用三维几何形态测量方法对手斧的几何形态特征进行初步探讨,以此探索应用三维几何形态测量方法分析石制品的可能性。⑥ 这些研究有助于完善既有的打制石器分析方法。贺成坡等则就"新石

---

① 赵海龙等:《河北泥河湾盆地下卜庄遗址端刮器功能的实验分析》、卢立群等:《中国旧石器时代石球的实验研究》,《人类学学报》2021年第4期。
② 周玉端等:《旧石器类型学与技术学的回顾与反思》,《考古》2021年第2期。
③ 李三灵等:《旧石器时代早期石核分类方法试析》,《人类学学报》2021年第2期。
④ 薛峰等:《怀来盆地西沟湾1号地点石制品的拼合研究》,《人类学学报》2021年第4期。
⑤ 张月书等:《旧石器时代遗址发掘与记录方法讨论》,《人类学学报》2021年第2期。
⑥ 雷蕾等:《三维几何形态测量方法在石制品分析中的应用》,《人类学学报》2021年第6期。

器"——磨制石器的分析方法作了较为详细的综述，注意到多学科合作研究已经成为主要的生长点。①

在陶器考古方法上，除传统类型学分析外，探讨制作工艺成为一个研究亮点。李鹏辉等通过模拟实验与考古材料分析，认为戳压、滚压的施纹方式及栉齿纹的纹饰主题，共同构成后套木嘎一期文化的陶器纹饰风格。② 苏明辰等通过分析陶器制作痕迹，认为庙底沟、西王村及庙底沟二期文化三个时期陶器在制作技术上基本一脉相承，但也各有其时代特点。庙底沟文化存在集中作坊与家庭手工业两种生产组织；西王村文化存在集中作坊、个体手工业两种生产组织；庙底沟二期文化仅有个体作坊手工业生产组织。③ 彭小军系统梳理与归纳了史前陶器成型技术类型及其时空变化，认为新石器时代中期陶器成型技术类型南北分异，到新石器时代晚期演变为轮制拉坯技术在新月形地带兴起，再到新石器时代末期东西并立格局出现。④ 王小蒙通过比对随葬品与窑址出土材料，分析唐代两京地区三彩器物生产工艺及其传播模式。⑤ 张小虎注意到陶器破碎度的问题，提出量化研究陶片的可能，为探讨聚落内人类活动方式与遗址形成过程提供了新思路。⑥

聚落研究是了解古代社会发展状况的有效方法。张弛以内蒙古林西白音长汗遗址二期乙类环壕居址为例，提出该聚落是兴隆洼文化最小的社会单元，聚落人口在百人上下，是氏族公社一类的社会单元，与其他氏族一起组成部落。⑦ 桑栎等梳理洛阳盆地聚落材料，认为以瀍河两岸西周早、中期遗存为中心，与都邑地位相称的四级聚落体系

---

① 贺成坡等：《"新石器"研究方法概述》，《江汉考古》2021年第6期。
② 李鹏辉等：《后套木嘎一期文化陶器纹饰与制法研究》，《考古》2021年第4期。
③ 苏明辰：《庙底沟遗址陶器制作研究》，《华夏考古》2021年第5期。
④ 彭小军：《史前陶器成型技术类型的分布和演变》，《江汉考古》2021年第1期。
⑤ 王小蒙：《唐两京地区三彩制品的生产及工艺传播模式》，《考古》2021年第8期。
⑥ 张小虎：《陶器破碎度初探》，《南方文物》2021年第1期。
⑦ 张弛：《兴隆洼文化的聚落与社会——从白音长汗二期乙类环壕居址谈起》，《考古》2021年第9期。

在西周早期初步建立，而以韩旗城为中心聚落的聚落体系在西周晚期得以完善和丰富，韩旗城应当是西周晚期至东周时期的成周；西周晚期至两周之际，区域内聚落数量进一步增加，层级更加丰富，为两周之际周王室东迁奠定了基础。① 在聚落研究中出现一个新的方向——家户考古，这是一种受后过程考古学影响形成、以微观空间视角研究古代社会生活的理论方法。王红博等结合西方考古学理论进展，尝试提出家户考古的一种操作模式。② 李涛等比较美洲、中东、欧洲与东亚地区家户研究案例，认为家户遗存有直观可见与不可见但可构建两种保存状态，并可以进一步划分为独立、复合与可构建三种遗存类型。③ 马明志通过对查海遗址家户间房屋面积和遗物数量的量化分析，认为当时社会已经存在一定程度的经济分化，其直接动因就是石器制作的半专业化生产。④

墓葬考古是常规考古方法的一个重要组成部分，近年历史时期的墓葬考古特别注重图像分析方法。过渡礼仪是法国学者范热内普提出的民俗学理论，用于解释礼仪的结构与意义。该理论把丧礼分为分离、临界、聚合三个阶段，象征从生到死的状态转化。李梅田尝试采用过渡礼仪理论解读汉唐时期墓室壁画围绕生死过渡的叙事。⑤ 类似之，刘未研究中古时期墓葬神煞，包括俑像、画像砖、壁画、葬书、文书、石刻等，认为其中蕴含的墓葬神煞观念并非一以贯之的稳定系统，分析其所表现的连续与断裂、碰撞与调和、误解与再造，得到的是多重语境的观念史。⑥ 宋金墓葬启门图像解读是热点问题，丁雨梳理了既有研究成果，提出应从启门题材的形式出发，观察图像的时代

---

① 桑栎等：《宅兹中国：聚落视角下洛阳盆地西周遗存考察》，《考古》2021年第11期。
② 王红博等：《史前家户考古的操作模式研究》，《东南文化》2021年第1期。
③ 李涛等：《家户遗存类型及其研究方法》，《江汉考古》2021年第1期。
④ 马明志：《查海遗址家户分析》，《文博》2021年第5期。
⑤ 李梅田：《"过渡礼仪"——解读墓室壁画的一个视角》，《南方文物》2021年第4期。
⑥ 刘未：《实物、图像与文本：宋元时期的墓葬神煞》，《故宫博物院院刊》2021年第11期。

变化与地域差别，或有可能回归探讨之初心，从物质、图像视角观察到不一样的历史图景。① 还有一种研究途径是从历史文献考辨出发，结合考古材料，反过来纠正古史文献，如杨逸认为用于墓葬的兆域图，不是用以发现某一地点并提供路径的"地图"，而是一种想象祖先的方式。②

图像分析并不限于墓葬考古或历史考古，史前时代陶器纹饰研究也是广义的图像研究。李新伟研究庙底沟类型彩陶的"西阴纹"，提出这种有弯角状空白的纹饰，表现的是鱼体和鱼头内的空间，是同为卵生的鸟在鱼体内的孕育和化生，是自半坡类型晚期即开始流行的鱼鸟组合主题的简化表现方式。他还梳理了史前昆虫装饰，提出中国史前时代即已出现对昆虫"蜕变"和"羽化"能力的信仰，涉及的昆虫主要为蚕和蝉，主要内容包括神鸟、神兽及社会上层人物之间的萨满式沟通和转化。③ 相较于考古学者关注图像的意涵，艺术史研究更关注物本身的物质性，与西方物质性考古类似，郑岩有关铁袈裟的经典研究是一种新的拓展。④

**2. 科技考古方法**

这方面的研究非常多，涉及相关学科较广，一些方法已经非常成熟。首先是关于遗址形成过程研究。数位研究者从地质考古的角度讨论了旧石器时代古人类遗址的形成过程，⑤ 遗址的形成过程直接关系考古材料的真实性，不过，目前主要关注点是自然因素的影响，尤其是沉积过程。

---

① 丁雨：《启门的诱惑：宋金墓葬启门题材研究反思》，《故宫博物院院刊》2021年第3期。
② 杨逸：《"复原"礼图：宋元兆域图的绘制与实践》，《南方文物》2021年第4期。
③ 李新伟：《"西阴纹"的解读》，《文物世界》2021年第2期；《中国史前昆虫"蜕变"和"羽化"信仰新探》，《江汉考古》2021年第1期。
④ 郑岩：《"铁袈裟"与碎片的气象》，《读书》2021年第3期。
⑤ 如李浩等：《沉积物特征与旧石器遗址的形成过程》、任进成等：《泥河湾盆地板井子旧石器时代遗址的形成过程》、裴树文：《中国古人类活动遗址形成过程研究的进展与思考》，《人类学学报》2021年第3期。

其次是有关田野考古的科技方法。地球物理勘探技术逐渐应用到考古领域，周权等讨论了一般的应用范围，① 史朝洋等就唐昭陵韦贵妃墓进行了具体实践。② 近年来，田野考古工作中无人机使用普遍，钱静轩总结了无人机航拍在皖南土墩墓考古研究中的实践。③ 此外，曹艳朋等讨论了田野考古中"北"方向问题，指出传统使用的是磁北方向，由于磁北方向不断变化且不能满足文化遗产保护的需求，建议改用坐标北方向。④ 吕斌等比较了传统考古调查方法与区域系统调查方法的差别，发现两者各有优劣，不能相互替代。⑤

再次是在具体物质遗存的科技分析上，代表性研究包括植物、动物、DNA、同位素考古等。在植物考古方面，邓振华等选取位于南北过渡带的河南漯河郝家台遗址，从出土植物大遗存分析入手，发现当地在龙山文化至新砦期一直保持着以粟为主、黍为次，兼有少量稻和大豆利用的作物结构，认为这与当地古环境的研究结果之间存在一定程度的反差，而更多与仰韶时期以来的农业传统相关。⑥ 张烨昆等利用综合性植物考古学研究方法，对邕江流域豹子头、石船头和那北咀河旁贝丘遗址进行植物大遗存分析、薄壁组织遗存分析、炭屑分析以及淀粉粒和植硅体等微体遗存分析。研究发现贝丘群体的食谱范围非常广泛，且包含多种回报率档次差异极大的食物资源，其生业模式为广谱采集。贝丘遗址可能是采食群体定期或季节性的定居点，以便采集坚果、棕榈、块茎和贝类等资源，而非永久性定居居址。⑦ 该研究

---

① 周权等：《地球物理勘探技术的发展及应用》，《中国金属通报》2021年第5期。
② 史朝洋：《唐昭陵韦贵妃墓综合地球物理探测研究》，《物探与化探》2021年第6期。
③ 钱静轩：《无人机航拍在皖南土墩墓考古研究中的实践》，《东南文化》2021年第5期。
④ 曹艳朋等：《田野考古中"北"方向问题探究》，《华夏考古》2021年第2期。
⑤ 吕斌等：《我国传统考古调查与区域系统调查比较——以江西抚河流域、鲁东南沿海地区的调查为例》，《文物春秋》2021年第2期。
⑥ 邓振华：《河南漯河郝家台遗址早期农业结构研究》，《中国科学：地球科学》2021年第3期。
⑦ 张烨昆等：《广西邕江流域早全新世贝丘遗址的生业形态和定居模式分析：来自植物遗存的综合证据》，《第四纪研究》2021年第5期。

在理论与方法上都有拓展。

在动物考古方面，袁靖系统回顾了中国家养动物起源的研究进展，① 张颖从生物分类生境指数出发，分析河姆渡文化的渔猎策略，② 为动物考古学中对生业经济的讨论提供了新的多学科整合研究方法，并为河姆渡文化时期古人对环境的开发情况提供了更详细的认识。考古出土物常包含淡水双壳类的贝壳或贝壳制品，但我国考古遗址出土贝类的种属鉴定工作仍然十分薄弱，大多数遗址出版简报或报告时，多以发现"蚌壳"或"蚌器"来表述。侯彦峰等详细描述了我国49种淡水双壳类贝壳比较标本的形态特征。③ 每种贝类的左右壳都配有与典型标本等大的素描图、高清彩色图、无角质层图、壳体三维扫描剖面图，体积较小的贝壳配有特写图，种内形态变化较大者配有多个样本的插图，为贝类动物考古提供重要参考。

在古DNA考古方面，蔡大伟等讨论了中国家马与山羊的起源，指出之前古DNA考古没有专门区分山羊与绵羊，山羊大约距今4000年左右从西亚传到我国。④ 牛帼豪等以河南崔寨遗址为例，尝试基于基因组高通量测序方法精准鉴定植物遗存。⑤ 杨文姣等在语言、考古和遗传学多学科视角下考察印欧语系人群的起源与扩散，认为印欧语起源于高加索山南部地区到安纳托利亚一带，经由东欧早期的农业人群传入东欧大草原，而后经由以颜那亚文化为代表的青铜时代早中期东欧草原游牧人群，传播至欧洲、中国西北和南亚地区。⑥

---

① Yuan Jing, "A Zooarchaeological Study on the Origins of Animal Domestication in Ancient China," *Chinese Annals of History of Science and Technology*, Vol. 5, No. 1, 2021, pp. 1-26.
② 张颖：《河姆渡文化的渔猎策略：生物分类生境指数在动物考古学中的应用》，《第四纪研究》2021年第1期。
③ 侯彦峰等：《考古遗址出土贝类鉴定指南：淡水双壳类》，北京：科学出版社，2021年。
④ 蔡大伟：《古DNA与中国家马起源研究》，北京：科学出版社，2021年；蔡大伟等：《中国山羊的起源与扩散研究》，《南方文物》2021年第1期。
⑤ 牛帼豪等：《基于基因组高通量测序方法精准鉴定植物遗存——河南崔寨遗址案例》，《第四纪研究》2021年第5期。
⑥ 杨文姣等：《语言、考古和遗传多学科视角下的印欧语系起源与扩散》，《学术月刊》2021年第5期。

同位素考古的研究成果更加丰富，董惟妙依据哈密盆地青铜时代和早期铁器时代三个重要遗址同位素食谱分析结果及其反映的先民生计形态差异，结合近年来在该地区开展的植物考古以及其他生业模式相关研究，总结不同时期、不同环境下哈密盆地史前居民的食物利用、生计选择差异，探讨其背后的可能原因。① 胡耀武介绍了稳定同位素生物考古的概念、简史、原理与目标。② 马颖等介绍了基于氨基酸材料重建古代食谱的研究方法。③ 侯亮亮等对旧新石器时代过渡时期河北徐水南庄头遗址动物骨骼遗存的碳、氮稳定同位素分析显示，在当时广谱型狩猎采集为主的生业经济中，先民开始利用粟、黍，直接影响了对家犬的饲喂。④ 刘晓迪等通过同位素分析研究内蒙古东南部人骨材料，揭示这一农牧交错带地区的人群以种植粟类作物为基础的农业和家畜饲养业为生，部分先民也进行渔猎经济。⑤ 周立刚等研究河南淇县宋庄遗址东周人骨材料，发现贵族阶层更多食肉与粟，社会底层更多食用当时不受青睐的小麦。⑥ 赵春燕等研究辽宁广鹿岛小珠山遗址动物骨骼，发现从小珠山遗址第三期开始，猪牙釉质的锶同位素比值呈现典型海洋性特征，说明猪的食物中可能包含海产品，为人工饲养，小珠山遗址家猪存在一定比例异地输入的可能性。⑦ 张兴香等对黄河流域出土龙山时期扬子鳄骨板进行多种同位素分析，结果显示这些扬子鳄个体属于本地物种的可能性很大，并非与长江流域的贸易交换。⑧ 张合荣等把考古学与同位素研究结合起来，以夜郎文明

---

① 董惟妙：《哈密盆地史前居民食谱》，上海：复旦大学出版社，2021年。
② 胡耀武：《稳定同位素生物考古学的概念、简史、原理和目标》，《人类学学报》2021年第3期。
③ 马颖等：《基于氨基酸的古代食谱重建》，《光谱学与光谱分析》2021年第2期。
④ 侯亮亮等：《河北徐水南庄头遗址动物骨骼的稳定同位素分析》，《考古》2021年第5期。
⑤ 刘晓迪等：《内蒙古东南部战国时期的农业经济及人群融合》，《人类学学报》2021年第5期。
⑥ 周立刚等：《河南淇县宋庄东周墓地人骨稳定同位素分析——东周贵族与殉人食谱初探》，《人类学学报》2021年第1期。
⑦ 赵春燕等：《大连市广鹿岛小珠山遗址出土动物遗骸的锶同位素比值分析》，《考古》2021年第7期。
⑧ 张兴香等：《黄河流域出土龙山时期扬子鳄骨板的多种同位素分析》，《人类学学报》2021年第1期。

重要分布区发掘的鸡公山、红营盘、银子坛三处时代相继的青铜文化遗址与墓地材料为基础，其锶同位素分析结果显示，时代较早的鸡公山、红营盘遗址人群均来自本地，相当于战国秦汉时期的银子坛墓地则有较多的外来人口。对鸡公山、银子坛马牙锶同位素分析结果显示，该地很大一部分马来自不同地区，可能与文献记载的滇马和筰马有关，①这一发现为研究西南地区早期马匹贸易提供了重要线索。

最后，环境考古也是一个非常活跃的领域。贺可洋等通过多指标环境证据分析良渚文明衰落的原因，其中广泛叠压在良渚遗址文化层上的黄色粉砂土沉积，是深入理解良渚文化衰亡原因的关键。研究认为约距今 4400 年前，相对海平面短期快速上升造成环太湖地区海水入侵，形成大范围黄色粉砂土沉积，破坏了稻作农业生产，最终导致良渚文化的衰亡。②赵晶等研究西安新石器时代聚落分布的变化与环境条件之间的关系，利用 GIS 中的核密度、方向椭圆、欧式距离等方法，讨论史前遗址分布与高程、坡度、坡向、离水距离四种环境因子的关系，进而对各因子赋权分级建立模型，推测人地关系演变过程。研究发现仰韶、庙底沟、龙山三个阶段的变化规律，显示史前人类改造自然能力的提升与社会分化的趋势。③环境考古研究还可以扩展到历史时期，张峻凡等通过孢粉分析，结合炭屑、粒度、植硅体，揭示唐代正定古城址形成的环境背景及其与人类活动的关系。研究显示唐代前后期由于人口的变化，植被变化明显，当时的作物种植以粟为主，辅以黍和麦。④

---

① 张合荣等：《夜郎时期的人群迁徙与马匹贸易》，《地域文化研究》2021 年第 5 期。
② 贺可洋等：《长江三角洲良渚文化衰亡的多指标环境证据》，《中国科学：地球科学》2021 年第 7 期。
③ 赵晶等：《西安新石器时代聚落遗址文化重心迁移与环境考古研究》，《干旱区资源与环境》2021 年第 5 期。
④ 张峻凡等：《唐代正定古城址形成时期的环境背景与人类活动》，《第四纪研究》2021 年第 5 期。

## （六）问题与展望

考古学研究总体上分为科学与人文两个维度，前者的主要目的在于揭示历史的真实，后者在于阐释事实的历史与文化意义。考古学研究需要综合运用演绎、归纳与类比三种方法，以揭示历史真实。演绎研究需要借助理论推导，归纳研究需要综合多学科的研究成果，类比研究需要民族考古、实验考古或直接历史法。而从人文维度展开的研究，需要把过去与现实联系起来。考察2021年中国考古学理论方法发展，可以发现中华文明探源研究较好地将两者结合起来。这个领域把理论研究、多学科研究以及直接历史法充分结合起来，形成良好的科学推理，同时通过阐释，弘扬中华文明，再利用中国学术研究集中力量办大事的优势，形成一个其他领域难以企及的典范。换句话说，中国考古学理论方法发展或是以中华文明探源研究为榜样，或是发展出新的成功模式来，但目前来看，这样的趋势还不明显。

现代考古学又称科学考古学，科学的引入让考古学超越金石古物学，成为广义科学的一个分支。从2021年中国考古学研究的发展来看，在特殊意义上，中国考古学在科学方法的运用上可圈可点，科技考古的蓬勃发展显示考古学与自然科学形成良性交叉，带来丰硕的成果；相比而言，考古学与其他人文社会科学的交叉仍有较大发展空间，期待未来有新的突破。而从一般意义上说，中国考古学研究对于科学应用也还有不少问题，演绎的方法应用较少，归纳逻辑缺乏理论化的成果，类比研究还没有形成系统化的方法。科学与人文相辅相成，中国考古学研究开始注意到人文视角的重要性，在中华文明探源工程的引导下，在学科内外共同努力下，中国考古学研究的迅速发展是可以预见的。

# 二、旧石器时代

周振宇[*]

旧石器考古的研究时域是人类起源、演化的最早阶段，也是人类历史上最漫长的时段。1921年安特生发掘仰韶村是中国现代考古学的开端，而在此之前的1920年6月，桑志华在甘肃庆阳黄土地层中发现旧石器时代文化遗物，已经拉开了中国古人类学和旧石器时代考古学的序幕。百年历史的年轻学科奋力追溯上百万年的古老历史，中华大地上人类演化足迹日渐清晰。随着科研力量不断壮大，旧石器考古的研究方法逐步拓展，研究广度和深度持续扩展。百年光环下，旧石器考古人的追索尤其值得铭刻。

## （一）考古新发现

复原各地区旧石器时代文化发展序列和多样化发展过程，是我国旧石器考古研究长期的基础性工作，由此衍生出的各项课题，旧石器相关的"考古中国"重大项目稳步实施，收获一系列重大发现。

因地形地貌和地质堆积特征在不同区域各不相同，我国大致可分为秦岭淮河以北的北方地区、秦岭淮河以南的南方地区以及青藏高原区。总体来说，北方地区旧石器遗址发现的数量相对丰富，但近年来南方地区的重要新发现亦迭次出现。本年度旧石器考古资料的披露，逐步完善着我们对各地区旧石器文化框架和序列的认识。

**1. 北方地区**

东北是我国近年来旧石器发现最持续、最丰富的地区之一。牡丹江和绥芬河流域均有大量新发现，黑龙江东宁新发现旧石器地点数十

---

[*] 作者周振宇，中国历史研究院考古研究所研究员。

处，存在多种石器技术风格。① 吉林长白山地区旧石器考古专项调查发现颇丰，近年公布的旧—新石器过渡时期和新石器时代的石制品遗存，含石片石器、石叶、细石叶等技术特征。②

新疆哈密七角井遗址发现距今约 1.1 万年含细石器遗存的确切地层，为讨论新疆旧石器时代晚期的年代提供重要依据。③ 天津地区自 2005 年以来陆续有新发现，仅蓟州地区的旧石器地点迄今已发现十余处。④ 河北泥河湾盆地发现距今约 10 万年的遗存，相当于深海氧同位素 5 阶段，为探讨末次间冰期人类生计方式提供重要资料。⑤ 内蒙古乌兰木伦河流域第 10 地点是该流域调查发现的唯一一处保留有地层的地点，石制品的分布特点以及埋藏状况显示它们属于二次埋藏，推测其年代为旧石器时代中期偏晚阶段。⑥

山西丁村、下川两处重要遗址群均取得新认识。丁村遗址群洞门遗址马兰黄土层（$L_1$）、棕红色古土壤层（$S_1$）中均发现石制品，该遗址是区别于丁村遗址的河流相埋藏类型的临时营地，为进一步认识丁村人的活动范围、行为模式以及末次间冰期、末次冰期古人类活动提供重要资料。⑦ 下川遗址富益河圪梁地点石器以石核—石片技术为主，表明下川遗址不仅是具有细石叶技术的遗址，也包含中国北方地区主要的石器工业类型——简单石核—石片技术。⑧ 此

---

① 魏天旭等：《东宁老黑山旧石器地点发现的石制品》，《边疆考古研究》第 29 辑，北京：科学出版社，2021 年，第 1—13 页；陈全家等：《东宁蔬菜村三个旧石器地点发现的石器研究》，《文物春秋》2021 年第 2 期；陈全家等：《黑龙江东宁市五排南山旧石器地点发现的石器研究》，《北方文物》2021 年第 2 期。
② 赵莹等：《吉林省和龙市某营子沟遗址调查与试掘简报》，《文物春秋》2021 年第 5 期；徐廷等：《吉林汪清新兴遗址第 1 地点调查与试掘简报》，《人类学学报》2021 年第 5 期。
③ 冯玥等：《新疆哈密七角井遗址 2019 年调查新发现》，《人类学学报》2021 年第 6 期。
④ 宋家兴等：《天津蓟州区小港旧石器地点的石制品》，《边疆考古研究》第 29 辑，第 15—23 页。
⑤ 赵海龙等：《河北泥河湾盆地油房北旧石器地点的发现与研究》，《第四纪研究》2021 年第 1 期。
⑥ 刘扬等：《鄂尔多斯乌兰木伦第 10 地点初步研究》，《人类学学报》2021 年第 4 期。
⑦ 袁文明等：《山西襄汾洞门遗址发掘简报》，《人类学学报》2021 年第 6 期。
⑧ 北京师范大学历史学院等：《山西沁水县下川遗址富益河圪梁地点 2014 年 T1 发掘简报》，《考古》2021 年第 4 期。

外，运城盆地平陆地区的离石黄土和马兰黄土中均发现石制品，以石核—石片技术为主，年代属中更新世晚期和晚更新世。①

山东地区旧石器发现颇丰，但缺乏清晰的年代序列。临沂跋山遗址发现了丰富的古人类遗物遗迹，包含多个连续文化层位，主要文化层年代约距今 7 万—5 万年，磨制的锥形器、铲形器是目前中国发现最早的磨制骨器。该发现对于建立我国东部旧石器时代中期文化序列，论证中国—东亚人类的连续演化，研究当时人类的技术特点、生产生活方式和生存环境背景，具有重大价值与意义。② 山东宁阳汶、泗河流域发现的旧石器时代晚期石片石器和细石叶石器两种类型，丰富了山东旧石器时代晚期的文化内涵。③

河南鲁山仙人洞遗址发现距今约 3.2 万年的人骨化石，可能是目前河南省已知年代最早的早期现代人化石，遗址所见石制品体现的文化面貌属中国北方传统石片工业范畴。该发现对于研究中国—东亚早期现代人群演化过程和特点，分析该地区旧石器时代文化连续发展和当时人类的文化特点、生存方式和古环境背景，解决有关现代人起源与演化的相关争论，提供重要材料和信息。④

**2. 青藏高原区与南方地区**

近年四川省旧石器考古重大发现层出迭现，从高原到盆地，新发现、新认识多点开花。考古工作者近年通过持续系统的工作，在川西高原高海拔地区发现数量丰富的旧石器遗址，⑤ 其中稻城皮洛遗址是

---

① 杨紫衣等：《山西省平陆地区旧石器调查报告》，《人类学学报》2021 年第 4 期。
② 《山东省沂水县跋山遗址出土罕见磨制骨器》，http://sd.news.cn/sd/2021-11/27/c_1128106619.htm，访问日期：2022 年 5 月 7 日。
③ 山东省文物考古研究院等：《山东宁阳县张阁老旧石器地点调查简报》，《四川文物》2021 年第 6 期。
④ 《"考古中国"重大项目重要进展工作会召开 聚焦旧石器时代重要考古发现和研究》，《中国文物报》2021 年 9 月 28 日，第 2 版。
⑤ 四川省文物考古研究院：《四川甘孜藏族自治州旧石器时代遗存 2019 年调查简报》，《四川文物》2021 年第 6 期。

迄今青藏高原发现面积最大、地层保存最完好的旧石器时代遗址，完整保留和系统展示了"砾石石器组合—阿舍利技术体系—石片石器体系"的旧石器时代文化发展过程，首次建立了中国西南地区具有标志性的旧石器时代文化序列。其中手斧工业是目前在东亚发现的最典型的阿舍利晚期阶段文化遗存，也是目前发现的世界上海拔最高的阿舍利技术产品。该发现将有力推动早期人类对青藏高原开发过程、早期人类适应高海拔环境能力和探索东亚手斧分布与源流、东西方人群迁徙与文化交流等重大问题研究。①

高原之下的四川盆地简阳龙垭遗址也发现了似阿舍利技术遗存，为探索沱江流域以及四川盆地早期人类文化提供了重要资料。② 成都平原腹地的眉山坛罐山遗址是该区域首次发现并经科学发掘的南方砾石石器工业遗址，也是四川盆地目前发现最早的旧石器遗存，将古人类在此区域的活动推进至中更新世中期。③

自20世纪90年代开始，考古工作者在丹江口库区开展持续性的旧石器考古工作。近年河南淅川境内的抢救性发掘获取了丰富的文化遗物，出土石器年代跨度从旧石器时代早期持续至晚期，同时具备南方砾石石器工业和北方石片石器工业特点，有明显的南北方石器加工技术相互融合现象。④ 在相邻的西峡地区，也调查发现十余处旧石器地点，其中仓房坡头地点发现的石制品具有小石器文化传统，推测年代为晚更新世早期。⑤ 与此同时，经系统调查确认，汉水下游新发现了一批旧石器地点，其中既有不同类型的砾石工业，也有石片石器工

---

① 《稻城皮洛遗址刷新世界考古历史》，《中国文化报》2021年10月19日，第8版。
② 陈苇等：《四川简阳龙垭遗址出土的石制品》，《人类学学报》2021年第6期。
③ 四川省文物考古研究院等：《四川眉山市东坡区坛罐山遗址2020年发掘简报》，《四川文物》2021年第6期。
④ 任文勋等：《河南南水北调水源地旧石器时代遗址的发现与研究》，《人类学学报》2021年第5期。
⑤ 宋博等：《河南西峡仓房坡头旧石器地点发现的石制品》，《中原文物》2021年第5期。

业，年代涵盖旧石器时代中晚期到旧、新石器时代过渡阶段。①

百色盆地丰富的阿舍利技术风格遗存长期受到学界关注，近年在澄碧河第4级阶地上发现旧石器时代早期遗址18处，大都发现了类似阿舍利技术的手斧工具，石器数量多、密度高，为中国手斧工业和早期人类迁徙、交流研究提供了宝贵资料。②

云南天华洞遗址年代约距今9.5万—5万年，距其4公里处新发现年代和文化面貌类似的旷野类型龙潭遗址，目前推测该遗址的功能为短期活动的石器制作场，时代可能处于晚更新世中晚期阶段，为探讨西南地区晚更新世以来人群和技术的多样性研究提供重要素材。③近年云南西南部发现了较丰富的旧—新石器过渡阶段遗存。怒江和澜沧江流域晚更新世末期至早全新世阶段在石器技术面貌上表现出明显的一致性、复合性和区域性特点，形成一类极具时代性和地域性的石器工业体系。剥片技术上采用锤击法、砸击法和锐棱砸击法等多种方法，工具类型上以砾石石器为主、小石片石器和局部磨光石器为辅，并形成以陡刃砍砸器和砸研器为主要类型的工具组合。这类石器工业的形成是晚更新世以来，古人类对热带和亚热带地区资源环境适应的结果，也与区域内多种技术和文化传统的影响和交流相关。④

## （二）人类迁徙与交流——核心问题的新认识

近年来随着考古发现增多和研究深入，区域旧石器考古学文化时空框架和发展序列愈发完善。旧石器时代的考古学文化及其反映的人

---

① 湖北省文物考古研究所等：《湖北京山大小富水流域2019年旧石器考古调查简报》，《江汉考古》2021年第5期。
② 李大伟等：《百色盆地澄碧河库区含手斧遗址群调查及研究》，《第四纪研究》2021年第1期。
③ 云南省文物考古研究所等：《云南鹤庆龙潭旧石器遗址2019—2020年度发掘简报》，《南方文物》2021年第1期。
④ 阮齐军：《云南澜沧江下游地区旧—新过渡阶段石器工业初步研究》，《四川文物》2021年第6期；阮齐军等：《云南怒江流域的旧—新石器时代过渡阶段遗存》，《南方文物》2021年第1期。

类迁徙与文化交流,学者多从石制品的类型及制作技术角度探讨。杜水生认为,山西下川遗址包含旧石器中期简单石核—石片文化、旧石器晚期早段简单石核—石片文化、旧石器晚期中段石叶—细石叶文化和旧石器晚期晚段石叶—细石叶文化4个发展阶段;该遗址经历旧石器中期向晚期、简单石核—石片技术向石叶—细石叶技术以及末次冰盛期前后石叶—细石叶技术3次文化转变,这一过程并没有表现出完整的连续性,无论在时间上还是技术上,都存在明显断裂现象。探索这些连续与断裂现象背后的原因,将为中国北方现代人及其行为的出现、演化和发展提供新的解释。①

甘青地区地跨黄土高原、青藏高原,地貌单元多样,环境差异大,在这里发现了我国第一处有确切地层记录的旧石器地点。近年来,该地区旧石器遗址考古发掘持续推进,相关研究工作不断深入。②晚更新世末期,我国最北的黑龙江、乌苏里江流域分布着奥西波夫卡文化。根据地层埋藏序列,李有骞将嫩江流域距今2.8万—0.4万年的细石器遗存分为旧石器时代晚期、过渡时期和新石器时代三期六段,该地区细石器发展经历了石叶小型化→船形细石核技术→楔形细石核技术→复杂压制小石叶技术→被石片技术取代的发展脉络。③张改课同样通过石器技术分析,探讨贵州乌江上游地区的旧石器遗存分期。④

随着考古发现持续增多,以砾石工业和石片石器工业划分我国旧石器时代南北两大工业体系逐渐显现出历史局限性。有关华南地区的一系列旧石器考古研究展示出不同区域、不同时期旧石器工业的多样

---

① 杜水生:《连续与断裂:重新认识下川遗址在中国旧石器文化研究上的意义》,《第四纪研究》2021年第1期。
② 慕占雄等:《甘青地区旧石器考古的回顾与思考》,《文物春秋》2021年第1期。
③ 李有骞:《黑龙江下游更新世末期的奥西波夫卡文化研究》,《边疆考古研究》第29辑,第115—130页;《嫩江流域细石器遗存的年代框架与发展序列》,《考古与文物》2021年第5期。
④ 张改课:《试论贵州乌江上游地区旧石器时代遗存的年代与分期》,《考古》2021年第12期。

性和复杂性。

澧水流域近年通过持续、系统的旧石器考古发掘研究工作,建立了扎实的区域性旧石器考古学文化时空框架,由此引发华南地区晚更新世早中期考古学文化的新思考。这个时期华南史前人群不论是技术特征还是栖居模式都发生了较大变化,进入了承前启后、持续发展的新阶段。[①] 至旧石器时代晚期,华南大部分地区发生了较为显著的由砾石石器向小型石片石器的转变,但距今 2 万年开始到晚更新世结束,陡刃砾石砍砸器等重新成为主导石器类型,相继出现磨制石器与陶器等新技术。在此过程中砾石石器传统始终保持显著影响。[②]

人群迁徙与交流的规模和范围在此时期不断扩大。云贵地区晚更新世晚期的考古材料,反映了华南地区现代人文化的复杂性和多样性,以及人群流动和文化交流。[③] 越南北部与岭南地区大致于末次冰期前后出现典型的陡刃砾石器,而在此前一阶段闪现的石片石器工业在越南北部及广西表现也较明显,可能暗示更大范围的文化互动。[④]

在华南地区旧石器晚期文化发展演变过程中,岭南地区洞穴遗址数量显著增加,人群流动性下降,生计方式开始向广谱化发展。冯玥通过"分类栖息地指数"分析方法,评估岭南地区 13 处洞穴遗址动物群所反映的生态环境,认为当地水热资源状况在晚更新世保持稳定,动植物资源种类和数量丰富,推测人群流动性和生计方式变化应当与环境因素无关。[⑤] 这也为我们思考石器技术转变提供新思考方向。

---

① 李意愿:《华南旧石器时代中期文化初步探讨》,《南方文物》2021 年第 1 期。
② 王幼平:《砾石工业传统与华南旧石器晚期文化》,《南方文物》2021 年第 1 期。
③ 李文成等:《晚更新世晚期的云贵与中原:现代人扩散和文化交流》,《南方文物》2021 年第 1 期。
④ 邓婉文:《晚更新世末岭南及越南北部的石器工业》,《南方文物》2021 年第 1 期。
⑤ 冯玥:《岭南地区晚更新世晚期生态环境和生业经济研究——以洞穴遗址动物群分类栖息地指数分析为例》,《南方文物》2021 年第 1 期。

## （三）研究进展与理论探索

新发现是考古学科发展的基础，深入思考和研究则是学科发展的动力。石器本身的探索和研究直接反映了人类制作工具的能力。针对石球的实验促进了对这一特殊器物的研究，卢立群等认为，从制作时间和使用效率考虑，狩猎可能并非石球的唯一功能。① 泥河湾盆地出土的端刮器使用实验表明，其加工对象可能为兽皮和木材。② 基于高精度三维模型的几何形态测量方法为石制品形态研究提供新思路。③

遗址的埋藏特征揭示其形成过程。按照地貌和沉积类型，解读不同沉积单元的遗址埋藏特征，可以为遗址成因和形成过程判断提供重要指标。④ 沉积物特征同样能够在一定程度上复原遗址形成过程以及不同阶段埋藏环境，为解读遗址性质和人类生存背景提供重要资料。⑤ 王益人分析洞门遗址特定的埋藏环境、连续堆积的地层结构和石制品特点，揭示了丁村人在该地的活动轨迹和行为特点，表明洞门遗址不是临时性营地，而是汾河东岸黄土塬区狩猎采集区域内的一个停留点。⑥ 任进成等通过埋藏学研究，判断泥河湾板井子遗址不同层位埋藏属性不同，既有原地埋藏，也有水流搬运导致的异地埋藏。⑦ 拼合研究除复原石制品的技术特征、打制过程之外，同样也能够推测遗址的埋藏性质，薛峰等由此推测怀来盆地西沟湾1号地点为原地埋藏。⑧

除了人类化石的重大发现，周口店遗址的发掘和研究为中国旧石

---

① 卢立群等：《中国旧石器时代石球的实验研究》，《人类学学报》2021年第4期。
② 赵海龙等：《河北泥河湾盆地下卜庄遗址端刮器功能的实验分析》，《人类学学报》2021年第4期。
③ 雷蕾等：《三维几何形态测量方法在石制品分析中的应用》，《人类学学报》2021年第6期。
④ 裴树文：《中国古人类活动遗址形成过程研究的进展与思考》，《人类学学报》2021年第3期。
⑤ 李浩：《沉积物特征与旧石器遗址的形成过程》，《人类学学报》2021年第3期。
⑥ 王益人：《旧石器遗址性质及史前觅食行为研究——以洞门遗址为例》，《文物春秋》2021年第5期。
⑦ 任进成：《泥河湾盆地板井子旧石器时代遗址的形成过程》，《人类学学报》2021年第3期。
⑧ 薛峰等：《怀来盆地西沟湾1号地点石制品的拼合研究》，《人类学学报》2021年第4期。

器研究奠定了极高的起点，推动学科重大发展，其影响持续至今。①类型学是考古研究的基础手段，将石制品按照不同标准分类是解读考古材料的重要途径，但由此探讨人类的行为乃至人群的特征存在一定局限性，技术研究能够提供新研究方向和角度，在一定程度上弥补传统类型学的不足，成为分类的一种依据。②

学科交叉是学术发展的必然趋势。考古学作为"通过地下的实物资料研究人类的起源、演化、生存与文化发展的一门学科"，具有多学科交叉的天然性和必然性。然而在不同学科的介入中，取得交叉共赢的新的学术生长点，需要有识学者的互相尊重和紧密合作。③ 聚焦南方地区，从最早人类与文化的出现，到现代人起源与旧新石器时代过渡等课题研究都有重要进展，但仍缺乏较为清晰完整的旧石器文化时空框架，需要更加全面、系统、深入的研究，以全面复原中国南方早期人类与社会发展史。④

---

① 仪明洁等：《范式推动的革新：周口店第一地点发掘方法回顾》，《考古》2021年第5期。
② 周玉端等：《旧石器类型学与技术学的回顾与反思》，《考古》2021年第2期。
③ 高星：《学科交叉带来人类起源与演化研究的新活力和创新突破》，《人类学学报》2021年第3期。
④ 王幼平：《中国南方旧石器时代考古：进展与问题》，《南方文物》2021年第1期。

# 三、新石器时代

李新伟*

2021年，正逢中国现代考古学诞生100周年。2021年10月17日，习近平总书记发来贺信，"希望广大考古工作者增强历史使命感和责任感，发扬严谨求实、艰苦奋斗、敬业奉献的优良传统，继续探索未知、揭示本源，努力建设中国特色、中国风格、中国气派的考古学，更好展示中华文明风采，弘扬中华优秀传统文化，为实现中华民族伟大复兴的中国梦作出新的更大贡献"。[①] 回顾2021年新石器时代考古，重大发现频出，精彩一如既往，中华文明探源各项研究也取得新成果。

## （一）考古新发现及分析

近年，旧石器时代向新石器时代过渡、农业起源和定居村落出现方面的研究不断取得新进展，相关研究主要集中于长江流域的稻作农业区。2021年，北方旱作农业起源新发现引起广泛关注。

北京门头沟东胡林遗址发现世界最早的碳化粟和黍，实证在距今万年左右，中国北方先民开始成功驯化粟和黍。更引人注目的是近年来河北北部及内蒙古东南部早期农业聚落的发现，其中河北康保兴隆遗址和内蒙古化德裕民、四麻沟遗址的发掘资料集中发表。兴隆遗址遗存揭露出旧石器—新石器时代过渡期至新石器时代中期的连续遗存，由此建立了此区域的年代学框架。[②] 此前，西辽河流域的兴隆洼文化（距今8000—7000年）因有房屋成排分布的成熟环壕聚落，成

---

\* 作者李新伟，中国历史研究院考古研究所研究员。
① 《习近平致仰韶文化发现和中国现代考古学诞生100周年的贺信》，《人民日报》2021年10月18日，第1版。
② 中国国家博物馆等：《河北康保县兴隆遗址2018—2019年发掘简报》，《考古》2021年第1期。

为北方旱作农业早期定居聚落研究焦点。新发现表明，以前被忽视的太行山麓北端与内蒙古高原交界地带，是旱作农业重要起源地之一。其实，该区域的河北阳原泥河湾和北京西部山地是中国现代人发现的重要地区，较早出现农业居民也顺理成章。从陶器风格看，该地区与辽西地区均属于"筒形罐文化圈"，关系密切，彼此间的相互联系是值得深入探讨的问题。

距今7000—6000年，在农业初步发展的基础上，中国史前各文化区普遍出现成熟的农业定居村落，社会组织、文化艺术和原始信仰体系初步发展。从这一阶段开始直至夏王朝形成的考古叙事中，"中原中心"模式长期占据主导地位，认为黄河流域是中华民族的摇篮，中华文明先从这里发展起来，然后向四周扩展，其他地区的文化比较落后，只是在中原地区影响下才得以发展。其经典论断可以概括为两点：第一，认为至迟自距今8000年左右的裴李岗文化时期开始，包括整个河南和晋南及关中的"中原"就取得了领先优势，此后在中华文明形成和早期发展的历程中一直发挥着核心引领作用；第二，"中原"为一个统一的文化区系，自裴李岗文化奠基、由仰韶文化形成的优秀文化传统"中原模式"一以贯之。二里头文化在中原腹心的崛起和夏王朝的建立，是中原传统持续发展的结果。

这一深受历史时期大一统思想影响的模式早已被质疑。近年考古发现也以更丰富的资料，展现了各地区多元发展的史前文化格局。2021年，山西夏县师村和甘肃张家川圪垯川遗址的重要发现，为打破"中原中心"模式提供了新资料。

师村遗址是目前所见晋南和豫西地区内涵最丰富的仰韶文化早期聚落。发掘者认定的重要遗迹包括有"瓮城"结构的夯土围墙、夯土台基以及地面上建筑等。[①] 但从发布的图片看，"夯土"层边缘薄、

---

① 吉林大学考古学院等：《山西夏县师村新石器时代遗址2019—2020年发掘收获》，《文物世界》2021年第2期。

中部厚，未见版筑间的分隔线，"夯土台"的"夯土块"形状不规则；房址保存状况不佳，应该都是居住面以下部分。参考河南灵宝西坡和同在晋南的临汾桃园等庙底沟时期房址情况，半地穴房址也会采取沿地穴边缘挖槽、在槽内立柱的做法。发掘者的初步推断仍需更多资料支持。

该遗址遗物反映出多元文化特征。笔者倾向于使用仰韶文化"东庄类型"称呼晋南、豫西与以关中盆地为中心的半坡类型并立的遗存。[①] 因特殊的地理位置，该类型成为黄土高原孕育的仰韶文化面向东部的窗口。张忠培等深入讨论过的后岗文化，与仰韶文化半坡类型东西对峙，已经破除了仰韶文化的"中原"性。[②] 师村遗址所属的"东庄类型"兼具本地和后岗文化因素，与半坡类型有重要区别。

遗址出土的4枚石雕蚕蛹、2件陶制蚕蛹，被赋予重要意义，引发"黄帝正妃嫘祖养蚕缫丝"的联想。距今7000多年的辽西地区兴隆洼文化白音长汗遗址，即发现与蚕相关的玉和石质遗物，安徽蚌埠双墩遗址发现在碗底刻画写实的蚕吐丝结网图像；距今6000多年的浙江余姚河姆渡遗址象牙器上有刻画的蚕形象。如牟永抗等所言，对蚕的关注和织丝技术的产生，可能与中国史前时代昆虫蜕变和羽化信仰相关。[③] 由目前材料看，此种信仰在东部出现较早，晋南以西地区、仰韶文化之腹地，尚无类似发现。这种发现固然重要，但难以用来证实中原地区的"先进性"。

甘肃张家川圪垯川遗址，面积8万平方米，是仰韶文化半坡类型晚期聚落。[④] 环壕、围绕中心广场的向心式布局、以大型房址为核心

---

① 参见严文明：《略论仰韶文化的起源和发展阶段》，《仰韶文化研究》，北京：文物出版社，1989年，第122—165页。
② 参见张忠培等：《后冈一期文化研究》，《考古学报》1992年第3期。
③ 参见牟永抗等：《水稻、蚕丝和玉器——中华文明起源的若干问题》，《考古》1993年第6期。
④ 《已知年代最早大型粮仓原来长这样，还有炭化粟黍遗存》，https://culture.gmw.cn/202112/08/content_ 35367300.htm，访问日期：2022年7月13日。

的房屋分组,均与陕西临潼姜寨半坡类型聚落一脉相承,见证陇原腹地与关中盆地的紧密联系。20世纪70年代,天水大地湾遗址前仰韶时期大地湾一期文化的发现表明,陇原和关中盆地一样,是孕育仰韶文化的核心地带。圪垯川特征鲜明的半坡类型晚期彩陶,以优美的弧线表现写实的游鱼、以弧线三角加圆点构成简化鸟纹,确立了此后仰韶文化庙底沟类型彩陶的鱼鸟转化主题和风格基调。这再次证明,陇原地区是完成仰韶文化半坡类型向庙底沟类型转变及庙底沟风格彩陶广泛传播的策源地。

至仰韶文化晚期,庙底沟类型覆盖的广大地区中,被认定为核心的晋陕豫交界地区呈衰落之势,洛阳盆地以东地区经历着海岱地区大汶口文化西进和江汉地区屈家岭文化北上的挑战。20世纪大地湾遗址发现仰韶晚期大型房址F901;1994年,庆阳南佐遗址清理出超大型房址F1,该房址由前厅和后室组成,面积超过600平方米,夯土墙体保存完好,高度超过2米,极为壮观。这些发现表明,在遍及黄土高原的社会动荡中,陇原地区似乎坚守着仰韶文化传统,并实现新的社会发展。

2021年,南佐遗址发掘重启,又获得重大发现。在F1的附属建筑中,发现白陶簋、白衣陶簋、大型彩陶罐、白色堆纹陶罐、带塞盖喇叭口平底彩陶瓶、彩绘黑陶、朱砂彩绘陶,涂朱砂的石镞、骨镞等,均属此前罕见的高等级器物。初步调查和局部解剖发掘表明,遗址外围有壕沟环绕,沟内面积达600万平方米,为目前发现的同时期最大遗址。① 这些发现极大提升了学界对仰韶晚期社会发展程度的认识,同时进一步揭示,陇原是仰韶文化形成、发展、转折各时期的重要参与者,仰韶文化并非只是以晋陕豫交界地区为核心的"中原"文化,陇原和关中盆地也是其重要分布区。

---

① 《唤醒五千年的尘封历史——南佐遗址考古发掘取得重大新进展》,《陇东报》2021年12月3日,第4版。

但是，陇东地区社会发展并未持续，部分人群西进洮河与湟水流域形成马家窑文化，将彩陶艺术推向巅峰，并西入河西走廊、南下四川盆地，为中华文明之形成开辟了更广阔的空间，打通了直达欧亚草原腹心地带的通道。目前正在发掘的临洮寺洼遗址，将提供马家窑人群社会发展的新资料。在第二阶地的黄土高原地带社会动荡整合之时，东部平原丘陵组成的第一阶地上，上演着同样精彩的人群移动和社会发展。距今5300—4300年，长江下游的良渚文化、海岱地区的大汶口文化和江汉地区的屈家岭—石家河文化，成三足鼎立之势。良渚文化率先完成早期国家构建，成为5000多年中华文明的重要实证。

长期以来，良渚文化早期的重要遗址集中分布在太湖东部地区，以江苏吴县草鞋山（现属苏州市吴中区）和昆山赵陵山为代表。偏处良渚文化分布区西部的浙江余杭良渚遗址群，未见早期高等级遗存。近年来，余杭良渚大雄山周围发现重要的良渚文化早期聚落和高等级墓葬，表明从良渚文化早期开始，良渚地区与太湖东部几乎同步，发生了引人注目的社会发展和变革。①

官井头遗址位于大雄山丘陵南麓，良渚遗址群南端。该遗址发现一处大型崧泽—良渚文化墓地，大部分墓葬属于崧泽文化晚期至良渚文化早期，反映了崧泽文化向良渚文化紧密无间的渐变过渡。在10座良渚早期贵族墓中，玉器为随葬品主体，单墓随葬玉器23—53件，种类包括璜、镯、圆牌、小勾龙、镂空牌饰、玦、梳背、锥形器、管、珠、隧孔珠等。墓中玉器的标准配置是：头部有玉梳背；颈部佩玉璜组佩，以璜、玦或璜、玦、圆牌的组合为核心，用玉珠和玉管连缀；手部套玉镯。这显示出一套统一的玉礼制度。一些玉器为以前所未见，具有典型的良渚早期风格，可见良渚人创制新玉礼制时的最初

---

① 《正在展出的良渚遗址考古特展系统梳理北村、官井头、玉架山等遗址最新考古发现》，《光明日报》2021年11月28日，第4版。

设想。璜自崧泽文化时期就成为女性贵族的标志，官井头的发现表明，早期良渚地区的复杂社会中，女性掌握较大社会权力。①

北村遗址位于大雄山西北，北距良渚古城、东南距官井头约2千米，面积8万平方米左右。M106是目前北村发现的等级最高的墓葬，墓主为女性，随葬品共72件，其中玉器66件，有冠状梳背器、璜、龙首镯、镯、蝉、圆牌、锥形器、珠等。还有1件写实之蝉，重环大眼、尖嘴，颈部饰平行线纹，躯体也以平行线纹表现分节的特征，翅膀以平行弧线加弧线三角组合表现纹理。② 这是昆虫蜕变和羽化信仰的重要物证。

良渚文化率先完成的早期国家构建已得到国内外学者公认，但良渚社会浓厚的宗教取向，让很多学者仍然认为良渚人只知通神入幻，罔顾其他，误入歧途。考古资料揭示的事实是，距今5300年前后，以"中原模式"构建复杂社会的仰韶庙底沟人群，并未因其"质朴执中"的务实美德而持续旺盛发展，反倒是良渚社会领导者以创新的信仰体系凝聚广大人群，完成了中华文明最早的国家级别社会构建。

良渚古城周边大规模水利系统、古城核心莫角山南侧来自八方的20万公斤炭化稻谷堆积表明，发展农耕、丰实仓廪同样是良渚的国之大事。新近发现的浙江余姚施岙良渚时期稻田，以树枝、竹条和废弃独木舟堆砌的宽大田埂，纵横交错，蔓延8万平方米；河道、灌水孔、排水槽也规划有致。余姚远离良渚古城所在的国家都邑，竟有此被评价为"世界级"的史前稻田系统，良渚早期国家的稻作农业规模以及由此获得的经济力量，应远超我们此前想象。

---

① 《"早期良渚"系列讲座回顾（一）官井头篇》，https：//www.lzmuseum.cn/LiangBoXinWen/2021263617267.html，访问日期：2022年7月18日。
② 《良渚早期发展阶段的重要突破——浙江余杭瓶窑镇北村遗址发掘取得阶段性成果》，《中国文物报》2021年12月3日，第8版；《2021年度浙江考古重要发现推荐项目（一）》，https：//mp.weixin.qq.com/s/CUdzhWHgrplbJIRPeLpZew，访问日期：2022年7月18日。

大汶口文化的最新发现,以近年来连续发掘的山东滕州岗上遗址为代表。该遗址发现目前所见大汶口文化中晚期最大城址,面积达40万平方米。北区的中期大墓中,发现涂朱骨版、鹿角锄、鹿角叉形杖、鳄鱼骨板器、陶鼓和龟甲器,是独具海岱文化特征的"礼器"。涂朱骨版颇似龙山时代牙璋,杖形器是良渚文化象牙杖的简化版,玉锥形器也表现出与良渚文化的交流。晚期的4人一次合葬大墓极为特殊,以联棺为葬具,有头箱及边箱,据不完全统计,其中密集摆放随葬陶器的数量超过300件。4人除一名儿童性别特征不明显外,其余均为男性,皆随葬玉钺。[①] 发掘者公布的复原陶器照片中,鼎、豆、杯、壶层层排列,给人强烈的视觉冲击。以器物彰显等级,本是各文明通例。但中华之礼,自有其真谛,大约正可以从大汶口先民的墓葬中体悟:可以没有金银珠玉,可以只用象征性的明器,浸入"一箪食,一瓢饮"的日常,如春风化雨,润泽庙堂和陋巷,令人不厌其烦,不改其乐。"礼出东方",诚非虚言。

屈家岭—石家河文化的重要发现,以河南南阳黄山遗址和湖南澧县鸡叫城遗址为代表。

南阳黄山遗址的主要遗存为仰韶文化晚期居址和屈家岭文化早期墓地。遗址距离独山玉石矿仅5千米,居址中发现有坯料、半成品和石钻、磨石等可能用于玉器加工的器具,[②] 发掘者因此着意打造其玉器加工聚落的概念。但相关遗物的数量似乎还不足以反映大规模玉器生产,房屋内遗物反映的工作场景也并不清晰,其中被推测为工作台的遗迹与火塘类似;此外,仰韶文化和屈家岭文化中,玉器的使用也并不盛

---

[①] 《共克时艰,奋勇向前——山东省文物考古研究院2020年田野考古主要收获(一)》,https://www.sdswwkgyjy.com/document/272.html,访问日期:2022年7月18日;《国家文物局在京召开"考古中国"重大项目重要进展工作会》,http://www.ncha.gov.cn/art/2020/12/29/art_2411_166280.html,访问时间:2022年4月27日。

[②] 袁广阔:《中原史前第一制玉作坊——南阳黄山考古发现揭秘》,https://m.gmw.cn/baijia/2022-06/15/35810824.html,访问日期:2022年7月18日。

行。要落实玉器加工聚落的推测，尚需更丰富的资料和更深入的研究。

遗址最让人震撼的是仰韶晚期大型排房的良好保存状态。一些房屋的墙体仍然直立0.7米，完整倒塌的墙体更高达2.5米，墙内木骨痕迹和推拉门的滑道清晰可见。室内遗物丰富，保留原位，仿佛主人刚刚离开。这正是考古学家梦寐以求的"庞贝"式遗存，封存着先民生活的珍贵细节，有待多学科结合研究的揭示。

南阳地区大约在庙底沟时期成为仰韶文化的分布范围，但仍然保留着鲜明的地方特色，并在仰韶晚期之后，成为大汶口文化西进和屈家岭—石家河文化北上的前沿地带，人群和文化激荡重组。黄山遗址另一震撼发现为屈家岭早期的大型墓葬，男性墓主随葬一张象牙把手长弓、两袋劲矢和两柄玉钺，脚下堆放400多件猪下颌骨，尽显北上屈家岭文化社会的严重分化，足证中原是四方群雄逐鹿之地，是多元文化传统之熔炉。

湖南澧县鸡叫城遗址思路清晰的考古工作和精彩发现，展现了澧阳平原新石器时代晚期社会发展成就。三重环壕的大型都邑、以之为中心放射状分布的大范围稻田和周边附属聚落，展示出完整的城乡结合聚落群结构，极大深化了对该地区"古国"社会发展模式的认识。总面积达630平方米的屈家岭时期建筑F63，因特殊的埋藏环境，木构基础完好保存。① 其壮观的规模、凿痕斑驳的粗大木材，令身临现场者如闻坎坎凿木之声，如见巍巍殿宇之盛。尤为难得的是，在该遗址发现距今8000多年的彭头山文化至距今4000年前后的肖家屋脊文化的各阶段遗存，完整展示了古文化—古城—古国的演进全过程。正如发掘者所言，这在很大程度上可被视为自主演化过程，为中国史前社会复杂化进程提供了珍贵的区域性样本。

---

① 《鸡叫城，澧阳平原上崛起的古国文明》，《湖南日报》2021年10月10日，第6版；李政：《湖南鸡叫城遗址考古发现距今4700年保存最完整的大型木结构建筑基础》，《中国文物报》2021年10月26日，第2版。

## （二）相关研究

中国现代考古学诞生百年之际，学术史的回顾和展望成为热点。关于中国现代考古学诞生标志，学界曾有不同看法，李新伟提出以仰韶遗址发掘为标志的三个理由。首先，这是得到官方许可、以探索中国史前文化为目标的第一次科学考古发掘。其次，因仰韶遗址发掘而命名的仰韶文化，是第一个依靠现代考古学技术、方法和理论确立的中国史前文化，开启了以科学方法探索和重建中国古史的历程。最后，仰韶遗址的发掘，引发了中国第一代考古学家主持的一系列对中国考古学发展具有里程碑意义的发掘。[①] 赵辉等认为，中国考古学已经对中国自人类起源到文明形成的历史有了整体性认识，并正在向从这一历史过程中的各种因果关系、逻辑关系、趋向动态中，总结有关它的历史理论的方向上进行努力。中国考古学的队伍不断发展壮大，学科研究技术、方法不断丰富发展、走向前沿，学科的思想也不断地深邃和发展，越来越国际化。[②]

除系统的学术回顾外，2021 年的新石器时代考古研究在以下几个方面取得重要成果。

### 1. 中华文明探源

在中华文明起源总体格局的研究中，中原地区的引领地位仍然得到一些学者的支持，也更容易在公众中产生共鸣。韩建业提出"裴李岗时代"的概念，将中华文明起源提前到距今 8000 年以前，认为处于中原地区的裴李岗文化对外强烈扩张的影响，使得黄、淮河流域文化彼此接近起来，也可能通过上层在宗教祭祀、空间观念等方面的交流，使得长江中下游、西辽河流域也和黄、淮河流域有了不少共性，

---

[①] 李新伟：《仰韶遗址发掘和中国考古学的诞生》，http：//www.ncha.gov.cn/art/2021/5/31/art_2463_168257.html，访问日期：2022 年 7 月 18 日。

[②] 赵辉等：《纪念中国考古学百年笔谈》，《江汉考古》2021 年第 6 期。

从而有了"早期中国文化圈"或者文化上"早期中国"的萌芽。①

学界对"中原"地区文化面貌的复杂性也有了更清醒的认识。张海等提出,在庙底沟类型晚期,仰韶文化内部开始发生变化,大汶口文化的礼制从各个方面对中原社会形成潜移默化的影响;仰韶晚期,整个中原地区形成了东、西、西南和东南四个大的文化片区,秦王寨文化与关中西部仰韶晚期文化的社会复杂化程度最高,屈家岭文化和大汶口文化共同对中原产生强烈影响;龙山早期,中原形成大汶口文化晚期与庙底沟二期文化东西对峙的新局面。区域发展的时空不平衡性是公元前3千纪前半叶中原社会的重要特点,同时来自东西两个"半月弧"地带的诸多文明要素深刻影响中原社会早期文明化进程。②

**2. 古史与考古资料的结合**

沈长云讨论中华文明探源中历史学、考古学和人类学的不同叙事,提出我国自距今1万年左右跨入农业社会直到夏王朝建立,考古发现展示出物质文明和精神文明不断取得进步,相关发明创造大量涌现,由聚落形态体现的社会组织也更加复杂化,实现了多族邦的不平等联合,最终出现广域王权国家。这6000年左右的历史,大体对应文献记载的神农氏时代、炎帝以及"五帝"时代。这一历史过程,正反映了当代人类学者所描述的人类由平等社会到不平等社会,再到国家社会的发展进程,反映了中国历史进程符合人类社会发展的普遍规律。③

张海对龙山时代后石家河文化形成的讨论,改变了江汉地区"后石家河文化"的形成主要受中原地区王湾三期文化影响的传统认识。

---

① 韩建业:《中国新石器时代的祀天遗存和敬天观念——以高庙、牛河梁、凌家滩遗址为中心》,《江汉考古》2021年第6期。
② 张海等:《仰韶与龙山之间:公元前3千纪前半叶中原社会的变革》,《中原文物》2021年第6期。
③ 沈长云:《中华文明起源的历史学、考古学与人类学考察》,《历史研究》2021年第1期。

他认为，后石家河时代诸考古学文化的形成和发展，与中国新石器时代中晚期以来形成的汉淮文化带的传统有关，是南北东西交流的重要表现，这一观点对长期以古史记载的"禹征三苗"描述中原和江汉地区文化关系的传统观点提出了挑战。①

古史记载与考古资料如何结合，显然还需要不同学科间更多的交流与协作。

### 3. 中国考古学的世界视野

国际视野的加强，是近年来中国考古学的重要进展之一。施劲松提出，要在中国考古学百年发展的基础上，努力建设中国特色、中国风格、中国气派的考古学，让中国考古学成为世界考古学版图中的重要部分，让中华文明以科学的面貌存在于世界文明谱系中并成为人类共同拥有的思想资源，应是当今中国在人类知识和思想领域对世界作出的新贡献。②

彩陶仍然是中外早期交流的重要研究方向。韩建业综述欧亚大陆彩陶文化，认为在欧亚大陆的中纬度地区，绚烂的彩陶时代大致对应前文明社会。虽然不是每个流行过彩陶的社会都发展为文明社会，但几乎所有早期文明社会都经历了彩陶时代。究其原因，彩陶时代和前文明社会在经济上基本都以农业为基础，彩陶技术和前文明社会的技术水平恰好相适应，彩陶的功能和前文明社会的社会习俗、宗教观念及艺术风格亦相适应。彩陶可谓是前文明时期最杰出的大众艺术，彩陶时代开拓了文明社会的先河。③

《光明日报》组织专版讨论了两河流域、中亚地区和中美地区的早期城市问题，提出城市是文明形成的重要标志。不同文明地区的早期城市差异极大，但都以其宏大规模和多元功能，生动展现了各自文

---

① 张海：《"后石家河文化"来源的再探讨》，《江汉考古》2021 年第 6 期。
② 施劲松：《历史节点上的中国考古学》，《考古》2021 年第 4 期。
③ 韩建业：《彩陶时代与前文明社会》，《社会科学》2021 年第 6 期。

明的特质。探讨不同文明初期城市的功能和特征，有利于认识不同文明之特质，为文明比较研究提供了重要视角。三个地区的早期城市均重视宗教仪式建筑，打造神圣空间，对中国早期都邑研究极具启发。①

**4. 史前图像**

中国史前图像研究是 2021 年考古学研究的亮点。李新伟的多篇论文涉及以下三个方面。第一为史前天极崇拜。凌家滩玉版等重要遗物揭示出先秦文献记载的天极观念在史前时代已经出现，要点包括天极为天体的中心，神鸟和猪这两种动物与天极运行密切相关。史前天极图像或以十字线、多芒星、多射线等表现天极为方向之起点，或以纽结纹表现天极为天体运行网络之枢纽，或以弧线表现围绕天极的旋转，并有飞鸟环护、獠牙兽面、尖顶建筑等内容。对这些资料的归纳，极大丰富了对史前天极观念的认识，为解读更加复杂的史前玉器图像的内涵和讨论各地区文化交流提供了启示。第二为昆虫蜕变和羽化能力信仰。中国史前社会上层墓葬中，有以玉质昆虫随葬的现象，此类与昆虫信仰有关的传统绵延不绝，在商周玉器和青铜器纹饰上有更丰富的表现，从而引起学者广泛关注，多被认为与古人再生信仰有关联。通过对相关资料的梳理和辨识，提出中国史前时代即已出现对昆虫"蜕变"和"羽化"能力的信仰，涉及的昆虫主要为蚕和蝉，主要内容包括神鸟、神兽及社会上层人物之间的萨满式沟通和转化。这样的能力在萨满式宗教的理论和实践中具有至关重要的意义。社会上层以珍贵材质物化这样的信仰，表达自己的特殊萨满能力和权威。第三为鱼鸟转化主题。仰韶文化半坡类型晚期，出现鱼鸟组合图像，庙底沟类型时期彩陶以复杂型、简单型和图案化等多种形式表现同一主题，其内涵是有关神鸟在鱼体内完成孕育生长，再从鱼口内飞出，

---

① 李新伟：《中美地区早期城市的神圣空间构建》、万翔：《青铜时代中亚城市的特征演变》、杨建华：《两河流域地区早期城市的功能》，《光明日报》2021 年 1 月 4 日，第 14 版。

可能有万物繁育的吉祥内涵。①

《中国出土彩陶全集》共十卷,收录新石器时代早期晚段到青铜时代晚期(新疆地区晚至汉代)的彩陶2460件。该书首次对中国百年考古出土彩陶进行全国范围普查,以及全面系统的总结、研究和展示,囊括了各个时期和各个地区的典型产品,几乎涵盖了所有与彩陶相关的重要考古发现,为彩陶图像研究提供了一套完整、系列的珍贵资料。②

总之,2021年中国新石器时代考古学的发现和研究表明,中国考古学从仰韶遗址的发掘启程,一路走来,漫漫百年,逐步建立起史前考古学文化的时空框架;以越来越丰满的笔触描绘中国史前社会发展、文化交流、中华文明形成和发展的画卷,不断以坚实的考古资料开辟古史记载的鸿蒙混沌,重建中国统一多民族国家形成和发展历程的初心从未改变。

---

① 李新伟:《红山文化玉器内涵的新认识》,《中原文物》2021年第1期;《良渚文化"神人兽面"图像的内涵及演变》,《文物》2021年第6期;《中国史前昆虫"蜕变"和"羽化"信仰新探》,《江汉考古》2021年第1期;《仰韶文化庙底沟类型彩陶的鱼鸟组合图像》,《考古》2021年第8期。
② 陈星灿主编:《中国出土彩陶全集》,北京:科学出版社、龙门书局,2021年。

# 四、夏商周时期

于孟洲　黎海超[*]

夏商周时期是研究早期国家形成和发展的重要阶段,历来受到考古学界重视,研究成果颇多。1996—2000年国家"九五"计划重点科技攻关项目"夏商周断代工程"实施后,多学科联合开展考古研究的势头发展迅猛,已成为考古学科发展的重要特点。2021年夏商周考古,不仅田野考古重要发现频出,考古研究领域也取得重要进展。具体可概括为如下六个方面。

## （一）考古学文化及其族属、国别研究持续推进

考古学文化基础研究始终是夏商周考古学研究的重要任务,而且夏商周考古学文化研究面临着日益复杂的态势。一方面是因为考古学资料本身呈现更加复杂的现象,另一方面则是由于文字和文献提供的历史信息不断增多。两者叠加,对考古学文化研究提出更高要求。中原地区的相关研究较为扎实,但并非无可争议。此外,周边地区也受到越来越多的关注。

### 1. 二里头文化与夏文化的新探索

二里头都邑与二里头广域王权国家的出现,是中国历史进程中的重要节点。夏商周断代工程实施以来,学界在夏文化探讨方面达成较多共识。但夏王朝的上限始终存在较大争议,其中,如何看待"新砦期遗存"的年代与性质是较关键的问题。张海对中原核心地区仰韶文化至二里头文化早期遗存的文化编年与谱系研究表明,各地从龙山文

---

[*] 作者于孟洲、黎海超,四川大学考古文博学院教授。本报告撰写过程中,四川大学考古文博学院博士生李强、尚泽雅,硕士生刘星蕊、刘甜、刘佳辉、蒋沁芯、李泱泱、李蒙、程一帆、黄娟、王秋东,四川师范大学巴蜀文化研究中心吴超明博士参与资料收集和编写工作。写作工作得到四川大学"四部委铸牢中华民族共同体意识研究基地"专项经费支持。

化向二里头文化过渡的时间显示出不平衡性。他将中原"新砦期遗存"纳入龙山文化晚期,主张使用"新砦现象"表述郑州花地嘴、新砦遗址在转变过程中短期内因外来文化影响呈现出的独特文化面貌。约公元前1800年左右,以"新砦现象"的发生和二里头文化迅速崛起为标志的文化格局变迁影响剧烈,中原社会进入青铜时代,以二里头都邑为中心的早期国家出现,文明发展进入高级形态。① 该研究对解决中原地区从龙山文化向二里头文化演进问题起到推动作用。

随着考古材料的不断涌现,关于二里头文化区域类型的划分出现多种意见。贺俊提出"泛二里头类型"概念,涵盖以往所称的二里头类型和牛角岗、杨庄、下王岗、东龙山等类型,认为"二里头文化东下冯类型"的称呼在当前是比较合理的。② 这一认识虽与以往的研究观点不同,但认真辨析各地方类型在文化上的亲疏远近关系,是进一步分析各区域间人群关系的基础,也是解决学界一直争议的"东下冯类型"文化性质问题的关键。

考察文化交流与互动方式对解释二里头都邑形成问题至关重要,在关注二里头都邑向周边辐射影响的同时,也应关注其接受自周边的文化因素及可能的影响。李修平发现二里头文化早期和晚期,周边地区影响二里头的模式在发生转变,而至二里头四期晚段,大量来自北方豫北冀南及东方黄淮下游的外来遗存"空降式"突然出现于二里头,或许暗示大量外来人口移入。③

夏商分界的探讨中,最终以"二里头文化主体为夏文化"的意见达成共识。但学界对二里头文化四期是否全为夏文化仍存不同意见。谷飞强调,从内涵和分布范围而言,二里头文化都是唯一可与夏文

---

① 张海:《中原核心区文明起源研究》,上海:上海古籍出版社,2021年,第30—194页。
② 贺俊:《关于二里头文化类型划分的若干思考》,中国社会科学院考古研究所夏商周考古研究室编:《三代考古》第9辑,北京:科学出版社,2021年,第231—259页。
③ 李修平:《外来遗存的考古脉络:论周边地区对二里头遗址的影响》,四川大学博物馆等编:《南方民族考古》第19辑,北京:科学出版社,2021年,第141—172页。

化、夏王朝契合的一支考古学文化。① 二里头遗址开展考古工作 60 余年来，积累了大量考古资料，相关研究硕果累累。但正如戴向明所说，要达到历史文献与考古发现、解释完全契合，从考古学上既理清历史发展脉络，又与各阶段社会内涵完美对应，至少在"夏文化"这个议题上可谓困难重重。② 除了不断总结考古学上夏文化研讨的学术历程，更应思考未来夏文化考古的研究走向。对于二里头遗址与二里头文化应当开展扎实的田野工作和考古学研究，而不是将主要目标集中于是否为文献记载的"夏"并为此争论不休。考古研究既要准确界定相关概念，还要实事求是地"以物论史"，在系统构建考古学文化谱系的基础上，探求符合中国具体实际又能体现人类社会发展共同规律的体系性认识。③

**2. 商文化与先周文化研究**

先商、早商和晚商三个阶段在研究的深度和广度上各不相同，其中先商文化研究中存在的争议最多。学界在判定早期商部族的活动地域，以及考古遗存与先商族群对应等问题上争议不断。段宏振梳理并区分了先商文化相关概念，将漳河流域核心地区先商时期考古学文化分为七期，提议将第三、四期遗存称为滏河型，与第五至七期的漳河型对应。在此基础上，他提出将考古遗存与早期、中期和晚期先商文化对应的方案。④ 李鹏辉赞同将辉卫型遗存作为下七垣文化地方类型的认识。⑤ 先商文化阶段涉及的文献材料过少，要想解决争议问题，除了发掘新材料之外，新的观察视角也非常重要。

---

① 谷飞：《关于夏商考古学研究的几点思考——许宏教授〈夏王朝考古：学术史、新动向、新思考〉读后感》，中国社会科学院考古研究所夏商周考古研究室编：《三代考古》第 9 辑，第 265—270 页。
② 戴向明：《夏文化、夏王朝及相关问题》，《江汉考古》2021 年第 6 期。
③ 段天璟等：《求是与求实：考古学何以续写夏代古史》，《江汉考古》2021 年第 6 期。
④ 段宏振：《先商文化的考古学存在——漳河流域先商时期考古学文化及相关问题》，中国社会科学院考古研究所夏商周考古研究室编：《三代考古》第 9 辑，第 271—287 页。
⑤ 李鹏辉：《试论辉卫型遗存的性质》，《边疆考古研究》第 29 辑，第 179—191 页。

偃师商城的始建年代一直被视作夏商文化分界的重要界标。谷飞认为其第一期早段是目前所知最早的早商文化,偃师商城的出现意味着夏商王朝更替完成,将夏商文化分界置于第二期之初并不妥当。① 另外,关于偃师商城存在多种分期方案,陈国梁认为无论分期方案如何改变,其具体文化属性和年代与郑州商城大体相当是不变的。②

殷墟研究方面,牛世山计算殷墟已知面积大致不到26平方千米,认为殷墟一期包括以往划分的七段中的第一段应最合理,其他各段如何归并有待进一步探讨。③

与先商文化研究相似,先周文化从命名到具体与考古遗存相对应,始终存在明显的证史倾向,再加上区域考古遗存种类较为复杂,先周文化研究中存在较大争议。尹盛平论证刘家文化来源于陇县川口河类型齐家文化,而目前发现最早的先周文化即郑家坡文化,可能来源于望鲁台—乔家堡类型。④ 目前,有关先周文化与考古学遗存对应的不同意见较多,若不能在考古发现上有新的突破,这一问题很难达成一致。

### 3. 周代中原青铜文化体系的考古学研究

通过一系列政治和社会制度建设,西周时期成为中国上古文明进程中非常重要的阶段。从此以后,中原青铜文化系统影响的范围更大。中原地区两周时期针对文化谱系的研究更多依据墓葬资料,而且多是作为墓葬综合研究的一项基础工作,因此部分内容在后文墓葬研究专题中评述。由于文献和文字材料增多,学者在研究过程中都比较

---

① 谷飞:《偃师商城遗址第一期文化遗存再考察:兼论夏商文化分界问题》,《南方文物》2021年第6期。
② 陈国梁:《都与邑——多重视角下偃师商城遗址的探究(上)》,《南方文物》2021年第6期。
③ 牛世山:《殷墟考古三题》,中国社会科学院考古研究所夏商周考古研究室编:《三代考古》第9辑,第288—300页。
④ 尹盛平:《刘家文化新探——附论先周文化的渊源》,《考古与文物》2021年第4期。

注重分析考古学遗存与国别的对应关系。如禚孝文对周代前期的晋南地区,梁云对早期秦文化,张渭莲对赵国考古学文化进行了详细的分期与谱系分析,从而构建不同区域和文化的完整发展进程。①

**4. 长江流域的考古学文化研究**

周边地区考古学文化研究成果以长江流域最为丰富。豆海锋分三个区域考察长江中游地区商代考古学文化的文化结构与社会特点,综合多方面因素将长江中游存在多个社会阶层的区域内代表性社会结构分为三种模式,即"盘龙城模式"、"吴城模式"、"宁乡模式"。② 赵东升则分江淮之间、宁镇皖南、鄂东南和赣鄱四个地区,系统考察青铜时代长江中下游地区文化格局与势力集团的变迁,深入分析了该区域内部及内外之间的文化与族群联系。③

成都平原先秦时期考古学文化序列已基本建立,将考古遗存与传说中蜀王世系加以比对的研究始终未断。④ 但各家构建的文化序列在细节上还存在一些争议。如鱼凫村遗址第三期遗存文化属性的判定问题,雷雨将其命名为一支新的考古学文化,即"三星堆二期——鱼凫村文化"。⑤ 另外,三星堆文化与十二桥文化的关系也是具有争议的热点问题。冉宏林将成都平原先秦时期考古学文化划分为16期29段,又明确称鱼凫村遗址第三期遗存为"鱼凫三期文化",将十二桥文化与三星堆文化合并为"三星堆—十二桥文化",新一村文化被取

---

① 禚孝文:《晋南周代前期考古遗存研究》,博士学位论文,山西大学历史文化学院,2021年;梁云:《早期秦文化探索》,上海:上海古籍出版社,2021年,第13—192页;张渭莲:《赵国考古学文化北进的轨迹》,中国社会科学院考古研究所夏商周考古研究室编:《三代考古》第9辑,第518—530页。
② 豆海锋:《冲击与调适:长江中游商代文化与社会演进的考古学观察》,北京:科学出版社,2021年。
③ 赵东升:《中原王朝视角下的南方和东南方——青铜时代长江中下游地区中原化进程研究》,北京:文物出版社,2021年。
④ 武家璧:《古蜀的"神化"与三星堆祭祀坑》,《四川文物》2021年第1期。
⑤ 雷雨:《浅析三星堆遗址"新二期"文化遗存——兼谈"鱼凫村文化"》,《四川文物》2021年第1期。

消并合入新命名的"城关文化"。冉文还考察了成都平原先秦时期考古学文化的发展阶段，以及与族群的关系等问题。此外，他重新研究十二桥遗址和金沙遗址商周遗存的分期问题，提出两者均包含三星堆文化遗存。①

三星堆器物坑的形成标志着成都平原商周时期社会进程发生重大变革，故其埋藏年代应该可以作为考古学文化与社会进程的重要节点。但是学界对三星堆器物坑的形成原因与年代判定争议很大，再加上最新发现的六座器物坑资料短时间内无法系统发表，目前三星堆器物坑应有的学术意义还未充分体现。陈德安推断三星堆一、二号坑是两个宗庙内器物先后埋藏所致，其年代有早晚之分。② 冉宏林则认为两坑埋藏年代相同，属于早于十二桥文化的"新四期"1段。③ 近期公布的三星堆四号器物坑竹炭屑的碳十四年代测定结果显示，有68.3%的概率落在距今3072—3003（cal. BP）范围内，有95.4%的概率落在距今3148—2966（cal. BP）范围内。④ 这一测年数据大体框定了四号坑的下埋年代，但若全面细致复原三星堆祭祀区的时空演变过程，则还要对各坑内出土器物开展深入研究。

川东地区的考古研究既有对以往成果的综述，⑤ 也有新材料推动下的研究。燕妮对川东平行岭谷西南部商周时期遗存的研究，揭示了该区域文化从以三星堆文化为主，经历向十二桥文化过渡，至以石地

---

① 冉宏林：《成都平原先秦时期考古学文化研究》，博士学位论文，北京大学考古文博学院，2021年；《再论成都十二桥遗址的分期与年代》，中国社会科学院考古研究所夏商周考古研究室编：《三代考古》第9辑，第354—382页；《金沙遗址分期再研究》，四川大学博物馆等：《南方民族考古》第23辑，北京：科学出版社，2021年，第97—146页。
② 陈德安：《四川商代和西周时期的青铜器》，国家文物出境鉴定四川站等编：《四川文物精品·青铜器》，成都：巴蜀书社，2021年，第223—224页。
③ 冉宏林：《三星堆城址废弃年代再考》，《四川文物》2021年第1期。
④ 四川省文物考古研究院等：《四川广汉三星堆遗址四号祭祀坑的碳十四年代研究》，《四川文物》2021年第2期。
⑤ 如方刚：《四十年来重庆考古综述》、李大地等：《渝东南地区先秦时期的考古发现》，重庆市文化遗产研究院等编：《重庆文物考古论集》第1辑，北京：科学出版社，2021年，第23—30、65—71页。

坝文化因素为主的发展过程。① 城坝遗址是近年的重要发现，陈卫东等认为这就是战国时期至西汉初的"古賨城"所在地，存在"巴王侯"一级的人物。②

随着三星堆祭祀区考古发掘的重启与三星堆公众考古活动的开展，四川考古受到社会各界广泛关注。但目前对较多基础问题的认识，尚无法取得一致意见。

**5. 王朝更替的考古学观察**

王朝更替在考古学文化面貌上的体现，是夏商周考古领域一直关注的重要课题，除了存在争议的夏商文化分界外，商周考古界标问题也曾在夏商周断代工程实施后引起学界进一步讨论。张溯分析历史年代尤其是结合诸家推断禹时五星聚的年代意见，认为夏商分界年应依据《古本竹书纪年》调整为公元前1523年。③ 李宏飞运用考古学文化研究方法及文化因素分析法，归纳总结商、周两系文化特征，在商代晚期和西周早期之间增加"文化融合阶段"，并指出文化因素分析法在解释王朝更替等重大问题时需作具体分析。④ 该研究除了对具体遗存的性质认识有所帮助外，也会推动王朝变迁与新考古学文化形成关系这一课题的理论思考。

**6. "中心"与周边的互动**

夏商周王朝文明对周边地区文化和社会的影响持续增加。而不同的区域文明亦与中原及其邻近地区存在不同程度的文化联系。豆海锋的研究显示，中原文化南下冲击及与中原人群有效互动是长江中游商代社会发展的重要动力。早商时期商王朝对长江中游地区进行局部的

---

① 燕妮：《川东平行岭谷西南部商周遗存的考古发现与初步研究》，重庆市文化遗产研究院等编：《重庆文物考古论集》第1辑，第80—89页。
② 陈卫东等：《宕渠与賨城——渠县城坝遗址的考古发现与研究》，《四川文物》2021年第3期。
③ 张溯：《论夏商文化的分界及其年代》，山东省文物考古研究院编：《海岱考古》第14辑，北京：科学出版社，2021年，第323—340页。
④ 李宏飞：《商末周初文化变迁的考古学研究》，北京：文物出版社，2021年。

"直辖"控制,晚商时期通过意识形态对长江中游的笼络更显突出。①赵东升考察夏商西周时期长江中下游地区在中原王朝形成、扩张和中华大一统局面形成过程中扮演的角色,认为区域文明的复杂化和中原文明的进入都是其中原化进程的"因",中原礼仪文明大一统是中原化进程的"果"。② 同样,四川地区青铜文明的产生和发展也受到包括中原地区在内的其他文化的影响。③

## (二)聚落考古稳步推进

作为先秦考古研究的重要领域,2021年聚落考古取得长足发展,尤其是城址聚落研究成果颇丰。一方面,一系列遗址的发掘为聚落考古研究提供新资料;另一方面,多学科方法的介入与多视角解读,推动了聚落考古研究进展。

**1. 夏商周时期城址布局与结构研究**

中原地区发现的新砦期至二里头文化阶段城址,集中分布在河南境内。近年发掘的郑州市西郊东赵遗址存在"新砦期"、二里头文化时期、东周时期三座城址。已经公布的小城始建于"新砦期",最晚于二里头文化第一期偏晚阶段废弃,平面基本呈方形,面积约2万平方米。该城是嵩山以北地区发现的第一座"新砦期"城址,对研究"新砦期"的性质和早期夏文化具有重要意义。④ 郭荣臻从筑城技术与城防体系、聚落结构、生业模式三个方面系统研究海岱地区10处岳石文化城邑,揭示其在二里头时代呈现持续发展态势并对后世产生影响。⑤

---

① 豆海锋:《冲击与调适:长江中游商代文化与社会演进的考古学观察》。
② 赵东升:《中原王朝视角下的南方和东南方——青铜时代长江中下游地区中原化进程研究》,北京:文物出版社,2021年。
③ 施劲松:《区域文明与沟通的意义:四川地区的青铜器与青铜文明》,国家文物出境鉴定四川站等编:《四川文物精品·青铜器》,第4—13页。
④ 郑州市文物考古研究院等:《郑州市高新区东赵遗址小城发掘简报》,《考古》2021年第5期。
⑤ 郭荣臻:《岳石文化城邑的考古学观察》,《四川文物》2021年第5期。

中原地区商代城址数量明显增多，其中偃师商城因与夏商分界和早商亳都研究关系密切，受到格外关注。曹慧奇等从水利设施角度重新认识偃师商城整体布局，对小城、大城、宫城布局和道路系统产生新的认识。① 偃师商城虽经近40年的田野工作，但目前仍有较大面积的区域属于认识的空白区，需要未来更多发掘去填补。作为早商时期国家的中心都邑，郑州商城是学界研究重点。刘亦方等关注到其与偃师商城、洹北商城间的差异与共性，认为郑州商城应具备与偃师商城和洹北商城类似的"宫城居中"的布局规划。② 关于洹北商城的性质，目前学界主要有"河亶甲居相"与盘庚所迁之殷两种说法，张溯则认为是祖乙的庇都。③ 何毓灵分析洹北商城和殷墟遗址的水系遗存认为，二者均体现因地制宜、高效利用的原则。④ 这几处城址都被认为与商都有关，在商代历史进程中意义重大。此外，张国硕等在综合考察包括夏商时期在内的中国早期城址城墙结构的基础上，将其划分为中部区、南方区和北方区三大区域。⑤

西周时期城址的重要发现首推姚河塬城址。该城址面积为92万平方米，分为内城和外城，是西北地区首次发现的西周时期诸侯国都邑，从出土卜辞推断，可能为西周早期分封的获国的都城。⑥ 该城址的发现，对了解西周王朝与西北边陲地区关系极为重要。湖南宁乡炭河里城址是我国南方地区商周时期城址的重要发现之一，其东约600米的钟家湾地点可能是城址外围分布有手工业作坊的一处普通聚落点，对认识炭河里遗址的整体布局具有重要意义。⑦ 西周时期的聚落

---

① 曹慧奇等：《对偃师商城遗址水利设施及城址布局的新认识》，《南方文物》2021年第6期。
② 刘亦方等：《关于郑州商城内城布局的反思》，《中原文物》2021年第1期。
③ 张溯：《洹北商城庇都说》，《南方文物》2021年第5期。
④ 何毓灵：《洹北商城与殷墟的水系及相关问题》，《考古》2021年第9期。
⑤ 张国硕等：《中国早期城址城墙结构研究》，《考古学报》2021年第1期。
⑥ 宁夏回族自治区文物考古研究所等：《宁夏彭阳县姚河塬西周遗址》，《考古》2021年第8期。
⑦ 湖南省文物考古研究所等：《湖南宁乡市炭河里遗址钟家湾地点商周遗存发掘简报》，《考古》2021年第4期。

考古研究中，手工业遗存得到关注。徐良高全面梳理丰镐遗址西周手工业作坊的考古发现和研究成果，提出在关注手工业作坊特殊性的基础上，进行聚落考古发掘和研究。① 郭士嘉等将周原遗址西周聚落的手工业遗存按生产规模划分类型，从"手工业园区"概念着手，探讨手工业遗存在聚落中的地位。②

东周时期开始大规模筑城运动，使得城邑数量激增。湖南岳阳罗城遗址的大城为东西向长方形，面积约20万平方米，可能为战国时期楚国南部的一座县城，为探讨楚国对南方的开发提供重要资料。③河南新郑郑韩故城南城墙的解剖发掘，对分析城墙的建筑结构及年代信息意义重大。④ 另外，周通等结合考古调查与文献材料，推断河南正阳县临淮城遗址更符合文献记载的周代江国故城，但需结合发掘才能最终确认。⑤

周代都城发展史上，晋都新田的布局在列国都城中显得较为独特，分析其布局特点和影响，是中国古代都城制度史上的重要课题。马俊才动态分析了"新田模式"的特点，探讨其对三晋都城和其他诸侯国都的影响。⑥

### 2. 其他聚落的发现与分析

武汉市黄陂区鲁台山郭元咀遗址是一处包括居住生活区、铸铜区和墓葬区的高等级聚落，出土陶器以商文化因素为主，⑦ 是探讨商王朝经略南方地区的重要资料。荆南寺遗址地处江汉平原、澧水流域和

---

① 徐良高：《丰镐手工业作坊遗址的考古发现与研究》，《南方文物》2021年第2期。
② 郭士嘉等：《周原遗址西周"手工业园区"初探》，《南方文物》2021年第2期。
③ 湖南省文物考古研究所等：《湖南岳阳罗城遗址2015年度发掘简报》，《江汉考古》2021年第2期。
④ 河南省文物考古研究院：《2017年新郑郑韩故城南城墙发掘简报》，《华夏考古》2021年第2期。
⑤ 周通等：《河南正阳两处遗址的调查分析与周代江国的地望》，《华夏考古》2021年第5期。
⑥ 马俊才：《"新田模式"与三晋都城探讨》，中国社会科学院考古研究所夏商周考古研究室编：《三代考古》第9辑，第479—507页。
⑦ 湖北省文物考古研究所等：《武汉市黄陂区鲁台山郭元咀遗址商代遗存》，《考古》2021年第7期。

峡江地区文化的接触地带，地理位置极为特殊。杜杨系统考察该遗址夏商时期聚落的历时性演变过程，认为聚落性质和变迁受中原王朝影响。① 另外，吴超明认为，十二桥文化形成了与聚落层级相对应的陶器生产体系，金沙遗址是十二桥文化的中心聚落，摸底河以北的大型陶器作坊群是成都平原乃至四川盆地规模最大的陶器生产中心；次级中心聚落形成专门的陶器作坊区；小型聚落陶器作坊规模最小，散布于金沙遗址周围。其中，中心和次级中心聚落的陶器生产应达到较高的专业化水准。②

**3. 人地关系分析**

宏观聚落布局与微观聚落形态均与生态环境密切相关。李明华通过对西拉木伦河、老哈河、教来河和孟克河流域夏家店下层文化遗址的量化分析，揭示古代人类对不同居住环境具有选择性和适应性。③ 任萌等分析新疆巴里坤海子沿遗址大型房址 F1 三次建造至废弃的过程认为，遗址居民存在从定居农业兼营畜牧业生业方式向游牧生产和生活方式转化趋势，与距今约 4000—2000 年巴里坤盆地气候从相对温暖湿润趋向寒冷干旱的变化相一致。④

不难看出，聚落研究方法和理念呈现多元化趋势。未来从田野发掘阶段介入聚落考古理念，结合 GIS 等技术，融合相关理论，应是聚落考古的发展趋向。

## （三）墓葬与古代社会研究兴盛

墓葬是深入考察夏商周时期社会和历史的重要材料。研究对象涵盖单座墓葬、单个墓地、某一区域（国别）墓葬，以及同一形制的墓

---

① 杜杨：《夏商时期荆南寺聚落历时性演变的考察》，北京大学中国考古学研究中心等编：《古代文明》第 15 卷，上海：上海古籍出版社，2021 年，第 17—29 页。
② 吴超明：《十二桥文化陶器生产的若干线索》，《四川文物》2021 年第 4 期。
③ 李明华：《西辽河地区夏家店下层文化遗址的量化分析》，《赤峰学院学报（汉文哲学社会科学版）》2021 年第 4 期。
④ 任萌等：《新疆巴里坤海子沿遗址考古发掘收获与思考》，《西域研究》2021 年第 4 期。

葬等。研究问题除墓葬形制与结构、葬具特点、随葬品使用、丧葬习俗、墓主身份、墓葬年代、墓地形成过程外，墓葬所反映的文化与人群交流和社会组织结构等也成为讨论的焦点。而且，这些问题经常是糅合在一起论述的。

墓向是葬俗的重要组成部分，也是区分族群的重要标志，但专文讨论墓向的研究很少。① 除了大量存在的土坑竖穴墓外，不同时空范围内墓葬的形制与结构往往还具有一定的自身特征，是环境、丧葬习俗与文化交流等多种因素综合作用的结果。张亮对中原地区战国时期洞室墓、何家欢等对长安—咸阳地区战国西汉时期中小型墓葬等发展进程的研究，都显示了秦文化的重要影响。② 白岩分析了北京地区先秦秦汉时期瓮棺葬葬具、墓地的规划和葬俗等问题。③ 周海峰等讨论了平洋墓葬中洞室墓的认定及与之相关的文化传播等问题。④ 向明文使用统计学方法将东周秦汉时期巴蜀文化墓葬归纳为船棺墓与类船棺葬、木椁墓与类木椁墓两大类，⑤ 这应该是面对越来越多的各类考古遗存时值得提倡的研究方法。

无论是整个墓地的形成还是单座墓葬的营建都是多种因素作用的产物。张亚莉关注商代前期墓地的规划性，以及墓地与居住区逐渐分离的趋势。⑥ 尚如春重新考察江陵九店东周墓地Ⅰ、Ⅱ墓区的布局及埋葬规律，揭示东周时期楚国势力在江汉地区的兴衰变迁历程。⑦ 高伟分析了江苏溧阳蒋笪里春秋时期土墩墓的营建过程和出土器物群的

---

① 郜向平：《西周墓葬方向及相关问题探讨》，中国社会科学院考古研究所夏商周考古研究室编：《三代考古》第9辑，第438—447页。
② 张亮：《中原地区战国时期洞室墓研究》，《考古》2021年第2期；何家欢等：《关中战国西汉中小型墓葬形制演变探析——以长安—咸阳地区为例》，《考古与文物》2021年第6期。
③ 白岩：《北京地区战国秦汉瓮棺葬的考古学研究》，《四川文物》2021年第4期。
④ 周海峰等：《"平洋墓葬"之墓葬形制辨析》，《北方文物》2021年第5期。
⑤ 向明文：《东周秦汉时期巴蜀文化墓葬形制特征的统计学分析》，四川大学博物馆等编：《南方民族考古》第19辑，第175—196页。
⑥ 张亚莉：《商代前期墓地研究》，北京大学中国考古学研究中心等编：《古代文明》第15卷，第30—45页。
⑦ 尚如春：《江陵九店东周墓地分析》，《考古与文物》2021年第5期。

随葬、陪葬及祭祀等含义。① 严辉发则探讨了战国楚多室墓的丧葬顺序，② 这是墓葬研究中较少关注的一个领域。

墓葬研究的主要内容是年代判断、随葬品特点和文化因素分析，可由此开展墓葬族属和社会结构等方面的探讨。单座或少数几座墓葬研究者，如李宏飞对山西闻喜酒务头M1，王正原对河南鹿邑太清宫长子口墓，刘贤鹏对洛阳西郊周山大墓，李岩对广西合浦双坟墩土墩墓D1、D2M2—D2M4等的分析，③ 其中王正原按书体将墓主自作铜器分组的方法值得借鉴。对某一墓地的研究，如魏兴涛等展示了平顶山蒲城店遗址东周墓葬从春秋晚期至战国末期文化属性的变迁过程。④ 至于某一区域的墓葬研究则需要综合更多墓葬资料，涉及的问题自然更为复杂。张弛系统研究公元前1千纪新疆伊犁河谷墓葬的各项特征及文化因素等，分析墓葬的族属、当地游牧人群的生活模式和相关葬俗等。⑤ 在文化因素分析的基础上，动态考察族属标志在物质遗存上的表现，可以找出"族属代码"，⑥ 考察人群流动特点。

考察社会组织与社会结构特点，墓葬较其他资料往往更为直观。常怀颖分析了殷墟中小型墓葬随葬陶器的特点，提出殷墟的部分墓地可能是"邦墓"公共化的体现，是周代"邦墓"的源头。⑦ 从分析东

---

① 高伟：《江苏溧阳蒋笪里土墩墓的发掘及相关问题的思考》，《中国国家博物馆馆刊》2021年第9期。
② 严辉发：《战国楚多室墓丧葬顺序初探》，四川大学博物馆等编：《南方民族考古》第21辑，北京：科学出版社，第161—168页。
③ 李宏飞：《酒务头M1初论》、王正原：《再析"长子口"墓——兼谈青铜器的分组订制与几种称谓结构》、刘贤鹏：《洛阳周山大墓年代试探》、李岩：《广西合浦双坟墩土墩墓年代及相关问题浅析》，中国社会科学院考古研究所夏商周考古研究室编：《三代考古》第9辑，第401—413、448—478、538—549、550—559页。
④ 魏兴涛等：《平顶山蒲城店遗址东周墓葬及相关问题》，《中国国家博物馆馆刊》2021年第2期。
⑤ 张弛：《公元前一千纪新疆伊犁河谷墓葬的考古学研究》，北京：科学出版社，2021年。
⑥ 王洋：《论西周的商、周两系器组合》，中国社会科学院考古研究所夏商周考古研究室编：《三代考古》第9辑，第414—437页。
⑦ 常怀颖：《晚商殷墟小型墓随葬陶鬲的若干问题》，中国社会科学院考古研究所夏商周考古研究室编：《三代考古》第9辑，第301—321页。

阳西周墓地出发，王洋认为血缘关系是其社会组织的基础，等级差异体现的是宗法等级制度及族群关系的政治等级化。① 贾正言认为陇县店子秦墓是一处秦人族墓地，该墓地在家族墓地内存在以小家庭为单位的墓位分布方式。② 王晓琨等探讨了中山国王陵、王族墓地、中山王墓陪葬墓和一般中小型墓葬四个等级墓葬随葬陶器的基本器用制度。③ 李飞认为贵州威宁银子坛墓地为一处公共墓地，可能对应一个氏族，从第四期开始形成"大分散、小集中"的以家庭或家族为单位的埋葬格局，与西汉中期开始推行郡县制有关。④

在判定墓主的身份和族属方面，特殊的丧葬习俗往往较文化因素分析更有说服力。张玲通过葬俗比较，认为邢台葛家庄 M10 的墓主应当为赵卿重臣，可能是来自吴国的贵族。⑤ 印群分析了战国楚墓人殉的特点，认为无论墓主还是殉人，在葬式上皆较为统一；战国中期以后，无棺殉人占比较战国早期高，殉人数量与墓葬等级之间存在更明确的关联。⑥ 周志清将金沙及其周边遗址随葬玉石条的墓葬称为"玉匠墓"，认为玉匠群体基于社会分工与专门化生产形成，是古蜀社会中的"技术精英"。他还发现金沙遗址随葬磨石的习俗盛行于船棺葬，认为磨石可能是古蜀社会军人或暴力群体特殊的标识物，具有象征与标识社会身份的作用，是古蜀社会职业阶层分化的产物。⑦ 傅罗文等将四川盆地、三峡和长江中游地区墓葬资料置于相关文化背景和

---

① 王洋：《华县东阳西周墓地结构研究》，《中国国家博物馆馆刊》2021 年第 2 期。
② 贾正言：《秦"族墓地"研究——以陇县店子秦墓为例》，《洛阳考古》2021 年第 3 期。
③ 王晓琨等：《"器以藏礼"——战国中山国不同等级墓葬陶器探析》，《南方文物》2021 年第 6 期。
④ 李飞：《贵州威宁银子坛墓地分析》，贵州省文物考古研究所编著：《扬帆：贵州青年考古学者论集》，上海：上海古籍出版社，2021 年，第 220—283 页。
⑤ 张玲：《试论邢台葛家庄 M10 墓主身份》，《边疆考古研究》第 29 辑，第 193—200 页。
⑥ 印群：《试论战国时期的楚墓人殉》，《东方考古》第 18 集，北京：科学出版社，2021 年，第 80—89 页。
⑦ 周志清：《古蜀文化玉匠墓管窥》，《江汉考古》2021 年第 6 期；《成都金沙遗址磨石随葬习俗研究》，《中原文物》2021 年第 4 期。

丧葬仪式中加以分析，关注墓葬习俗在讨论社会等级和身份构建中的重要作用。① 王安琪从马家塬墓地材料出发，分析了东周西戎文化墓葬特殊葬俗的形成原因，而葬俗的区域差异体现了不同的族群来源。② 曹建恩分析东周时期内蒙古中南部的三个典型墓地，划分向北迁移的赵国农业人群和向南迁移的北方牧业人群两类墓葬，反映经营农、牧两种经济模式人群的逐渐融合。③ 张文珊等分析了北方戎狄人群玉皇庙墓地的人体装饰品，揭示了玉皇庙文化的特征，并选取典型墓葬结合文献和体质人类学研究成果复原玉皇庙人群的人体装饰和服饰，④对理解戎狄与中原人群的区别具有重要意义。包曙光对中国北方夏至战国时期以及欧亚草原东部地区殉牲资料的系统梳理，是国内第一部相关研究的专著。⑤

前述墓葬研究基本都会关注墓葬（地）的随葬品使用特点。另外，学界还非常重视包括用鼎制度在内的礼仪制度探讨。杨博发现江南土墩墓存在整体偶数用鼎与用鼎组合内存在偶数同形鼎两种情况，后者形成与中原地区的"周制"并行有异的另一种"复古式"用鼎礼俗。⑥ 张闻捷等分析了沂水纪王崮 M1 的列鼎制度和礼器组合特点，发现其借鉴同时期中原地区礼制，也融合了鲁东南地区的器用传统。⑦

前述墓葬研究涉及内容繁多，都在增加学界对夏商周时期文化与社会的认知，也奠定了墓葬研究在商周考古研究中的重要地位。

---

① 傅罗文、陈伯桢：《古代中国内陆：景观考古视角下的古代四川盆地、三峡和长江中游地区》，咸轩铭译，北京：北京联合出版公司，2021年。
② 王安琪：《春秋战国时期西戎墓葬葬俗初探》，《东方考古》第18集，第68—79页。
③ 曹建恩：《东周时期内蒙古中南部农牧融合现象的考古学观察》，《考古》2021年第6期。
④ 张文珊等：《北方地区戎狄人群的装束复原研究——以玉皇庙墓地为例》，《草原文物》2021年第2期。
⑤ 包曙光：《中国北方地区夏至战国时期的殉牲研究》，北京：科学出版社，2021年。
⑥ 杨博：《江南土墩墓与铜礼器用的偶数用鼎》，《东南文化》2021年第1期。
⑦ 张闻捷等：《山东沂水纪王崮春秋墓礼乐制度初探》，《中国国家博物馆馆刊》2021年第5期。

## （四）中外文化交流深入讨论

随着"一带一路"建设稳步推进，丝路沿线考古工作取得长足发展，其中以新疆地区尤为突出，为中西文化交流研究提供了大量新资料。《文物天地》2021年第7期专辑报道新疆"十三五"期间的重要考古收获，其中萨吾尔山墓葬群、温泉县呼斯塔遗址、阿敦乔鲁遗址和墓葬、青河县三道海子遗址群等的发掘，为探讨新疆地区的中外文化交流提供了人骨、遗迹和遗物等多方面证据。① 谭宇辰等对阿敦乔鲁遗址早期铜器的科技分析，显示其受到安德罗诺沃文化的直接影响。② 林铃梅等认为新疆克里雅河流域下游采集陶器中，一类可能受到来自塔吉克斯坦西南部的别什肯特—瓦赫什文化和南西伯利亚卡拉苏克文化的影响，另一类受到安德罗诺沃文化、奥库涅夫文化以及卡拉苏克文化的影响。③ 张雅军等对新疆且末县托乎拉克勒克乡加瓦艾日克村墓地出土人骨标本的形态学分析显示，且末人群具有更多欧洲人种特点，古DNA分析则揭示且末人群存在欧亚大陆东、西部人群的基因交流。④ 邵会秋认为新疆地区并非塞伊玛—图尔宾诺遗存分布区，目前的考古发现证明齐家文化与塞伊玛—图尔宾诺遗存的交往发生在齐家文化晚期。⑤

河西走廊因其特殊的地理位置，在中国早期铜器生产及与东西方

---

① 阿里甫江·尼亚孜等：《新疆吉木乃县—和布克赛尔县国道219线萨吾尔山墓葬考古新收获》、贾笑冰等：《新疆温泉县呼斯塔遗址发掘的主要收获》、丛德新：《新疆温泉县阿敦乔鲁遗址与墓葬》、郭物：《早期游牧土国的礼仪中心——新疆阿勒泰地区青河县三道海子遗址群的考古与研究》，《文物天地》2021年第7期。
② 谭宇辰等：《新疆温泉县阿敦乔鲁遗址出土早期铜器的初步科学分析》，《西域研究》2021年第3期。
③ 林铃梅等：《近年来新疆克里雅河流域下游采集陶器的研究》，罗丰主编：《丝绸之路考古》第5辑，北京：科学出版社，2021年，第36—57页。
④ 张雅军等：《新疆且末县加瓦艾日克墓地人骨研究》，《人类学学报》2021年第6期。
⑤ 邵会秋：《关于塞伊玛—图尔宾诺遗存的几点思考——从〈塞伊玛图尔宾诺文化与史前丝绸之路〉谈起》，《西域研究》2021年第1期。

向的文化交流研究中具有极为重要的地位。甘肃玉门火烧沟四坝文化墓地出土的权杖头、海贝、烧制滑石串珠等,证明河西走廊曾与西亚、中亚乃至南亚地区进行过直接或间接的远程交换。① 苏海洋系统讨论了青铜时代和铁器时代甘青地区的对外文化交流。②

中国北方地区是欧亚草原的重要组成部分,是中原农业文明面向欧亚草原的前缘地带,历来与欧亚草原文化交流频繁。鄂尔多斯青铜器博物馆出版的图录,有助于理解鄂尔多斯青铜器体现的欧亚草原东西文化交流。③ 曹建恩等认为,带火焰造型的器物起源于图瓦地区,被巴泽雷克文化借鉴形成火焰形马络饰,最终在战国中晚期传播至中国北方长城地带。④ 权乾坤等认为从青铜时代开始,贝加尔地区与蒙古高原及中国北方在金属器方面存在密切联系,而这种联系为匈奴时期的兴起奠定了文化基础。⑤

中原和西南地区的部分遗存也表现出与境外文化的关联。王丽媛的研究显示,齐地在战国时期可能就与多条早期丝绸之路产生关联。⑥ 李水城认为牛角形器最早起源于近东地区,与家牛一起传入欧亚草原,再随着颜那亚文化和安德罗诺沃文化的两次移民潮,从中亚传入中国西北,进入中原内地。他还系统收集世界各地的权杖(头)资料,认为这一文化特质最先产生于西亚,后逐渐扩散,于公元前 2 千纪前半叶进入中原腹地,后被夏商周社会上层部分权贵接纳。⑦ 林梅

---

① 甘肃省文物考古研究所等:《甘肃玉门火烧沟四坝文化墓地发掘简报》,《考古与文物》2021 年第 5 期。
② 苏海洋:《丝绸之路秦陇南道历史地理考察》,北京:中国社会科学出版社,2021 年。
③ 鄂尔多斯青铜器博物馆编著:《马背上的青铜帝国》,北京:科学出版社,2021 年。
④ 曹建恩等:《火焰形马络饰试析——从鄂尔多斯征集的青铜虎头节约谈起》,《文物》2021 年第 9 期。
⑤ 权乾坤:《东周时期中国北方与贝加尔地区的文化交往》,《边疆考古研究》第 29 辑,第 203—213 页。
⑥ 王丽媛:《从齐都临淄及周边出土文物再看齐国的对外交流》,《海岱学刊》2021 年第 2 期。
⑦ 李水城:《"牛角形器""铜觥"二器考》,《中原文物》2021 年第 1 期;《耀武扬威:权杖源流考》,上海:上海古籍出版社,2021 年。

村分析了公元前600—前300年波斯帝国与古代中国的文化交流。① 马曼丽等基于丝绸之路主要通道的分析，讨论亚欧地区东西方史前文明传播和交流通道格局。② 郝晓晓认为，横断山区出土的部分T形茎首青铜短剑的倒钩状剑格和宽叶形剑身，可能和塞伊玛—图尔宾诺文化典型的倒钩铜矛相关，是在欧亚草原青铜文化和中国北方青铜时代晚期文化的双重影响下产生，反映了欧亚草原冶金传统在西南地区存在的滞后性和持续性。③ 秦小丽的研究显示，圆柱状、鼓腰形和算珠形红玛瑙珠在西北干骨崖、云南兴义遗址出现，可能反映着两地与中亚及南亚大陆在技术、材料和习俗等方面存在交流。④ 此外，席乐在对战国时期出土凹柄铁镰的讨论中论及燕国铁器文化对朝鲜半岛的影响。⑤

总体而言，中外文化交流的研究内容不断拓展。当然，除了形制对比外，更多运用科技分析手段，应是未来中外文化交流研究的大趋势。

## （五）科技考古成果丰硕

2021年科技考古研究取得丰硕成果，冶金考古和陶瓷器、玉石器、玻璃器分析等领域均有新进展。其中冶金考古的关注度最高，涉及青铜器铸造技术、冶炼工艺以及金属资源流通等问题。

对于铜器铸造技术的研究涵盖商周各个时段。丁忠明等、郭建波等分别利用X-CT和工业CT等无损检测方法观察皿方罍和三星堆出

---

① 林梅村：《轴心时代的波斯与中国——张骞通西域前的丝绸之路》，西安：西北大学出版社，2021年。
② 马曼丽等：《丝绸之路发展史》，北京：中国社会科学出版社，2021年。
③ 郝晓晓：《横断山区出土"双圆饼首"与"T形茎首"青铜短剑研究》，《考古》2021年第10期。
④ 秦小丽：《绿松石、海贝与红玛瑙——公元前2000年前后的地域间交流》，《南方文物》2021年第5期。
⑤ 席乐：《战国时期出土凹柄铁镰初探》，《考古与文物》2021年第2期。

土铜器的铸造技术。① 邵安定等对石鼓山墓地出土铜器扉棱的制作技术，刘煜等对殷墟苗圃北地出土方鼎底范上的附着铜片，苏荣誉对商代早期双耳簋的铸造技术，孙明对商周时期青铜器的三角形加强筋等做了研究。②

东周铜器的制作技术体现出新的特点。王全玉等研究大英博物馆藏六件侯马青铜器的制作工艺，发现垫片的使用非常普遍，大多数铜器上存在损伤和修复痕迹。③ 李雪婷认为曾侯乙墓一号陪葬坑出土青铜构件沿用了分范、连接等传统技术，可能为分批铸造。④ 李沫等研究中国国家博物馆藏"陈侯"铜壶的铸造技术和合金成分等，发现耳与壶体连接过程中使用了较为独特的分铸铆式铸焊方式。⑤ 蔡友振等关于山东新泰周家庄墓地出土东周薄壁青铜容器的研究，对揭示薄壁铜容器制作工艺的多样化具有重要意义。⑥

以往分析铜器铸造技术以肉眼观察为主，工业 CT 等技术的运用提供了全新维度。实验考古等新理念的介入也值得推崇，宋江宁等模拟铸造了西周时期的銮铃，为了解该类器的铸造工艺提供了科学依据。⑦

通过成分、铅同位素分析讨论青铜器的合金技术与原料流通，

---

① 丁忠明等：《X-CT 技术透视皿方罍制作工艺》，《江汉考古》2021 年第 4 期；郭建波等：《三星堆出土青铜器铸造工艺补议》，《南方文物》2021 年第 3 期。
② 邵安定等：《宝鸡石鼓山墓地青铜容器扉棱制作工艺研究》，《中原文物》2021 年第 5 期；刘煜等：《殷墟苗圃北地铸铜遗址出土大型方鼎底范及其附着铜片的研究》，《南方文物》2021 年第 5 期；苏荣誉：《论商前期青铜双耳簋的风格与工艺——兼及早期青铜簋风格与工艺的地域性问题》，中国社会科学院考古研究所夏商周考古研究室编：《三代考古》第 9 辑，第 569—609 页；孙明：《商周时期圈足器的三角形加强筋技术浅析》，《四川文物》2021 年第 2 期。
③ 王全玉等：《大英博物馆馆藏侯马青铜器：技术研究》，《东方考古》第 18 集，第 208—223 页。
④ 李雪婷：《曾侯乙墓一号陪葬坑出土青铜构件工艺观察》，《江汉考古》2021 年第 2 期。
⑤ 李沫等：《中国国家博物馆藏"陈侯"铜壶铸造工艺及科学保护研究》，《中国国家博物馆馆刊》2021 年第 1 期。
⑥ 蔡友振：《山东新泰周家庄墓地出土薄壁青铜容器制作特征分析》，《四川文物》2021 年第 3 期。
⑦ 宋江宁等：《周原庄李铸铜遗址西周銮铃的范铸模拟实验研究》，中国社会科学院考古研究所夏商周考古研究室编：《三代考古》第 9 辑，第 610—620 页。

是青铜器科技分析的核心内容之一。马江波等对湖南望城高砂脊遗址出土铜器的铅同位素分析显示，中原型铜器使用中原地区的金属资源，而本地式铜器则使用当地原料，结合遗址出土的冶铸遗物，作者认为本地当已经存在铜器生产活动。① 邵安定等认为石鼓山墓地青铜容器的合金类型与其文化属性的对应关系明显，典型商式器与殷墟铜器的技术特征相似，而本地式铜器可能受到先周文化青铜技术的影响。② 以往科技分析工作开展较少的海岱和陕北地区也有了新进展。王庆铸等以济南刘家庄遗址出土的商代铜器的铅同位素数据为基础，讨论了商代高放射性成因铅和晚商时期的金属资源流通问题。③ 刘成等发现，晚商时期甘泉县阎家沟墓地出土青铜器的技术特征，明显有别于中原和北方地区，在技术选择上本地特征仍占主要因素。④

东周时期的铜器科学分析研究取得较大进展。南普恒等发现分水岭东周墓地出土铜器的铅料来源，在春秋中期与战国早期间发生转变，并将其归因于侯马铸铜作坊的兴起。⑤ 张吉等的研究揭示了楚、越间存在矿料资源流通现象。⑥ 郝导华等、代全龙等分别研究昌乐都北东周墓地和滕州大韩墓地出土铜器，发现东周时期海岱地区和中原地区有着密切的资源流通关系。⑦ 柏艺萌等对东大杖子墓地M11出土铜器的研究，也显示辽西与中原地区在物料流通方面关系密切。⑧ 而

---

① 马江波等：《湖南望城高砂脊遗址出土青铜器科技分析》，《考古》2021年第10期。
② 邵安定等：《石鼓山商周墓地出土青铜容器的科学分析与研究》，《文博》2021年第2期。
③ 王庆铸等：《济南市刘家庄遗址出土商代青铜器的铅同位素分析》，《考古》2021年第7期。
④ 刘成等：《陕西甘泉县阎家沟墓地山上晚商青铜器的科学分析研究》，《文物保护与考古科学》2021年第5期。
⑤ 南普恒等：《分水岭东周墓地铜器材质、工艺及矿料特征的再认识》，《南方文物》2021年第3期。
⑥ 张吉等：《湖北黄梅刘岳墓地M1出土青铜器的科学分析研究》，《江汉考古》2021年第4期。
⑦ 郝导华等：《山东昌乐都北墓地出土东周青铜器的分析研究》，《中国国家博物馆馆刊》2021年第6期；代全龙等：《山东滕州大韩东周墓地第一次发掘出土青铜器的科学分析研究》，《南方文物》2021年第3期。
⑧ 柏艺萌等：《辽宁建昌县东大杖子墓地M11出土铜器的科学分析》，《南方文物》2021年第3期。

顾雯等对广富林遗址出土周代铜器，王晓婷等对西南夷地区铜镯等的研究，都反映出铜器制作的区域性特征。① 此外，陈树祥等、李延祥等、崔春鹏等、张吉等对矿冶遗存开展了相关研究。值得注意的是，崔春鹏等总结了复杂文化地层中判别冶金遗物时代特征的方法。②

总体而言，2021 年冶金考古取得多项成果，但基本研究方法和内容与以往无明显差异。值得注意的是，学者开始利用冶金考古方法针对性解决考古学问题。如黎海超等利用铅同位素和微量元素分组法，研究巴蜀铜器中存在的"异族同俗"现象，在利用科技方法解决考古学问题方面作了有益探索。③

除冶金考古外，陶瓷器、玻璃器、玉石器等无机质文物的分析研究稳步发展。其中陶瓷器研究以原始瓷器的讨论为主。李文静等通过化学组成、岩相结构以及工艺特征等方面分析，认为殷墟原始瓷在胎体成分、釉料配方和岩相特征方面，均与吴城和湖州样品有明显差别，认为至少部分殷墟原始瓷的产地不在吴城和浙江地区。④ 对普通陶器的科技分析成果较少，本年度亦有涉及。⑤

玻璃器研究尤其是费昂斯的制作技术和来源问题，逐渐受到学界关注。陈天然等使用扫描电子显微镜对湖北宜昌万福垴 M8 出土的疑似费昂斯珠残片进行科技分析，结果显示其以富钾费昂斯及混合碱费昂斯为主。经过对以往发表的费昂斯电镜数据与考古相关资料整理分

---

① 顾雯等：《广富林遗址出土周代青铜器合金成分与金相分析》，《文物保护与考古科学》2021 年第 1 期；王晓婷等：《昌宁出土铜镯的工艺及合金成分分析》，《文物保护与考古科学》2021 年第 5 期。
② 陈树祥等：《西周时期鄂东南铜矿业初步观察》，《南方文物》2021 年第 3 期；李延祥等：《安徽枞阳陈家山遗址青铜渣初步研究》，《考古与文物》2021 年第 2 期；崔春鹏等：《山西绛县西吴壁遗址东周遗迹出土冶铜炉渣研究——兼叙复杂文化堆积中冶金遗物时代特征的判别方法》，《中国国家博物馆馆刊》2021 年第 8 期；张吉等：《河南荥阳官庄遗址铸铜技术与金属资源变迁初步研究》，《南方文物》2021 年第 3 期。
③ 黎海超等：《科技视野下"异族同俗"现象的观察——以巴蜀青铜器为例》，《考古》2021 年第 12 期。
④ 李文静：《安阳殷墟出土原始瓷的产地与工艺》，《华夏考古》2021 年第 3 期。
⑤ 郭富等：《四川汉源麦坪遗址出土陶器成分分析与研究》，《四川文物》2021 年第 3 期。

析，认为西周时期的社会变革，对其在中原地区制作技术的本土化发展变化有很大影响。也正因为其制作技术的本土化及使用方式的变化，他们推测费昂斯制品应该从未进入西周礼制系统。[1] 郭思克等从化学成分、物相结构、表面显微形貌等方面，对曲阜鲁国故城遗址出土的7颗蜻蜓眼玻璃珠进行科学研究，推断其应是从楚地输入。[2]

玉石器的科技分析集中于追溯原料来源方面。鲁昊等检测和分析了广汉三星堆博物馆的364件玉石器，结果显示材质的组合和比例符合四川地区闪石玉的成矿原理，具备原料就地取材条件。[3] 刘建成等对三星堆出土的两件大玉料开展溯源研究，认为其产自四川彭州红岩山蛇纹石矿区，应是在湔江支流河口经水运工具运至三星堆遗址区。[4]

与前述研究相比，有机质文物的科技分析较少。路国权等对山东邹城邾国故城遗址西岗墓地战国早期一号墓出土原始瓷碗中残留的茶叶样品进行检测分析，确认样品为煮（泡）之后留下的茶渣。这一研究将茶文化起源的实物证据向前推至战国早期偏早阶段。[5]

科技考古已越来越多地介入考古学研究中，成为考古学未来发展的重要方向。大量新成果的涌现，加速了这一融合进程。但总体而言，科技与考古"两张皮"的现象仍然十分突出。从考古学问题出发，设计方案、分析采样，是解决这一问题的唯一途径。

---

[1] 陈天然等：《湖北宜昌万福垴遗址出土费昂斯珠科技分析与研究》，《文物保护与考古科学》2021年第1期。

[2] 郭思克等：《鲁国故城遗址出土蜻蜓眼玻璃珠的科学研究》，《文物保护与考古科学》2021年第1期。

[3] 鲁昊等：《三星堆遗址出土玉石器的成分检测及相关问题分析》，《故宫博物院院刊》2021年第9期。

[4] 刘建成：《三星堆遗址出土大玉料溯源研究》，《四川文物》2021年第6期。

[5] 路国权等：《山东邹城邾国故城西岗墓地一号战国墓茶叶遗存分析》，《考古与文物》2021年第5期。

## （六）考古学文化研究视野下的器物、纹饰与符号

各类器物与纹饰是界定考古学文化和文化谱系分析等多项研究的重要资料。除定名、类型划分、年代判定、源流、时空分布、使用特点等基本问题外，器物背后所反映的社会、历史问题越发受到关注。

陶器与铜器研究多已被包含在考古学文化或墓葬等研究中，专从陶器角度开展的研究明显少于铜器研究，其他质料器物的研究亦较少。① 研究者在铜器定名、② 功能分析、③ 分期与年代研究的基础上，④ 考察铜器发展特点以及铜器体现的文化交流。⑤ 有些器类分布范围很广，甚至包括多种材质，更能体现区域间的交流与文化差异。⑥ 结合

---

① 如卢超等：《齐家文化陶盉的初步研究》，《四川文物》2021年第1期；吴超明：《金沙遗址博物馆藏小型陶器及相关问题》，四川大学博物馆等编：《南方民族考古》第21辑，第105—112页；朱超龙等：《战国至汉晋时期的金铛》，《北方文物》2021年第2期。

② 王宏：《青铜瓶考识——以包山楚墓出土的"直颈平肩器"为中心》，《四川文物》2021年第2期。

③ 如白冬梅等：《陕西出土东周秦代金属农具论析》，《北方文物》2021年第5期；四川省文物考古研究院：《三星堆遗址四号祭祀坑出土铜扭头跪坐人像》，《四川文物》2021年第4期；四川省文物考古研究院等：《三星堆遗址三号祭祀坑出土铜顶尊跪坐人像》，《四川文物》2021年第3期。

④ 如王腾飞：《再论东周燕文化铜器墓断代》，《中国国家博物馆馆刊》2021年第9期；朱华东：《安徽淮河以北地区出土周代青铜容器简论》，《考古与文物》2021年第6期。

⑤ 如孙卓：《江淮地区中商时期的青铜器》，《中国国家博物馆馆刊》2021年第12期；毕洋：《试析云南、川西高原的三叉格剑》，四川大学博物馆等编：《南方民族考古》第19辑，第225—246页；史态：《滇东黔西地区出土东周秦汉时期青铜兵器研究》，贵州省文物考古研究所编著：《扬帆：贵州青年考古学者论集》，第284—335页；曹玮：《汉中盆地商代早中期青铜器与盘龙城青铜器的对比研究》，《江汉考古》2021年第3期；田剑波：《试论商时期长江中上游与秦岭南北的文化交流方式——从三星堆出土圆眼直喙歧冠鸟形饰说起》，《江汉考古》2021年第5期。

⑥ 如陈亚军：《中国发现早期带柄铜镜研究》，四川大学博物馆等编：《南方民族考古》第21辑，第115—160页；乔梁：《虎形饰牌的时空分野》，《北方文物》2021年第6期；李永城：《耀武扬威：权杖源流考》，上海：上海古籍出版社，2021年；张强禄：《论云贵高原的"T"字形环》，四川大学博物馆等编：《南方民族考古》第22辑，北京：科学出版社，2021年，第173—202页。

铜器出土背景，可以分析社会阶层结构和铜器体现的礼制含义。① 结合铜器铭文与历史文献记载，还可以探讨墓主身份、② 族群及国家历史。③ 铜器研究成果体现出综合性研究的趋势。④

纹饰是铜器器形研究的有力补充，学界多关注其源流及文化内涵。⑤ 有学者采用"纹归于器"、"以礼解画"、"还器于礼"等方式解读铜器图像，⑥ 值得借鉴。符号研究成果不多，⑦ 但对细致剖析葬俗和人群差异，有时可以起到随葬品无法替代的作用。

铜器研究之所以能引发广泛关注，除了发现数量多，还缘于其在复原手工生产与交换体系、礼制体系与社会结构中所占据的重要地位。当代铜器研究已明显融入考古学文化与古代社会研究中，与考古学文化研究互为补充，互为推进。

总体看来，2021年夏商周考古研究成果丰硕，研究深度和广度不断拓展，表现出如下特点。

其一，考古发掘项目的增多与资料整理速度的加快，促使资料发

---

① 如李宏飞：《论商周之际的乳钉菱纹盆形簋——关中地区先周时期铜器群探索之三》，《四川文物》2021年第2期；田剑波等：《试论金沙遗址祭祀区出土的几件商代青铜容器》，《文物春秋》2021年第4期；杨博：《商周蜀地青铜尊、罍器用相关问题考述》，《四川文物》2021年第3期。

② 如梁云等：《甘谷毛家坪出土秦"子车"戈探讨》，《中原文物》2021年第3期；冯峰：《论沂水纪王崮M1的年代和墓主》，北京大学中国考古学研究中心等编：《古代文明》第15卷，第113—121页。

③ 如薛铭博：《芮国铜器与芮国世系探微》，《中原文物》2021年第3期；黄锦前：《曾国青铜器的最新发现与研究》，山东省文物考古研究院编：《海岱考古》第14辑，第341—370页；曹斌：《胶东铜器与西周纪莱》，《考古》2021年第1期。

④ 如谷朝旭：《商周青铜爵整理与研究》，博士学位论文，陕西师范大学历史文化学院，2021年；孙华：《四川东周秦汉时期的铜器——以巴蜀文化时期铜器为中心》，国家文物出境鉴定四川站等编：《四川文物精品·青铜器》，第273—292页。

⑤ 如曹玮：《西周青铜器上的"重环纹"命名探讨》，《文物》2021年第2期；孙华：《铜器波曲纹的构成与来源——三星堆、十二桥文化与周代波曲纹的关系》，《四川文物》2021年第1期。

⑥ 卢忠敏：《东周青铜器叙事性画像研究》，博士学位论文，浙江大学传媒与国际文化学院，2021年。

⑦ 如严志斌：《冬笋坝墓地出土巴蜀符号探析》，《中国国家博物馆刊》2021年第9期；《成都双元村154号大墓出土巴蜀文化印章研究》，《江汉考古》2021年第4期。

表速度显著提高，既有大量发表于期刊（辑刊）上的发掘简报，也有多部单行本的发掘报告、资料集和展览图录出版。① 值得一提的是，2021 年还出版了中国学者参与编写的俄罗斯米努辛斯克博物馆藏青铜器图录。② 考古资料大量发表无疑会进一步推动考古研究深入发展。即便如此，目前在基础研究存在争议的领域，仍多是由于资料不足导致的。所以，未来有针对性地在某些重点区域开展考古发掘，及时发表考古资料的任务仍旧十分紧迫。

其二，参与夏商周考古研究的人员众多，他们关注的研究对象丰富多样。有的从点上进行突破，有的则从面上加以综合，涌现出多部有分量的研究专著，在各自研究课题上都取得突破性进展。③ 不过，现有的考古研究成果大都很零散，还未体现出最佳研究价值，亟须更多在扎实个案研究基础上的集成性成果。

其三，夏商周考古研究进入理论与方法多元化的时代。在各区域搭建物质文化史的基础研究不断向前推进的同时，多学科合作开展考古研究的风气逐渐流行，从田野考古开始至后期的各类综合研究过程中均有体现，考古学开启了全面复原古代社会的研究进程。即使从事物质文化史研究的学者也在有意深挖物质遗存内涵，从中窥探更多古

---

① 如湖北省文物考古研究所等编著：《曾侯乙墓陪葬坑》，北京：科学出版社，2021 年；荆州博物馆编著：《荆州郢城遗址：考古调查、勘探与试掘》，北京：科学出版社，2021 年；南水北调中线干线工程建设管理局等编著：《保定容城北张遗址考古发掘报告》，北京：科学出版社，2021 年；陕西省考古研究院等编著：《戎与狄：陕北史家河与辛庄战国墓地考古报告》，北京：文物出版社，2021 年；山东省文物考古研究院等编著：《昌邑辛置：2010—2013 年墓葬发掘报告》，北京：文物出版社，2021 年；山西省考古研究院等编著：《霸金集萃：山西翼城大河口西周墓地出土青铜器》，上海：上海古籍出版社，2021 年；山西省考古研究院等编著：《倗金集萃：山西绛县横水西周墓地出土青铜器》，上海：上海古籍出版社，2021 年；甘肃省文物考古研究所等编著：《秦与戎：秦文化与西戎文化十年考古成果展》，北京：文物出版社，2021 年；等等。

② 中国吉林大学考古学院、俄罗斯米努辛斯克博物馆编著：《米努辛斯克博物馆青铜器集萃》，北京：文物出版社，2021 年。

③ 除文中已经引述者，还有曹大志《贸易网络中的黄土丘陵（BC1300—1050）》（北京：北京大学出版社，2021 年）、朱诚等《四川三星堆和金沙文明兴衰的环境考古》（南京：南京大学出版社，2021 年），均是在综合考古发现与研究基础上进行的系统性研究。

代社会信息,但就目前考古从业者的自身素质而言,科技与考古间的深度融合还需一定时日,需要加强相关人才培养。

其四,更多夏商周考古研究优秀成果惠及大众,推动公众考古不断发展。三星堆祭祀区考古发掘的重启及发掘成果的适时直播,以及多部科普性成果的面世,① 引起社会各界广泛关注,无疑对公众了解考古,更好认识源远流长、博大精深的中华文明,弘扬中华优秀传统文化、增强文化自信具有重要推动作用。

---

① 如何毓灵:《亚长之谜:殷墟贵族人骨的秘密》,昆明:云南人民出版社,2021 年;许宏:《发现与推理:考古纪事本末(一)》,太原:山西人民出版社,2021 年。

# 五、秦汉至元明清时期

霍 巍　王 煜[*]

回顾和总结 2021 年秦汉至明清时期的考古研究，学者不仅在田野考古工作中有较多新发现，进一步丰富了这一时段材料，而且对重大、关键问题讨论较为充分，并在重点领域有深入推进。整体而论，本年度这一时段的考古研究在广度和深度上都有显著提高，展现出新时期中国考古学独特风貌。

## （一）陵墓、都城考古研究的全面推进

都城和陵墓是历史时期最高统治阶级权力和国家意志的集中表达，一般也是当时政治、经济、文化水平的体现，并与重要历史人物、重大历史事件、重要社会背景密切相关，历来是历史时期考古的核心问题。《考古与文物》2021 年第 1 期刊发东周至宋代陵墓相关文章，产生较大影响。

秦汉陵寝制度直接承接自东周秦陵制度，本年度公布了一批秦陵重要材料，对相关研究有较大推进。陕西宝鸡太公庙秦公大墓的调查勘探及凤翔雍城秦公一号大墓一、二号陪葬坑发掘简报的刊布，[①] 为研究东周时期秦国陵寝制度提供了新资料。田亚岐等根据太公庙大墓的发现，对平阳秦国陵墓相关问题展开讨论。[②] 长安神禾原战国秦陵是新中国成立以来考古发掘的第一座带四出墓道的"亚"字形大墓，

---

[*] 本报告由四川大学历史文化学院霍巍教授主持，先后有四川大学考古文博学院王煜教授、博士生姜伊、吕瑞东，硕士生金正林、顾大志参与资料收集和编写工作，最后由王煜执笔撰写，霍巍修改定稿。写作工作得到四川大学"四部委铸牢中华民族共同体意识研究基地"专项经费支持。

① 陕西省考古研究院等：《陕西宝鸡太公庙秦公大墓考古调查勘探简报》，《考古与文物》2021 年第 1 期；陕西省考古研究院等：《陕西凤翔雍城秦公一号大墓一号坑考古发掘简报》《陕西凤翔雍城秦公一号大墓二号坑 2019 年考古发掘简报》，《考古与文物》2021 年第 6 期。

② 田亚岐：《平阳秦国陵墓研究中的几个问题》，秦始皇帝陵博物院编：《国际视野下的秦始皇陵及秦俑学研究学术研讨会论文集》，西安：西安地图出版社，2021 年，第 100—110 页。

且陵园布局相对清楚，墓主是战国晚期的"夏太后"。[①] 对咸阳严家沟秦陵的调查勘探，使得陵园布局结构、时代、墓主等信息逐渐明晰，被推测为战国晚期秦孝文王和华阳太后的合葬陵园"寿陵"。[②] 焦南峰等结合历史文献与考古工作所揭示的秦王陵等级特征，认为战国"秦东陵"并不是此前所披露的"四座陵园"，而是"两座陵园"，墓主分别为昭襄王、唐太后及宣太后。[③] 另外，秦始皇帝陵的考古工作也取得新进展。[④] 相信秦国、秦代陵墓考古资料和认识的逐渐积累，秦汉时期帝陵及诸侯王墓包括选址、布局、陵园、形制、随葬、陪葬、祭祀等一系列重要制度的来源和演变将更加清晰。

近年来西汉帝陵乃至整个陵墓考古工作中，最重要的突破应属西安白鹿原江村大墓的发现。虽然该墓勘探及附属设施的发掘报告尚未出版，但据公布的相关信息，江村大墓被确认为汉文帝霸陵，是一座带有四出墓道的竖穴土坑墓。除了未见封土外，其陵园内设施的具体形制与其他西汉帝陵基本一致。这一发现不仅更正了长期以来对霸陵位置、相关制度等的错误认识，也带来了新的学术问题。马永嬴结合传世文献认为，汉文帝霸陵选址于长安城东南的白鹿原，主要是为了解决文帝母亲薄太后丧葬礼仪问题，同时兼顾扼守交通要道、防御东方诸侯的政治需要。[⑤] 霍巍认为，既往学界对于霸陵的"崖墓说"当为误读，西汉诸侯王的崖墓形制应另寻渊源；霸陵选择"不起坟"特殊形制的主要原因，是受汉文帝反对厚葬风俗、倡导"欲为省，毋烦民"的基本国策及汉代风水观念等因素影响，霸陵的薄葬行为和传说

---

① 陕西省考古研究院：《陕西长安神禾原战国秦陵园大墓发掘简报》，《考古与文物》2021年第5期。
② 陕西省考古研究院等：《陕西咸阳严家沟秦陵考古调查勘探简报》，《考古与文物》2021年第1期。
③ 焦南峰等：《"秦东陵"相关问题初探》，《考古与文物》2021年第1期。
④ 秦始皇帝陵博物院：《秦始皇帝陵防洪堤渠调查简报》《秦始皇陵兵马俑一号坑西门道勘探简报》《秦始皇帝陵园东侧道路勘探简报》，秦始皇帝陵博物院编：《国际视野下的秦始皇帝陵及秦俑学研究学术研讨会论文集》，第35—57页。
⑤ 马永嬴：《汉文帝霸陵选址研究》，《考古与文物》2021年第1期。

对后世帝陵制度产生了深远影响。①

陕西省考古研究院等刊布了西汉宣帝杜陵的考古调查勘探报告。此次勘探基本探明了陵区的范围与布局，明确了杜陵陵园有一重外围沟、一重外园墙。其中外园墙内发现帝陵陵园、皇后陵园、100座外藏坑、57座祔葬墓、6座建筑遗址、数条道路；陵区东、东北、北部发现75座陪葬墓；陵区西北发现陵邑墙基、围沟，并在陵邑内发现4处大型建筑遗址、2座陶窑等。杜陵的考古工作相对深入，帝后陵园、门阙和寝殿、便殿遗址均已发掘，此次勘探使陵园包括祔葬墓群的整体布局和组合情况更加清晰，对全面认识西汉中期帝陵的形制要素与布局及西汉帝陵埋葬制度演变具有重要意义。② 此外，汉景帝阳陵东区陪葬墓M3外藏坑的最新考古成果，也为西汉帝陵研究提供了新材料。③ 根据这些新资料，综合以往的认识，焦南峰归纳出西汉帝陵营建与选址的基本理念，即史书所载"因天性，据真土，处势高敞，旁近祖考"，西汉帝陵整体布局并无昭穆制度，但局部或有昭穆之序；西汉帝陵营建经过周密规划，以西汉度量为尺度，呈现出"一点居中、两条中轴、四面对称"的特点。④

东汉帝陵的分布和归属等问题一直比较模糊，限制了学界对陵寝制度及其演变的认识。根据文献记载，结合相关遗存情况及调查发现，学界目前比较一致地认定，东汉十一陵分布于洛阳北面的邙山和南面的洛南两个陵区，邙山有光武帝原陵、安帝恭陵、顺帝宪陵、冲帝怀陵、灵帝文陵5座。学界据大汉冢为原陵的传统看法，和孟津刘家井大冢（发现"建宁"、"熹平"年号黄肠石）为文陵的较确切认

---

① 霍巍：《汉文帝霸陵的文献流传与考古发现的江村大墓》，《江汉考古》2021年第6期。
② 陕西省考古研究院等：《汉宣帝杜陵考古调查勘探简报》，《考古与文物》2021年第1期。
③ 陕西省考古研究院等：《汉阳陵东区陪葬墓M3之外藏坑考古发掘简报》，《考古与文物》2021年第1期。
④ 《"四川大学汉唐考古研习会（第一期）·汉唐陵墓"会议纪要》，http://kaogu.cssn.cn/zwb/xsdt/xsdt_3347/xsdt_3348/202104/t20210422_5328480.shtml，访问日期：2022年4月15日。

识，以及孟津朱仓 M722、M707 两座封土墓的陵园建筑发掘新认识，推论邙山五陵的归属，结论渐趋一致。王咸秋据朱仓 M722、M707 发现垣墙的情况，结合文献中只有光武帝原陵有垣墙（其他为行马）记载，参以陵园面积等因素，推定朱仓紧相衔接的两座陵墓为原陵（包括帝陵和后陵）。他认为东汉帝后同坟同穴制度应确立于明帝时期，光武帝原陵尚保留帝后异坟异穴旧制，并结合陵墓分布，重新比定邙山五陵归属。① 诚然，要完全解决这一问题，形成统一认识，还有待于考古和文献资料研究工作的进一步开展，但该研究不仅提出了邙山陵墓分布自成体系且言之有据的一种方案，还涉及东汉陵墓制度对西汉的继承、发展和演变问题，具有重要学术价值。根据文献记载，原陵确是东汉帝陵中唯一具有垣墙的，这最可能来源于西汉旧制，那么其他方面是否也有西汉旧制的影响？自明帝以来，祭祀制度改革，东汉皇帝神主共藏光武庙中，为同堂异室之制，这对陵寝制度是否会产生影响？圆坟、同穴、行马、石殿、钟虡等东汉帝陵制度是否具有一个产生、演变的过程？等等，都值得进一步思考。

魏晋相对汉、唐是陵墓制度的衰落期，同时也是转折期，一些新因素或昙花一现，或对后世产生深远影响。近年来曹魏陵墓的发现提供了新资料和话题。庞政考释了西高穴 M2（曹操高陵）出土画像石的题材和榜题，更正了发掘报告的一些错误。② 石楬（刻铭石牌）是曹魏大墓中的特殊现象，西朱村大墓出土石楬的系统公布对研究随葬物品、丧葬礼制、社会文化及书法史等具有重要价值。③ 孙吴大墓近年也有重要发现。王音比较了曹魏、孙吴大墓，强调两者在墓葬形制、随葬器物和墓内设施上表现出的共性与交流。④

---

① 王咸秋：《邙山东汉五陵考》，《考古与文物》2021 年第 1 期。
② 庞政：《安阳西高穴 M2 出土几件画像石图像考索》，《故宫博物院院刊》2021 年第 1 期。
③ 中国美术学院汉字文化研究所等编：《流眄洛川——洛阳曹魏大墓出土石楬》，上海：上海书画出版社，2021 年。
④ 王音：《曹魏、孙吴墓葬比较研究——以宗室墓为中心》，《中原文物》2021 年第 3 期。

南北朝是陵墓制度的重构期，其主要表现是传统的恢复、制度的建设、地域文化的分合、民族文化的融汇。以往研究更重视对南朝陵墓地面的神道石刻和墓内拼镶砖画的讨论，本年度的研究则对北朝陵墓有较多观照。金陵陵区和方山陵区是北魏前期（孝文帝迁都以前）的主要陵区。杨天源基于考古调查，结合文献推测金陵陵区具体位置在左云五路山、右玉马头山及其与内蒙古凉城、和林格尔的交界处一带。① 付龙腾认为北魏陵寝制度发展最初阶段以金陵制度为代表，特征是以拓跋鲜卑丧葬礼俗为主，兼采部分华夏文明丧葬制度；方山永固陵初步整合上述两者，开启了北魏陵寝制度的创制阶段；孝文帝迁都洛阳之后，达到以华夏陵寝制度为模板，创立本朝陵寝规制的融合程度；东魏、北齐主要是对洛阳陵寝制度的继承和发展，西魏、北周则从关中地域文化出发，补充了若干新因素。同时，随着皇权逐步排除原始部族残留因素的制约，北朝陵寝制度也在上述发展过程中逐步建构皇权主导下的丧葬等级体系。隋唐陵寝制度直接来源于北朝，是"'北朝出口论'于物质文化层面之例证"。②

唐代是继两汉以后陵墓制度发展的又一高峰。隋文帝泰陵考古调查勘探简报的刊布，为唐陵制度的来源提供了直接资料。勘探表明，在泰陵的覆斗形封土之下，东西并列两座带有长斜坡墓道、7 天井、7 过洞的墓葬，证实了文献关于文帝与独孤皇后同坟异穴合葬的记载。③ 冉万里认为泰陵的山陵制度是对西汉帝陵制度的部分恢复，而其中的一些特征又为唐高祖献陵所继承，具有过渡特征。他结合扬州曹庄隋炀帝墓、潼关税村隋墓形制、葬具、壁画、随葬品等，对隋代帝陵制度进行了推测。④ 张建林对比隋文帝泰陵和唐高祖献陵，反思

---

① 杨天源：《北魏金陵的考古学调查》，《美成在久》2021 年第 5 期。
② 付龙腾：《略论北朝陵寝制度的发展阶段》，《考古与文物》2021 年第 1 期。
③ 陕西省考古研究院：《隋文帝泰陵考古调查勘探简报》，《考古与文物》2021 年第 1 期。
④ 冉万里：《隋代帝陵制度研究》，《考古与文物》2021 年第 1 期。

了文献记载的献陵制度"斟酌汉魏"、"悉从汉制"、"依长陵故事"说法，认为两者的覆斗形封土、并列两墓道（同坟异穴）、方形陵园、四方四门及门阙等特征极为相似，进一步印证"唐初即用隋礼"说。献陵的陪葬制度源自汉陵，四门石虎及神道石犀、石柱则综合吸收北朝、南朝陵墓石刻做法，立为新制。唐高祖献陵近仿隋文，远追汉魏，综合前朝诸多因素，为初唐陵寝制度奠定了基础。[①] 另外，陕西省考古研究院等公布了唐敬宗庄陵陵园遗址勘探情况。此次勘探除探明陵园分布，还发掘清理了陵园南门外西侧蕃酋殿遗址和封土南侧的石块遗迹及陵园石刻。庄陵是典型的唐代晚期帝陵，在唐太宗昭陵开创的"因山为陵"格局后，重新采取"封土为陵"建造模式，反映了唐陵制度的变化。[②]

河南新郑后周皇陵的考古调查证实了后周皇陵实行简葬的历史记载，其中最为显著的特点是墓室完成了由方形向圆形的转变，是唐宋帝陵变革的重要节点，这一转变从后周世宗的庆陵开始，并被北宋帝陵沿用。[③] 绍兴宋六陵为北宋徽宗及南宋高宗至度宗等的陵墓所在，浙江省文物考古研究所等公布了其中一号陵园遗址的发掘简报，[④] 李松阳等对其建筑遗址进行了复原研究。[⑤] 孟凡人系统梳理了两宋、辽金和明清帝陵的形制、制度、营建布局及部分随葬品等问题，并附西夏陵和明代藩王陵墓的梳理研究，是目前所见这一领域最全面系统的综合研究，对于考察唐代以后帝陵制度的承袭、演变，各民族文化的融合、演进及相关制度文明具有重要价值。[⑥] 明代藩王陵墓由

---

① 张建林：《"斟酌汉魏"还是"唐承隋制"——唐高祖献陵与隋文帝泰陵的比较》，《考古与文物》2021年第1期。
② 陕西省考古研究院等：《唐敬宗庄陵陵园遗址考古勘探发掘简报》，《考古与文物》2021年第1期。
③ 郑州大学历史学院等：《河南新郑后周皇陵考古调查勘探简报》，《考古与文物》2021年第1期。
④ 浙江省文物考古研究所等：《浙江绍兴宋六陵陵园遗址2018年考古发掘简报》，《考古与文物》2021年第1期。
⑤ 李松阳等：《宋六陵一号陵园遗址建筑复原研究》，《考古与文物》2021年第1期。
⑥ 孟凡人：《宋代至清代帝陵形制布局研究》，北京：中国社会科学出版社，2021年。

于等级高、分布广、文化面貌突出并有较充分的考古发掘，继续受到研究者重视，《大众考古》2021年第3期推出一组专题文章，对明代藩王陵墓制度及相关研究方法作了总体论述，也对蜀王、周王等陵墓作了具体分析。① 此外，刘毅对明代藩王陵园、玄宫、埋葬制度和随葬品等进行了系统梳理和综合研究，结合历史文献考察了藩王陵墓所涉政治、礼制、民俗及其影响因素等问题，是该领域重要论著。②

都城研究持续推进。张建锋认为，西汉至北朝时期长安城城郭的布局变化大体可以分为两个阶段：西汉和新莽时期，为多宫一城、内城外郭的形制；十六国至北朝时期形成多宫共一宫城、外套郭城的规制。长安城城郭的变迁原因主要为自然环境（地下水资源情况）与社会政治经济状况的变化。③ 陈苏镇通过文献记载，结合考古现象，探讨了魏晋洛阳城宫城设施的位置以及建筑格局，也讨论了宫殿的实际使用功能及其变化等问题。④ 赵永磊探究了晋宋时期洛阳城以及魏晋时期太极殿在城中的位置，辨析了有关魏晋洛阳城的史料并分析魏晋洛阳城的组成部分，为探讨东汉、魏晋洛阳城的关系提供佐证。晋宋时期洛阳城恰属过渡时期，此研究亦可深化对北魏时期重建洛阳城的认识。⑤ 此外，手工业是城市主要生产和经济活动之一，对城市布局、功能和生产生活等有重要影响，是历史时期都城功能的补充。许卫红对秦都咸阳城北手工业区、徐龙国对汉长安城手工业遗存及其分布进行了研究。⑥

---

① 刘毅：《明代藩王陵墓》、易立等：《明代蜀王陵墓的发现》、孙凯：《河南明代周藩王墓调查研究纪略》、刘永亮：《明代楚藩陵园的规制布局》、白瑶瑶：《明代湖北地区宗藩墓葬的墓室特点》、陈冰：《西安明秦王墓茔园》，《大众考古》2021年第3期。
② 刘毅：《明代藩王陵墓的考古学研究》，北京：科学出版社，2021年。
③ 张建锋：《西汉至北朝时期长安城城郭布局的变化》，《南方文物》2021年第3期。
④ 陈苏镇：《魏晋洛阳宫的形制与格局》，《考古学报》2021年第3期。
⑤ 赵永磊：《晋宋时期的洛阳城与魏晋太极殿所在基址辨析》，《考古》2021年第10期。
⑥ 许卫红：《从手工业遗存看秦都咸阳城北区布局》、徐龙国：《汉长安城手工业遗存的发现与研究》，《南方文物》2021年第2期。

中国考古学经历百年发展历程，虽然评价历史考古成就的维度更具多元性，但仍以都城考古、陵墓考古、国家祭祀遗存考古等最能体现历代最高统治阶级的国家意志和其象征体系为中心，这也始终是中国历史考古主要脉络和主要研究方向的一种体现。

## （二）丧葬礼俗的深入讨论

墓葬文化是当时社会礼制、风俗乃至宗教文化等的综合体，很难截然分割开，因此我们以"丧葬礼俗"概括。其中帝陵作为政治权力的集中展现，反映的制度文化更加突出，其他墓葬文化则体现出不同社会等级、不同社会成员对这一制度的理解与运用，文化内涵更为丰富多彩。

俞伟超曾概括历史时期"墓葬制度"演变阶段为"周制"、"汉制"、"晋制"，后来有学者补充了"唐制"等。这里的"制"，既有狭义的制度的一面，因为其主要针对高等级墓葬而言，而且在特定时期和地域具有一定程度的制度化特征（比如"唐制"）；又具有以往考古学界常用的所谓"墓葬制度"的广义内涵，因为其中不仅仅是规定性的"制度"，也包含不同阶层习俗性的内容。有学者因其内涵外延难以准确界定建议放弃此类概念，有其道理。但这些问题紧扣中国历史时期墓葬考古的社会背景，仍值得深入探讨。

学界普遍认为，从"周制"到"汉制"是竖穴椁墓被横穴室墓代替的过程，俞伟超也将多室大型砖石墓葬作为"汉制"的代表。然而，这种墓葬到东汉中晚期才成为主流，而且已经等级混乱，真正具有制度特色的反而是西汉时期以"题凑"墓为代表的竖穴椁墓。所以，不仅"周制"标准不甚清楚，所谓"汉制"问题也没有解决。我们十分欣喜地看到，学界仍在继续推进并尝试解决这些问题。赵化成在既有研究基础上，试图以"竖葬制墓"到"横葬制墓"的转变，取代以往"竖穴椁墓"和"横穴室墓"的概念，即以最终的下葬方式（表现为墓道与墓室的关系）将商周至秦汉的墓葬划分为"竖葬制墓"（包括无墓道的竖穴墓、竖井墓道墓及部分墓道底高于墓室底的斜坡墓道墓）和"横葬制墓"（秦汉时期大部分斜坡墓道墓），认为二者才是所谓"周制"和"汉制"的关键区别。① 这一概念的最大贡献在于将大型黄肠题凑墓纳入所谓"横葬制墓"，与大型崖墓、室墓一起作为"汉制"的典型代表，从而较好地解决了俞伟超"汉制"中的矛盾。尽管赵文最后的解释部分仍然笼统，但可以认为这是近年来历史时期考古中比较精彩的理论贡献。

所谓"晋制"更加复杂，因为相对汉代而言，魏晋是整个墓葬文化衰落的时期，但也为隋唐墓葬制度的重构贡献了新的因素。如以牛车、鞍马为中心的出行俑，在后来的北朝形成一套具有一定制度特征的鼓吹仪仗俑群，近年来关中地区十六国至北魏前期大中型墓葬资料的积累，对该问题的探讨具有关键意义。杜泽洋将这些陶俑分为前后赵、前秦和后秦至北魏初三个时期，认为以甲骑具装、骑马鼓吹为代表的军事和鼓乐仪仗俑出现于前秦时期，并在后秦至北魏初期出现鲜卑化因素，是少数民族文化礼制化和胡汉民族文化交融的结果。② 索德浩等认为长江中游地区骑马和仪仗俑的出现更早，十六国仪仗俑群可能是受其影响而产生。③ 李梅田以综合研究结合专题研究的形式，增加了丧葬图像、随葬器物与文化变迁等内容，重点探讨了墓葬中的礼仪和观念问题，是这一时期丧葬礼俗研究的重要著作。④ 韦正等围绕葬俗、葬制和墓葬空间的营造等方面，用"从平城到邺城"概括从

---

① 赵化成：《汉代"横葬制墓"的起源与发展》，北京大学中国考古学研究中心等编：《古代文明》第15卷，第175—208页。
② 杜泽洋：《关中十六国陶俑研究——以陶俑群的形成为中心》，《中国国家博物馆馆刊》2021年第5期。
③ 索德浩等：《长江中游地区六朝俑的研究》，山东大学艺术学院等编：《中国美术研究》第39辑，上海：上海书画出版社，2021年，第47—57页。
④ 李梅田：《葬之以礼：魏晋南北朝丧葬礼俗与文化变迁》，上海：上海古籍出版社，2021年。

北魏至东魏北齐时期北中国东部墓文化连续发展、变化与突破的过程。① 这一时期墓葬文化的地域性及其互动也是一个值得关注的问题，张科以武昌南朝刘觊墓为切入点，观察到该墓向都城建康墓葬文化学习的情况，反映出此时期墓葬地域文化的流动。② 经过南北朝的恢复和建设，唐前期尤其是京畿地区的墓葬制度俨然，但盛唐以后随着政治权力的分化和世俗文化的兴盛，墓葬文化更加多样化和地域化。其中一个重要现象便是圆形墓葬在北方地区的流行及向其他地区的传播，这点在五代十国的陵墓中也有所表现，前文已有涉及。倪润安讨论后蜀墓葬形制演变，认为后蜀虽然国祚不长，但高等级墓葬文化却汇聚了南、北两源因素。南源是中晚唐经前蜀以来的蜀地自身文化（以带肋柱等的长方形墓室为代表），北源则与孟知祥所率北来集团有关（以圆形墓室为代表）。北源因素的消退和南源因素的增长，映射着后蜀后期统治势力的变化。③ 圆形墓葬的影响还延伸到宋代，然而宋代墓葬文化更加复杂。陈豪等认为所谓"宋制"对宋代官员墓葬的影响一直十分有限，关键在于官员阶层未能很好地向下传递上层制度文化，反而深受世俗文化浸染，与当时的社会历史发展有关。④

丧葬礼俗包括"丧、葬、祭"三个部分，由于资料限制，考古学界以往关注的主要属于"葬"的部分，"丧"的部分材料十分零散，近年来比较关注"祭"的部分。刘尊志梳理目前已发现的除帝陵外的汉代墓地祠堂材料，将其分为砖（石、土）墙瓦顶祠堂和石祠堂两类，归纳总结了墓地祠堂的朝向与位置，同时概述了祠堂的空间与祭祀等相关设施。作者又对王侯及中小型墓葬的各种墓外设施作了系统整理，并就汉代墓外设施的内容与发展、墓外设施系统的形成和确立

---

① 韦正等：《从平城到邺城——聚焦于墓葬文化的变迁》，《故宫博物院院刊》2021年第1期。
② 张科：《武汉市武昌区南朝刘觊墓再研究》，《考古》2021年第12期。
③ 倪润安：《北源与南源：后蜀墓葬形制演变过程研究》，《考古》2021年第1期。
④ 陈豪等：《宋代官员墓葬相关问题刍议》，《华夏考古》2021年第1期。

及与丧葬过程的关系问题进行了较深入的探讨。① 汉代墓地石祠堂因带有大量的图像与文字铭刻，历来为学者所重视，其考古材料也在不断增加。② 缪哲试图将汉代石祠的诞生与两汉之交的政治与思想文化变革相联系，认为汉代石祠画像的具体内容与图像配置，乃是两汉之际蓬勃发展的经学理论影响的结果。③ 除综合研究外，有些石祠堂保存较为完好，刻画内容丰富，自成体系，为深入的个案研究提供了基础。郑岩从山东长清孝堂山石祠内存留的历代题刻出发，结合画像，叙述了石祠在历代不同阶层的"观者"眼中的形象。④ 除祠堂外，魏晋以后佛教深刻影响丧葬文化，一些皇家陵园和达官贵人的墓地中还出现了佛寺等设施。其中最著名的要数北魏冯太后方山永固陵的"思远浮屠"，前述研究中也讨论到隋文帝泰陵的佛寺。⑤ 北宋高级官员墓地中的功德坟寺更成为一种经济特权和身份象征，孙宇辨析安阳韩琦家族墓地两处建筑遗址的性质，认为其中的大型遗址应为传孝报先寺（韩琦的功德寺）大殿，祠堂设在寺内，并结合文献讨论了宋代功德寺与祠堂的关系，认为二者往往同时存在，功德寺为做佛教法事追荐祖先的场所，祠堂是祭祀之处。⑥ 祭祀文化不仅在祠堂和祭奠用品上有所体现，在墓内图像中也有系统反映。山东临沂吴白庄画像石墓是一座等级较高、规模宏大、保存完整、雕刻丰富的东汉画像石墓，王煜等系统解读了该墓画像，认为除了总体上营造辟邪—升仙环境和装饰外，该墓门楣（横额）画像以连续的形式表现了两队相向而行的车马出行，

---

① 刘尊志：《汉代墓地祠堂研究》，《考古学报》2021年第1期；《汉代墓外设施研究：以王侯墓葬与中小型墓葬为参考》，北京：科学出版社，2021年。
② 如淮北市文物局：《安徽省淮北市相山发现"永元八年"汉代画像石祠堂》，《东南文化》2021年第4期。
③ 缪哲：《从灵光殿到武梁祠：两汉之交帝国艺术的遗影》，北京：三联书店，2021年。
④ 郑岩：《东汉孝堂山石祠的观者及其他》，《美术研究》2021年第2期。
⑤ 冉万里：《隋代帝陵制度研究》，《考古与文物》2021年第1期。
⑥ 孙宇：《再论韩琦墓前建筑遗址的性质——也谈宋代功德寺与祠堂关系》，《中原文物》2021年第5期。

一队自前室前壁出发，逆时针绕过前室东半部分，来到与中室交接之处跪拜墓主；另一队自中室后壁（西后室前壁）出发，逆时针绕过中室西半部分，然后分作两面：面向前室的一面继续前行为墓主接受众人拜谒的画像，面向中室的一面则前往西王母、东王公和其他神仙之处。结合前室为祭祀空间、后室象征内寝、中室为宴享之所的认识，这两队出行分别表现了前来祭祀墓主的宏大、热闹场面和墓主从内寝出发接受祭祀并享受理想生活的意义，后者还继续向较为私密的空间延伸，表现墓主的升仙愿望。① 临沂吴白庄画像石墓虽然有一定特殊性，但也不是孤例，早年发现的沂南画像石墓与之具有高度的一致性。② 墓葬图像的研究一直是近些年来的热点，成果相当丰富，也十分零散，学界开始重新倡导整体的视野。武利华从图像学视角出发，以陵园、祠堂、画像石墓的整体设计，结合考古材料对汉代画像石作了整体分析，强调具体象征意义应回归"场景"中讨论。③

由于"礼"在中国文化中的特性，其表现往往具有复古或托古特征。方笑天认为，孝文帝迁洛后北魏晚期至北齐年间皇室贵族及世家大族墓葬中的复古陶器（鼎、壶、钫、钟、磬等），与北朝晚期复兴古礼背景有关。④ 复古器物流行于宋代，反映复古观念、行为及知识来源等问题。葛林杰认为宋人对古器的误判与仿制对象皆为商周或汉唐古器，表明国家上层法先秦与法汉唐的理念与策略对收藏、仿制实

---

① 王煜等：《祭祀是居，神明是处——临沂吴白庄汉画像石墓图像配置与叙事》，中山大学艺术史研究中心编：《艺术史研究》第24辑，广州：中山大学出版社，2021年，第1—22页。
② 王煜等：《"祭我兮子孙"：沂南汉墓画像的整体配置与图像逻辑》，刘中玉主编：《形象史学》第17辑，北京：中国社会科学出版社，2021年，第43—61页。
③ 武利华：《图像学视野下的汉画像石整体研究》，刘中玉主编：《形象史学》第19辑，北京：中国社会科学出版社，2021年，第103—129页。
④ 方笑天：《塑造传统：北朝墓葬中的复古陶器》，北京大学考古文博学院等编著：《赞皇西高北朝赵郡李氏家族墓地——2009—2010年北区发掘报告》，北京：科学出版社，2021年，第98—109页。

践产生了重要影响。① 追求古礼的理念和实践还充分反映在宋代以后家族墓地的规划中。杨逸认为，宋元兆域图主要来自葬书、礼图两个知识系统，均自称为《周礼》图之复原。宋初，《地理新书》中的五音《昭穆葬图》为北宋皇家所尊用，在士庶间很有影响，北宋中期随着儒学复兴运动的开展与族葬实践的深入，儒家士大夫激烈批判五音阴阳择穴之说，希望以《周礼》族葬之制树立儒家自身的葬制，至元代，族葬之风已成，赵居信所著《族葬图说》对后世产生重大影响。② 刘未考证《族葬图说》的作者与成书年代，得出与上文一致的认识，从中可以看到《族葬图》在元明时期的流行程度。③

"俗"的部分更为集中地体现在所谓"丧葬信仰"中。神仙信仰是汉代丧葬信仰的主题之一，相关研究虽丰富却较为零散，如对升仙体系、东王公信仰、天宫观念等的讨论继续深化。④ 魏晋以来佛教深刻影响中国人的思想信仰，虽然丧葬信仰中传统性和杂糅性更为突出，但也不能不受其渗透。马伯垚将新见北魏邢合姜石堂的图像内容布局与同时期墓葬和佛教遗存作了比较，认为其制作者依照佛教石窟壁画模式装饰葬具，并讨论了图像所反映的法华信仰，探讨佛教信仰与艺术对墓葬文化的影响。⑤ 张铭结合历史文献中西魏皇后乙弗氏与麦积山石窟的联系，认为麦积山石窟第127窟作为一个完整的

---

① 葛林杰：《考古材料所见宋人对古器的误判》，四川大学博物馆等编：《南方民族考古》第19辑，第271—284页。
② 杨逸：《"复原"礼图：宋元兆域图的绘制与实践》，《南方文物》2021年第4期。
③ 刘未：《赵居信〈族葬图〉考》，北京大学中国考古学研究中心等编：《古代文明》第15卷，第320—336页。
④ 王煜：《昆仑与阊阖、天门：长沙汉初漆棺图像整体考察》，《江汉考古》2021年第3期；焦阳：《钱树枝干图像的整体研究——兼论钱树的主要内涵与功能》，中山大学艺术史研究中心编：《艺术史研究》第25辑，广州：中山大学出版社，2021年，第1—26页；庞政：《试论陕北汉画像中的"仙人六博"式东王公及相关问题》，《考古与文物》2021年第3期；苏奎：《东汉鎏金银璧形铜棺饰的图像与信仰》，《四川文物》2021年第5期。
⑤ 马伯垚：《墓葬中的石窟：邢合姜石堂壁画略论》，《故宫博物院院刊》2021年第11期。

立体空间，构建了一个净土世界，是纪念乙弗皇后的特殊洞窟，也是与墓葬结合的建筑空间。① 李梅田等认为，北响堂山石窟内可能存在皇帝陵藏，但并非真实墓葬，而是深受佛教影响，又结合东汉以来石殿祭祀葬俗而出现的祭祀性设施。② 李梅田还讨论李静训墓的葬仪过程，认为在墓主下葬时没有举行墓内祭祀，且有意模仿了佛教的舍利瘗埋活动。③ 此外，冥币的出现和流行也是葬俗中一个十分突出的内容，黄娟梳理战国秦汉时期的泥质冥币，认为主要仿照金币和铜钱制作，其种类和分布的阶段性、区域性较明显，与楚文化丧葬习俗有关。④

所谓"礼"、"俗"并不是可以截然分割的，有些"礼"的外表下是"俗"的内容，有些流俗中也有"礼"的精神，而且其重心也会随时代变化而转移和重构。焦阳根据近年来新发现的材料，将许多汉代墓葬中出土的所谓"玉衣片"判断为"玉席片"，认为作为较低等级的美石葬具，玉席常以琉璃片制成，与其他玉制品共同构成汉代复杂的葬玉系统，其丧葬信仰仍与玉衣等一致。⑤ 王煜等系统梳理了汉唐时期猪形玉石手握造型、地域、等级及使用组合的变化，认为其在汉代属于等级较高的葬玉礼制的一部分，东汉晚期以后逐渐扩展为流行于全社会的丧葬礼俗，并随着汉末人口迁徙，盛行于东晋南朝。其组合也由葬玉转变为七星板、铅人等，表明内涵更加偏向于丧葬信仰的部分，结合文献记载认为其为司命信仰的代表，表达墓主不朽成仙的愿望。⑥

---

① 张铭：《墓窟结合，善恶有报——麦积山石窟第127窟净土世界的空间营造》，山东大学艺术学院等编：《中国美术研究》第40辑，上海：上海书画出版社，2021年，第44—49页。
② 李梅田等：《弗利尔美术馆石棺床与响堂山石窟皇帝陵藏》，《美术研究》2021年第1期。
③ 李梅田：《再读隋李静训墓及其葬仪》，《华夏考古》2021年第5期。
④ 黄娟：《战国秦汉时期泥质冥币的发现与研究》，《考古》2021年第6期。
⑤ 焦阳：《染山汉墓出土"玉衣"讨论——也谈汉代墓葬中的"玉席"》，《南方文物》2021年第4期。
⑥ 王煜等：《礼俗之变：汉唐时期猪形玉石手握研究》，《南方文物》2021年第4期。

## （三）民族、文化交流与宗教考古的丰富成果

多民族交往交流交融和中华民族多元一体格局的形成与发展，是近年来历史时期考古研究的主要课题之一。

吉林省集安高句丽霸王朝山城 2015—2016 年度发掘资料的公布，① 魏存成等对我国境内发掘的高句丽无壁画封土石室墓的研究，② 推进了高句丽遗存的研究。

甘青地区吐谷浑高等级墓葬是近年研究热点。甘肃省文物考古研究所等公布了武威天祝县武周时期吐谷浑喜王慕容智墓的发掘情况，该墓是目前发现和发掘的时代最早、保存最完整的唐代吐谷浑王族墓葬。墓葬为长斜坡墓道单室砖墓，出土了数量较多的陶、漆木、金属、石器、革制品、丝织品及殉牲、粮食作物等。其墓葬形制、墓志形制内容、壁画内容布局、镇墓仪仗俑群等反映了吐谷浑王族对唐制的使用，而殉牲、胡床、马具等反映了民族习俗的保留。可以说其制度与同时期京畿一致，而习俗有自身特点，为认识吐谷浑与唐王朝的交流融合等相关历史提供了重要材料。③ 慕容智墓志中"大可汗陵"记载为寻找和探讨灭国后的吐谷浑王族陵墓给出了重要提示，刘兵兵等考释了该墓志。④ 沙武田等探析武威吐谷浑王族墓的选址与葬俗，认为祁连山地区是吐谷浑部族活动区域，灭国后的"祖陵"选在此处，具有深厚的历史传统和文化心理背景，而吐谷浑王族墓葬单列于山岗、不流行合葬等特点反映了一定的民族文化特色，也

---

① 吉林省文物考古研究所等：《吉林集安市霸王朝山城2015—2016发掘简报》，《考古》2021年第11期。
② 魏存成等：《我国境内发掘的高句丽无壁画封土石室墓》，《边疆考古研究》第30辑，北京：科学出版社，2021年，第209—222页。
③ 甘肃省文物考古研究所等：《甘肃武周时期吐谷浑喜王慕容智墓发掘简报》，《考古与文物》2021年第2期。
④ 刘兵兵等：《唐〈慕容智墓志〉考释》，《考古与文物》2021年第2期。

可能是受到政治事件影响。① 此外，闫雪梅结合历史文献与考古材料，探究龟兹都城的规模和演变，认为其布局受到中原深刻影响。②

新疆唐代烽燧遗址本年度也有新发现。新疆尉犁县克亚克库都克唐代烽燧遗址出土纸文书，有助于了解唐代西域军镇建置的布局特点和构筑方式，③ 还有学者对新疆哈密地区的烽燧做了调查和初步研究。④ 任冠基于目前发现的天山北麓唐代城址、烽燧和其他遗址情况，认为当时的军政体系分为四个层级，形成了由北向南三条东西向防线，实现了唐代对天山北麓绿洲地带的管控。⑤

赵俊杰等在吉林安图二道白河宝马城遗址发掘基础上，讨论了该建筑组群的形制与布局，确认其为金王朝修建的祭祀长白山的祠庙故址，主体格局与中原祠庙有相似之处，祭祀制度深受中原传统影响。⑥

中外文化交流也是历史时期考古研究的重要脉络。陕西西咸新区西魏陆丑墓出土的域外货币和玻璃器、料珠，为研究中西文化交流增加了实物资料，使中原与东罗马、波斯等地区交流往来时间的认识有所提前。⑦ 从出土器物、图像等讨论中外文化互动是学界关心的热点课题，相关研究涉及较广，这里仅介绍一些对中国文化向国外传播及互动的研究。黄晓芬通过比较分析中国文明及其周边地域王权社会建造的巨大坟丘的形制特点，揭示东部欧亚大陆古代文化的多元性和融通

---

① 沙武田等：《武威吐谷浑王族墓选址与葬俗探析》，《考古与文物》2021 年第 2 期。
② 闫雪梅：《龟兹都城探析》，《考古与文物》2021 年第 4 期。
③ 新疆维吾尔自治区文物考古研究所：《新疆尉犁县克亚克库都克唐代烽燧遗址》，《考古》2021 年第 8 期。
④ 张坤等：《哈密地区烽燧的调查与初步研究》，《文博》2021 年第 1 期。
⑤ 任冠：《唐代天山北麓军政体系的考古学观察》，《南方文物》2021 年第 6 期。
⑥ 赵俊杰：《金代长白山神庙遗址平面格局的初步研究》，《文物》2021 年第 3 期。
⑦ 陕西省考古研究院：《陕西西咸新区摆旗寨西魏陆丑墓发掘简报》，《文物》2021 年第 11 期；张杨力铮：《西魏陆丑墓志考释》，《文物》2021 年第 11 期。

性,也展现了中国文明及制度对周边地区的深远影响。① 乌兹别克斯坦撒马尔罕阿弗拉西阿卜(Afrasiab)"大使厅"(Hall of Ambassadors)壁画是研究粟特历史文化的重要遗存。王静等进一步辨析大使厅西壁壁画的构成元素,结合中国历代文献和图像遗存分析壁画人物的手持物,根据题铭认为画面中的立杆表现的是"牙帐",推测西壁表现的是粟特王坐冬听政、纳贡的情景。②

宋元时期海外贸易发达,近年来与之相关的考古发现层出不穷,形成热点。刘未认为,北宋是海外陶瓷贸易相对平缓时期,但贸易活动并未中断。北宋早中期的贸易陶瓷组合在五代宋初以来的基础上渐进发展;中期晚段是贸易陶瓷的转变期,闽广地区外销为主的窑场占据了海外主体地位;北宋末期,闽南、广西窑场青白釉瓷繁盛,龙泉窑青釉瓷崛起,潮州、漳州产品亦见于日本。此时,东西方贸易陶瓷品类组合都趋于复杂化。③ 吴敬等以广东瓷窑产品在华南沿海地区以及外贸路线上的分布为线索,细化了华南地区瓷窑产品外销路线,讨论了广州港与明州(庆元)港、泉州港在瓷器运输路线上存在单向或双向的联系,为海上丝绸之路港口兴衰的研究提供线索。④

宗教是古代社会生活和精神文化的重要方面,也有专门的考古材料予以反映(尤其是佛教)。云冈研究院等报告了在云冈西部山顶发现的一处保存较为完整的北魏、辽金时期塔院式寺庙遗迹,印证了《水经注》对云冈石窟的描写。⑤ 龙门石窟研究院系统记录了龙门东

---

① 黄晓芬:《东部欧亚大陆巨大坟墓的调查与认识》,秦始皇帝陵博物院编:《国际视野下的秦始皇帝陵及秦俑学研究学术研讨会论文集》,第182—196页。
② 王静等:《坐冬议事:大使厅西壁壁画研究》,《美术研究》2021年第1期。
③ 刘未:《北宋海外贸易陶瓷之考察》,《故宫博物院院刊》2021年第3期。
④ 吴敬等:《宋元时期广东瓷器运输与贸易的考古学观察——以窑址以外出土材料为中心》,《东南文化》2021年第4期。
⑤ 云冈研究院等:《云冈石窟山顶佛教寺院遗址发掘报告》,北京:文物出版社,2021年。

山万佛沟石窟寺的各类遗迹，为深入了解东山万佛沟区石窟，乃至龙门及全国的唐代石窟提供了新资料。① 除了较大型的考古报告，随着近些年石窟寺调查工作的全面展开，许多简报陆续发表，相关研究也全面展开。由于涉及石窟、造像、雕刻、壁画等题材、内容、思想乃至寺院、舍利瘗埋等的研究丰富而零散，无法详述，这里仅就较为全局性和关键性的问题作些介绍。

陈晓露讨论了中亚和中国大型佛像的出现和传播，着重强调其中可能受到波斯帕提亚君王像的影响，认为大佛像的出现和发展与多元文化交流、王权政治表达具有密切关系。② 杨泓从北朝墓葬中驮载毡帐的骆驼俑入手，分析毡帐的形式与文献中穹庐的关系，结合鲜卑民族的文化传统和心理，认为云冈石窟中早期的圆顶形制受到穹庐习俗和观念的影响，而主导云冈石窟窟形从穹庐到殿堂转变的不仅是宗教行为，更是当时历史趋势的表现，反映出鲜卑拓跋氏融入中华民族的历史进程。③ 李聿骐认为北齐佛教艺术的西胡化风潮主要表现在两个方面，一方面是政治风气变革下北齐政权的西胡化及对天竺高僧的重用；另一方面是艺术革新下地面佛寺与石窟寺的面貌变化，以及佛教艺术中僧衣的"制样别行"与"道俗两异"。④ 张总对石窟、造像中的塔形和碑式作了细致分析，认为佛教艺术的中国化历程中，从塔形与碑式的元素构成中既可以见到外来塔形的融入，也可见到本土碑式的渗透。⑤ 郑岩从青州龙兴寺北朝背屏式造像的插榫和莲座入手，讨论分体式制作造像的目的，认为与造像的工匠水平、寺院等级、供养

---

① 龙门石窟研究院编著：《龙门石窟考古报告：东山万佛沟区》，北京：科学出版社，2021年。
② 陈晓露：《大像有形：从中亚到中国——关于大佛像的几个问题》，赵俊杰主编：《春山可望——历史考古青年论集》第3辑，上海：上海古籍出版社，2021年，第160—184页。
③ 杨泓：《从穹庐到殿堂——漫谈云冈石窟洞窟形制变迁和有关问题》，《文物》2021年第8期。
④ 李聿骐：《西胡化风潮下的北齐佛教艺术》，《文物》2021年第10期。
⑤ 张总：《石窟与造像中的塔形和碑式——佛教艺术中国化演变之例证》，《社会科学战线》2021年第4期。

人阶层等社会因素有关，更与特定的宗教观念相关。①

浙江新昌千佛岩龛像和弥勒大像是南方早期石窟的重要代表，李裕群认为千佛岩龛像是南朝江南地区忏法流行的唯一实物例证，僧护齐永明四年（486）开始经营的弥勒大像龛也与礼忏有关，而北朝晚期邺城地区出现的"北方礼忏系统"可能有来自南朝礼忏仪式的影响。②

敦煌莫高窟第156窟是归义军首任节度使张议潮的功德窟，也是归义军历史中的标志性洞窟，梁红等从洞窟营建、彩塑身份、供养像及供养人图像等方面进行了综合研究，并探讨张氏归义军历史。③

此外，何志国发现北魏至隋代的金铜佛像和造像碑上有多例佛、菩萨造像与铭文混淆的现象，认为与当时莲花手观世音像向无畏手观世音造型的转变有关，注意到了造像与铭文之间的互动关系。④

道教作为中国本土宗教，也保存有相当数量的考古遗存。徐胜男梳理了早期道教造像的主尊身份，将其中的老君和天尊造像比较，认为从老君到天尊的主尊演变是南朝道教理论发展的结果。⑤ 蔡林波等基于昌意王祠神道碑，讨论南北朝时期天师道团的组织形态、活动方式及流变等问题。⑥ 张鹏则通过敦煌文书讨论道教仪式实践中的佛道交流。⑦

---

① 郑岩：《青州龙兴寺北朝背屏式造像的插榫与莲座》，刘中玉主编：《形象史学》第20辑，北京：中国社会科学出版社，2021年，第3—10页。
② 李裕群：《浙江新昌千佛岩南朝龛像——南朝忏法流行的实物例证》，《文物》2021年第2期。
③ 梁红等：《敦煌石窟中的归义军历史：莫高窟第156窟研究》，兰州：甘肃文化出版社，2021年。
④ 何志国：《试论早期佛陀、菩萨像名实不符的现象——以早期金铜佛像为中心》，《中原文物》2021年第1期。
⑤ 徐胜男：《像以载道：从"太上老君"到"元始天尊"——早期道教造像主尊身份的演变及宗教内涵》，山东大学艺术学院等编：《中国美术研究》第38辑，上海：上海书画出版社，2021年，第24—29页。
⑥ 蔡林波等：《公元六世纪天师道团体浚窥——基于昌意王祠神道碑的考释》，《世界宗教研究》2021年第5期。
⑦ 张鹏：《从敦煌道教斋文看仪式实践中的佛道交流——以P.3562V为中心的考察》，《世界宗教研究》2021年第5期。

除上述几点外，近年来一些重要出土文献的陆续公布也为历史研究提供了新资料。① 总的来说，2021 年秦汉至元明清时期的考古学研究成果丰富、内容广泛，反映出研究队伍的扩大和研究水平的提升，也凸显出一些新的态势。一方面是相关领域和问题的持续深化和细化，另一方面也有向陵墓规制、墓葬制度、丧葬礼俗等重大和核心问题回归的趋势。考古学者也在主动强调和进一步思考历史时期考古研究中文献记载的作用与运用，② 以及考古学与历史学的整合、互动关系，③ 深刻回顾中国考古学的史学传统并思考其历史使命。考古学所面对的材料往往是破碎的、反复的，而且几乎全是匠作的，过去的生活亦如我们当下的生活，更多是日常的、丰富的，考古学者如何从百姓日常使用的器物中窥知当时的社会与文化，从中梳理出带有一定规律性的时代面貌和历史图景，成为新时代考古学必须面对的理论与实践问题。我们不仅应该从往日工匠的手下读出匠心、人心和时代之心，更应关注那些与中华文化"基因"紧密相关、与当时社会思想不可分割、与历史转折变迁相关并最终汇聚成中华民族共同体意识的大量考古遗存。从司马迁到今天，两千多年来社会观念、文化潮流、学术思想与时俱进，然而披沙拣金，我国史学与考古工作者的初心不改，"究天人之际，通古今之变，成一家之言"仍是我们不懈努力的方向。

(责任编辑：周　政　张　璇)

---

① 如荆州博物馆等编著：《荆州胡家草场西汉简牍选粹》，北京：文物出版社，2021 年；朱凤瀚主编：《海昏简牍初论》，北京：北京大学出版社，2021 年。
② 刘瑞：《从汉唐昆明池考古看历史考古学的文献自觉》，《中国史研究》2021 年第 3 期。
③ 刘未：《考古学与历史学的整合——从同质互补到异质互动》，《中国史研究》2021 年第 3 期。

# 下 编

# 2021年中国历史学十大研究热点[*]

| 排名 | 热点 |
| --- | --- |
| 1 | 党的百年奋斗伟大成就和宝贵经验 |
| 2 | 建设中国特色、中国风格、中国气派的考古学 |
| 3 | 三星堆考古最新发现与解读 |
| 4 | 文明起源与中外文明比较 |
| 5 | 历史长河中的世界大变局 |
| 6 | 马克思主义同中华优秀传统文化相结合的百年实践 |
| 7 | 仰韶文化发现和中国现代考古学诞生100周年 |
| 8 | 人类命运共同体理念的历史底蕴 |
| 9 | 辛亥革命爆发110周年 |
| 10 | 医疗社会史 |

---

[*] 十大热点评选系通过分析、归纳中国社会科学评价研究院提供的关键词和中国知网提供的主题词,同时参考专家推荐的74个年度研究热点,确定30个备选项。在此基础上,制成调查问卷,发放给国内知名院校及科研机构的学者,经对有效问卷的统计分析得出最终结果,按得票多少排序。

# 党的百年奋斗伟大成就和宝贵经验

**点评专家**：杨凤城（教育部"长江学者"特聘教授，中国人民大学马克思主义学院教授）

**点评**：中国共产党的百年奋斗，彻底改变了近代以来中国人民的前途命运，书写了中华民族几千年历史上最恢宏的史诗，深刻影响了世界历史进程，对人类文明进步作出了重要贡献。

中国共产党在波澜壮阔的征程中，积累了丰富的历史经验，深入总结党的宝贵经验，能够更好地发挥以史鉴今的重要作用。中国共产党历来重视对历史经验的总结，尤其进入新时代以来，党总结历史经验的意识越来越强，系统性、完整性越来越高，推动党史研究不断迈向新台阶。2021年正值中国共产党成立100周年，党史研究亮点不断、形成热潮，以新视角书写的党史，不仅体现出党领导革命、建设、改革的不懈奋斗，而且体现出党对马克思主义中国化的理论探索，体现出党以自我革命精神不断推进党的建设的伟大实践，从不懈奋斗史、理论探索史、自身建设史的"三史"有机统一来研究中共党史，无疑具有重要的学术理论意义。

# 建设中国特色、中国风格、中国气派的考古学

**点评专家：** 韩建业（教育部"长江学者"特聘教授，中国人民大学历史学院教授）

**点评：** 建设中国特色、中国风格、中国气派的考古学，就是在马克思主义理论指导下，利用中国特色的考古学研究方法和现代科技手段，不断揭示中华文明的起源发展脉络和文明成就的考古学，就是肩负历史使命、以复原古代中华历史为目标的考古学，就是具有国际视野、产生重大国际影响力的考古学。百年来，中国特色、中国风格、中国气派的考古学建设已取得重要成果，取得一系列重大考古发现，揭示了中华大地上100多万年的人类发展史、1万多年的农业发展史、8000多年的文明起源史、5000多年的文明发展史，展现了中华文明的灿烂成就和对世界文明的重大贡献，为实现中华民族伟大复兴的中国梦提供了深厚而坚实的历史依据。今后应进一步加强考古学研究力量和科技创新，围绕重大历史问题取得关键成果，加强考古成果的社会共享，大力推动文化遗产保护和文化传承，形成更加成熟的中国特色考古学学科体系、学术体系和话语体系，真正建成中国特色、中国风格、中国气派的考古学。

# 三星堆考古最新发现与解读

**点评专家**：霍巍（教育部"长江学者"特聘教授，四川大学历史文化学院教授）

**点评**：三星堆发现的黄金面具、青铜人像、大量象牙等，与青铜时代中国其他地区文化面貌差别较大，受到学术界和社会各界的广泛关注，成为2021年史学研究热点之一。其中热议的一个话题即三星堆文明的内在属性：它究竟是外来文明，还是中国本土文明？三星堆与古史记载的上古文明是何关系？多数学者认为，三星堆文明诞生于中华大地，与中原文明有相同的"文化基因"，同时又具有独特的文化面貌，是古蜀文明对于中华文明的杰出贡献；既为中国青铜时代提供了全新资料，也成为可与世界青铜文明展开历史、宗教、神话等多学科领域对话的热点话题。三星堆考古新发现再一次证明，具有独特风格、独立创造的区域文明，逐渐汇入中原文明体系，使中华文明充满活力与创造性，也使中华文明由"多元"最终汇聚为"一体"。

# 文明起源与中外文明比较

**点评专家**：陈胜前（中国人民大学历史学院教授）

**点评**：文明起源是考古学的三大"终极问题"之一，关系到人类演化与社会发展的根本。中华文明起源研究是贯穿百年中国现代考古学的核心问题，尤其是 20 世纪 80 年代以来，先后经历了"夏商周断代工程"、"中华文明探源工程"两个阶段的探索。以大课题为引领，积极开展田野工作，汇聚多学科的研究力量，充分发挥考古学的优势，成为组织与发展中国考古学研究的发动机。中外文明比较研究，侧重从世界视野来研究中华文明的起源，是了解中华文明独特性的基础性研究，也是中华文明起源研究的重要组成部分。这个学术热点之所以长盛不衰，是因为它是寻找历史真实与阐释历史意义结合的典范。没有历史真实，意义的阐释就是沙上建塔；而没有历史意义的阐释，研究就无法开花结果，发挥现实作用。考古学以实物遗存为研究对象，通过客观的物质材料实证了中华文明的起源过程；也让我们认识到中华文明的多元一体与源远流长，为铸牢中华民族共同体意识提供了坚实的历史支撑；更让我们在与世界不同文明的比较中，深切认识到中华文明的博大精深以及绵延不绝、历久弥新的强大生命力。

# 历史长河中的世界大变局

**点评专家：**俞金尧（中国历史研究院世界历史研究所研究员）

**点评：**"历史长河中的世界大变局"之所以能成为2021年中国历史学研究热点，说明有相当一部分史学工作者始终关注着时代和现实，并努力以专长为处在大变局中的人们提供独特的研究成果，帮助人们理解现实。一个正在经历的变局至少与上百年的时间深度有关，这就为史学工作者践行"古为今用"提供了难得机遇。"历史长河中的世界大变局"研究，并不仅仅限于历史学者穿越到历史上几起几落的诸多变局中去，更意味着我们要在百年的时空中寻找世界格局之变迁。世界格局在加速演变，但无论如何，世界格局变迁的时间尺度会很长，这个"热点"不可能一闪而过。阐述当今世界格局之过去、流变与趋势，历史学者有得天独厚的条件，尽可大显身手。

# 马克思主义同中华优秀传统文化相结合的百年实践

**点评专家**：欧阳军喜（清华大学马克思主义学院教授）

**点评**：从马克思主义传入中国的第一天开始，如何处理它同中华传统文化的关系就是一个无法回避的问题。在20世纪80年代的"文化热"中，这一问题曾被提出并加以讨论。不过当时学界的讨论基本上是从哲学角度切入，探讨马克思主义与中华传统文化相结合的必要性和可能性。2021年是中国共产党成立100周年，习近平总书记在庆祝中国共产党成立100周年大会上的重要讲话，正式提出了两个"相结合"，即"把马克思主义基本原理同中国具体实际相结合、同中华优秀传统文化相结合"，马克思主义同中华优秀传统文化相结合的百年实践由此也成为史学界的研究热点。史学界的探讨主要集中在马克思主义同中华优秀传统文化相结合的历史进程和基本经验。历史学的介入，融通了历史和理论，把党的百年奋斗史与理论创新史结合起来，从而大大深化了对马克思主义中国化历史进程的认识和理解，深化了对新时代党的创新理论的理解和掌握。同时也有助于纠正那种把马克思主义同中华优秀传统文化割裂开来、对立起来的错误倾向，有助于讲清楚中国特色社会主义的历史文化渊源。目前，相关的研究成果正在不断涌现，一个新的学术增长点已经形成。

# 仰韶文化发现和中国现代考古学诞生100周年

**点评专家**：王巍（中国社会科学院学部委员，中国历史研究院考古研究所研究员）

**点评**：2021年10月17日，仰韶文化发现暨中国现代考古学诞生100周年纪念大会在河南省三门峡市召开，习近平总书记发来贺信，对中国考古学百年来取得的辉煌成绩给予充分肯定，为今后中国考古学的发展指明了方向，并向中国考古学者提出了殷切希望。百年来，中国考古学在探索人类起源、万年文化史、中华文明的起源与形成、三代王国文明、统一多民族国家的形成和发展等重大历史问题上，取得了系列重要考古发现和重大研究成果，为增强民族文化自信、建设社会主义现代化强国、实现中华民族伟大复兴提供精神动力。为纪念中国现代考古学诞生100周年，中国考古学会、各地考古文物单位、博物馆等举办了学术纪念活动和主题展览，展现中国考古百年成就，也为中国考古学开启下一个百年新征程提供经验借鉴。

# 人类命运共同体理念的历史底蕴

**点评专家：** 于沛（中国历史研究院世界历史研究所研究员）

**点评：** 大同世界、和合天下，是中华民族几千年的梦想。构建人类命运共同体是对5000多年中华优秀传统文化的弘扬创新，也是对新中国70多年外交思想的继承发展，生动体现了中国人民对世界和平、天下一家的美好追求。人类命运共同体思想，继承马克思"世界历史"理论的价值立场，是新时代对这一理论的丰富和发展；科学分析并揭示世界历史进程的新特点、新趋势，顺应历史潮流，是在历史大变局中对"人类社会向何处去"这一时代之问的深刻回答。构建人类命运共同体，需要世界各国人民普遍参与。我们应凝聚不同民族、不同信仰、不同文化、不同地域人民的共识，共襄构建人类命运共同体的历史伟业，我们不仅要实现中华民族伟大复兴的中国梦，而且一定会实现"天下大同"的世界梦！

# 辛亥革命爆发110周年

**点评专家：** 马敏（华中师范大学中国近代史研究所所长、教授）

**点评：** 2021年是辛亥革命爆发110周年。习近平总书记在纪念辛亥革命110周年大会上，从中华民族伟大复兴的高度，充分肯定了辛亥革命的历史意义。辛亥革命继续成为中国近代史研究的热点之一，各种学术讨论会相继举办，辛亥革命相关论著的发表也明显多于往年。

学界在原有研究基础上，更加强调辛亥革命史研究的精细化、历史的连续性、视野的宽广性，拓展了研究的广度与深度，彰显了中国特色与中国气派，主要体现在：其一，阐释了辛亥革命与民族复兴之间的内在关联，提出民族复兴是联结辛亥革命与中国共产党领导的中国革命的历史枢纽；其二，进一步论证了辛亥革命在中华民族共同体近代转型过程中的历史作用，认为辛亥革命是中华民族从"自在"状态进入"自觉"状态的关键环节；其三，辛亥人物研究实现新突破，如在发掘新史料的基础上，重新审视载泽、赵尔巽、康有为、梁启超、汤寿潜、谭延闿、虞洽卿等历史人物在辛亥鼎革之际的因应与作为；其四，加强了对辛亥革命地域性特征研究，以武汉、杭州、陕西、江南等地为切入点，揭示各地辛亥革命的不同面相；其五，深入解析了辛亥之际思想界的嬗变，如对民粹主义、阶级论说、种族进化论等的再诠释、再思考。

# 医疗社会史

**点评专家：** 张大庆（北京大学医学史研究中心教授）

**点评：** 新冠肺炎疫情的持续及其对人类社会造成的影响，引发了历史学者对疫病社会文化影响的普遍关注。2021年，国内学者发表的有关疫病社会文化史的研究论文逾百篇，此外还有多部学术专著、译著及专题性学术集刊。研究者期冀通过探究疫病对社会的冲击以及人类对疫病危机的回应，发现"多重过去"的可用性，并由此提供一种对现实可资参考的资源。不过，在数字化时代，历史研究者的愿景与现实的生态、社会文化之间存在张力：史料极大丰富，并且正在经历从文字文献到电子文档的转变，呈现出多样性；数字资源的不稳定性；当代疫病防控的全球性导致史料的多源性；等等。这些都给当代科学技术与医学史研究者如何获取这些资料带来了困惑。因此，对于历史研究者来说，不仅要思考如何书写当代疫病史，而且要注重如何收集、保存当代的疫病史料。

# 2021年中国历史学五部优秀著作*

| 排名 | 著作 |
| --- | --- |
| 1 | 曲青山:《中国共产党百年历史经验》,北京:人民出版社,2021年 |
| 2 | 王伟光名誉主编,王巍主编:《中国考古学百年史(1921—2021)》,北京:中国社会科学出版社,2021年 |
| 3 | 于沛:《近代中国世界历史编纂(1840—1949)》,北京:中国社会科学出版社,2021年 |
| 4 | 孟宪实:《武则天研究》,成都:四川人民出版社,2021年 |
| 5 | 许檀:《明清华北的商业城镇与市场层级》,北京:科学出版社,2021年 |

---

\* 优秀著作评选系以专家推荐的37本优秀著作为主要数据,同时参考舆情公司采集的网络热度、豆瓣评分等,确定20个备选项。在此基础上,制成调查问卷,发放给国内知名院校及科研机构的学者,经对有效问卷的统计分析得出前五名,按专业排序。

# 曲青山《中国共产党百年历史经验》

## （人民出版社，2021年）

**点评专家**：万建武（中国历史研究院副院长、副研究员）

**点评**：用中国理论解读中国共产党百年历史经验，是学习研究党的光辉历史，从中汲取智慧与力量的关键所在。曲青山研究员所著《中国共产党百年历史经验》一书，为我们正确把握这个"关键所在"提供了范例。

习近平新时代中国特色社会主义思想，是深刻解读党的百年历史经验的科学结论。该书坚持以习近平新时代中国特色社会主义思想为指导，坚持唯物史观和正确党史观，用历史映照现实、远观未来，展现了中国共产党创造的马克思主义中国化理论的强大生命力和阐释力。

从历史发展中揭示历史规律、把握历史大势，是深刻解读党的百年历史经验的科学方法。该书坚持三个"历史决议"的基本精神，用大历史观和人民立场的宏大视角分析党的奋斗历史，揭示了在中国共产党领导下中华民族实现伟大复兴中国梦的历史必然性。

坚定对中国共产党的历史自信和政治自信，是深刻解读党的百年历史经验的科学结论。该书坚持用马克思主义立场观点方法分析问题，系统梳理党的历史脉络和伟大成就，深入研究重大论断和标识性概念的丰富内涵，探讨重大事件和重要思想的历史作用，诠释了党百年历史经验的精神实质和启示意义。

# 王伟光名誉主编，王巍主编
## 《中国考古学百年史（1921—2021）》

（中国社会科学出版社，2021年）

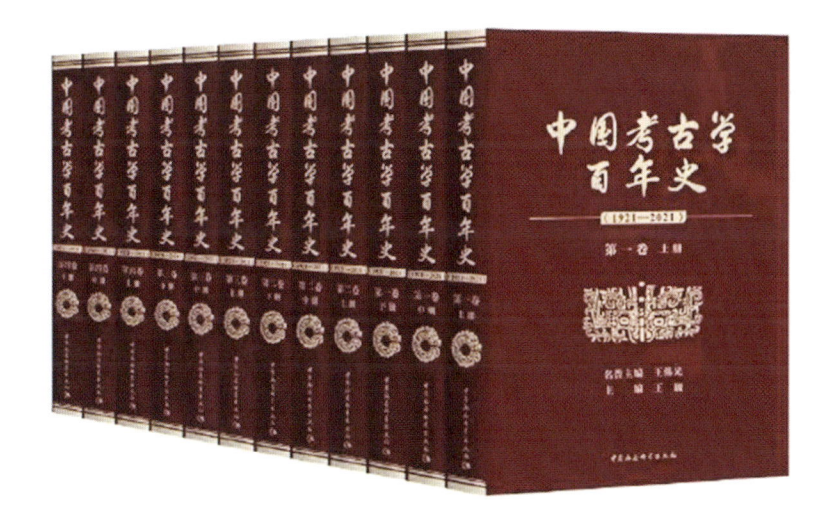

**点评专家：** 李伯谦（北京大学考古文博学院教授）

**点评：** 一个学科的学术史对于学科发展具有重要意义。该书将百年来中国现代考古学的重要发现及重大研究成果，按照石器时代、夏商周时代、秦汉到宋辽金元明清时代考古、科技考古及各个考古学专题研究分为4个部分，每部分包含约50个研究课题。该书所涉课题，均聘请在相关领域有深度研究并具有较高知名度的"50后"、"60

后"大学教授和科研单位研究员领衔撰写，同时聘请部分"70后"、"80后"的副教授或博士参加。每个课题以时间顺序进行回顾，主要内容包括：对于各领域研究具有重要意义的考古发现、重要研究成果（包括重要遗址的考古发掘报告、重要的学术论文和研究专著）的出版，相关领域研究具有创新意义的学术观点的提出，新的研究理念和理论、方法的应用及产生的影响等，并结合国内外学术背景与动态进行分析和点评，包括对该课题今后发展方向的前瞻，并附大事记，以增强该书的资料性。

全书共917万字，参加撰写的学者共276位。该书于2021年中国现代考古学诞生100周年之际出版，可以说是全体作者和承担编辑出版的中国社会科学出版社献给中国现代考古学百年诞辰的一份厚礼，也是献给全国考古学界和史学界以及关心考古事业的社会公众的一份礼物。通过这部书，可以使读者全面了解中国考古学各个领域、各个课题的研究历程和取得的成果。从这个意义上来说，该书是一部内容丰富、独具特色的、中国考古学"百科全书"式的著作。

## 于沛《近代中国世界历史编纂（1840—1949）》

（中国社会科学出版社，2021年）

**点评专家**：郭小凌（北京师范大学历史学院教授）

**点评**：该书是一级学科——世界史的断代史，考察的时间范围是第一次鸦片战争前后至中华人民共和国成立前夕。这段时期正是我国世界史学科发轫与早期发展期，也是其分支学科——上古史、中古史、近代史、现代史、断代国别史和史学理论等方向，从草创、模仿西学到初步发展的重要历史阶段。

关于这段学科史，以往研究主要表现为对各分支学科历史的考察，但从一级学科整体角度出发，综合性地、具体地再现我国世界史教学与科研的过程，尚无人尝试。这可能是因为世界史时空范围宏大，涉及分支学科、当事人及成果众多，且早期世界史学人往往是杂家，有关史料收集不易，一般学人力所不逮，因此很少有人做这样的大题目。作者勇于挑战难题，写出具有相当广度与深度的断代史专著，填补了史学史学科空缺，有助于世界史学人更好了解自己的学科。

作者视域开阔，能够把自己深厚的史学理论功力运用到对中国世界史学科历史发展过程的分析与概括中，从起源开端到初步成形，从西学东渐、亡国危机到救亡图存，包括后期新式国民教育的需要，都表明中国世界史学科的创立和发展与民族国家的命运息息相关，与学者的家国情怀紧密相连，是中国人民救亡图存的文化需要，是中华民族日益觉醒的具体体现。

作者复现世界史各个分支学科的演进路线，肯定早期学科创建者的艰辛探索，批判介绍不同时期的史学观点，特别是分析早期西方史学理论在中国学界的反响与回声，分门别类地叙述创建者在史前史、历史哲学、革命史、文化史、国际关系史等世界通史、断代史、专题史和地区史诸方向上取得的成就与不足，为读者提供了一幅我国世界史学科早期发展的宏阔画面。

作者坚持正确政治方向，在第三编中以大约占全书1/3的篇幅，讨论了唯物史观对我国世界史学科建设的重大影响。作者有叙有论，自马克思主义在中国的早期传播与影响写起，重点说明早期党的领导人对唯物史观的引进与推广，进而论及唯物史观的史学价值和对人类历史的规律性认识，以及在唯物史观指导下的世界史学科的重要价值，为该书增添了理论思考的深度与厚度。

综括而言，该书是一部近年来为数不多的学科史佳作。

# 孟宪实《武则天研究》

(四川人民出版社，2021年)

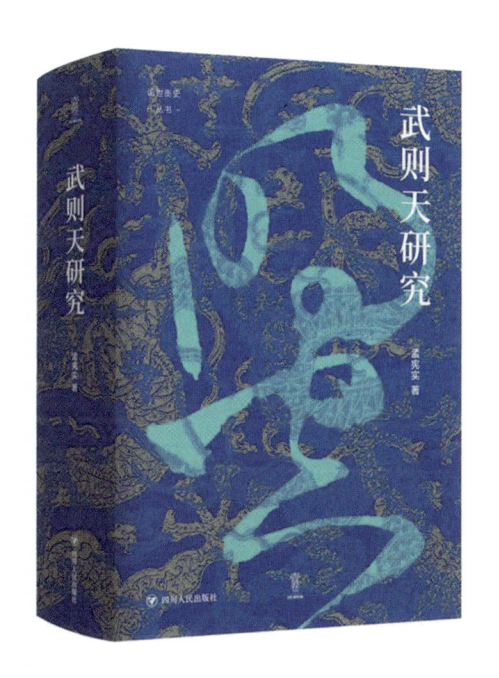

**点评专家**：张国刚（教育部"长江学者"特聘教授，清华大学历史系教授）

**点评**：武则天是中国历史上唯一一位女皇帝，这种特殊性决定了有关她的评论与解说千百年来从未停歇，武则天研究也因此成为中古史研究领域的一个热门话题。该书作者20多年来一直关注武则天，如今终于呈现给我们一部集众家所长又立意更高的武则天研究佳作。

首先,作者富有现实人文关怀,对史学家应肩负的社会责任有清醒认识。作者认为传统史学重视道德评价,新史学主张实事求是,但后者在史学领域之外的影响微乎其微。尤其是公共史学,如历史小说与历史电视剧,对大众影响最深,却很少采纳新史学研究成果。该书有较明显的突破:通过正确分析武则天,树立良好的史学观念,从而帮助普通民众更准确地理解中国文化。

其次,作者全面整理有关武则天的研究成果和史料记载。通过对比史料来源,发现有关武则天的资料被系统删除过,留存至今的史料都是其退位后即后武则天时代的记载。为防范另一个武则天(女皇)的出现,这些史料对其尽可能妖魔化。因此,作者利用大量出土文书、墓志资料等,努力恢复武则天研究的"第一现场"。

复次,该书更新了对武则天的"传统"认识。如小公主与太子李弘本是自然死亡,但传统史学与历史小说沿着"女祸"思路,加工为被武则天所杀。又如武则天进入唐太宗后宫多年屈居五品才人而不得升迁,其原因并非性格不讨喜或后宫争斗,而是武则天父亲身为太原功臣,与高祖、太宗之间的微妙关系所致。这些以重要事件为单元的分章讨论,突出研究重心,成为现代史学著作的范例。

最后,该书兼有文、史之长。语言叙述优美平实,并不晦涩难懂;剖析问题不疾不徐,如抽丝剥茧,娓娓道来,并辅以制度上的解说与铺垫,充分考虑公共史学的受众与新史学的普及。另外,作者不仅在史学考证与观点分析上推陈出新,而且在政治史、思想史等层面也有深度思考,从而揭示出中国古代官场运作的一些规律。

总之,《武则天研究》不是一部单纯的史学著作,也不是一部简单的历史人物传记类著作。它有着强烈的现实人文关怀,并对新时代的史学发展路径进行了严肃的思考。虽然作者的立论未必完全无懈可击,但该书仍不失为一部既雅俗共赏又严谨扎实的优秀史学著作。

# 许檀《明清华北的商业城镇与市场层级》

(科学出版社，2021年)

**点评专家：** 倪玉平（教育部青年长江学者，清华大学历史系教授）

**点评：** 作者在20多年实地调查和个案研究基础上，结合文献考证和量化分析，对明清华北商业城镇和中国传统市场进行综合研究，勾勒出明清时期华北商业城镇和市场层级的轮廓，并呈现在经济运行之下的商人、商业与市场的兴衰变化。其贡献主要包括以下方面。

其一，对施坚雅模式的充分利用与整体反思。作者修正了施坚雅基于清代成都和西南地区研究而构建的"1843年各区域城市中心地的等级—规模分布"理论，指出施氏划分的市场层级与实际情况有诸多不符之处，即使被认为商业发展较落后的华北地区，其市场发展情况也比以往的估计要高。由此，作者对明清华北地区城镇进行层级定位，认为各商业城镇的辐射范围、市场级别与其行政等级之间差别很大，体现了明清时期市场体系对原有行政体系的突破。

其二，深化对明清时期商业发展和市场发育的认识。作者重新认识消费的积极作用，将北京、开封、保定和济南定义为商业城市。清中叶开封人口不过10万，但商业规模达到150万—200万的水平，显示出高端消费对商业的影响，并顺利推动了华北城市人口数量的大幅度增长，因此，"消费对于市场发育、城市人口就业均有积极的拉动作用"。

其三，从比较互动角度审视明清城镇经济发展。作者对州县城和县以下镇进行重点筛查，选取一批商业规模和腹地范围已超出一般府城的州、县城乃至"镇城"，考察其发展脉络、商业规模、流通范围等，确定其在市场等级中的位置，进而将一些快速发展但不为人知的商业城镇勾勒出来。这些商业城镇让人们看到了明清华北城市的动态变化、城市的衰落和兴起、行政功能减弱和经济功能的增强，反映了传统中国城市向近现代行进的轨迹。该书不仅推进了明清市场史研究，对社会经济史、历史人类学、社会史、财政史等也有参考价值。

其四，挖掘、整理新史料，拓展研究资源，尤其是搜集了以往未被发掘、数量丰富的碑刻资料。商人会馆碑刻资料一般包含会馆建立时间、出资人及其金额、修缮时间及金额等，表面上看似乎只对梳理特定会馆的变迁沿革有所帮助，但作者跳出用此类资料进行商帮、商路研究的常见路径，将商号、商业活动同城镇主体紧密联系，发现背后蕴藏的丰富经济史内涵。通过梳理大量碑刻资料并量化分析商人会馆碑刻，该书对华北诸多商业城镇的兴衰脉络、商业结构、商业规模、腹地范围等进行细致入微的分析，揭示了城市商业的诸多细节。

# 2021年中国历史学十篇（组）优秀论文*

| 排名 | 论文 |
|---|---|
| 1 | 笔谈："以史为鉴　开创未来"，夏春涛、欧阳军喜、马敏、于沛、张清敏，《历史研究》2021年第6期 |
| 2 | 金冲及：《从延安整风到中共七大》，《历史研究》2021年第3期 |
| 3 | 霍新宾：《巴黎公社纪念与中共党建的早期探索》，《中国历史研究院集刊》2021年第2辑 |
| 4 | 汪荣祖：《西方马克思主义史学的过去、现在与未来》，《文史哲》2021年第1期 |
| 5 | 笔谈："国家与文明起源研究"，晏绍祥、陈胜前、国洪更、史海波、王坤鹏，《史学集刊》2021年第3期 |
| 6 | 张弛：《民族与革命——百年中国考古学的研究取向》，《文物》2021年第6期 |
| 7 | 罗新慧：《周代宗法家族支庶祭祀再认识》，《历史研究》2021年第2期 |
| 8 | 陈苏镇：《魏晋洛阳宫的形制与格局》，《考古学报》2021年第3期 |
| 9 | 包伟民：《近古乡村基层催税单位演变的历史逻辑》，《北京大学学报》2021年第1期 |
| 10 | 陈谦平：《国际关系视野下的中国抗日战争研究》，《史学月刊》2021年第3期 |

---

\* 优秀论文评选主要依据中国知网提供的下载、引用排名前300的论文，同时参考专家推荐的81篇（组）论文，确定20个备选项。在此基础上，制成调查问卷，发放给国内知名院校及科研机构的学者，经对有效问卷的统计分析得出前十名，按专业排序。

## 笔谈"以史为鉴 开创未来"
## 夏春涛、欧阳军喜、马敏、于沛、张清敏

（刊于《历史研究》2021 年第 6 期）

**点评专家：** 金民卿（中国历史研究院近代史研究所党委书记、研究员）

**点评：** 在中国共产党百年华诞之际，尤其是在党的十九届六中全会对党的百年重大成就和历史经验作出重大历史决议后，《历史研究》组织专家进行深入学习研究并发表笔谈文章（包括夏春涛《从大历史视角看民族复兴进程之不可逆转》、欧阳军喜《马克思主义同中华优秀传统文化相结合的百年实践》、马敏《中国式现代化新道路的历史演进及前瞻》、于沛《历史大变局中的人类文明新形态》、张清敏《人类命运共同体理念的外交意义》），充分体现了刊物高度的政治意识和强烈的学术担当。

这组笔谈文章做到正确政治方向与深度学术研究相结合，历史梳理、现实发展和未来展望相结合，深入理论思考与实践经验总结相结合。五篇文章较全面阐述了中国共产党百年奋斗所取得的创造性成就及其重大历史意义，突出体现了中国共产党人的历史主动精神和主体创造性，集中反映了立足中国实际与为人类文明贡献智慧良性互动的优良品格，坚定的独立自主性与宽大的世界情怀有效贯通的成功经验。

# 金冲及《从延安整风到中共七大》

(刊于《历史研究》2021 年第 3 期)

**点评专家**：周良书（教育部青年长江学者，北京大学马克思主义学院教授）

**点评**：该文具有重要学术价值。作者将关注点放在中国共产党历史上的一个重要时期，运用大量文献材料和口述史料，深刻揭示这一时期党的理论演化、实践发展以及党内的思想斗争。作者认为，这是中国革命过程中的一个关键环节，正是在这一时期，党纠正了党内长期存在的各种错误思想和作风，加强了党中央的集中统一领导，确立了中国化马克思主义理论——毛泽东思想在全党的指导地位，标志着中国共产党在政治上、思想上、组织上全面走向成熟。作者对整风运动的深入分析，对中共六届七中全会和党的七大的总结和概括，也有其独到之处，既实事求是地讲出了历史的本然，又实事求是地讲出了历史的所以然。因此，这是一篇高质量的学术论文，对于我们了解中共党史、中国革命史、马克思主义中国化史都有重要的参考意义。

# 霍新宾《巴黎公社纪念与中共党建的早期探索》

（刊于《中国历史研究院集刊》2021年第2辑）

**点评专家**：王炳林（北京师范大学中共党史党建研究院院长、教授）

**点评**：纪念史视角是深化中共党史研究的一个有效路径，也是近年来学界关注的重要议题。该文立足于大量档案、报刊、文集、日记、回忆录等文献，运用多种资料比勘互证，并借鉴语义学、传播学相关理论，对厘清中共早期巴黎公社纪念史起到了正本清源的作用，弥补了既有研究对早期共产党人在"巴黎公社"译名及其语义传播方面所起作用探讨的不足，也纠正了认为1926年3月在广州举行首次巴黎公社纪念活动的主流说法，且对中共党团发动纪念的史实进行了重建。更重要的是，文章通过细致考察，呈现了巴黎公社纪念由国民革命初期对内宣传无产阶级专政意涵为主，到中后期公开动员民众彻底反帝反军阀以建立苏维埃政权的演进态势，不仅展示了中国共产党对革命政权理论、组织建设的探索与实践，也提供了从纪念史角度透视马克思主义"群众的行动的政党"早期艰辛成长的样本；既补充了当前中共纪念活动史研究的不足，同时也是改变研究中存在的"重话语建构轻实践运作"倾向的一次有益尝试。

# 汪荣祖《西方马克思主义史学的过去、现在与未来》

(刊于《文史哲》2021 年第 1 期)

**点评专家：** 陈勇（武汉大学历史学院教授）

**点评：** 汪荣祖先生长期任教于美国的大学，频繁交往于中国大陆与台湾地区学界之间，熟读马克思主义经典著作，坚持认为唯物史观是马克思主义的核心与灵魂，具有极其重要的理论价值。文章旗帜鲜明地肯定了马克思作为资本主义"病理解剖师"的重要思想地位和恒久的全球影响。这些观点在西方学界殊不多见，值得国内学人和社会各界高度重视。

该文视野开阔，对于马克思、恩格斯之后西方马克思主义史观之延展、反拨和回应，进行了细致梳理与辨析。文章六个部分结构紧密、环环相扣，分析犹如层层剥笋，颇有功力。

作者强调，马克思、恩格斯从未将他们的概括视为刻板的教条，指出各民族、各国家不可能、也不会千篇一律地经历五种社会形态的演变。但是，马克思、恩格斯对人类社会走势、趋向和前途的科学预言，却永远不会过时。中国史家可以根据中国的历史文化经验，完成"马克思的未竟之业"。中国特色社会主义道路的开辟和人民至上的崇高理想信念，为马克思主义唯物史观的进一步发展提供了宝贵资源。中国的人文社会科学界在这方面重任在肩，理应大有作为。

# 笔谈"国家与文明起源研究"

## 晏绍祥、陈胜前、国洪更、史海波、王坤鹏

（刊于《史学集刊》2021年第3期）

**点评专家：** 金寿福（复旦大学历史学系教授）

**点评：** 国家和文明起源是历史研究中非常重要的论题，它不仅涉及对过去的认知和重构，而且关系到身份认同和传统建构。本组笔谈包括晏绍祥《克里特国家的起源及特征》、陈胜前《有关国家文明起源的研究路径的反思》、国洪更《古代两河流域早期王衔的沿革与国家形态的演变》、史海波《古代埃及国家起源过程中的"他者"形象与国家职能建构》、王坤鹏《王家、周邦与王国：理解西周文明形成的一个线索》，五位长期从事文明起源和国家诞生问题研究的专家从各自学科领域出发，对克里特、古代两河流域、古埃及和中国早期国家和文明起源的研究路径进行了归纳性阐述。本组文章通过理论与案例的结合，揭示了早期国家研究的面向与维度，有助于推进学术界对国家和文明起源更为广泛深入的研究。

早期不同区域的国家和文明，尽管在起源和发展过程中有其特殊性，但也有共性和必然性。当前，有关中国文明起源的讨论非常热烈，不同学科乃至非专业研究者纷纷参与其中。不同学科不应以自身的研究范式为唯一路径，而应在跨学科和跨文明比较视域中解决问题。考古技术、手段的提高和完善，为早期文明和国家的起源提供了越来越多的材料，演绎出基于翔实文物和文字材料之上的理论势在必行。

# 张弛《民族与革命——百年中国考古学的研究取向》

（刊于《文物》2021年第6期）

**点评专家：**陈星灿（中国社会科学院学部委员，中国历史研究院考古研究所所长、研究员）

**点评：**中国考古学已经走过了百年历程。与一般研究者认为自20世纪七八十年代之后文化历史研究逐渐被社会历史研究所取代的观点不同，该文作者认为，百年来中国考古学的文化历史研究取向与社会历史研究取向并行发展，考古学在中国虽然起步比西方晚了上百年，但两种取向的研究并存确是中国考古学的特色。作者认为，以考古学文化、区系类型和谱系研究为代表的文化历史研究，与以手工业、墓葬和聚落形态分析为代表的社会历史研究，也就是考古学上"文化与社会"的研究，正是中国近现代历史上"民族与革命"两个时代主题的反映。文化历史研究试图从考古学上追寻中国文化和中华民族从哪里来的问题，说到底是"民族"的问题；社会历史研究则在大多数时间按照苏联式社会发展史观探究中国古代社会的发展路径，终究是为中国社会的走向寻找理论依据，在中国近现代话语体系之下乃是"革命"的问题。民族与革命这两个中国近现代史上的双重诉求，塑造了中国考古学文化与社会两种研究取向从诞生伊始就并存发展的特殊品格。这篇文章的独特观察视角，给我们很多启发。

# 罗新慧《周代宗法家族支庶祭祀再认识》

(刊于《历史研究》2021年第2期)

**点评专家**：赵世超（陕西师范大学历史文化学院教授）

**点评**：宗族祭祀是西周宗法制研究的重要问题，而"支子不祭"又是家族祭祀的核心内容。"支子不祭"被视为宗法制度下的祭祀规则，为礼学家奉为圭臬。然而这一原则究竟是后人对历史真实的客观归纳，还是为强化社会秩序而建构的理论观念？此外，礼书之论远未涵盖复杂宗法家族结构下的祭祀情况。对于此类问题，礼书之载语焉不详。该文综合运用出土和传世文献，对西周、春秋和战国时期家族祭祀中的支子祭祀进行了探索和解答。文章指出西周时期宗子居于祭祀主导地位，与礼书所记相合；但是从西周金文看，因家族内部的衍生、分化，导致宗族兄弟实力雄厚、分族异居之时，支庶也可独立祭祀。并且，西周时期支庶祭祀的范围可以包括多位先祖，春秋战国时期支庶独立祭祀之例更为常见。文章既重视礼家之说，又坚持考信于史实，不但有助于深入了解周代宗法家族的内部结构以及两周宗法、祭祀制度，而且提供了从祭祀制度演变探索周秦家族兴衰及社会发展趋势的有效路径。

# 陈苏镇《魏晋洛阳宫的形制与格局》

(刊于《考古学报》2021年第3期)

**点评专家**：钱国祥（中国社会科学院"登峰战略"学者，中国历史研究院考古研究所研究员）

**点评**：魏晋南北朝时期是中国古代文化传承发展和融合繁荣的重要时期，孕育了隋唐王朝的辉煌盛世。作为这个时期重要都城之一的汉魏洛阳城，在曹魏西晋时，其宫城形制和宫室制度发生了重大变化，创造了以太极殿为核心的宫室建筑和单一宫城居北居中的都城形制，极大影响了后世中国乃至整个东亚地区的古代都城格局。该文在已有研究和最新考古材料基础上，通过进一步梳理与曹魏西晋洛阳宫有关的各种文献史料，探讨了以往史学界模糊不清的魏晋洛阳宫形制与格局等相关问题：一是详细梳理了魏晋洛阳宫的重建过程及与东汉南北宫的关系；二是分析了洛阳宫宫门、殿门等门禁设施位置及其所构成的宫内格局；三是讨论了史料中中华门、上阁等与太极殿宫院的关系；四是研究了有关太极殿等核心建筑与皇帝办公居住场所及其变迁等问题。文章的重要特点，是在使用最新考古材料的基础上，充分发挥各种文献史料的作用，是历史学者充分结合考古材料与历史文献资料研究古代都城宫城形制与格局的一篇开创性论作，对考古和历史学者深入考察魏晋洛阳宫相关问题具有重要启示作用。

# 包伟民《近古乡村基层催税单位演变的历史逻辑》

（刊于《北京大学学报》2021年第1期）

**点评专家**：李华瑞（教育部"长江学者"特聘教授，浙江大学历史学院教授）

**点评**：唐中叶颁行两税法后，国家如何通过乡村基层组织进行征税？这一直是中国古代社会经济史的重要课题，该文是近年来对此问题探讨最为深入的一篇论文。具体来说，该文主要从三个部分展开。一是指出由人头税向地亩税的转变促使乡村基层组织由乡里制转换为乡管制，又在熙丰变法后演进为乡都制；二是将乡村基层组织与宋代职役制度的变迁结合在一起讨论；三是将乡村组织中催税与治安两大基本职能之间的互嵌关系展现出来，凸显了国家权力如何向乡村基层渗透。三个层次互为表里，层层递进，思维缜密，逻辑清晰，分析思辨能力很强，超迈此前同类研究：首先，该文始终将制度演变与催税实践相结合进行考察；其次，该文首次揭示了宋廷为了将催税乡役的负担均摊到一般民户，推动形成了结甲制和催税制，但两者均有缺陷；再次，该文研究的虽然是两宋乡村基层组织制度演变，却能把问题置于唐末五代至元明的较长时段下进行思考，使制度演变的脉络更加清晰。

该文既有宏观把握，又有细致入微的考证，对所研究问题、涉及史料和相关制度的稔熟，充分表现了作者深厚的治史功底。

## 陈谦平《国际关系视野下的中国抗日战争研究》

(刊于《史学月刊》2021年第3期)

**点评专家:** 齐春风(云南大学历史与档案学院教授)

**点评:** 将中国抗日战争史置于国际关系史的框架内加以考察,实际上已成为中国抗战史研究进一步获得突破和提升的合理趋向和必由之路。之所以说是合理趋向,乃在于无论是局部抗战时期的"以战促和",还是全面抗战时期的"抗战到底",都既取决于国民政府决策层的决心,也与国际形势的变幻息息相关。把握不住这种大局,对抗战史的解释就不可能全面。之所以说是必由之路,是由于中国抗战与国际关系的关联极为密切,无论是"少树敌、多交友",还是"苦撑待变",都在于营造一个于我有利的国际局面,达到得道多助、以弱胜强的目标。该文将战时中国纵横捭阖于美、苏、英、德之间的谋划、奋斗、血泪,以极为宏大的国际视野,用极其宏富的多国、多语种史料,从多个视角要言不烦地展示出来,对于深化国际关系史视野下的中国抗战史研究,必将起到至关重要的引领作用,作者近年来大声疾呼的"国际抗战"概念也会进一步深入人心。

## 图书在版编目(CIP)数据

中国历史学前沿报告.2022/路育松主编.--北京：社会科学文献出版社，2023.6
　ISBN 978-7-5228-1336-3

Ⅰ.①中… Ⅱ.①路… Ⅲ.①史学-研究报告-中国-2022 Ⅳ.①K092

中国版本图书馆CIP数据核字（2022）第254279号

## 中国历史学前沿报告（2022）

主　　编 / 路育松
副 主 编 / 焦　兵

出 版 人 / 王利民
责任编辑 / 赵　晨
责任印制 / 王京美

出　　版 / 社会科学文献出版社·历史学分社（010）59367256
　　　　　　地址：北京市北三环中路甲29号院华龙大厦　邮编：100029
　　　　　　网址：www.ssap.com.cn
发　　行 / 社会科学文献出版社（010）59367028
印　　装 / 北京盛通印刷股份有限公司

规　　格 / 开　本：787mm×1092mm　1/16
　　　　　　印　张：37.5　字　数：496千字
版　　次 / 2023年6月第1版　2023年6月第1次印刷
书　　号 / ISBN 978-7-5228-1336-3
定　　价 / 300.00元

读者服务电话：4008918866

版权所有 翻印必究